顾　问　丁名楠
主　编　张振鹍
副主编　庚裕良　张　胤
编　辑　黄振南　廖宗麟　张永平
本册编者　庚裕良

中国近代史资料丛刊续编

中 法 战 争

第 三 册

主　编　张振鹍
副主编　庾裕良
　　　　张　胤

中 华 书 局

图书在版编目(CIP)数据

中法战争　第3册/张振鹍主编. －北京:中华书局,1999
(中国近代史资料丛刊续编)
ISBN 7－101－01606－5

Ⅰ.中…　Ⅱ.张…　Ⅲ.中法战争(1884～1885)－史料－汇编　Ⅳ.E256.206

中国版本图书馆CIP数据核字(96)第25845号

责任编辑：于世明

中国近代史资料丛刊续编

中　法　战　争

第　三　册

主　编　张振鹍

副主编　庚裕良

张　胤

*

中华书局出版发行

(北京丰台区太平桥西里38号　100073)

北京冠中印刷厂印刷

*

850×1168毫米 1/32·25印张·550千字

1999年9月第1版　　1999年9月北京第1次印刷

印数：1－2000册　　定价：40.00元

ISBN 7－101－01606－5/K·711

本 册 说 明

从本册起辑入法文(法国方面的)资料,主要选自法国外交部及海军部档案。

各资料分类名称或代号及译校者为:

外交部档案:

领事政治通讯(以下简称C.P.C.)·中国　第2卷

张永平译

C.P.C.上海　第7、10、11、12、13卷

魏　敏译　孙　源校

回忆录与公文(以下简称M.D.)·中国　第23卷

梅　力译

M.D.亚洲　第31、32、33、34、35卷

徐知奋　滕　涛译　沈明鉴校

M.D. 亚洲　第36、37、38卷

丛　林　张正中　胡中铁译

徐秋平　王少恩　高德坤校

M.D. 亚洲　第39卷

胡中铁　赵黎莉　徐知奋译

王少恩　钱崇信　戴润庠校

政治通讯(以下简称C.P.)·中国　第58、59卷

夏　煌　钱忠信　赵南翔　吴国力译

孙　源　邬　宁校

C.P. 中国　第60卷

毛雪良译　张佩兰校

海军部档案:

BB—4　1971

顾树鑫　葛曾骧　李桂君　韦锦泉译

沈明鉴校

总译审:梁守锵

在资料编辑过程中,萧德浩、黄国安、杨立冰、张宁、李燕宁参与了部分稿件的初选及整理工作。

凡　例

一、所有资料都按照撰写或发文时间排列编号。附件依原序列附于主件之后，标明附件1、2、3……。附件的附件以(1)、(2)、(3)……表示。原件无日期者，由编者考证加拟，作注说明。

二、各资料的标题大多沿用原件标题，少数是编者依原意或内容酌拟的。标题上的官衔、职称多有简化。原件无发文人、收文人姓名者，由编者考证加拟，作注说明。文末的客套用语如“请接受我崇高的敬意及衷心的问候”、公文程式如“经过查对无误”等，都予删节，不一一作注。

三、各资料的出处，均按原档案的分类名称或代号、卷、页，注于文末，有附件者注于附件之末。少数文件原档案中无页码，只注卷数。有的文件原来有编号，照原样标出。

四、各资料中的外国人名、地名、舰名等，原则上沿用中国史学会主编的中国近代史丛刊《中法战争》(以下简称《正编》)中的译名。《正编》中有两种或两种以上译名的，选用常见或译音较准的一种。新出现的人名参照一些外国人名辞典译出，力求与近代史上常用的译名一致。所有外国人名、地名、舰名等在本书第一次出现时附其原文。

五、资料中涉及越南及中国的人名、地名，有的无法判定其准确的译法，一概注明原文，或原文照录。

六、所辑法国外交部档案资料是选印的，非全档复印，有的附件复印不全或全部漏印，也有原档中已缺，均作注说明。少数文件有的字迹复印不清，难以辨认，无法译出，以□……表示。原文中的错、漏、重复，一概照录，有的在译文中作了一些技术处理，改正字上加〔　〕，增补字上加〈　〉，衍文上加[　]。资料中的着重号及其他符号（如×年、×万）都是原有的。

七、注释分三种："原注"是原档案所有；"译注"为翻译时所加；编辑加的注明"编者"，均置于页末，按①、②……顺序排列。

目　录

中法战争法文资料

第1—295件

(1872—1882年)

1 驻上海领事夏普德莱纳(Chappedelaine)致外交部长雷茂萨(Rémusat)

1872年8月30日于上海

部长先生：

我在本月14日第4号信中荣幸地向您汇报了广西和广东交界处发生了对两名法国传教士的暴力行动。我从广州宗座代牧主教乔里(Jolly)那里得悉此事的一些细节。在西林县两个氏族之间发生冲突之后，属于传教士所有的、用战争赔款建造的一幢大房屋被毁坏。谈判即将达成协议，差不多商定好由当局出资重建房屋和配置家具时，知县去泗城府找知府商议，他起了坏心，准备率领五、六百人来攻打传教士，幸好农民及时通知他们躲藏起来。泗城府知府似乎觉得将传教士牵连到叛乱事件中要比因民间械斗而给传教士赔偿损失合算些。令人生气的消息传到广州时，瑞麟先生应萨列(Salés)先生的要求，下令保护两位受难的传教士巴赞(Basen)先生和松希埃尔(Sonchière)先生，他们两人在6月25日几乎遭杀害。

我收到了安徽巡抚就天平(译音)①县事件的答复。在复文中

① 原文 Tien Pin 译音。——编者

他们也是利用当地骚乱事件作为对新教徒恫吓的借口。然而，上海耶稣会会长得到的消息却令人高兴，似乎宣告我的信已经制止了恫吓行为，尽管巡抚不承认有过这种恫吓的事情。

我于今年7月18日在盖有商务处图章的信中，曾请阁下关注英国海军司令部在上海出售已退役的两艘英国炮艇"甲虫"号(Cockchafer)和"商行"号(Firm)。德国泰来洋行(Telge,Nolting)购买了这两艘炮艇。这两艘炮艇以法租界工部局的工程师德·拉·哈伊(De La Haille)先生的名义在海关注册，而实际上是为长期以来在汉口经商的法国商人堵布益(Dupuis)先生购置的。堵布益先生已于1870年离开汉口，但由于他长期以来同一些省级官员有业务关系以及中国人认为他正直可靠，他到云南后得到该省巡抚的信任。这位巡抚原籍广西省西林县，在云南省几乎是独立的，刘总督名义上兼管贵州和云南，但任他自行其事。

阁下看了附上的《上海晚报》(Shanghai Evening Courier)的一段摘录①，对岑巡抚的思想就会有所了解。这份英文报的文章是以知府的请愿书为基础的，而这份请愿书就是在岑的启迪下写出来的。

去年冬天，堵布益根据岑巡抚的指示并在他的帮助下从云南沿锦江(或称红河)南下到东京湾，发现这条河与东京湾可以通航。堵布益先生于是前往巴黎同海军部进行会谈，拟在云南和西贡之间开辟一条轮船航线，堵布益先生买下"甲虫"号和"商行"号就是为了实现这一计划。他现在正去西贡，以便乘一艘法国战舰到顺化，企图从嗣德帝那里获得在他治下各州停靠的许可。

"甲虫"号和"商行"号即将在上海装备，挂法国旗。"商行"号将

① 原件字体小，复印模糊，未译。——编者

由法国船长达尔让斯(D'Argence)先生作船长,他刚从日本到此。"甲虫"号将在"商行"号船长统率下航行于同一航线。它将由一位在领事馆注册、长期航行在中国海上的希腊船长驾驶到香港。

完全有理由相信,这两艘炮艇首次给云南运去的货物中有云南巡抚向泰来洋行购买的武器。希腊船长布拉比阿诺斯(Blabianos)又名乔治(Georges),将率领巡抚的欧洲人卫队。这支卫队目前正由堵布益设法招募。

阁下可在安邺(Garnier)先生最近发表在地理学会学报上的一篇文章中见到有关堵布益先生企图开辟一条通往中国内地的贸易渠道的细节。我觉得堵布益先生要从事的事业符合我们的政治和贸易利益,因为其目的首先是要减少云南的穆斯林势力。英国人目前正在利用他们,企图开辟印度和云南之间的交通线。正是这些穆斯林刚刚派出一个使团前往英国,据说这个使团打着缅甸的旗号。使团中就有大理府苏丹的几个儿子。不少报纸提到该使团以前曾受到〈法兰西〉共和国总统先生的接见,这使关心中国南方事务的人大为惊奇。

我认为应该让堵布益先生在装备他的两艘船时充分享受 1865 年 6 月 7 日的规定中所提供的各种方便条件。

我很高兴地告诉阁下,这两艘轮船的所有船员中,除乔治船长是受法国保护的侨民外,其余都是法国人。

与海军部有正式关系的法国人,一般都对领事馆隐瞒他们的计划,他们说这是由于过去保密很严的习惯。然而我却叫堵布益先生明白,我未得到充分的解释,是不允许装备他的两艘轮船的。因为像在云南和我们的殖民地交趾支那之间开辟一条经常性的交通线这样重要的事,我有义务向阁下汇报。我承认,他犹豫一阵之后,接受了我的意见,并以世界上最心甘情愿的态度给我作了解释。

此函已给贸易办公室送去副本。

夏普德莱纳

附件1 夏普德莱纳致外交部政治司副司长弗勒里(Fluery)

1872年9月2日于上海

副司长先生：

我8月31日①写给政治司的5号函中有一处抄写错误，阅着书信登记册时我刚刚发现。堵布益先生只是在8月31日星期六下午才决定将云南事件告诉我，而我的信于9月1日大清早就发出了，因此我没有时间把它看一遍。我的抄写员在信上写上了刚刚划掉的话。

副司长先生，我谨请您将勘误表附入我的函内，或在原信上改正。

夏普德莱纳

勘 误

1872年8月30日致

外交部长先生函的一处错误

我觉得堵布益先生要从事的事业符合我们的政治和贸易利益，因为其目的首先是要减少云南的穆斯林势力。英国人目前正在利用他们，企图开辟印度和云南之间的交通线。正是这些穆斯林刚刚派出一个使团前往英国。使团中就有大理府苏丹的儿子。

我认为应该让堵布益先生在装备他的两艘船时充分享受1865年6月7日的规定中所提供的各种方便条件。

C.P.C.上海第7卷第116—123页

① 原文如此。——编者

2 海军及殖民地部长致外交部长

1873 年 2 月 15 日于巴黎

部长先生、亲爱的同事：

我荣幸地给您送去交趾支那总督来信的摘要。信中强调了我们与顺化的关系含糊不清的情况，强调了结束我们与该国政府关于我们提出的条约草案的无休止讨论的必要性。

交趾支那的局势、安南政府暗中制造的混乱，该政府坚持 3 年之久拒绝缔结一项条约所抱的置之不理的态度——这项条约承认我们以前兼并的各省的占有权，保证不向另一个与我们属地毗邻的欧洲强国转让——这些都从本质上证明交趾支那总督对安南政府存心拖延不决的态度有必要采取果断的解决方法。的确，对于我们，如果我们面对顺化朝廷的拖延态度不设法作出决定性的解决，如果我们不想看到游悲黎(Dupré)①海军少将向我们报告的阴谋

---

① 游悲黎(Dupré，Marie Jules)又译杜白蕾，1871 年 4 月至 1874 年 3 月任法属交趾支那总督兼驻军总司令，军衔为 contre-amiral；但在 19 世纪 70 年代和 80 年代有关中法战争的法国档案中常称之为 amiral，有些军衔为 vice-amiral 的人也常被称为 amiral。这些词如照现在法国的军衔制译为中文，甚觉不顺。经向巴斯蒂(Marianne Bastid-Bruguière)教授请教，得到她如下的答复：

当时的法国海军军衔制是由 1847 年 6 月 17 日颁布的一项法律根据陆军军衔制确立的，一直维持到 1939 年。这项法律规定的将官(officiers généraux)有三级，即：

——amiral，相当于陆军的 maréchal de France

——vice-amiral，相当于陆军的 général de division

——contre-amiral，相当于陆军的 général de brigade

这项法律规定了授予 amiral 军衔的条件以及战时和平时 amiral 的人数。自 1870 年起，amiral 衔不复存在，因为第三共和不承认第二帝国任命的 amiral，所以便没有一位真正的 amiral。习惯上人们无论在谈话中或通信中往往称一位 vice-amiral 或 contre-amiral 为 amiral，在译为中文时，如求严谨，可将 vice-amiral 译为海军中

最后导致边境各省被夺走,从而使我们面对甚至不久会同另一个野心勃勃的强国发生冲突的话,那么我们是不能希望在彻底组织好我们美丽的属地之前稍事休息的。交趾支那总督所提出的建议自然可以解决这些困难,但这些方法也引起许多严重的问题。这些问题需要我们两部在向共和国总统讨论之前予以仔细的研究。

肯定地说,我们对交趾支那的政策迟早会扩大,我们应该预料到将来必须消灭这个政权,这个政权已无持续下去的条件了。当这块土地排除任何欧洲强国而开放的时候,我们就是它的继承的追逐者。最后,我们应当警惕可能与我们进行可怕竞争的对手会给我们增加的麻烦。应该了解一下这种威胁是不是已相当迫切,在我们所处的政治局势中是不是有机会行动起来。

请允许我再一次强调这些问题十分重要。它要求我们在我们之间认真地讨论一下,取得一致意见后再向共和国总统提出一个更好的解决方案。

无论如何必须采取坚定的立场以结束已进行了3年之久的谈判,将嗣德王置于必须接受我们规定的地位,万不能置之于不予理睬的地位。

海军及殖民地部长、海军中将

东比多内(Dompierre D'Hornoy)

将,将 contre-amiral 译为海军少将(与此相对应,将 général de division 及 général de brigade 分别译为陆军中将及陆军少将);在人们统称具有这两种军衔的人为 amiral 时,为了简便,可译为海军将军。

本资料关于上述将官军衔的翻译,完全采纳巴斯蒂教授的意见,在此顺致谢意。

——编者

附件 交趾支那总督游悲黎致海军及殖民地部长

1872年12月22日于西贡

部长先生：

我荣幸地告诉您，我于本月16日到达西贡并于当天重新行使我的职务赋予我的职权。

从政治上说，我发现这个国家表面很平静，但暗中却有些阴谋家在煽动。这些阴谋家一方面找机会煽动造反，另一方面利用居民的轻信进行敲诈勒索。土著事务督察的警惕性很高，我相信所有正在形成的集团都会迅速被消灭。

这种状况十分遗憾地得以延续，肯定是与我们和顺化政府的关系不够明确有关，安定只有在缔结了最终的条约时才能真正在人们头脑中确立。安南政府推迟缔结条约已3年多了。

我的意见是，磋商和争论的时间已经过去了，现在必须采取比到目前为止所做的更坚定的措施来对我们的邻居们施加压力了。我们应该规定一个期限，在此期限内我们收回我们在赔款问题上所作的让步，过此期限，我们就要求一文不少地偿还赔款，并且严格遵守偿还日期，包括应付的利息以及西班牙赔款。我们还可以向他们声明，如果他们在规定的期限内再次推迟，而我们不得不强加给他们以新增加的开支，他们又最终不接受时，那么共和国政府就要采取必要的措施来强制他们接受。

这最后一种可能性现在就应该估计到，而政府会议上也应好好衡量一下，我们可能不得不这样做以维护我们的利益和尊严。我们的尊严已由于目前局势的长久拖延而受到损害。

实行的办法很简单，就是占领河内即东京的首府，和流经首府的这个地区的主要河流红河的河口，此河发源于中国的云南省。这条河一旦上行下行都安全，就会成为云南省输出其丰富物产的出海通道。由于种种原因，不准备立即采取这一行动，而拖延到我们在下交趾支那的殖民地完全巩固之后。但是，我们拖延这一行动，也是由于各种相信我们的意志的因素所影响。下面我将向您作些陈述。

为了我们未来殖民地的安宁，我们不能与一个欧洲国家为邻。暹罗王国把我们与英国的缅甸占领区分隔开，它现在正在发展和进步中，人们相信这个国家能够持久下去。

但安南王国却不是如此，它的衰落是迅速的，它最后不是融入我们的殖民地中，就是融入另外一个即将占领东京的欧洲强国的殖民地中。很遗憾，我有太多的理由相信德意志帝国政府现在已把眼睛盯住这个美丽的国家。一定有许多在远东的德国商人毫不隐瞒他们希望看到他们的政府在这些地区创建一个与我们竞争的强大的殖民地。一些非官方人士已去过顺化进行了谈判。对此我仅仅有一些笼统的情报：他们曾将一艘英国旧炮艇还给安南人。这艘炮艇曾企图逆季节风航行，现停泊于西贡。这些明目张胆的冒险家是由香港一家德国洋行派遣的，德国领事是它的重要有关人士之一。有人说他们向嗣德王提交了一份有 42 款的条约草案。对于这项传说，我不知是否属实。我对顺化发生的事情知道极少，但这些消息是有根据的，因为顺化曾两次派遣两名官员去香港。

部长先生，就是这些原因使我认为安南政府固执己见，不顾我们的要求，迫使我们通过占领它的一个最富饶的省份来完成我们在交趾支那的部署，防止我们的竞争者的阴谋活动（如果他们毗邻我们，必将带来极坏的后果）。请允许我提醒您和共和国总统先生对这个问题给予足够的重视。

如果共和国政府被顺化朝廷的不在乎态度逼到极限而不得不

下决心采取我所提到的措施,那么,施行的办法就很简单易行,耗费极少。我认为海军分舰队的协助就足以保证我们海上行动取得成功。至于陆地行动,如法国派 4 连军队来配合红河流域的行动,也能够顺利达到目标。

我们和柬埔寨的关系没有什么变化。诺罗敦国王仍然而且比任何时候都强烈地要求收复它的两省:由我们与暹罗签订的条约而丧失的吴哥省和马德望省。现在向曼谷朝廷提出这样的要求是不合时宜的。我尽力叫他等待。

共和国政府定会聪明巧妙地按照有利于我们殖民地的既定利益方向去解决这些问题。这块殖民地的利益和宗主国的利益是一致的。尤其是假如我们保持清醒的头脑,认识到这块殖民地是将一方面扩展到中国边境,另一方面从海岸线一直伸延到湄公河流域的一个大帝国的基地。

总督兼总司令　游悲黎

M.D. 中国第 31 卷第 135—140 页

3 驻广州领事夏普德莱纳致外交部长蒲洛格利(Broglie)

1873 年 7 月 8 日于广州

部长先生:

堵布益先生到东京及云南的远行,在取得完满的成功后已返回香港。据最新消息,西内(Sénez)船长留给堵布益先生两艘汽船,帆船及小艇各一艘,驻在 Coua-Cam①入口处。经过几次探索,他找到红河(中文称红江,安南叫大河)通往 Tuan-Wong②的航道。因

① 疑为越文 Cua Cam(禁门)之误。——编者

② 疑为越文 Tuyên quang(宣光)之误。——编者

此他轻而易举地到了东京的首府河内。这个有15万至20万人口的城市同交趾支那的所有城市一样,是由路易十六时期的法国军官建立的一个要塞控制着。纠纷从这时就开始了。

堵布益先生因为此行时间晚了,河水太浅,无法如他所计划的那样逆江到达老街,他就只好把带往云南的战争物资搬到当地的小船上。但没有顺化的命令,安南官员拒绝让他再往前运,这项命令在"布列因"号(Bourayne)出发之前,本应在半月之内到达的,而现在两个月之内恐也难指望它来到。

虽然这条船只有百余名马来亚和中国士兵,其中包括23名法国人,但这些安南官员并不敢公开用武力进攻他们。安南官员先是试图阻止堵布益搞到小船,后来又以他将要经过的地方系反叛分子的势力范围相威胁。但正如我在上海时有幸向阁下所讲述的那样,堵布益先生是他们当中最聪明的一位,他终于找到了不须动武而通过江河上游反叛分子骚乱地区的办法,顺顺利利地到达了云南省。安南官员并没有使他迟到两个月。

云南的中国官员本来并不期望他能来到,现在他们热情地接待了他。

他带去的精良武器都往西运去,以镇压穆斯林的叛乱,目前已差不多全部平定了。

堵布益先生所提到的关于大理府的详情是很令人悲痛的。由于有人叛变,这个由穆斯林武装割据的地方又回到了中国人手中。云南抚台终于用许诺他们保持官职的办法争取了低级官员,这些官员就出卖了他们的头人杜文秀(Tow Ouen teio),据英国人说是苏勒人(Suley man),此人服金箔自杀了。一个城门的守兵叛变,城就突如其来地被攻下了,两万居民不分男女老少全部遭屠杀。

阁下大概还记得我以前关于这一事件的贸易方面所作的报

告,堵布益先生是由于得到了云南上层官员的协助及金钱帮助,才得以进行这次远行。为迎接晚到的堵布益先生而准备的金银是通过其它的线路送进去的,因此这次行动在经济利益方面没有得到原来所希望的成果,然而开辟了一条新的路线带来政治和贸易方面的成果却是巨大的。我不知如何对阁下说得更清楚,为此我就引述一下卡内(Carné)先生在红河发源地写下的关于此事的这段话:

"人们大概并没有忘记这次湄公河之行的目的之一是希望把中国西部几省同我们在交趾支那的领地连接起来。这一沟通是人们所急切盼望着的。中国西部的一部分财富将由这儿通过红河而不是通过湄公河运出去。从此,这已是一个无可置疑的事实。人人都想到要充分开发东京这条河,即恢复在这两国之间昔日就存在的贸易通道。这两国现在贸易中断,交趾支那政府应派一名代表去顺化执行保护权,除此之外别无他法来摆脱困境。有人背后谴责我们太幼稚、太谨慎、畏缩不前。当问题关系到老挝西部和中国最富裕的四个省这一广大地区的产品运往一个法国领地时,难道怕刺激一个暴君而畏缩不前吗?"

关于重开红河流域所能取得的商业利益,以上所述是最正确不过的了。根据我们最新了解到的有关东京的地理形势及政治情况,我们对实现计划的具体措施还得出了一个不同的结论。

堵布益先生现待在河内,派遣米乐(Millot)和达尔让斯两位先生到香港,这两位先生是这次远征行动中仅次于堵布益的领导人。这两位先生此时正在广州我家里,他们说东京只要求给他们一个机会,以摆脱嗣德的束缚。安南官员已被人人憎恨,不用如西内先生所说的派2000军队和4艘战舰,而只须派一艘小战舰、一个海军陆战营和几艘已在西贡拆除装备的小炮艇到红河口,就可以将东京变为法国殖民地。蒲真尼(Puginier)主教负责找到的并由几个教官领导的6000名天主教徒就足以保卫这个地区以对付安南人。来自顺化的安南人要入侵东京，只有一条山路可通，而这条山路易守难攻，只需一小批人就可以守住。

两股叛逆集团也不会成为我们的障碍，黄崇英领导的南方叛乱集团已表示要投降两广总督，但被拒绝了。现在他正通过堵布益先生同云南当局谈判，想要进入这个省。进入东京围剿他们的广西部队已于5月底调回去了。刘永福率领几百名装备陋劣的部队驻在老街，云南方面可以轻而易举地击败他们。云南当局深切懂得这条新的通商路线的重要性，他们看到开辟这条新的通商线路将给云南省带来多大的财富。这个省的人口已由于穆斯林叛乱而从1500万减少到500万。

以如此微不足道的代价就能为法国确保一个拥有1500万人口（其中50万是虔诚的天主教徒）的殖民地，而如果还要坚持说毫无办法的话，那不就该受卡内先生的谴责说我们畏缩不前吗？

再说形势的发展也会迫使法国去进行干涉，游悲黎将军严厉照会的结果只是对基督徒再次登记和对他们更猖狂的迫害。如果游悲黎的威胁仍不能产生什么效果，那末一大批基督教徒，甚至一大批传教士就会遭到更大的危险。

问题不在于进行一次事先作出充分准备的远征，而是应该依靠殖民地本身的力量，也许再加上海军分舰队的协助，来一次同几年前一样的袭击，那一次突击使我们在下交趾支那的省份数量增加了一倍。

要发动一次远征，我们是有充足理由的，且不提我们过去所受的损失，现在派一艘兵舰和几个士兵登陆，占领河内城堡以作为对旷日持久的西贡谈判表示诚意的担保物，还有比这再自然不过的事吗？假如事情不像堵布益先生、他的朋友们和东京的主教们所描绘的那样,那么短期占领东京沿海的一个据点将不会引起人们的注意,这样,对于连23个法国人、几个马来亚人和中国人都可以不受任何惩罚地越过的这个地方有什么可怕的呢?只要游悲黎将军对我们即将送去的事情真相的报告表示一下默认,就可以轻易地办成了。

假如堵布益先生得不到西贡的任何支持的话,恐怕他很可能走极端,求助于外国人,因为他已将他的宝全押在这件事上了。米乐先生在《香港日报》(Daily-Press de Hongkong)上发表文章便是一个证据,现将该文随函附上①。我相信,堵布益直到目前一直在设法把事情公布于众,他并不是按照给予他的指示,而是屈从于驻香港专员的代理人的意愿和要求而行事的。

我不得不谴责他,正当游悲黎将军在西贡谈判的时候,他却去引起了公众的注意。其次,云南巡抚刚刚击败了穆斯林;由于远离北京,他的行动几乎可以独立自主,他已将他的大部分命运押在这次行动上;他正不知如何使用他获胜的部队。面对这种情况,为什么我们不担心他会用武力来利用这条发源于其领土上的河道呢?这条航线能使他只用25天的时间就可通达海上,而利用扬子江则需6个月。

如果我们认真考虑一下安南人在东京的力量薄弱的话,这种可能性确实是很大的。

夏普德莱纳

附言:我刚刚得到消息说,在西贡修理的船已经修好,安南特使将乘此船去欧洲,转赴巴黎。我希望阁下能准许我乘此机会提一提缅甸使团的例子。该团最近去英国直接与英国外交部谈判,避开

---

① 该文复印件字迹不清,未译。——编者

同印度总督打交道。比我们更惯于与远东人谈判的英国人拒绝了这个要求,缅甸特使们白跑了一趟。

法兰西共和国政府难道不该如此对待安南特使吗?他们的整个策略就是赢得时间,如果事情已经在进行,那末是不是至少采取一些措施不让他们在时间上钻到空子;我们占领河内城堡要他们保证其诚意,防止外国染指东京的企图。东京软弱无力已由《香港日报》发表的文章暴露无遗了。

连接顺化和东京的东潮(Dang-tréo)①航道,在嘉门(Gia-men)村(距海约10里②)不远,把东京的Oinh chienn与Nim chinh③省分开。

C.P.C.中国第2卷第158—166页

4 交趾支那总督游悲黎致海军及殖民地部长

1873年7月28日于西贡

部长先生:

我很荣幸地在几封电报中呼吁政府注意:东京处于贫困和无政府状态,安南政府的无能,使人们对它的尊重心越来越动摇,我们交趾支那的新属地有被欧洲某强国甚至被中国南方某个总督的部队占领的危险。

我所介绍的这种情况,是根据到西贡经商的东京人的不太明确但却一致的说法,Tayo天主教传教团主教的信件以及西内司令今年底访问东京给我作的详细描述所判断的。

两个月前,我得知这位高级官员以他的勇敢与机智完成任务

① 这是依据客家话的译音。越语为Dông Triēu。——编者

② 10法古里约等于40公里。——编者

③ 疑为越文Nam dinh(南定)之误。——编者

时,就强调绝对必须毫不拖延地或征得安南政府同意、或撇开他们在东京海域立下足来。顺化朝廷坚持拒绝与我们商谈,并不断用各种新借口拖延向法国派出大使级代表团。顺化朝廷曾答应该使团必须在正式谈判开始前启程。

我尤其强调将西内海军上校召回巴黎以使政府能够根据这位军官的解释补充我信中提供的不很完整的情报。我希望我这一要求能够得到接受,以便使您现在对几个月来的局势能了如指掌。

堵布益先生和米乐先生受云南当局之托通过东京为云南当局弄到武器弹药之后,开辟新航道的问题便向前迈出了新的、决定性的一步。这两位先生是西内先生和我正式介绍给安南政府的。西内先生曾看见他们于11月到达东京。他们克服了安南当局不断制造的种种障碍。安南当局十分谨慎,不正面宣布反对这种远航,而是尽可能来阻碍这次远航,但没有成功。堵布益先生终于把军火运到了云南,又从云南带回铜和锡。然而安南当局的恶意也不是没有结果的。这次活动不断受到阻碍,费时八、九个月。本来如果安南政府即使不予以方便,也不设置重要障碍的话,这次行动只需要两三个月就够了。这次行动本来是可以大获其利的,但却耗费了大量资金。那两位大胆倡议人现在还面临法律追究的危险,因为他们没能如期履行他们的诺言。的确,设在中国的德国公司曾迫切地以优惠的条件向他们提供援助,以便能够分享这项事业的成果。这项事业证明通过红河可将中国西南和大海沟通起来。

堵布益先生和米乐先生很自然地对外国人,尤其是德国人参与这样的活动十分反感。他们认为这次行动应当向安南政府索取赔偿,因为安南政府是造成损失的直接责任者。我同情他们这种意见,我曾下令设法以殖民地担保,为他们提供急需的资金,签订一个正式文件,规定用他们根据云南当局正式合同应得的那部分金属来偿还借款。我认为我这一干预可以避免将此事交给香港的英国法庭来处理(香港的英国法庭对拒不偿还案必定会出面干涉的),再者,又可以排除强烈要求参加进来的德国的投机者。在这些先生取得了预期结果,前景有所好转之后,我认为就没有什么可犹豫的了。

堵布益先生的日记和米乐先生的口头汇报可以说使我日益看清楚,顺化官员采取了时而幼稚、时而狡猾的手段来阻止这次远征的成功。但是读完他们的日记和听完口头汇报之后,我更加坚定地相信安南政府软弱无能,竟无法阻止一支由 25 名欧洲人和百来个亚洲人组成的队伍穿越整个东京,从海边直达中国边境。

完成旅行之后,堵布益先生派米乐先生率领一部分船只到香港,而他自己和另一部分远征人员留在继圩(ke-cho)或河内,以便维持已放开的交通和靠他本人在场来阻止水坝工程的进行。如果不这样的话,安南人就会在红河上筑起大坝。

米乐先生到达香港这件事本身以及对他这次旅行所做的宣传,在旅居中国的欧洲商人中引起很大的反响,许多人向香港总督递上请愿书,要求英国在东京沿海占据一个据点,理由是英国过去曾在东京沿海有过一个基地。德国商人善于抓住一切机会来扩大他们的贸易,他们自不会不把发现沿海与云南之间有一条自然的交通要道的消息报告本国政府。有了这条通道,使英国人到目前为止以典型的英国坚毅精神开辟一条从缅甸到云南省的人工通道的努力完全失去了意义。

最后,这条新发现的、相对来讲方便的通道所带来的令人炫目的好处震惊了云南政府,它可以提高本地区产品的价格。他们打算派出一支武装部队以保证他们的自由使用权。

部长先生,这就是真实的形势。

正如您能看到的,这引起了我强烈的忧虑。

另一方面,您不会不知道,安南政府已经两次向我提出,要我出面干涉,下令堵布益先生退出东京。的确,他在这个国家出现是违背条约规定的。另外,由于这个时期我不知道中国官员在与堵布益先生的交往中表里不一,所以我还曾请求堵布益先生离开他无权居住的居住点。这份通知将通过安南政府送到堵布益先生手中。

我也将此事通知了米乐先生,他向我断言堵布益先生是无法服从的,在目前的商业情况下,他不得不继续留在河内。

结果会怎样?得到我同意的安南政府有没有勇气和能力逼迫堵布益先生卷铺盖呢?或者,一贯软弱无能的安南政府会不会再拖延时间,会不会再次请我出面干预呢?

对第一种假设,我将告知顺化朝廷:我从两个法国国民收到的报告与顺化朝廷向我介绍的事实截然不同,充满了矛盾。顺化一直固执地拒绝直接的正规的外交关系,除去就地调查外,我没有别的办法了解情况。

对第二种假设,相反,我想表示,堵布益先生既然拒绝我的指示,我只有派一支武装力量到东京去迫使他服从我的决定。

但是无论米乐先生信心如何,应该估计到堵布益先生可能服从我对他的请求的这种情况,应该想办法既在东京露面而又不公开与我们各个背信弃义的邻国切断关系。显然这些邻国对断交反感,而这可能有利于我们完成这一计划。

必须向他们指出:根据一些真实的报告(他们为了排斥一个普通的冒险家所做的交涉亦证实了这些报告),东京已处在无政府状态之中。这种无政府状态使人担心国王的权力不久会被彻底推翻,国家随之将由一个外国来统治。

这样一个变化将使我们丧失条约中一项关于向我们开放东京

通商所得的好处，这一变化将使受我们保护的50万天主教徒遭到极大的危险，还将危及我们在交趾支那南部的殖民地的安全和前途，而我们为此曾做出了如此巨大的牺牲。鉴于可能发生的意外事情，我们认为有必要用武力取得保证和占领河内（东京首都）和沿海的一个据点，一方面威吓叛乱者，另一方面威吓海盗。我很遗憾事前未得到安南政府的同意就采取和执行这一决定。我是被迫迅速采取行动的，因为我接到令人不安的报告，说叛乱分子势力发展很快，天主教徒们纷纷申诉，派一名全权代表去西贡的事屡次推迟等等。

我将维持这一占领，直至有一项条约使我不用为我们教友的命运担忧，使贸易安全有保证，使我至少能间接地维持这个灾难深重和动荡不定的地区的秩序。这些邻国最后派来全权代表时会相信这一点，即我的友好态度一如既往。

在我的某些假设中，部长先生，有些理由足以证明我们的武装在东京存在的必要性。现在只剩下对此进行研究并考虑其后果了。

很可能这严峻的打击会改变顺化朝廷的部署，改变它的权势，将权势交给那些执行新政策的同伙。这新政策更加符合中国和日本曾经采取的政策。这是一个更有可能的假设，因为安南人不可能抱有别的幻想，他们的无能已经极为明显，一小部分法国人已出现和存在于这个国家的心脏。

这样的打击轻易地取得成功之后，在这种情况下所签定的条约只能导致一个多少有点巧妙乔装、但却是真正的、在法国保护之下的保护国。我们将从中得到政治与贸易方面的好处，以此为交换条件，我们就可以在牢固的基础上树立国王的权威，帮助他组织一支军队，一支船队，建立海关来开辟他的财政资源。他的海关的建立,可以参照中华帝国为增加财政收入而建立海关的办法。将来法国在远东的势力会得到可靠的保证。我认为对此问题作更多的议论可能是多余的。

但也可能发生这样的情况:安南政府在让步之前,可能会竭尽全力在我们占领的各省推动暴动,同时以他们仅有的武装来反对我们在东京登陆的远征部队。他们这种作法的后果对他们来讲将是灾难性的。因为一些一无所有、身处社会下层的人和一些阴谋家,确实可能招募到成百上千的流浪汉和为非作歹的坏人,可以逞一时之勇扰乱我们各占领省份的社会安宁;但是这些匪帮只不过是一群乌合之众,他们缺少武器,纪律松弛,资金匮乏,怎能与拥有强有力手段的我们相抗衡呢?这种令人遗憾的暴动即使能引起一场大量流血的混乱,也会很快被镇压下去。我保证,它不可能危害我们的统治。

至于我们远征军的进攻,无论它缩小到什么程度,当人们知道西内船长曾率领两只小船和20多个人走遍整个三角洲,并知道他如何使这伙愤怒的乌合之众尊重他和制止他们时;当人们知道堵布益先生领着25个欧洲人和来自各地的百来个亚洲人在这个国家坚持了八个月时,在这种情况下发动攻势有什么可担心的呢?显然不存在任何这方面的危险。唯一要考虑的可能性是,假如安南政府头脑发昏或失去理智不与我们合作,并拒绝进行谈判,那就可能由我们取代他们在一个如此广阔、如此人口众多的地区实行统治了。这样当然有些困难,但并非无法克服的困难。只有我们在这个地区的出现能使这个长期以来无论在沿海还是内地都未能享有安全的地区得到安全。大部分民众是深切地仇视安南政府的,这个政权的无能已使他们陷于一种非常悲惨的境地。假如不是亲眼所见,这种困境是无法想象的。我们可能不会看到该地区里有地位、有影响的人移居安南(像这里曾有过的例子),让我们单独处在一群对行政习惯和概念一无所知和外行的人中间。从这个角度来看,我们现在的地位可能会比我们刚刚占领南方时好得多。只有那些在普遍谴责声中名誉受到影响的官员会逃跑,东京可能很快会处于一个相对安定的局面中。

为便于记忆,现在我只谈谈占总人口1/20的50万天主教徒。他们的主教许诺和我们积极合作。我知道,当我们向交趾支那宣战时,我们在这方面有过严重失算。今后我们可能还会有,但肯定会大大减少。居住在某些省份的众多教徒会支持我们。对这些人中间那些有知识、有钱、有影响的人物,我们是不能忽视的。我们也能够有效地利用天主教和传教士所获得的关于这个国家的渊博的知识,他们在这个国家居住了很长时间。自从他们不受粗暴的迫害之后,他们已经跑遍了这个国家。至于南部各省的传教士,他们被迫白天躲藏起来,只有晚上乘坐有遮篷的船出门。我们所到的地方他们并不比我们更熟悉。

我对这一设想提出过异议,但我再强调一遍,我深知安南政府向来既狡猾又胆怯,所以我认为这一设想是站不住脚的,尤其是如果我们采取一次决定性的打击,我可以肯定,这样的打击会打消安南政府的犹豫,会促使它下决心和我们谈判。

在这种或那种可能中,还应当设法消灭占据东京北部和西北部的中国匪帮。自从我得到米乐先生提供的关于这伙叛乱分子的部署情况之后,我认为这一目标也不难达到。这些人已经愿意投降,回到他们的国家去;我并且相信我们可以依靠两个毗邻的总督——两广总督(我和两广总督关系很好)和云贵总督的协助。后者似乎不会不代表驻在他管辖地区边界上的匪帮头子,接受由堵布益先生提出的投降建议。

部长先生,我认为我已经从各个角度把问题阐述清楚了。因此我是否能够请您同意我的强烈的希望:我已明确地向您陈述了我提议的武装示威能得到什么样的巨大好处,我们如放弃不干会有什么样的危险。

我如此深切地自信以致于害怕会被否决,我愿意对我的决定负全面责任。我的良心告诉我,我是政府的工作人员,我应对政府负责,对这件关系到它将来的政策和它行动手段的事我负全责。因此我理应写这封信。

但是假如您或者政府还有什么担心的话,我准备承担我所提议的远征后果的一切责任,我将准备接受谴责、召回或降级(我认为我还有权利要求升一级)。我不要求上级批准,也不要求援兵,我只要求让我放手去干,除非您反对。如果我所取得的结果不是我向您表明的那样,我愿承担一切责任。

下面我向您谈谈我经过细心研究和周密思考后打算采取的方法。我将利用 7 月 20 日从土伦港开来的这艘运输船和 8 月底或 9 月初从日本驶往法国要经过此处的小护卫舰"高斯毛"号(Cosmao),再加上"戴斯泰"号(D'estrées)及若干艘用来维持首都与选作行动基地的吉婆(Cat ba)港交通的小炮艇和帆船。

登陆部队将由经过挑选的两连陆军、两连民兵和半个炮兵中队组成,共计 600 人左右,这样的兵力占领河内(要塞)和广安不仅足够而且有余了。在这样一个资源丰富的地方只需供应酒和面粉即可。"胆"号(Tarn)可以轻松地负责起食品、武器弹药和大部分人员的短途运输任务。只需购买一艘运煤船开到那里,就足以保证远征军的必需物资了。

这次远征应由海军上校西内先生指挥,他很熟悉此地,他曾向我说,使用甚至不十分大的武装力量就可以达到我们所预见的结果。就是为此目的，我荣幸地向您请求派这位军官乘坐8月3日的邮船来西贡。部长先生，感谢您对我的信任，不加其它解释便答应我的要求。

部长先生，我向您说明了我所要采取的有限度的手段。用这些手段我保证法国于占领湄公河流域之后再占领红河流域，为建立一个东方帝国奠定不可动摇的基础。这个大帝国随着事物的自然发展，将有一天从暹罗湾扩展到中国边境，成为一个有3000万至4000万人口的世界上最富饶的地区。稍有犹豫，就会使一切都遭到损失。

我是赞成利用时机的，而且我不觉得有任何危险。但现在关键时刻已来临了。如果您还有疑问，请保留您的批准，而让我动作起来吧。我向您保证，结果定将是对于我们不幸的国家十分美好、十分有利的。如果我不准备牺牲我的一切向祖国证明这一点，我将有愧于我的祖国。

交趾支那总督兼总司令、海军少将 游悲黎

附言：我刚写完这封信，接到密码电报说西内先生病了，并要求知道我的计划。我今天发去了密码电报，电文如下："由于堵布益先生事业的成功，东京已开放，他的舰艇已可上溯红河直至云南边境。此举对英、德、美的贸易影响巨大。在这个国家未受欧洲人和中国人双重威胁之前，占领东京是绝对必要的，以保证法国拥有这条唯一通道。不需什么援助，用我现在的力量即可成功。"

西内先生因病造成的延期使我十分为难。我需要一个信得过的人去执行这项极为微妙的任务。如果我找不到这样的人，如果我被迫推迟行动，我只能等9月20日出发的那艘运输船到来之后，到11月份进行远征。有一艘运输船的协助对我是必不可少的，恐怕那时我还会失去"高斯毛"号的支援——它的支援对我是很宝贵的,我也不能留它太久。我将好好考虑一下,在没有接到您对我此信的答复之前,我决不动手。

M.D.亚洲第31卷第219—237页

5 交趾支那总督致海军及殖民地部长

1873年9月11日于西贡

部长先生:

我曾荣幸地给您复电,您8日的电报已于昨日收到。只要条件允许,我将遵照您的电令行事。我将根据我们在欧洲的处境采取谨慎的措施。至于我们在远东的前途,我将全力保护,决不会损害它。

东京问题十分复杂,我可能会被卷入这一漩涡。顺化朝廷可能会请求我出面帮助它排除它感到无力排除的困难。在这种情况下,我们如不接受它的请求,就等于承认我们无能,这就会给我们目前的利益和我们的前途带来难以挽回的不利影响。不过,请放心,万一我认为必须采取行动时,我会十分谨慎的。

安南的使团已到达西贡,此事已向您汇报过。由首席使节黎峻、礼部侍郎阮文祥、乂安省按察使阮桑瑞组成的使团9月2日上岸后就住进政府衙门,并受到鲜花和13响礼炮的欢迎。我召集各行政官、军队指挥官、民兵指挥官以及西贡的教会人士参加为使团举行的盛大招待会。

我当天曾去拜访他们,并核实对他们的接待工作。我向他们表示,在他们稍作休息之后即与他们会谈。我察觉他们也与我一样急于进行接触。但是由于首席使节身体欠佳,因此我请他们确定我们第一次会晤的日期。我们于8日作了第一次会晤。

我在他们递交委任书向他们表示感谢后,努力劝说他们不要再继续他们的行程,因为他们的政府要求他们与我商讨的各项问题都是十分重要的，要详细商酌，需要时间。而现在时近中秋，他们到达法国时已是初冬了。法国政府并不希望他们作这次旅行。可是，法国政府却非常希望他们在缔结和平友好条约之后再作法国之行。我再三说明这项条约的缔结，即为了法国的利益，而更重要的是为了安南王国的利益。如维持现状不缔结新的条约，必然会不断出现各种麻烦。

首席使节回答说，他们是奉命请我就一些问题（我在前信中已提到过）向他们作些解释；如果新的解释符合他们政府的意图，他们也许可以获得留下来进行谈判的必要权力；如果在和我们交换意见后，他感到有成功的可能，他就准备向王国政府提出留下来进行谈判的请求。

我感谢他的诚意，并向他阐述我所知道的情况。我向他们指出，他们的政府应尽快与我们商谈缔结条约的事，并依靠法国的友谊来恢复国家的财政，重建他们的海军，这样做只有好处而无任何坏处。听了我的分析之后，他们也将他们的想法及其政府的愿望告诉我，以便请我估量他们的要求能否被转达给法国政府，能否获得法国政府的同意。

我接受了他们的建议。正如您将在附件 3[①]看到的，当时我还难以看穿他们的意图。他们既胆小又不相信他人。他们要求我先与霍道生(Philastre)先生商量，他们似乎很信任霍道生。而这位先生自从勒格郎(Legrand)神甫不幸去世后一直充当我的翻译。

他们为什么犹豫不决，我认为：他们十分清楚，维持领土的现状是我们必然要强调的一项条件，而他们又不愿接受这一条件。我听说他们坚持的原因是：丢失西部 3 省对现任国王来说，是愧对上

① 原档缺此附件。——编者

苍、愧对列祖列宗、愧对臣民的奇耻大辱。因此,国王在极力争取摆脱这种屈辱处境,希望收回3省。我指示霍道生先生,要耐心听取他们的陈述,即使他们老重复说一件事也不要紧,但不要让他们产生从我这里看到有让步的希望。我明确向他们指出,对于关键问题,我没有作出让步的任何权力。如果他们希望得到令人鼓舞的让步,那么,应该是首先让我了解他们向我提出的相应的让步和保证,以便我先行估计它的可能性,看他们作出的让步和保证能否转告法国政府,能否促使我作出向法国政府请示的决定。

他们一听说这种让他们作出让步和保证的必要条件,便立即退缩了。他们担心由他们先提让步和保证会不得要领;他们还害怕如果我不给予照顾,他们失去的将会比要求得到的更多。

与亚洲人和准中国人打交道,无限度地拖延时间是司空见惯的。至于我,如果不考虑东京不久可能会受到云南穆斯林叛乱分子的武装入侵,我倒认为这种拖延不会有什么麻烦。的确,我曾努力争取排除这种危险,请求热福理(Geofroy)先生抓紧与总理衙门交涉,同时吁请两广总督和云贵总督不要插手该地区的事务,我还向他们保证将全力说服顺化朝廷,让中国商人自由利用红河。如果我这些活动取得成功,那么,这些安南使节的拖延也就没有什么危险。

我的目的是促使他们要求法国给予保护,这样他们就有义务不接受任何外国的外交官或领事。还要促使他们提出如下要求:在顺化派驻一名〈西贡〉总督的代表;在首都及东京以及安南的一处港口或数处港口派驻一位拥有足以保证安全的武装力量的法国官员;各地自由通商;取消海关及一切有碍陆地、边境通商的机构;在海岸和中国边境征收公正合理的关税,向法国、安南和中国商人开放红河;给安南基督徒以信教自由,彻底废除一切阻碍他们进行宗教活动的规定。最后，当然是付清西班牙赔款。

当这些条件得到忠实和自觉地遵守时，3省也不会再发生叛乱和违法活动，法国政府就保证在交换批准书×①年之后，将这3省的行政权归还嗣德王。法国政府在永隆、朱笃、河仙保留一位驻扎官和一支足以确保基督徒和所有忠于法国的安南人的安全、保障柬埔寨人的权利、保障所有水陆交通畅通的卫戍部队。安南政府每年应支付××②万皮阿斯特作为我们在3省的支出费用。

法国政府将保护嗣德王使其免遭内外敌人的攻击；保证向他提供一些专家帮助制定政策，实施管理，以恢复财政秩序、调整税收，组建海关；保证向他提供一些军事教员以组建一支军队；保证向他提供一些精良武器和配置大炮的军舰，以及指导各项工作的工程师和熟练工人。

如果他们收回3省的愿望十分强烈，正如我想象的那样，那么他们有可能接受这些条件。我们在作了巨大的、可能是暂时的让步后，就可以遏止外部势力涉足从湄公河左岸一直伸延到海边的广大地区。与东京诸河流域的商业相比，湄公河流域更为重要。我们因而可能会奠定我们对包括前柬埔寨王国和前安南王国的所有区域的统治，从而完成对一个高度文明的2900万至3000万人民的统治。总之，只要这个变化莫测的世界允许，我们就可保证法国在远东有一个光辉的前景。

安南使团到达西贡后，使我产生这些想法，我认为这些想法值得提出来请政府考虑。

部长先生，您对这些想法研究之后，请电告您是否同意我根据

① 原文如此。——编者

② 原文如此。——编者

以上提到的情况作为基础进行谈判。

海军少将　游悲黎

M.D. 中国第 31 卷第 284—291 页

6　蒲洛格利致夏普德莱纳[①]

1873 年 10 月 14 日

先生：

富于道[②](Foucard)遭受一群士兵的暴力打击。这一群士兵是在一名军官指挥下这样干的。他被带去见更高一级的当局时，谴责了这种暴行。这对我们是极为严重的侮辱，但却不能过分强烈地抗议违犯我们的条约。据您来信称，您一得知事件后就急忙向总督交涉。您的交涉似乎在他的思想上起了一些作用，使他懂得必须立即承认您的正当权利。请您不要忘记在必要时再次提醒他。我希望不久能听到总督主动向您作出您认为足够的赔礼道歉。

我很有兴趣地读了您转告我的关于堵布益和米乐远征云南的种种细节。他们这次旅行取得的成功证明了沿着这条东京河流上行的可能性，这是件大事，我们可以预计，欧洲商界不久就会频频利用这条通往中国西部各省的新的交通路线。我承认，这种可能性要求我们利用安南政府想通过与我们签订一个条约来推迟认可我们对下交趾支那的统治这种情况，使我们得以在东京立足。但是还有其他更紧要的理由要求我们，除非出于当务之急，不要随便行动，以免产生严重后果。在这种情况下，我们必须密切注视对我们的决定可能产生影响的事实，必须保持极其慎重的态度，避免自己

---

① 原件未署发信人姓名，标题是编者所拟。

② 音译应为富卡尔，富于道是他自取的汉名。他在广西活动数十年，记载颇多，以下译富于道，以便考查。——编者

招引别人去注意人们原已十分关心的这个问题。因此我对米乐先生在他返回时大肆宣扬深表遗憾，您指出他这种宣扬不是时候，是有道理的。

C. P. C. 中国第 2 卷第 168—169 页

7　海军及殖民地部长致外交部长

1873 年 10 月 20 日于巴黎

部长先生、亲爱的同事：

我有幸于 9 月 12 日将交趾支那总督、海军少将游悲黎先生 9 月 8 日给我部的电报内容向您转告。电报说，安南帝国负责谈判及签约的使团已经到达河内。

我 9 月 11 日给您的信和附件告诉过您，海军少将游悲黎先生汇报了接待嗣德王特使的情况，和他们谈判的情况，以及提出的新条件。这些新条件他认为对签订条约是有利的。他要求政府尽快地给他下达指示。

我仔细地研究了总督的电报，由他所提出的谈判基础在我看来能满足我们所追求的最高利益。因此我将草拟的电报稿送给您斟酌①。这是给海军少将游悲黎先生的，正如您将看到的，除批准他进行谈判外，还特别强调签订的条约必须保证建立真正的保护国并将安南帝国掌握在我们手中。

部长先生及亲爱的同事，请尽快答复我，在您看来电报草稿是不是完全回答了交趾支那总督的问题，请您明示，这份电报是否也包含您的意见。

我不用再强调，海军少将游悲黎先生迅速得知政府对这个重

① 原档缺此电报稿。——编者

大问题的意图是多么关系重大。

东比多内

M. D. 亚洲第 31 卷第 282—284 页

8 交趾支那总督致海军及殖民地部长电

1873 年 10 月 23 日下午 5 时 20 分于西贡

22 日密电收悉。对于不做出如此重大让步而达到这一结果的前景并不失望,但这将需要较长时间。

M. D. 亚洲第 31 卷第 322 页

9 海军及殖民地部长致内阁副总理兼外交部长

1873 年 10 月 23 日于巴黎

内阁副总理先生、亲爱的同事:

我荣幸地送上发给交趾支那总督的电报副本,该电是回答他 9 月 11 日来信关于与嗣德王使团谈判在安南帝国建立我保护国事宜的。电报的措辞我们已在今天上午取得共和国总统同意,电报译成密码后,已于今天由我发出。

我十分荣幸地随函奉上我打算发给海军少将游悲黎先生的指示,向他证实这份电报,并给他详细地指明他在面临可能出现的事情中应采取的态度。我希望这些指示能得到您的同意。交趾支那的信使将在本月 24 日离开巴黎,我请您及时退回此信,以便它通过这次邮班到达目的地。

海军中将、海军及殖民地部长

附件 1 海军及殖民地部长致游悲黎电

1873 年 10 月 23 日 1 时 30 分于巴黎

同意您以 9 月 11 日来信为基础进行谈判。以交回 3 个省的行政权来交换保护国制度的条件可以接受，但要真实地实现。否则，应明确说明将实际占领安南帝国。这个条件是绝对的。只有对此给予确切的保证后，您才能签字。规定每年的偿还款，尽可能地相等于扣除费用后的 3 个省的收入。

附件 2 海军及殖民地部长致交趾支那总督

1873 年 10 月 23 日于巴黎

总督先生：

我荣幸地向您证实我本月 22 日的电报。电文如下①。

电文的措辞是与内阁副总理兼外交部长商定并经共和国总统同意的。电报基本上包含政府对您要与目前已到西贡的嗣德帝的使团进行谈判的设想。本指示的目标仅仅是依照您所陈述的愿望加以发挥，并为您规定应采取的态度以取得既为法国争得荣誉，又为我们争得财政上的收益，又能扩展我们在远东的势力。

您最近陆续给我的函电均涉及法国干预东京的重要性日益增强的问题。您为了支持迫切要求允许对这个地区使用武力所提出的论据，给我以深刻的印象。我之所以拒绝这些迫切的恳求，是因为我觉得一方面现在我们的处境要求我们在这方面应慎重从事，另一方面我们也许能用和平的方式得到同样的结果。

现在所进行的谈判已给我们打开了后面这条路。政府正密切

① 与本件附件 1 同，略。——编者

注视着你在这条道路上取得的进展。安南帝国如接受保护国制度,可使我们不战而取得极为有利的地位。同时可使我们的部队获得一条相当便利的、直通云南的通道。而且还有可能使我们掌握这些富庶省份的大部分贸易。如能获得大致如此的结果,则我们可以作出一些让步。政府授权给你去作出判断,如果将永隆、朱笃、河仙3省的行政管理权交还给嗣德帝,我们是否能获得可以得到补偿这种让步的利益。如果你能确定〈维持〉一种类似在远东其它一些地区已经存在的君主国的条件的话,政府大概会接受你关于财政、军队和海关问题上的想法。只要能将该国与外国政府谈判及签订条约的权力,制定海关税率的权力,施行或监督税收权,还有训练帝国军队、培养官员、发生战争时指挥军事行动等权,都归于保护国政府。

我仔细地研究了您建议列入草拟中的外交文件里的各项条款,我认为这些条款能达到政府和您提出的目标。不过,要完全达到目标,我们参与对土著部队的指挥和对财政的管理就不能仅仅是一种权力,参与的实质应该说是对安南皇帝的一种义务。

这样的条约既有利于我们,也有利于嗣德帝。首先,在实施对3省的管理中,无论从他的自尊心还是从您对我说的他的宗教意识上看,他都将获得一种满足。其次,我们免除他欠法国的那部分赔款。最后,由于我们将要采取的有效措施,将清除东京内部的叛乱分子及沿边的海盗,这个富庶省份的收入将流回安南国库。财政收入还将由于对红河水运征收关税和过境费而增加,现在该河的水运业几乎为零,但将会迅速发展。交趾支那中部将拥有两个产粮区,它将从这两个产粮区得到所需的大米,而现在它由于我们占领区域的扩大而缺乏大米,另外,由于东京暴动频仍也造成大米供不应求。这些如此巨大的利益,必将促使顺化政府作出妥协。事实上对方向我们提出的意见是不利于全局的，某些使节无意中流露的情绪充分说明了这一点。所以，我希望由于您的灵活性，这一点将会得到完全的同意。我指望您去向谈判者强调由此而产生的对安南政府十分有利的局面。在消除了由于叛乱武装、蹂躏其国土的中国盗匪和交趾支那供应困难等而产生的烦恼之后，嗣德帝就可以集中精力去改善其臣民的生活，发展工农业以及扩大贸易了。

我完全同意您为了在确定的数年期限后、以及忠实地履行条约之后，归还由特拉格郎提爱(De La Grandière)将军兼并的3省而采取的预防措施。实际上，当地已习惯于我们比安南更为宽宏的管理。有一些中国人已在该地区定居并置于我们的保护之下。该地区的基督徒数目也在增加，柬埔寨人获得应该受到保护的权利。此外，这三个省也和帝国的其余地方一样，需要有我们的权力代表以及由我们指派的官员。

这种新形势造成最为重要的后果将是使安南政府重新在3省拥有征税权。如果要作无偿的舍弃，那么我们就会出现财政赤字，我估计会达到350万；另一方面，由于我们地位的变化，我们的占领费用可能不会减少，维护保护制将给我们增加新的义务，而政策实施的必然性又不允许我们减少我们的兵力。因此，必须要求安南政府与我们分担保护费用。您提出以每年支付一笔费用作为要求的一项条件，这笔费用的数目应尽可能接近归还的3省的收入(扣除所需的费用)，我认为这是公正的。再有，安南国库所得的利益很大，足以让这一公正的条件得到接受。

至于战争赔款问题，归于西班牙部分的就应该完全支付给西班牙。

原则问题确定了，往后就靠您发挥您的聪明才智去实际执行了。此外，您在9月11日的函中提到建立保护制可能带来的利益，要向嗣德提出的担保,特别是有利于基督徒的担保,我非常重视,亦表赞同。政府十分关注您奉命进行的谈判,我就不必强调了。我深信您理解这一目标的伟大意义,我知道您充满强烈的爱国热情。我也相信,对于事关法国荣誉以及远东文明进步事业的成功,您定会尽心尽力。

东比多内

附言:请让我了解谈判的进展情况,必要时使用电报。

M.D.亚洲第31卷第308—316页

10 海军及殖民地部长致内阁副总理

1873年11月28日于巴黎

内阁副总理先生、亲爱的同事:

我收到交趾支那总督兼驻军总司令10月7日的一封信,内容为截至该日我们与安南朝廷的使节们就缔结解决嗣德帝政府与我们远东殖民地的相互关系的新条约的谈判情况。在这封信中,海军少将游悲黎向我谈及对东京实行一次军事远征的问题,远征的目的在于驱逐无视安南当局的意见而盘距在那里的法国冒险分子堵布益。

我当时认为必须立即向交趾支那总督发出两份电报:第一份电报的抄件附在本信之后①;第二份是对其请求的肯定答复,信后同样附有该电的抄件②。由于事机紧迫,我来不及与你部共同商定这两件电报稿,但是在电文中我已尽力体现我们共同商定的政治路线,我相信这两件电报将会得到您的完全同意。如能得到您关于这方面的详细通报,我将不胜感激。

①② 原档缺此附件。——编者

海军及殖民地部长

附言:现将游悲黎总督来电抄录于后:

西贡,24日下午4时发出。

11月20日来电收悉。占领不成问题。东京居民请求我们给予援助,已派"蝎子"号(Scorpion)及"爱斯兵哥尔"号(Espingole)舰共载50人往援,很顺利,毫无开销之虑。详见10月27日信。

附件 海军及殖民地部长致交趾支那总督

1873年11月21日

总督先生:

现向您证实我本月20日为答复您10月7日关于派遣远征军去东京的计划的来信而给您的电报,电文如下:

"10月7日信收悉。希望还未派安邺去。如果他出发的时间并未推延,谨向您肯定我9月8日函中的命令。政府不同意占领东京。政府想避免一切需要派兵到交趾支那、需要增加经费的方案。议会对经费一事非常敏感。"

我不得不再次强调我9月8日的函件提到的、而后我在10月20日的指示中加以发挥的意见。您同月23日的电报并没有提到这一派遣的事,虽然您认为这次派遣有重要意义,因此我希望这件不愉快的事将得到妥善处理,既符合我们的利益,又符合我们的尊严。因为,我并未忘记,西内率领的远征军曾经有力地支持堵布益的船只打开红河通道。您的确曾为了防止外国的干预,以殖民地的名义努力保证为这位冒险家承担义务。对我们来说,从这些对比中似乎看到它的复杂性已充分表现出来。我对顺化朝廷企图在这种形势下趁机捞一把的事并不感到奇怪。因此,您完全有理由拒绝接受种种含沙射影的谈话,完全有理由告诉安南政府的商船大臣,您不能同意另一个欧洲国家干预此事。

此外,不论发生的情况结果如何,我认为这种事情十分不利,我们应该在一定程度上终止这种事情继续发展下去。因此,我的看法是,由您向堵布益提出这样的建议。但我不能同意派出一支远征军,这样会造成流血冲突,永久的占领所需的费用无法预计。按照这位安南大臣在他9月22日照会中的说法,我相信,我们的介入将得到预期的效果。事实上,堵布益不能违抗一个代表您的军官可能向他下达的命令。一支远征军的机构并不必要。这样,您可在不涉及冲突和国家财政的情况下为他们出一把力。对此顺化朝廷一定会表示感激,如果人们想到顺化朝廷似乎关注此人的离开,那时您就可以趁机轻易为我们的船只开进红河取得通行证,获得特别的好处,如果您就近得到情报的话。

也许我在写此信时您已让安邺率队出发了。如果您作出了这一决定,我将非常遗憾。不过我无法相信,因为您的电报并没有向我提到此事。若这支远征军已出发,请记住,政府的意图是无论如何只进行暂时的有限行动。您不能以任何借口擅自占领该国的任何一个地点,更不能现在或将来打算进行长期占领,即使保护制被接受和同意,我们也不应该考虑占领东京。如果在这种情况下,我们帮助顺化朝廷把东京的海盗赶走,然后又把强盗消灭掉,我们的行动也只限于军事上的,并且只在十分必要时以小部队方式去实施。这样不需要成立一个长期机构,不需要增加兵力,不需要增加经费。

我还需要向您指出,没有必要由安邺率领一大批人马去占领东京的某地,这样会使远征军受到攻击。万一受到攻击,您势必又得派兵增援。您必须考虑到永久占领的弊端:使我们陷入政府极力想避免的错综复杂的局面中。

我们的议会总害怕我们的海外机构要经费。有人抱怨我们的议会只想从我们的贸易部门得到补偿。交趾支那自然给我们带来希望,不过统治和管理这个国家已花去了宗主国500万法郎。虽然我知道,收入增长幅度很大,但我们不应抱幻想。贸易发展带来的繁荣并不是唯一的原因。开设新的税种也增加了不少收入,您自己也承认这种负担已达极限。您知道发展生产产生效益并非短期就能见到。如果我们的东京政策需要增加经费,我们只有从宗主国的预算中申请。这样做,我们肯定得不到钱。我们没有告诉您,我要向议会负责制定预算的委员会磨多少次嘴皮才能为你们保住现在的这些补贴。我认为这些补贴是您的殖民地不可或缺的。我深知您的需要,为此我想要尽力维护殖民地的利益。如果该委员会和议会反对追加由于我们海外领地扩大而需的经费,我肯定会失败。

我深信,我们的政策如果是为了帮助顺化朝廷,对顺化朝廷说我们想帮它维护东京海域和海岸的治安,我们可以仅限于支持当地人进行快速或单独的行动。

总督先生,请允许我再啰嗦讲一些意见。我不很赞同您选择安邺。我不想贬低此人的才能。不过此人性格易冲动、好冒险,不知是否是一个合适的人选。□……

如果我现在参照您10月7日信中关于安南皇帝的使臣提供的新建议的那些材料,我看到的是,他们会突然提出我们完全料想不到的要求。不过有您10月22日的来电,我不再坚持这一点。您10月22日①的电报说,您对取得一种大的让步的结果抱有希望。然而按22日的电报的说法,问题只是要在需要时而且是陷入绝境时,才同意以承认我们对整个安南帝国的保护来归还最后的3个

① 原文如此。——译者

省。

我们相信您是按照此意继续努力的。您9月11日的来信及10月22日、23日的来电我均已回复,复电中包含了您在谈判中要遵遁的政策基点。

您对形势有很深的洞察力,完全理解通过和平的方式来确立我们在这个地域辽阔的帝国的统治既有利于我们,又不丢面子。不久将宣布的保护制会给我们提供解决我们目前在东京以及在我们统治下的各省遇到的一切困难的机会。希望在您的不懈努力下,法国会取得这样的结果。

我再补充一句,无论如何,实施保护制对于我们不能增加经费,也不是为了炫耀我们人数不多的兵力。只有在这种条件下我才会同意您的行动。政府决定不支持任何耗费巨大的偶然行动。

海军及殖民地部长、海军中将　东比多内

M.D.亚洲第31卷第344—349页

11　海军及殖民地部长致外交部长

1873年11月①

部长先生、亲爱的同事:

交趾支那总督兼驻军总司令在10月25日的信中向我通报了那里令人遗憾的形势,这种形势阻碍了德拉波特(Delaporte)先生完成勘察红河的任务。

您可在内附的抄件②上看到,此一勘察团的负责人德拉波特先生因患肝病被紧急送回法国。这场病相当严重地损害了他的健

① 原件未置发文日期,此为编者根据内容及上下文时间加拟。

② 原档缺此附件。——编者

康，致使他在短期内无法再回交趾支那了。

布叶茹连(Bouillet Jullien)和拉特(Ratte)先生同是该勘察委员会成员。他们病情较轻，被迫回到西贡以恢复一下因在柬埔寨逗留而造成的疲劳。

因而我遗憾地向您告知，我们只得认为此项工作起码业已暂时中断了。

尽管如此，我仍希望今后将能重组这一委员会，并在新的条件下重新从事勘察工作，因为该工作的意义与扩大我国在远东的影响关系十分密切。部长先生，我请您欣然同意将贵部给予这一科学考察活动的经费转入追加预算。

对于我提出的请您继续关照勘察红河的任务的请求，请给予答复。

东比多内

M.D.亚洲第31卷第350—351页

12　海军及殖民地部长致外交部长

1873年12月8日于巴黎

部长先生、亲爱的同事：

我收到交趾支那总督兼驻军总司令10月27日的一封信。信中谈到截至当日的与顺化朝廷使团谈判的十分有用的情况。故我急切向您通报该信及其附件的内容①。您可以从中看到游悲黎海军少将按照我们两部信件的精神竭尽全力使交趾支那的使节接受我们对全安南帝国实施保护的原则。为此，他草拟了两个条约草案，其内容已通报给我们。其中一个目的在于确定设立保护国的一

① 复印原档时该附件未印全，故此处未辑入。——编者

般条件,第二个在于专门解决两国间的贸易关系以及税收方法。帝国的海关税将由我们征收。

除去格式问题及□……,我准备接受这两个条约草案的基础,初看上去,它们是符合我们两部确定的目标的。

我将继续深入地研究这两项条约;在得出确切的看法之前,我切望知道您的意见,为此我决定立即向您通报这些重要文件。您一定会注意到,在这一事件中,外交问题较之殖民地问题更为突出。此外,作为保护国第一个后果便是必须将安南帝国的对外关系置于我们掌握之中,否则就不成其为保护国了。这一点非常重要,阁下对此务必表明态度。如果我们的干预行动仅限于与中国人或其他远东居民建立关系,那是绝对不够的,并且很可能由此使形势转而有利于其它欧洲强国,这是我们的政府所不能接受的。

您同样会注意到,我们为阻止游悲黎海军少将派遣东京远征军而于 11 月 20 日向他发出的急电抵达太晚了。安邺已于 11 月 11 日率队离开西贡。也许当时最好防止这一行动,但我想,在顺化朝廷自己提出这样的要求时,我们大概也会给予考虑的。尽管我们发现嗣德帝的政策在这一点上仍然犹豫踌躇,但此事在开始时好像得到他的支持,我认为这是个吉兆。我很希望我们在红河地区的存在可以使安南人明白,接受我们的宗主权是有益的。

想您不会忽略海军少将游悲黎先生要求以电报给他答复。

海军中将、海军及殖民地部长

M.D.亚洲第 31 卷第 369—371 页

13 海军及殖民地部长致外交部长

1873 年 12 月 13 日于巴黎

部长先生、亲爱的同事:

继前数信、尤其是本月11日信后,我现在又立即将交趾支那总督兼驻军总司令11月8日的信转送给您。该信主要内容是关于截至发信时止的我们与安南使团的谈判情况以及安邺先生率领的派往东京地区的远征军的进展情况。

此信附有海军少将游悲黎先生10月31日、11月7日致顺化朝廷商船大臣的信的抄件①

我无须强调这些消息的重要性,我深信您会从中得出和我相同的结论,即必须按其要求立刻电复交趾支那总督。我在本月8日的信中也曾要求他将有关条约的条文用电报向我汇报,当前重要的是尽快改变极为紧张的局势。如果这种紧张状况延续下去,可能会发生过去那些我们力图避免的复杂问题。□……亟望您能尽快告诉我,应为安南保护国规定何种条件以作为我们对它行使保护权的基础。

附件 交趾支那总督致海军及殖民地部长

1873年11月8日于西贡

部长先生:

参照上月27日我给您的信,今天我向您报告自那天以来在我与安南政府及其使节们之间所发生的一些事情。

在发出上一封信的当天,我便收到了顺化政府对我提出的为在香港发生的事情作出解释的答复,并附有安南政府致该殖民地总督函的抄件。尽管这些说明并未使我完全释然,但我觉得对此最好还是持满意态度,特别是因为安邺受到的接待无可指责。

我当时未收到他的任何消息;假设他于24日抵达目的地并于

① 原档缺。——编者

27日或28日给我写信,我在本月18日或20日之前是无法收到的。

为了和这些使节们重建官方关系,我于10月30日到他们的寓所拜访他们。我向他们表示了我因首席使节的离职而感到遗憾;该使节迫于其令人不安的健康状况而自请免职。我告诉他们我将从他们的政府得到有关香港的活动的充分解释,为此我将恢复已经中断的关系;特别是因为对待安邺的态度已清楚地证明他们的政府的诚意,使我对恢复关系尤感迫切。我请他们接受我的谢意并向政府转达,因为在这一时机顺化朝廷做出这一决定也有他们的一份功劳。

过了一天,我亲自致函商舶大臣,告诉他我对于安邺先生转来的消息是何等高兴,并请他向国王转达我的谢忱。

此后不到48小时,我又收到一封长信,此信十分隐晦。信中向我通报了国王为便利我的代表完成任务而颁布的敕令;同时毫不掩饰地表示他们希望他不要走;他们希望一旦堵布益离开之后,他便立即离开东京。信中还强烈要求我不要立即采取临时措施来解决有关通商和港口开放的问题,而将这些问题推迟到政治协定签订之后再解决。最后十分突然地,新上任的阮大臣通知我:他已被任命为商舶大臣以接替范大臣,后者已另有任用。

我首先关心的是这个连使节们迄今均毫不知情的突然变化意味着什么。使节们长时间地研究了霍道生先生通报给他们的这封信的一段,最后得出结论:如果需要向翻译交待的话,那便是这位姓阮的新任大臣一定是前内务大臣,一个仇视基督教徒的人。我无法根据前述第一封措辞隐晦的信来判断我的新的通信者的倾向。

我对那封信做了极简要的回复,其抄件附在信后请您一阅①。我对国王的好意干预表示感谢,同时许诺要安邺不必坚持就一项临时安排立即做出决定。但同时声明,他在有关通商、开放港口各项问题最后解决之前不离开东京。

他留在河内是我们为对付顺化朝廷的恶意,防止它倒退的最大保证。派两个连和几只炮艇足以确保顺利占领该城并控制河上航行。这是我们最后一招。

安邺因失去"弓"(Arc)号而缺乏采取行动的主要手段。为了使他的处境更为有利,也为了确保我与他之间的联系,不经过顺化的同意,我已致电香港令从中国返航西贡的"蝎子"号直驶河内;电令即将返法的"高斯毛"号直接向我报到。但糟糕的是"高斯毛"号已经启航。尤其令人遗憾的是它还改变了航线。但是由于卡洛(Carreau)海军将军非常清楚我目前的处境,允许我在需要的时间内保留"戴斯泰"号。我坚请狄东(Didot)舰长从香港返回西贡,以便在需要时将其派往东京。我的这位朋友、同事甚至同意当我认为必要时,向我提供"布列因"号的援助。部长先生,我在此无需赘述我对他是何等的感激。

本月5日,顺化的使节们求见。我立即接见了他们。他们要求了解我对他们上次备忘录中的3项请求的态度。对该备忘录,我原表示只有顺化朝廷对其在香港的人员的表现做出解释之后才予考虑,因此我已再次拒绝他们的请求。当他们来会晤时,我正忙于准备对他们的答复。我告知他们,我断然拒绝放弃任何领土,即使面积再小也决不放弃。但为了对国王表示友善,我准备将其祖宗庐墓所在的私有地产交还给他。但未能使他们满意。经过再三力争,他

① 复印件字迹不清,未译。——编者

们看上去终于不再指望在这方面有所收获,于是便降低要求,转而坚持第二点,即削减应付给西班牙的赔款。他们的主要借口是:

迄今6年来,你们享有从我们手中夺去的3个省的收入。作为对我们的损失的补偿,部分减免赔款已不够了,请予全部豁免。

我已尽力使他们明白,那几个省缴纳的税并非从那里得到的贡品而装入我们的钱箱。这一税收经我们之手只是为了返过来用于当地。法国不仅远未从下交趾支那得到任何货币收益,反而每年从自己的收入中拨出至少100万皮阿斯特用到下交趾支那。不能靠我们来了结与西班牙的债务。要做到这一点,除非我们承诺以我们的钱赔偿西班牙。但并没有任何可以服人的理由能要求我们作出这种牺牲。

第三点是涉及1862年条约中关于不征得法国同意禁止他们放弃领土的规定。这一规定伤害了他们的民族自尊心。当然,他们无意放弃任何领土。他们要求归还已失领土的强烈愿望足以证明这一点。这一条款对他们来说完全只是一个屈辱的内容,为此他们才要求将其取消。我答复他们,我认为在起草新条约时,使他们的愿望得以满足不是不可能的。我认为这是一个应予研究的问题。只要两国能够确保紧密结盟的关系,这一问题便有可能由一共同认可的新条约予以解决。

经长时间的讨论之后,他们对我谈及我近日收到的新大臣的信件,霍道生先生对他们说过,我对此信表示不满。他们竭力对我解释:该信措辞语气极为和解,这说明他们的政府真诚希望签约,而他们本人也迫切希望与我共同进行这一谈判,并表示一切均取决于我。他们认为如不能从我这里得到任何让步,即使他们要求授予全权也是徒劳。他们说国王及全国均为在第一个条约夺去3个省之后又失去3个省而深感屈辱。他们求我为他们办点事:如果不能放弃一些领土，我可以在赔款问题上变得通融一些；如果我在这唯一一点上能令他们满意的话，那么一俟接到我的答复，他们便可报告政府，请求允许进行严肃的会谈。我的答复是：由于我须谨守训令，我只能承诺一事：将问题提交我的政府；并且，如果他们能表明具有与我方商谈的权力的话，我甚至可以支持他们的上述请求。其实我认为，我们对他们上述要求做出让步，比交还哪怕很有限的土地都要好些。尤其因为我认为，我们长期以来是西班牙的债权人，因而再简便不过的办法便是将这笔款子归入那并不曾准备结算的账上去。

对方表示十分满意。他们请我不要让他们久候回音，以便尽快致信顺化。而我知道他们的信要在今日寄出。他们的行动结果如何呢？顺化的函件一直显得犹豫不决。这一点我已在前次信中说明了。他们未敢公然与安邺对抗，但在安邺离开之后立即更换大臣，这在我看来并非吉兆。而另一方面，使节们显得信心十足，并且确实希望认真严肃地谈判。对于了解那些习惯于循规蹈矩、唯命是从的安南官员来说，这又不是没有价值的征候。

当然一切都还在未定之中。如果他们的愿望能实现，如果他们能得到他们要求的有限授权的话，我将以电报通知您，并请告诉我政府对全部免除剩余赔款的问题的态度。减免赔款，我重复一遍，即使需以硬币偿付西班牙，我以为从各方面来看，也较放弃土地为佳。

与此同时，我派霍道生与他们就条约草案的各项主要内容进行非正式的讨论——我将此草案呈上请您一阅①——以便他们逐步互相熟识。同时，一旦我们最终要正式涉及此问题时，可以使讨

① 原档缺此草案。——编者

论更容易一些。

迟早我们将达到我们的目的。我们在东京首府的存在是确保胜利的一步棋。在那里坚持下去并使我们的占领为西方列强所接受是再容易不过的了。它们都十分关心从海上经东京到中国的通道能在较经济的条件下向它们的贸易开放。

当某一天我们因顺化朝廷的心怀叵测、拖延不决而被迫中断徒劳无益因而长期拖延下去将会有损我们的尊严的会谈时,我们只消声明:我们要继续维持对东京的首都及河流的占领。为确保这一占领,得派遣两个连、少量轻炮兵、几艘小型炮舰;两个连在河内将比在横滨有用得多。最后,宣布过境自由不受限制,只是凡经此路的所有上行或下行的货物各纳5%的税。据我所知,由于河内位处内河船只必经之路上,收税十分容易,而且收入将较之有限占领的费用多得多。

这样,不须占领,不须暴力,我们将可以左右形势。并且,无须调动部队,也无须巨额开支,便可从容等待安南政府——它是无力攻击我们的——改弦易辙。

部长先生,以上为10月27日以来的情况,我据实汇报。交趾支那的内部形势始终很好,1874年水稻很可能有好的收成。如果谷价能略略上升,则明年对我们的安南臣民将是一个繁荣的年景。

游悲黎

M.D.亚洲第31卷第415—424页

14 海军及殖民地部长致外交部长

1873年12月16日于凡尔赛

公爵先生、亲爱的同事:

继前信之后,现再将我致交趾支那总督的一份电报副本转送给您审阅。此电系对他本月10日报告派赴东京地区部队抵达河内的来电的回复。

附件　海军及殖民地部长致交趾支那总督密电

1873年12月14日于凡尔赛

10日来电收悉。希望您不间断地报告东京的战况。政府的命令始终未变，与我原来转告您的一样。我希望不久占领河内要塞，此举不会导致任何军事行动。

M.D.亚洲第31卷第445—446页

15　海军及殖民地部长致交趾支那总督电

1874年1月8日于巴黎

您向我报告的这一不幸事件，证实了我对派往东京使团的担心。我终未能阻止他们出发。面对既成事实，我只希望我方官员的死亡已得复仇，我方的荣誉和影响也由一次迅速而严厉的惩罚而获拯救。我谨命令您在任何情况下与顺化王朝的使节们协调行动，尽快设法缔结旨在撤离河内要塞的协定。我还要提醒您，政府绝对要求的不是对东京某一地的长期的更谈不上永久的占领。

M.D.亚洲第32卷第20页

16　驻香港领事先基维克斯(Sienkievicz)致外交部长

1874年1月12日于维多利亚(Victoria)

部长先生：

我在去年12月27日关于东京事件报告的附言中，曾说过安邺先生不满足于待在河内，又占领了河内与红河口之间的其它城池，我担心他会把事情搞得太过分。

今天我得到的不幸消息证实了我的这些担心，安邺先生和他的好些士兵在12月21日与安南人交火中被杀死，我们海军的一艘护卫舰似乎正在沿海，运输舰“萨尔特”号(Sarthe)可能正载着230名士兵从西贡派往东京。法驻交趾支那总督先生将此事件电告我们驻上海的总领事葛笃(Godeaux)先生。我是今早从自上海来的法国邮船公司的“老虎”号(Tigre)的舰长处得知这些消息的。

中国人对这些海域发生的一切情况向来都非常清楚，他们定然早已获知安邺先生的死讯。果然，有一位中国商人租了一艘勒杰(Lequès)先生的法国船去东京，几天前突然表示想中止契约，勒杰先生威胁要控告他，他立即付给勒杰先生3500元港币的补偿费。我补充一句，勒杰先生曾于本月2日写信要我将他的“海洋女王”号(Ocean Queen)船派往禁门港，并说有一艘法国巡逻舰停泊在那里；我当即给他回信，说东京各港口还没有开放通商，我不能满足他的要求，因为我知道他可能要求尽快取道安南去澳门。我认为有必要向他指出：如果他不顾我不许他往东京派船而硬要到安南的一个港口的话，他就可能会冒着十分大的风险。

现在勒杰先生找不出什么有力的根据来抱怨领事馆，也就完全改变了他对问题的看法。

我们在远东最近受到的挫折不会使我们感到意外。安南人非常机灵，非常狡猾，而轻而易举地夺得河内市，并被视为异常勇猛、能干的安邺先生过高估计了自己所拥有的行动手段和力量。

然而，游悲黎将军最近几封来信都叫人充满信心。在上月27日的信中，他对我说安南政府已向东京派去新的权威人士负责同安邺先生议和，多海尔(Doheir)愿意亲自陪同并给他们当翻译。然而，即使这些最新消息没有过分夸大，我们还得担心我们分散在东京各地的传教士们会受到虐待，这么一来形势就可能严重地复杂化。

我不知道政府对东京问题如何看法，但我认为，假如我们想要维持某种局面——我说的不是在安南，而是在中国——那么我们必须采取更有力得多的行动。我来到远东时间还很短，在如此重大的问题上，我发表这种意见也许是太鲁莽了；但是我认为欧洲人的威望在中国似乎没有得到巩固，我内心深信这一点，所以我不能沉默不言。

这次法国人被交趾支那人打败了，而又不能迅速以辉煌的胜利来弥补这一失败，这可能会产生极坏的后果。不过可以设想，我们最近所受到的挫折可能只是微不足道的，却被过分夸大了，而中国人最后则把这一挫折说成是交趾支那人打了一个大胜仗。然而我们除非完全放弃远东，否则就不能接受交趾支那人自称他们战胜了欧洲人的这种说法。

至于我所驻在的地区，由于我一贯保持谨慎的态度，尽管我经常受到邀请，我却一直避免对安邺先生的远征发表任何意见，所以我不改变态度也并不困难。

先基维克斯

附言：随信附上《西贡独立报》(Indépendant de Saigon)的一篇文章[①]，文章讲述了导致安邺先生之死的事件。

我从最新得到的报道中得出的结论是：安邺先生很可能是遭到由安南人收买的海盗袭击而死的。安南人无疑是急不可耐地大肆宣扬我们遭受的挫折。这样的说法是符合事实的。我觉得从某个角度看，形势变得更简单了；我们应为自己人的死报仇，狠狠地打击安南人的士气，加速缔结一项条约。假如谈判长期地拖延下

① 原档缺此附件。——编者

去,各种各样的困难就可能接踵而来,这样,谈判就不可能取得任何有价值的东西。

先基维克斯

C. P. C. 中国第 2 卷第 216—217 页

17　外交部长致海军及殖民地部长①

1874 年 1 月 13 日

海军将军先生、亲爱的同事:

感谢您本月 5 日将 3 日发给交趾支那总督的电报内容通知我,我完全赞同。事实上,只有在我们对顺化政府的立场有进一步了解时,把有关待签协定的特别指示发给游悲黎海军少将才会有用。

他从欧洲返回前不久发生的□……。目前的新形势使我们难以否认修改我们以前的指令的必要性。我认为改变谈判地点让大家对指示的更改有思想准备是明智的。

任何情况下我都信赖您。西贡总督在他给您的两份条约计划中提出了某些异议。

现将您 10 月 8 日和 12 月 13 日的信分别附来游悲黎先生的两份报告退还给您。

M. D. 亚洲第 32 卷第 21—22 页

18　驻广州领事戴比(Dabry de Thiersant)致外交部长

1874 年 1 月 25 日于广州

部长先生:

① 原件无发件人姓名,此为编者所拟。

我荣幸地向阁下汇报：遵照阁下的命令，我一回到广州便立即着手研究夏普德莱纳先生过去就广西当局对富〈于道〉主教施行暴力事件向两广总督所提出的照会是否得到该总督的满意答复。首先，我遗憾地发现我的前任是上当受骗了，从前向他作出的许诺避而不提了。我狠狠地指责了总督瑞麟，向他提出了天津条约。我现在有幸可以向您报告：不久即将开庭审判此案，富主教控诉的罪犯即将受到惩罚，一笔500两白银的赔偿将付给他。总督还下达了在广西全境公布天津条约全文的命令。总督同时还要求该省巡抚将应安南王国的请求派遣的全部军队撤离东京，只留下3000人驻扎在距中国边境不远的一个山隘上。蹂躏东京北部的匪帮曾竭力夺取这个地方。

我当即将此事通知了游悲黎将军，同时告诉他，这里刚向指挥这些匪徒集团的三个头领提出了和解建议。据说这批匪徒约3000人，他们曾企图进攻河内。但此后不会有什么大事，最多是其中一部分匪徒在某个时候给游悲黎将军制造某些新的麻烦，不过他们的主要目的是抢掠财物。我在不触犯交趾支那总督的自尊心的情况下，努力使他明白他的军事行动必须绝对保密。西贡政府公报决不可以刊登我们军事调动的任何消息。

中国人害怕我们与他们毗邻，这是我们不应视而不见的。德国人很不愿意看到我们大力在印度支那扩张势力、扩大贸易。所以这件事必须要做得谨慎，尤其需要尽快作出决断。在这方面我没有收到总督的通讯，另一方面我丝毫没有放松了解所发生的事和可能在策划中的事。遗憾的是，想做到这一点，我占有的手段极其有限，这里水平稍高的间谍，同其它地方一样要价很高。外交部或者海军部能不能拨一笔款给我？我将全部用于这方面，将来我一定向主管部门报清帐目。

我还恳求阁下给我寄来一份电报密码,这样我便可以将得的重大消息立即用电报通知您,我也可以通过电报直接得到发出的各种文件。

中国苦力向澳门移民,最近已被取缔。随信附上桑·若那略(San Jaunario)子爵去年 12 月 27 日发布的通告[①],传闻葡萄牙有意把这块殖民地让给英国人。

戴比[②]

C. P. C. 中国第 2 卷第 261—263 页

19　海军及殖民地部长致交趾支那总督

1874 年 1 月 30 日于巴黎

总督先生:

今天我发往您处的电报内容如下:

"政府十分关注东京事件。

"切盼将造成两名军官丧生一事的详情报来。请电告以下问题:赴河内的第二位使节是否返回?军队指挥官的情况如何?城堡是否疏散?12 月份的邮船到达威尔士(Galles)时破损,因而迟到。"

确实,我亟望了解您 1 月份来电中所提及事件的详细情况和有关记录。

今日的邮船将要开往交趾支那,在此之前我不可能收到您的答复。无论如何,先前的指示不变,并再次明确敦促您立即撤离东京。

您收到此信时正是动身赴法之时。如您所述,您因身体状况回

① 原档缺此通告。——编者

② 又译戴伯理。——编者

法是交趾支那的又□……我为能与您合作而感到愉快和荣幸。在目前的情况下，以书信甚至电报的形式解释复杂的形势是不可能的。政府只有在见到您后才能终止您在殖民地遵循的行为准则。因此我相信您将与3月份的邮船一起动身，这就是说，由您自已确定动身日期。

如果条约尚未签署，则会谈应继续下去，您可将文件移交给临时代办哥踆油离(Krantz)将军，以便继续您的工作。但我仍希望您动员那些使节与您同来法国，以便在此间结束谈判，因为您掌握一切细节。

海军及殖民地部长　东比多内

M.D.亚洲第32卷第68—69页

20　驻香港领事先基维克斯致外交部长密函

1874年2月6日于维多利亚

部长先生：

我们交趾支那殖民地的机关报《西贡信使报》(Courrier de Saigon)1月30日发表了一些关于安南王国极其重要的消息。文章谈到的是我们对东京的态度发生了彻底的转变。安邺先生在出征初期所占领的城镇和省份最近都已归还顺化政府，并宣布对那些曾主动给我们效力的安南人予以特赦。请阁下查看随函所附的《西贡信使报》阐述东京政治新形势的文章。东京的事务方向如此急剧而彻底的转变，我觉得似乎只能这样来解释：西贡〈总督〉坚信最终能同安南王国达成一项有利的条约。否则，我们在安南、尤其是在中国的威望就可能遭受到严重的损害。中国人把安邺——视为法国的大官——之死看成是他们的同胞给予我们的沉重打击。他们免不了会言之有理地把我们将已占领的省份交还给安南视为我们惨败的自然而然的结果。很可能安邺先生是干得太过分了,但是他拥有全权,也许是迫于形势才不得不有力地行动,以便达到他远征的主要并已确定的目的:红河的自由航行。

这次出征,无可讳言,就其本身而言是带有某些冒险拼命的成分;但是正因为有这种非常特殊的性质,为了能迅速达到目的和不被可能遇到的障碍所阻挡,远征所用的手段自然宁可剧烈些了。安邺先生率领着不到200人,就占领了4个省,而导致他死亡的形势证明他是有能力保住这4个省份的。而正当我们在东京的兵力刚增强到450人时,我们却将4个省还归安南了。我们可以自问,是否远征的主将一死,我们就无法保住自己的地盘,甚至就不能显示一下我们的军事威力了?这么一来,顺化朝廷可能就会更急切地要签订一项条约,而这个条约的直接后果就是收回我们部队所占领的省份。

一位对东京情况非常熟悉的可靠旅客,1月15日刚离开那里。他给我带来的消息,使我能较好地估计形势。从他的叙述中我可以看出安邺先生到达东京时本应受到当地群众的欢迎。至于600名中国造反者,当他们袭击河内城时,安邺先生手下只有25人守卫着该城。这些中国人是受安南当局收买和唆使的。不幸,安邺先生不满足于将进攻者击退,而是冲出去追击他们,结果被引诱到一个村庄,这时只剩他和一名海军中尉、三个士兵。这样他被轻而易举地包围了。他的头颅曾拿到许多县去示众,然后才送回给我们。

就算这些消息不完全确实,但至少可以肯定,我们出征的第一阶段已以我们丢失阵地而告终;远征军的政治和军事首领的死未得报仇而某些人却获得特赦,在东方国家,对特赦对象来说这就是十分可靠的安全保障。我们在迅速进攻之后,旋即迅速地后退了。

但是我们不应不报复就撤出远东，因为在整个亚洲任何道理都不如一个实际行动更为有力。

我坚信是上级领导指示西贡政府采取最近这些措施的，而且，我也不必干预我们殖民地的事务；我所想强调的是东京事件目前给我们造成不能令人满意的局势；只有当顺化和西贡进行的旷日持久的谈判取得认真的结果时，形势才会改观。

我的估计是不是过分了？这不该由我来判断。我认为，宁可冒说过头话的风险，我不仅应将一些对我们驻在的地区发生有任何影响的事实、而且应将由于这些事实所产生的信念向阁下汇报。

先基维克斯

附言：还有传闻说中国叛乱分子是在两广总督的怂恿下向安邺先生发动进攻的，这也并非根本不可能，尽管根据北京最近的来信我可以宣称中国政府在东京事务中是□……可以毫不困难地举出一些例子来证明北京朝廷历次的声明与他们所作所为自相矛盾，因此更可能证明那些叛匪的攻击不是自发的。

我特别深感不安的是安南官员的态度。不久前还来了个安南使节，据我此刻所知，此人带有一封官方信函。还有其他安南人和香港殖民地政府之间频繁交往的消息……

先基维克斯

附件　1874 年 1 月 30 日《西贡信使报》(节录)

"萨尔特"号运输船经过两天半的航行，于 1 月 18 日(星期日)到达西贡，带来了令人放心的消息。

霍道生先生 12 月 31 日将海阳城交还给安南当局，然后陪同阮使节继续前往河内。他于 1 月 3 日到达河内。当这艘运输船出发时，第二位使节的权力获得了所有各省的承认，向安南政府归还宁平和南定两省的协定已经签署。

凡与最近事件有牵连的臣民都受到了全面彻底的赦免,安邺先生任命的官员继续留任或者量才录用。

政治障碍既已排除,现在就只剩下恢复这个深受海盗洗劫和骚乱之苦的国土的秩序了。为此,法国舰队接到了非常明确的指示:在东京沿海及各河道上遇到的所有武装船只,无论属于中国还是安南,只要没有安南当局发给的合法证件,将一律被作为海盗而加以摧毁。"戴斯泰"号已经开始了此项工作:在离海防不远的一条小河上,它发现了一批来自吉婆湾的海盗船正在掳掠妇女和儿童,便几乎全部予以歼灭:24条帆船沉没,240门大炮被抛入水中,强盗头领、36名中国人全被处决。

法国政府和安南国王陛下的政府正在共同努力完满解决东京事件。

预计阮大臣阁下和霍道生即将返回,海军准将、总督兼总司令派土著事务督察员黎那(Rheinart)去东京任法方驻扎官,以继续他的前任已开始了的地方绥靖工作。

C.P.C.中国第2卷第218—222页

21　海军及殖民地部长致外交部长

1874年2月11日于巴黎

部长先生、亲爱的同事:

继前次关于东京事件的通报之后,现将交趾支那总督去年12月20日的来信及附件转送给您。

您将从这些在最近事件发生之前发出的文件中看到,攻占河内要塞并没有改变顺化朝廷的立场,反而促使它授予使节们加速缔结条约的权力。您还将注意到,游悲黎先生曾指示安邺归还要塞。因此，我还弄不清楚安邺先生和另一位军官是在什么情况下被安南人杀害的，或许是游悲黎少将的指示到得太迟或指令未被执行。

东比多内

附言：我刚收到交趾支那总督的电报，一俟译毕，即向您通报。

附件 交趾支那总督致海军及殖民地部长

1873年12月20日于西贡

部长先生：

我荣幸地向您确认本月15日发出的电报，内容如下：

"12月14日来电收悉。我一如既往地充满信心。我10月30日寄给您的非正式报告、11月8日发出的正式报告都等您答复。

"现向您汇报自我本月6日报告以来的事态发展情况。

"'德克雷'号(Décrès)于7日晨启航，□……"

M.D.亚洲第32卷第73—74页

22 海军及殖民地部长致外交部长

1874年2月13日于巴黎

部长先生、亲爱的同事：

在此信之前曾给您送去数函，最后一封信的日期为本月11日。现随函附上交趾支那总督兼总司令1月4日信的抄件及我部收到的有关安邺和巴尼(Balny d'Avricourt)被害前后所发生的事情的信函。

在见报之前，我已将文件记录呈交内阁，这些文件使这一不幸事件真相大白。您将注意到，安邺先生在轻率的热情驱使下，超出他所担负的和平使命，尽管他已为此付出了自己的生命。我们不得不承认,之所以出现这种局面,完全由于违反了交趾支那总督的指示。

又随函附去游悲黎将军的秘书主任 1 月 5 日(殖民地邮船出发的日子)给该将军的信。①该信提供了一些值得注意的有关当时在西贡的安南使节们的态度的情况。

这些信件已不再具有重要意义,特别是如果顺化政府能十分相互谅解,其余大体与游悲黎海军少将本月 2 日来电(电文已送给您)一样。

海军及殖民地部长　东比多内

附件　交趾支那总督致海军及殖民地部长

1874 年 1 月 4 日于西贡

部长先生:

11 月 20 日的电报及 21 日的来信均收悉。

您现已知道突发的纠纷及我为防止局势进一步恶化而导致安南政府改变立场所做的努力。我对前途持乐观态度。您还将了解到得到授权的第二位使节和霍道生前往顺化的情况。国王为表彰我为和平所做的努力,授予我一枚金质奖章,并授权第二位使节在其返回西贡之前与霍道生先生协调解决条约草案中有争议的问题。

昨天我还在期待着他们的回返,却传来了这一令人痛心的消息:12 月 21 日安邺先生在河内遭到袭击,接着与海军中尉巴尼及其他 3 名分队成员一起遇难。对此我深感悲痛。安邺先生过于自信、鲁莽又欠慎重,终于导致这场悲剧。他的遇难使法国失去了一

① 缺此附件。——编者

位充满爱国热情、品德高尚的公仆。我谨向他及遇难的年轻人表示哀悼。

邮班定于明天离开这里，时间很紧，我无法将昨天发生的事件详细地记述，我谨将以下内容的副本给您寄去：(1)安邺先生12月13日写的最后一封信；(2)帖斯塔尔(Testard)舰长的报告，他在困难的环境下保持冷静，明智地审时度势，判断准确，值得称赞；(3)莫蒂(Moty)先生在河内的最后一刻用铅笔写的信。他是土著事务主管官员，被派往协助安邺先生。

当天，我派去的增援部队到达河内，使河内的安全有了保障。帖斯塔尔曾下令集结分散在各地的小分队。霍道生先生和第二位使节离开"德克雷"号赴河内，他们达成协议，对重新控制局势充满信心，至少要在这个国家最重要的地区恢复秩序。

就目前已知的东京局势及其后果进行分析，我得出了以下结论：

1. 第二位使节认为局势对我方不利，因而改变立场，寄希望于我们被赶出东京；或者，国王本人为被夸张的事件报告所迷惑，从而改变主意，重新扶持抵抗力量，命令他的使节继续坚持敌对政策。然而，我认为霍道生先生不费吹灰之力便可使他的谈判对手明白，尽管发生了如此令人遗憾的事件，也丝毫改变不了各自的处境。我对顺化方面则不甚放心，我向东京派出少量人员是作为盟友和辅助人员，人们稍作思考就应明白，安邺的失败并不能给未来带来真正的、持久的影响。

2. 或许这个国家继续动荡下去，以致国王的使节不能得到人们的承认，因此对恢复王室的权力无能为力。

3. 最后，最令人满意的设想是，这次事件既不改变顺化朝廷的立场，也不改变其在东京使节的立场，而后者的影响足以使国家恢复秩序。

在这最后一种情况下,我只须耐心等待。但是对前两种情况也不能掉以轻心,而应采取相应的防范措施。正因为如此,我当即决定在不影响全局的情况下抽调两个半连乘"萨尔特"号开赴东京。"安特落波"号(Antilope)吃水不深,可在内河航行,以便维持我们与海上的联系,它将把5名从东京派来的要人送到沱瀼(Tourane),送还国王。"安特落波"号还将把我汇报情况的信件交给商舶大臣,此信谈到在不改变立场的前提下采取措施的必要性。第一位使节已经解释派部队这一举动既不意味着我的不信任,也不意味着敌对的立场。

我还把水道测量工程师埃罗(Heraud)先生、副军需官圣·康坦(Saint Quentin)先生派往东京主持行政管理工作,随行的还有一位第一流的医生。特遣队由杜雅定(Dujardin)领导,他还将负责东京的军事行动。霍道生先生将负责政治方面的事务。帖斯塔尔舰长本人或由他任命一位军官指挥由"安特落波"号、"蝎子"号、"爱斯兵哥尔"号及一艘蒸汽艇组成的小型舰队。

如果各小分队还未集中,则当务之急就是把它们集中起来以避免损失。霍道生有权与军事指挥官协调行动。

增援部队抵达后应与海上取得联系并占领一个地方,在毫无危险的情况下亦可占领两个或更多的地方。

霍道生的态度和行动将决定安南当局及整个国家的局势。如果要求他帮助恢复秩序,他将借助于我们的部队。

假如事件是由当局煽动起来的,则我方应选择最合适的地点集结部队,这个地点应便于和海上保持联系,又可做为今后的基地。

一旦占领这个基地,我们只须守住它,霍道生则应返回西贡。

这只是权宜之计,我对这些行动抱很大希望,因为它能给我们很多好处，使我方保持不战不和的现状，并使我方得到过去在东京所没有的军事基地，它将为总督重新掌握局势提供便利。即使在最不利的情况下，它也不会增加我们在交趾支那的开支。尽管有许多意想不到的障碍，我将一如既往地服从政府的命令。

我希望即刻派遣部队，争取在12月21日事件之后三周之内到达指定地点，这样可以抑制极度的狂热，安定人心，同时对第二位使节安定秩序的工作起作用。

他何时能完成这项使命？他和霍道生何时回西贡？这些是我无法回答的。也许很久才能回西贡，以至于协议不能在我返回之前缔结，而我的身体每况愈下，实在无法继续推迟行期。因此我恳求您电告我，在条约尚未签署的情况下，政府能否允许我建议顺化派代表赴法国，以便在那里与我继续谈判。

此信于匆忙之中写就，因为“安特落波”号和“萨尔特”号将分别于明、后天启程。请您鉴谅。

海军少将 游悲黎

附件(1) 安邺致交趾支那总督

1873年12月13日于南定

将军：

我想简要地向您汇报自12月4日以来的局势。有关这部分内容的详细情况，我将在军情报告中向您呈报。

在第8号报告的末尾我已报告过我于当日乘“蝎子”号到达宁平和南定。在那里，我注意到人们正进行战争准备，特别是修筑众多的障碍物。

我们所乘的船在路上搁浅几次，直到8日才抵达宁平。水道测量工程师波烈(Baullet)先生正好利用这一间隙绘制测量图。

我曾派海军准尉奥特佛依(Hautefeuille)乘蒸汽艇沿宁平巡逻，制止继续修筑工事。不仅如此，他还在我抵达之前占领了这一战略重镇。他率领汽艇上的全体船员(共 7 人)控制了此地的驻军。遗憾的是一个锅炉管道爆裂，无法修复，所以这艘小艇暂时不能使用。

我恢复了原宁巡抚的职务，他表示恪守兴安条约。我收到顺化商舶大臣就这一问题的来信，他同时寄来了您 11 月 7 日有关继续商讨条约中的贸易问题的信，您通知顺化朝廷，已将这一意见传达给您的东京代表。但是，我目前尚未接到这些指示。

顺化方面的信件则表现出极大的愤慨，扬言要对占领河内一事进行报复。对能否收回这座城市的担心，导致朝廷做了重大让步。他们对我说："如果您归还河内要塞，我们就接受您提出的贸易制度。"与此同时，我还被告知已派出新官员与我共事。

上述官员已到达与宁平毗邻的清化省，他们通知我一俟朝廷派来的翻译索伊埃(Sohier)主教到达即来见我。

我立即回复这些尊贵的先生，我将热情迎接他们，并与之继续讨论曾被河内当局拒绝的问题。此外还请他们转交朝廷一封信，信中阐述了接受他们返回河内的条件。此信的抄件附在这封信后①，它能使您更好地理解顺化政府的态度。

我们截获了一封南定总督给朝廷的信，此信报告了他对我采取的种种措施，请求立即对基督教徒采取行动。为了及时到达南定，避免发生意外，并力图说服地方当局停止行动，我于 12 月 9 日凌晨 2 时启航，下午 4 时许，我发现左岸的基督教民居住区周围住有部队，屠杀居民、放火烧房之事时有所见。我派了一支全副武装

① 原档缺此附件。——编者

的小分队不费吹灰之力就驱散了那些士兵。之后,我接着赶路。4时3刻接近南定时,我们受到炮火袭击,我下达战斗的命令,进行还击。晚6时半,枪声停止了,南定湾上的工事被拆除,"蝎子"号就停泊在这里。

翌日清晨,我继续赶路。不久就受到由五门铜炮组成的炮队的轰击。我方一门16毫米炮击毁一门敌炮,从而制止了事态的发展。此时我才了解到这座城市长期以来一直在加强防御,比河内更坚固。我们只是初入此境,就发现敌人拥有大口径火炮。陆上的房屋遮住我们的视线,增加了射击的困难。相反,我方桅杆却成了醒目的靶子,幸亏我们的对手并不出色。

接近城门时,我派出了第一支特遣队,由海军准尉布克欣(Bouxin)指挥。我在东门登陆,并下令冲锋,借助铁蒺藜越过城墙。此次战斗始于11时半,当局势平定时恰值午后2时正。在此次及前一次战斗中,我方5人重伤,一个山炮架被击毁,"蝎子"号的帆缆索具及上部船体有小部分损伤。

无论从政治还是经济角度看,南定都是一个至关重要的城市,它的富饶和潜力促使我下决心在此逗留几日,组建省级行政机关。此后,我派咴縻(Esmez)先生乘"蝎子"号测量太平河口水道时,得到关于"老街"号(Lao-Kai)受到敌人工事的威胁而滞留于太平河口一带的消息,"爱斯兵哥尔"号也在去海阳的途中遇到这种情况。巴尼先生未遇抵抗占领了海阳。

与此同时,留在河内的军事指挥官班(Bain)先生通知我,南定文人首领,北宁、山西的地方长官正进行反对这个城市的准备活动。显然,因"蝎子"号、"爱斯兵哥尔"号同时外出导致了这次反戈。我仍然坚持安抚河内居民,命令"蝎子"号返航,一俟南定的事务安排停当,就到那里去。由于我不在那里,尤其是突然的活动引起了某些联系上的失误,这些失误极可能导致不好的后果。由此可见,我亟须返回该地区的中枢。遗憾的是直到目前为止,还没人能代替我着手组建这个新近攻克的省份的省级行政机关。

我还把对战斗的感想写信告诉顺化政府(附件2①)。当然,我只有接到您的最新命令后,才决定是否撤销这封信中的最后通牒。

"蝎子"号奉命护送"老街"号至海上。"老街"号由一位腼腆而能力不甚强的船长指挥,它在此次航行出发时就掉了队,使我不快。

没有供我调遣的秘书,在这里,我不得已,凡事自己动手。请您原谅此信的仓卒。

总督先生,我想简要地概述一下目前的局势:目前我们已牢牢地控制了河内、海阳、南定、宁平等地。由于我们的政策不明确,这里的人民犹豫不定,只有您才能割断他们与顺化的关系。

安邺

附言:我很抱歉字迹潦草。我走时匆忙,以为是短期值勤;现在,我缺乏办公用具,因此不得不请河内复制那两封致顺化的信。

我认为,对安南实行保护国制度是最理想的结局,顺化朝廷能理解吗?

附件(2) "德克雷"号船长帖斯塔尔致交趾支那总督

1873年12月29日于禁门港

司令:

我向您汇报最近发生在东京的严重的、令人痛心的事件。

汇报按事情的顺序进行,便于您理解目前的形势。

① 原档缺此附件。——编者

12月16日，“德克雷”号将霍道生先生、第二位使节及其随员送至沱灢后，在禁门港口停泊。

次日及第三天，我设法与安邺联系，告知我的到来。这两封信虽在途中耽搁较久，但毕竟送到了。

12月20日，“老街”号奉安邺先生之命驶离太平湾前往西贡与我们联系，我托它将那封错投我处的信送给您。

“老街”号船长告诉我，“蝎子”号不久将返回此地。果然，次日上午10时30分该舰在靠近我们的地方抛描。它本应于14日驶离河内，途中几经搁浅，因而迟到。

我立即着手组织装载粮食及弹药，次日，它进入禁门，在海防一个废弃了的要塞卸货。这些都是事先与安邺先生商谈妥了的，由一名军官指挥10名海军陆战队员负责监视卸货。

由于出现了某些具体困难，拖长了卸货时间，咴糜先生决定征用一艘配有6门大炮的中国帆船往海防运送物资和粮食。他只有帆船船长的证件作抵押。

22日晚7时20分，“蝎子”号与我们会合，我提醒咴糜先生，在没有确切根据的情况下就将货物委托其他船只代运，未免有失谨慎；咴糜则确信帆船会顺利到达指定地点。我因为不了解该船情况，所以未坚持己见。

22日晚，将剩余的粮食、辎重装上“蝎子”号，次日晨6时“蝎子”号载着海军陆战队、特遣队和其他乘客驶向河内。

24日，“戴斯泰”号载着第二位使节和霍道生先生于早6时抵达。使节希望与霍道生在一起，便于和安邺先生打交道。

狄东(Didot)船长作了短暂的停留，本想赶在落潮之前出发，结果适得其反，在距离我们6—7海里的地方搁浅，迫使他就地滞留了24小时，不得不以支柱撑船。

当晚7时许,河内信使带来了负责“德克雷”号登陆作战的海军中尉班先生的来信,其内容如下:

“船长:我目前的处境十分尴尬;

“我们在今天上午10时30分遭到袭击,我曾试图突围;安邺和巴尼罹难,“德克雷”号司务长狄加那(Dugarne)被害。请指示。我认为阵地不巩固。安南的全权使节们虽在这里,但也无法保证我们的安全。一旦在河内立足不稳,我就撤到‘爱斯兵哥尔’号及堵布益的座艇‘红河’号上。等候乘‘蝎子’号的味糜先生的到来。我刚收到您的来信,盼望援军到来。我对指挥这个危机四伏的地区实在力不从心。何况还要处理一窍不通的事务。请决定。

班

1873年12月21日晚6时于河内

我命令班先生坚守在河内,直到“蝎子”号特别是霍道生和第二位使节到来;接着我迅速将这个不幸消息告诉狄东船长,请他在来得及的情况下向霍道生通报。

那时霍道生先生与第二位使节已启程来河内,他们所乘的小艇在夜间遭到一艘中国帆船的袭击,又折回“戴斯泰”号。

26日清晨,“戴斯泰”号与我舰会合,经与霍道生、第二位使节及狄东船长协商,霍道生负责按司令的指示,继续进行法国与安南之间曾经中断了的谈判。我还任命海军上尉巴来叶(Baleyam)为“德克雷”号大副,他受命指挥远征军,统率所有人员(霍道生除外)。

指挥官缺席或被羁绊时,由霍道生负责指挥军事行动;如霍道生缺席,巴来叶负责谈判,我不赞成霍道生受我指挥,没有人比他更适合继承安邺的工作。□……

给霍道生派去的巴来叶是个有经验而又明智的军官,我与巴来叶相识已久，对于他的审慎坚毅，我完全可以担保。

我同时指示“德克雷”号船长①尽可能提前进入禁门港，以3艘武装小艇由水路护送，陆上也有卫兵护送，确保将他们送往海阳。海阳始终掌握在我们手中，由海阳至河内的交通稳定。

“戴斯泰”号拖着大炮于27日出发。

28日上午9时许，“萨特尔”号(Sattre)在我方附近抛锚。

目前还无建立煤库的必要，我认为可以借助拉沃(Lavueu)先生的船，卸掉粮食后，将煤运到“戴斯泰”号舰上。我以为后者停泊在海防，但下午收到狄东船长的信，谈到他在通往海阳的小河里抛锚，为了保证第二位使节及霍道生的安全抵达，只能在1月3日前后与我会合。我担心舰船超载会影响航行，于是当即决定于29日全天往“萨特尔”号装煤，并毫不迟延地往您处发船。然而我对卸货却一筹莫展。

罗格(Roque)的船也交我支配，我认为最好的使用办法莫过于请他将这份报告送给您。也许您认为有必要对拉贺约(Larrieu)先生毫无结果的航行作某些补偿。

舰队军需官的任务暂时完不成，我认为他没有必要继续滞留。

我向他介绍了目前的局势，他回去后可以将详细情况向您作口头汇报，由于篇幅关系，我就不多写了。毫无疑问，他还将告诉您，我们与内地的通讯是何等困难、缓慢和不安全。从河内寄来的信，起码4天以后才能到达这里。

28日，堵布益的一只蒸汽船从河内带来两封信，哝糜通知我，他于25日乘“蝎子”号抵达；另一封是班先生的信，遵照安邺的指示，哝糜负责领导政治事务，班先生则继续负责军事。

---

① 原文如此，似为“大副”之误。——编者

这两位年轻人自感责任重大,请我出主意。我建议他们再耐心地等几天,以守为攻,不要使军情受影响,等待全权大使,后者已经出发。

我得知"蝎子"号到达河内的消息后放心多了。我曾担心,一旦班先生受到第二次袭击,不得不撤离要塞向海上撤退。

霍道生和第二位使节带来了安定因素,我认为一切都会好起来的,人们有理由对此恢复信心。准将先生,我必须向您报告令人悲痛的事件和安邺、巴尼两位生命的最后结束。

我无法得到有关河内遭受袭击的详细情报,仅从一位军官写给哝糜先生的信里得知,21日10时30分,一些安南人在中国海盗的协助下袭击河内,进攻虽然被击退,安邺、巴尼和其他四、五名士兵却在这次突围中献身;此外,还有六、七名伤员。

我将给"戴斯泰"号船长、霍道生和巴来叶的指令抄件附在信后①。

请您及早把您对我所采取的措施及我所选择的负责河内事务的人选的意见通知我,必要时给他们以明确的指示,确定职权以利于他们的工作。

"德克雷"号已元气大损,现仍在海上抛锚。当然该方位不那么惬意,但那个方位却利于作为所有到这个海域来的船只的路标。

我得到了"萨特尔"号带来的粮食和70吨煤,可供"蝎子"号、"爱斯兵哥尔"号使用一段时间。我很遗憾,当时怕耽误行期而没能多装一些煤。

一俟得到河内的消息,一俟有了霍道生、巴来叶掌握政务的确切消息,就立即派"戴斯泰"号或另一艘船送到您处。

---

① 原档复印件缺此指令。——编者

帖斯塔尔

附件(3) 土著事务行政官莫蒂致内政主任

1873年12月25日于河内

亲爱的梦阵(Mont-jon)先生：

我们乘“蝎子”号于今日2时抵达河内。我们得到的第一个消息便是安邺、巴尼两位先生的死讯。他们和另外3名士兵在21日上午11时在击退中国海盗进攻的战斗中殉难。这些中国人比安南人善战。现在，有人带着我们同事的头颅在山西省到处炫耀，此举将使局势更加复杂化，因此有必要尽快派部队来，现在后退是没有出路的。传教士和基督教徒已在很大程度上受到连累。“蝎子”号从海上到这里时，一路上有许多人尾随它大声叫喊。我们长官的逝世使我们很担忧，我请求帖斯塔尔尽快来这里领导各项工作，我认为安邺先生在处理这些事务时过于大胆，以致失败。

帖斯塔尔先生遇事谨慎，富有指挥天赋，如果他到我们这里来，能使我们摆脱没有领导的窘境。蒲真尼主教此刻是最受尊敬、最有权威的，控制局势对他来说具有特殊意义。

我仍未见到堵布益先生，也未收到任何详尽指示。但是我们明天还不可避免地要和对方谈判。

其中一人要与中国人交涉，这些中国人似乎不打算承认他的顺化使者的身分；他们对撤走隐蔽在河内以西3公里处的匪徒一事似乎无能为力。

我们很快要派官员去管理被安邺攻占的省份的行政工作，允许他们代替已离职的官员，作为交换条件就是他们必须保留那些由安邺任命的官员的职务。

如果需要，我们将逐步安排在海阳的特朗蒂尼昂

(Trentinian)带领17人回河内,何罗栏(Harmand)带29人回南定,奥特佛衣带10人去宁平。

这里的应征者很多,却多数无用,现在就是用他们补充部队。"蝎子"号的到来使局面有很大的改观;但如果不继续派人接应,这种形势也不会持久,因为这个国家非常混乱。

我们这里还有10—12名轻伤员。

总之,尽管受到冲击,我们的阵地仍很巩固;安邺和巴尼的死,使东京湾问题进入一个新的阶段。急需把船只武装起来,在必要时可以动用中国海域分舰队,重要的是血不能白流。霍道生先生在顺化将如何行动?

莫蒂

M.D.亚洲第32卷第92—117页

23 驻广州领事戴比致外交部长

1874年2月24日于广州

部长先生:

我在1月25日的信中曾向您报告:两广总督应我的要求,下令广西巡抚调回在东京的广西军队;两广总督还应允赦免那些放下武器、愿回家园的逃往安南的中国叛乱分子。

安邺的不幸惨死以及将他轻易夺取的那些省份归还安南人这两件事,在广西和广东的官员中产生了极坏的影响。因两广总督派往西贡的间谍了解不到真实情况,只向他报告我们正准备放弃原来的计划。因此,这位总督请我转告游悲黎将军,他认为在新的谕旨下达之前,应在安南的谅山和高平保留一部分军队,以保护他的臣民;此外,在采取必要的措施之前,他不会同意叛乱分子返回家园。

我立即将这一突然变化的情况转告了交趾支那总督，并请他将当前我们在东京的真实处境以及他的真正意图告诉我，我对当地情况尚一无所知。

游悲黎将军立即给我回信(该信的抄本随函附上)。我也将此信的内容转告两广总督，但回避了其中可能激化的问题以及会使对方推测西贡无人通汉语及了解东京地理情况等内容。经过反复的交涉，我终于使两广总督作出保证：撤军等问题引起的纠纷会很快得到解决，他将满足我们的要求。我认为法国与安南王国尽快缔结一项友好条约十分有益，不然会遭到来自英国报纸新一轮攻击，也许还会引起中国当局作出尝试，以阻挠这些使他们十分不快的事。

我与两广总督瑞麟的关系一直十分融洽。他可能将按北京总理衙门拟定的旨意向我提出抗议。我正急切等着阅读他的抗议书的副本。他极力反对这种诽谤，这一切使我相信他不会骗我。

目前广东省所有教区都非常宁静，富于道主教事件不会很快解决。这位主教准备最近返回广西，因为那里已下令对他作有效的保护，保证他自由行使宗教职责。

随函还附去我与两广总督有关东京事件的来往信件。

戴比

附件1 驻广州领事致两广总督

1874年2月19日

总督先生：

我敬告阁下，我刚刚收到交趾支那总督游悲黎海军少将1月25日来信，他请我告诉您：他从您那里得知阁下没有根据他的要求从安南的谅山和高平撤兵，他深表遗憾。

法国既同意对安南王国进行保护,那么就已替顺化政府承担起要求别国尊重该国的领土,并将多年来蹂躏它的匪帮驱逐出境的责任。这种伟大的平定事业已经开始着手,我们决心要继续干下去直到完全实现为止。现随函附上交趾支那总督布告的副本。该布告是他会同安南国王发给东京叛乱者头领的。阁下从这个文件中可以看到两个政府已为制服或消灭这些造反者而采取的重大措施。同时为了安抚人心,当局还保证放下武器的人可以定居东京,也可以返回自己家园。

我已经向您要求过,对那些逃到东京、表示后悔并愿意返回家园的中国冒险家们给予特赦。我赶快将此新的决定通知了游悲黎将军。他要我告诉您,局势不能允许任何拖延,这个问题应尽早得到解决,东京的所有省份都应毫不迟缓地还回给合法的君主。

把东京的心脏地区的匪徒集团清除之后,我们的行动将扩展到北方,并将到达日前被总督阁下的部队所占据的省份。这样一来,冲突就会迫在眉睫,中国与法国间如此融洽的友谊即将遭到破坏,如果您不给驻在边境的部队下令叫他们撤回贵国界内的话。

刘抚台提出继续占据谅山和高平两省的理由,从军事观点而言,是不严肃的,是站不住脚的。从另一方面说,这两个省的人民请求我们把他们从长期以来的重压下解脱出来。

所有这些严肃而重大的考虑,我想定能触动阁下如此崇高的友好感情。

正如我已向总督阁下说过的,我们没有双重目的,只是想与顺化政府协商一致实现东京的平定安全,使农业、工业和商业得以重新兴旺起来,使如此多灾多难的地区成为一个不仅对它的合法君主,而且对来此经商的所有国家的商人来说都是共同的财富源泉。那时任何人都不会比贵国同安南交界省份的人民更能从这一转变中取得更多更大的利益。

考虑到把我们两国联系起来的友谊，我们希望您能协助我们完成此项任务。为了我们的共同利益，我们不仅已在着手进行这一工作，而且决心要进行到底。

为了我能向法国驻交趾支那总督以及我们法国政府作出汇报，请总督阁下尽早将您将作出的决定告诉我。

法国领事　戴比

附件(1)　交趾支那总督、安南刑部尚书、北圻部队总司令李警告黄崇英、莫利发及东京其他乱党头领书

1874年2月7日

本布告的目的是通知你们，法国与安南王国现在团结得亲如兄弟，法国为保护安南王国，将运用武力驱逐蹂躏其北方省份的匪徒，平定地方，俾人民得以自由地进行劳动，商人能利用交通线经营商业。

我们清楚，黄崇英、莫利发以及所有追随他们的人都只是广东、广西的冒险家，他们来到安南王国，概未得定居此地的许可。

你们首先进入宣光省，大肆杀人抢掠之后，又向兴化和山西等省扩张，五年以来你们在这些地区不断摧残人民，使他们吃尽了你们所干坏事的苦头。

你们曾一度归顺宣光省军政当局，地方上曾给你们粮食、银钱；但你们吃光花光后，又重新违法扰乱。所以你们再也不能继续留在这个王国里了。

交趾支那总督要求两广总督立即派来干练人员晓谕你们回到各自的家园，你们将得到赦免，今后不得再回到这些地区来。对于你们中间有生计办法并希望留在本王国者，必须答应行事端正，向

宣光地方当局提出申请,地方当局会同中国代表审核后发给居住证。

我们已与广西官员联系,请他们在边界派驻大军守卫。如果你们抗命,则立即追杀不贷。遇此情况,我们将消灭你们,并从这块土地上将你们连根铲除干净。特此通知。

你们必须立即放下武器,切实执行总督代表给你们下达的命令。如前所言,凡有生计办法并愿留在安南的人,必须用书面向安南王国民政、军事当局报告你们的姓名、家庭成员、职业或手艺,当局将给你们指定居住地点。

我们如此为稍有良知、愿成为好人者网开一面。至于拒不服从者,法国与安南王国将派出大批军队,携带各种可怕武器,予以追击,直捣你们的老巢,杀得一个不存。

凡被逮到的人都将就地处决,现在即悔过自新的人生命将得救。

切切此令

1874年2月7日

××二十六年[①]十二月二十一日

附件2　交趾支那总督游悲黎致驻广州领事

1874年2月9日于西贡

领事先生:

我收到您1月25日的来信。信中附来总督阁下1月21日信的抄本、27日的照会以及东京和中国边界草图。

〈两广〉总督阁下希望立即得到准确情报,我写下几句话,使您

① 似为嗣德二十六年。——编者

能满足他的要求。

法国与安南王国即将签订一项友好条约，用以把两国紧密地联系起来。从现在起，两国政府互相信赖无间，我决心为实现东京的全面和平，为制服或彻底消灭兴和(hiun-he)和林亚(Lu-ya)两股匪徒给予积极的合作。这一明明白白的声明就回答了他27日照会中提出的问题。

谈到21日的信，我不得不多说些话。我得承认，我没有完全读懂他的信，也许是翻译不够好，也许是信本身不够明确。对此，我请您，领事先生，将来把总督阁下的重要信件连同译文一起寄给我，如果这样不会给您添太多麻烦的话。

在上一封信中，我请您要求总督先生赦免愿意归顺的叛乱分子，并召回安南领土上的中国非正规部队。

总督阁下在回答第一项要求时，说他已下令了解叛乱分子的分布情况。顺化朝廷方面也命令高级官员们同中国当局协商将这些人撤回中国，或放下武器后定居东京。

至于第二项要求，远远未被考虑，我发现总督阁下又重新下令军队进驻，下令给现驻扎在安南的谅山、高平两省的部队维持不动。我深为遗憾：总督先生如此固执，拒绝我的部队进驻这两省，我简直不明白他的动机何在。据总督先生看来，这两个省毗邻南关，仅仅由于相邻这一点，就很有可能从安南室溪渗透广泰。这个地点虽属安南，但完全由中国人占领着，那末为什么不把负有保卫边界之责的军队集中到这个地方去呢？这样两军相遇的机会便越来越少了。到将来安定实现，驻南关哨所的部队就可以迅速撤离，交回给合法君主了。

目前驻扎东京的中国非正规部队就好像是呆在他们所征服的地方一样。他们虽然从来不同叛乱分子同流合污，但对安分守己的老百姓的危害却不亚于那些叛乱分子。

东京诚然还远未平定下来,但我们将同安南政府一道恢复那里的秩序。我希望他能理解,我们的建议在物质方面的合作并不是一无用处。

把在心脏地区捣乱的匪帮肃清之后,我们的行动就将向北延伸,直达总督先生企图让他的军队驻扎的那个省。纠纷因而迫在眉睫。法国与中华帝国之间的融洽气氛也会由于极易触发的敌对情绪而遭到破坏。果真如此,总督先生应独自承担起此事的责任。

总督阁下可能是把希望寄托在他的士兵的数量上,然而他应该懂得,我们没有计算敌人数目的习惯。我们的信心是建立在我们的组织,我们部队严明的纪律,我们装备的优势上,尤其是建立在我们事业的正义性上。所以没有什么能阻止我们已开始的平定大业的前进步伐。

深受苦难的安南政府抛弃了百年来的成见,决心同我们结成真诚而紧密的联盟。我一定会尽我的责任,努力用各种办法来恢复东京的平静,以使农业、贸易得以繁荣,国家不仅成为其合法君主的财富的源泉,而且成为来这个地区进行自由贸易的各国商人的财富的源泉。而云南、贵州和两广人民将会从这一转变中获得更多的利益。

我已向法国驻北京公使汇报这里的局势,公使已回复我说,我的努力已得到总理衙门很好的评价。

我请您,领事先生,向总督宣读此信,如果他需要,也可送他一份抄本,尽量使他明白,我决心把平定工作继续到底,阻止这项工作的进行对中国是有危险的。

游悲黎

C.P.C.中国第2卷第264—270页

24 驻香港领事先基维克斯致外交部长

1874年2月25日于维多利亚

部长先生：

我荣幸地随信给您附去香港《每日电讯报》(The Hongkong Daily Press)有关东京事件的若干文章的节录①。

这些文章的作者根据表面现象进行判断，以为远征东京就是安邺先生的目的。从口头上更正这一说法是可能的，然而我想在一个如此微妙的问题上，我最好不同当地新闻界发生关系，这样做更为谨慎些。假如我开始参预这类更正之事，我就不得不坚持下去，那我就可能处于无法提供正确消息的境地。实际上，关于我们对安南王国的看法，据我所知，我们是想在那里建立一种保护国制度。我本人也认为，在目前我们还没有征服它的打算。

再者，西贡政府应考虑是否有必要在它的官方报纸上刊登一则消息，把我们远征东京的真象公布于众。

先基维克斯

C. P. C. 中国第2卷第226—230页

25 外交部长致驻香港领事先基维克斯②

1874年2月25日

先生，您去年12月5日写给部里的密信中，表示想知道对交趾支那政府总督的领导应该服从到什么程度。您已经了解，您应向我们殖民地的总督提供一切对他有用的情报，使他了解须作出决

① 原档复印件字迹不清，未译。——编者

② 原件无发文人姓名，此为编者所拟。

定的有利时机,从而为他维护他所管辖地区的利益提供方便。有时,他还需要您更直接的帮助,请您代表他向您驻在地的当局进行某些半官方性的交涉。我不能反对您听从这类要求,除非您觉得您有不便之处,或者您担心取得的结果不符合政府所辖外交官员应该关心的目的,即全面地有助于正确领导该地区的各项事务。

关于交趾支那总督委托您向地方当局提出海关条例修改案(他可能下令付诸实施),我也认为您没有必要拒绝。从您只充当中间人的角色的时候起,您和部里对此便已完全不承担责任。再说,很难想象,殖民地行政当局事先未获政府的批准,会对这样重要的事作出决定。

法国政府收到的关于东京最近发生的导致安邺和巴尼二位先生丧生的事件的报告,足以使我们正确地判断这一事件的严重性。不管这些事实多么令人遗憾,这并没有使我们同顺化政府的关系产生任何纠纷。安南政府官员与我方官员共同努力克服了占据东京的那些无法无天的匪帮们的敌对行动所造成的困难。

因此您应该注意反对由于这场冲突而在您周围的人中产生的各种错误的评价。我希望您不放过一切机会介绍我们同顺化朝廷的关系的真实情况,您尤其应努力把公众的注意力转移到别的问题上去,因为公众非常关心目前在西贡进行的谈判。

您12月16日和27日的来信还表明您很清楚在目前形势下应遵守的事情,正如您所想到的,当有外国商人向您询问他想要去东京做生意的时机时,最好不用书面答复他们。我完全赞同交趾支那总督已批准您给自己规定的行动准则。

我觉得有必要向您提供通讯手段使您放心地给我送来您所能够搜集到的秘密情报。我现给您送去密码本一册,这样您就可以随时同部里联系了。

C. P. C. 中国第2卷第223—225页

26 驻广州领事戴比致外交部长

1874年3月10日于广州

部长先生：

我向阁下汇报如下：由于我向两广总督频繁交涉，总督阁下终于下令帝国军队撤出安南的谅山和高平两省，同时下令安排逃入东京而愿意投降和悔过自新的中国叛乱分子回国。

游悲黎将军2月5日的信（抄本附上）①不啻是向中国当局提出一份真正的最后通牒。鉴于我们在东京的形势还远未得到巩固，我认为还是继续谈判，不使用威胁手段为好。因为我们难以实施这些威胁。

我首先向总督提出，中国政府是否承认目前广西部队所占领的地方是属于安南皇帝的合法属地；总督在给我的答复中说这个问题是不容讨论的，这两个省在法理上属于安南皇帝，远在明朝时就已让给了他。在明确第一点后，我就向他讲明：当安南皇帝接受我们的保护国制度，我们帮助他平定东京之后，我们再不能长期容忍该王国的一部分领土被外国占领。我又补充说，由于法国政府对中国的友好及和解的态度，我们并不苛求帝国军队马上撤离他们驻扎的两个省，我仅仅请求总督阁下兼圻的广西巡抚下令给这些部队的司令，当安南的高级官员或法属交趾支那总督的代表正式通知该司令官安南或法国军队即将到达时，他即应着手准备撤退事宜；而我们的武装力量一出现，请该司令即率领他所有的部队撤回中国边界一侧内，并请他注意避免一切危害两国间已形成的和

① 原档缺此抄本。——编者

睦气氛。总督很快就接受了我这些建议。这些建议的好处是我们可以赢得时间,让我们准备好有效地支持遭受叛乱分子蹂躏多年的安南人。这个支持是游悲黎将军以法国政府的名义答应他们的。

如果根据我从许多消息灵通人士处所得到的情报来判断,在东京中部和西北部盘踞的匪徒有许多股,形势是十分严峻的,但幸运的是它们之间互不团结。其中最强大的一股听从一个名叫黄崇英的广西商人的指挥。此人参加有名的贵州起义后,被迫逃离家乡。这些反叛分子打的是黄旗,占据着老街至河内之间红河两岸的地带。另外一股的总部设在老街,是受一个叫刘二福(Lieou-eul-fou)①的人指挥。此人起初是黄崇英的左右手,而今成为他最强的敌手之一。后一股叛徒的旗是黑色的,据说他们已被顺化政府收买,正是他们在去年12月21日向安邺先生进攻的。

除了这两大股外,在婆罗州(Polo-tcheou)还有为数不少的安南人和中国人举一个姓李的人为王,此人也反对黄崇英,另一方面他又同一个名叫沈天清(Chun tien-tsie)的安南首领结盟,此人的主要兵力在大南(Tanam)。

至于安南部队,他们分布在所有省份,装备差,武器缺,战斗力弱。根据我从游悲黎将军处得到的最新消息,将派一名法国军官以驻扎官身份驻扎河内,率领由40名海军陆战队组成的卫队,加上驻扎于红河主要设防据点海防的五六百名法国部队。总之,我们控制了东京内地,要把我们从那里赶走是难以办到的;但是真要享受在这块美好的土地上建立的保护国所应带给我们的好处,还需要克服很大的困难。安邺先生死后立即把该军官不费吹灰之力取得的省份还给了安南人,以及曾经积极支持我们的人最近受到骇人

① 原文如此,似即刘永福。——编者

听闻的迫害,这些都大大削弱了东京绝大部分人民对我们的信赖。

我们必须首先努力重新赢得这种信任。没有这种信任我们就将处在仇恨和戒备的包围之中,那样我们就很难取得成功。要做到这一点,最好的办法首先就是把这个地区的人民从叛乱分子长期的蹂躏中解救出来。游悲黎将军非常懂得这一点,而中国当局最近采取的措施大大方便了我们的这项任务。现在我们最大的希望是:法国与安南帝国的条约不久就能够签订,这一点我已向阁下说过。不然我们就会受到心怀叵测的英国新闻界对我们的攻击,中国当局也会施展种种诡计,竭尽全力阻扰我们正在进行的事业,而这个事业的成功会给我们国家带来非常大的利益。

好些天来此间流传说北京、天津发生了骚乱,那里的外国人的性命受到威胁,一个英国传教士负了重伤,英王陛下政府的公使已向驻华、驻日的英军司令请求援助。所有这些谣传到目前为止在中国南方只使人产生一种隐隐约约的担忧,不过人们都渴望了解事情的真相。

但这个省的天主教区仍平静无事。

戴比

C.P.C.中国第2卷第271—275页

27 外交部长致驻广州领事戴比①

1874年4月9日于巴黎

先生:

我很有兴趣地阅读了您直至2月24日为止的来信中的消息,我已了解两广总督以及同东京交界的中国当局的意图。他们正是

① 原件无收发人署名,此为编者据内容加拟。

怀着这种意图注视着这个地区发生的事件。您想得很对:现在是您与交趾支那总督建立关系并加强您同他协作的好时机,以帮助他向安南王国尚未接受我们统治的部分地区扩展影响。

安邺先生的死亡所产生的影响,以及由此引起的夸大其词的谣传促使中国当局改变对我们的态度,这是令人担心的事。您曾根据我的指示提醒两广总督和广州总督①,他们已经向我们承诺,负责把流亡在东京各省的中国叛乱分子及部队撤回去。

我同您一样,认为由您向两广总督转交游悲黎将军的信,会促使交趾支那总督同顺化政府的谈判取得迅速而有利的结果。同时也可以满足两广总督的要求。从我得自西贡的最新消息看来,我有理由相信我们采取的解决办法在不远的将来就可实现。法国与安南王国政府间最终协定的签订,其结果无疑会打消中国当局的犹豫不决而向我们表现出我们所要求的克制态度,如果不是帮助我们的话。

为了满足您1月25日来信中向我提出的要求,我已叫人准备了密码本供您使用。我想,当您收到这封信时,密码本无疑已到您的手中了。

C. P. C. 中国2卷第276—277页

28 驻香港领事先基维克斯致外交部长

1874年4月16日于维多利亚

部长先生:

我有幸收到您2月25日的来信,为我确定了服从交趾支那总督先生领导的范围。

---

① 原文如此。——编者

法国驻香港领事每当有机会就给我们的殖民地政府以帮助，而这种帮助都是由当地总督以不容推卸的口吻提出的，而且不加掩饰地强制这一地区的领事馆人员照办无误。我也许曾抵制过某些专门的指示。一个很特殊的情况把我弄得迷惑不解。去年 11 月 22 日，我收到安邺先生寄来的一个关于红河航行管理的决定，这个决定本应以领事馆通告的形式宣布。安邺先生作为西贡政府的政治代表和东京远征军总司令，我认为他这样做是奉上级的命令行事的。我却是新到这个地区的，因此，我一方面告诉交趾支那总督在此地公布这样一个从形式到内容都违反惯例的文件是不恰当的；一方面我认为应当向部里请示，如果西贡政府及安邺先生计划的话，我就应该照办。

我趁此机会恳请阁下准许我对我最近向阁下提交的有关东京事务的报告的形式问题作些解释。我在东京事务中起的作用仅仅是观察员的角色，我认为我有一定程度的发表意见的自由，尤其是着重谈谈安南接二连三发生的事件对我处更重要的对中国可能产生的影响。我曾想尽我力所能及对西贡政府所提供的情报作些补充。至于我所提出的评价，那是我以极其谨慎的态度从当地搜集到的各种消息中得出的看法。这些地区经常流传一些最最奇怪的新闻，例如我不断听说东京天主教徒遭到了大屠杀等，但这显然是夸张之辞。毫无疑问，对欧洲人的敌视不亚于中国文人的安南文人会试图使天主教徒改变由于我们的远征而产生的对自由和独立的希望，但这离屠杀还很远。

当前，除了各种不同来源的匪帮蹂躏东京而可能使形势变得特别复杂外，一切问题都已集中在 3 月 15 日所签订的条约上，或者不如说集中在条约所可能产生的后果上。目前我尽量避免谈论安南问题，因为这个问题已属于纯粹是外交的范围。

另外,阁下寄来的密码簿已收到了。这本密码在一定情形下对我将是极其有用的。

先基维克斯

C.P.C.中国第2卷第231—233页

29 驻广州领事戴比致外交部长

1874年4月29日于广州

部长先生:

我荣幸地给您寄去我刚刚收到交趾支那总督哥鹺油离将军本月13日来信的抄件,阁下阅后对安南王国的局势真相可以作出判断。

好几位广州的中国商人最近从河内来,告诉我说,他们离开河内是为了避免被卷入目前在东京发生的严重事件中去。他们认为这个不能去的国家正处于严重的无政府状态,如果我们不尽快采取强有力的措施制止日益扩大的灾祸,不久的将来我们自己也将自食这一可悲事态的苦果。他们一致认为,安南王国在公开与我们谈判的同时,又在暗中极力煽动民众,天天给掌管东京事务的安南官员发去有关的指示;他们中有的人还答应拿这些指示给我看。

此外,读一下最近写给乔治先生的信(见附件)就可以了解顺化朝廷和为它服务的那些人对我们的态度是如何不友好了。乔治先生是堵布益先生的一艘小轮船"红河"号的船长,这封信原文已交到哥鹺油离将军先生手中,签名的是12月20日①进攻和杀害安邺先生的黑旗军首领。这个匪徒目前受安南政府豢养,还被授以提督军衔。同时他还受中国人收买。提督等于师团长。据说他非

① 原文如此,应为21日。——编者

常大胆勇猛，比率领中国黄旗军的黄崇英要危险得多。黄的司令部设在河阳无法攀登的深山老林中，广东和广西的官方都无法制服他。据两广总督对我透露，官方在这场战争中已耗费了一千多万。黄崇英的势力遍及于独立的苗族部落居住的地区。这些苗族分布在云南、广西边界直到靠近湄公河老挝人居住的地区。

根据我得到的消息，这些部落和黄崇英一直拒绝承认安南政权；在给他以某些好处的条件下，他们可能接受我们的保护制度。假如我们不这样做，而是取得顺化朝廷的同意后用武力去消灭他们，我们如有足够数量的军队是可以做到这点的。但研究过这一问题的人都问，我们究竟能从中得到些什么。我们还不如巧妙地利用这些人和东京的良民去对付我们的真正敌人为好。

哥붲油离将军谈到，那些匪帮的头领是些当地的文人和士绅，他们强烈地反对天主教徒。但这些匪帮并不可怕。这些士绅同所有东京人一样都憎恨安南人①，但又害怕我们剥夺他们至今一直享受的某些特权。要使他们消除顾虑可能还是容易的，严厉地但有区别地惩罚几个以示儆戒就足以使那些最顽固的人恢复理智。

根据好几个了解东京情况的中国商人的说法，我们最大的障碍不是来自这些人，也不是来自目前一无钱财、二无军队的安南人，而是来自那些公开地或秘密地极力阻挠我们在这些省内站稳脚跟的中国人。他们向来认为这些省是他们的帝国的藩属国和进贡者。只不过由于帝国的权力在华南已大为削弱，我们才能轻而易举地把他们试图对我们的打击，转移到这些制造混乱的人们的头上。

至于希望广东、广西当局明确地帮助我们摆脱我们自己在安

① 原文如此。似指中圻的越南人。——编者

南王国造成的困境,只有不了解中国人性格的人才会有这种梦想。两广总督非常蔑视安南国王,另一方面又十分清楚我们不想实行游悲黎将军所宣布的绥靖纲领。总督阁下在我同他最近一次会谈中曾坦率地对我说,东京目前一片混乱,而且顺化宫廷的态度又变化无常,3月15日的条约将永远都是一纸空文。

随着事态的发展,看来在短期内我们原则上只好采取能够维护我们的利益而必须采取的措施。

有一个极好的征兆证明中国官员们在竭力对我们制造麻烦的同时,也在为这个重大问题可能造成的后果担忧。帝国朝廷刚向各地司法部门颁发一份文件,要求各级地方政府官员务必防止非教徒同天主教徒发生冲突。

本月25日,广东主教乔里对我说,顺德县城里贴满了传单,煽动民众去捣毁马齐天主教堂。我将此事报告总督,他回复我说,他担保社会秩序不会乱。我在本周还收到富主教有关案件的两封很好的信,我原先提出的要求基本上得到满足。

戴比

附件1 中国黑旗军首领刘先生致堵布益的"红河"号船长乔治

1874年2月10日

天朝四品衔蓝翎顶戴安南国王钦命山西宣光两省提督刘致函乔治兄弟:

我本月二十四日收到了堵布益最近的来信,我很高兴地读了他的来信。

我没忘记,当我的兄弟堵布益先生听从云南提督的指示,往该省运送战争物资时,我有幸常在我的老街的家中见到他,我们那时的关系还算良好。我还记得有一次安南国王为了赐给你荣誉,曾命一个像我们派出那种级别的军官亲自陪同你。你为了完成一项受中华帝国委托的任务，你的行动是值得赞扬的，你表现出聪明与才智。

这以后你轻信这个人那个人的谎言，企图用转弯抹角的办法夺取这些地方。你这样做实在不光采，但我们把这些搁在一边。让我们还是来谈谈未来吧。

尽管我没有建立什么功勋，中国与安南王国还是委我以重任，我不得不竭尽全力追击扰乱附近省份的强盗及匪徒集团。我听说法国已向安南王国提出和解要求，而安南君主拟予以同意。本人既然归属安南王国，自应遵循他的决定行事。但我也不得不说，欧洲人想事、办事缺乏豁达大度，他们做事总是与诺言违背。例如他们提出要签订条约时，不停地重复说他们将撤出××和我们其他的城市，但为什么他们还不走呢？他们其实只是想欺骗我们，他们根本不会那么做。

我注意到我的兄弟在他的来信中请我忘掉过去，而现在两国都同意不危害云南的贸易，不阻拦通往云南的交通。那很好。但谁向我保证你说的话不会朝令夕改呢？我只是个普通的人，没有过去曾保护高丽的那位有名的李大人那样的才能，也不如在云南打败蛮子的武侯，然而，他也经过八次失败后才征服他们的。尽管黄崇英有1万多人马，我并不怕他，我只带五百人就能叫他们尸积如山，血流成河。你知道他曾败在我手下，我从不说假话。

如果你在信中说的是真话，请拿出证据来，欧洲兵撤出他们所占领的城市，撤离左金(Tso Kin)。

你要求我允许那些现在东京而想返回家园的云南居民自由回去，我并不反对。但是只要他们不是盗贼，不是叛徒才成。另外，我得对你说，既然现在法国与安南王国已有一项条约，那你们就把你们买到的货物托给中国人,他们可以自由地沿河到宝真,只是我们不同意欧洲人的轮船和外国人到那里去。假如中国商人偶然在途中遭抢,我将负责赔偿他们的损失。但是我还要重复一遍,如果欧洲船或欧洲人要来宝真的话,我声明我将以武力阻止他们。我们就要看谁能压倒谁了。

你是个聪明人,你明白我只要和平,请你勿以我言为儿戏。

同治十二年十二月二十四日

附件 2　交趾支那代理总督哥崚油离致驻广州领事

1874 年 4 月 12 日于西贡

领事先生:

由于担心目前流传的关于安南天主教徒情况的夸大其词的谣言传到您那里,我想有必要让您了解目前的真实形势。

顺化的教徒们并没有受到干扰,索伊埃主教同顺化相处很好,宫廷对他很尊重。

东京南部是个受文人集团大肆煽动的地方。有两名传教士只是听到些风声就说,这些文人放火烧天主教徒的村庄之后把他们杀害了。

我多次会见过安南使臣,他们对我保证说他们的政府已经下达了严厉的命令:判乱头子立即斩首不贷。这些叛乱分子似乎不仅仅打击天主教徒,而且掳掠知府和头人(土著当局)。

我认为应该催促安南使臣将此事件奏报顺化宫廷;同时我也直接照会商舶大臣,用法国政府的不满去威胁他们,并告诫他们:如果他们不采取措施,我可就要采取行动了。为了谨慎起见,我派出舰艇到沿岸,随时准备保护我们在各地的传教士。

“德克雷”号于 4 月 1 日出发,它将巡视沿海各港口,与各主教取得联系。

“孟格林”号(Moncalin)6日出发,使节们同乘这条船。他们将在沱瀼登陆。然后此船继续北上,在许多地方停留。

最后出发的是“戴斯泰”号,此舰负有“德克雷”号同样的任务,于9日离开西贡。

我不相信教徒们的处境像来到这里的传教士所说的那样困难。我认为王国权威已极其动摇不稳,它得不到任何方面的尊重;目前整个国家到处都是安南政府豢养的中国反叛者及中国军人,以文人为头领的匪帮,以及时而支持、时而反对政府的专门偷盗、抢掠、破坏的安南军队。我不知道朝廷是否懂得目前危机的危险性,我将努力弄个明白,并随时向您通报形势的发展。

法属交趾支那代理总督兼总司令 哥崚油离

C.P.C.中国第2卷第278—285页

30 驻香港领事先基维克斯致外交部长

1874年5月14日于香港

部长先生:

东京的消息仍然不妙,到4月份的最后几天为止,惨遭杀害的天主教徒可能有1500人,而村庄被毁无家可归的则有2万人左右,他们在山里到处流浪,饿死的比被猛兽咬死的更多。然而西贡政府最近所采取的措施,已在很大的程度上制止了对天主教居民的迫害。一位海军军官、“戴斯泰”号舰长、海军中校狄东先生在历时6个多月的艰巨战斗中表现得特别出色。他消灭了一大批用大炮武装起来的海盗船之后,以少有的献身精神保护我们的传教士及信奉天主教的百姓。最近他又带领一支40人组成的小分队深入内地。他这次大胆的进军又取得了很大成绩。他除了给安南当局留下一个深刻的印象外,还恢复了传教士们的士气。他发给他们一些武器,把他们组织起来自卫。我甚至认为哥地埃(Gauthier)主教多亏他坚强的干预才得以活下来。遗憾的是我们远东舰队的军舰太少,尤其是有一个时期日本、中国各港口及东京水域都要求它们在那里出现。

此外,安南王国似乎注定要遭受内乱的折磨。文人们已开始责备嗣德帝不该同法国签订条约。这项条约无疑也给我们制造了很多困难。如果可能的话,我们想修改条约中的某些条款,但这很难取得顺化朝廷的同意。无论最终条约是什么样子,要付诸实施,我们恐怕还有必要显示一下我们的决心及毅力,甚至得显示一下军事力量。

我们已经深深地卷入东京事务,我们已不可能不干出有关的事情,我已多次向您谈到,实际上我们在中国的地位如何,取决于我们对东京事件的方针政策。安邺先生的死亡,特别是我们急急忙忙放弃这位军官所占领的各省,都被中国人视为我们软弱无力的证据。从最近发生在上海的几起事件中,我就看出这是我们在安南失败的间接后果。

在上海,中国人专门攻击法国人和属于法国人的机构。他们了解我们目前所遭受的灾难,他们对欧洲及中国所发生的一切都了如指掌。他们坚信我们由于中国叛乱分子的进攻而在东京退却了,他们认为再用不着对我们有所顾忌了。但不能由此得出结论,认为其它欧洲国家仍使中国人有所敬畏。他们特别攻击我们,是因为他们认为我们最软弱。然而在中国,欧洲的威望也日益下降,这一点我甚至在香港就已看到了。

广州海关属下的中国炮舰已完全封锁了这个岛屿,任何木船不向这些炮舰纳税就不得进出香港,以致维多利亚城内出现了许多秘密的中国代销商，人们也不太想去揭露他们。中国商人只要向这些代理商付一笔佣金就可以得到他们的帆船的通行证。最近广州派出的炮艇对一艘刚离开香港的秘鲁商船进行登船检查，借口是该船可能载有苦力，实际上船上只有货物。这并不是唯一的先例，香港海面上还有几条船遇到麻烦。一艘官船与一艘商船互相炮击。这次，英国当局把这些船都扣起来了。

日本政府又向台湾进军，为被岛上土著人杀害的几个日本人报仇。这次远征由一个法国人李仙得(Legendre)先生指挥，他在南北战争时期成为将军，后来成为美国领事。必须指出的是日本战船还有些美国军官当舰长。

先基维克斯

C.P.C.中国第2卷第234—237页

31　驻广州领事戴比致外交部长

1874年6月11日于广州

部长先生：

阁下4月9日来信和我向您要的密码簿均已收到。

5月31日到达香港的法国邮包从西贡给我带来一封哥龚油离将军的很重要的信，兹将该信抄本转寄您①。它带来的情报与我从在东京居住而家在广州的中国商人那儿听来的消息完全吻合；刘二福的黑旗军被黄崇英的黄旗军打败，以及我们死敌之一的黄统督亲王部队的溃散，这都是重大事件，不久将导致嗣德王朝的垮台，假如我们能巧妙地在事态发展需要时加以干预的话。正如我4月29日信中向阁下汇报的那样，黄崇英目前对我们颇有好感，能

① 原档缺此附件。——编者

替我们真正出力。我们在黎氏后代中也有一个可靠的同盟者。他有许多支持者,所以一方面,他准备要求收回并继承他的祖先王位的权利;另一方面,如果我可以相信来广州看我的好多个名流的话,东京的善良老百姓一旦确信我们决心保护他们以对付多年来一直剥削他们的人,他们会宣布支持我们并帮助我们。我们在如此混乱的形势面前的作用似乎完全构划好了:保证我们已占领的阵地,耐心注视和等待我们前面的阵地清除得差不多,即采取迅速而有力的行动。从这一点来看,可惜,哥鲅油离将军兵力不足,不得不把部队撤出河内,集中到海防。河内是东京的首府,它永远是一切阴谋活动的中心,我们必须密切地加以监视。再说保卫这个城市的堡垒是个易守难攻的工程,我们是不能放弃的。如果法国政府真想在印度支那的这一部分保持与我们国家相称的地位的话,就必须让安南政府、东京人及中国人真正相信我们强大得足以完成好这项事业。然而只靠 450 人的部队占据、控制着禁门河口的炮台,便要求各地的秩序自发地恢复稳定,要求 1500 万疲惫不堪的居民毫不犹豫地接受我们的保护国制度或者我们的统治,那是没有希望的。我就这个问题请教过许多实地研究过这个问题的人,他们都认为用 1500—2000 人的海军陆战队,再加上几艘小炮舰,我们就有可能完全主宰局势了。至于那个一再欺骗我们的顺化朝廷,若因签订 3 月 15 日的条约便相信它,总有一天我们会被拖到比我们所预料、所盼望的远得多的结局。我要不断重申:中国当局是极不愿看到我们打算干些什么的,他们将会尽力公开或隐蔽地给我们制造麻烦,除非我们仿照日本人在台湾的作法,向他们表示我们下定决心要排除我们所遇到的一切障碍。只须炫耀一下我们的武力就会改变对我们的看法,至少会改变北京政府和两广总督的行为。在我同这位高级官员的最近一次会晤中,总督乐意对我说,1000 名客家人海盗多少年以来一直就选择东京湾作为他们“建功立业”的阵地，他们愿意归顺，条件是赦免他们。但他们的请求遭到拒绝，借口是担心这些匪徒将来在广东内地会干其它坏事。我同时还得知这些歹徒大部分人正遭受其它海盗集团的紧紧追击，眼看已到了穷途末路，他们向刘二福提出投到黑旗军麾下。我从同一个来源得知广西抚台不仅远未从谅山和高平撤走他的部队，还令挖筑新战壕，而且还向提督、即这支部队的总司令派去支援部队。

我打算一有机会就认真地提请两广总督注意这一新事实，如果情况属实，那就表明继上海事件之后，我们是多么应该提防中国人。部长先生，我顺便再向您提一下我在 2 月 25 日给您的信中所提出的要求，即得到一些基金以支付间谍费用，我一定会向有关部门作出汇报。游悲黎将军已经答应我就此事给海军部去信，但时至今日，我还没得到任何回音；如能让我知道关于这件事有何决定，我将非常高兴。

广东和广西的教区仍然平静无事，富主教目前在广西，没有人打扰他。

戴比

C. P. C. 中国第 2 卷第 286—290 页

32　海军及殖民地部长蒙塔那克致交趾支那总督迪佩雷①

1875 年 1 月 15 日于巴黎

您在信中就〈我方〉与顺化朝廷签订政治条约和商务条约的换

① 迪佩雷(Duperré，Victor)于 1874 年 12 月至 1877 年 10 月任交趾支那总督，与前任总督游悲黎(Dupré，Marie Jules)是不同姓名的两个人，但不少译文往往将他们混为一人，或将后者作遊悲黎、前者作游悲黎以示区分，读者仍难分清。我们将 Duperré 译为迪佩雷，下同。——编者

文情况提出的各项问题,我今日已去电答复,在此再予确认。电文如下:

“贯彻执行条约时,要求:

“一、在顺化急需1名驻扎官,2名秘书,2名翻译官,6名欧籍卫士,10名安南士兵。在海防和河内,需要2名编外监督员,2名欧籍秘书,4名文书,200名士兵。

“以后在施耐(Thinai)需要1名官员,1名秘书,2名文书,100名士兵。

“关于人员的组成、待遇和一切开支,请您提出意见。

“二、在顺化建筑一幢住房,在海防、河内,以后在施耐建造部队营房和宿舍。所需费用,按年分摊。

“费用数目确定后,我要求将它列入地方预算内,即在地方预算中扣除相等的数额。有关这方面的计划即将同两个条约的批准书一起送呈议会审议批准。”

在这份电报中简略谈到的各点,我还无法全部确定。我有充分理由相信外交部作出的努力能使议会及时通过商务条约,这样就可能使两个条约同时批准。所以,我认为这种结局是非常可喜的,我将全力促使其实现。同时,我打算向议会提议,在交趾支那的地方预算中划出一笔与执行条约所需的费用相等的款项。因此,这些费用要继续列入地方预算内。万一发生意外事件迫使我们改变我们干预安南和东京事务的性质和规模,您也必然会对这些预算产生极大的兴趣。

为了向议会提出一个确切的数目,我请您作出估计,因为我对这些费用一时还难以估计。我对您的设想不愿事先预计,但是,我认为总应该将海军少将游悲黎向我提供的一些意见转给您参考。我们认为这些意见是可以采纳的。

驻顺化的驻扎官属公使级，薪金 4 万法郎，为他配备两名秘书，一名在必要时可以代理他，另一名是抄写员。第一名秘书可在当地事务部的一等公务员中挑选，他的薪金为 1.3 万法郎，第二名秘书可以视作见习员，年薪 5000 法郎。两名翻译官中可以有 1 名华人或安南人，作为政府的翻译官，薪金为 5400 法郎。驻扎官还有由 6 名欧洲士兵或水手、10 名安南兵组成的卫队。由于我对支付这些额外人员的费用没有确切依据，希望您能提供情况。

驻海防及河内的两名领事或者更确切地说两名法国政府官员，可以从监督员中选拔。因此，必须增加人员的编制，您以后在作这些选择人员的棘手工作时，我相信您一定会很重视的。两名领事除领取 1.8 万法郎的正常薪金外，还应有 1.2 万法郎的交际费。每个领事手下配 1 名欧籍秘书，薪金 5000 法郎，两名文书(1 名安南人，1 名华人)，给予政府辅助译员待遇，即 4500 法郎。最后，在海防及河内每地都要驻扎 100 名士兵，他们的伙食费、医药费和营房费用应该列入实行条约的预算费用中。1876 年在施耐驻兵的费用，也照规定列入相当的费用。根据政治条约的条款，在互换批准书后一年内施耐仍将由我们占领。

在这些费用之外，还必须增加占领时的设备费用，对于这些设备费用，我在这里无法确定，甚至也无法估计。驻顺化的驻扎官必须具备与条约赋予他们的地位相称的居住条件。为此，必须租赁、购买或建造一幢适合他们居住的房屋，如果要估计租金或支付买价或造价的按年交款金额，那又是我无法估算的。

对海防及河内，还要预计一笔相应的费用，以后对施耐也是这样。此外，在这 3 个据点的每一处要保证提供 100 人居住的宿舍，在每一幢宿舍内，都要配置必要的傢俱。最后，这些不同建筑物的维修保养费用都要列入占领地区的年度开支之内。

我相信您一定能很快将这些需要的费用全部估算出来。

关于海关问题,商务条约第7条中有明文规定,要派一位法国官员作为欧籍的海关首长,由安南政府领导,以便安南政府同他共同商讨有关海关组织工作方面的事宜。为了选拔一位承担这项重要工作的公务员,我将与财政部联系。这位公务员既要年轻又要有经验,要熟悉这门专业,还要起同化作用,能参考当地的习俗制订一些确切的规章制度而又不触犯当地固有的习俗。我要求您为他收集有关中国海关的资料。我想,将中国海关中所使用的方法在东京推行,一定会很有效果的。

关于互换条约批准书时应遵循的礼仪,我无法找到确切的资料。为此,我曾非正式地请教外交部,他们也没有见过这类先例,因此也无从参考,只能按照当地的习俗来举行。殖民地部的档案处应该收藏有1863年条约批准时所采用的仪式的资料,但是没有一份正式文件记载这些情况。波那(Bonard)将军曾在若干海军陆战队的陪同下,亲自前往顺化,但是他不能由河道直接进入首都,因为当时安南人认为不在我们面前示弱对他们有利。因此,他们拒绝对我们的特使开放直达的通道。而今天这些借口已经不存在,法兰西政府的代表理应可以溯河进入顺化。关于礼仪事宜,我认为最好与顺化朝廷(曾经有过这种先例)一起预先商量好,安排好仪式的一些细则。

关于互换批准书的事,我在作出最后安排后将电告您,我指望通过您卓越的头脑和机敏的手腕来作好这项伟大的事业。

蒙塔那克(Montaignac)

BB—4 1971第25—29页

33 外交部长德加斯致驻华代办罗淑亚(Rochechouart)

1875年2月27日于凡尔赛

您已知道，去年我们与安南政府签订了两个条约，其目的是解决今后我们两国之间的政治关系和贸易关系。议会在8月4日经过投票表决，批准了政治条约的条款，并授权政府交换条约批准书。

根据政治条约，商务条约上有一项条款势必需要改动，因此该条约就不能同时送交议会审批。不过现在对这问题的谈判亦已结束，我当然希望政府能在短时期内提请审批，以使我们与安南王国签订的商务条约同样得到批准。

根据政治条约第2条，法国承认安南国王的主权及其对任何外国(不管哪个国家)均具有完全的独立地位。法国答应向王国提供援助，并保证根据国王的请求，给予必要的支援，以维护国内的秩序与安宁，保卫王国不受外来侵略，消灭骚扰王国沿海部分地区的海盗。为此，法国把几艘汽轮和大批军需物资无偿交给顺化朝廷，由它自己支配。

我相信法国和安南政府在这样的基础上缔结的亲密条约，将会得到中国政府官员们的赞同。

面对如此明朗的形势，我们有理由相信，总理衙门今后一定会放弃派兵去干涉安南各省领土的任何企图。因为，只有我们有权在这些省份恢复秩序和保卫居民安全，决不承认其他人有这种权利。

另外，您一定会考虑到该条约各款的目的在于排除迄今为止安南政府为从海上通过红河航行至云南而设置的障碍。我认为没有必要向您强调，中国势必会从中得到巨大的利益，因为通航的结果是把它最富有的一个省与所有国家的海岸方便而迅速地沟通起来。这个省由于远离海岸,使得部分资源闲置,至今仍无法外销牟利。而如今它终于看到妨碍其农产品、工业产品和矿产品销售于国际市场的壁垒已经消除,这条新辟的宝贵河道一通航就将发生大量的商务活动。因此,帝国政府可能会发现,如果大力支持这种商业活动,那么它所得到的好处至少不亚于我们。所以我愿意相信,中华帝国的军机处(Conseils de l'Empire),由于对其不言而喻的利益的深思熟虑,某些基于狭隘或过激的看法而产生的偏见不会占居上风。因为对于中国来说,它的利益与其它商业国家是一致的。但是我收到我的同事海军部长的通知,我们的交趾支那总督对中国最近派往云南的官员对此事所持的态度不无担心。该省前任行政当局对向他提出的通航建议,曾热情地表示欢迎。然而这种热情现在似乎已变成一种令人难以捉摸的官场客套。我认为有必要挑明这些隐患,以提醒您高度注意。如果由于政权变动而使您能把握时机的话,请您竭尽全力去消除总理衙门的疑虑,使之了解在东京边界上与我们保持良好的关系所能取得的好处。

德加斯(Decazes)

BB—4　1971 第 29—31 页

34　迪佩雷致蒙塔那克

1875 年 2 月 27 日于西贡

我急于向您转呈杜雅定舰长 2 月 9 日从陆路寄来的信的副本(第 6 号),东京的局势与我到达西贡时相同,这证明我对安南政府的意图始终抱信任态度是正确的。安南政府正确地评价了我们向它提供的帮助。它以绥靖手段来使长期不承认其权威的某些省份平静下来。

前任商舶大臣范氏的态度很值得注意,不要忘了,他在顺化任职时,直到最后一刻还公开反对法国的政策。任命他为海阳省总督,也曾被视为是针对我们的不友好的行动。

另外,您会注意到,杜雅定舰长认为没有必要对我谈起他的周围地区一片安宁的局势。但是我要把这个彻底绥靖的业绩大部分归功于这位精干而坚强的校级军官。他不折不扣地理解并执行所接到的命令,应予嘉奖。

待"安德尔"(Indre)号舰补给完毕后,我立即把它派往海防;我还将答复杜雅定舰长提出的种种问题。关于堵布益先生今后的计划,如果没有得到云南省巡抚的正式同意,我们不会批准,也不会保护在该省内进行的工商活动。而巡抚肯定是不会同意堵布益先生的计划的。因为我从京报上获悉,帝国政府已对办理此事的官员严加处罚。其实,我认为很有必要安抚顺化朝廷,要它不必担心天朝方面的干预。因此,我认为亟须请我们驻北京的代办在就我们同安南王国的条约业已获得批准一事通知中国时,向总理衙门作出断然的说明。您也许会认为请求外交部长对罗淑亚伯爵下达有关这方面的命令是适当的。

在通知〈总理衙门〉东京各港的开放和在红河上自由通航至中国边境等等都丝毫不改变我们已接受的天津条约的种种约束时,我们还可强调指出开放新港口对外通商的好处,并从现在起便应表示希望中国会很快同意我们自由进入云南省。我们通过这种方式表达这种愿望,只不过是跟随英国政府已经进行的活动而已,因为它一直在追求实现在缅甸和中国西部省份之间建筑一条商业公路的计划。

我完全同意杜雅定先生关于安南政府极其希望我们放弃在河内立足这一见解。不管怎样,既然驻扎河内的权利已写进了条约,而且为了坚持这一条款甚至曾使谈判几乎破裂,我们今天当然不能放弃这个权利。我们不必担心会有什么困难,这些困难都是无足轻重的。

迪佩雷

附件　东京地区部队司令杜雅定致迪佩雷

1875年2月9日于海防

我谨向您通报,今年1月20日,我接待了海阳范总督的来访,我同这位高级官员进行了十分友好的会谈。他向我谈到很久以前他曾到过法国,表示了他对法国人的好感以及使法国人感到高兴的愿望。之后,他对上次暴乱事件时我们帮助安南政府镇压叛乱分子向我表示了谢意。

这位大臣后来问我,堵布益将率领其船只开往云南一事是否属实。我答复他说,关于此事,我不了解这位商人的意图,但是如果条约规定完全开放东京进行通商,那么我认为在条约批准后,没有什么东西会阻止他尝试这种探险的。

当天,我回访了海阳省总督。在我告辞时,根据这位大臣的请求,我同意我的翻译与他进行交谈。交谈中范总督又向我的属员提出了关于堵布益先生的问题。然后他还询问我对安南人的看法,最后他表示愿意同法国人建立良好的关系,如果他仍能继续担任总督,他准备在租借地上向我们作出大大的让步,比如在海防,把从北堡起沿着海防的小河直至柑村(Cam)大市场止的地方让给我们,其宽度视我们的需要而定。他要我的属员把这些话向我汇报。

在我们互访时,海阳总督在谈吐上总是彬彬有礼。这位人物肯定认为放弃他在以往的信件中所流露出来的高傲口气(这些信件副本我已寄给您)是合乎礼仪而又明智的做法。此外,在他到达海阳的前夕,他便按惯例给我送来了礼品。

2月2日，海阳省总督委派的按察使以嗣德陛下的名义，送来了牛肉和农产品，作为2月6日安南新年的礼品；并交给我50枚银质奖章，托我发给"爱斯兵哥尔"号舰上的水手和陆军将士，因为去年10月14日这艘兵舰经过金门(King Man)港附近时，突然袭击了文河(Song Van)地方14条叛匪的帆船，将他们击败之后又予掳获。

来访中，这位官员除了上述问题外，还问我：

1. 在海防河的左岸，法国碉堡的对面安南人建筑用地上，是否需要建造一座大房子供担任征税工作或监督征税工作的法国军官居住；或者，如果一间简单的办公室不够用，那么这位军官是否只是在有特殊公务时才到对岸去，而他平时的住所仍在法国占领区一侧。

2. 法国人是否会满足于住在海防而不去河内，他们去河内并没有什么用处，因为是在海防缴纳税款的。

3. 在海防河的左岸安南土地上何处设置一座航行信号灯塔？大灯塔及其信号柱的尺寸多大？

由于我对条约上的规定一无所知，我就回答按察使说，如果在条约上规定要为一个法国职员建造一所住房，那就有必要建造，而我们可能要占据按条约规定我们有权建立住所的地方。但是，对这些问题，我没有资格表态。而且我的决定——如果我作出某种决定的话——如与商定的条款有抵触，那也是毫无价值的。

至于设置大型信号灯的问题，我猜想这该是一座灯塔或者是一座船位灯，我就向按察使说，我认为法国当局的主管部门会负责定出它的位置和尺寸的。

根据工兵上校路过东京时同海阳省总督的会谈，根据我同这位大官的谈话，根据他轻易地许诺在海防给我们宽阔的租借地，根据他对堵布益先生可能从事的探险行动的担心，最后根据按察使向我提出的种种问题，我认为显然可以得出这样的结论，即安南当局仍然试图给我们制造种种困难，以便阻止或推迟我们进驻海防上游的东京地区。

杜雅定

BB—4　1971 第31—35页

35　蒙塔那克致外交部长德加斯

1875年4月19日于巴黎

我最近接到有关东京事件的信件，说明形势很好。过去敌视我们的前任商舶大臣范氏的态度很能说明问题。这表明顺化朝廷完全接受正待批准的条约。这里，我提请您注意海军少将迪佩雷所发表的关于我们对中国政府向欧洲开放云南省通商这一问题的态度。交趾支那总督认为亟须请罗淑亚伯爵去说服总理衙门，对它详细解释东京一些港口的开放和红河(包括中国边境这一段)的自由通航绝不会改变天津条约中的规定。

至于迪佩雷将军信中有关河内设置一个驻扎官的部分，我必须强调说，我们有必要派一个政治代理人驻在东京的安南高级官员身旁。我们在安南王国这一部分地区的角色能仅局限于使安南的海关尽量为顺化朝廷的利益服务；我前的介入是为保护国制度作准备，以后保护国制度一定地建立起来并得到公认。

如果在我们已经作出牺牲之后，当人们感谢我们对省内进行绥靖工作支援，并请求我们在发生类似情况即给予帮助时，一些偏离在安南设立法国的保护国制度这一真我们将扮演一个有愧于法国的角色。

经过长期谈判方签订的这个条约允许我们在河内派遣一个代理人，然而安南政府却显然希望使这一条款搁置一旁，这说明它已经懂得此举的重要意义。

安南王国今日已经孱弱不堪，它也承认自己无力使其臣民对它俯首听命，因此它不得不接受一个大国的保护。我们在交趾支那所取得的权利，不允许听从除了我们之外的其他势力来对嗣德帝施加影响。过去在我们占领的初期，我们可以不在远东地区建立固定基地，但是现在我们再不能这样做了。因为我们已经先是占领了安南3个后来是6个省，我们已经把柬埔寨置于我们的保护制度下，我们为在这个国家奠定法国统治的基础已经付出很多代价，因此，我们应当继续我们的事业，要做到既不冒进又永不偏离目标。尤其是我们不能走回头路致使前功尽弃。

我认为您一定会同意我这样理解我们在交趾支那的局势，而您部必会协助我实现这一方针。

蒙塔那克

BB—4　1971 第 38—40 页

36　德加斯致驻华代办罗淑亚

1875 年 4 月 28 日于巴黎

我在 2 月 27 信中，大体上已向您介绍了去年在顺化签订
的条约。这项条约款
关系的依据。同时，我 作为我们同安南政府政治关系和商业
河开放对它的好处。我还 示过，我希望中国政府应该重视红
通过这条新的渠道运往世界 今后不要阻碍云南的外销产品
有的成见可能对中国政府在这 ，我也承认中国对外国人抱
响，使中国政府采取一些危害商业 出的决定造成不利的影
这些措施对那些交

通不便、不靠海的省份可能会产生不利的影响,使它们眼看不期而至的旺盛前景又烟消云散。

在我将这些疑问告诉您时,我还说明我是在什么情况下产生这些疑问的。这些情况已由交趾支那总督转给蒙塔那克海军将军先生。根据西贡接到的新情报,现在云南省当局似乎不太支持我们试图在东京建立的制度,迪佩雷将军在他最近的报告中重新提到有必要与总理衙门商谈这个问题,促使它同意我们的观点,促使它向云南当局下达有助于该地区商业繁荣的指示。

我在2月底给您写信时,还没有接到您那些谈及摄政期间政府一开始就对我们表示友好的信件。这位年轻皇帝的选择大家认为受他的父亲的影响,由这位亲王授意选出的大臣们以您好几次向我谈到的令人不安的征兆,似乎都在预示北京的另一种截然不同的政策取得了胜利。这就迫使各国驻北京的外交官们在与帝国的新大臣们初次联系时要小心翼翼。正是出于这种想法,所以我料想我曾应我的同事、海军部长之请托付给您的那项任务将会十分艰巨,并建议您要处处小心。幸好,您后来给我寄来的消息消除了这些顾虑。因为恭亲王继续执政,他的温和思想就会继续占上风。关于这一点,我们已经获悉,在上届政府的最后阶段出现的困难已经排除了,某些激烈的争论也已平息,我们的正当要求已得到满意的答复。以后,您也许会比我原来所预想的更自由地与总理衙门各位大臣讨论有关我们与顺化朝廷签订的政治条约和商务条约的执行问题。我也不必重复我在2月27日给您的信中所谈的理由了。这些理由使我们的条约在实现时无论对中国或一切沿海国家都会感到满意。但是有一点我认为有必要提请您特别注意,迪佩雷将军的报告使我认为中国很怕修改天津条约中对中国有利的限制性条款,所以难怪云南当局要对外商表示不欢迎。所以必须用明确的声明来使中国安下心来。如果我们法国人要进入任何一个对外开放的港口或河道，像在属于中国领水的那段红河水域上，的确在我们思想上决不能逃避我们侨胞应该承担的任何义务。

因此，我们要求中国政府在东京边界上采取的措施没有其他目的，而仅仅是为了在红河航程上添设一个天津条约第6条上没有列举的新港。况且，新港内实施的条约条款也跟中国沿海的其它地点所施行的相同。即在那里，外国人有权定居并有权遵照国际法的规则进行贸易。

我总认为这些坦率的解释一定会打消中国政府最后的犹豫心理。我相信您是一位谨慎多谋之士，希望您能抓住最适当的时机去同总理衙门的官员们商谈这个棘手问题。您既要在这次斡旋中发挥作用，又不要触犯他们。

德加斯

BB—4 1971第36—38页

37 迪佩雷致蒙塔那克

1875年5月2日于西贡

布罗萨尔·德·科尔比尼(Brossard de Corbigny)少校和派往顺化的使团人员于4月25日回到西贡。法国和安南王国在4月13日举行了隆重仪式并交换了1874年3月15日签订的和平及友好条约的批准书。仪式的细则都写明在我所批准的条约内。这项仪式在各方面都已遵照办理，我们对该外交文件的签订感到高兴。

我可以肯定，您一定会赞成"Ki Vi Ba"活动的进行方式。这些活动的目的在于摆脱交趾支那总督的干预而与法国政府建立直接的关系，设法以突然的方式获得意外的、必要时可在今后得到某些慷慨的允诺方面作出各种努力。这些安南官员无孔不入,点滴不漏,在缔结暹罗条约时的疏忽一直在鼓励他们在远离西贡的地方公开宣布他们的要求。我相信顺化的官员一定听到了在缔结3月15日条约出现困难时、法国政府曾考虑在某种条件下同意归还西部3省的某些消息。我敢于希望决不要作出这种让步,我甚至宁愿放弃交趾支那使之在远东完全消失。

雷那奥·德·普雷梅斯尼尔(Regnault de Premesnil)舰长(我的参谋长)会向您报告他从顺化带回来的情况。我是根据您的授权,将他送回法国,他一定很荣幸地听从您的命令,将嗣德帝托付给他的礼物和一级镀金勋章、一封附带的信同时献给共和国总统。

我已在顺化签署了法国驻顺化代表可能获得的地位和特权的协定。我认为我们应该为对方作出这么大的让步感到满足,要知道顺化朝廷一贯都是将对传统、礼仪和习俗的尊重摆在应尽义务的首位的。以后如遇适当的机会,我们也还可以提出更多的要求。

今天早晨,我又收到陆地方面的好消息,杜雅定舰长4月11日的来信说,各地方都很平静,我们和安南当局的关系很好。

迪佩雷

BB—4　1971 第40—41页

38　驻华代办罗淑亚致德加斯

1875年5月27日于北京

我收到您2月27日关于东京问题的来信,同时还接到迪佩雷将军的信。迪佩雷似乎已受政府的委托在安南组织公务机构,而且他已任命了一位应该安置在顺化朝廷的代表。看来他的观点与您有些不同,他似乎准备将东京作为西贡政府的附属物。您强调嗣德王必须拥有独立地位，而他似乎更相信要搞一个保护国制度。由于他的消息比我新，我担心卷入这场难以解决的争论中去，因此，在我致恭亲王的信中(随信附去3月15日的友好条约的抄本)我并未向他提及这个问题，而只强调了您对我指出的两点：驱散中国匪帮和开放云南的一处口岸。

在我前几次的信中，我曾试图向您描述当前的形势，面对这样的形势，我认为我必须把您的意图明确地向中国政府说明。我曾向您说过，我认为中国政府会想尽一切办法避免使我们产生严重的不满并从而与英国政府联合起来，因此它宁愿许给我们一些特许权，而不愿看到我们像1860年那样成为英国的同盟军。

罗淑亚

附件 罗淑亚致恭亲王(第12号)

1875年5月24日于北京

谨附上1874年3月15日法国政府与安南国王陛下签订的一项条约的抄本。该条约在议会通过之后，已于本年4月14日在顺化交换批准。今后，亲王将会看到应该由法国负责保卫嗣德王陛下的安全和独立。我深信中国一定会了解，为了使中法之间保持良好的友谊，必须严厉命令云南当局，不仅要阻止新的中国土匪窜入安南王国，而且还要召回那些现在仍在安南肆虐的中国匪帮。法国政府已决定履行它对嗣德王承担的诺言并确保安南国王在国内的安全。因此，它的任务首先就是驱散和歼灭这些支持内战的匪帮。我重申，希望殿下采取必要的措施，以便这项任务的顺利完成。由于云南省本身也很混乱，因此，该省也会因这项任务的完成而得到好处。其次，我也要请殿下注意从红河口至中国边境一段的开放通航问题。由于当初没有预计到这种意外情况，所以在天津条约和北京条约的条款中没有提及此事。但是今天事情既然已经出现,我们应该把它解决,而且应该立刻解决,以便把必然会发生的纠纷消除于初始。法国政府在签订这项条约之前早经深思熟虑,它完全了解它应尽的责任和应得的利益,它也决定要履行它的诺言,同样,它也要行使它的特权,所以在下面这两个问题上,我被授权同殿下进行协商:

(1)歼灭扰乱安南的中国匪帮。

(2)在云南开放一个我国船只能停靠并能进行正常贸易活动的口岸。我深信殿下也了解有必要去切实解决这两个问题,我也相信您愿意建立正常关系而不愿看到混乱情况的存在,混乱情况会产生严重的后果,会迫使安南国王采取果断措施去保卫他的国家的安全和贸易的发展。

罗淑亚

BB—4　1971第44—46页

39　罗淑亚致外交部长德加斯

1875年6月19日于北京

谨附上恭亲王对我就东京问题写给他的信的复函译文。在上次邮件内我已将写给恭亲王的信的副本寄给您。这次恭亲王写来的回信,要比我所期望的好得多。因为,亲王只是以过去的方式来谈安南对中国的附庸地位,这是对新地位的默认。他既未完全拒绝向外商开放云南某地,也没有表示同意,但他暗示如由嗣德帝出面,事情并非不可能办到。“安南,又称越南,曾是中国的属国,中国的边民同相邻属国的居民历来有贸易关系。这种关系的性质因省而异。有必要令云南就此问题进行一次调查。一俟接到回报,我们就此事进行磋商”。以上就是中国来函所使用的措词。从这句话可以知道，安南曾是中国的属国，两国人民原来有贸易关系，这些关系所采取的方式因时因地而异，以后可进行一次调查，向中国政府说清这种情况，双方就可以彼此统一意见。

至于我在信上提到的第二点，就是关于驱逐中国军队的问题，亲王断然答复说，这些军队是应安南国王的请求派去的，今天留在中国边境上的军队的任务是保卫边界。“至于越过边境的部队，各省当局让这些军队越境是失职行为，它们应该加以追捕和予以惩罚。因此，我们刚刚再次给云南总督去函，责令其严禁这些部队进入安南境内”。

现在，我希望得到指示，以便开展工作。您希望开放哪个地方？您愿意图饶幸同中国政府直接达成一项协议，还是最好以嗣德帝的名义并请他授权进行谈判？请您用电报向我下达指示，使我能尽早心中有数，并利用马嘉理(Margary)事件来了结此事。总之，我认为有必要由嗣德帝把条约通知中国政府。这样总理衙门就丝毫不会怀疑的确存在这一条约。我把这一意思写信告诉了迪佩雷将军。

中国政府已经清楚地看到，我们决心利用在东京取得的优势。因此，我有理由相信中国政府只会非常谨慎地行事。当中国政府确信，不管他们同意与否，我们都将会打开云南大门时，他们一定会让步的。他们宁愿接受一个能保障他们的海关收入的正常局面，而不愿处于一无所得的混乱状态之中。

罗淑亚

附件　恭亲王致驻华代办罗淑亚

1875年6月15日于北京

您5月25日的来信业已收到。信中您告诉我，法国和安南签订的条约已经正式批准。您寄给我这份条约副本时,还希望中国政府命令云南当局阻止华军侵入安南境内,并把已去那里的部队召回国内。您还说,“这样做,我们两国的良好关系既能保持下去,又能巩固起来。”①您也跟我谈起过,安南和中国之间的交通往来应该通过红河。红河流过东京,源出云南省。您说这一点在条约上没有指明过,因为当时我们还没有预计到目前的情况。但是,目前既然这个问题已经出现了,必须尽快把它解决。法国政府委托您同我们协商解决这两个问题:

(1)歼灭扰乱安南的华军;

(2)在云南开放一个你们的轮船能够停靠并能进行正常贸易活动的口岸。

在同治十二年十一月,我曾收到热福理先生的一封信,里面附有一份他写给云南总督的信的抄本,其中谈到如果云南实行开放,商业上将会获得许多利益。我曾答复热福理先生说,云南省并不对外开放通商。同时,我也函告云南总督,要他遵照条约的规定办理。现在贵国政府要求在红河上游开放一个口岸,我只能答复,云南并不对外开放通商。因此,今后不论在你们的条约或其他任何一个国家的条约中,都不能载有云南对外开放通商的条款。

安南,又称越南,曾是②中国的属国,中国的边民同邻近属国的居民历来有贸易关系。这种关系的性质因省而异。有必要令云南就此问题进行一次调查。一俟接到回报,我们再就此事进行磋商。

另一方面,安南过去一直受到匪徒的滋扰,安南政府曾多次向

① 罗淑亚原信并无这句话。——译者

② 恭亲王照会原文为“本系中国的属国”,参见《中法越南交涉档》(一)第12页,罗淑亚却译为“曾是中国属国”,此处据法文回译。——编者

中国求援。中国不能拒绝帮助和保护它的属国。因此，中国派了一些部队去追击这些匪徒。现在留在安南境内的华军都是安南政府要求派去的，其目的是保卫边境。这个目的一旦达到之后，部队就没有必要留在安南的领土上了，他们就被召回本国。

在同治十二年十二月间及去年三月间，我曾写信给热福理先生，对他讲了云南总督送来的报告中所说的内容。在云南和安南的边界上，匪首黄崇英和其他几个头子严重地扰乱了安南。他们想把安南彻底搅乱。云南总督曾派军队去制止他们的破坏活动。他的作战计划执行得很好。总督要求总理衙门写信告诉法国驻安南领事，越过境外的滇军，其目标无非是去阻止匪徒的破坏活动，他们与法国军队毫不相关。

皇上命总理衙门按照这份报告办事。

中国派兵去安南是应该国政府的要求做的，其目的是为了消灭强盗。驻扎在云南边境上的华军，目的是在保护安南，不使匪徒对它袭击，同时也是保护云南的安全。

至于越过边界的部队各省当局让这些军队越境是失职行为，它们应该予以追捕和予以惩罚。因此，我们再次去信云南总督，促其严厉制止部队进入安南境内。专此奉覆。

恭

BB—4　1971 第 46—50 页

40　海军及殖民地部长蒙塔那克致外交部长德加斯

1875 年 6 月 26 日于巴黎

谨随函转去交趾支那总督关于顺化朝廷任命两名官员为驻西贡领事的信。正如您将从迪佩雷海军少将的信中看到的那样，当时他好像希望这一措施被推迟，或至少与商务条约的批准同时进行，所以他的来信我推迟至今日才转给您。

我刚收到交趾支那总督的电报，他要求立即向安南政府提出一项他们一再要求的问题的解决办法。因此，我认为应将此信转给您。

海军少将在信中又提到造成商务条约延迟提交议会批准的种种困难。实际上，确保东京各港口开放通商和在该省派驻我们的官员的措施已暂时停止实施了。既然您已将旨在批准商务条约的计划提交国民议会，那么他的这些意见只有一点回顾的意义了。

蒙塔那克

附件　交趾支那总督迪佩雷致海军及殖民地部长蒙塔那克

1874年12月18日于西贡

接到安南商舶大臣的通知，他根据和约第4款的规定，选派两名官员到西贡担任领事职务。他的通知还提到选择地点为这两名安南政府官员建造住房的事。

这一步骤并不使我感到奇怪，尽管在实施和约(批准书尚未交换)的具体安排方面我们已落后一步这一点会令人觉得奇怪。

顺化朝廷这一匆忙的举动表明，它重视得到的让步及保护权。它预想它的领事将会享受保护权。这些领事的权利，我们可能将他限制在纯贸易性质的范围内。但是必须预计到，虽然这两名安南领事在西贡的任何举动都会受到监视，而由于他们的存在，以后会发生争执，因为会被新近兼并区内的人民视为王国政府归顺法国的一个既成事实。

我在给商舶大臣的复照中，坚持要求由我们负责保护今后到西贡经商的安南国王的臣民，从现在起，只有涉及商业利益需要领事保护时才同意由领事出面交涉。另外，我们也可以在您认为合适的时候才给两位领事寄发领事证书，尽量将两名安南官员的上任时间推迟到与我们派驻河内、海防的官员的上任日期相同。我知道，东京诸港口向外开放通商的消息一旦正式宣布，香港的一些批发商就会立即涌向东京经商。关键的问题是，条约本身固有的争执不要由于一开始可能发生的某些事端而升级。因为，如果我们要求对新的事态承担责任，而实际上我们难以承担时，就难免引发事端。因此，我们的领事以及负责确保我们的官员权力和所有外国人安全的武装部队、海关人员都应该在规定的时间亲临现场，并解决某些难以预料而确需解决的问题，不能放任自流形成流血冲突。

迪佩雷

BB—4 1971 第 41—43 页

41 海军及殖民地部长致外交部长

1875 年 6 月 30 日于巴黎

公爵先生、亲爱的同事：

去年末我曾给您去过一信，您在回信中告诉我，罗淑亚先生受您部之命与北京朝廷交涉，以打开云南的大门，使之与东京湾相通。与安南王国签订的贸易协议为我们的商人从海湾至中国边境的红河上游自由航行提供了保证。

马嘉理被害一案发生后，英国政府仍然不忘执行有利于商业利益的方针，打算把向北京朝廷提出通过缅甸开放云南的要求列入它向北京索赔的项目中。

我认为，应该趁中国政府还想与天津条约的签约国保持良好关系的时候，促使它在东京作出相应的让步。

毋庸赘言，我们虽可为打开中国最富庶的云南省的大门做出很大的努力，但眼看着英国人最先、很可能是唯一能达到此目的，此种局面将是多么的遗憾。

海军及殖民地部长

M.D.亚洲第33卷第193—194页

42 外交部长德加斯致驻华代办罗淑亚电

1875年7月3日于凡尔赛

我认为英国政府在马嘉理被谋杀一案索取赔款时，打算提出通过缅甸开放云南的要求。您或许能借此机会提出让中国境内红河段自由通航的要求。

德加斯

BB—4　1971第43—44页

43 罗淑亚致德加斯

1875年8月4日于北京

根据迪佩雷将军的来信，蛮耗①就是力争作为红河航线的起点而开放的城市。在得知这一情况后，我立即让人将随信附上的照会译成汉文送给恭亲王。我尽量突出中国政府在满足我们的要求的同时它自己所获得的利益。

罗淑亚

附件　罗淑亚致恭亲王照会②

1875年8月4日于北京

我奉命就近向亲王殿下恳求，希望中国政府同意将云南省境

① 现已改为曼耗。——译者

② 本照会原中文译文已辑入本《续编》第一册第7号。但译文不尽相同，为保存资料的完整性，这里重新译出。——编者

内红河上游的蛮耗开放通商，法国政府认为开放这个口岸对它很有利，希望中国政府不阻挠这一愿望的实现。我荣幸地提请亲王殿下注意，这只不过是向外商多开放一个口岸而已，只不过是根据汉口、镇江和1858年条约及1860年条约规定开放的其他江河港口的现行管理条款开放这一口岸。从中国的贸易利益考虑，中国政府应该对这一安排感到满意。我认为，亲王殿下可以在无损于本国利益的情况下，向法国政府表示这一善意，并以此证明您愿意加强两国的友好关系。

中国政府正在为居住在西班牙和秘鲁属地上的中国人要求自由来往的权利，它认为这种权利是它的国民享有安全和尊严的必要保证。在这种时候，中国政府必定不会因拒绝开放蛮耗这个口岸而让那些正为满足双方要求而着手解决这一问题的国家产生这样的看法：在劝告西班牙政府赋予其属地上的中国人以自由来往的权利时，从中国政府方面得不到任何互惠条件。

您也许会答复我说，自由来往权并非十全十美，这种权利应在一定限制下、在事先讨论通过的治安条例的保护下实施，方能平安无事。正是为了避免这些麻烦，法国政府才将它的要求局限在一个明确的地点。而开放这一地点将有利于恢复一个长期受内战折磨、居民过着一贫如洗的悲惨生活的省份的商业生命，而该省又丝毫无损。如在蛮耗设立海关和领事馆，将使中央政府的权利得到加强，同时也可以让这些未开化的部落看到法中之间的友好关系。最后，这种局面经过调整之后，将可消除走私的弊端以增加中央政府的财税收入，因为，如果中国政府拒绝在蛮耗设立海关，法国政府也无法制止走私活动。

正如我以前曾向亲王殿下陈述的，法国政府已与安南国王签订了一个条约。这个条约承认这位君主的独立地位，但同时又给他规定了几项特殊义务。其中一项是他的外交政策必须与法国的外交政策相一致,开放红河通航。如果中国政府不许船只在与红河相接的领土上停靠,这一条款的规定也就完全失去了意义。如果这个问题不能以和解的方式解决,没有在既满足法国新的利益又不损害中国利益的方式下解决,可以预料,纠纷就会时常发生。

我认为很难再长久地将云南省维持在目前所处的孤立状态了。通向该省的各条道路早已被人们仔细地研究过,最为便利的道路就是红河。正是这条通道最有利于中国政府监督和控制出入口的货物及其课税。中国政府开放这条通道,它在别处遇到的纠纷也许会简化,而且会成为法国政府的朋友。通过外交谈判,定然会获得必要的实际利益。

如果亲王殿下同意这一想法,我准备向我的政府提出最令您满意的方式,我可以肯定,尽管法国政府坚持要求开放这个口岸,因为它认为这样对法国殖民地交趾支那的繁荣昌盛是必不可少的,但您也一定会觉得法国政府是非常通融的。

罗淑亚

BB—4　1971第50—52页

44　海军及殖民地部长致外交部长

1875年8月19日于巴黎

公爵先生、亲爱的同事:

您7月30日来函收悉。信中谈到罗淑亚伯爵收到与中国政府协商的指示,以取得从红河至云南的自由通航权。此外还收到了您转来的我方驻北京使节的报告抄件。

罗淑亚认为帝国政府的答复恐怕不甚明确,不甚令人满意。但一俟时机成熟,他还要向对方施加压力。

我不认为中国政府会拒绝我方要求，因为它的北部边界已无条件地向俄国开放通商。

与其设想中国方面可能提出异议，不如逐条向他们陈述将得到的好处。法中两国在这一基础上确立的关系，只会有益于有关国家的贸易。一方面可为云南省的丰富物产开辟新的销售市场，另一方面又确保东京将运去大量过境商品。

海军及殖民地部长

M.D.亚洲第33卷第210—211页

45　交趾支那总督迪佩雷致海军及殖民地部长蒙塔那克

1875年9月6日于西贡　10月26日收到

商务条约批准书的交换仪式已于8月26日在顺化举行。东京诸港口的开放日期定在9月15日。我是刚从通讯舰"安特洛波"号得知这一消息的，该舰9月2日在西贡停泊。我当即将这一消息向你电告。电文如下：

"批准书已于8月26日交换，诸港定于9月15日开放。决定已送达殖民地附近的诸总督及我们的领事。"

经过多次的延误和很多的困难，我们与顺化朝廷的政治和商务关系终于在今天建立了。我将尽力把这些关系保持好，使条约上的各项条款得以遵守，不致发生任何纠纷。

迪佩雷

BB—4　1971第54页

46　驻华代办罗淑亚致外交部长德加斯

1875年9月15日于北京

谨奉上恭亲王的复信译文，答复了我于8月4日给他的一份关于开放红河之事的照会。您能看出,这封复信并不意味着拒绝,远远不是拒绝。在我为此而进行的多次谈话中,中国大臣们不断向我说,建议本身是好的,但是在没有确定让步的实际可能性之前,不能同意这样做。

罗淑亚

附件　恭亲王致罗淑亚照会①

1875年9月6日于北京

8月4日的来函业已收到。您在信中说:"我刚收到我的政府的命令,提出在云南省开辟位于红河畔的蛮耗作为新的商埠的要求。"

5月我收到您的来信,向我谈到在云南的红河边辟一处船只可以停靠的码头。

我在复信中说,云南不开放通商,鉴于您的要求,我认为可先写信询问云南当局,一接到云南当局的答复,我立即处理这件事。

既然贵国政府想开放一个商埠,我要提请您注意,云南省远离北京,该省急待处理的边境问题较多,因此,我什么也不能预料,什么也不能决定。

由李大臣奉旨去调查和处理马嘉理一案,要等办完此案之后,才能对该省各地的形势及边境情况进行调查,提出处理这个问题的意见。

我现函告李大臣,要他处理马嘉理案件后,立即对您提出的计划的可能性进行细致的调查,待接到他的答复,我将立即转告您。先行照复贵大臣查照。

BB—4　1971第53页

---

① 恭亲王照会原文参见本《续编》第一册11号。——编者

47 迪佩雷致海军及殖民地部长

1875年9月21日于西贡

部长先生：

现将可加拉德克先生(Kergaradec)第一份报告的抄件转送给您①。我原来就坚信我方领事将受到欢迎，因为河内总督在所有场合都表现出热情友好的态度。我希望各邻近省总督的态度大致相同。恰恰在这一方面，我担心会遇到困难，因为红河上游一带的政治形势不那么令人乐观。东京矿山的开采已引起各方关注，在巴黎已成立若干公司，但我认为目前提出任何要求都为时过早。我于本月17日给您发过一份电报，电文如下："我坚持暂时不采纳有关东京矿山的任何建议，因为目前还没有掌握有关的材料。考虑到与云南接壤的东京各省形势不稳定，因此，无论哪家公司的行动都将使政府承担责任并参与武装干涉。领事赴河内上任，受到热情迎接，局势令人满意；然而前途未测，未来可能是错综复杂的。堵布益先生就很可能引起麻烦。"

我曾指示可加拉德克及时研究开放新市场、新的贸易渠道所引起的一切问题。因为我手头不掌握任何情报，我认为人们从堵布益先生的报导中得出的结论是不严肃的，我对此毫无信心。这个冒险家以自己的利益为标准来衡量一切，我希望任何人也不要以他的意见为依据来对我方领事的报告提出异议。我坚信，安南政府在由悬挂黑旗标志的中国人和广西的常驻部队占领的东京北部行使不了任何主权，红河航行的安全在某种程度上虽有一定的保障，然而参加矿山开发的欧洲船只的安全却需要我们对这些地方立即采

① 复印时缺印，未辑。——编者

取保护措施,并在这些地方驻扎维持和平部队。这不是法国政府的意图,因为它并不打算让顺化政府提出把一些承诺写进和平条约第二款里的要求,因为这一要求肯定就是对要求在东京作出让步的否决。我认为,为谨慎起见,目前应暂时避免这类行动。为防止安南政府接受一些外国人可能提出希望得到条约规定的保护保证的要求,我指示黎那先生就法国投资的问题与它接触,但不提任何正式的书面要求,以便一旦需要,他可以已事先通报为理由,摆脱英国或德国的要求。

可加拉德克取得了一块7公顷的租界,我将着手进行修缮工作,以便使它在确定的日期投入使用。

没有收到海防方面的新消息,前几天电报提及视察员的身体欠佳,为此我很焦虑。本月15日由他来接替安南人,掌管行政事务是至关重要的。

法国驻香港领事来函称,根据得到的情报,中国各港口事务都陷于停滞状态,开放东京并未引起重大的商务活动。英国和加利福尼亚众多的厂商破产倒闭,使远东的商业陷于瘫痪。我还看不出东京海关能否出入相抵,此间的商业复兴恐怕还要经过一个比较长的阶段。

此外,我还有令人乐观的消息,即黎那的身体有所好转,9月4日报告的抄件附后①,从中您可以了解到我们与顺化朝廷关系的现状。在这一点上,还需要我方代表在一个相当长的阶段里坚定不移地工作,而且不允许我们完全信任新朋友和新盟友的态度。我将尽可能延长在西贡驻兵的时间,此外没有理由对转让军舰倾注过分的热情。

---

① 复印时缺印,未辑。——编者

迪佩雷

附言：我刚收到东京 9 月 5 日的邮件，据称，炮舰已下水，“益士弼”号(Aspic)已返回海防。我要命令此船船长放弃在红河的航行，让他在海防河口处停泊。“苏古佛”号(Surcouf)于 9 月 2 日抵达，但未能进到海防，因为在禁门入口处搁浅了，脱浅后才去执行任务。枯水期进入红河是很困难的，我认为东京湾的商务活动将因此而受影响。

M.D.亚洲第 33 卷第 279—283 页

48 迪佩雷致外交部长

1875 年 10 月 6 日于西贡

部长先生：

9 月 18 日以来我收到黎那先生的几封电报。这些电报的内容令人很不满意。我们的新朋友和盟友并不打算改变一直为我们反对的伪善和骗人的政策。事实会戳穿公文中充满友好和信任的保证，正如事实会掩盖某些改革的微弱愿望、某些渴望走向进步(我们的代办曾经为看到进步的迹象而高兴)的思想一样。

1874 年 3 月 15 日条约包括两个主要条款，这两个主要条款说明并能在某种程度上证实法国作出了重大让步：一个是关于宗教自由和基督徒在王国的法律面前绝对平等，第 9 条写得很全面，国王的责任在最后一段中有明确的阐述；另一个是关于王国的主要港口向外国开放。1875 年 8 月 31 日条约第 2 条详细地规定了进行贸易的条件。这两个条约被批准刚几个月，就出了问题：基督徒的处境没有改变，针对他们的法令(将把译文寄去)具有挑衅性；对方没有采取任何措施使我们有效地参预海关的管理和征税。安南政府满足于维持不受我们控制的内部海关制度，这种制度加重了进口货物的负担。该政府只允许安南及中国的帆船进入红河三角洲的众多河流。因此，其国库将从不为我们所知的额外征收的税收中获利。如果外国在全部贸易中占的比例很小，那么，我们唯一可以参与分成的海防关的收入将微乎其微。

我曾指示黎那先生去说服顺化朝廷，明确告诉它，我们政府的意图是延期、甚至希望不采用条约规定的解决办法。今后占领东京的打算不一定会实现，我也不打算提出这样的建议，我们不能以此相威胁。履行条约的第3条是我们唯一有效地迫使顺化朝廷履行诺言的武器。现将我为此而写给黎那先生的信件转给您①。

部长先生，我在10月2日的电报中已将顺化的突发事件向您报告，现再证实该电文：

"安南政府公开违约。顺化朝廷的敕令使用侮辱基督徒的辞句，与条约第9条背道而驰，用心险恶。我曾同意不将敕令的内容告诉巴黎，将此敕令视作假的，但必须立即颁布观点与条约完全一致的新敕令。顺化朝廷的恶意是十分明显的。如果不采取极端措施，我们就必须用第3条来武装自己。我声明过，我可能暂缓执行该条。如果我遇到新的抵制，请允许我发表这样的声明：推迟一年的期限将从颁布令人满意的敕令之日算起。不要催促我调走军舰，我对东京各省政府官员的态度表示怀疑，以前估计的某些困难，已开始出现。"

有关第3和第9条最后几段的内容，我的理解不一定很正确，但说一说是必要的。我深信，安南人将会发现，拖延将带来各种麻烦。如果我们公开指明他们推迟颁布敕令就是推迟停火日期，也许

① 原档缺此附件。——编者

我们还可以找到一种直接解决问题的方法。由于担心看到同样的危险再次发生，也许将促使安南人下决心支持海防港的贸易活动，不再加以阻挠，不再企图逃避对提取关税收入的检查。

黎那先生既作了坚决的斗争，又按照我的指示作了适当的妥协。他受到冷遇，他的耐心经受了无数次的考验。因此，我要求他向被授予荣誉勋位的一些要员们询问有关荣誉勋位管理机关颁发证书所需要的各种材料。他们予以拒绝，实际上这是不合适的，有欠考虑的，甚至是可笑的。因为这些自负的要员想将实际上只不过是服装上的一个饰物的金质勋章来与欧洲各国政府颁发的证章相比较，所以他们不肯接受一种未见先例的发证方式。若这些要员一再拒绝，我想最好还是要求制发证书，只将我们现在拥有的材料（我觉得足够了）写进去。说实在的，我不同意那种必须取得全体同意才颁发勋位的作法。

我谨提请部长注意，我还没有收到给安南领事和副领事的领事证书。因此，我无法为我们派到东京去的领事迟迟得不到领事证书的报怨作什么解释。他们的不合法地位可能会引起麻烦，如果他们在某种危险的情况下要求享有特权、要求干预涉及我们的国民或外国人的一些重要事情的话。

我收到的海防来信最近的是9月22日，河内的来信是13日。杜克(Turc)先生告诉我，译员杰(Gès)先生关于海关机构要在他领导之下的建议已得到安南当局的同意。但是，如果我们不能改变顺化朝廷的阴谋，我们追求的目标将永远无法达到。海防和河内海关的收入——我们所能控制的唯一收入，也许只够开支人员和一个机构的费用。杜克先生认为(我也这样看)安南政府将竭力破坏通商，将价格抬得很高，以利于安南人和中国人而损害集中在海防的欧洲商人。它想以此向我们说明，开放这个新市场，外国人没有任何好处可得,我们所追求的只不过是空中楼阁,到头来一无所获。至于欠西班牙的债款,安南人想从海关收入中预扣。我不清楚,如果海关的收入完全避开我们的检查,债款又如何清理。我们曾提出过建议,在每一条海上通路的适当地点建立一处法国检查站,检查过往船只,必要时禁止这些船只进港,这是唯一有效的办法。但实际上作不到,我不相信安南人会接受这个建议。

"苏古佛"号将被海盗劫走过的妇女儿童送回东京,由一名传教士负责接待。该船再去搜寻海盗船,但没有发现任何可疑的船只。有一艘由法国人指挥的中国小炮艇,最近在海上巡逻,在新澳门(New Macao)附近击溃了一个由200多名海盗组成的船队。

杜克先生告诉我,占领东京西部省份的中国正规部队已经开始撤离,这些部队也许是受命开往云南的,据说那里发生了叛乱。顺化朝廷原来要求中国派军队前来协助,现在,中国军队不顾他们而撤回,顺化朝廷就会担心被驱赶到明江北面上游的黄旗军的动向了。我已指示黎那先生,要他建议安南政府将目前聚集在山西和北宁的黑旗军调到北面去,他们与我们的距离太近了。他们驻扎的两个城市都邻近河内,各省的巡抚有与他们勾结的嫌疑,我一直为此担心。安邺先生及其几名同伴的死,以及可能因此而引起的冲突逼使我们自河内撤到海防等往事,会使那些勇敢的冒险者胆子更大,他们曾夸口说可以击退法军对东京的入侵。然而,他们如果没有得到安南政府和安南军队的支持,是不敢攻击我们的。但是,我可以相信河内总督,而北宁和山西的总督尊室说(Thùy)①和黄(Hoang)亲王则无法使人相信。范富庶总督就很担心这两位亲王

① 越文Thùy译"谁",而当时北圻首领中无尊室谁。经查对,确为尊室说(Thuyết)之笔误。——编者

会宣布独立,禁止外国人到东京贸易。范总督曾问杜克先生,法国是否支持顺化朝廷反对反叛的总督。我们的领事回答说,法国始终恪守诺言,它一定履行条约第 2 条规定的义务。对于这样的回答,我也只得同意。我也可能这样回答,但极不希望看到我们现在就陷入我们曾经预料到的某些困难之中,因为这些困难可以说已写在条约中了。我命令黎那先生向安南政府申明,我个人认为顺化朝廷要在适当的时机对两位亲王采取必要的措施。因为我可能被要求同意这一措施的结果。从现在起,我想知道所有可以使我能准确判断形势的有关事件。

我希望嗣德王能让属于他的家族的那些总督听从他的指挥。我希望我们能摆脱困境,免去一项可能是长期干预的经费开支,因为,我认为在安南王国维持良好的秩序和安宁,与消灭该国沿海地区的海盗一样困难。

部长先生,法国承担着双重的义务,已难以摆脱,但请您相信,我会审慎地找到最符合我们的利益的解决措施。我刚刚向您报告的情况,证明我写信向您拒绝在东京布雷的设想是正确的。我认为布雷的计划是无法实现的。

可加拉德克先生 9 月 13 日给我的信上说,为了深入了解总督的意图,他已采取相应措施。我让他注意任何一点细小的情况,并向他重申了过去的命令。

两艘英国船 22 日到达海防,各港口的工作进展很慢,这对新市场的开放十分不利。我们一开始就遇到了困难。但我们并没有在困难面前退却。我利用一轮船开赴海防的机会,让它将煤运往煤场,因“苏古佛”号的到来,煤场的存煤将会大减。我已命令试用从广源煤矿运来的煤,一直试验到令人满意为止。

法国驻曼谷领事贾尼埃(Garnier)先生可能已将暹罗王国北

方地区遭到一批中国和老挝游民入侵的事报告了外交部。我现在获悉,呵叻(Korat)省正处于动乱之中,柬埔寨似乎没有受到威胁,诺罗敦国王也许会接到一些具有诱惑力的建议,以便擦亮他的眼睛,让他看到1867年7月15日的条约划出去的两个省合并后的前途。我参与了全部有关活动,这些活动很可能会破坏两个毗邻的王国现存的关系。很遗憾,执行上级的命令不容马虎,所以我们没有利用这个机会弥补我们的过失,也没有给予在困难时期始终忠于我们的保护对象以报偿。请允许我将保护国的代表的来电和我的回电转给您①。

部长先生,我们讨论之后发觉,我们的外交事务使我产生了不安。不过,我要告诉您,我对殖民地内的局势感到满意。行政官员每周的报告内容全都一样,他们认为各省的秩序都很好,税收工作正常并已完全结束,很少有要求减税的,庄稼可望大丰收,老百姓对开垦公司与对新的农作物种植实验一样热情很高。我一手组建的各个地方农业委员会已经取得明显的成绩。我对他们的工作给予了很多的信任。殖民地的卫生状况从来没有像现在这样令人满意。在殖民地财政条件许可的情况下进行的管道建设工程,大大提高了卫生条件。但是由于气候多变,有些工程停下来了。要实现政府和殖民地当局的计划,还得几年时间。

我希望不要发生任何使我们失望的意外和改变现在的财政条件。这一点,请您多多帮忙。您让我在这项重建工作中作您的助手,我感到十分荣幸,我不会辜负您对我的信任。我对殖民主义利益一片忠心,因为这些利益是无法与法国的利益相分割的。

迪佩雷

① 复印时缺印。——编者

M.D.亚洲第33卷第307—317页

49 罗淑亚致德加斯电

1875年11月5日于北京

我认为，在被派去〈云南〉进行调查的中国代表没有返回之前，不必坚持开放云南问题。西贡总督通知我说，华军已撤出安南。我们的步调完全协调一致。

罗淑亚

BB—4 1971第54—55页

50 海军及殖民地部长致外交部长

1875年11月6日于巴黎

公爵先生、亲爱的同事：

您10月8日来信收悉。遵嘱于当月20日按事先与贵部商定的措辞给交趾支那总督发去一份电报，电文如下：

“我们与顺化朝廷的关系是否允许我们的代表在北京以安南政府的名义进行谈判？此事与天津条约无关，将那些令我们操心的问题分别处理，具体安排。目前天朝和英国之间的冲突可能对我们有利。如果顺化朝廷授予我驻北京代办全权的话，我们的代办就可以代表安南王国进行谈判，同时将我们与安南签订的条约通知对方。请速回电。”

迪佩雷将军于10月21日从西贡回电作答，电文如下：

“安南政府对与云南通航之事于北京无所求，因为它们两国之间有着天然的联系。顺化朝廷仅仅是为外国人服务的中介人而已。然而，安南人对我们在东京的事业都拒不合作，而且顺化国王绝不会同意法国公使以他的名义在北京进行谈判。我认为任何可能被视为软弱的言行都是无益的，会损害我们在顺化的威望。我在今天寄给您的信中还提到我们〈与安南〉的关系远未使我满意。我恳求您拒绝可能是法国驻北京公使提出的建议，我从他信中预感到这一点。”

迪佩雷海军少将先生由于某种特定原因，不赞成您给我出的主意。毫无疑问，目前我们与安南的关系影响了他对这一问题的看法。

随后，我于22日又给他去函(随函附去副本)确认我20日给他的电文，并告诉他，您为什么要提出以安南政府的名义继续进行协商。在目前的形势下，既然您认为在这件事情上要求英国政府与我们步调一致是无益的甚至是危险的，那么最好是请我们驻北京的代表根据我们拟定的云南方案的精神直接与恭亲王谈判。无论这些行动在目前会产生什么影响，我们总可以设法达到预期的目的，因为我们可在适当的时候提醒中国政府注意它作出的承诺(您在10月14日的信中提到该承诺)。

海军及殖民地部长

附件1　交趾支那总督致海军及殖民地部长电

1875年10月21日于西贡

(电文内容与正文的引文内容相同，从略。)

附件2　海军及殖民地部长致交趾支那总督

1875年10月22日于巴黎

总督先生：

我在此确认本月5日发给您的电服，电文如下：

“我们与顺化朝廷的关系是否允许我们的代表在北京以安南

政府的名义进行谈判?此事与天津条约无关,将那些令我们操心的问题分别处理,具体安排。目前天朝和英国之间的冲突可能对我们有利。如果顺化朝廷授予我驻北京代办全权的话,我们的代办就可以代表安南王国进行谈判,同时将我们与安南签订的条约通知对方。请速回电。”

随信附去外交部就这一问题的几封来信①。正如我说过的,我们提出的意见不属于天津条约的范围,也无需与英国政府协商。德加斯公爵也认为使我们驻北京的代表与你们的代表协调一致的最好方法,是让您和罗淑亚阅读我们两部所有相关的信件和指示,这样一来,具体办事人员就会互相协调,使这一工作进行得更为有效。

外交部长曾再次强调我们如以安南政府的名义提出开放云南的要求,可能带来好处。现在需要了解的是,目前我们与顺化朝廷的关系是否适宜于这一行动。这一点只有你能回答。罗淑亚伯爵奉命进行旨在使中国从东京北部撤军、开放云南及取得在红河中国河段的自由通航权的谈判。

戴比先生接到在他权限范围内维持现状的命令。

您在另一封信的抄件里将看到,在开放云南的问题上,恭亲王准备给我们某些特权。

我与同事们都认为,中英两国之间悬而未决的纠纷在某种意义上可以为我们的谈判所利用,况且在目前形势下,避免纠纷,避免使我们不快,是北京政府的利益所在。

蒙塔那克

---

① 原档缺此数信。——编者

部长补充:

我刚收到您的回电,您的意见很合理。我们与顺化朝廷关系的现状不允许我们操之过急,我赞同您一贯遵循的原则。

部长

M. D. 亚洲第 33 卷第 264—269 页

51 海军及殖民地部长傅里松(Fourichon)① 致交趾支那总督迪佩雷

1876 年 6 月 1 日于巴黎

您在 4 月份给我的短信中曾经提出,法国和安南王国最近签订的条约,在执行过程中遇到了许多困难;另外,您对于我们干预东京的行动应赋予什么性质,也拿不定主意。

您特别强调,如果我们以后不打算(至少目前是这样)扩大我们在交趾支那的属地,那么,应该向安南政府作出明确保证,表明法国政府并不打算进行任何征服行动。为此,您要求修订条约,只保留有关港口开放通商的条款,以及悬挂外国旗这项使我们与中国、日本两国一起受到约束的条款。

您建议撤销充当我国驻东京各领事卫队的各海军连队,以便消除安南人由于这些部队继续留在东京而产生的顾虑。

您还认为,为了避免与中国发生重大的纠纷,最好取消那项不允许安南政府改变它目前的对外关系的条款。

最后,根据商务条约第 6 条的规定,您要求从现在起,就让安南政府管理东京海关。

这样一来,就只保留以下几点:

---

① 原档如此。——编者

1. 承认我们在下交趾支那兼并的 3 省的主权；

2. 向外商开放东京的港口；

3. 保证有利于基督徒的规定。

我曾经像您那样，见到我们目前与顺化朝廷的关系引发出许多弊端感到震惊，并派人对这个问题进行了深入的研究。我和您一道与外交部长就这个问题进行过商讨。结果是政府同意向顺化朝廷明确保证，如果安南政府能忠实履行开放东京港口对外贸易的条款和保证基督徒自由信教，我国政府决不打算在东京进行干预。

至于修订那些在实施中不断使顺化朝廷与交趾支那政府发生纠纷的条约，政府认为如果立刻轻易取消这些条约，可能会出现较大的麻烦，目前应该用解释的方法去将条约精神简化一下，而不要把我们长期以来一直在追求而今刚刚开始进行的事业贸然抛弃。

我们可将领事的卫队撤出东京，这样将使安南政府完全放心；但是，如果交趾支那总督认为必须派卫队来保卫我们的官员的安全时，就应该有恢复派遣卫队的权利。

从 1879 年 1 月 1 日起，我们不再派部队到开放口岸驻扎。

那时，可能只有安南政府领导的海关和征税机构，但是它必须向法国政府按年交纳规定的款项，其数额应在还清西班牙赔款、完全偿清建筑海关关署的费用之后才予确定。海关的领导权将由一位法国官员担任，其待遇和职位，与中国海关总署的总税务司相同。

将要明确规定，如果外国人为了安全起见要求在开放口岸派驻一支武装部队，或者由于安南政府没有忠实履行签订的条约，必须由法国与安南官员共同重新领导海关和征税机构时，法国政府只得重新严格执行条约。

在黎那先生度假期间，霍道生先生将去顺化代理驻扎官的工作。

霍道生先生一到任，就将在口头上将上述的决定告诉顺化朝廷。

在要求安南政府严格执行保证基督徒自由进行宗教仪式的条款的同时，法国政府保证尊重嗣德陛下的权力。因此，届时您应该十分明确地向主教们申明并向基督徒说清楚，政府绝对不赞成那些反对安南政府的暴动及复辟旧王朝的阴谋。

至于有关第16条的问题，您可以向驻在西贡的外国领事指出，这一条款已作过解释，您还应征求他们的意见。

他们将要申明，他们是否打算从中取得某些利益，或者他们是否要求我们在领事裁判方面给予有利于他们的侨民的支持。

我希望依靠您的威信和智慧去掌握局势，使安南政府接受并推行新的政治路线。如果安南政府不以诚恳的态度来对待我们的诚意，那么，我委托您将我们仅仅以试探性质的保证收回。

蒙塔那克①

BB—4 1971 第55—57页

52 驻华公使白罗尼致外交部长德加斯

1876年11月26日于北京

随函附上刚刚收到的交趾支那总督迪佩雷将军来信的抄件。另外还有一封附于迪佩雷将军信内的可加拉德克先生的信。迪佩雷先生认为可加拉德克的信提出了一个严重问题，即1874年缔约以来安南对中国的地位问题。

不过我希望交趾支那总督的担心是多余的，安南使团今年按

① 原档如此。——编者

历来的惯例前往北京，绝不会带来什么麻烦。而且，迪佩雷先生所要求的现状，仍将维持不变，我对此将全力以赴。

对于阁下表示的愿望，我时刻铭记在心，我认为目前不应要求总理衙门注意开放蛮耗的必要性，因为该地还在叛乱分子首领的手中。

白罗尼(Brenier de Montmorand)

附件1 交趾支那总督迪佩雷致白罗尼

1876年10月18日于西贡

我到西贡后，由于种种原因而推迟了赴罗淑亚先生处的访问，非常遗憾。我知道，可加拉德克先生行期也将推迟，但我希望在下一班邮件中，能收到您寄来河内总领事急需的介绍信，因为红河的航行不久就将更加困难。

已经商量好，可加拉德克先生将把他的随行人员留在老街，因此他这次旅行虽然是在会引起某些怀疑的情况下进行的，但您可以完全放心，不会发生什么麻烦事情。

可加拉德克先生已经与黑旗军头领进行会谈，跟随他前往的工作人员中有一位出生于安南望族的官员，我相信可加拉德克先生必定能顺利地完成这项您认为非常重要的使命。

在外贸方面，我们开辟了不少新市场，与此同时，我们也承担了一些无法摆脱的义务。如果说，我们迟早要同安南政府共同分担维持红河两岸安全的责任，那末，我们就应该在事先深入了解这些省的政治情况和在该处开发贸易新途径所需要的条件。这就是我交给可加拉德克先生的任务的目的。对于他在这方面向我提供一切资料，我将全部转送给您。

我从可加拉德克先生处获悉，安南王国的使节正首途前往北京。

可加拉德克先生提出了一个严重的问题,即安南与中国之间存在新的关系问题。

我前次在巴黎逗留时,有人曾就这个问题向我质询。我坚持认为,法国先占领安南 3 省,然后是占领 6 省;1862 年同顺化朝廷签订了一个条约,1874 年又缔结第 2 和第 3 个条约。可是中国政府对这些占领和外交谈判都没有提出过任何抗议,也没有援引它对安南的宗主权。因此,安南对中国的藩属关系只不过是纯历史意义而已。

您应该比我有更为有利的条件考虑如何选择适当的时机进行谈判。一旦这个问题被摆在外交谈判桌上,要解决的难题是出自北京而不是出自顺化。

请将您的意见告诉我,如果我们能在“维持现状,有百利而无一弊”上有共同一致的意见,我将感到十分荣幸。

迪佩雷

附件 2　驻河内领事可加拉德克致交趾支那总督迪佩雷

1876 年 9 月 27 日于河内

在西贡时,我曾向您谈过安南国王正在考虑派一个使团前往中国。我回到河内时,这个使团正准备启程。据说,这种使团是顺化朝廷根据惯例,每三年一次派往北京的,并没有其他特殊目的。考虑到使者的级别都不高,此说看来可信。使团是 9 月 6 日在礼炮齐鸣声中动身的。

我曾拜会了使节们,并且还搜集了一些有关他们的情况。因为我想,您也许要把这些情况转报法国驻华公使。使团组成人员有下列诸人,由 17 个仆人或低级职员侍从。

首席使节裴文禩(Bin Van Ki)侍郎,是礼部三品参事。

第二位使节林煌(Lam Hoang),礼仪司四品官。

第三位使节黎杰(Lé Kiet),国王侍读,四品衔。

使团打算以 5 个月的时间走到北京,在一年左右才回到顺化。使团带了礼品 60 箱,主要是安南的特产,如清化省出产的名贵桂皮、一些兽角、麝香等。有 300 名脚夫和 500 名卫队护送到边境。到了边境后,按照惯例,使团的一切费用,都由北京朝廷负担。

当我同裴文禩交谈时,我曾试图了解顺化在中国人面前究竟对我们保持什么态度,因此,我问他,如果他到达目的地后,要不要去见法国公使。他毫不掩饰地向我说,对于这个问题,他曾接到过指示,待任务完成后,他应该去拜访的。但是,只能在得到负责接待他的中国官员的同意后,才能进行。将军先生,你完全清楚,1874 年缔结条约之后,安南还是第一次派遣使团前往北京,不管使者的做法是好是坏,以后都将成为先例。

可加拉德克

BB—4 1971 第 58—61 页

53 代理海军及殖民地部长致外交部长

1877 年 5 月 25 日于巴黎

亲爱的同事、公爵先生:

去年 10 月 28 日,正值可加拉德克先生在红河上游旅行时,迪佩雷将军先生曾写信给白罗尼先生,现将该信副本附上。

交趾支那总督提醒说,他一贯支持 1874 年条约在安南及中国之间开辟新的关系。他认为维持现状并没有什么不好,而且能够维持下去。依他之见,自法国占领了 6 省、1862 年及 1874 年同顺化朝廷订立条约以来,我们的成就并未受到北京的反对。这样看来,安南对天朝的藩属关系变成纯然历史性之事了。因此,他认为与其促使中国、甚至安南提出正式抗议,倒不如任其选择为佳。正是由于这个原因,驻军司令迪佩雷才会对安南官员将去北京之事漠不关心。

我也同意交趾支那总督关于我们同安南所订立的条约第二、第三款之间存在着明显矛盾的看法。所以我认为与其让迪佩雷将军所预计到的困难有机会产生并持续存在下去,还不如维持现状。

陆军部长代理海军及殖民地部长

附件　迪佩雷致白罗尼①

1877年②10月28日于西贡

子爵先生:

您8月20日的来信至10月22日才收到。谨复如下:

我到西贡后,由于种种原因而推迟了赴罗淑亚先生处的访问,非常遗憾。我知道,可加拉德克先生的行期也将推迟。但我希望在下一班邮件中,能收到您寄来河内领事急需的介绍信,因为红河的航行不久就将更加困难。

已经商量好,可加拉德克先生将把他的随行人员留在老街,因此他这次旅行虽然是在会引起某些怀疑的情况下进行的,但您可以完全放心,不会发生什么麻烦事情。

可加拉德克先生已经与黑旗军头领进行会谈,跟随他前往的工作人员中有一位出生于安南望族的官员,我相信可加拉德克先

① 此函部分内容与上文11月26日白罗尼致德加斯函的附件1相同。但又有可参考的不同部分,故一并辑入。——编者

② 原文如此。似为1876年之误,因迪佩雷任期至1877年10月16日止。正文中也说是"去年10月"。——编者

生必定能顺利地完成这项您认为非常重要的使命。

在外贸方面，我们开辟了不少新市场，与此同时，我们也承担了一些无法摆脱的义务。如果说，我们迟早要同安南政府共同分担维持红河两岸安全秩序的责任，那末，我们就应该在事先深入了解这些省的政治情况，和在该处开发商业新途径所需要的条件。这就是我交给可加拉德克先生的任务的目的。对于他在这方面向我提供的一切资料，我将全部转送给您。

烟台条约好像已经彻底解决了马嘉理事件所引起的麻烦，而您呢，子爵先生，您认为由红河自由出入云南省，是中国政府对云南省与缅甸之间修筑公路的纠葛作出的让步。我一直认为会有这种显然的结果的，所以在去年我曾提醒政府，罗淑亚子爵那样坚持将问题立即解决是无济于事的，相反会产生种种弊端。因为事实上为了我们的利益……解决这个问题应该兼顾到天津条约两个签订国。

公使先生，不管怎样说，向黑旗军头目缴纳税金后，云南的货物就能畅运至河内。这是顺化朝廷容许的一种陋规，但是我们要加以制止。我们只能这样来看问题，贸易之路已畅开了，外国可以通过河内的中国或安南经纪人购售货物。我可以肯定说，这些居间商索取的费用要比设立在芒街的欧洲商号代理人索取的更低。目前，我们只能耐心等待解决的办法。可是英国政府却对此不太感兴趣，因为它认为必须进行一个长达五年之久的调查哩！

现将可加拉德克先生转给我的有关安南使节前往北京一事的情报附上。

可加拉德克先生提出了一个严重的问题，即安南与中国之间存在新的关系问题。

我前次在巴黎逗留时，有人曾就这个问题向我质询。我坚持认为,法国先占领安南3省,然后是占领6省;1862年同顺化朝廷签订了一个条约,1874年又缔结第2和第3个条约。可是中国政府对这些占领和外交谈判都没有提出过任何抗议,也没有援引它对安南的宗主权。因此,安南对中国的藩属关系只不过是纯历史意义而已。我们最好不要使人们看重这个只在纯粹名义上存在的宗主权的确切定义。此外,今日我们试图废除这些由于宗主权所体现的传统习惯,但是很难奏效。这个困难是由1874年条约的谈判人造成的。因为条约的第2条上写明:法国承认安南对任何外国、不管是哪个国家、拥有独立自主权;而在第3条上又说:安南国王保证在当前的外交关系上不作任何变动。措词中的矛盾显而易见。如果我们以第2条作为依据来废除中国和安南之间的一切旧有关系,有关的某一个、也可能两个国家,岂不就会以第3条中明确的条文,向我们提出正式的抗议吗?

子爵先生,如果要为外交部考虑选择适当的谈判时机,您应该比我更有资格和更有条件,因为这个问题万一摆在外交谈判桌上,要解决的难题是出自北京而不是出自顺化。

我渴望您能把您的见解告知。如果您我都对"维持现状,有百利而无一弊"这一点上相投,我将感到不胜幸运。

总督兼总司令、海军少将　迪佩雷

M.D.亚洲第34卷第71—73页

54 外交部长致海军及殖民地部长

1877年5月29日

亲爱的同事、部长先生:

您本月25日写来的信已收到,信内附有海军少将迪佩雷于去年10月写给白罗尼的信件复制件。从中可以看出交趾支那总督认为，最近安南使节根据以前的规定，代表顺化朝廷前往北京朝贡这一举动没有多大意义。您大概也会赞成这样的想法。若是这样，那么我根据蒙塔那克部长先生的要求，对派往北京的代表提出的任务就可以简单些了。这个任务就是使总理衙门完全放弃他们直至今日还在安南行使的宗主权。驻守东京北部的清军已经撤退，我们感到很高兴，因为我们原来担心谈判中会引起麻烦。从今以后，我们似乎对北京官员迫于形势而推迟对原则问题的讨论，也不必感到遗憾了。再说，迪佩雷海军少将对此也不很感兴趣。

在制订我们在顺化和在北京采取的行动准则之前，我想先了解一下交趾支那总督及白罗尼先生和您谈过的问题。我们在北京的代表比任何人更能理解中国和安南的旧关系在中国政府心目中的意义；天朝可能会从以前是中国藩属国，而目前还不愿沦为我们的殖民地的安南身上，找寻机会去推动一个和我们想法相左的敌对政策。我希望白罗尼先生能在这方面尽快向我提供一些必要的说明，以便我能对这个问题作出判断，并就我们两个部所共同关心的利益采取决策。

M. D. 亚洲第 34 卷第 74 页

55 白罗尼致德加斯

1877 年 5 月 29 日于北京 1877 年 7 月 31 日收到

向皇帝朝贡的安南使节抵达北京已有几天了。但是对这位使节的到来，官方报纸未作报导，与此同时却在报纸上刊登了李鸿章的兄弟李翰章总督向皇帝呈送奏折的事。您可看到随信送去的奏折译文。

使节迄今还未被皇帝接见，甚至还没有决定举行接见仪式的日期。对使节的各种活动我会向您报告。

白罗尼

附件　1877 年 5 月 29 日《京报》[1]摘录

头品顶戴湖广总督臣李瀚章、湖北巡抚臣翁同爵跪奏:为恭报越南国贡使入出鄂境日期仰祈圣鉴事:窃臣等前准湖南抚臣王文韶咨:准广西抚臣涂宗瀛移会越南恭遣使臣裴文禩等三员赍进年例贡品,饬属照例应付,护送前进等因。当经行司查照向例,派委湖北候补知府杨恩寿、湖北督标中营都司乔殿魁前往湖南巴陵县入境首站地方匝护,并将应付各事宜饬属妥为预备在案。该使臣恭赍贡品,于正月三十日入湖北嘉鱼县境,经该委员等督同沿途地方文武逐程护送,于二月初五日行抵武昌府城。臣等率同司道,待以筵宴,随从人等,给予犒赏。因舟行迟滞,由汉口登陆赴京,臣等随添委武昌城守营参将樊国泰带兵护送,即于二月十三日由省起程。兹据该委员等禀报,已于二十三日护送该使臣等至河南信阳县首站交替,由河南委员接护前进,该使臣等一路行走,均极安静,各属应付照料亦无迟误。所有越南国贡使入出鄂境日期,谨合词恭折由驿具陈,伏乞皇太后、皇上圣鉴。谨奏。

军机大臣奉旨:知道了。钦此。

BB—4　1971 第 63—65 页

---

① 原文如此。李瀚章等奏折实际上刊布于光绪三年四月十五日(1877 年 5 月 27 日)《京报》。——编者

56 德加斯致白罗尼

1877 年 5 月 30 日于巴黎

海军部长给我转来了交趾支那总督给他的信的抄件，是去年 10 月 28 日总督写给您的信。那时，安南政府按照惯例，刚刚派出一个使团前往中国，将嗣德帝的贡品送往北京朝廷。对此迪佩雷将军曾向您表示过意见。他认为这种纯属礼节性的行为，不含有加强目前已经不复存在的藩属关系的意图，因此我们没有必要对此担心。这位将军由此得出结论，还是让这种我们不会感到不安的关系照常维持下去，而不必非要总理衙门正式承认我们最近确认安南完全独立的条约，从而向北京提出使其为难的原则问题。

我已提请海军将军季格尔·德·杜希(Giquel de Touches)注意，这次正是根据海军部的意见我们才请罗淑亚伯爵首次同中国政府谈起这个问题的，当时应嗣德帝的请求，帝国军队进入与广西邻近的〈东京〉地区驻扎，这就会使人怀疑我们在东京建立新秩序的打算。而且也与我们为消除安南对中国的藩属关系的一切痕迹而发表的声明相违背。

这里我不用再谈那些促使我们后来在北京放慢了我们代办的活动的情况。这种情况，您可以在公使馆的信件中看到。此外，罗淑亚先生也已经不需要再去恭亲王那里要求撤退华军。这个在我们心目中的首要问题既然已经得到确认，我们就更用不着坚持要求北京宣布放弃宗主权，因为没有任何明显事实来表示它依然存在。

安南派遣新使团，无论是由于该使团作出的解释或者是北京对此举所赋予的意义，都给我们提供了将我们过去推迟研究的问题重新提出来的机会。因此，我想首先听听您对迪佩雷将军的看法有什么意见。

至于我这方面,我无法断然接受这种看法,即在传统势力备受尊重而十分牢固,尤其是这些传统势力又因种族、风俗习惯和宗教都得到完整保持的国家里,我们不能忽视长期以来安南就隶属于中国的传统心理。我们可以这样想想,北京朝廷对离它的边境遥远的下交趾支那各省的变化显得满不在乎,可是,对于他们的官员直至目前还起着绝大的影响,他们的军队直至去年还自由自在四处行动的东京附近地区,它会不会也同样漠不关心呢?

难道我们对嗣德帝向天朝的朝贡可以完全放心,他通过正式的使团与中国保持定期的联系,甚至表现得比过去更密切,是否会成为促使这位帝王最终成为制定反对欧洲国家政策的人物,从而有朝一日当中国不需要像目前这样照顾我们的利益时,我们将会因此而遇到各种麻烦。

在我同海军部一起就这个问题订出无论在北京或在顺化都可以采取和遵循的政策之前,我需要对以前的情况有正确的了解,并通过您了解如果我们最终提出正式要求以结束这种情况时北京朝廷对我们的要求会持什么态度。这方面的缺陷在于它将会证实我向您所表示的疑虑,在这一点上迪佩雷少将所表示的那种太平思想,您也是不赞成的。

我也是这样写信给杜希将军的,为了要对他向我提出的问题上表态,我等待您将我向您要求提供的那些情况送来,以便我回答他的来信。

德加斯

BB—4 1971 第 61—63 页

57　海军及殖民地部长杜希致外交部长

1877年5月31日于巴黎

公爵先生、亲爱的同事：

您5月16日的来信告诉我说，您准备批准我部选定的霍道生作为驻顺化的代办。您这次能立即同意这个任命我深表感谢。请您将霍道生先生要递交给安南政府的国书寄来。现将该特派员的情况通告如下：

霍道生（保尔·路易·菲利普），

二级荣誉勋位勋章获得者，

海军上尉，交趾支那土著办事处督察。

海军中将、海军及殖民地部长　杜希

M.D.亚洲第34卷第75页

58　海军及殖民地部长致外交部长

1877年7月30日于巴黎

公爵先生、亲爱的同事：

海军少将迪佩雷先生既已要求免去他交趾支那总督和总司令的职务，我理应考虑他的继承人选。

经我推荐，本月5日共和国总统发布了命令，任命海军少将罗丰(Lafont)（路易·夏尔·乔治·朱尔）为交趾支那总督兼总司令。

由于交趾支那总督要在远东进行外交活动，我认为有必要将该任命向您转告，以便在必要时，您可向海军少将罗丰发出有关如何与顺化、暹罗、柬埔寨等皇室相处的指示。

新任职人将于9月9日于马赛乘轮船赴任。

海军及殖民地部长　杜希

M. D. 亚洲第34卷第82页

59 外交部长致海军及殖民地部长

1877年9月7日①于巴黎

将军、亲爱的同事：

收到您7月30日的来信。您询问我对新任交趾支那总督、海军少将罗丰是否有什么特别的嘱咐，因为他将同我们殖民地附近的一些独立国家发展某些国际协定规定的特殊关系，这种关系，我们两个部已作了多次商讨。

我认为主要的是，罗丰将军应该理解我们同顺化朝廷制订条约的指导思想以及我们对条约作出的种种解释。

为了谨慎起见，我们从一开始就对这一政策作了多种考虑。由于种种顾虑，我们放弃了公然设立一个原来是法国谈判者孜孜以求的保护国制度，因为我们不可能在这些国家中扩张权势而不引起其他国家的不满。虽然在行动中我们极力避免触犯他们，可是在有些方面仍然遭到了他们的非难。正因为考虑到这点，我们通过解释的方法，压缩了某些条款的内容。这些条款，如果保护国原则已经明确奠定，本来是很自然的，但是如果在东京和其他省内无保留地接受安南的主权，这些条款就和世界公认的国际准则不很符合。因此，在最终确定的条文中出现了某些弹性字句，甚至还有一些矛盾。在这些条约中，某些条款是特别针对外国的，其余的只涉及安南和我们之间的直接关系，另外还确定了法方人员在监督及维护新创立的局面中的任务。显然，如果有一个与我们敌对的或者只是有竞争的海上强国占领了东京，对我们的属地交趾支那以及我们

① 原件有发文月份而无日期，参考BB—4 1971第65页为7日。——编者

在整个半岛将是一个不容置疑的危险，这个危险是我们首先应该提防的。还好，我们已经获得满意的结果。通过条约规定，顺化朝廷已经应诺今后在没有得到我们同意之前，决不改变他们同各个外国之间的现有外交关系，而这种外交关系，我们对它的未来发展已预定了最大的限制性。既然采取了这方面的安全措施，我们也就不再有理由来拒绝考虑外国政府的要求了。对于英国大使所提出的那些异议，我就是根据这个思想基础向他作解答的。黎那先生和我们驻河内及海防等领事后来所接到的指示中，一个目的就是把您的前任傅里松海军将军完全赞同的意见清清楚楚地表达出来。从那时起，局势的安定，我们联合办事处的正常工作情况，以及我们的代理人员和别国侨民之间的和睦气氛，都充分说明了所有的规定——其中全部内容已经过我们两部的商讨，而局部内容已传达各有关部门——都是对的。

对于顺化朝廷，我们不一定要作同样的提防，因为我们的条约并不容许自由解释。嗣德帝知道我们有权要求他忠于我们的政治制度。而我们对它之所以不这样去做，只是为了礼仪而已。这些礼仪有待确定。海军少将迪佩雷第二次到西贡时，曾为此向您部提出了他的看法，对此你们曾予认真的讨论。根据这位少将的想法，既然执行条约困难重重，他认为除了征服东京或放弃东京之外，其他方法是没有的。所谓撤退，就是说，我们尽早撤出我们各位领事的护卫队，撤出在海关上负责组织及监督工作的官员，从而把当地的行政工作完全让当地人去自理，把外交人员和领事人员的权限削小到我们在中国或在日本的领事人员的权限，最后使安南在各方面对我们都和对以上两个国家一样具有相同的独立性。我这里不相重复迪佩雷将军根据他的看法所引用的详细论证，因为您在他给您的前任的信中可找到他的论据。我当时也收到过一封内容相同的信。

尽管目前的环境对我们比以前要有利得多,但是我认为我们不应设法去扩大东京的占领,即使假设这个举动的费用本身并不昂贵。因为此举严重的不妥之处,就在于会进一步把我们卷入我们所不愿意看到的局面;还因为我们现有的专门人员数量不足,无力管理相当于下交趾支那 3 倍或 4 倍的人口;无论如何这会给我们造成很大的麻烦。因此,我认为,目前还不值得把我们的注意力集中在这个方案上。但是,我虽然认为摒弃这个方案是明智的,这不等于说我赞同如下的方案,即为了使我们和安南之间的关系趋于正常化和避免复杂化而把我们已在那里建立的殖民机构撤回来。我完全清楚那些会引起安南政府对我们怀疑和提防的种种不利因素。我也非常了解这样做的结果将引起的纠葛,海关税收会减少,被视为与我们同谋的基督徒们将益加被官吏文人们恶意对待。我的确认为我们的外交人员面临着极大的障碍,这些障碍正是对他们的经验、机智和忍耐性的严峻考验。但是也不能忘记,我们通过长时期谈判而获得的政治利益一旦被放弃不管,这将对安南政府及安南人民造成多大的影响。

顺化朝廷对法国夺取了下交趾支那当然会怀着深刻仇恨,我们难道不应担心由于人们普遍认为我们的让步是出于软弱无能反而使这种仇恨心情扩大起来?我们有什么理由认为安南人民与亚洲人的习惯、本能会轻易地因我们的宽洪大量而顺从,却很难被我们的武力威胁所慑服呢?而如果在顺化,人们推理的方法不适用于江户或北京,那末我们怎能避免那里的人们产生的这种看法,即我们放弃的是我们无法保住的东西,我们是由于这一原因才会突然放弃我们的权利。如果考虑到像这样的后退行动对那些与安南尤其是与中国保持着不同程度关系的国家造成的印象,那末以上的意见似乎更具有决定性的意义了。在这点上，难道还需要重提一下安邺司令出征的悲惨结局在天朝所产生的巨大轰动和对我们的威望带来的极大损害吗？幸好，那些条约的签订和正式公布，平息了刚开始以令人不安的速度传播开来的某些谣言，并对总理衙门对待我们公使团的态度起了虽然是短暂的、但却是明显的影响。

因此，如果我们给别人提供恶意中伤的机会——因为我们撤离东京似乎会使人相信这种恶意中伤是言之有理的——之后再授人以口实，那么我们岂不是等着别人反扑过来吗？

因此我倾向于认为对于列强和安南政府，我们应该坚持原来的立场，除非出现实际问题需要我们克制一点或者改变我们外交人员的行动准则来防止冲突，避免新的牺牲。

您对这种形势的特殊和棘手之处，给了罗丰海军少将以指导，他肯定能成功地绕过现有的暗礁，同时无论在我们同安南今后的关系上，或在我们在远东各地的一般利益问题上，不会作出那些需要我们付出极大代价的决定和出于谨慎而作出的放弃。

M.D.亚洲第34卷第91—101页

60　驻华公使白罗尼致外交部长德加斯

1877年9月30日于北京　1877年11月26日收到

谨收到您今年5月30日来信，信中您问我对1876年10月28日迪佩雷将军信中提出的看法和有关目前我们向北京朝廷正式要求停止安南对中国隶属关系的时机两个问题的意见。

迪佩雷将军似乎认为安南三年一次派使节到北京进呈嗣德王的贡品，只不过是一桩纯属礼仪性的行动，所以说这种行动纯属历史的意义而已，绝不含有加强目前已不复存在的藩属关系的意义。其证据就在于：法国占领安南的许多省份并同安南接连签订三项条约,中国政府对这些占领和这些谈判丝毫没有援引宗主权提出任何抗议和最简单的要求。

为了证实他的看法,这位尊敬的法属交趾支那总督以中国政府不论在法国占领安南许多省份之后,或者在法国同安南连续签订三项条约之后,都没有提出抗议这一点作为他的依据。

但是,如果说中国政府当时没有提出任何反对意见,或者要求我们作出解释,那我们就更得好好研究它保持缄默的原因:或者是因为中国当时不愿招致什么麻烦,或者是因为在它同意法国和安南之间所发生的事情时,还不太理解保护制度这个词的含义。

另一方面,他还以 1875 年 6 月 15 日恭亲王信中的一句话为依据:“安南又称越南,曾是中国的属国。”它“曾是”,也就是说现在不是了。但是,假定说这句话的译文是完全正确的,——这一点我们还是值得怀疑的——后续部分就使第一句申明的分量大大减轻了:“中国不能拒绝帮助和保卫它的属国①。”

恭亲王 1875 年 6 月 15 日的信是对罗淑亚先生 5 月 25 日照会的答复。我们的代办在给中国的照会中附送去 3 月 15 日条约的抄本,并通知它法国政府已经批准这项条约。鉴于法国和嗣德国王已经形成新的关系,中国政府应当召回它进驻安南的军队。恭亲王答复说:“中国政府是应安南政府的再三请求才派遣部队进入安南边境地区以驱逐骚扰它的国土的盗匪。”恭亲王补充说:“一旦达到目的,部队也就没有必要留在安南的领土上,这些部队将被调回本国境内。”这难道就是承认和接受安南的新地位吗?

此外,这并不是恭亲王第一次援引中国干预安南事务的权利。在他于 1874 年 2 月 7 日写给热福理先生的信中,有这样一句谈到

① 着重号为原文所有。——编者

实质问题的话:“至于从广西派往东京的新兵团,我们在派遣时只不过行使我们应有的权利:(一)支援我们的藩属,(二)保卫我国边境的安全。”

再说迪佩雷将军在考虑这个问题时似乎与您部的观点并不一致,因为迪佩雷将军似乎有点把安南作为西贡政府的附庸国来对待,并且相信安南是我们方面的一个确确实实的保护国,而您1875年2月27日的信中却强调说嗣德王是独立自主的。

在这种情况下,在我看来安南似乎有两个保护者:法国和中国,因为1874年条约第2条宣称:法国承认安南国王的主权和他对任何外国(不管是哪个国家)均具有完全的独立地位。法国答应向王国提供援助,并保证根据国王的请求,给予必要的支援,以维护国内的秩序与安宁,保卫王国不受外来侵略,消灭骚扰王国沿海部分地区的海盗。

您难道不认为这些条文和事实中存在某种矛盾吗?举例来说吧,如果安南被承认是一个完全独立的国家,那末,就应当由安南政府把3月15日的条约递交给中国政府;而另一方面,如果法国真正是它的保护者,那末,今年送往北京的贡品——从1874年条约以来还是第一次——难道不应该留在西贡?事实却完全相反:一个使团在礼炮声中从河内出发前往北京。可加拉德克先生或者总督的代表都知道此事。他们拜访了使团中的各个成员,他们从其中一个成员、安南官员裴文禩那里获悉,他得到指示,一旦任务完成后,是要去拜访法国驻北京公使的,但必须取得接待他的中国官员的许可。

然而,我们有理由认为,拜访法国公使的请求——假设曾经提出请求的话——并未得到批准,因为安南使团没有去法国公使馆便从北京回国了。

因此,我们在安南的地位,可以说是介于两者之间因而是不明确的。

通过以上陈述,阁下肯定会同我一样认为,目前我们也许难以同总理衙门就我们所希望的安南和中国之间的新关系问题通过新的谈判取得满意的结果。我们不可自以为能够在一朝一夕之间就把两个民族千百年来由于相同的种族、宗教和习俗而建立起来的联系一举粉碎掉,因为在这两个民族中,传统高于一切,而恪守旧的习俗胜于对文明的认识。

此外,中国政府总是有办法去回避这些对他们和对我们同样为难的问题,而在你来我往写了一大堆信件之后,我担心我们可能以失败告终,就是说,其结果不见得会比今天有所进展,而且什么也决定不下来。对远东人来说,整个问题就是在拖时间,而他们的一切行动似乎都表明他们指望这个强大的助手以便有朝一日把我们从他们的国家里轰出去。

所以,在这一点上我完全同意迪佩雷先生的意见,但我认为我们完全可以使事情维持原状而又保留进行干预的权利,如果中国和安南的关系不再仅仅局限于纯粹礼节性和表示谦恭的行动(目前对于这些行动我们可以睁一只眼闭一只眼而不会有什么危险),而具有更密切的性质,从而会威胁我们在交趾支那的利益的话。

白罗尼

BB—4　1971 第 70—73 页

61　外交部长班纳维尔致白罗尼

1877 年 11 月 30 日于巴黎

您今年 9 月 30 日来函收悉。您回答了我的前任在 5 月间向您提出的关于是让中国和安南之间目前尚存在的外交关系继续下去还是予以中止何者为宜的问题。从您向部里对这个问题所作出的详尽又十分有价值的说明中，可以看出您认为目前同总理衙门进行要它对安南王国完全独立的问题发表明确的声明的谈判是弊多利少。

由于您对中国事务具有丰富的经验，所以您这个意见以及它的依据具有极大的价值，我赞成您的看法，除非出现了新的您也许预计不到的事件。

因此，我同您一样认为目前最好不与中国政府就这问题进行谈判。

班纳维尔(Banneville)

BB—4 1971 第 73—74 页

62 白罗尼致外交部长瓦定敦(Waddington)

1878 年 3 月 25 日于北京 5 月 25 日收到

继我去年 9 月 30 日的政治函件，在中国与安南关系的性质上，我认为有必要向您附送今年 3 月 20 日《京报》上刊登的一份摘录。这是一份与安南使节返回顺化有关的报导。这份报导中所指的内容使我们难以接受嗣德帝曾经在公开而隆重的文告中自称为正式皇帝的称号，这个称号，他在同我们签订两项条约时曾经使用过，他有了这个头衔就应该同宗主国的中国皇帝相同，而我们知道他实际上仍是附属于中国的藩王而已。

作为一个国家元首，我们以皇帝、最高亲王的身份来对待他，在他身旁，我们还要派驻一个公使团。但是，另一方面，他却可以不顾一切，接受中国的封赐，宁愿充任一个二等亲王。而这个爵位从 1849 年以来，他不但没有公开、严正地表示反对，相反他却继续在接受下去，难道没有比这种事情更加奇怪的吗？

白罗尼

附件　1878年3月20日《京报》摘录①

广西巡抚涂宗瀛奏:越南使臣起程回国,1877年8月底离开北京,今年1月19日抵达桂林,已派员陪伴护送。

BB—4　1971第75—77页

63　海军及殖民地部长播多致交趾支那总督

1878年3月于巴黎

总督先生:

1月26日的来函已收到,兹复如下:

我对您为使安南政府遵守我们条约中的各项条款,特别有关基督教徒在安南王国全国境内能自由传教而现尚常遭反对那一条所作出的特殊努力,表示嘉许。此外,您现在发现顺化宫廷至今一直听从您的意见。可是,您总觉得安南境内设立的所有教会,好像带有挑拨性质,因而您的任务很难完成。主教们的意图是把分散在安南各地的基督教徒组织起来,成为若干单独的核心,使传教士们既能负起拯救灵魂之责,又能妥善处理他们委托管理的物质利益。这样或许能够使居民们对教会产生一点好感。蒲真尼主教由于热情一再受到挫折,曾请求您允许他将教士们的要求提交给地方当局和顺化朝廷当作条约遵守。

您拒绝了这种自作主张的越权行动,您做得对。因为实际上只有您有权促使顺化政府履行诺言,只有您能讨论条文并衡量各教会以基督教徒名义提出的要求是否具有价值,是否适当。教会只能

① 原奏折未查到,以下为摘要回译。——编者

替教徒维护宗教上的利益。

政府坚决要求恪守这条政治路线。您充分理解政府的意图，在答复蒲真尼主教时坚持了原则，这使我非常高兴。

我深信您的机智一定会使这个行动准则，在尊重传教士们的可敬传教热忱的前提下，得到完整的遵守。

海军中将、参议员、海军及殖民地部长

播多(Pothuau)

M. D. 亚洲第34卷第275—276页

64　播多致外交部长瓦定敦

1878年5月6日于巴黎

谨向您随信附上交趾支那总督有关撤回我东京领事的卫队及向安南政府移交海关业务问题的一封信(参阅第30号文件①)。

罗丰将军认为我们在安南时常处于被动局面，每当我们必须向安南当局提出要求时，他们总是不加掩饰地持敷衍应付的态度，要求维持原状。如果把我们在东京的部队撤出，只会使我们与顺化朝廷的关系复杂化，而不会有助于改善这种关系。

至于放弃海关，总督认为，如果我们不去领导这项工作，我们就不能保证收回我们已经垫付的款项。年复一年，安南政府总是以财力不足为挡箭牌而不履行它的诺言。

我完全同意这个意见，我认为毫不改变我们在东京的处境才是上策。

请您对此谈谈您的想法，并请您在不需要罗丰先生的信时，将它退还给我。

---

① 即本文附件。——编者

播多

附件　交趾支那总督罗丰致海军及殖民地部长播多

1878年3月21日于西贡

我在1月12日给您的信中曾向您说过,在我向您请求作出新的指示之前,我需要了解同安南政府达成一项新的协议是否适宜。今天,根据我国驻顺化朝廷的驻扎官和驻安南各开放港口的领事所提出的看法,再加上我在同顺化朝廷的联系中所获得的经验,向您叙述问题本身的有关情况,您将可以及时作出决定。关于从1879年开始撤销我国领事的卫队和把海关业务完全移交安南政府这两件事,究竟是同安南公使在巴黎谈判,或者通过我国驻扎官在顺化进行?如果您认为可以交给我来办理,那么我等待您的命令并将完全照办。首先,我该说明,我们同顺化朝廷远非是真诚的关系。他们时时都明显地表现出对我们毫无诚意,微不足道的小事也会引起无休止的争论,今天讲的话,明天他们就会无耻地加以否认。顺化朝廷对我们怀有深刻仇恨的感情,只是由于对1858年至1863年的惨败怀着恐惧的回忆,才不敢把这种仇恨公开地表现出来。我们对安南的政策绝不应该怀有什么宽宏大量之心,因为我们必须谨防安南政府会抓住所遇到的一切机会来危害我们。我们对他们的任何让步,都会被他们视为一种软弱的行为。至少从现在起的一段很长时间内,我们无法说服安南政府,我们并不希望以损害它的办法来壮大我们自己。

必须承认,我们在3月15日的条约规定开放的港口正在作出的牺牲,对我们的贸易方面没有产生我们有权指望得到的利益。现在东京和归仁各港口的各种贸易活动几乎完全转向香港,甚至发往西贡的商品一般也走这条道路。在东京,跟目前在中国海的各处一样，大宗贸易都掌握在中国人的手中。

现在我应该研究一下，撤退我们的部队究竟会产生什么样的政治后果。首先，应该看到，正因为在东京驻有这么一支小小的军事力量，才能全部制止住蹂躏海阳和广安两省的骚乱和暴行，才能有效地保护这些省内约50万之多的基督徒，这就是我们在顺化条约内一直坚持要予以保护的那批基督徒。正因为我们的部队的存在，我国领事说话才有威信，安南官员才不得不时时接受我国领事在有关商务问题或保护基督徒问题上提出的正当要求。另一方面，各省的政权机关时时刻刻都依靠我国领事的卫队和我们的炮舰来镇压陆地和海上的海盗侵扰。对此，根据3月15日的条约第2款我们应该给予帮助。我怀疑这些权力机关竟会希望我们的部队撤走，去年他们还再三要求在海盗的老窝吉婆湾建筑一座堡垒，由法军驻防，我们拒绝了这个要求，使他们大失所望。

卫队的存在，给我国领事创造了一个异常优越的地位，因为外国政府之所以不愿在开放港口内派驻人员，是他们知道他们的领事在那里会处于极为不利的地位。因此，目前在顺化和东京只有法国的势力。如果我们撤走河内、海防两地的驻军，就肯定会促使外国政府同安南签订商务条约，其结果是在东京驻派领事；在这种情况下，能否使顺化朝廷长期坚守条约中禁止它在与外国的外交关系上有任何改变的条款呢？这一点在我看来是很值得怀疑的。如果说法国政府在签订1874年的条约时，不仅想到扩展它的商业，而且还要设法保持它在安南的优势——这个政策在我看来是由于我们在下交趾支那所确立的地位而必须推行的——那么它的目的肯定会因目前撤出东京的领事卫队而受到影响。依我之见，我们还必须考虑，海关业务全部移交安南政府而由一位职权和地位与中国海关总税务司相同的法国官员保持对海关事务的领导，将会产生较好的后果。应该指出,中国海关总税务司这个职务的第一个条件就在于他绝对是个中国的官员,与任何外国政府没有关系,只隶属于中国政府,中国政府能随时把他撤职。因此部长信中所谈到的,法国官员就不能类似于这种中国官员,所以我不知他今后怎样去领导东京海关的工作,充其量而言,他只能进行类似监督的工作。这样,他就不得不借助于翻译和文书人员。然而,熟悉安南人性格的人定然知道这些人员会立即被海关的官吏所收买。我深信,一旦我们把海关工作全部交给安南人掌握,将只有极少的钱能够缴纳给海关金库。海关的官员会接受商人,特别惯于此道的中国人最微不足道的报税金额,只要这些商人向他们送些贿金就行了。

我们能否指望安南政府会向我们如实交付我们跟它商定的每年款额呢?就我而言,我对此表示怀疑,因为我看到,我们明知东京金库里有钱,可是我们却很难向它要回我们垫付的款项和属于西班牙赔款的那一部分。安南政府很可能以收入少为挡箭牌,不履行诺言。

总之,撤回我们驻东京的部队确能节约一笔相当可观的开支,但是我认为目前还不是向顺化朝廷作出这种让步的时候。我担心这种让步只会使我们与安南政府的关系复杂化而不会有助于改善这种关系。

如果您认为应该使事情仍处于目前的状态,那么我建议在今年年底撤走驻在归仁的连队,因为它跟驻东京的部队不同,已没有必要存在;而只须由西贡驻军向我国驻这个城市的领事提供 15 名海军陆战队作为警卫,就可以保卫前来归仁的少数商船上的欧洲籍水手。我也可以逐步裁减海关的工作人员,我已经着手进行这项工作。

罗丰

BB—4 1971 第 77—81 页

65 瓦定敦致播多

1878 年 5 月 9 日于凡尔赛

本月 6 日您转给我一封交趾支那总督写给您的信,信中提到撤销驻东京领事的卫队和向安南政府移交海关的事。

这位将军要求绝对维持现状的理由,也就是以前我们两位前任为向罗丰将军大体上确定他与安南王国的交往中应遵守的政治准则所达成的共识的理由。因此,我现在只能与您协调一致。您已同意他的意见,我也只好同意。我对我们两部在这一点上存在共同意见感到高兴。

瓦定敦

BB—4 1971 第 82 页

66 瓦定敦致驻华公使白罗尼

1878 年 7 月 25 日于巴黎

去年 11 月 30 日,我的前任在答复您 9 月 30 日给他的信中所提安南和中国之间目前存在的关系仍然持续抑或中断何者为宜的问题时,曾去函称,他毫不犹豫地同意您的看法,并同您一样认为目前最好还是不要去同中国政府谈判这个如此微妙的问题。此后,您曾向我提出一件使我们不能忽视其意义的事实,而且这一事实似乎说明了顺化朝廷和中国朝廷之间至今还有一种持续不断的关系把它们联系在一起。我所说的是嗣德王派遣新的安南使团到北京觐见天朝皇帝的事。然而这一活动似乎还不足以使我们放弃至今仍对中国政府所保持的缄默态度。我最近很高兴地看到,对与我们的交趾支那属地相邻的任何王国事务都漠不关心的海军部长的意见也完全和我们一致。正如我们所预料的那样,在他看来,我们现在是在反对一种传统习惯,而这种流传很久的传统习惯正在继续流传下去,除非发生预料不到的事,它不会对我们的安全构成严重的影响和危险,只不过是弊多于利而已。所以,我对您提出经我的前任认可的工作原则,没有任何改变。但我希望您考虑安南或中国的问题时,对凡在日后会对我们不利的事,务必保持警惕。因为他们会从有损于我们的利益的方向来加强他们两国之间的旧有关系,而这种关系只要仍然具有无害的性质,我们便可以容许其保持下去。

瓦定敦

BB—4 1971 第 82—83 页

67 交趾支那总督罗丰致海军及殖民地部长播多

1878 年 9 月 17 日于西贡

9 月 2 日乘坐“阿威龙”号(Aveyron)到达西贡的安南使节,已于 7 日登上了“安特落波”号护卫舰,此舰是为他们准备的,以便送他们去顺安。

我们在巴黎热情接待他们似乎使他们非常高兴,在巴黎时他们的思想似乎有了可喜的转变。我毫不怀疑,您同他们的谈话如此坦率明确,使他们非常感动,今后对安南王国的关系上一定会起一种有利的影响。他们还向我保证说,他们回去后会向政府详细汇报他们的所见所闻。他们不会丝毫忽略怎样去使政府更加懂得今后的切实利益。

罗丰

BB—4 1971 第 84 页

68 驻广州领事拉格勒内致外交部长

1878年10月24日于广州

部长先生：

现将广州主教通过我寄给交趾支那总督兼驻军总司令的一篇陈情信的复本以及广西传教团明稽埒(Guillemin)的一封信的复本转寄给您。

我想阁下会有兴趣阅读这两封信。两封信中都显示，我们可以从这些在中国的传教士的活动中得到好处。这些好处，我在向贵部介绍涠洲岛(赖神甫说在东京湾中部，系一个法国的小殖民地)时曾列举过。

拉格勒内(Lagrenéc)

附件1 德拉维神甫致明稽埒主教

1878年6月21日于北海

大人：

我们打算立足于海盗势力控制下的各岛屿甚至打算进一步巩固下来的计划，经过一次试验，没有完全成功。

我们80人分乘两艘帆船，于本月11日离开涠洲岛，第二天晚上到达娘岭岛(Tniang Line San)，这是海盗势力控制下的岛屿之一。

第三天整个白天全花在巡视这个岛上。该岛可能有12—13公里长，5公里宽，一条平均高度约200米的山脉纵卧其中，全岛形成两个陡峭的大斜坡，造就了好几个森林密布的深谷。只有在最低的部分可以看到一些稻谷以及一些零星的简陋小屋。岛上居民一部分以打渔、一部分以种植为生，估计有200人。

岛上土地虽然肥沃,但几乎还未被利用。有很多优质的水和密布的森林,草地更是一望无垠,但全是高高的野草。开发这个岛屿十分有利:或种甘蔗、红薯、玉米、稻谷,在背风的地方种咖啡;或在广阔的草原上养牲畜。我们在草原上曾遇到一大群野牛,据说是一个老海盗的几头牛繁殖起来的,这个老海盗可能早就死去或离开了,这些牛便自由生活、繁殖,因此变得非常凶狠,靠近它们非常危险。

在沿海打渔很容易,鱼资源很丰富。

总之,我认为该岛可以轻易养活数千人。

群岛中另一个大岛与娘岭被一条狭窄的航道和两个小岛隔开,这两个小岛与对面两个小岛的海岸构成了一个宽阔的锚地,名叫阿婆湾,适合最大的战舰停泊。主岛名叫狗头岛,土地几乎一点也未被开垦,地形不如另一个岛屿陡峭,但在北面有一座圆锥形的孤山,很远便能看到。这个岛只有一些低矮的丘陵,似乎非常适合种植业。但我们在娘岭得到的情报仍然令人担心。来人对我们说,狗头岛约700居民,其中有400—500是海盗,他们常到娘岭抢劫。由于我力求实地考察,我们又有武器弹药足以在受攻击时自卫,我叫我们乘坐的两艘船驶至距狗头岛海滩很近的阿婆湾停泊。

可是,我们刚到,就有一艘法国军舰驶至我们旁边停泊。这艘军舰在追捕最近抢劫安南人的一艘帆船的中国海盗。舰长热情地接待了我,对我们的事业表现出极大的兴趣,以至于几小时后,他突然决定在阿婆湾停留一两天,以便为我们的开拓行动、我们的定居尝试提供便利,必要时提供援助。

第四天,我带着几名基督徒,不带武器,向着据说是狗头岛的主要匪穴的地方走去。在相距数百米之处,我看见一队人朝我们走来,我请他们引路去会见他们的首领,他们没有制造任何麻烦。

我们随着一条弯弯曲曲的小道穿过十多间茅草小屋，这些完全被高大树木掩蔽的小屋外边围着带刺的小灌木，在出口处都放置铁蒺藜，所有海盗都没有隐瞒他们的悲惨境遇。他们可能有200人，几乎都是年轻人，全部或几乎全部是位于汕山(San Cian)稍下一点的仙南(Sen nen)县人。还有许多安南妇女，可能大部分是这些坏蛋掳掠来的。

匪首姓李，个头很高，约45岁，是个大烟鬼，对我们相当客气，彬彬有礼。当我们访问结束时，他向我们保证说，如果我们决定在该岛住下来，他和他的部属决不打扰我们，他们将尽量与我们和睦相处。他还提出派向导带我们巡视全岛，对此我们表示感谢，因为我认为无此必要。

于是他派几个人到我们打算去的几处地方，通知该处的海盗不要干扰我们。虽然热浪逼人，小径难行，我们还是走完了大半个岛屿。这一实地勘察，完全证实了我上面所说的情况，大部分土地极适合于种植，便于移民。此外，我还看到十分壮观的风景点，其中有一个内湖，通过一条狭长的水道与海相连，涨潮时小艇可以进入。我们还发现在内湖深处停泊着四艘大海盗船。这些情形加上遇见如此众多的海盗，我们的基督徒感到害怕。他们一回到船上，一致认为很难在狗头岛上定居，决定返回涠洲岛。当晚便启锚回航。但在离狗头岛不远处遇到一场暴风雨，狂风迫使我们到白龙停泊，现在还在等候顺风来时才离开。

第一次探险就这样失败了。至于我却远未失去希望，因为这些岛屿宽阔，我们在上面安排数千名基督徒定居，就可使它变成我们的殖民地，其中的好处几乎无法言喻。所以，我认为如果阁下同意，我们的勘察可以继续进行下去，但同时要从事另一计划，即事先要求安南政府将这些岛屿租让给我们，我们向它交税，还可以接受一些可以接受的条件。我们将依靠海防和西贡的法方权力机关。

法国驻海防领事杜克先生完全支持我们。各位舰长也完全支持我们,他们对于不停地追捕这些难以捕获的海盗已感厌烦。他所提出的各种建议和情报,对于我们得到西贡总督兼驻军总司令的支持,是非常重要的。总督的支持又是必不可少的。

我们特别强调以下各方面难以估量的利益:这些海域的安全、东京的贸易甚至以一群诚实、勤劳、温顺和足以维持其附近地区的秩序和治安的人最终代替这些代代相传的中国海盗。

您若同意这一计划,请委派我们并准许我们去进行取得胜利所必需的行动,同时请给我们下达您认为有益于管理这件大事的指示。

根据特朗(Terrand)神甫的海防之行以及我与梅尔(Maire)先生的谈话,有两件事使我们感到激动。第一件是海防领事杜克先生和各舰长非常重视我们的事业;第二件是这些先生认为我们的事业不会遇到太大的困难。

最后我认为如果我们把握这样的时机进行我们的尝试,我们基督徒的地位就会更巩固,更优越。

德拉维(Delavay)

附件2　明稽埒致交趾支那总督

1878年8月1日于广州

总督先生:

请允许我向您通报一件事,此事关系到这个传教团的利益,今后还可以大大地有助于这片地区的贸易和法国的影响。为了更清楚地概述这件事,我只好追溯事情的起因,但尽可能短些。

约20年前,中国人的两支本地人和客家人发生了一场殊死的战争。由于双方都有一些基督徒，我们的传教士必须与双方发生联系，也必然要帮大家的忙。然而，客家人一方由于已被本地人打败了，陷入绝境，他们的头领乔里神甫（我们的传教士）对他们说，我认为我们的唯一出路就是逃走：他提出带他们到附近的涠洲岛上暂时居住，这个岛是海盗的巢穴，中国政府已完全弃之不管了。由于建议被接受，乔里神甫立即自己出资租用了5艘中国人的大帆船，将这1500名饱受战火蹂躏和饥荒折磨的可怜的基督徒运到这个地方。

当海盗们看到这些新的弟兄们来与他们分享他们的避难所，请求他们予以接待时，大为吃惊，他们不肯接纳。但是，由于这些新到者人数众多，武装很好，又诚实有礼，海盗们还算给予了多少有点热情的接待，并指定他们到一处地方安营扎寨。乔里神甫到陆上走了无数次，为他们弄到居住所需的一切。一切安排得如此妥当，以致一年之后，人人都有了自己的一间小屋，人人都种上一小块地，收获的红薯和香蕉足以养活自己了。

在所有的这些活动中，谁也没有忘记为使新生的移民地繁荣所必需的宗教义务和教育。乔里神甫是个能干的人，热情照顾教徒。他看到自己的努力结出了胜利的果实，十分高兴。岛的正中迅速出现了一个竹搭的小教堂。几年前我曾去过该岛，我无法说出我是多么的感动，这些可怜的基督徒如此忠诚于他们的宗教职责，我都被感化了。他们获得了捐助人的完全信赖。最近因要选一个头领管理岛上的事务，双方一致推举出一位基督徒来负责。最后，曾经指责我们事先未获政府同意就占据这个地方的各官员和总督，终于承认，我们不仅给我们的基督徒帮了大忙，也给整个地方帮了一个大忙。今天，他们异常高兴地看到，这个地方的税赋与其他地方一样，按时上缴。

但已20年过去了,20年间,人口增加了很多,以致于今天的涠洲岛已不足以容纳和养活它如此众多的居民了。另外,每天有无数的穷人来请求我们收容,说他们无房可住,无米可吃,而我们不知道如何帮助他们。对此,该地的传教士德拉维神甫对我说,附近还有一些被遗弃的岛屿,要求我允许他去探寻。我觉得不应拒绝他,更何况如果事情办成,这些可怜的人就有了赖以生活的地方。

于是,这位勇敢可敬的传教士进行了这一尝试。有关这一点,总督先生可以从他就此给我的信中(附后①)了解到。尽管他的初步尝试没有像他所希望的那样获得全面的胜利,但是他对最后的目标远没有丧失信心。至于我,我将永远从物质上和精神上支持他。因为,不管怎么说,我们是,或说得更准确一点,我们刚刚成为在这些还要投入的地区中的基督文明的开拓者。但是,在投身到一些还要耗资、常常还带有危险性的事业中之前,我们希望知道,我们能取得什么样的结果。为此,我才满怀信心地向您报告,请您告诉我,在这个问题上,我们能指望安南政府到什么程度:因为,岛屿属它管辖,我们能否获准随时让法国船只在附近海域停泊。我想,我们在这个地方定居不难。我们自愿缴纳税赋。但是,我们希望安南政府保证我们以自己的能力在那里投入的不动产。就是说,在那里进行了必需的投入,并可能使我们有一些收获之后,不能赶走我们,不能将我们和我们的基督徒的努力和我们的全部奉献付诸东流。

另一方面,如果法国政府在这一情况下为我们出了力,政府自身也并非无利可获,它可以在这里为其船只找到一个安全的停泊场,可以把这个地方看成是一个停泊站。这样,它得到的好处远远

① 即附件1。——编者

大于我们。如果有人对这一事业的成功希望抱着怀疑的态度，我可以说，涠洲岛上所有的一切也就是在这里所能做的一切的保证。最后，大家可以完全相信，我们将小心谨慎地努力完成各项工作。我不是说我办事很大胆很迅速，特别是进行一项不同寻常的计划；但是，有了30年的传教经历，我认为可以保证，对我来说，最大的事就是让我从事的工作尽可能安全保险。

由于我不认识您，您也不认识我，总督先生，请允许我将我的这封信交我们驻广州的领事拉格勒内先生，请他把信转给您，并请他把他对此事的想法坦率地告诉您。这自然是我们应遵循的途径。十分尊敬的总督先生，请您支持我的行动。

明稽埒

(1)：赖神甫现在所在的涠洲岛距北海13里。①

狗头岛，又称海盗岛，距涠洲岛约30里，在东京一侧，大约在21纬度和105经度处。——原注

(2)：第一个将基督徒运到涠洲岛上去的乔里神甫已不在人世了。这位难得的令人尊敬的神甫曾被用绳子抽打，而这些绳子是头一天用来结成网抬一个麻风病人下葬的。神甫后来也得了这种病，在香港医生的催促下，他满怀希望回到法国治病，但死于巴黎的圣路易医院里。——原注

C. P. C. 中国第3卷第99—108页

① 13法古里约等于50公里。——编者

69 拉格勒内致外交部长

1878年10月29日于广州

部长先生：

广西与东京交界处刚发生了一起叛乱，其后果可能十分严重。

尽管我对这些不明确又自相矛盾的消息根本不相信，但这些消息已使商人们大为恐慌，因此我认为必须打破我所恪守的习惯，请阁下注意这些不可靠的、而中国人都活灵活现、投入如此巨大的热情传播的消息。

然而在目前形势下，大家都在关注着这次暴动。一个人们并不信赖的女算命师预言说今年是改朝换代的年头，将由东京诸王的后代中的一个皇帝建立新王朝，以其能力征服全世界。

然而，一个名叫李扬才被赏穿黄马褂的总兵官领着一支约有10万多人的叛匪一事，似乎得到公认。他冒充是东京王的后代和算命师预言的中国的救世主。他将他的姓名李扬才的李姓与东京一位以前的李姓国王说成是同宗，自称是李姓国王的后裔。随函附上汉文的李扬才名字①。

据说，这个人在太平天国的后期战争中起了重要的作用。他率领过一支叛军。他奸诈狡猾，富有远见，投机取巧，得到清朝的宽恕和赏识。

在中国人的眼里，他聪明能干，坚韧不拔。他近来似乎感到十分失望：他迫切希望得到的一个职位却给了他的一个同事。于是他怒火中烧，急于报复，要做强盗头的欲望再次萌发出来。他卖掉他的雄厚资财得了一大笔钱，在太平天国的摇篮地树起了造反的大

---

① 档案中附有中文“李扬才”三字。——编者

旗。所有的冒险者、强盗、海匪都响应他的充满黄金的诺言来跟随他。

有关这次暴动的消息传到广州已有一个星期了。据说李扬才在距广州 200 里①的东京边境地区。他的意图是去支持黑旗军和黄旗军占领东京,进而登上其祖先曾经得到过的王位。

近 24 小时来制造恐慌的人一直在传播说,李扬才已朝广州挺进;再过五六天就到广州了;他刚向两广总督下了一道最后通牒:如果总督声明反对北京政府,承认李扬才为王,就保留他的总督职务,并得重赏;如果他仍然忠于清朝,广州在一二天内就被包围、抢劫。

这些话我一句都不相信。我认为总督根本不害怕。这里不采取任何防范措施,没有什么让我相信我们很快会被围攻。

我认为不宜于去拜会总督,以探听准确的情报。不能让他有这样的看法,或以为我把一条只不过是恐吓老百姓的谣言当真,或以为我重视这一次叛乱。在他看来,粉碎这一叛乱只不过是易如反掌之事。

此外,我平时可以通过传教士得到确切的情报。迄今为止,他们还没有向我发出警报。

虽然我对这些谣言几乎完全不信,但我还是让交趾支那总督知道这里流传的各种消息。

拉格勒内

C. P. C. 中国第 3 卷第 111—113 页

① 200 法古里约等于 800 公里。——编者

70 海军及殖民地部长播多致外交部长瓦定敦

1878年10月31日于巴黎

谨向您随信附上交趾支那总督的来信,其内容是关于撤出安南各开放港口的海军陆战连队的。

正像您能看到的那样,在上次顺化的商舶大臣同霍道生先生的会晤中,这位高级官员代表政府对安南使节在巴黎受到的款待,向我们表示感激之后,重新谈到了要求撤出我们在东京的驻军;霍道生先生仍持保留态度,不使我们的政策受到约束。

罗丰将军打算接受顺化政府关于撤出归仁的驻军的要求,因为他认为那里继续驻扎军队没有什么必要性。

我倒是认为,如果河内和海防两地的驻军像交趾支那总督所想的那样应该保留,那么有待弄清的是,我们撤出归仁驻军后,他们是否就能克制在这方面的要求。

请您告诉我您对这个问题的想法。同时请您把我寄给您的文件退回给我。

播多

附言:最近在东京边区省份中发生的事件,使安南政府已经提出派遣援军的请求。交趾支那总督于本月21日来电中已把此事通知了我。因此,我认为这些事对河内和海防继续驻军可能提供有利的依据。

以下就是罗丰少将的电文:

收到海防领事从香港转来的急电,据说,7000名中国匪徒侵入东京的边境省份。安南当局前来求援。我将派出一个连队乘“杜沙福”号(Duchaffaut)去保卫租界,我还下令把行动限制在租界所接壤的省份内。

附件 交趾支那总督罗丰致海军及殖民地部长

1878年9月8日于西贡

谨向您报告，在顺化的法国公使馆建筑工程已全部完工。我们的代办已在7月间住进了新建成的大厦。从此他已凭他的身分级别居住在舒适和幸福的环境之中。同时将安南政府以前曾为我们公使临时准备的场地交回它了。

安南王国的商船大臣借此机会对我们的政府代表说，对他们的使节在巴黎受到盛情款待表示衷心感谢。

顺化商舶大臣第一次去新大厦拜访公使时，向霍道生先生表示，要聘请一位法籍教官，为期一至二年，训练安南士兵使用盒式步枪和老式30厘米大炮。他还说，安南政府另外还要雇用一名具有造船技术的工人或工头，来指导修船工人维修船只。我正在打听具备这样条件的人，等到物色到这样的人才，我就将安南政府写来的正式申请书寄送给您。

1874年3月15日条约第四条中规定，我们有义务为安南国王提供教官在他们的军队和舰队服务，另外还要为他提供技术人员，指导有关制造和修理工作。所以我认为不能拒绝他这种请求。依我看来，如果能满足他们的要求，并没有什么坏处。但是在没有得到您的指示之前，我什么也不干，什么也不答应。

在同一次拜访中商舶大臣再次将从安南开放港口撤出驻军的问题提到桌面上来。霍道生先生只是含糊其词地答复他们，使我们政府对这方面采取的政策不会承担任何责任。但是，安南人很可能会再次提出要求，必要时我会向我驻顺化的代表作出与您今年5月25日来电的精神相符的指示。我在这个问题上的意见承您批准过,至今没有改变。我认为,目前在河内和海防两地保持两个连队的驻军是正确的,但是撤出归仁的驻军却没有多大妨碍。因此,我再次提出我在本年5月21日信中提过的撤出驻归仁连队并从交趾支那的连队中选派15名左右的一支队伍作为领事卫队的建议,请您审批。

另外也得考虑,如果把一连驻军留在归仁,不久以后我们将不得不在营房上支出一笔新的费用。再说因为目前的营房仅仅是木制的几间板房,使用期也不会很长。撤消驻军的好处,首先是既满足安南政府的要求而绝不会妨害我们在该地的任何利益。这也能作为我们对顺化朝廷在和平意图上的一个新的确证,这样对我们之间的关系只会有利。当然对关系问题,我目前还没有任何东西要申诉的,也没有什么新的情况向您汇报。

罗丰

BB—4 1971第84—87页

71 外交部长瓦定敦致海军及殖民地部长

1878年11月7日于巴黎

您要求我表示对安南政府要求按照1874年3月15日条约的规定撤出我们驻在开放港口的领事卫队一事的意见。我们驻顺化的代表已经向罗丰将军转达了安南政府向他提出的要求,罗丰先生也表示同意将驻在归仁的连队撤走,但他坚持维持东京的原状不变。总督先生所提出的理由和依据,似乎是为了说服您和我。另外,正如您明确指出的那样,最近在中国边境地区发生的事件,促使顺化朝廷向西贡提出派遣援军前往帮助的请求,这样,对罗丰将军所坚持的意见提供了决定性的论据。因此,我完全同意您对我谈到的意见,我赞成您发给交趾支那总督的指示。

瓦定敦

BB—4 1971 第 89—90 页

72 驻华公使白罗尼致外交部长瓦定敦

1878 年 11 月 10 日于北京 1879 年 1 月 4 日收到

驻海防领事杜克先生在写给普里松(Plichon)先生的信中,证实了某些报纸刊载的一批中国武装叛匪侵入东京的消息。

这些叛匪大都为广东的客家人,在其他的地方称为蛮子。威廉士①(Williams)先生在他的名著《中国总论》(The Middle Kingdom)中将这个词译为"大地之子"(Children of the soil)。匪帮的头目名叫李扬才,他原是太平天国的将军,早已归顺中国政府,并得中国政府的巨大赏赐。

根据地方官向杜克先生提供的消息,有 6000—7000 名叛逆分子已进入东京,并夺取了该地北部、离广西和云南不远的谅山省。有人从总理衙门得到的消息说这批匪帮人数很多,可能多达 5 万人。但是中国政府在正式场合则说该叛将手下至少有 2 万人。中国政府还说政府方面已采取强有力的措施以镇压叛乱,派太平天国时期的另一个将领冯子材负责追击他过去的同僚。

我认为,有必要去打听清楚这些谣传。为此我派德微理亚(Devéria)去总理衙门。我特意向德微理亚提醒 1874 年的条约中的第 2 条,该条约是在 1875 年 5 月 24 日通知中国政府的。我请他询问军机处,中国政府对此事的打算。此外,我相信阁下会很感兴趣地阅读德微理亚日前在总理衙门同负责欧洲事务的沈大臣谈话的详细情况。我现将这份谈话记录随信寄去。

---

① 中文名卫三畏。——编者

现在,安南国王很可能会向法属交趾支那总督求援,以便抵御侵略者,如果他尚未提出的话。由于在1874年3月15日的条约第2条中我们已经保证要维护该国的安宁,我们势必难以拒绝而须给予支持。我不知道罗丰少将此刻是否拥有必要的武力去履行我们的诺言,因为有人向我肯定他领导的部队有一部分已经开往努美阿(Nou méa)。

另一方面,几乎毫无疑问,安南国王也会向中国政府求助;而中国政府将非常乐意接受其请求,这不仅因为它没有放弃它对安南和东京的宗主权,而且还因为它极有必要扑灭来自广西的叛乱,不然的话,在中国目前所处的情况下,这一叛乱会形成巨大的灾祸。

人们常说"多多益善",嗣德帝对此不会不乐意,因为他现在有两个保护人和两个保卫者。但这两个保卫者的部队可能在他们前来保卫的同一地盘上相遇,而中国皇帝的士兵和其造反的臣民有时是如此难以区分,这样一来就很可能发生冲突。我曾经打算致函中国政府抗议其军队进入东京,并要它承担由此可能发生冲突的后果。但是经过思考后,我觉得目前只限于通过德微里亚向总理衙门发出告诫,也许比较谨慎些。因为我回忆起1872年至1874年发生的事件。

我同时回忆起安邺和巴尼两位先生之死,以及在这一消息传到西贡后,总督将军立即下令撤出所有的堡垒和立刻离开河内的往事。在这里和在安南一样,后果都是悲惨的,因为凡是拥护我们的人均遭到无情的屠杀。正是由于这种理由,我才还没有把我准备好的口头照会送往总理衙门。

白罗尼

附件　德微理亚同总理衙门沈大臣的谈话记录

1878年11月5日于北京

德微理亚先生：我来同您谈一件事，这件事似乎属于军机处掌管，即广西省的暴乱。

沈大臣：总理衙门没有收到这方面的情况。

德微理亚先生：我一点也不怀疑，因此我先对您说，这事是似乎属于军机处管的，而您呢，也是该处成员之一。

沈大臣：（将仆人支开之后）您对这事知道些什么？

德微理亚先生：外国报纸报导说，广西刚刚发生了叛乱，波及湖南、云南。有一位名叫李扬才的人，似乎是叛乱分子的领袖。此人的名字，我不能肯定。

沈大臣：是不是西贡写信来告诉您的？

德微理亚先生：我们驻香港的领事已向我们证实报纸上的消息。西贡方面却没有给我们什么信息。

沈大臣：这些叛徒有没有越过东京的边界？

德微理亚先生：这正是我奉命前来问阁下的。我还想知道为首者的姓名，这些乱党的武器配备情况和人数有多少。

沈大臣：我无法告诉您叛乱分子是否越过了东京边境。出现这样声势浩大的叛乱，我们感到非常抱歉。我们应该责怪地方政府太大意了，它显然不知道怎样去歼灭曾在1873年发起叛乱的黄旗军头子黄崇英的余党。我们已奉到谕旨，命冯提督率部去追剿这些新的乱党（这个冯子材曾是南京叛党的成员）。那些新乱党的头子曾是我们军队的总兵官，名叫李扬才，他给我们丢脸。有人说，他手下有5万人马。但是这个数字是夸大了些。我们对他的装备一无所知，乱党成员中有许多是广东人。

德微理亚先生:请允许我提请您注意,如果这些叛乱分子是1873年遗留下来的,那么他们一定藏身在中国境内,因为他们目前的活动是由北向南展开的,5万人的数字虽说夸大了,我想至少有1万至2万人。那么叛乱分子是否已经越过东京边界呢?

沈大臣:的确您可能很想获得这个问题的答案。我知道,你们在交趾支那设置了不少机关,但距离东京与中国边界还比较远。冯提督肯定不能把叛乱分子圈在我国国境之内,如果他们窜至邻国国境,冯提督的主要任务则是保证我国边境地区的安全,如果你们在那里驻有军队,就不用担心会与你们驻在那里的部队发生冲突。您大概不会忘记,1873年我们在追剿黄崇英时总理衙门和贵国公使曾达成的协议。过去能做到的,现在照样可以这样做,对不对?

德微理亚先生:我对这个问题确实无法回答。但是我认为今天的情况可能与当时的情况不同。因为1873年我们还没有签订自1874年起约束法国政府和交趾支那政府的条约。

沈大臣:呀!这我倒一点也不知道。

德微理亚先生:阁下这样惊讶真使我惊奇。因为我说的该项条约,法国公使馆早已将条约的全文递交给总理衙门了。该条约第2条至少迫使我们要摸清情况,就像今天公使馆所做的这样,要有备无患才能避免临事措手不及。这就是我要请问阁下叛军是否已经越过东京边界的原因。

沈大臣:(经过片刻沉思后)我想另寻机会与白罗尼阁下详谈这些事情。

白罗尼

BB—4 1971 第90—94页

73 两广总督致拉格勒内[①]

1878年11月12日于广州

先生：

来函收悉。

有关李扬才叛匪一事，我可以对您说，他是广西省臭名远扬的一名官员，因品行不端，被革职了。上谕决定永不录用。

李扬才自称负责招兵，纠集了一伙强盗，把二三千受骗的农夫带往东京边界，组成叛军。幸好统帅东京边境部队的赵道员[②]得知此事，通知东京权力机关及时采取必要的措施。后来，他又率军占据通往越南的要隘。

后来，李扬才穿过荒无人烟的地区，到了东京的Chin Lo[③]城。他在那里张帖告示，说东京是他祖上的遗产，安南王占有东京是不义的，他李扬才就是来夺回东京的。

他手下的团伙约有6000人，有人说有1万人，他已占领了东京的谅山城。

因赵道台已派兵去支援安南人，李扬才被打败了，Chin Lo被收复。

于是李扬才将其总部搬到长庆府，其军队正在该地进行掠夺。

本总督和广西巡抚已令赵道员率军去长庆府打击叛匪，与安南当局取得联系后，共同发起进攻，包围并消灭叛匪。

我相信贵国当会与安南国王协调采取必要措施，不致拒绝向

① 本件在原档案中是11月13日第13号函的附件，现作为一独立文件，单独编号。——编者

② 即道员赵沃。——编者

③ Chin Lo疑为Ky-Lua(驱驴)之误。——编者

我军提供帮助。

最后,因李扬才以前曾是总兵官,我们现已请求皇上革除其职务。我们将逮住此人。

C.P.C.中国第3卷第111—118页

74 交趾支那总督致海军及殖民地部长

1878年11月30日于西贡

部长先生:

我发出11月18日及19日的信以后,又收到驻海防领事11月10日的电报,电文如下:

"在太原及广安发现新的匪帮,安南军队有些气馁。他们之中的一个姓黄的首领试图和李(扬才)妥协,但未成功。李似乎在把他的右翼向河内以北的红河地区推进。"

杜克先生9日的报告为我提供了当前的一些情况,现简述如下:

我们在河内的租界是由海军陆战队两个连以及"戟"(Hallebarde)号和一只新武装起来的小艇来保卫的。而海防则由海军陆战队一个连和"布列因"号来抵御外来侵略。我已派7名炮兵乘"杜古埃狄"号(Ducouédic)去操作12厘米膛线炮。□……①

M.D.亚洲第35卷第26页

75 交趾支那总督致海军及殖民地部长

1878年12月2日于西贡

部长先生:

---

① 原件复印不全,无法译出。——编者

今附上刚从杜克先生那里收到的报告抄件，您可以看出，我们对目前在东京发生的事件确实所知甚少。我将于明日为我们驻河内及海防的守卫部队输送三个月的给养。为此我租了一只商轮，因为“朗斯”号(Rance)不在这里。我将把大部分给养送往河内，以满足卡洛少校的要求。

我相信李场才不同我们发生冲突的意图是真实的，大家都认为他是一位晓事明理的人物。

现在我很怀疑安南人能单独把入侵者驱逐出境。因为东京的人民长期以来不堪忍受顺化朝廷的沉重枷锁而起来暴动，这些入侵分子也就很可能得到他们的帮助。安南军队的绝大部分兵员都是临时拼凑的，而且只有极少数士兵配有枪支。相反，入侵者则都拥有精良的欧式武器。这个信息是从香港的法国领事那里听来的。普里松先生在信内同我讲了一个可靠消息：最近五六个月以来，香港出售了8—10万支十分精良的法国及德国枪，2—3万支各式短枪。这些军火的绝大部分是用帆船运往中国及东京的沿海边境。目前，香港已禁止军火出口。

北京法国公使馆首席翻译德微理亚先生曾同中国军机处某大臣就云南及广西发生的叛乱进行了一次谈话，现将谈话记录送上。

部长先生，我觉得我有责任向您尽力提供一切办法和消息，以便您能据此向我指出我应该遵循的行动准则。

海军少将、总督兼总司令

附件1 驻海防领事杜克致交趾支那总督(抄件)

1878年11月18日于海防

将军：

有关时局方面的消息，接近正确的越来越少。官员们只同我们随便谈谈一些与事实不大相关的事情。老百姓也不敢吐露只言片语,否则就有杀身之祸。尊室说把他的军队占领区内未入伍的中国平民指控为间谍匪帮,动辄加以逮捕和杀害。

从11月6日至9日,在离北宁城还有一天路程的通往中国的公路上,发生了好几起激烈战斗。范富庶在我面前当然扬言说国王的军队大胜,但是舆论却说国王的军队屡屡败北。拉巴斯第(Labastie)先生率"黄埔城"号(City of Whampoa)往该地区,也听到许多人说,安南军队被打败了,死者虽然不算很多,但被俘的人不少。这些俘虏在剃了中国发式后,领了粮食就被遣走。

入侵者虽然得胜,但未继续朝北宁城南部推进。他们集结在该省北部,好像准备绕过要塞和宗室说的部队再西往红河,从河内以北通过红河,再沿底河顺流而下。两广总督派来的官员认为这是李扬才的战略。李所以这样行动,是为了置身于我们炮舰射程之外,又为了避免同我们发生正面冲突。该官员又认为,〈李扬才〉要达到此目的,已决定不去攻打三角洲中部各省,而是选择了从宁平省迂回,再往顺化公路进发。大家都认为,他要直扑安南首都,推翻嗣德帝并扶持黎氏的一个后裔为王。有的人,甚至一些香港报纸也这样认为,他本人就是李氏后裔,所以他在进入东京之前,曾向两广总督表示,他要把祖先留下的遗产夺回。

范总督曾同我谈起,前几天,广安的安南当局得到中国边境部队的通知,说有一股新匪帮与侵犯谅山、北宁的匪帮在广安地带会合。这股匪徒约有2000人。此外,河内的中国人士以及两广总督的特派员声称,黄旗军首领叶成林长期以来参与李扬才的阴谋诡计,已侵入或准备侵入高平及宣光各省。因此,从云南直至大海,整个安南边境有的处于匪帮控制之下,有的已受到他们的威胁。依照在东京的中国人的看法,这可算是一种全面性的入侵,甚至还可以说是征服,而不是单纯少数抢劫匪徒进行的无目的、无指挥、无组织的行径。

这许多流言蜚语看起来很符合上述的李扬才的战略。他的党羽们绕过三角洲,可能已先占领广安、谅山、北宁、高平、太原、宣光诸省,然后再占领兴化、山西及宁平。他们把我方炮舰保护的地区海阳、河内、兴安及南定避开不攻。这样的举动未免冒失。一方面,入侵者肯定自以为一旦踏上了东京南面通往顺化的大道以后,就能和我们谈判;另一方面,他们希望两广总督不出面干涉他们的行动。顺化宫廷的确请求过这样的干涉。可是总督的特派员向我表示,对于这个干涉不要抱有过多指望。他这种看法的理由是:中国军队曾多次解救被匪帮侵扰的东京,而且支出浩繁,但每次安南官员对援军提供的给养总是数量不足,因此,北京朝廷对此非常不满。这次,不是光派一、二团兵力就能解决问题,而是要整整派遣一个军,这样,军事支出就很大了,何况,两广总督本人也要用大量的人力和物力来处理当前在海南岛发生的暴乱。

将军先生,我担心安南人可能会很快失去所有得不到我们海军保护的省。即使在我们保护范围的省,我们也只能保护几个重要城市而已。大部分的安南领土,即使没有被敌人占据,也还会不断遭受蹂躏。海防和河内之间的交通也会日益困难。河内最好储备几个月的粮食,卡洛先生在给我的信中也提到了这点。他说可以在兵营中储藏几个月的粮食。

驻海防法国领事 杜克

附件 2　德微理亚与总理衙门官员会谈纪要①

1878 年 11 月 5 日于北京

M. D. 亚洲第 35 卷第 21—25 页

76　驻海防领事杜克致交趾支那总督

1878 年 12 月 5 日于海防

将军:

我从上次发信以后,一直没有收到范总督方面有关北宁前沿战事的消息。河内当局也未向卡洛司令官提供情况。此外,由于这里严禁谈论时事,违者处死,所以从人们口中也不能听到任何消息。尽管如此,我还是从几个中国商人那里,从一位最近在敌人火线附近的村庄中旅行过的多明我会(Dominicain)的西班牙神父那里,和一位曾乘坐"戟"号侦察过北宁领水的勒苏法谢(Lessoufaché)先生那里,获悉了一些消息。梅尔司令肯定会把这位军官的报告转送给您。因此,这里我只简单扼要地把他收集来的情况提供给您。这些消息已由中国商人及西班牙神父证实无误。11 月 19 日我曾向您电告,李扬才好像命令他的右翼向西朝红河方面推进,他前哨的真正目标是太原城。该城好像已向海盗头子不战而降,匪首已在那里自封为王,但不知是整个安南之王,或是东京之王。安南政府已在北宁贴出告示,严禁承认新王,违者处死。

将军,您在勒苏法谢先生的报告中,可以看到北宁的安南部队自己也承认无法抵御入侵者。尽管有数百名比他们更勇敢、配备更

① 附件内容与本书第 72 号(1878 年 11 月 10 日)附件的内容相同,此处从略。——编者

好和训练更有素的黑旗军队来支援他们，但是人们都认为这批匪徒事前已被李扬才所收买。因此，对王国政府来说，形势越来越糟。但这帮中国人还未能全部控制东京北部各省，这是令人惊讶的事。据我看来，他们的首领行动谨慎、缓慢，小心翼翼；一方面，他唯恐碰到我军，另一方面，他们又怕后卫部队受到从广西援越的中国军队的威胁。他的部队目前所处的地位则可使他既不致受到上述两种可能发生的威胁，又能使他立即赶往云南边境，据说那里刚刚发生了叛乱。据广州流传的谣言，云南的叛乱与李扬才在广西挑起的叛乱有关。统率北宁军队的张亲王不敢走出北宁城外，因为老百姓和他的士兵及士官们对他恨之入骨。但范富庶对我说的话恰恰相反。李扬才出的告示说，谁能活捉张亲王，将赏以重金。

东京南部各省也在准备起来反抗嗣德帝。这些地区有几位绅士还通过以前的译员冼施(Huyen Thi)就此事向我作了试探。他们甚至表示愿意向西贡派遣代表。我回答说：为条约所迫，我们不得不支持王室。我们所以还未采取军事行动，是因为安南官员们没有要求我们出面帮助。我估计在义安及清化等地迟早总要发生一些事情的，因为当地的阴谋者正设法拥护一位属于黎氏王族的后裔为国王，李姓、梅姓或郑姓。都愿意归法国保护，可向每个省总督身边派出一名法国驻扎官。李扬才自称不是黎氏家族的后裔而是(黎氏以前的)李氏后代。他可能正在等待这一暴动，以便进一步推进其行动。他正在把他所占领的安南地方上的男性居民招入他的匪帮。顺从他的人的人身和财产都不受侵犯。但稍有抗命者，则残酷无情。

将军先生，我认为有一桩值得赞扬这位匪首的事要向您报告。这是最近由一位直接参与该事件的人亲口向我叙述的，此人就是海防港的引水员贝夺(Bertaud)，他曾是堵布益远征队中的一个海员。当安南人收买黑旗军协助攻打安邺先生时,贝夺和另一名法国人利几埃(Ligier),被派往红河的上游。当时黑旗军截断了他们回河内的归路,他们就参加了黄旗军。1875年,李扬才(当时是中国正规军的将军)被派率领一支部队去援助安南政府反击黄旗军。经过几次交锋后,黄旗军失败而退到明江上游江畔的一个安南小镇上。该地被华军攻克后,两名法国人也当了俘虏。李的部下要求立即把这两个人处决。李不但反对这样做,而且还对这两名法国人每人分发8两银子和一张去河内的通行证。他们到达河内时,恰巧可加拉德克先生刚刚接任该处领事之职,这两个人由安南当局移交给他。可加拉德克嘱咐他们两人来海防见我。正是他们向我讲述了他们这次的遭遇以及中国将军对他们的宽待,但是我忘了这位将军的名字,而这位将军正是李扬才。

我曾向卡洛先生建议将驻海防连队的一部分人员调派给他,他答复说不要。他说,有200人就足以应付一切,完成使命。我也觉得,目前向我们派遣增援部队并不合适。官员们基本上并不愿意我们去捕捉这帮人。目前,我无法将匪众从境内驱逐出去,因为若要这样做,我们必须调集一支至少有400—500名法国陆军及200—300名水手的纵队,进行一场正规战争。

杜克

M.D.亚洲第34卷第398—402页

77 交趾支那总督罗丰致海军及殖民地部长

1878年12月16日于西贡

部长先生:

昨晚收到驻海防领事的报告。现将抄件送上①。我也收到了勒苏法谢先生的报告，但是内容与杜克先生的汇报相同，并无其他突出之处。

部长先生，您可以从中看到，我们租界军备非常充分，足以击退任何入侵。我们的处境容许我们对时局静观待变。东京的首府和唯一的海港均由我们扼守，不论是哪个战胜者都得重视我们的存在。乂安及清化等省的几个知名人士，长期以来一再向我们的海防领事说要举旗暴动。我们甚至可以这样说，自从嘉隆帝于1802年征服该地以来，这种暴动曾经发生了多次。

根据我来此以后搜集到的情报，老百姓好像已到了忍无可忍的地步。他们等待一切机会来摆脱顺化朝廷的苛政。我们在东京的存在，会在某种程度上越来越加剧民众对他们统治者的昏庸和贪婪的怨恨。我们在所到之处，通过保证贸易自由、居民的安全所作的那一点点福利事业已使他们预感到，他们的国家只要由精干廉洁的人来治理，一定会臻于繁荣。随同我们前往东京的雇员、工人或商人中的一些下交趾支那几个省的安南人免不了会暗地向他们指出，如果我们占有了他们的国家，或者至少做了他们的保护国，东京会从中取得多大的利益。那里的士人集团很有势力，但对我们缺乏好感，他们更憎恨那些剥夺了他们高官厚禄的顺化官员。如果我们保证这些士人有优越的地位，他们将会很乐意地接受我们的保护国制度，即使这样一来他们要处在法国驻扎官的监督之下。殷实的业主、知名人士、商人和小平民都欢迎我们直接来统治他们，但是他们往往多少会受到那些为数众多、又有权势的士人的左右。我深知，这批人如果不是害怕李扬才引来的中国人太多，尤

① 原档缺此抄件。该抄件似即本书第76号文。——编者

其是如果他们确信我们会听任他们举行暴动,而且以后我们会对他们实行保护国制度的话,那么他们都会表示拥护李扬才的。

至于嗣德帝那一派,依我看来,我们只能勉强支持它一下。如果它明确提出要我们这样做,我们必须严格遵照条约的条文办事。嗣德帝手下的人已彻底败坏了国家,使国家堕入无政府状态中。这个国家受了外侮之后,政府官员变得既无能,又贪财,所以人人都恨他们。如果我们支持这个政府,我们就会丧失民心。如果我们出面干预而拯救它,我们从嗣德帝那里得到的利益不会很多。但是,如果它的敌对者取胜——要是我们不管,我认为他们必然会取胜的——他们必定能对我们更为有利。

当然中国也会前来援救安南,但它自己的处境也非常为难。目前广西的主人实际是李扬才而不是中国的(两广)总督。喀什噶尔的战事远未结束,由于俄国插手,局势可能变得更严重。巡抚在海南岛面临着一次极大的暴动,两广总督因缺乏饷银,无法派兵去镇压。广州的法国领事曾写信告诉我,云南刚刚发生另一起叛乱。

部长先生,我已明确地向您阐明了我对法国在当前局势下应在东京执行的政策的看法,请您在适当的时候给我作出指示,以便照办。

在此期间,我将尽力不表态,而只是设法保证租界外侨和财产的安全。

罗丰

附言:今附上《北华捷报》(North China Herald)一份,内有李扬才写给广州满族将军的信的译文。[①]

① 此附件复印不全,无法翻译,未辑。——编者

该信证实了以前有人向我谈起的事：李扬才的确曾向中国政府写信诉说了他的计划和意图，即在他取得胜利之后，他将使东京重归中国的直接管辖。

M.D.亚洲第35卷第49—52页

78 驻华公使白罗尼致外交部长瓦定敦

1878年12月17日于北京 1879年3月3日收到

谨随函附上中国政府的来信，该信将广西发生的事件和李扬才的活动正式通知我，并宣称中国军队已越过边境进入东京，准备和嗣德帝的军队联合追剿。

我认为目前不应该确认收到此信。

白罗尼

附件 总理衙门致驻华公使白罗尼①

1878年12月12日于北京

BB—4 1971第106—107页

79 外交部长瓦定敦致白罗尼

1878年12月26日于巴黎

最近东京边境发生了一项事件，从而导致中国叛匪入侵该省的某些地区。这时安南当局向我国驻交趾支那总督请求援助和援军。罗丰将军派遣一个连队前往该地，不过他认为这应当仅仅局限于维持我们租界的安全，小心谨慎是不无益处的。从两广总督写给我国驻粤外交人员的信中得知，顺化朝廷也向中国政府提出了同

① 总理衙门原函见本书第一册第27号，此处略。——编者

样的请求。

对此我认为应该告诉您一种想法,中国政府似乎不会不理解这种想法的重要性。

根据我们同安南最近签订的条约使我们在东京拥有的权利,以及由于顺化朝廷向西贡总督和两广当局同时提出维护秩序的请求,我们就应该预计到西贡派出的水兵可能会同北方派来的华军发生接触的情况。这里,我不需要突出这一点:两个不同国家的部队被召唤来到同一地点,而事先各方的政府却没有经过协商,当他们相遇时,显然会造成各种严重的后果。防止这些令人不愉快的后果的唯一办法,就是在中国政府没有就进行干预的方式以及应在规定明确的领土范围内进行干预等问题和我们谈妥之前,不让两广边境的当局接受这项任务。

我们对这一问题应该特别重视以便将来也能如此。因为,您也知道,1874年3月15日的条约上明文规定,要确保安南的独立并使它与毗邻的帝国断绝一切隶属关系;与此同时,使我们确保自己的势力和作用,虽然我们并不企求扩大这种势力和作用,但是我们也不愿使之削弱。

因此我只能依靠您在棘手的场合具有的机智和拥有的经验,以便谨慎而有分寸地讨论这一问题,因为中国政府在有关它同安南的关系的一切问题上态度总是暧昧不明,我们不得不如此。我在这里只能笼统地指出,在我看来,两广总督在中国叛党闯入东京会引起纠纷这一问题上所持的态度带有指责叛党的意思,但是我应当让你去选择有利的时机,以最适当的方式把纠纷情况知照总理衙门,使它能友好并令人满意地接受下来。

瓦定敦

BB—4 1971第87—89页

80 海军及殖民地部长播多致外交部长

1878年12月30日于巴黎

部长先生：

我们在东京的处境，经常给我们两部带来不少难以避免的忧虑；我们对我们同顺化朝廷签订的条约中的缺陷和不够明确之处，也时常感到惋惜。的确，这个条约对我们来说，其含义是：一个被授权保护他国的国家要尽绝大部分的义务，但这个保护地位并没有什么利益可图。安南可以要求我们支援它，消除损害它主权的内忧外患；而我们在各国面前，却无法根据这一角色而要求在对外政策中行使某种起决定作用的权利。这种暧昧的局面，已先后促使英国、德国提出要求要同我们一样，在嗣德帝朝廷中派遣自己的顾问。更有甚者，西班牙今天又发表了更高的奢望，要求我们接受它的代理人可以在必要时代替我方的税收人员征收关税。

我需要提一下，这种局面主要由于1874年的条约虽然明显是为我们在东京建立保护国制度而制订的，但并没有指明。结果是，我们的代表尽管有武力来支持他们，却只有顾问的头衔和资格，而没有得到正式的任命。事实上，他们既不是保护国的代理人，因为他们只行使了一部分的保护权；又不是领事代理人，因为他们没有领事裁判权。

东京目前已成了一个事件频仍的舞台，情况越来越复杂。我们不能不考虑这一点：如果一旦发生重大的叛乱，我们在该地的权益可能会遭受到极大的影响。您也知道，在东京，人们对安南的主权问题十分不满。王室也没有办法，只好让它的属地长期处于动乱之中。不管这些叛乱是由黎氏王朝的觊觎者们挑起的，或者是由从云南来的、曾分散在中国南方各省活动的中国冒险家发动的，在不满

您可以看出,这些小小的改动完全保留了您打算向罗丰将军提出的实质内容

瓦定敦

附件　海军及殖民地部长播多致交趾支那总督罗丰

1879年1月10日于巴黎

已收到您的来电以及最近几封有关东京政治形势的信件。根据所有这些情报看来,似乎这个地区里刚刚发生的暴动范围极大,几乎是一次全面的暴动,其结果可能把这个辽阔的省份从安南统治政权下分离出来。

从河内我国代理领事向您提供的消息,虽然还比较笼统,但是倾向于表明,不管动乱分子的来源、力量和行动手段如何,安南部队将无力制服他们。根据这一事态,我应该首先考虑我们在那里的租界的安全。正是从这种思想出发,我于本月2日给您发去密电,其内容确认如下:

“可加拉德克将搭乘下一班邮轮动身,随身带有指示。采取一切防卫措施,使河内和海防两地租界不受袭击。必要时,可增加驻军”。

这份电报将由驻河内的正式领事递交给您,旨在向您指明应当遵循的行动准则以预防目前形势下可能发生的意外事件。

东京的侵略者在起初的阶段可能会小心翼翼地不去扰乱我们仅驻有少量部队的两个据点,因为不迫使我们参加战争使事情复杂化对他们是有利的。如果造反浪潮向该省南部蔓延,那么他们也许要绕过或避开租界。另一方面,尽管安南当局软弱无能,优柔寡断,但是,不到最后关头不向我们求援,因为他们不愿因此而使我们更深地卷到他们的事务中去。我不隐讳这种双重可能性具有的

危险性，但它却向我们提供了摆脱我们长久以来都承认是暧昧不明的地位的办法。因为 1874 年条约，在有关我们方面，包含有保护国应尽义务的绝大部分，而丝毫没有提到它从这种地位所应取得的利益。顺化朝廷可以引用条约向我们要求武装援助，帮助它在东京恢复秩序，但只是由于不信任我们，它才不向我们提出这种建议，而这种建议，在这种情况下，是不会使我们有什么为难的。

所以我们不应该有任何顾忌让这个缺乏远见的政府承受这种夜郎自大的后果，我认为应当毫不犹豫地进一步澄清这种已使我们付出重大牺牲的局面。

为此，我授予您必要的权力，缔结一项新的条约，以便在东京确立我们的保护国制度。无论您是就此事与一个安南无法制服的取得胜利的起义者进行谈判，或者是顺化朝廷由于承认自己无力确保我们获得 1874 年条约所规定的利益，不得不向我们求援以恢复它受到危害的政权，而不是按条约的规定去驱逐海盗。所要规定的条件应该相同，并可归纳如下几点：

一、承认只有保护国才有权处理该国的对外关系，各国应向保护国派驻代表。

二、不论法国人与外国人还是当地人与我国侨民或与外国人之间发生纠纷，都由我们的官员负责裁判。

三、最后，保留海关关税并征收来为我所用，其收入将用以支付我们的占领费用。

此外，我们忠于在远东地区一贯奉行的自由政策，将继续使到此海域经商的欧洲各国商人享受与我国侨民相同的利益，而我们的保护地位只会增进外国人在这方面已经取得的权益。

以上这些指示，我已经同外交部长磋商过，他完全同意这些措施，因为这能使我们的政策摆脱顺化条约的缺陷所造成的不利处境,而达到在东京建立一个明确的保护制度的切实效果。您在同顺化朝廷往往十分难以处理的交往中已多次表现出谨慎和善于审时度势的坚定性,我们完全可以信任您会很好地行使授予您的如此广泛的权力。

请您继续仔细地向我报告这方面发生的所有事件,你可以指望得到我的支持,以便利您完成一项尽管如此艰巨但由于你们的能力和爱国热忱,您完全可以胜任的任务。

附言:当然,在您未通过电报征求我的意见之前,不要作出重要的诺言和决定。

BB—4 1971 第 99—102 页

83 海军及殖民地部长致外交部长

1879 年 1 月 10 日于巴黎

您昨日就为在东京实现我们的保护国制度而向交趾支那总督发出指示一事给我的来函业已收悉。

我高兴地看到您同意我草拟的整个信件,而我也完全接受您所提议的那些形式上的修改。

经过修改的第一段条文如下:

“承认只有保护国才有权处理该国的对外关系,并对外代表该国,外国领事应向保护国领取领事证书。”

关于第二段,我认为最好是采取第二种提法,因为它接近 3 月 15 日条约的内容,并使之更明确。因此,我在我的信中写进了以下一句话:我们的专员或驻扎官将负责对外开放港口的司法裁判工作。

经过这样修改的指示已交驻河内领事可加拉德克先生。他将乘本月 12 月那班邮船去交趾支那将指示交给罗丰准将。

播多

BB—4 1971第102—103页

84 驻广州领事拉格勒内致外交部长

1879年1月22日于广州

部长先生：

李扬才的叛乱使广州百姓大为震惊。广州总督悬赏三万两白银(12万法郎)要这名叛匪的头颅。

这名叛匪肯定在老百姓和官员中拥有很多的拥护者。一件奇怪的事实是，官员们谈到此人时露出尊敬的神情，他们说他有胆有识。他们甚至说他是法兰西共和国的拥护者，广州甚至流传着好似千真万确的说法，说法国向李扬才提供军火和资金。

在中国人看来，传播此言者即是传播叛乱消息者。人们还不知道李扬才怎么能得到2500支枪，在何处得到一笔巨资来定期给他的部队发饷，以及他在何处得到他们生存所需的一切。

我随便向总督提到了这些荒谬的说法，我向他表明，我们的政府不论在东京的计划如何，都不需要拉拢这个李扬才。

据东京方面传回的情报，李扬才现在拥有1.8万名训练有素的士兵，比中国军队装备还好。他企图将黑旗军也揽到他的旗下。

我觉得李扬才可能是以云南为目标，他朝东京边境运动的目的只不过使他能组成一支核心队伍。当他手下拥有2万人马时，就会杀向中国，直捣北京。所有心怀不满的人、所有食不果腹的穷汉、所有秘密社团的成员将会加入他的大军。他可以在半年内拥兵50万。

海南岛的客家人去年11月刚打败被派去镇压那里叛乱的中国军队。叛匪约有7000人，他们有中国的步枪及一些土枪。

1月3日,叛匪突袭了总督派去的拥有3000人的军队,包括伙夫、仆人、书生和妇女;他们还全歼了两名军官率领的由50人组成的先锋队,这50人只有一些长矛和旗帜。

海口道台急急忙忙向〈两广〉总督求援,特别请求派大炮支援。总督对率领海南岛的帝国军队的将军的才能瞧不起,想让法国的加尔索(Garceau)上尉率领这支军队。我刚提议将总督的炮艇"清波"号交给他指挥。这是一位很精干的官员,获得过战功勋章,在海南岛起举足轻重的作用。可惜总督担心他部下的官员们会不高兴,尚犹豫不决。

如果总督不采取有力措施,客家人会很快控制全岛。这时可能会出现另一番情景:政府陷入一种无法形容的混乱状态。根据中国的一般礼仪,各首脑不应亲自核实自己的指令是否得到执行。因为这样做会有损官场尊严,他们只好对下级的所作所为睁只眼闭只眼。

埃斯巴纳(Espana)①先生在这里停留了三天。他在讨好总督,以便为那些将要移民到古巴的中国苦力得到一点好处。他把西中签订的条约递交给了总督。

总督虽然非常友好地接待了这位西班牙公使,但在和我交谈时,他却无法掩盖对这些移居古巴的中国人的厌恶之情。西班牙的移民局官员将要遇到极大的困难。

拉格勒内

C.P.C.中国第3卷第179—183页

---

① 中文名为伊巴里。

85 海军及殖民地部长游列居伯利致内阁总理兼外交部长

1879年3月7日于巴黎

内阁总理先生、亲爱的同事：

交趾支那总督将有关东京及安南事件的如下情报寄给我部，现转送给您。

安南当局认为，在中国军队的援助下，已经平定了东京的叛乱。但是，海军少将罗丰准备将派往该地的增援部队仍留在河内，直至匪帮被驱散或消灭的消息得到证实以及我们租界和外侨的安全不受任何威胁为止。

顺化政府打算派遣一个使团去曼谷，希望恢复安南和暹罗王国之间的友好关系。交趾支那总督认为，在目前情况下，让顺化政府自由行动，并无妨碍。我们驻嗣德帝宫廷的代办也同意这一意见。实际上我们没有理由阻止它恢复这些关系，因为在我们占领之前，两国关系早已存在，只是在1870年，由于一支安南小分队越过暹罗国境被扣押，才导致两国关系中断。

安南商舶大臣宣称，该使团将于1月底起程，可能途经西贡。这对我们来说是一种敬意的表示。

安南人担心英国蚕食暹罗领土。总督已将安南使团前往曼谷之事通知驻曼谷的法国领事，并希望这位法国代表将该使团的一切活动告诉他。

海军中将、海军及殖民地部长

游列居伯利(Jauréguiberry)

M.D.亚洲第35卷第62—63页

86　驻河内领事可加拉德克致交趾支那总督

1879 年 5 月 1 日于河内

将军：

李扬才匪帮和中国军队所处的位置，自我上次发信以来并无变化。李扬才藏匿山中不出，在山中积有粮食，无虞断炊。中国军队只是在隘口建立成效甚微的封锁，而并不真正想攻破李的营寨。但一个月后局面将会发生变化：山麓下的中国军队营盘必须撤走，以避免洪水的浸淹；同时粮食输送也将因大水泛滥而变得十分困难。因此冯子材将军的部队大约将集结于太原和宣光等地，而恢复攻剿李的战争只能在大水退后(9 月份)才能进行。事实上可以说，如果冯和他的敌对者事前真有串通，他也只能采取眼下的行动。可能在广州时已经考虑到这种情况，因为两广总督最近派了一名官员前往东京搜集当前形势的情报。这位官员名叫彭许安(Pueng Sut An)。他是总督府邸中一位四品官员(蓝翎)。在他起程时，我同他有过一次晤谈。在这次会谈中发现了这样一桩相当奇怪的事：两广总督不但怕安南朝廷而且也怕法国政府要他对李扬才的行为承担责任。如果真是这样，中国军队不久就会被召回，除非我们进行活动。但无论如何，这些军队的存在，将会继续给当地造成很大的负担。不仅对人民是如此，当地的官员也不得不为这批军队供应给养，同时还要接济从南方来的逃荒村民。河内当局现在必须养活 6000 多名来自宁平、兴化等省的饥民，这些可怜的人们大都骨瘦如柴，无力劳动，他们靠着根据该省巡抚的命令，在我们的士人馆旧址每天分发一次的饭团和地方慈善机关布施给他们的一点救济粮度日。估计 6 月份收割以后，情况会有好转。今年的收成看来较好，但是还得等到最后的时刻才能见分晓。部分庄稼恐怕还可能遭到暴雨破坏(这种情况以前时常出现),或因堤坝缺口而被淹没。大米的批发价目前是以 15 贯起算,按当地的兑换率计算每担为 2.5 元。如从西贡把米运至此地出售,赢利非常可观。但必须在收割以前运至东京。因为如果在收割之后,米价就要下降了。

虽然城市中失业人多,生活贫困,但是直到目前,地方上还没有出现过什么乱子。我和安南当局的关系始终是良好的。只发生过一件比较严重的事件,它至今还悬而未决。事情是这样的:宁平省有一个官员,他违反了和平条约第 9 款,在安庆府(yén khánh),一些天主教徒与居民们发生争吵后,受到官府(知府)的调解,结果调解转变成了迫害。这个知府曾当堂训斥教徒们,说他们妄信宗教,勒令他们放弃信仰,他还下令逮捕和拷打传教士。有一个教徒因被拷打而丧生。我获悉此事后,立即写信给河内宁平陈总督,说明我们不想插手教徒和居民的争执,也不打算干涉当地官府的判决,但我们有责任督促他履行条约中的有关条款,准许天主教自由传播,承认教徒完全有与别人一样的权利。因此,我要求对安庆知府的行为进行调查,如果属实,这就赤裸裸地构成违反和平条约的事实了。同时,我也请"大刀"号(Coutelas)炮舰舰长将炮舰驶往宁平,请省府的专职巡抚立即行使权力,制止这类事件的再次发生。

我们应当对宁平的巡抚予以应有的评价,因为他命令立即释放羁押的教徒,并严斥了安庆府这个下属官员。

尽管事情好像难以置信,但是安庆知府受到指控的行为,确系事实,绝未夸大。宁平的地方长官和陈总督本人都出面为之求情,说他是个年轻的文人,新上任没有多久。他们并不否认这类事件,还保证以后不会再发生。我对此不太满意。我认为必须要求他们经办此事的上级作出正式的判决,向我转告。知府犯了罪,他肯定应该受到惩罚。交到我们手中的天主教徒案件往往不易弄清,我们好像插手干涉别国的内政,所以我们不得不把我们的传教士提出的赔偿要求搁置起来。安庆知府的犯罪行为显然成了严重违犯条约的事例。这样我们又有了另一个理由抓住这一事例不轻易放过。如果我们在这次事件中能够得到满意的结果,这也是我们所希望的。我将把审判的结局公诸于众,这样会使今后减少类似事件。

此外,我们也可以抓住这次机会向教会表明,尽管我们为了避免超越条约赋予我们的权利,不得不拒绝教会向我们提出的要求,但是我们对保护教徒不受任何迫害的决心,还是始终坚定不移的。

今天我没有其他新的情况向您汇报,炎热天气已经开始,但卫生状况一直良好。

可加拉德克

附言:5月7日,我接到了宁平地方官转来有关安庆教徒事件的判决书。我们全面胜利了!知府被撤职,受到处分,还须以现款赔偿受害者的损失,他的下属也受到应有的处分。总之,我对处理这次事件的官员们的做法,感到满意。

可加拉德克

——M.D.亚洲第35卷第84—89页

87 海军及殖民地部长游列居伯利致瓦定敦

1879年5月1日于巴黎

根据我的提议,共和国总统将通过本月13日的命令,任命前阿尔及利亚民政及财政总局局长卢眉(Le Myre de Vilers)为交趾支那总督以代替罗丰少将,并同意罗丰少将的请求返回法国。

卢眉先生将乘6月1日邮船启程,请尽早准备好发给该总督与顺化朝廷及柬埔寨朝廷关系的全权委任状。

游列居伯利

BB—4 1971 第 107 页

88 海军及殖民地部长致瓦定敦

1879 年 5 月 24 日于巴黎

霍道生先生接到顺化朝廷商舶大臣转来嗣德帝的亲笔信,其内容如下:

“我仰慕法国的强盛,我心中只想把贵国的学识学到手,裨益我国。为此,我力谋找寻方法。我对法国忠心耿耿,如有一丝阴云遮暗了我们之间的关系,除你知道的风俗习惯之间的不同以外,还有由于我最近几天所遭受的痛苦,这你也是知道的。

由于我犯错误所形成的各种症结,祖先遗留的疆土被我缩小了。我觉得我已走到生命尽头,不再有希望去弥补我的损失。为什么法国帮助建成的事业,又要将它摧毁呢?代办先生,你是一位具有正义感的人,也是一位忠厚的人,你研究过我们的学说,对此也一定会有所评价,难道没有什么方法可以将我的损失挽回吗?请将你的看法告诉我。你是否认为没有办法使我以前的东西失而复得,将我心怀中的怨恨永远擦去。”

收回下交趾支那诸省是国王梦寐以求的愿望,在 1878 年的声明中,鉴于法国使团坚定的意志,他不提额外要求,但国王要他的商舶大臣在我们代办面前作过新的活动,因此,霍道生收到了上述信件。我们的领事没有给他答复,但是他打算让国王知道,无论现在或将来,我们都不愿意讨论这个问题。因为法国政府已将它视作结束了的事。

罗丰总督并不重视这种活动,他肯定知道活动不会有什么下文。

安南政府自己也很明白,它的能力很薄弱,在保卫东京时,它向中国政府求援就是一个明证。

我认为我应该将这些事情告诉您,但我们对顺化朝廷的政策不会因而有丝毫改变。

根据最近来自东京的消息,李扬才这帮人和派去打他们的中国军队、安南军队,似乎尽量找机会避免交锋。相反地在中国正规军和黑旗军之间却出现了一场纷争,黑旗军在这次战斗中,失去百来个人后溃至老街。

游列居伯利

BB—4　1971第108—109页

89　外交部长致海军及殖民地部长

1879年5月27日于巴黎

根据本月15日您给我的两封信中表示的愿望,您通知我,由卢眉先生接任罗丰将军的职位,我为交趾支那属地新总督准备了委任状,像他前任那样赋予他一般的和特殊的全部权力。现将证书奉上。

值此机会,我打算把我在1月8日寄给罗丰将军的信件内容引证一下,因为信中我曾赋予他行使的权力。我请您向这位将军强调一下,他只能在绝对必要的情况下,或在形势不允许他有时间去等待巴黎的特殊指示时,才能行使这种特殊权力。

我当时作出的考虑,至今还没有失去它的说服力。我想您无疑会同我一样,认为在卢眉先生动身之前给他提出这些嘱咐是适时的。

瓦定敦

BB—4　1971第109—110页

90 外交部长致海军及殖民地部长

1879年5月31日于巴黎

本月24日来函收悉。信中您重述了嗣德帝在最近写给霍道生先生的信中的一些重要段落，顺化朝廷一直希望有一天会以这样或那样的方法去收复他失去的并在最近签订的条约中庄严地申明予以放弃的省份。这种顽固的想法并不使我们担忧。但这一事实本身却具有教育意义；它说明，我们要完整地维持在安南和东京所取得的权益，一定要坚定不移，其中最最重要的是不使我们的势力和威望受到任何损害。

我相信霍道生先生会答复安南政府提出的建议，使它了解我们对这次建议的坚决态度而不抱任何幻想。我也相信卢眉先生在动身前已知道政府的意图和观点，一定在必要时，用适当的语言去消除嗣德帝及其大臣们头脑中的幻想，因为这对我们是绝对有必要的。

瓦定敦

BB—4 1971 第110—111页

91 海军及殖民地部长致外交部长

1879年6月13日于巴黎

谨收到您本年5月31日给我的信。信中谈到了嗣德王最近写给霍道生先生的信。

我很高兴地看到，我们两部在保持我们所要维护的局势方面，意见完全一致，即在安南和东京的局势方面，像您说的那样，有必要不让它受到细微的损害。

我将您有关这方面的信抄转交趾支那总督。

游列居伯利

BB—4 1971第111页

92 海军及殖民地部长致内阁总理兼外交部长

1879年6月17日于巴黎

内阁总理先生、亲爱的同事:

交趾支那总督刚给我发来密码电报一份,现将译文送上:

"西贡,6月17日下午3时45分

"东京心怀不满者的一名使者来此向我提出了这样一个提问:我们是否会支持安南王镇压暴动的人民。他还说,心怀不满的人已雇用了100名法国人和600名塔加禄人(Tagals),准备与国王的军队作战。我没有作出答复。我的意见是:如果发生了全国性暴乱,就严守中立,坚决反对任何冒险行动。请电示。"

我立即电复:

"巴黎,6月17日下午5时10分

"照您的建议,在东京严守中立"

海军中将、参议员、海军及殖民地部长游列居伯利

M.D.亚洲第35卷第111页

93 海军及殖民地部长致内阁总理兼外交部长

1879年6月18日于巴黎

内阁总理先生、亲爱的同事:

今晨接到交趾支那总督、海军少将罗丰的来信。现将该信抄本送上。

该信内容全部涉及东京政局。它列举的一些事实十分明显地

证实，我们的保护制度不能再维持目前的形式了，应该或是中止，或是更牢固地建立起来。按后一种设想，就必须考虑到，为了取得持久的令人满意的结果，我们的政府就得决心付出庞大的军费以扩充海军装备；炫耀军事威力。这些支出看来比罗丰海军少将提出的数量要大得多。

游列居伯利

附件　交趾支那总督罗丰致海军及殖民地部长

1879年5月15日于西贡

部长先生：

现将法国驻河内领事可加拉德克先生的汇报抄件附上①。这份汇报是在上次我发信的当天收到的。

此后，我又收到了5月1日从海防寄来的一些信件。这些信件都说无任何关于太原省内中国军队和安南军队活动情况的消息。这说明那边一切都维持原状。老百姓对于要他们为中国军队干杂活、出钱出物抱怨不已。老百姓一贫如洗。所以这些负担就显得难以承受。由于东京南部各省饥荒肆虐，大批的饥民涌入红河三角洲。河内人满为患，海阳、海防两地也来了不少饥民，各省会的安南当局仅能向这些饥民分发微不足道的一点大米。幸亏收割季节在即，丰收有望，饥荒行将过去。安南当局4月30日下令禁止从东京运出大米。但地方官员有权用外轮将征收到的国家用粮运往沱瀼和王国其他省份。可是这个十分合法的权力却引起了德商施利维(Schriver)先生的抗议。他认为这不过是掩盖安南官员从事偷运的一种手法而已。这种怀疑或许也有理由，但只要未得到证实，我

① 可加拉德克的汇报原档缺。——编者

们的领事对这位德国人的抗议就不能接受。何况这位德商长期以来想方设法与当地土人寻衅,以便要求德国政府出面干涉。他曾通过我们的领事,提出了大量要求,我们的领事仅仅作了转达,未作表态。由于他的要求缺乏事实根据,所以总督就不予理睬。施利维曾趁德国通信舰"狼"号(Wolf)途经海防之机,直接向海关官员重提要求,他扬言,如他得不到公正对待,他就要向政府汇报。可是,他在信中写的是英文。当他被要求将英文译成法文时,他就说,他只懂英语和德语。海关官员就趁机回答说,由于身边没有翻译,无法了解要求的内容,也无法作出回答,因此只将他的要求转送顺化。情况就是这样。施利维自己也许感觉到理屈词穷,就拔出手枪将安南海关总办的坐马打死了。因为这匹从牧场逃出来的马追赶施利维的马,而施利维的马当时由他一个朋友骑着。当时两名正在追赶这匹马的仆人在马被击中倒毙时才算制服了它。对于这事,安南官员曾两次致函我们的领事,要求我们主持正义。杜克先生回复说,施利维显然做得不对。虽然总办的马追逐施利维的马,但作为马主人的施利维以职员的身分采取不节制行为,这点他是不对的,应该追查施利维,这完全是合乎情理的。安南人虽受条约的约束,但施也不例外,应该由法国领事来裁判。不过我们认为,这件事目前颇难办理,我们的领事不反对过问外侨所犯的罪行,但却无权处理这方面的纠纷。

施利维对这些情况是清楚的,他只要觉得他的政府会支持他,就可以胡作非为。在我们手中有条约有理由答复安南人之前,他们只求我们伸张正义,怎么办呢?

部长先生,这是我们在东京采取暧昧立场的一个明显的事例。无论如何,应该对我们与安南 1874 年签订的条约进行修改。我认为只有两个办法:

一是修改1874年的条约，特别要删掉第16及17两款，尽我们的所能鼓励其他国家在东京设立领事馆，由他们保护自己的侨民；二是坚决要求在安南王国的这部分地区实行有效的保护制度。应该承认，要采用第二个办法，我们就应该向顺化朝廷施以压力，并在一切和平谈判中断然拒绝让步。为此，我估计只要2500—3000名法国士兵，3000名安南兵，16艘炮舰和装备良好的机帆船，就足以控制东京。在开始几年中，我们先在那里稳稳站住脚。我深信绝大部分的居民将会乐意接受我们的统治。但在征服的初期，会出现一些造反活动。我以为在征服东京时，缩减下交趾支那的警备部队，是不谨慎的。部长先生，我谨向部长提出我所想到的结束我们目前的困境的办法。但是，在牵涉面很广的政治问题上应采取什么样的解决办法，我就难以发表意见了。

海军少将、总督兼总司令 罗丰

M. D. 亚洲第35卷第112—114页

94 交趾支那总督罗丰致海军及殖民地部长

1879年6月26日于西贡 1879年8月13日收到

谨将我从东京收到的消息，向您汇报：

叛乱头子李扬才已被安南部队和中国军队击败。有人说，他逃跑时只带了500—600人。待我们获得其他消息时才能对此事加以判断。

霍乱病已在河内出现，但是直至6月10日，欧洲居民中还未发现患有此病的人。在海防附近，已发现了死亡情况，因此该地也受到此病的威胁。在这种情况下，我认为最好把我原来打算等“安南人”号(Annamite)抵达后调防的两个连暂缓调动，因为我担心调动后会把霍乱病带入我们卫生情况良好的下交趾支那殖民地。

我希望等东京地区降一场大雨之后,传染病在一般情况下就会消失。这次传染病的主因,我认为是起源于安南发生严重饥荒。但是,稻子刚刚收割好,收成也不错,现在人民完全可以吃饱有余了。

罗丰

BB—4　1971 第 116—117 页

95　驻河内领事可加拉德克致交趾支那总督

1879 年 7 月 4 日于河内

海军少将:

在上次报告中,我曾提到过河内发生了霍乱,但是没有蔓延开来,这是件大幸事。雨季已经来临,估计今年不会再有这类灾害。欧洲侨民没有一个受到传染。

6 月 9 日,一名法籍安南人遭到了一名中国士兵的暴行,但当地官府听任肇祸者逍遥法外。这桩事情拖了很久,直到今天才全部解决。安南方面答应了我们的一切要求,当众处罚犯事士兵,登门道歉。这里至今没有发生任何骚乱,但我发现城中的中国居民显著减少了。我刚从霍道生先生的来信中得知,顺化已下令禁止士兵进入河内,这是符合我的建议的。

我又得到消息,本月初,一队为数不少的中国士兵出现在山西。今年,江水猛涨,我想借此大好机会亲自前往观察这一带的兵力情况。我请"马苏"号(Mossue)炮舰舰长带我一起去山西。如可能,再往宣光。旅途极为顺利,我们通行无阻到了宣光。宣光滨临明江畔,在河内上游相距约 90—100 海里。经过山西时,我暂时还没有看到中国军队。听说,在 5 月末确有 100 余人来此搬运弹药,他们只在那里逗留几天就走了。此外,沿明江一带,甚至在宣光,我们遇到的兵力极少。冯提督已把太原省的驻军悉数召回。安南军队会同黑旗军从河阳(处于明江上游 60—80 海里的小城)出发,追逐躲藏在那里的一批中国叛兵。总之,目前战场离我们很远。

宣光的官员们好像认为骚乱已告平息。一方面因为有人传说冯提督已要求返回广西;另一方面,刘永福和他的黑旗军已决定从陆路由河阳直接回至老街而不再和我们接近。如果再有叛乱,估计他(刘永福)会重行出山。

海军少将,我现为您提供一些有关宣光的情况。自从我们来到东京以后,我们还没有观光过这座城市。它是宣光省的省会,人口约有 4000—5000 人,属于山西省政府管辖。主要安南官员称作巡抚,他住在河旁的一个筑有城墙的城堡内,在这块边长 120 米的正方形城堡中,有一个约 50 米高的山丘,山顶上有六门炮,其中一门为青铜轻型长炮。这座炮台离水面的高度和它靠近河岸的位置,对一般炮舰来说,并不会形成什么威胁,我怀疑它的射程是否会达到炮舰。在城堡北面 50 米处,另有一座较高的山丘俯视着这座炮台。登上后面这个山丘比较容易。我们只要在那个山顶上架上一门或两门大炮,就能迫使城堡的炮手投降了。宣光并不险要,周围多山,生活贫困,人烟稀少。那里出口少量类似黑儿茶的薯莨(Cu nao)。

省内的收入主要来自关卡税,因为广西边区居民所需的棉花、烟草、特别是盐,都是溯明江经过宣光向北运去的。

每年至多只有三个月炮舰能在明江上溯河驶至该地。但是,倒有一条陆路可通兴化。太原的陆路交通线又长又险,而循这个方面前进,只有行走山中的羊肠小道。

我们到达宣光的那天,只看到 600—800 名安南士兵,其余的队伍约 3000 人,内有黑旗军 600 名,正像我在上面说的那样,他们来自河阳。大将军黄继炎(又名黄佐炎,Huinh－Ké－Viem)没有随军行动,他留在严密防守的城堡里,我无法与他会见。巡抚说,他正发高烧,不能接见,向我致歉。我想这是一个借口,但我并不介意。我向巡抚表示我感到很遗憾。因为我非常想见到一个在我们同安南发生战争时可能是我们主要对手的人物。但是这位将军坚决不愿露面。在我上溯航行时,我曾三番五次地试图同他会见,但他总是设法回避。他虽是文质彬彬的学者,却担任了武官。如我盯着要见他,他就会这样让人回复我:他是武将,同我们没什么交道可打。事实上,他是东京最为了不起的一个人物。他是国王的内弟,王国内的三号人物。我也不用多说你就知道他对我们很不友好。

至于其他方面,也没有什么可以汇报的。海阳巡抚范富庶已起程赴京,但又突然折回。这些消息已由我在海防的同事向您作了汇报。此间还未确切明了这些行动究竟意味着什么。

河内、北宁及其他省内的官员,最近采取了一种奇特的措施。这种措施能使我们对这个可怜国家的统治情况有一些概念。现在大米运输是严格禁止的,即使从一村运往邻村,亦在禁运之列。这种禁令大概专为维护税收而设,为时不会太长。然而其他类似的禁令也应运而生,而且遍及所有的物资。在另外一方面,当饥馑在某省或某区横行时,安南政府就严惩当地的官员,因此,为了不使饥馑扩大,当地官员只好想尽一切方法禁止大米出境。

但是运米许可证还是可以设法买到的,只要在申请时附上一笔厚礼即可。实际上官员们表面上禁运而收到贿赂后就以例外情况来处理。由此很容易想像到老百姓的心情。尽管他们对这种情况司空见惯,但毕竟不会对此感到满意。

我们河内的警备队,健康状况令人满意。我看最好还是让增援连留在河内,直到冯提督率领的军队完全退回中国为止。

可加拉德克

M.D.亚洲第35卷第194—198页

96　海军及殖民地部长致内阁总理兼外交部长

1879年7月19日于巴黎

内阁总理先生、亲爱的同事：

作为我以前汇报的继续，今将交趾支那总督今年5月21日[①]及31日寄我的两封信送上，供您阅读。信中附有我们驻河内领事于5月1日及20日发出的报告抄件两份，内容都与东京的政局有关。

正像从附件中所见到的那样，自从上次发信汇报以来，东京的整个时局没有重大变化。饥荒和水灾的威胁总在不断加深不幸人们的痛苦。中国人参预了东京事件，特别是冯将军对李扬才率领的叛乱分子的态度，在在都能引起人们的惊讶。但是除了这些我们暂时不要过分担心的麻烦以外，在我们看来，我们还遇到了更大的麻烦。那件事就是，安庆知府已经开始迫害基督教徒。您肯定会同我一样，非常称赞可加拉德克先生在这一场合中采取的正确和坚强的立场，就是要求惩罚罪犯和重新确认1874年条约中的各项条款。

这些资料阅毕后，请即退回。

海军及殖民地部长

附件1　交趾支那总督罗丰致海军及殖民地部长

1879年5月28日于西贡

部长先生：

随函附上驻河内法国领事可加拉德克先生的报告抄件1份。

---

① 原文如此，但附件作"28日"。——编者

它将使您完全明了东京发生的各项事情。总之最近没有新的情况。

杜克先生在他5月10日的信中证实了这一点。但是杜克说北宁和太原等地的百姓的不满情绪越来越高涨,他们甚至表示宁愿同匪首合作,而不愿再受外来援越士兵的勒索。

在宁平基督教徒的事件中,我们已得到了满意的解决。我希望这次事件的完满解决能令官员们在今后办事时更谨慎更小心,以免违反1874年条约的各项规定,在这点上,我是抓紧不放的。

总督　罗丰

附件2　交趾支那总督致海军及殖民地部长

1879年5月31日于西贡

部长先生:

直到最近,我才收到河内领事可加拉德克先生5月20日的报告,今将该报告随函附上。我没有什么要补充的。

罗丰

附件　驻河内领事致交趾支那总督

1879年5月20日于河内

海军少将先生:

自我发出上次信以来,太原省方面没有新的消息传来。据说,冯提督企图用钱来收买敌手的部下,要他们交出头子,因此,冯连日按兵不动。我的情报涉及当地的若干部门,例如供徭役的部门,因为这些徭役过分繁重,人们相信秋收后,7、8月间会发生暴动。我不知暴动会不会真的发生,规模如何,总之,在这样一个国家中,我们应该随时做好一切准备。我很高兴获悉您已决定把派来的支援连队暂留河内。我认为,目前这里的局势非常不稳,您这一决定是非常英明的。

河内四周较为宁静，听说今年的收成很好。

可加拉德克

M. D. 亚洲第 35 卷第 137—140 页

97 海军及殖民地部长致内阁总理兼外交部长

1879 年 7 月 22 日于巴黎

内阁总理先生、亲爱的同事：

最近我向我国财政部转达了西班牙政府的一些建议。这些建议是有关安南政府应以东京关税净收入抵偿西班牙赔款的。为此，我国财政部长将他去年在一次类似性质的赔款偿还文件中的意见重新向我提出。那时，他曾详细阐明以后不再使用（法国的）国库券（汇票等）而由安南政府以皮阿斯特（Piastres.）支付给西班牙领事。

我国财政部鉴于兑换率日趋降低，决定不改变已经向西贡的国库主计官发出的指令。这是为了使法国政府避免蒙受巨大的汇兑损失的唯一手段。

我们只能将安南政府以皮阿斯特交来的赔款交给驻交趾支那的西班牙代表。

内阁总理先生、亲爱的同事，我非常希望您能向西班牙政府说明我们为什么不同意使用我们国库主计处的汇票偿还安南〈对西班牙〉的战争赔款。

M. D. 亚洲第 35 卷第 141 页

98 驻广州领事师克勤致外交部长

1879 年 7 月 25 日于广州

部长先生:

客家人属于广东省东北的一个部落,其语言和习俗完全不同于本地人。

1867 年,安平(译音)[①](广东省)的客家人被打垮后,四处逃窜,他们中的 3000 多人逃到海南岛,并受到已居住在那里很多年的客家人的很好接待。先到的那些客家人与当地原来的居民并不和睦,最后发生纠纷,1878 年引发成公开的战争。新到的客家人自然站在先来的客家人一边。

双方纠纷频频,中国政府只好干预,以求恢复和平。政府表态支持本地人,不支持客家人,并派张庆(译音)[②]将军去与客家人作战。

经过九到十个月的战争之后,他的任务由于先到的客家人的叛变而变得容易多了。客家人决定解除防卫,与中国将军议和。

被出卖的新到客家人,一些逃到岛的深处,另一些四散逃亡。

张庆将军还是善待后者,给他们大米、一点钱,然后派人把他们运到涠洲岛去。

6 月 24 日,两广总督的两艘炮艇护送几艘帆船,将这些不幸的人(约有 1000 多人)运到涠洲岛沿岸。这些船长离开时留下告示,告诉百姓们来了新的客人,要他们好好接待。

他们确实受到涠洲岛居民(大多数是天主教徒、几乎全是客家

---

① 原文为 Yan Pin——译者

② 原文为 Tchong King——译者

人)的热情欢迎。

但涠洲岛仅有2000公顷的可耕地,即使全都种上庄稼,也仅能维持居住在岛上的4500居民的生活。

赖神甫到广州请求我支持他的教徒,并请求两广总督提供资金,使我们的这位传教士能够救济这些处于水深火热之中的百姓,使他能够设法为新到的客家人提供到别处谋生的资本,让他们离开涠洲岛。

部长先生,我认为难以满足赖神甫的愿望,因为,我没有从任何条文上看到我们可以请求总督采取这样一种措施;当然我们应该承认其人道主义的精神。从这个意义上进行的一切官方举动都会产生误会,今后会导致严惩叛乱者的后果。

赖神甫于是向我谈到他要募集资金救济他的教徒的方案。我向他保证说,我一点也不反对他的计划,但他的计划不能带有任何得到我的支持的性质。我的捐资也不能记名。

最后,部长先生,赖神甫向我提到狗头岛(又名海盗岛,见附件1①)。狗头岛离涠洲岛不远,可以让客家人移居到那里。

我不知道狗头岛是安南领土还是中国领土。我给卢眉先生写了一封信随函附上(见附件2),把赖神甫的殖民计划告诉了他。

部长先生,我还把我与交趾支那总督的联系通知了我们的驻京公使馆。这些联系如果有好的结果,只会有助于维持我们国旗的威严。

师克勤(Scherzer)

① 原档缺此附件。——编者

附件2 师克勤致交趾支那总督

1879年7月20日于广州

总督先生:

外方传教会的赖神甫刚到广州,他对我说,中国当局运了约1000—1100名客家人到涠洲岛(位于东京湾北纬21度,东经107度)。

这个岛成了由于海南岛本地人挑起的纠纷而被驱赶离岛的客家人的避难所。但目前该岛可耕地已所剩无几。该岛的2000公顷可耕地仅能维持岛上的4500名居民的生活。

原有居民大多数系基督徒,现在突然要多负担上千人,确实力不从心,他们的生存条件比以前更坏了。

客家人吃苦耐劳,擅长农活。赖神甫来问我,我能否请求两广总督派一支巡洋舰队去把霸占狗头岛一带的海匪赶走,让流亡海南岛的客家人去利用这些岛屿上的丰富资源。

在就此事去拜会两广总督之前,我想应该让您知道过去发生的一些事,并向您查询,狗头岛是否属于东京。如果是,请您谈谈您对我呈报给您的殖民方案的意见。

如果中国的司法范围包括了狗头岛,就请告诉我,您是否同意我与两广总督进行以下会谈:1. 摧毁狗头岛上的海匪巢穴(这些海盗以拐卖妇女、抢掠商船为生);2. 让被本地人迫害的勤劳、诚实、勇敢的客家人移到狗头岛上居住。

总督先生,如果安南政府把对狗头诸岛的主权让给中国政府,请告诉我,交趾支那政府对于两广总督为了使东京湾的这部分地区安宁所作的努力,能提供多大程度的支持。

师克勤

C.P.C.中国第3卷第186—191页

99 交趾支那总督卢眉致海军及殖民地部长游列居伯利

1879年8月24日于西贡

部长先生：

在我7月26日的信中，已向您汇报了为什么要派兰德尔(Raindre)先生前往顺化的理由。我的动机是，在可能情况下，我必须抓住一切机会和黎那先生取得联系，这也是为了使我们的代办避免再产生他的前任似乎未能完全摆脱的某些倾向。

兰德尔先生曾送来一份报告，现将抄件附上①。该报告证实了我从各方面搜集到的有关安南现状的种种资料。兰德尔先生的报告还突出了我所关注的两个问题的重要性，即：安南国王同我们代办之间缺乏直接的联系和顺化朝廷企图以它与中国的旧关系为借口设法不受我们独家的控制。

最近，趁驻西贡的安南领事来访的机会，我同他就第一个问题作了讨论。我坚决认为将法国代表拒于宫门之外的顽固做法只会引起更大的麻烦，并说他们这种习惯是迂腐的、不礼貌的。我让他知道我们对无法向国王陛下直接表达我们的意见、我们的劝戒和我们的要求而深表遗憾。我向他们解释这种与外界隔绝的政策所具有的各种危险，而国王的自我封闭只不过是安南政府方面对新秩序的盲目而又轻率的反应的一种政治征象而已。可是由于欧洲人的到来而在印度支那开创的新局面，安南政府迟早无论如何都要被卷入到这一新形势的潮流之中的。我又说，只要我们之间的交往仍旧受到一些违反国际常规的传统习俗的阻碍，只要我们共和

① 该附件复印时缺印。——编者

国总统驻顺化的代表仍旧无法直接见到安南国家元首,我们的政府就决不准备跟你们进行频繁的和密切的外交交往,希望顺化政府不必为此而感到惊讶。我希望我在这次谈话中的坚定而有礼的态度能感动嗣德帝在西贡的代表,我深信他会向顺化作书面汇报,不过这并不是他敢于或愿意将这个意见向国王报告。

至于中国和安南之间关系的性质,安南当局还想趁局势未定之际,从中来反对我们。我认为现在宣布安南对任何国家都具有独立地位,有百利而无一弊,因为这一点在我们3月15日的条约第二款中已有明确规定,根本不可能给人以任何遁词。在东京最近发生的叛乱中,我们承担保护的问题确实困难重重,因为条约的精神中确实没有提到这种保护,从而正像您5月27日的函件中所指出的那样,这就阻碍了我们摘取全部的果实。

时至今日,安南当局肯定还在暗自庆幸能在有机会时在北京为我们制造某些麻烦和策划一些不单单有中国人参予的阴谋。在此期间,顺化朝廷将境内治安权和水上治安权先后交付给自己始终承认是其宗主国的国家。从现附上的东京巡洋舰报告的抄本①中,您可以看到中国船只在执行任务时有时会引起我们海军士官的某些反感,而我认为这些不满情绪确是无可指摘的。

部长先生,关于在适当时间使用某些办法来结束这种情况,使安南对一切外国的独立自主成为一个无可争议的事实,此事只能由您和外交部长先生一道来决定。

我只是想借此机会向您指出我们如能取得这样的成果时所能得到的好处。

---

① 该抄本复印时缺印。——编者

部长先生,我还附上一份历史简介①,使您明了中国宗主国的名称来源,向您突出地说明这种关系的性质,解释它怎样使得安南至今还隶属于中国。

部长先生,在结束兰德尔先生报告的评论前,请允许我向您表示,我支持请求编译密码表。西班牙同安南之间的商务谈判即将开始,王国国内总的商业情况在在都促使我们的代办和我本人之间不能不使用一种先进的密码来维护我们的通信。

西贡市长布朗书贝(Blaucsubé)转来布歇(Bouchet)先生的一份关于堵布益的请愿书的报告抄件。这份文件连同所有的官方附件,还有一些我们前任官员的往来书信等,一旦发表出来,就能在顺化产生极大的影响。这些安南人的性格,顺化那些政客们是不会懂的,对他们来说,有益的教材只能在报告中披露的文件内获取。因此,我们必须预计到我们会遭到算老帐的指摘以及更大的怀疑。这样,今后在同王国政府处理琐碎小事时,也会有比以前更大的麻烦。

在我们一些领事的信中,也没有看到过东京发生重大事件的记录。可是,可加拉德克曾向我提过黑旗军在招募兵丁,中国冯提督似乎要延长他在东京的逗留时间。部长先生,现随函附上我们驻河内领事的信件抄本。以上的材料就是从该信中获悉的。

此信中还附有《香港日报》所载的两段消息。据称,开放港口 4 年以来,商务发展并无多大起色。英国报纸借机指摘杜克先生,归咎于他的软弱无能。我认为他们的论断是不公正的。部长先生,您对我们这位驻海防领事的热情和毅力比我更能作出正确的评价。他所以未能把任务完成得更好,应当归咎于安南官员对合作缺乏

① 该简介复印时缺印。——编者

诚意和局势不稳定而引起的种种难以克服的困难。我刚收到杜克先生的信,他向我作了很清晰的解释。他又说,由于当前的处境,他在开展活动时遇到很大的困难,他又无能为力,所以常感失望。

为了同东京开展商务活动,我已令一个委员会草拟了一个招标细则,准备在昆仑岛(Poulo-Condor)、归仁、顺化河及海防之间开辟一条航线,每月派汽轮来往联络,并用机帆船与河内沟通。总的费用,每年不超过5万法郎。我已有了这个标价的投标人。

总督　卢眉

附件　驻河内领事致交趾支那总督

1879年8月7日于河内

总督先生:

我在7月23日寄给海军少将罗丰的公函中,将我们最近的情况作了扼要的汇报。近来情况没有显著变化。安南统督黄佐炎一直在山西,忙于建造兵营和修筑防御工事。自1875年以来,这位将军第一次将他的大本营修建在离我们据点这样近的地方。受雇于安南的中国人,也称黑旗军,连同他们的首领,驻在20—30公里以外的兴化省内。有人说黑旗军在积极招兵,壮大队伍,估计已有800余人应征。不知道这样征兵事前有否取得安南当局的同意,或是出自安南当局的主谋。高级专员黎调在最近视察海防与河内期间曾相当公开地表示,他打算请求朝廷在中国边境上设立正式关卡一座,以按照商务条约上第二条第二款的规定,征收中国货物进入安南时的过境税。可能是黑旗军头目刘永福听到这样的消息后,才发动征兵的,如果要实施这项计划(设立关卡),黑旗军必须先在老街停止征税。

总督先生,1876—1877年间,当我在云南逗留时,我曾向您的前任、海军少将迪佩雷先生提供了一些有关的资料，请您再查看一下，您就可明了刘永福对这样的收税哨卡何等重视。估计他决不会放手，而且还要进行抵抗，恐怕这就是他想扩充队伍的缘由。尽管如此，他招到的人都是华人，而且大都是中国军队中的逃兵。我得到一个有待证实的情报，据说中国的冯提督对此非常不满，但是他也无法阻止这些逃兵前往应募。这位将军一直呆在太原，他的大部队驻在北宁。他何时能回中国，好像还遥遥无期。此外，他深居简出，而且终日按兵不动。

在河内及其周围尚称平静，卫生情况亦不差，只是禁令重重，自由贸易以及商业繁荣深受其累，前景渺茫。设在河内的关卡办事处征收的是出口税，在7月份征得的税额是1862两，出口总额为3.7万两左右，相当于27.5万法郎。

驻河内领事 可加拉德克

M.D.亚洲第35卷第233—238、254—255页

100 驻广州领事师克勤致外交部长

1879年8月26日于广州

部长先生：

寄上交趾支那总督的一封信的抄件。他在信中列举了数条关于移民狗头岛计划的困难。这个计划我在7月25日的信里已向您陈述过了。

师克勤

附件 卢眉致师克勤

1879年8月12日于西贡

领事先生：

上月20日,您给我寄来一份旨在把中国当局运到涠洲岛的客家人移居狗头岛的计划。狗头群岛属安南政府所有,只有安南政府可以给予在那里建立殖民地的必要特权。

领事先生,我遗憾地告诉您,至少在目前,我看来不能把赖神甫的计划送给顺化朝廷。正如您所知,目前狗头群岛上的居民几乎全是海盗或以前的中国海盗。因此,必须派一支巡洋舰队才能驱走这些人,不然移民必不得安宁。此外,狗头岛的位置不宜移民,客家人会不断受到附近地区海盗的袭击、扰乱。

因此,保护这支小移民,对我们巡航在东京的舰只来说,会永远不得安心,我不愿让这些事再给舰队添麻烦,因为安南北方诸省目前发生的事件已够舰队操心的了。此外,即使我考虑这些,几乎可以肯定,顺化政府也会不予信任,会极力反对建立这个殖民地。它可能会把这个殖民地看成是给我们找到插手安南领土的一个口实。

卢眉

C.P.C.中国第3卷第195—197页

101 交趾支那总督致海军及殖民地部长

1879年9月18日

部长先生:

在我到达〈西贡〉之前的几个星期间,有一位北纳(Pène)先生也来到西贡定居。他是南方的一位老新闻工作人员,自称同几位政府大员有着很为密切的关系。通过一个叫做克罗提埃(Crottier)的人(此人系爪哇军队逃兵,曾就读于圣西尔军校,因品行恶劣而被开除),他创设了一份手抄的《锣声报》(Gong)。为时不久,该报的评论就变得咄咄逼人。殖民地的某些显要人物,从检察长至西贡市市长布郎书贝(上次竞选中获票最多者)先后都受到了攻击。这些人曾多次要求我使用我的特权来制止这些过火的行为。我没有答应,因为我认为在诽谤中伤罪的控诉声中,这张报纸迟早是站不住脚的。而现在我的预料已被证实了。该报人员被判了徒刑又被课以罚款。现在《锣声报》已停刊了,编辑人员已赴香港。

但是,北纳不满足于记者生涯,又投身外交活动。他和住在交趾支那的东京人等频繁接触,目前,他企图招募一些亚洲人及欧洲人作为班底。其目的公开说是要去老挝考察,而实际上乃是妄图在东京搞成一个受到法国保护的共和国。有几名官员已请我参预这项事业。但我拒绝了,因为我们政府从来不会鼓励这种把矛头指向一个和我们已有条约连结在一起并又随时有权要求我们帮助的国家的行动。

我不知道北纳先生的计划是什么。他没有同我说起,更没有同我联系过,这是我应该感谢他的。因为,他这样蛮干下去,肯定会引起与安南政府的纠纷。由于在河内及海防我们驻有军队和工作人员,安南政府会把这件事情估计得格外严重。总之,在一次成功的或不成功的叛乱中,我们领事的处境总是显得非常微妙和棘手。所以我向他们嘱咐,在任何情况下,要深刻领会我以往所发出的亦即你在我临行前向我作的那些指示。

驻西贡的几位安南领事都为此而深表担心,因为,〈安南〉王国政府长期以来习惯于搞一套迂曲的政治手法。很可能以为我们是在用钱和势来支持北纳和他的朋友。为了把我们阻挡在交趾支那,顺化朝廷可能会给我们制造麻烦,而且近日来我已察觉到几个由嗣德帝派来的人或军事人员在我们几个区内出现。

部长先生,像以上所谈到的计划,如果发生在另一个国家内,本来是不足引起您的顾虑的。但是,由于 1874 年的条约把我们置于一个非常尴尬的地位,我们有可能会被迫进行干涉。

按照您的命令,"布列因"号将于24日出发,"安特落波"号已报废。可以调遣的军舰中,只有"杜古埃狄"号(现在东京),运输舰"朗斯"号(该舰每月两次开往昆仑岛)。

因此,我同我们的领事之间就无法进行联系。为了补救这种状态,我试图几天后在西贡和海防之间进行招标以建立一个每月定期的航班。我想,若能得到10—15万法郎的拨款,我就能保证办成。

总督　卢眉

M.D.亚洲第35卷第264—265页

102　外交部官员致驻华公使宝海(Bourée)的私人信摘录

1879年9月下旬①

卢眉先生在给海军部的信中谈及一桩怪事,他说,有一个名叫北纳的人,3个月前来西贡创办了一份不值一顾的手抄报纸。这份报纸对这里的任何人和事,除了总督以外,都进行了谩骂和恶意中伤。然而,当以诽谤定罪的判决书送往这家只有一间空室的报社时,办报人早已溜之大吉,逃往香港。临走之前,这个人还在对一些居住在交趾支那的越南人和几个欧洲人灌输某种思想。近来他准备把这些人召往香港,据说要往老挝进行一次科学考察。事实上,他只不过是要利用这些人,加上一些中国人,作为拟在东京登陆的一帮人的核心,掀起一次暴动或成立一个以他为首的共和国。香港一家德国企业准备同他合作,以船只和资金资助他。

① 原文无发信人姓名及日期,此标题及日期均为编者根据内容及档案编排秩序加拟。

这种事如果发生在另一个国家，不过是一桩滑稽可笑之事，不足为奇。但是，如果回忆起安邺、堵布益所干的事，我们就会担心，即使似是而非的事，也可能在这里成为事实。如果有人对我说，像北纳这样疯狂干出的冒险行动，肯定会因替我们增添困难和麻烦而以失败告终，我决不会感到什么意外。

在向我们驻安南的外交人员传达他所收到的关于这一帮人的消息时，总督只作了如下阐明："对于一个和我们有条约关系从而有权要求我们随时给予保护的国家，共和国政府绝不会鼓励对这个国家采取敌对行动。"依我之见，这一说法似乎有点生硬而且不够明确。卢眉先生曾对我说过，依照他的看法，处理东京事务，这些指令无论从哪种意义来说，如果对一个只掌握间接材料的计划就采取防御措施来予以反对，未免有点操之过急。最后，他说要密切注意事态的发展，并及时发出通知。我对卢眉的犹豫态度感到惊讶，因为我知道他直到今日一直反对一切会迫使我们在短期内对东京作出果断决策的事。他渴望组成一支土著部队，并希望一旦时机成熟，他不但取得成功的荣誉，而且还有加强行动效率的功绩。可是，直到现在，组织土著部队一事还属纸上谈兵，我在当时就强调了如下看法：北纳的计划是荒诞不经的。这个狂举只要一旦发动，我们势必就要为安南政府承担令人讨厌的保护侨民的工作或者我们会受到一个冒险分子的摆布而去搞乱东京的秩序。这不由得使我想起前几天总督曾向我谈到的怪事中的怪现象。卢眉虽然不是十分肯定，但似乎相信北纳的后台是一小撮极左的议员。这些人都为这样的想法着迷：东京一旦成为我国的保护国，对外就能实行开放，可以自由经营商业和发展工业，信息灵通者也就可以开创赚钱的企业和进行获利的投资。可是卢眉先生没有忘掉，在任命他的时候，是在众议院中经过质询才批准的。因此他对议会中的"山岳派”心怀恐惧,他对这个拟议的举动颇有顾虑,希望它在发动之前就失败。但他不敢表态,不敢采取任何预防措施。总之,想要能够始终对这个冒险家的计划一无所知最好,因为这个冒险家似乎间接地受到议会中他所假定的享有不可侵犯权利的主子们的庇护。

M. D. 亚洲第35卷第266—267页

103 海军及殖民地部长游列居伯利致外交部长瓦定敦

1879年10月1日于巴黎

当卢眉先生前往接管交趾支那总督府时,在交给他的指令中,我曾特别提请这位高级官员注意东京的复杂局势及一个真正补救这种威胁和危害我们利益和法国尊严的事态的方法。

像人们所能预料到的那样,新总督通过对事实的研究、领事报告的启发和当前那里发生的事件的戒心,他坚决要求拿出一个迅速有效的解决办法去结束那些不断出现的纠纷。卢眉先生同他的前任一样,特别是同罗丰少将一样,把问题归纳为二项论:“要么干脆在东京正大光明地建立我们的保护制度,要么把我们的行动范围缩减成简单的领事机构。”

大家都不会不承认,这件事没有第三种解决办法。从迄今为止所采用的拖延的方法以应付困难看来,显然有必要采用一种明确和果敢的措施。

此外,嗣德王目前正千方百计地设法把垂危的统治权在东京恢复起来,而不想求助于我们,尽管这种援助是1874年条约中已明确规定过的。另外,某些国家设法要同顺化朝廷建立直接关系,而上述条约中却明确规定它同其他国家建立关系时我们是它的义务中间人。因此,条约中的主要条款在执行时成了问题或遭到了破坏。这项条约,由于未能使我们得到我们有权期望的好处而瘫痪了。这一点已得到明证。

1874年3月15日条约签订以来还不到5年,那么它怎样会如此快就失效呢?

其原因完全是在准备拟订保护制度的文件中使用了模棱两可的措词,以致切题的字句却在最后时刻被略去了。我认为这里没有必要重提曾导致对这份文件进行过一次改动的政治因素,因为这一改动似乎削弱了这份文件的意义和影响。我们不得不接受既成事实。此外,我们指望我国的领事官员利用他们周围的武装力量,在实践中逐步采取作为保护国的真正代理人的行动。

可惜,事实并非这样。

最后,正如我以上所说的,嗣德王为了镇压东京的叛乱,竟向中国求援,不肯向我们要求给他提供有效的支持,而宁愿冒着叛乱永久持续下去的危险,因为他担心我们会直接地参予他的国事。

我们曾经一度认为这个日益强大的叛乱活动能对我们的计划有利。外交部对这个问题进行研究后,毫不犹豫地附和了一项能根据事态的发展趋势导致我们去切实建立保护制度的政策:或者在安南国王的同意下,在我们帮助他恢复地方上的主权时;或者在嗣德王看到了该省失去后仍拒绝我们的建议而我们同起义军的头子进行谈判时。这种两者任选其一的办法已经在我们外交、海军两部共同商讨的指示中向交趾支那总督提出并由驻河内的正式领事可加拉德克先生转交给他。

东京事态的趋势目前还未明确地显示出来,因此无法知道怎样去解决这一难题,再说远东地区常见的不稳定局面也在威胁着我们的计划,它可能使冲突持续下去,这对我们很不利。

然而,失去解决问题的时间只会使我们的处境日益困难,因此,我们应该刻不容缓地作出决定。我认为现在时机已经到了,应该直截了当地采取果断措施,来正面对待局势。

首先,我来谈谈切实建立保护制度的设想。

怎样去使嗣德王接受我们的保护制度呢?他最近还在为失去的省份,即为组成我们交趾支那殖民地的省份表示痛心。

如果使用直接的外交压力,那似乎不会有什么效果。安南的旧党一向利用国王在国家版图缩小后缠扰内心的羞愧和恐惧,它不会不对国王说,如果他允许法国人进一步干涉国家大事,那么要对后代负有绝对责任。

所以,我隐约感到,只有一个办法可以奏效。东京地区混乱情况的持续使我们在条约上规定的、也是唯一的商业利益变成泡影,而应该对各国开放的红河,由于河岸两旁出现了黑旗军和黄旗军,已变得不能通航。安南对这一局面应负责任,因为它保证过使红河自由航行。我们可以严厉地促使它在一定的时间内履行条约的这一条款。如果它无能为力,我们就直接向它说明我们的行动意图:把骚扰东京各地的匪徒清除干净。

这样一来,必须进行一次远征,而根据我得到的情报,这次远征不仅要征服东京,而且要在那里停留几年。

3000名海军陆战兵或炮兵队;

3000名安南部队;

12艘炮舰或通讯舰。

有了这些行动手段,我们的目的就可以达到。这些地方的人民正在难以忍受的桎梏下呻吟,他们会帮助我们——我们也至少能希望做到这点——去摆脱剥削他们的安南压迫者和中国压迫者。但是,这时还要考虑使用别一种办法,因为东京是不甘心隶属于安南的,它是不是今后仍处在它一直反对的霸权之下?或者,它会不会在前黎朝派来的一位代表的领导下恢复自主权？无论在哪种情况下，我们都要把它设法置于我们的保护制度下。

在这些解决办法中，看来最恰当的还是第一种办法。这种办法带来的麻烦比较少。另外，它还有利于日后在我们最高权力之下，加强安南、东京、交趾支那和柬埔寨之间的联系。我们将通过明智的管理方法，来体现我们既有坚强手腕又有仁慈风度的政策，使他们都领会到我们文明事业的恩泽。我们甚至还能期望安南政府，在它处于从属地位之后不久就会自动来接受我们的直接保护，要求从中国的干预下解脱出来。

西贡的贸易在最近一段时间内有了明显的增长，它不久就会成为这些地区一个巨大的、差不多专门屯积大米的仓库和中国的巨大粮库。东京地区的生产虽然接连不断地受到骚乱的影响，但是发展还是很大的。不久将要开放一些新的港口，本地的产品加上从云南经红河运来的产品就有了前所未有的销路。

但是，要维持我刚刚谈到的军事力量，却需要一笔拨款，而这笔预算，我目前还没法落实，再加上我们的权力机构的维持费用，必须增加一笔较大的开支，结果会造成长期的损失，其代价是不容忽视的。的确，不论在开放港口，还是在内地，以及在红河直至云南边境，都应该将新的据点建立起来。为了确保地方安宁和河流的自由航行，还应该建筑营房、医院和占领所需的各种设施。

尽管说东京地方自然资源很丰富，工业生产也发达，而且人口据说也很密集，我们也还应该预计到，贸易利润和关税及捐税的收入，也只能抵偿我们必要的开支。

我总是在想，像我刚才介绍的那样，我们的干预不会引起合法的反抗。因为将我们和安南联系在一起的是双方签订的条约，对缔约的双方只能有一种理解的方法。如果我们认为条约中的某些款项已被忽视,我们绝对有权去要求执行,而这是我们与顺化朝廷的事。

在第二种设想中,即在东京减少我们的任务的设想中,首先会产生的效果肯定是节约开支,据估计每年可节约1000万左右。实际上,我们的代表已降为领事,我们再也没有任何理由和借口去把一支没有存在理由的武装部队留在他们身旁,这样,领事的任务就变成纯属外交事务了。但是应该承认,同那些只知道武力而不知道其它权利的百姓共事,我们这些领事的处境,不要多久就会感到很难忍受。我们势力的削弱不仅在东京,在安南也会影响我国的威望,甚至在交趾支那也是这样。因为嗣德王派在交趾支那的密使们将会把他筹划已久的主题——使我们放弃占领——得意地旧调重弹。

关于涉及顺化政府有关的方面,我们难道不用去担心会有另一个欧洲国家,为了自己的利益而巧妙地利用我们显示出来的弱点来担任我们放弃的角色,并从嗣德王那里骗取我们所不敢向他要求的让步吗?

以上这些,就是我为了这一种或另一种解决办法而引证的论据。

不管我们采用哪一种解决办法,我认为您得承认,它对我们的外交政策造成的后果将都是很严重的。这不是我们两部所能单独担负的责任。因此,我认为您一定会把问题提请议会评议。

游列居伯利

BB—4　1971第117—122页

104 交趾支那总督致海军及殖民地部长

1879年10月16日于西贡

部长先生：

我在7月22日信中曾向您提到，安南官员们正为某些东京人策划的暴动而忧心忡忡。我在〈9月〉18日的信中对北纳先生的计划也曾作过汇报。但我不能确切地说出这些计划同那些阴谋活动有多少联系。所以，当我得知北纳先生带了前任翻译冼施时，我认为顺化方面对北方各省的不安定所产生的种种忧虑是不无根据的。

遗憾的是，安南政府官员的疑虑并未能使他改变对东京的心怀不满者的态度。这或者是由于他已经感觉到我们有权对他理解条约的方式表示不满意，或者由于他已接受了某些企图取得定货的供应商所说的带有默许意思的话。人们预计，这个政府同我们之间发生纠纷的时刻已为期不远了。此外，这个政府大概已看到我们殖民地报纸和香港报纸登载的攻击文章，安南驻西贡的领事已将这些文章的译文送往顺化宫廷。另外，顺化朝廷将笼罩在安南和东京民众心上虽然不甚明确但却无可争议的不满情绪看作是不太令人放心的征兆，从而加深了它的疑虑心情。我们的领事们向我指出，在海防、河内、归仁等地盛传着我们已拟就一套征服计划，或者至少打算迫使安南跟我们订立一个对我们更为有利的条约。我们的一切行动，如战舰的调动，海军司令最近在海防的检阅等，而最引人注目的，还是冼施的频繁活动，因为他是东京不满意者的领袖之一，在在都使此间人士增添忧虑。大家好像在等待着某种事件的来临，使法国有出来干涉的借口。

不论发生什么事情，安南政府都不想受到突然袭击。我们驻海防及河内的领事已觉察到某些军事上的准备行动：一艘德国轮船把一些长矛和枪支运至海防后再转运河内；红河上游亦在修筑工事。王国政府也不想在我的面前掩饰它那些淡淡的妆扮，因为海防省的驻军司令官通过杜克先生要我们把他的一些枪枝送往西贡修理。这些带弹匣的枪枝是我们的兵工厂制造，在1874年条约签订以后由我们送给安南的。此外，黎那先生告诉我，安南政府一再请求为他们的民团提供教官并要向我们购买枪枝。

顺化朝廷为了不使自己在东京叛乱者面前搞得措手不及，觉得有必要敦促我们向它表态，使它放下心来。黎那先生曾和王室的商舶大臣公开或私下作过多次会晤。黎那先生提出了不少劝告和意见。该大臣将这些意见罗列在一封长长的信中，并作了一些简略回答。现将此信的抄本附上。此外，就我们所知，为了要我们将东京不满者的阴谋企图作一次详细的说明，商舶大臣收回了他以前向海军少将罗丰提出的要求，即对穆朗蒂尼(Morandini)的诽谤罪提出控诉，因为穆曾向安南当局揭发过洗施串通我们的领事谋反。关于此事，我愿意提请部长注意，穆所犯的错误，受害者不是安南，而是法国和共和国政府的代表。因此，只有法国才能决定起诉的适当时机。我强调说在目前情况下，这类问题不宜诉诸法院，再由报纸扩大渲染，然后令人遗憾地形成喋喋不休的论战。由于穆朗蒂尼在他的揭发中牵涉到了我们的领事人员，而我们领事的职务性质和政治地位又高于一般人，他们遭受这样的诽谤中伤，确实会使我们更加受人轻视。

关于执行商务条约的一些问题，随着局势的进展，我们的代办，曾多次向安南政府作过解释，我也根据这些解释作了简要的答复。我不过作了这样的补充：如果我们鼓励安南陛下政府以最广的含义来理解条约，请顺化政府不要忘记，我们除了开展交流以外，只不过愿意促进运输的畅通及开发新的工业,也就是说,增强安南的繁荣,而我们在这些事业中只不过能间接得到利益。至于安南官员对报纸上登载的敌视安南的文章表示的不安,我说应该这样理解:在一个享有言论自由的国家中,报纸肯定会登载群众反映的意见,但只有在外国代表们的正式言论中才能算作是他们政府的意志。现在,既然和黎那先生接触后,顺化政府已经明了共和国政府的行动准则是双方严格遵守和执行条约,他就更应知道,法国高兴地看到它同安南越来越友好,两国的关系也越来越紧密。我不知道这些宽慰的言词是否能缓和王国官员的顾虑,他们会不会听从我那些不便明说的劝告。总之,我尽量避免引起他们新的顾虑,因此,我已通知法军最高司令官最好推迟根据军令前往视察东京法国部队的动身日期。比格雷尔(Bigrel)司令官一行引起的震惊迄今还未平息。特朗蒂尼昂将军又到达东京(自1873年事件以来,这位将军连同他儿子的名字变得尽人皆知)。顺化政府感到惊慌异常。我们因此受到了新的指摘,引起人们对我们的不信任,我看这是应该避免的。

部长先生,对于我上述的做法,我想您会表示赞同的。

总督 卢眉

附件 顺化商舶大臣阮致交趾支那总督

1879年9月19日于顺化

今年5月,海阳省巡抚向我汇报说,有一个名穆朗蒂尼的法国商人在散布谣言。因此我向阁下的前任,也向法国代办霍道生写了信,请他们考虑此事的处理办法。之后,我收到了新代办的复信,他向我说明穆朗蒂尼的言词都属虚构。

您我两国之间的关系素称密切。考虑到这点,我也就不感到担心了。可是,七月十七日(即 9 月 3 日),代办先生来此作客。当时,他向我提到禁止大米买卖之事,商人们为此遭受了严重的损失(也可以说是对商人一件很不公正的行为),必须把这些情况迅速扭转过来,否则,麻烦就会出现。

二十七日(即 9 月 13 日),我手下一位总兵衔的官员曾前往拜谒代办先生,得知:商人们非常不满,怨声连天,恐怕要□……①

M. D. 亚洲第 35 卷第 301—304 页

105 海军及殖民地部长致内阁总理兼外交部长

1879 年 10 月 17 日于巴黎

内阁总理先生、亲爱的同事:

在前几次通信中,我曾和您谈起交趾支那总督委派兰德尔先生往见我国驻顺化代办一事。总督的动机是为了不使他像他的前任那样对安南政府采取过于随和的态度,以致安南政府乘机回避执行某些承诺的义务。

卢眉先生已把兰德尔先生的报告交给我。下面,您可以看到我对这份报告的分析:这份报告证实了我们知道的或已预料到的事情。

第一点,使兰德尔震惊而又与他同黎那先生会谈有关的是,我们的代办无法把我们向嗣德王提出的要求直接送到嗣德手中,因此代办往往不能得到迅速而明确的答复。国王这种自愿孤立、自愿封闭的生活方式助长了他的部属反对一切进步事物的反动气焰。

卢眉先生对我们虽已预料到但又无法战胜的呆滞局面似乎感到失望。过去,由于他们自己的过错而饱尝了战祸并遭受了惨重损

① 复印不全。——编者

失。按理说,安南人的行动准则应该尽量设法同我们建立正常的友好关系,以免我们借口进行干预。然后,他们应该革去他们国内的祸国殃民的行政制度。可是他们却始终抱着收复失去省份的空想,他们甚至还认为我们就是他们贫穷和不幸的祸根,而不是把这些责任归咎于他们自己官员的贪污无能。因此,他们制定的政策既缺乏诚意,对我们又缺乏信任,他们在条约中作出的诺言也就形同虚设。

兰德尔先生又说,这些幻想引起了顺化政府这样的妄想:有朝一日,我们会感觉无利可图而自动放弃这些统治权利。在南方各省,他们无法实现这种愿望,因此,他们试图在另一方面使我们泄气,就是使我们在商业政策上,在东京的特许权上遭到失败。

东京最近发生了骚乱以后,顺化政府首先想排除我们插手干涉他们的内政,并拒绝我们根据1874年的条约为他们提供规模更大的帮助。就这样,他们试图向中国靠拢打我们一拳,扬言说,中国对安南的宗主权至今还是存在的。

卢眉先生坚持从这方面分析形势。当东京发生叛乱时,我们不辞辛劳地参加了保卫,但我们很被动,只起了一些消极作用。在此期间,顺化朝廷将境内的治安权和水上的治安权先后让给中国,而这样的治安权在执行时,往往会触犯我们官员的情绪和权力。

在下一封信中,我将为您提供有关中国炮舰在安南近海和内河等地协助缉捕海盗的资料。内阁总理先生,亲爱的同事,我们共同向议会提出的建议中的种种事实,现在都已得到证实。这一切足以说明我们应该及早想办法从这样一个不利处境中自拔出来,这对保卫我们的利益和国家的尊严确是刻不容缓的。

海军及殖民地部长

附言:在目前的情况下,卢眉先生向我坚请领取密码一本以便西贡政府、我们常驻代表和我们领事人员之间接发电讯时使用,因为安南邮局不太可靠,以上人员收到的信件早已受到顺化当局的审查。待寄的密码本应是一式八份,由八本编码表和八本译码表组成。

内阁总理先生,请将急需的密码本早日送来以便转发。

由于我们在东京还没有建成真正的保护国制度,我认为无权制止中国炮舰追击海盗。

M. D. 亚洲第 35 卷第 230—231 页

106 驻海防领事杜克致交趾支那总督

1879 年 10 月 19 日于海防

总督先生:

您在 9 月 19 日第 10 号信中提到的北纳已于本月 13 日乘"瓦什"号(Waschi)船到达海防。他带来了 4 个不知名的欧洲人,他们很可能都是来自西贡的法国人,曾在殖民地各机关中当过职员。这几个人中,没有一个来看过我。他们现仍留居海防。直到现在,没有引起人们的议论。

从前当过翻译的冼施也乘"瓦什"号轮船到此,随他一起到达的还有他的侄子、一个年轻的安南人。此人刚从法国读书回来,冼施来看过我几次。我告诉他安南当局对他的行径、至少对他那些计划,早有所知。我同时向他阐明,在目前的情况下,他们成功的希望很小。我希望这些忠告能引发他深省。

我确知"瓦什"号没有秘密卸下作战用的军火和弹药。如果这几位先生,北纳、冼施等,真想在东京碰碰运气的话,他们肯定会另选地点,因为他们绝对无法使他们的同谋者在海防下船、或者使他们的军火在当地卸下而不被军警发觉。海防的范总督为了证实上述几位先生确已在海防登岸，特地前来看我。同时，他肯定也想了解一下他们的活动。但在我们的会晤中，他谈及此事时态度很保留，他只是问我这些人来东京到底要干些什么。我的答复是：冼施肯定是还在忙自己的工作，至于北纳及其一伙人，则将去老挝，再转往云南。

杜克

M. D. 亚洲第35卷第326—327页

107　交趾支那总督致海军及殖民地部长

1879年10月22日于西贡

部长先生：

我在〈9月〉18日的信中，向您汇报了北纳先生的行径和谣传他正在进行的阴谋计划。

北纳在离开香港之前曾要求我们的领事帮助他将电报转发给上级。这个古怪请求自然引起了普里松先生的警觉，他立即写信给我。我很赞赏他在这次事件中采取了正确和谨慎的处理方法。

现将普里松先生的信(抄件)附上，请参阅。

总督　卢眉

附言：前在海防领事馆担任翻译的冼施是一个知县衔官员，但他擅自离开了交趾支那，追随北纳前往东京。我已决定撤去其知县头衔。

附件　驻香港领事普里松致交趾支那总督(机密)

1879年10月11日于香港

总督先生：

北纳先生今晚已乘朗斯坦(Lanstein)公司的“瓦什”号轮前往东京。随行者有四五个欧洲人。您知道其来历的安南人冼施也乘同一轮船前往。

10月9日晚上11时,北纳来请我将寄到领事馆转给他的信件转往海防。在我们短短的交谈中,他说,他先准备前往老挝,然后从老挝到湄公河流域一带。他说这一地带有一天将成为我们交趾支那殖民地的一块宝地。

“瓦什”号应于9日晚上开船,但是,由于西北风太强,推迟到昨晚才启碇。昨晨8时30分左右,北纳又来领事馆办公室,要我将他从东京寄给格里微(Grevy)总统的电报拍发出去,寄费由朗斯坦公司支付,因为他为此留下钱存在那里。我问他电报是否用密码拍发,他说,有密码本,但使用不方便,他准备用明码拍发。他这时交给我一份他准备发往巴黎的电稿,内容如下:

“巴黎。格里微总统。我们起程。事情的进展,将由普里松领事电告。 北纳”

这事未免使我有点惊讶。这是一次前往老挝的科学远程考察,北纳有可能通过共和国总统的一位友人,担任了其中某项职务。因此可以使用简略电码将他在旅行中的收获汇报。但是当听他说“至少在开始时,我的电报内容是不能让西贡或让瓦定敦先生知道的,以免有人发觉。”这样的话,我却感到非常惊讶。

共和国总统是正直、公正的,这是尽人皆知的;所以,我无法想像北纳先生会是格里微先生在部长办公室不知道的情况下,私下派往东京的一位政治密使。我初步的感觉是我在同一个有宗教幻象的人打交道。他说他的任务是由国家元首交付给他的。因此,为了摆脱他的纠缠,我向他指出,作为一个领事,我的职责是:在目前情况下,把他所有发给法国的电报转给我们的外交部。我又说,如果这样做对他不甚合适，他的电报可由朗斯坦公司代发。

北纳坚持要把他的电报由我们转给格里微先生，他不愿让朗斯坦先生知道某些事情。

这时，我想到了这样一个问题，北纳正选择随时都会发生暴动的这个紧张时刻前往东京。因此，我也决定干预。如果我坚决拒绝转发他的电报，势必会在某个时期把法国政府的有益情报来源切断，而这些情报，尽管有些奇怪，但还是值得我们重视。

就这样，我一方面不能说服北纳先生放弃他对瓦定敦先生的那种病态式的不信任；另一方面，北纳先生又不愿使他某些即使用密码拍发的电报经过朗斯坦的手，我只好求助于一种迂回办法。我当即向他说：我已向您阐明了我的职责，但是既然您有密码本在手，您可以给我拍发密码电报，我再通过外交部将您的电报转给格里微先生。北纳听了我这一建议，笑了一笑就离去了。他会给我电报吗？这是个疑问。

我也问过朗斯坦先生，北纳有否在他那里留下钱准备支付邮电费用。朗斯坦先生显得有些偈促，结果他说，北纳没有在他那里留下钱，但是他在等候北纳的汇款；他又说，如果这些邮电费用不高，他愿意代他支付。

香港贴现商行行长希荷勃林(Schwabelin)向我谈起，本月9日，北纳曾到他办公室去过；他说他有任务在身，正等待着巴黎的一笔6万皮阿斯特的汇款；他还请他把这笔钱汇往东京。但直到今天，这笔汇款仍杳无音讯。

普里松

附言："瓦什"号轮装走了50位华籍旅客。我无法知道这些人之中有无北纳先生的雇员。我坦率地向朗斯坦先生表示，我不太相信北纳先生的任务。

M. D. 亚洲第 35 卷第 297—300 页

108　驻海防领事杜克致交趾支那总督

1879 年 10 月 23 日于海防

总督先生：

我上次发出报告以后，海防谣传中国冒险家头目李扬才又率领大队人马出现于安南境内。他现在明江上游，手下拥有 3 万人左右。此数纯属夸张，实际远没有如此之多。这个地带居民不多，种植面积较小，荒山野岭只有羊肠小道，不利于运输粮食，如果他真正拥有 3 万至 4 万人，这些山区显然难以提供给养。

我想我在河内的同事或者能为您提供更详细的资料，因为他离该地较近，而且河内和明江上游之间交通频繁，而海防则不是那样。

尽管如此，我们对这类事件还是要作出充分的估计。去年，差不多也在这个时候，也就是说，在雨季以后，寒冬初临，李扬才带领人马初次出现；从此，他锐不可当，为所欲为。但是在冯提督率领的军队到来之前，他退去了。由于他的一个部属叛变，使他失去了三湖(Ba Be)的地盘，但他并未战败。他自动解散了部队，让部下在雨季时自找生路。但是他还能把他们重新召集起来。现在他又兵强马壮地走向指定的地点了。他现离冯提督较远。他企图利用匮乏和疾病来使冯军瓦解。边境的独立部落村民对他极为忠诚，所以华军不很容易跟他作战，尽管他的部队已是残缺不全。冯军即使会同安南军队及宣光的黑旗军，也几乎不能阻止他窜至明江的出口处，然后再转移往红河左岸。

在我们 1875 年来到以前，东京北部各省处在一片混乱之中，总督的管辖区内无政府状态严重，这已是司空见惯之事。所以我们担心这种状况在以上各省再度出现。那时(1875 年)，红河上游一带以及全境都由黑旗军和黄旗军控制。中国海盗在各条河道的出口处向沿海各省敲榨勒索。黎(Lê)匪们在各大城市的炮弹射程以外的地面上称王称霸。我们来到以后，黎匪们逃跑到沿海一带从事劫掠，而不进入村内。安南出资收买黑旗军将黄旗军远远逐出边境。但是在 1878 年来了李扬才，在安南境内，黄旗军重又出现，驻在黑水河附近。在富饶的东京南部各省，由于我们的干预反而增添了他们的实力，官府恬不知耻地加紧了搜括，因此该处的百姓，只要有人能够领导他们，只要我们严守中立，他们就会起来造反。对顺化朝廷来说，一切都令人担心。如果李扬才能取得一次或大或小的胜利，黄旗军就会干脆同他联合。以前当翻译的冼施对此非常明白。如果他有办法，他就能在东京的南部及中部地带把人员组织起来对某些城市发动一次突然袭击。北纳这个人非常不受传教士们的欢迎，他操纵着冼施的活动，这是我已经同您谈起过的事。但是我很担心冼施已和李扬才搭上了关系。我担心的根据是：有个姓黎的匪首，是一个很有势力的文人。去年，此人拿起武器，跟随中国人一起叛乱。当李扬才被人出卖而不得不放弃三湖上的阵地时，此人也遣散了他的匪众。之后，他偷偷地来到海防。有一天，他来见我时说起，如果我们要夺取全境，他能提供武装人员 5000 名。我回答说：我们并无这种意图，我还劝他早日返回山区，那里比海防安全，待我们需要他时，再通知他们。临走时，他说他接受我的忠告；并说，除非我们派遣一艘炮舰协助，否则他们将一筹莫展。之后，此人还隐藏在附近。我知道他在等待他的老朋友冼施。我多次让人给他传话，要他离开这里，并告诉他冼施在西贡，大概不会回来。但是他的消息更灵，他终于等到了我以前的翻译并和他联系上了。

总督先生,您可以体会到这个不幸的国家确已到了灾难深重的地步。一方面它的官吏都是贪污成性;另一方面,黑旗军、黄旗军、华军,还有李扬才的匪众,都在争先恐后地从事掠夺、抢劫。所以说,为了自救,这个国家将本能地想出一个办法,就是要我们出面干涉。我认为现在的确已经是法国坚决挺身而出直接干预的时候了。不管愿不愿意,一定得要这样干,这是意料中的事。而且,据我看来,这个时刻已经不远了。我们不能单单保护嗣德帝的政府而忽视了他的臣民,这样会使我们成为他的不法官员的帮凶。此外,安南也从未忠实执行过我们之间的条约。它让它雇用的黑旗军在上游非法征收关税,对此,我们毫无责任。另外,我看也不能让李扬才安然地久久呆在北部各省境内。看来,我们尽早要采取这一决定:设法加强对东京西北部的统治,或者公开把它作为一个保护国,让我们取得实权,使这个国家摆脱它自己官员的蹂躏和各式各样投机冒险分子的任意敲诈勒索。

杜克

M.D.亚洲第35卷第328—331页

109 交趾支那总督卢眉致海军及殖民地部长游列居伯利

1879年11月9日于西贡

部长先生:

东京的最近一批信件给我带来了冯提督擒获李扬才的消息。我荣幸地附上这些信件的抄件。在这些信中,我国驻河内和海防的领事向我汇报了这一事件。

由于李扬才被俘,一年前安南政府请来的中国正规军撤离了东京。

正如可加拉德克先生所指出的,帝国军队在安南国土上的远征不仅是对我国威信的打击，而且是我驻东京领事和官员长期忐忑不安的一个原因。中国军队不守纪律，行为不轨，他们的举动常引起安南官员的猜疑。尽管我国在东京的有关人员高度谨慎，仍有可能导致某种偶然的冲突，其后果无法预料。

如您参看特别是今年 8 月 24 日我荣幸地向您陈述的有关中国与安南关系的情况，部长先生，您将会估计到，一旦帝国军队再越过边境，要想采取必要措施来防止外国军队重新出现 1874 年 3 月 15 日条约在某种程度上规定处于我国保护之下的国土上的机会便永远消失了。

卢眉

附件 1 驻海防领事杜克致交趾支那总督

1879 年 11 月 1 日于海防

总督先生：

李扬才重新露面的传说在海防流传不几天，我的驻河内同事就告诉我，这个冒险家已被交给了安南人。昨日范总督正式给我证实了这条新闻。然而，我要补充说明，海防的中国人很怀疑他是否真正被俘。他们仅把它看作是李扬才和北京朝廷派来追捕他的冯提督两人之间的一场闹剧。冯提督根据朝廷命令，只能将他的敌手带回中国，死活不论。据说李是冯的老上司，可能与冯达成了默契，把一个长得与他相像的人给冯送去(传说他有三个这样的人)。冯提督将这个假谋反者带回中国，而假谋反者又会死于途中，人们只好把他的由于时间长而变了形的首级带到李很有影响的广州去。人们认为这便是冯将军的计谋。逃犯拿到后，他和军队便立即撤回广西。

不管怎样，东京的北部省份将可以自由地呼吸了。倘若李扬才未被擒,他将不得不被迫躲几个月,以便使他和冯之间联合演出的闹剧被看成是真的,以便不给安南招引新的中国军队。

若他真的被擒,他的同伙们将会分散到边界各省,在直至新的冒险家开始活动之前,将可获得一段宁静时间。

据说北纳、冼施和其他先生们在上次事件之前已有些泄气,至少在数月内将会保持安静。现在他们感觉到安南政府已去掉了它的最大的忧虑,能够转过来反对他们了。必要时还可以在冯提督率领的帝国军队的逃兵中再招募一批中国助手。此外,我很少听到有人提起这些先生们。他们继续在海防过着一种几乎是默默无闻的生活,有时去河内作几次短途旅行,有时去附近打猎。北纳先生和他的任何随行的欧洲人都未来见我。我曾对一些人说,他们把活动严格限定在条约范围之内,这对他们是有好处的。这些人肯定会向他们转告。如他们想远离批准欧洲人居住的地方,安南人有可能将他们毒打,在渡河时将他们淹死,或在村子里对他们下毒,然后这些安南人带着遗憾的表情来向我们表示哀悼和道歉。他们还会指出受害者离开条约规定的范围,未向他们申请通行证和要求护送是不谨慎的。

附件 2 驻河内领事可加拉德克致交趾支那总督

1879 年 10 月 30 日于河内

总督先生:

几天前我曾荣幸地向您报告了叛匪首领李扬才被擒和中国军队撤离的事。这件事可以给东京备受动乱的地区带来和平。未被征服的、由中国人和当地人组成的几小股叛军还会在北部山区继续存在,旧黄旗军的残余也还会在安南与老挝边境生存,抢劫居住在黑水河上游的野蛮部族的衣食。然而,一旦冯提督的军队撤离北宁和太原省，人们便会说该国有人居住和耕作的地区可以享受完全的安宁了。在南定、宁平两省，数月前骚乱得很厉害，一时被认为确有其事的有关暴动的谣言，现在已渐渐无声无息了。在河内和我们的周围一切都非常平静。黄佐炎统督已离开山西回到他在兴化北面的同文军营中去了。安南政府豢养的黑旗军已回老街。

国王特使黎调眼下在南定，在那里进行朝廷委托他的调查工作。河内总督似乎认为他们寄出的关于海阳事件的报告将会使范富庶被召回。我对我与驻在国政府之间的关系一直是满意的。

商业方面的情况一直很不好。黑旗军在云南边境所征收的高额税收扼杀了红河的贸易。庄稼还未收获，不能指望安南政府在近期批准大米出口。在各省之间大米的流通也几乎被禁止。因此，中国和欧洲商人不断抱怨，这是毫不奇怪的事。把黑旗军从老街赶走，在那里设立一所正常关卡，准许欧洲船只运送东京诸省向顺化缴纳的大米，在我看来这两种办法是安南政府立即可接受的，只要它想满足这些正当的要求。

总督先生，这就是"朗斯"号军舰撤离后我对形势的概述。虽然在这个国家总要考虑到很多意想不到的事情，尽管一部分地区歉收会给今后带来饥荒，但是，在我看来，它仍能保持一个时期的平静。

法国驻河内领事 可加拉德克

附件 3 可加拉德克致交趾支那总督

1879 年 10 月 29 日于河内

总督先生：

叛匪首领李扬才被擒的正式消息刚刚传到河内。总督和巡抚在给我的一封信（我现荣幸地将此信的译文给您寄去）中说：李已于九月三日——即10月17日在嘉儒(Gia Nhu)山后被擒,他将被解到太原。根据其他情报,似乎这位叛匪首领为了使其残部逃命,最近不得不将他们分成小股。他本人和几个同伙藏在嘉儒山后靠近地图上所标的三湖边的一个小山谷里。一个曾受他虐待的士兵去向冯提督告发了他藏身之处,冯将军立即派了大批军队包围了嘉儒山。李于10月17日上午与8个同伙同时被擒。他将被押到太原城,可能再从那里押往中国领土,交给广西巡抚。

该匪首曾参加过太平军叛乱,后向中国政府军投降再升为总兵。他重新在广西搞叛乱的企图失败后,便率其残部踏上了安南国土,幻想朝廷不会来安南追捕他,并在此建立一个独立的国中之国,甚至篡夺嗣德王的王位。他在东京度过了一年零一个月,起初他的行动很灵活,如果中国当局不派大兵追捕,由于安南官员之间的不和,加之安南人民不喜欢中国当今的朝廷,他很有可能占领安南的一部分土地,积蓄了力量之后,成为顺化朝廷的强敌,甚至也是我们不可忽视的一支力量。

他的被擒带来的直接后果,便是驻扎在东京两个省近一年之久的中国军队的撤离。冯将军的使命确实是擒住这位可怕的匪首。拿获这位匪首看来对北京有重大的意义,因为最近帝国的邸报还记载了广西巡抚因没有遵命去捉拿叛逆李扬才而被撤职的事。安南当局现在肯定认为中国军队在近期内会撤离。由此看来,李的被擒对我们说来是一件大事。东京诸省即可卸掉数月来给这些军队提供给养的沉重负担。他们在山区所需的粮食和辎重全是用人背进去的。直至现时还有约3000名安南人在从事这种苦差,没有任何酬饷,往往连肚子都吃不饱。尽管农业歉收,各省还要交纳特别捐税。单是河内的特别捐税就每月高达1.9万法郎。中国军队走后,就只剩下在村子里进行的劳役了,特别征税也会取消,迟早可能导致大规模暴动的越来越大的不满情绪有一部分也因而消失了。这是十年来中国军队第二次进入安南国土追捕叛匪。自我们在东京驻军以来,这种远征给我们带来了严重的不便。因为他们是在我们驻军的范围内进行的,与帝国军队的直接冲突,或在帝国军队问题上与地方当局的冲突随时可能发生。另一方面,规定我们对安南政府承担义务的1874年条约在我看来也应要求安南政府必须征得我们的同意,才可以允许外国军队入境,中国也不能例外。

我认为一直拖到现在的问题可以解决了,因为追捕李扬才的战役已完满告捷。欲使北京和顺化同意今后此种远征未经法国政府允许不得进行,目前是行动的好时机。

可加拉德克

附件 河内宁平陈总督和河内巡抚致可加拉德克

今天我们从太原收到安南张专员的一封紧急信件,说他已正式得知安南军队与中国军队于九月三日在北泮捉到名为李扬才的叛匪首领。李是在嘉儒山后被擒的,几天后他将被押到太原,张专员立即给我们送来了这一好消息。现将消息报告尊敬的阁下。

M.D.亚洲第36卷第23—35页

110 海军及殖民地部长游列居伯利致外交部长瓦定敦

1879年11月25日于巴黎

谨随信附上今天上午交趾支那总督来信的一份副本。信中谈到了派遣一个安南使团来法国的事。

卢眉先生提出要抓住这个时机,先要求最后解决我国代办和国王建立直接关系这个悬而未决的难题,这个意见我完全赞成。

游列居伯利

附件 交趾支那总督卢眉致海军及殖民地部长

1879年10月21日于西贡

安南商舶大臣刚刚通知我说，为了格里微先生阁下当选为法国总统，安南国王想派一个使团去法国祝贺。另外，国王还请格理微将使团的拜访安排在他喜欢的日期。我向安南大臣确认收到了国王的信；我还说，我会将此信转送，决不贻误。但我也注意到不去预估接待的日期。因为这要由共和国政府自己对国王说明它的打算。这次新派的使团与上次1878年所派的使团，在时间上相隔如此之近，这说明安南政府方面一遇到机会就要在它同法国政府的关系上派遣特殊的使团。

的确，这些隆重会晤，都适合观点各异的安南政客。他们希望从中找到一个一次性地解决在他们与我们的关系上存在的某些一般问题的办法。这样，他们充其量再在原则上作一些保证，而执行时又会改变这些作过的保证。他们还认为在这种庄严的场合，即使对他们的某些明显的错误事件也不会公开提出来讨论。最后他们估计从未亲眼看见他们执行的迂回和不成功的政策的那些人当会更随和，更可信赖。此外，我们不能忘记，安南已出现了严重的不安情况，而今天的国王政府比过去任何时候都更想对此提出一些明确的解释，以便消除对它的忧虑。这次安南政府既然有所借口，也不会不施其伎俩，据我的推测，我们对它计划派遣的使团不能完全提出反对的意见。然而请您判断一下我们该不该提出一些先决条件，趁顺化政府向我们提出要求之际，首先要求把我国代办和国王之间建立直接关系这些长期悬而未决的难题一并予以解决，您也知道有些难题一直没有解决。霍道生先生曾认为，不解决这些困难问题，势必会影响他的职权和威望，因为国王的法官对法国代表的劝诫充耳不闻，法国代表的意见和声明只能通过一位受猜疑甚至失宠的大臣传到国王那里。而国王又往往使那些向他转告他不愿意听的真实情况的谏官、大臣失宠甚至丢官弃职。为了补救这种情况，我认为不仅要在这次隆重的会见中争取到一种体面的召见礼仪，而且要使对方接受一种个人会见的原则：即法国代表在这种会见时可以和国王讨论有关两国政府间的所有重要事务，就如欧洲各国的大使可以与各大国的元首交谈一样。霍道生先生就是因为受不礼貌礼仪的限制，所以拒绝这种庄严的召见。

赋予大使们这种特权在文明国家对他们是宝贵的，因为统治者周围的各大臣坚定、正直；但是在像安南这样的国家里，情况又该怎么样呢？这些意见我已经向您陈述过，虽然当时我还没有预料到会有如此有利的机会使我能马上去谈有关的问题。如果您的确同意我的看法，那么您会看到，当人家要求派遣一个使团来拜访我国总统时，似应合乎逻辑地去向我们接待的使团提出这种条件，即法国在顺化的代表不能与国王处于隔阂状态。如果共和国政府今天站在这个立场上力争，也许顺化朝廷很难对我们继续保持它在国王四周设置的那些障碍。

卢眉

BB—4 1971 第 124—126 页

111 驻广州领事师克勤致外交部长

1879 年 11 月 25 日于广州

部长先生：

根据我得到的情报，北纳先生带着 3 名欧洲士兵离开海防，到达南定附近地区，他可能与反安南政府的一个头领进行了会谈。由于北纳先生拥有的权力有限，这次会谈没有什么结果。他又回到海防。可能他放弃了他的计划,可能他很快就要离开东京。

广州有谣言说李扬才将军已被中国军队抓获。这样的消息已传了好多次,似乎省里的高官也有点相信。迄今为止,他们总被事态的发展欺骗。可以相信,宣布中国军队这一战果的消息还是为时过早。实际上,我从东京得到的任何私人情报都没有让我产生这样的猜测:李扬才在东京北部的营地时时受到打扰。

师克勤

C.P.C.中国第3卷第203—204页

112 外交部长① 在内阁会议上的发言稿

1879年11月

外交部和海军部就目前东京事件交换意见后,一致认为该地区的情况不能再继续动荡下去,否则就会对法国在亚洲的利益带来严重的损害。的确,有关曾使法国政府决定在东京留驻下来的政策观点,曾一度有过裹足不前;对于我们继续占领东京等地究竟能得到什么好处,出现了一些相反的意见。赞成我们在那里扩张地盘的人,从一开始就催促我们,通过我们在河内和海防设立的领事馆,将我们在那里的势力转变成为实际的统治。有些人却认为我们应该放弃这些阵地,设法使该地向各国开放,满足于和其他国家在平等地位上在那里进行贸易。这些不同的想法甚至轮番影响了交趾支那历任总督的言行,并使政府举棋不定。然而,这种犹豫不决的态度不能再继续下去了,否则法国在印度洋和中国海上的威信就要大大降低。

1870年灾难之后,只有在远东方面我们的威信受到的影响最

① 原文未署发言者职务、姓名。此为编者加拟。

小。在战争年代里,法国海军无可置疑地在那里保持着优势,而德国海军只好潜往中立港内不敢露面。但是我们所以能在世界的这个地方保持我们的威力,也应该归功于东京的开放,因为它在这3年中,证明了我们在一个与中国近邻的辽阔的土地上的扩张力量。如果我们放弃我们在东京已取得的优势和利益,我们就等于承认自己无能,其后果不仅在安南(它并没有忘记过它最近失去了交趾支那的几个省份),而且在中华帝国(在那里我们对宗教的保护为各国所羡慕)都是不堪设想的。因此,外交部已毫不犹豫地表示坚决反对放弃我们在东京取得的地位。从某些方面看来,局势是紧迫的,因为目前政府还能自由行动,可能在不久的将来就无法做到了。我们可以讲,现在我们的行动自由没有受到任何限制,因为还没有任何强国在那里表示意图或以实力来阻碍我们执行我们认为需要采取的计划。通过1874年我们同安南王国签订的条约,一方面法兰西共和国总统承认安南国王及其在与任何外国关系上的完全独立的主权;另一方面承诺给他一切支援和协助,并在他要求时,给予一切无偿的支持,以便帮助他维持秩序和安定,抵御一切入侵和肃清王国沿海一带的海盗行为;而另方面,安南国王作为对这些保护的回报,承诺其外交政策与法国的对外政策相一致,并使王国目前的对外关系保持不变。这种政治诺言并不涉及商务条约;但是,在任何情况下,安南王国在没有事先通知法国政府以前,不得同任何国家签订有悖于法国与安南已订的商务条约的任何商约。

根据法国和安南条约中的另一条款,驻安南的法国领事不但在法国人之间或法国人与当地人之间的诉讼案件中享有裁判权,就是在任何国籍的外国人与法国人及当地人发生争执时,也有裁判权。这些措施概括地体现了我们在安南所取得的权利。迄今为止,我们已经行使并完整地维护着这些权利。的确,英国已经起来反对法国领事在审理外国人与法国人和地方当局之间的一切争议上的这些特权,而我们对我们在安南的地位赋予真正保护国性质的同时,由于并没有提出保护国的原则,我们觉得无法断然拒绝这些指摘。因此,很可能有一天,其他列强会像我们一样在安南设置领事,这些领事就像法国领事一样,有权审理各自侨民的讼案。这个让步至今还未成为事实,因为列强政府还没有在安南设置领事。正因如此,至少在当地人的心目中,还没有任何东西削弱我们在东京的代表(领事)所起的独一无二的重大作用。然而,1874 年开创出来的秩序是如此脆弱不稳,一直受到外界的觊觎与争夺。因此,如果我们不采取决定性的措施来占领我们这块依靠条约争来的土地,不在那里扎根、永远成为这块土地上的名正言顺的主人,那确属莫大的损失!西班牙的大殖民地菲律宾同安南毗邻,它催促我们帮助它同顺化宫廷签订条约,以便在东京开辟领事馆。德国也想步其后尘,它已向我们提出了正式要求。英国当然也不肯落后。眼看在最近的将来,世界上所有的海洋强国都要来找我们帮它们在东京安置其领事人员,有的甚至要求在安南国王身边派遣其政治人员呢!英国殖民地香港和中国几个开放口岸的报纸又在此问题上插手,鼓动各国政府把注意力集中到东京,以便在我们身旁占有一席。对于这些问题,我们的看法是这样,现在,有一帮国际海盗扑向东京,准备在那里成立一个政府。不过,这帮人中起主要作用的是法国人,所以并不太可怕。他们至多给东京的法国当局惹出一些麻烦从而使它不得不采取某些镇压措施而已。相反,对各国政府要求同安南建立商务关系的明确态度倒是值得我们密切注意的,因为它们在这方面的活动日益频繁,最终它们势必会向我们要求分享我们准备在东京独享的地位。但是很明显,所有派往安南的外国人员遵循的都是与我们为敌的略夺政策，因此，我们的特权只要有一局部被剥夺掉，最终必然导致全部丧失。这样看来，从这个地区后退将是灾难性的。

有什么方法来避免这种可能性呢？我们如何去防止列强像我们那样在安南设立领事馆呢？我们可以援引什么权利来加以反对呢？最好而又最简单的办法，就是按 1874 年为起草条约而进行的谈判的精神办事。那时，领导谈判的人是交趾支那的总督游悲黎将军，他唯一要求的是在安南领土上建立保护国制度。在 1870 年事件刚过去不久的当时，提出这种打算似乎有些过于大胆了，人们认为谨慎的做法是不大事声张地来建立起一种能够确认我们的霸权地位，而又不会受到指摘的制度。我们原订的计划，今日看来，有给外国的干预敞开大门的缺点。只要我们不恢复已放弃的建立保护国制度的措施，局势就会始终如此。一旦采取这种制度，一切都会迎刃而解。我们在安南与一切国家的关系中将成为绝对的主宰。我们将毫无困难地处理外国领事的地位，正像我们在大洋洲的殖民地所做的那样。我们一旦取得保护国的权利，便可以从目前的条约所赋予我们的义务和权利方面得到一些有利的补偿。今天我们能不能毫无危险地进行我们在 1872 年害怕尝试之事呢？能够。因为十年来我们的地位已经巩固，这样我们肯定就可以不必有过分的顾忌。诚然，我们会打乱别人的觊觎行动，不过现在这些觊觎行动既没有任何权利，在国际文件中又没有任何条文可以作为依据。土地应该属于第一个占有者。只要没有其它国家把它的旗帜插在我们国旗之旁，我们就应该有第一占领者的称号。

我们可以设想，当外国外交人员根据安南政府可能会授与他们的各种特权而任职时，我们担任的角色将越来越艰难。因此我们从现在起，就应阻止他们取得这些特权。我们可能还要考虑到他们会提出另外的要求,这些要求的理由可能是站不住脚的,但却会使我们与力求通过各种努力来开创新局面的列强在某些方面处于为难的境地。为了不使一些既成事实重新引起争议,重要的是,我们要抢在我们的竞争者的前面。在这方面,我们不会被某些以后必然会出现的障碍所难倒。与顺化朝廷签订的条约能为我们提供一切必要的理由,使我们的干涉成为合法。

东京最近受到中国叛乱者的侵扰和蹂躏,安南部队无力把他们赶走,也无法保护那些在我们的权威保证之下设立起来的欧洲人的企业。官员们违反签订的条约,特别是有关保护基督教徒和保护当地对这些基督徒布道的教士方面违约的事例比比皆是。各省巡抚拼命敲榨勒索,以至土地荒芜,粮食贸易停滞,商业缺乏安全保障。这一切都使我们所期望的开放红河的好处化为乌有。以上就是我们提出不满意而要求修改条约、建立保护国制度的理由。而保护国制度则是医治当前任何人都不能忍受从而为别的国家进行征服准备土壤的这种不幸局面的唯一良药。

在顺化进行符合我们要求的谈判,并以我们的海军在顺安河的入口处集结,显示威力,便足以使嗣德王不再犹豫而顺从我们的意愿和命令。

但是,为了使这些条约能真正得到最后的确认,在红河两岸特选的战略据点上,应该调遣少量的部队驻守监护,这是绝对必要的。这些部队加上我们各领事馆的警卫人员,将使我们在东京驻守部队的总人数达到1000—1100人左右。根据可靠的估计,为了使我们能在该地进行军事控制,使大家明了我们有决心长期留在那里,这些兵力已是足够的了。

实现这样的计划并不需要国库负担巨大的支出。如果我们能在我们的海军或陆军步兵队伍中加进一些从当地召来的民兵(可以从基督教徒中选拔，他们是我们最好的助手），我们的活动范围就能大大地扩展。而且花钱极少。以这样的方式行动，将没有进行真正征服的那些缺点，而产生的效果反而能远远地超出我们一直努力要达到的目的。

运用这种有限度的占领形式，我们就能使巩固我们的保护国制度成为事实，从而使我们的势力不但在这个半岛上，而且在邻近各地占有着任何人都夺不走的统治地位。

M.D.亚洲第35卷第268—284页

113　外交部长致海军及殖民地部长

1879年12月3日于巴黎

今年11月25日承蒙您转来交趾支那总督最近寄给您部的一封信，里面谈到安南要派遣使团来法之事，我饶有兴趣地阅读了这一文件，谢谢。

关于安南政府要求派遣新使团来法一事，我跟您一样，同意卢眉先生的意见，要及时抓住机会，使今后我国驻顺化的官员能与嗣德王建立直接的联系。

因为，根据我们同安南的特殊关系，法国代表如能觐见国王本人而不必通过其大臣的安排，这种好处是显而易见的。

然而必须指出的是，目前我们对公使馆负责人的职位定得过低，可能会招致反对。当然，这种反对意见最好能事先消除。您也知道，霍道生先生的地位仅仅是代办级，所以恐怕安南人——他们已开始熟悉我们的外交惯例——会以此为理由来反对实现我们的要求。

我们可以授予我们驻顺化的官员公使的头衔，通过这个办法来绕过这一困难。这样他就可以公使的身分去见国王，而且如果这

个方法得到您的首肯，我相信您会像我一样，

在我们接受顺化朝廷提出的建议时，附带要求它如何有必要

我们如此值得关切的问题。这个对

瓦定敦

BB—4　1971 第 127—128 页

114　驻广州领事师克勤致外交部长

1879 年 12 月 8 日于广州

部长先生：

我荣幸地通知您，最近广州流传的李扬才被俘的消息，在我昨日与两广总督的会晤中，已得到他的证实。

前总兵李扬才被广西的大将军俘获，他将被押送到北京，而其同伙将被带往广州处决。

师克勤

C. P. C. 中国第 3 卷第 205 页

115　驻华代办巴德诺致外交部长

1879 年 12 月 25 日于北京　1880 年 3 月 3 日收到

自从我们对安南派遣使团前往北京的事开只眼闭只眼，我们必然要料想到中国政府一有机会就必然会直接地或非直接地来干涉东京的事务。正像他们最近所做的那样，中国军队留下来的任务可以说相当明确，即为嗣德王恢复国内秩序。这样一来，已经受到危害的东京局势会变得更糟。

不难预料，北京朝廷将会因此而提出新的奢望。您将在附寄的两份有关新近在天朝官方报纸上刊登的上谕的译文中找到某些线索。上谕中包含有这方面的意向。这两份上谕都有关于叛逆李扬

才被捕……他们肯定已经听到了我们交趾支那官员发出的消息。

……上谕最有意义的一段抄录如下：

李扬才曾纠集歹徒煽动暴乱，因此朝廷不得不命令防营追剿……扬才。防营已迅速胜利地完成了交给他们的任务。他们活捉了罪犯，因此，他应受到严厉的惩罚。另外，在我们的藩属国的土地上很快便就恢复了平静。”

在 12 月 19 日发布的另外一道上谕中写有这样的字句：“李扬才侵犯安南，扰乱治安，着押往广西省首府枭首，首级将在东京示众。”

当然，我们不必把这些文件的意义估计得过高。

这对中国来说，主要是在自尊心上取得了胜利。但是北京报纸刊登的实际上是宗主国的声明，对我们正是一次教训。这种声明一定不能再出现了。依我看，纠正错误的办法是在我们交趾支那政府的手中。我们如果有一天能对顺化朝廷采取一种更符合 1874 年条约规定的措施，那么安南的藩属问题也就不会再提出来了。

这难道不是一件怪事吗？我们向安南保证过给它必要的支持，以维持它国内的秩序和安宁，并且为此在条约上加进了一条专门条款，但我们却把这样重要的特权让给了别人。现在我们如能对这件事回忆一下，想来不无裨益。在 1875 年外交部对有关保卫安南领土的条文字义是怎样理解的？我乐于这样想，德加斯公爵于 2 月 27 日在我早就提到过的那封信中是这样写的：“法国和安南在这样的基础上缔结的亲密条约——正像我们期望的那样——将会得到中国政府的赞同。面对此明朗的形势，我们有理由相信，总理衙门今后一定会放弃派兵去干涉安南各省领土的任何企图，因为，只有我们有权在这些省份恢复秩序和保证居民的安全，决不能承认其他人有这种权利。”

另外,部里对此完全没有改变意见。安南当局在1878年派人到两广总督身旁进行要求派华军协助追剿李扬才的活动,不会不引起您的注意。在1878年12月26日的电文中,您曾请我们驻华公使向中国政府强调:如果华军与我军不期而遇,造成的后果将会多大;在这种情况下最好是事先商定各自防御范围的界限。

当此信到达北京时,白罗尼先生已派遣使馆的一等译员去要求中国政府进行解释。德微里亚同总理衙门官员进行的详细会谈纪录已于1878年11月10日送往巴黎。白罗尼先生曾为此写给您这段话:“我曾经打算致函中国政府抗议其军队进入东京,并要它承担由此而可能发生冲突的后果。但是经过思考后,我觉得目前只限于通过德微理亚先生向总理衙门发出告诫,也许比较谨慎些。”

据我看来,白罗尼先生的克制态度是完全正确的。要使一次强烈抗议在北京具有其存在的理由,交趾支那政府应该作出决定,起来承担形势所要求它完成的使命,并在向中国政府保卫东京的权利提出异议时,可以向它说我们自己有能力把入侵者从东京清除出去。可是,出现的事件却说明白罗尼先生的胆怯是有充分依据的,因为中国部队在我国驻河内及海防两地的军队面前攻打叛军,中国炮舰在我们驻在东京泊位上的轮船面前烧毁村庄和帆船,是得到西贡默许的。

在这种情况下,即使我能用北京报纸上最近登刊的〈总理衙门〉奉到的上谕作为借口去指摘它,我们将会得到什么好处呢?依我看来,没有什么好处可得。今天提出的指摘只能是折中的,与热福理和罗淑亚两位先生的调子对比起来只能令人感到遗憾。根据各种可能性,它仅能达到互换一些没有结果的照会而已。

此外,依我看,我们如果要把一件不属于外交的事诉之外交,那是错误的。如果有人认为只要巧妙地进行多少带有些手腕的谈判，就足以将我们在东京的势力固定下来，这种说法也是错误的。在这样的情况下，外交活动充其量只能用来使局势平静下来，却不能开创一个新的局面。我们在安南问题上的一切婉转手段会直接跟我们要求的目标背道而驰，因为人们在我们方面看到的只是懦弱的表示。

另一方面，北京朝廷直至目前似乎把我们同安南签订的条约视同一纸空文，因为它从来也没有对罗淑亚递交给它的通知提出过抗议，而这个通知正是从我们正式宣布过的保护制度中引证的。如果这些声明是用一种强硬的行为来表示，北京朝廷便不敢提出抗议了。我还认为，我们为了开放云南而同总理衙门进行的谈判，当时本来有很大的希望取得成功，只是那次谈判的时机可能过早。

总之，我们在顺化的行动，我们可通过我们强烈的意志和行动来显示 1874 年条约全部的意义，并且认真行使条约赋予我们的权力，这样一来，其余的事也会随之解决了。

至于用什么方法保证 1874 年开始推行的政策在安南取得成就，这个问题当然是属于卢眉先生的权力范围，而不是属于我的权力范围。但是，我想顺化朝廷对安邺先生的远征的印象决不会遗忘得干干净净，以致使嗣德帝会再幻想他的臣民会来支持他。因此，如果我们帮助他严格执行 3 月 15 日的条约，看来，他不像会拒绝的。

如果我们是犯了不亲自去恢复东京秩序的错误，如果我们就这样公开表明放弃条约的第二款赋予我们的权利，甚至将它当作安南领土今后不会再受侵犯的一种理由来为自己辩解，那么，我们是否应当去等待新的帮派重新在边境上组成之后再说呢？安南无力自卫，已在最近的事件中充分表现出来。另外与东京毗邻的中国省份内,盗匪活动差不多长期存在着。很可能有一天李扬才的匪帮会再次在另一个人的手下组织起来重新发动入侵。难道我们不可以以此来充分采取某些我们认为适当的防备措施,以制止类似危险事件的重演,譬如说,在那些最适宜的据点上,加驻部队保卫东京,或者采取其他一切类似的防卫措施,以起到尊重安南边境的作用?中国政府在伊犁骚动时,不得不把自己省份的安定工作让给俄国人来担任,那么法国在一个不属于中国的领土上进行组织工作,中国也就不会觉得有什么不好。如果我们认为有必要向北京政府进行解释,我们可以随便对它说明这是对它有利的。这些利益对中国本身来说,是把危害中国和安南的商业利益的因素全部铲除之后,才产生的利益。

巴德诺(Patenôtre)

附件1　1879年12月5日上谕

(见1879年12月11日《京报》)

张树声奏关外官军搜擒首逆请奖励出力员弁一折。上年秋间,总兵李扬才在原籍广东灵山县及钦州等处捏称募勇,胆敢纠集匪徒万余人,陆续窜至关外,滋扰越南国地方。当降旨将李扬才革职,谕令刘坤一、杨重雅派兵驰截,并特令提督冯子材统师出关,尅期会剿。各军星驰前往,连次克捷,将该国者岩等处一律收复,余党搜捕殆尽。现经张树声、冯子材分兵兜拿于陇登山上,将该逆李扬才搜获,办理尚为得手。李扬才以武员纠匪滋事,实属罪大恶极;朝廷命将出师,迅速蒇功,生擒首恶,洵足申国宪而靖藩封。冯子材前因首逆未获,自请议处,著加恩宽免,并交部从优议叙。(以下是在事出力员弁奖励名单)

附件2 1879年12月19日《京报》刊登的上谕

前据张树声奏官军搜擒首逆李扬才情形，业经降旨宣示。兹据该抚奏称现经提督冯子材将李扬才讯供解省请旨办理等语。首逆李扬才以武职谋叛，辄敢纠众出关，肆扰越南，夺隘踞险，抗拒官军，实属罪大恶极，现在既经擒获，著将该逆即在广西省城正法，并传首越南地方，悬竿示众，以昭炯戒。

BB—4 1971 第133—140页

116 海军及殖民地部长游列居伯利致内阁总理

1870①年1月3日于巴黎

内阁总理先生、亲爱的同事：

随函向您转送交趾支那总督先生去年11月27日②和12月1日③的两份函件。来函谈及我国与顺化朝廷的关系以及东京形势问题，供您查证。我国在这个国家的事业远未得到改善，而是不断趋于恶化。看来解决我们自1874年的条约签订后，虽作了努力却不曾克服的困难，更加迫切了。

我国代办和安南政府的联系由于每日都提出新的非难而遭到破坏。他们总是在设法孤立我们的代办，而且似乎越来越严厉，而不是逐步减少孤立，代之以相互信任的良好的态度。最近一起新的事件表明，安南当局的要求层出不穷，甚至不惜采用伤害我国代办的举动和对其凌辱的方法，我们已不能再容忍下去。

黎那先生乘小船去金龙(King Long)，公使馆的医生与他同

① 原文如此，似为1880之误。——编者
② 复印不全，未辑。——编者
③ 原文如此。——编者

行。医生是去给一名病重的传教士治病。在返回的路上,黎那先生遭到安南军船的拦截,他只得上岸步行,在田野上绕了一大圈才返回住所。他们借口说是国王这时正在河上钓鱼。国王的臣民受到国王随从如此待遇,我们并不惊讶,现在的国君在这方面比诸先王的习惯走得更远。然而,我们片刻不能容忍如此凌辱法国代表。因为按照与顺化朝廷缔结的条约,法国在这个国家具有特殊的地位,行使特别的权利。因此我坚决主张在这一方面应该制定一项准则,我觉得黎那先生和卢眉先生已在慎重制定向嗣德王致以在一切文明国家中、外国代表对所在国国君所通行的礼仪,我希望您能同意这一看法。

还有一个与东京更为密切有关的问题,即北纳、克罗提埃、蒂(Thi)诸先生及其他人到海防后,安南当局提出了甚为强烈的抗议,对此,我国代办认为应该据理力争,派"杜古埃狄"号去茶里(Traly)巡航,派"戟"号前往南定访问,以安稳人心。这种有节制的措施只能再一次证明我们是遵守条约各款的,而卢眉先生则觉得,特别在顺化朝廷对我国代表多次表示不信任的时候,这样做有点过分了。但是交趾支那总督先生觉得不必责备杜尔先生,而是请杜尔先生将他的意思转告黎那先生,并请黎那先生向商舶大臣指明我们的做法与安南当局的做法明显不同。如果卢眉先生也觉得运用这种感情上的感化是无用的,他坚持要向国王身边的人说明共和国政府不会一再单方面表示徒劳无益的友谊,也就只好这样。

我们要不要等这一交涉取得什么成果呢?是否可望因为我国代表受到无理待遇而得到他们的赔礼道歉,从而改变我国同嗣德王政府的关系,并使该政府决心遵守条约呢?就我而言,对这个问题是不抱任何幻想的。我认为法国政府越来越应该对东京问题并对安南政府采取果断措施。一方面,因为问题总是在复杂化,一些敌对国家，还有西班牙传教士在煽动或精心操纵骚乱活动，这一切都构成威胁，将使我国代表的处境完全无法容忍。而且对我国而言，将使条约规定的优惠越来越成幻影；另一方面，顺化朝廷显而易见地在某种程度上则是一贯心存恶意。外国则企图从针对我国的规定中捞取好处，这将使我们有可能遇上一位软弱无能、被官员的狂热所挟持的国王到别处去寻求保护，而将一纸空文的条约中规定的保护权赋予我国。

在这种情况下，我国的尊严以及我国的利益要求我们采取一种与我国在该地区的作用更为适应的态度。首先，必须增加我国兵力，使之足以对付各种不测。这一问题我一直极为关心，希望我能在短时期内办妥。因为实际情况要求我们先增兵再发布命令，我觉得命令应该是针对安南政府的。

至于安南使团一事（对此我谨对您的前任去年 12 月 23 日的通报作回答），我认为，在嗣德王按照 1874 年条约规定正式承认法国保护之前，我们不予接待，等他提出别的条件时再予批准。这样的使团活动，只能无限期推迟解决那些已是必须解决的问题，和妨碍我国在东京的利益。另外，我谨向您顺便指出，鉴于东方外交官拖沓不前，我从不认为批准此项方案是近在眼前的事，不管怎么样，我已建议交趾支那总督，只有在有关嗣德王与我国驻顺化代表之间建立直接联系的问题获得解决之后，他才能表示同意派出安南使团。

但是，随着时间的推移，形势已复杂化，从而，我们的要求亦应增加。所以我认为，必须明确提出执行保护制的条款。如遭拒绝，政府在制定对安南的行动准则时，就只考虑我们的利益，以便使政府在东京的作用今后不再遭到不论来自何方的影响。

游列居伯利

附件2　交趾支那总督致游列居伯利

1879年12月3日①于西贡

海军将军：

我在海防写的一封私人信件中，曾报告过北纳先生和他的法国冒险家们失踪之事。

他们现今何在？他们已加入了中国匪帮或是投靠了西班牙传道团？这些头脑发热的人是什么都能干得出来的。

无论在东京还是在香港，北纳先生都打着法国总统和上议员西特莱(Sittré)先生的旗号，我国领事曾要求他检点自己的行为。

M.D.亚洲第36卷第13—15、18页

117　驻华代办巴德诺致外交部长法来西讷(Freycinet)

1880年1月10日于北京

继我去年12月25日的信件，谨向外交部附上1月4日的《京报》刊登的谕旨译文。在这道谕旨中，中国政府确认了处死李扬才的判决。它再次宣告叛逆的首级将送往东京示众。

正像您将看到的，这道谕旨还附在广西省巡抚的奏折上。这份奏折差不多以同样的措词，重复了中国政府对安南的宗藩关系的声明。

北京朝廷正以伪善的手法恢复安南的藩属关系，值得我们密切注意。

另外，我也将情况充分说明于我1879年12月25日的信中。我们的交趾支那政府像以前一样，对安南的边境上发生的事情漠

① 原文如此。——编者

不关心，它在无意中鼓励了中国政府的侵犯行为。

巴德诺

附件 1880 年 1 月 4 日《京报》

广西巡抚臣张树声跪奏，为提臣起解逆首李扬才现已在途，到省后应否就地办理，恭折仰祈圣鉴事。窃关外官军合围擒获李扬才详细情形，业于十月初三日由驿会奏在案。十月十七日据提臣冯子材咨称：九月二十五、六等日李逆患病稍瘥，遂于三十日饬提到堂，亲自研讯。该逆面呈亲供，据称：扬才自浔州协卸任后，进退无路，迫得归家。忽接叶成林真心投诚之信，故招聚二三千人，声言出关招抚。本年正月初间入水岩，四月初四日官兵打开，扬才直入后山，乘夜逃出藏匿。经官兵札传，扬才自愿出来投死等情。当饬南官张登坛等暨随营文武，将该逆正身验明，饬交委员带领兵勇，即于是日由太原大营起解等因，咨会到臣，准此。伏查李扬才纠众出关，夺隘踞险，声势甚张。自官军节节进剿，攻克水岩，覆其巢穴，自此穷力搜捕，更涉五月，釜鱼槛兽，遁无所之，始以势穷就缚，实为罪不容诛。惟该逆以叛将窜扰藩封，与寻常逆匪肆乱内地者有别，应否俟解到省城，由臣提案讯明，即恭请王命，就地处决，并传首越南，以昭炯戒，臣未敢擅便，相应奏请圣裁，恭候命下，钦遵办理。除将提臣咨会李扬才亲供照录咨送军机处查核外，臣谨会同两广总督臣刘坤一、广西提督臣冯子材恭折由驿五百里驰陈，伏乞皇太后、皇上圣鉴训示。谨奏。

军机大臣奉旨：本日已另有旨，将该犯在广西省城正法，并传首越南地方，悬竿示众。该抚即遵谕行。钦此。

BB—4 1971 第 141—143 页

118 巴德诺致外交部长瓦定敦[①]

1880年1月10日于北京

部长先生：

继我去年12月25日的信，我现在荣幸地向司里寄去中国一条新谕旨的译文[②]。谕旨载于1月4日的《京报》。中国政府在谕旨中判处李扬才死刑，并再次宣布，这位反叛分子的首级将在东京各地示众。

就像您将看到的那样，这项谕旨附在广西巡抚报告的后面，它以几乎同样的措辞重复了清帝国政府以前关于安南藩属地位的声明：

"……李扬才罪责难赦，但考虑到他是在属国谋反，情况与内地有所不同。"[③]

北京朝廷重新提起藩属关系的意图值得我们特别注意，因为我们自以为已经打碎了这种藩属关系。当我们要求总理衙门为里韦尔(Rivel)先生和德格特(Deguette)神甫调解时，我们曾不幸地承认了中国可以继续保留对其旧藩属国的宗主权，而当时我们对这一问题置之不理是完全有好处的。总理衙门在有机会的时候肯定会利用这一点。这就足以证明，在一定的时候这个忠诚的保护国会出现什么麻烦。到今天为止这个保护国一直是我们在远东的唯一目标，而相反现在它却成为在这一地区严重束缚我们政策的一个桎梏。

---

① 当时法来西讷已接替瓦定敦，但原文如此。——编者

② 复印时此缺附件，从标题、时间考查，可能即为上一文件的附件。——编者

③ 着重号为原文所有。——编者

另外,就像我在1879年12月21日(第36号)信中用大量篇幅论述的那样,我们的交趾支那总督由于对发生在安南边界的一切漠不关心,中国政府的行为在一定程度上就成为合法的了。而且,如果现在北京政府被迫就它对东京的要求作出解释,那么它将很容易以最近几年的历史作依据,为现存的保护制度辩护。而我们却只能用干巴巴的条约条文与之对抗。

我在刚才提到的报告中已经详细地论述过这一观点,所以我认为没有必要加以进一步说明了。我坚持认为,只要我们的西贡总督没有采取强有力的措施,我们对总理衙门的任何抗议都将得到消极的结果,而且只能会使我们对顺化朝廷的软弱无力显得更为突出①。

C.P.中国第58卷第20—21页

119　海军及殖民地部长致内阁总理

1880年1月13日于巴黎

内阁总理先生、亲爱的同事:

我曾经给您送去几封信,今天又荣幸地将交趾支那总督先生关于我们在东京处境的两封信②送给您审阅。

第一封信(48号)写于去年12月14日,是关于要我驻海防领事采取行动的两项要求。第一项要求是施利维先生等提出的,第二项要求是圣·马尔蒂(Saint Marty)先生提出的。这些商人要求使用领事裁判权来解决争端。

因我驻东京的人员的职位在这方面没有明确,未给予他们合

① 本文与上文的收、发信人及日期、内容等都有相同之处,但也有一些内容为上文所无,为便于参考,一并收入。——编者

② 复印时缺此附件。——编者

法的领事权限,所以杜克先生认为要谨慎对待向他提请帮助的要求。我赞同卢眉先生的意见,这是形势所迫。

第二封信写于同日,编号50,内容是关于北纳以及他的同伙事件的一些情况,这些情况可以使我们认为这些冒险者终于明白了他们的计划是无用的,他们必须放弃他们的行动。"冼施和北纳先生的三个同伙已离开海防,北纳本人似乎是由于结帐有困难才留在海防。"

我们可以认为这件事已经了结,但其它的麻烦即将出现。因为有谣传说又有一批中国军队准备开入东京。不管怎样,看到天朝有可能重新侵入已经处于激烈动乱之中的这个国家,我们不能不感到忧虑。因此,这一切使我们强烈地希望这一严重问题能尽快解决,它再不能长期拖延下去。否则就会损害我们的尊严与利益。在此我顺便向您提及我3日给您的信。附件用毕请退给我。

游列居伯利

M.D.亚洲第36卷第51页

120 驻广州领事师克勤致外交部长

1880年1月23日于广州

部长先生:

根据我最近一周得到的情报,李扬才将被送去北京定罪。〈去年〉12月19日下过一道谕旨,我今日才听说,谕旨说在广西首府桂阳府[①](Kouei yang-fou)处死李扬才,这名叛匪的头颅拿到东京示众。

师克勤

① 原文如此,似为桂林之误。——编者

C. P. C. 中国第 3 卷第 231 页

121 交趾支那总督卢眉致海军及殖民地部长

1880 年 1 月 24 日于西贡

部长先生：

我荣幸地给您随信附上我驻河内领事 1880 年 1 月 1 日[①]关于东京诸省政治形势的抄件。根据安南人的观点，李扬才的暴乱阴谋已破产并已失败被捕，有少数欧洲人非常不慎重，不适当地被卷入漩涡。最后，东京人只好暂时屈服，使形势有一些转机。

根据我们的观点，在刚刚过去的一年中，我国在东京的影响大大削弱了。为此我仅举中国军队的出现对于我们的打击以及人们看着我们很温和地接受外国军队侵入处于我国保护下的领土作为例子。李扬才虽然捕获，外国军队的占领依然存在，天朝的正规军继续驻扎在离我兵营只有几站之地。非正规军和黑旗军仍把守着红河，他们无视条约，阻碍我们的贸易。海盗活动骚扰着安南沿海。悬挂着中国旗帜的战舰，在我们的巡洋舰不在的情况下，在海上和陆上随意杀人。北纳先生和他的同伙采取徒劳的、欠考虑而又不妥的行动败坏了法国的名誉。在官吏的同谋下，大米被继续向外私运，而在开放港口却禁止大米出口。这些港口的对外贸易由于大米禁运受到了破坏，正在最大的困难中挣扎；诉讼案件多得解决不了，我国领事们只好承认在司法方面无能为力。要求向法庭申诉的诉讼人去寻找他们各自的政府以求随意裁决的日子已为期不远了。部长先生，这就是东京的状况。

我这里只想援引我们与顺化朝廷外交方面的形势的通信。在

---

① 原文如此。附件注明为 2 日。——编者

这一方面,尽管霍道生先生的继任者怀着坚决而正确的态度,过去的一年并没有多大的进展。

正如您告诉我的那样,在共和国政府内部讨论关于我国在安南的政策问题时,这些考虑不可能不起到一定的作用。如果说从组织交趾支那本土的行政管理着眼,我过去的意见只是着眼于解决其中被一步步拖延下去的一种办法的话,我应承认,从对外关系的角度来看,还有一些值得重视的因素,从而会使内阁作出我们迟早要作出的决定。而且,顺化朝廷似乎最近更加明白了它那可悲的政策可能将它引入的困境。殖民地报纸大量转载法国报刊的文章,将对东京的征服说成是绝对的必要,这样势必引起疑惧。因此,在安南,人们在采取某些军事防范措施,他们似乎并不向我们隐瞒。我们的领事们告诉我,安南可能正在香港谈判购买武器,在红河上已开始加筑防御工事。此外,警察方面的报告推测,西贡[①]已向中国和英国商人开放,以购买军事器械。安南领事本人向我重新强调,要求替安南军队请军事教官,他已打听到法国军用步枪的价格和从法国得到这批武器的可能性。他流露出对我们的土著军队的训练很有兴趣,他感到这些部队的组织可能对安南适用。虽然对安南人为扩充军队、增强兵力而采取的措施不必给予过多的重视,甚至在目前情况下,我们应该同意王国政府对可能的突发事变要准备得充分些;但认为安南人在军事方面不会有进步将是不够谨慎的。在今后的某个时候,军事入侵安南可能会遇到比今天更大的困难,这种设想不是不可能的。

卢眉

① 原文如此,似为东京之误。——编者

附件 驻河内领事致交趾支那总督

1880年1月2日于河内

总督先生：

1878年12月东京北部被一帮中国匪徒所占领，匪首李扬才扬言是来征服东京的。为了抵抗这一入侵，安南政府下令在各省大量征兵，从云南边境引来了黑旗军。为了不向我们求援，安南政府求助于中国军队，中国军队立即开进安南国土。

1879年初，这些军队几乎不足以挫败李扬才匪帮，形势对顺化朝廷来说变得更加危急。因为这个国家在遭到严重饥荒时，又加上了非常沉重的负担，这引起了不满，并可能产生一次大规模的暴乱。对于我们来说，这一情况真使我感到忧虑。首先，在我军驻地周围出现大量的中国军队，便要求我们采取某些防范措施。为此不得不向河内派出一支援军；其次，人们还不知战争的结果如何，这时李扬才的初胜足以使派去追捕他的军队中的一大部分人逃跑。只需一次突发事件，如侮辱我国的国旗，便会迫使我们干预，从而使他们两方联合起来反对我们。最后还应考虑我们与中国军队可能发生冲突的后果。中国军队经常通过河内。

现在的政治形势虽然不能认为是令人满意的，但1880年是在完全不同的条件下开始的。匪首李扬才在抵抗了一阵子之后，先是被驱赶进山，后被中国军队、黑旗军和安南军包围，终于在10月间被俘，押回中国。他们的一些同党逃出重围后已隐藏起来。他们在边境上集结的小股叛匪已不再令安南当局担心了，冯提督将把他的俘虏李扬才送到广西，同时把他的大部分因作战而疲惫不堪的士兵调回中国。他留下1000多名士兵守着北宁等两个城市。但官方消息刚宣布他将在1月下旬撤离。他将在2月10日中国春节前离开安南国土。由于东京有冯提督的部队,起码对中国人来说,已再没有必要在河内留驻一支援军了。

安南政府豢养的黑旗军已被遣回红河上游。他们在那里一直把持着老街的几个哨口。总督先生,您一定会知道他们违反我们与安南的条约规定,在边境征收过高的关税,尤其是他们在那里称王称霸,危害与云南的贸易。人们可以这么说,只要黑旗军把守着老街这块阵地,红河通道就不能真正地打开,同时也不可能判断出边境贸易会有多大的规模。

中国军队撤离后,西面和西北面诸省将恢复到以前的状况,即我们到达东京后,直到李扬才入侵前的状况。在三角洲诸省,我要报告的是两周以来不仅在河内,而且在别的省份出现了某种使人担心的事,不过这一次并不是担心发生叛乱,而是担忧与法国进行战争。在东京这种性质的传闻可能不是第一次了,但从来没有像今天这样得到重视。从外汇市价中我们可以看到这种谣传在公众心里已产生非常明显的影响。像欧洲交易所的行情反映政治状况一样,这里货币价值的大幅度涨落,表现出了居民的担忧。平时用来贸易的唯一货币——锌币已很难放在身上和储存了,因为这些600枚重达3市斤的铜钱,其价值还不到一个法郎,这说明人们害怕动乱,每个人都想用铜钱来换银条,因为银条比较容易藏在安全的地方。在一个利息至少是30%甚至高达两倍的国家,把银条埋藏起来真是极大的损失。因此,担忧一旦减少,银币马上就会重见天日,人们又会用它去换成铜钱。10盎司重的一根银条一般值90—95吊铜钱,现在则高达将近110吊,银条的价值看涨。人们一般认为这些传闻是顺化来的人散布的。

不管怎样,各地生活还算安定。如不发生任何新的事件,还能维持一段时间的平静。

驻河内领事 可加拉德克

M.D.亚洲第36卷第110—115页

122 巴德诺致外交部长

1880年1月29日于北京

部长先生：

中国政府继续利用李扬才的失败作为借口，公布旨在恢复对东京的宗主权的官方文件。我荣幸地将云贵总督的奏报译文寄给阁下(1)。这份奏报载于1月25日的《京报》上。那上面还转载了有关授权嗣德王的话，我已经冒昧地给司里标出来了。这位中国的高级官员在谈到最近发生的事件及东京将出现新的混乱局势时，告知朝廷他已命令管辖区的军事长官，只有在部队的存在对于平定边境省份不再必要时，才从安南边境撤回。也许就像我在信中给阁下写的那样，不必过高估计这些奏报的重要性是恰当的。我坚持认为，对于中国来说，这主要是一个赢得自尊心的胜利的问题。但我觉得这已经太过分了，并且似乎我们已经到了不应再克制的时候。这样的克制再发展下去，将不可避免地严重损害我们在远东的信誉。

我已经多次说过，如果我们以中国在安南的示威作为向中国提出抗议的理由，这种抗议为什么不能成立。很明显，如果我们对中国在东京维持治安的权利提出异议，而我们又无力自己承担这一责任，那么我们向总理衙门提出的任何批评只能等于承认我们的软弱无能。我不会过分强调管辖我们交趾支那总督的殖民地司和外交部缺乏融洽而可能带来的严重不便。因为同样，甚至在外交

(1) 这是我6个星期来向巴黎传递的第4份类似文件，请参看我1879年12月25日和1880年1月10日的信。——原注

部大家也一方面明确表示赞成在顺化采取强有力的行动,并要求我们驻北京的代表向总理衙门表明,"中国今后应放弃派帝国军队干涉安南领土的念头。"而同时大家又认为应在西贡贯彻不采取行动的政策。当李扬才一伙越过东京边界时,我们却让中国军队负责征服他们,并在嗣德帝的各省建立秩序。如果我们负责管理殖民地的机构与外交部——至少在涉及外交的问题上——紧密配合,就不会发生类似的分歧。阁下似乎已经承认要弥补这个缺陷,因为您最近指定司里一位官员,并把他派到我们新的文职政府中。我不知道兰德尔先生的确切职权,也不知道任命他的结果是否能补救一下目前如此有损我们利益的局面。但可以肯定,如果两个长期以来彼此分开的部门之间没有共同看法和联合行动,那我们将犯与过去一样的错误。

关于就东京问题对中国采取行动,我曾荣幸地向司里说明过我如何考虑这一问题。去年12月25日我曾向阁下转达过我的想法,今年1月25日《京报》登载的文件使我的想法有了新的现实性。请允许我在这里重复一下那些想法:"既然我们犯的错误是完全放弃承担在东京建立秩序的责任,并因此而失去公开宣布我们通过1874年条约第二条获得的权利的机会,我们似乎就更有理由保证安南领土在今后不受侵犯。因此,我们坐等暴徒在边界上重新组织起来是否恰当呢?安南无力保护自己,这已经从最近发生的事件中得到了充分证明。另外,抢劫活动在毗邻东京的中国各省确实长期存在。有朝一日李扬才一伙匪徒完全有可能在某个头头带领下再一次组织起来,并重新开始进犯。[①]为防止出现这样的危险,就需要采取一些我们认为必要的预防措施,比如把警卫部队部署

① 着重号为原文所有。——编者

在我们认为对保卫东京最合适的地方，或借助于其它预防措施，以使别人尊重安南边界。我们不是完全有权这样做吗？”

如果阁下浏览一遍后面的附件，您将看到，我为说明目前在东京进行武装干涉的必要性而运用的论据，已经被清帝国政府从反面用来解释它的部队为什么留在安南边境。中国要证明在那些过去属于它的宗主权的省份的局势还远没有得到安定，它的责任就是继续根除匪徒。而在此同时，它也为我们提供了一个无论是对中国本身还是对嗣德帝都能站得住脚的理由，以实施我们的保护制并承担保护制的一切后果。而这也正是1874年条约所确认的内容。总理衙门早就得到了有关我们同安南这项条约的通知。唯一使总理衙门感到吃惊的，是我们怎么能将条约的实施拖延如此之久。如果我们认为主动对此作出解释（我个人认为这种解释是多余的）是恰当的，那么我们将永远无力做出这样的声明：“在李扬才问题上，我们很愿意将惩戒这场发源于中国领土上的叛乱的权利留给中国；但从总体上说，我们不会将完全属于我们的任务让给别人。”

另外，崇厚大使最近与圣彼得堡政府谈判的条约预示将可能给中国带来严重的纠纷，因而，总理衙门将无暇顾及在安南发生的事，就这个条约来说，没有迹象表明有任何麻烦使我们担忧的。

附件　云贵总督刘长佑的奏报

（选自1880年1月25日《京报》①）

刘长佑片：再臣等于前月接据开化镇总兵杨复东、开化府知府

① 原文如此。刘长佑此奏实际上刊布于光绪五年十二月十三日（1880年1月24日）《京报》。——编者

郭怀礼转据在防员弁禀报，李逆扬才已经粤军在于越南者岩附近陇登山擒获，解营请示应否撤防前来。正饬确切查探间，旋准广西抚臣张树声、提臣冯子材函告，李逆扬才被剿势促，于九月初三日就擒属实，洵足以伸国法而靖藩封。惟查该国积匪陆之平等尚未殄灭，窜越堪虞，除饬该镇府将沿边兵练分别撤留外，理合附片具奏，伏乞圣鉴。谨奏。

军机大臣奉旨：知道了。钦此。

C.P.中国第58卷第27—30页

123 海军及殖民地部长致内阁总理兼外交部长

1880年1月30日于巴黎

内阁总理先生、亲爱的同事：

我收到交趾支那总督先生如下的电报：

“由于霍道生先生早先在顺化所执行的政策，我认为绝对不能将他派往安南，尤其是在当前的局势下。”

因此，我请您暂缓执行我们两部商定的关于授予霍道生先生新职务的行文。

游列居伯利

M.D.亚洲第36卷第76页

124 巴德诺致外交部长

1880年1月31日于北京

部长先生：

我有幸于〈去年〉10月1日向部里转交了一封我当时收到的信。在这封信中，广西宗座代牧主教谴责他所在的那个地区的地方长官向他发出侮辱性的通告。

富于道先生写道:“我附在这里的文件原本是清朝地方官吏的命令,据说这一命令得到了他的上司的许可。命令禁止我从即日起在未通知他的情况下不能擅自外出。”

主教出于疏忽没有给我指出这份材料的日期要追溯到1877年6月21日,比他晋升为主教要早两年。您会从我寄给巴黎的译文中看到,我们谈到的命令只不过是一封简单的信件。那位清朝官员在信中请富于道先生在每次离开他的行政管辖区时通知他。不仅这封信的口气不能说明主教所提出的抗议如何正确,而且是最近新到任的上思州的地方长官似乎由于不了解在这种情况下通常的礼节,而使用了特殊的通信方式。当然,条约也没有规定中国官员对我们的主教有权采用这样的礼节。

富于道先生的汉学知识我了解不少。他竟是这样一个与其说有头脑,不如说虔诚的讲究教理的人受诱犯错误。考虑到这些,我认为应该向富于道先生指出他的错误,当然要注意作得委婉一些(1)。

在最近的一封信中,广西主教坚持认为清朝官员的公文带有侮辱性质。但是从我附在后面的这封信的抄件中看出,这封信并没有这种意思。我个人不想介入这场文字官司。严格地讲,这属于翻译上的问题。但是既然一个字的意思会因句子的结构而发生变化,所以我坚持要另外的人、一个称职的人翻译这篇公文,以便核实交到我手里的译文是否准确。因此我请德微理亚先生写信给英国公使馆首席翻译(当然避免涉及富于道先生),直截了当地询问他如何理解上面提到的那段话。阁下会看到璧利南(Brenan)先生的英译文和我们首席翻译的译文完全一致。我还要补充一点:德国公使

(1)　我的答复的原件附在1879年10月1日的信上。——原注

馆首席翻译——德微理亚先生认为也应该向他请教——与他的两位同行意见一致,他对这句话的理解如下:"You would do good and I earnestly expect you not to go away."(您留下好,我诚恳地期望您不要离开)。而广西主教把这句话理解为:"我禁止您擅自离开您的家。"

富于道先生今天告诉我。那封隔了这么长时间才受到控告的信,在寄给他两小时后又被收回了。他的结论是写信的人也承认有失礼的言词。我认为这个结论是完全不严谨的,并且我倾向于认为这位清朝官员,就像我已经说过的那样,采用了不合规定的通信方式;当他收回他的信时,他的目的是要避免来自其它方面,而不是来自广西主教的责备。

总之,从富于道先生的那封信我们可以得知,要求他把行踪通知地方当局是为了便利行政机关承担保证安全的任务。如此严密的监督措施会给受监督的人带来不便;但是在一个像广西这样的省份,向福音传播重新打开大门刚刚几年,人们还记得夏普德兰①(chapdelaine)神甫被杀事件就曾迫使清朝官员格外谨慎,因而这种监督措施并不是没有根据的。我去年去蒙古旅行,也受到过行政部门类似的关照。尽管我要穿过的地区是世界上最太平的地方,我还是费了一番周折才免去了给我的护送队。另外,尽管我已经事先就把名片寄给了清朝官员,我还不得不在一天之内多次出示我的护照。虽然我因此而感到不痛快,但我根本没想到会有人故意找麻烦,所以就觉得服从这些监护并不复杂。我本来能拒绝这些监护,但是考虑到我不期而至会使别人承担责任,我认为这些监护手续完全正确。

---

① 中文名为马赖。——编者

这种和解的政策，并不是所有的欧洲人都喜欢，但依我看，在中国这是最明智的政策。而且，如果这一政策对外国人更广泛实行，它将有助于消除各种成见。而不幸的是这条准则并不为我们的传教士所遵循。谈到富于道先生，我几乎认为他的主要障碍是他初任主教时，利用一个尚合情理的借口，促使公使馆采取有利于广西教会的官方行动，并吁请清朝官员无论如何要对这种干涉予以考虑。我根本不知道，我们对于这类交涉运用我们的影响应该到什么程度。但我对主教如此恳切地向我表达的愿望是赞同的。我已经写信给恭亲王，提请他对广西地方当局在采取明智的措施以保证我们传教士的安全时所引起的不便加以注意。

对这件事我完全没有重视。但它再次说明，在中国，涉及宗教的一些微不足道的事——鉴于我们差不多总是不能查实提交给我们的要求——都可以造成各种各样的麻烦；它同样还说明我们只能部分相信当事人转达给我们的消息，因为他们只关心自己要达到的目的，并且有时选择手段非常不严肃。

巴德诺

附件1 广西主教富于道致驻华代办巴德诺

1879年12月26日于香港

公使先生：

去年7月16日您写给我的信寄到上思州时，我不在那里。这样就延误了许久，我到本月23日才收到这封信，因而未能及时回复。

我之所以认为应该提请您注意上思州地方长官的信，是因为我从中发现有一个字值得指出来。事实上，我寄给您的公文里就有这个“擅”字，意即“贸然”、“敢于作什么”，这是卫三畏和其他编字典的人给的意思。另外,那位清朝官员也承认他的信不妥当,因为在信送到两小时后,他又要求我们归还那封信。而且过后,当我第一次拜访他时,他赶忙就此事请求我原谅。

除了这封信,我还要荣幸地给您寄去出自同一位官员之手的另一封信。后一信比前一封信晚很久,而且没有这位官员的官印。确实,唯有写给我的第一封信是用的官方格式。他这样做是因为不了解情况,因为当时他刚到任。因此我觉得这一切加起来就表明这封信的格式带有侮辱性质。但也许我还是应该在我前一封信中为我的论断提供更多的证据,就像阁下提醒我的那样,现寄去这份文件的译文。

现在,谈到那封信的内容,我觉得对我采取的措施比刚开始的时候更严厉了。当然这只是个人的看法。但人们不知道采取这种措施的理由何在,依靠的是什么权利。任何一位清朝官员都无权把超出现行条约和协定之外的意志强加给我们。

公使先生,也许信中并没有讲清朝的官员每天要监督我的活动,但其实结果就是这样。因为总是有一个仆从跟着我,以至于即使是去作一件平常的事,而且常常是履行神职的紧急事情,比如为一个将要死去的人临终涂圣油,我也不得不通知那位清朝官员,等待他给周围临近地区的官员写证明信,由跟随我的兵负责拿这封信,只有在这些限制我的自由的措施作完后,我才能去自由地履行我神圣的职责。当然,跟随我的士兵总是不分昼夜地与我寸步不离。

公使先生,由此您可以看出,我也确信,条约赋予我的权利被剥夺了。因而我要求行使所有太平地生活在中国的传教士都享有的权利,我希望您不要把我的意见看作过于苛求。

富于道

附件 2 英国公使馆首席翻译璧利南致德微理亚[1]

1880 年 1 月 25 日

亲爱的德微理亚：

这是我对这一段文字的翻译：

今后，如果您离开本区范围到其它地方，您需要事先向本区当局打招呼，以便于他向上级报告。我相信您不会随意离开，因为这样会引起不愉快的结果。

您忠实的璧利南

附件 3 驻华代办致恭亲王

1880 年 1 月 30 日于北京

殿下：

广西主教给我写信说明他有些时候在履行神职时遇到的困难。这是因为，按照地方官员给他的命令，他每次从他所在的地区被叫到其它地区时，必须事先通知上思州的地方长官，并等候地方官员指派一名治安人员跟随他。这位官员确认他只是按上级的命令行事。可是殿下您知道，这样一项即使在原则上明智的政策，如果遵照实施，就会完全改变其性质。所以刚谈到的那位官员，虽然他是要确保我们的传教士的安全，但这种行政上的关照却有些过分。

总而言之，殿下会理解强加给富于道先生的命令会产生很大的不便，并且，它必然会延误时间，使得富于道先生有时不能履行其主教的职务，例如，当他要被召到一位快要死去的人的床前时，

① 此件原文系英文。——编者

就会出现这种情况。

因此,如蒙殿下给广西当局发出命令,请他们丝毫不要妨碍我们的传教士自由行使条约赋予他们的权利,我将表示感激。

C.P.中国第58卷第31—37页

125　海军及殖民地部关于东京事务的纪要

1880年1月

政府似乎不准备马上向议会建议对东京进行一次旨在直接占领这一省份或帮助其摆脱安南枷锁的军事远征,根据6个月以前所发表的对于这一重要问题的观点,看来政府只想把我国对于这一地区的政策建立在严格执行1874年条约的基础之上,然而想达到此目的,显然应坚决建立起我国对它的保护制度。

为此,应向顺化派遣一位具有特使头衔的代表。其使命是在维持现状和我国承认安南对东京行使主权的基础上,立即与安南政府举行谈判。他将向安南政府指出它的行政官员对维护东京地区的安宁的无能,没有执行条约所规定的红河入口处及上游的通航自由,而且随时都有土匪与东京反叛者串通一气的危险,以及为驱逐这些反叛者曾不适当地向中国要求进行代价巨大的援助。为结束这种对安南的主权、居民利益和欧洲商业的合法经营均极为有害的状况,他将提议安南政府明确接受保护国制度,并将该制度写进条约之中,然后我们将承担绥靖有叛匪和强盗出没的省份,保证通过红河与中国内地交通的任务,并实现安南原来只是徒具虚名的主权。

这一建议一旦被接受,我们将同时采取措施,使我们与顺化的谈判得到一次较重大的军事行动的支持,以加速这一问题并使之有利于我方的解决。毋庸讳言,我国代表仅靠自己的本领和外交途径，肯定将会被东方外交的巧妙的拖延手段拖住而陷于困境，最终弄得无能为力。因此，首先，这位代表应得到国王的亲自承认；其次，他的紧急行动在必要时应得到他所代表国家海军力量有力的、及时的支持。

这一军事示威行动所需要的力量将从别处抽调，因交趾支那地区拥有的兵力和舰只有限，我们在这一殖民地的军事力量不应在军事示威时受到丝毫的削弱。只有这样，我们才能用眼睛不时地注意着这些海域的各国政府显示威力。为使用上述办法对安南施加影响，我们无需削弱其邻近的殖民地的占领力量。这里有一个精神上的考虑，其意义毋庸置疑。

尽管某些人持相反观点而有所疑虑，但他们的观点也不容忽视。假定我们取得了预期的结果，参与这一示威的军队（人数估计为 1500 人左右、军舰 6 艘，其中 4 艘吃水量较小）将作为根据安南法律维护贸易自由和人民的安居乐业的警察部队常驻东京。我们将明确向当地居民宣布，我们不但不会帮助他们摆脱他们的君主的统治，相反，将镇压任何反对君主的行动。因此，我们的军队将驻扎在使团负责人选定的地点，主要是在红河口和红河沿岸。由于这一占领是在安南的赞助下进行的，将不会引起任何欧洲国家的疑虑。至少在这一方面，我们可以心安理得地认为已经完成了我们的大业。由于这一行动的后果，主要是通过红河自由地到达中国南方诸省，将可能被别国接受，即使它们不是心甘情愿的，至少也没有太大的不满。因为他们均可分享到他们长时间以来从闭关自守、自给自足的安南政府那里得不到的利益。有待解决的是中国对安南的宗主权的问题。天朝近年来通过向东京派遣军队、在那里恢复秩序来行使这一权利，至今仍有一部分军队留驻在该地。在我国驻顺化代办完成上述使命的同时，应与北京谈判这一问题，这两个行动应双管齐下。

根据巴德诺先生提供的情报,似乎中国政府对安南的宗主权只是出于自尊心或一种荣誉感的考虑。这一宗主权的性质不很明确,其利益亦属可疑。因此,使中国放弃这一宗主权,并非是不可能之事。事实上,中国军队最近在东京得胜可能使它的某种虚荣心得到了满足,但也带来了无法弥补的开支。因此,它不大可能经常去进行这种无价值的远征。

然而,1874年条约向北京通报后没有引起任何的抗议。该条约赋予我们在这些地区与窜入的盗匪不断进行斗争的治安权。我们应宣布决心非常认真地行使这些特权。如果有人指责我们近来让中国进行了一次远征,我们的回答是我们容忍了这一行动,因为它的目的是追捕和惩罚天朝的一个叛乱者。这种宽容态度丝毫不意味着我们正式放弃了条约的某些条款。而且在任何情况下,这都不能构成天朝有向我们提出要求的先例。它无一害,却有百利,因为这意味着承认我们的保护国制度,因为我们从此设法使东京免受各种各样的动乱,保证联系着中国南方各省与欧洲自由贸易直接交往的一条河流的自由通航。显然,中国政府将是第一个从我们的干预中得益的国家。因为我们的干预行动,将给它的云南臣民带来财富,使云南的军队可以自由地从毫无利益可言、并且从此已恢复了平静的国家中调动来维护自己边境的治安。最后一点,由于我们的存在而给它的国民和一切和平商人以保护,使他们在东京享受通行和经商的便利。

这些理由,我们驻北京的代表肯定会用各种策略和坚定的言词加以强调,他们将能非常轻易地使天朝对它只是很间接地卷入的问题失去兴趣。

由于本事件不可能期待迅速地得到解决,尤其是需要使中国方面决定放弃这个地方，所以，在顺化举行的谈判不能依赖于这个必然是旷日持久的谈判的结果。我们与安南谈判时，就把中国政府说成对此问题一点也不感兴趣，因为很可能对嗣德帝取得的胜利会使解决与中国的所有争端变得既简单而又容易。

为了体面地摆脱我们今日所处的困难而又令人不能容忍的境地，以上几乎是我们应遵守的行动准则。

但不可忘记，这种双管齐下的办法表面看来很简单，它也可能带来严重的后果，我们从现在起，就要认真考虑。不管我们愿意与否，我们必然要受到欧洲各国在远东所有举措的共同命运的支配，而把我们的保护国制度变为直接的主权，并占领整个安南。

我这里未提及我们可预料的西班牙传教士方面的反对，据某些情报称，他们的反对将很可能用非常激烈的方式表现出来。我们可以通过在罗马或马德里的外交行动来制止这种反对。

余下的问题是确定向议会申请拨款的数额。海军部的经费第一年需 264.5703 万法郎，其中 100 万法郎将用于建造在红河上航行的 4 艘舰只（因海军无法提供这种舰只）。在以后的几年中，这笔费用有可能减少。军事占领的开销将会达到 230.2033 万法郎。此外，在 494.7741 万①法郎的总额上，还要外加大体估计为 919215 法郎的行政管理、政府和海关组织的费用。人们会看到我们还未谈及安置、建立医院、兵营、仓库和防御工事的费用。对于这些费用，我们连初步的资料都还没有，这只有待我们在那里驻定以后，才能就地看它究竟需要什么和有什么资源，等等。

总之，眼下就需要申请 586.6956 万法郎的拨款。

M. D. 亚洲第 36 卷第 9—12 页

---

① 原文如此。——编者

126 外交部长法来西讷致海军及殖民地部长

1880年2月5日于巴黎

海军将军、亲爱的同事:

根据我们两部的协议,我正准备给我们驻顺化的代表延长委任书的期限,并使他具有与他所肩负的特殊使命更相符的身分时,收到您的来信。信中说您想为此指派这样一位在我们将要对安南政府所执行的政策中比霍道生先生的倾向性较小的官员。

因此,我等待您告知已挑选好的人选的姓名,以便办理他的委任书。在委任书中,我准备给他以“特命全权代表”的头衔。这一任命的好处是使我国代表要担负的谈判者职权合乎法律手续。正如我在上月31日向您指出的那样,我认为这种谈判者的职权首先是让安南政府接受我们派兵进去占领东京的原则。

法来西讷

M. D. 亚洲第36卷第88—89页

127 交趾支那总督卢眉致海军及殖民地部长

1880年2月6日于西贡

法国驻河内领事来信,该省当局正式通知他,冯提督已离开安南。冯提督道经北宁和谅山返回广西,但在太原留下一支人数较少的后卫部队。据安南当局称,这支后卫部队不久将随主力部队之后离去。

可加拉德克先生对中国正规军没有同时全部撤走一事,表示遗憾,我对他只表示遗憾感到太随和了。留在太原的后卫部队确切要逗留多久,中国和安南两国的心情如何,中越两方是哪一方急于要撤离,使人捉摸不透。总之,占领没有结束,因为中国国旗继续在东京上空飘扬着。

另外，可加拉德克先生打算去刺探一些有关中国将军留在太原的武装力量的确凿消息。

卢眉

BB—4 1971 第140—141页

128 海军及殖民地部长致内阁总理

1880年2月18日

内阁总理先生、亲爱的同事：

本月5日您在回答我关于任命我国驻顺化代表的信时，告诉我一旦我确定人选，您就立即准备新任代表的委任书，谢谢您的热情帮助。

但是，我曾提出利用安南向法国派遣使节这件事，要求顺化政府认可我们驻该国代表与国王直接会晤的设想，我猜想这位使节可能即将启程了。我在这之前就想过利用这一件事，此后，由于东京提出要求，问题变得严重多了。而且使节也不一定要派。您可能与我一样认为，在这新条件下，委任具有特命全权代表衔的官员已不再那么紧迫了。

如有机会，内阁总理先生，亲爱的同事，我们再一起研究一下，是否确有必要按交趾支那总督所发表的意见行事。因为霍道生同情安南人，确实有必要撤掉他。但是，我们不会忘记，这位代办是一位可敬而稳重的杰出官员，他在顺化为法国的事业确实效过劳。因此，我们可以希望，只要他有非常明确的指示和一个坚定而确切的计划，他将能够继续胜任其职。

海军及殖民地部长 游列居伯利

M.D.亚洲第36卷第94—95页

129 巴德诺致外交部长

1880 年 2 月 23 日于北京

部长先生：

上班邮船带到北京的欧洲各国报刊中，大都认为法国军队占领东京已迫在眉睫。这些新闻已由伦敦和巴黎的最新电讯所证实。上海报纸转载了这些讯息，并且声称我国驻中国海域舰队司令杜白蕾[①](Duperré)将军将与卢眉总督协作，以便在安南采取军事行动。如果这些传闻属实(因消息来源很复杂而且各报都一致转载，我觉得完全否定这些新闻的可信性是困难的)，我承认我非常不理解为什么对此我还没有收到任何通报，不管是从巴黎方面，还是从西贡方面。我已经冒昧地多次提出过，由于我们在北京不知道殖民地司关于安南活动方面的政治原则会带来严重的麻烦，这样下去会不可避免地产生矛盾。比如，对安南向中国派遣使团，西贡认为这是没有多大意义的形式问题，而公使馆则指责这是藩属关系最明显的表现；清帝国的军队被允许在东京自由地维持治安，罗淑亚先生曾向总理衙门通报了我们强硬的解决方案，即不承认除我们之外的任何国家有权在嗣德帝的各省恢复秩序。在这个问题上，我还记得，白罗尼先生虽然看出有必要要求北京政府就侵犯安南边境一事做出明确解释，但又认为应该避免采取任何步骤。因为他几乎确信我们管理殖民地的机构根本不会支持他的要求。由于同样的原因，我也不得不——就像我在信中告诉阁下的那样——听任

① Duperré, Charles Marie，1832—1914，常译游悲黎、杜白蕾等，为了与 Duperré, Victor 的译名(本书译迪佩雷)及 Dupré, Marie Jules 的译名(本书译游悲黎)相区别，本书译为杜白蕾。——编者

那些官方文告登在《京报》上，而不表示抗议。这些文告的目的在于重新唤起对宗主权的回忆。但 1874 年条约的目标就是要清除这种宗主权的最近遗迹。

我要补充一点：如我们还不采取行动，这肯定会鼓励中国走上收回权利的道路，在这条道路上，它不会遇到任何障碍；中国不会确认到目前为止仍然只是在条约中得到认可的、由我们提出的保护国制度，这是相当自然的事。虽然，我们应该把这件事的意义看得恰如其分，但我认为有必要提请阁下注意，因为它似乎说明清帝国的梦想可能比我们设想的还要大。

2 月 19 日，在中国新年之际，外交使团到总理衙门向恭亲王表示祝贺。当我们向殿下告辞时，衙门的一位官员走近德微理亚先生，请他晚走一步，并且说有件事要告诉他。他们当时还请了德国公使馆的首席翻译阿恩德(Arendt)。阿恩德和德微理亚被带到一个普通的会议厅。衙门的一位章京(当时一共有 4 位)交给德国翻译一封没有签名的信，并对他说："这就是您向我们要的普通照会。"阿恩德先生似乎不知道照会涉及的是什么问题。他拿过给他的文件，并开始浏览一遍。另外一位清朝官员转过身来对德微理亚先生大声说："报纸都在谈论你们关于东京问题的计划。您是否看到了登在《申报》(1)上的文章？"这位官员同时拿给他一页纸，上面抄写了几行字。下面是我给您抄送的译文：

"腊月初二(1880 年 1 月 13 日)的《申报》刊登了从一家法文报纸节录的如下细节：

法国希望开放红河用于航运，这条河与云南相连。

安南政府还没有同意，但法国肯定会迫使它同意。如果法国得

(1) 在上海出版的一种中文报纸。——原注

不到它希望要的东西,两国不再协调一致,那么随之而来的必然是战争。”

德微理亚先生对于谈话在有德国翻译在场的情况下进行感到很吃惊。他回答说:我不知道有什么东西能证明《申报》提到的消息是真实的;作这份摘录的编辑似乎不大了解情况,因为他似乎不知道红河上的自由航行在我们与安南的条约中已经作出规定;关于1874年条约,中国政府也已经得到过正式照会,因此总理衙门应该在很久以前就了解这些。德微理亚很不明白为什么向他重提这样的问题。

这位章京带着尴尬的口吻回答说是丁韪良(Martin)博士(1)(北京宗教社团主持人)请衙门注意这篇文章;考虑到把安南同中国联系起来的藩属关系,中国政府不得不对有关东京的问题给予注意。

公使馆首席翻译认为在如此复杂的环境中,谨慎的做法是中断谈话。他只是提请与他谈话的人再参阅一下1874年条约。谈话到此为止,德微理亚先生和阿恩德先生就离开了。有关这件事他两人之间什么都没有说。

尽管这件事不带有官方性质,但我们还是觉得奇怪。为什么总理衙门认为需要德国公使馆的翻译也在场呢?我们很难将这些活动看作是巧合。他们要交给阿恩德先生的信似乎可以就在外交使团告辞的时候递交,因为他们对文件未作任何解释。当然我们没有必要过分重视这件事。但是发生了这样的争论,已经够说明问题

(1) 丁韪良博士系美国人,原是基督教传教士,16岁起进入中国政府任职,他被认为是经常参与总理衙门起草备忘录的人之一。由于法国政府给在中国的天主教士正式的特别保护(见我1879年6月1日的信),基督教传教士视法国为天然的敌人,所以北京社团的这位主持人参与此事并不奇怪。——原注

了。对于这种有损于我们形象的事情，唯一的补救办法是把我们的行动与收到的信件和外交声明文件统一起来。我在报告开头提到的消息说明巴黎已经感到有必要走这条路。阁下完全能够理解，我正以某种急切的心情等待官方对此加以确认。

附言：我完全有理由认为德国首席翻译根本没有参与而且不清楚这件事。有人设想这件事可能是巴兰德(Brandt)先生挑起的，我认为这也是没有根据的。

C.P.中国第58卷第59—62页

130 交趾支那总督关于安南政治形势报告

1880年2月

批注：报告由交趾支那总督的秘书兰德尔先生于1880年5月交来。

一[①]

自签署1874年条约以来，安南的外交事务处于只与法国打交道的局面，任何国际事务都简单地具有法—安事务的性质。所有的问题，甚至连关于安南的政治形势和我们的保护国制度问题，在一定程度上都可以被视为是公开的，即只要我们与顺化政府之间达成一项协议就可以解决。由于顺化政府处境孤立和兵力单薄，它是不可能违反签定的条约的。迄今为止，这种局面一直没有受到破坏。唯一的例外是1875年我们对英国政府作出了让步，同意他们有可能在开放的港口建立享有对本国人具有裁判权的领事馆[②]。

① 原档没有标明一、二、三、四，这是编者加拟。——编者

② 着重号为原文所有。——编者

事实上,任何强国都没有利用对1874年条约的这一限制性的解释。而且,如果有任何情况使得我们必须更改我们与安南关系的原则,可以预料我们不会在这一方面遇到其他国家的强烈反对。因为任何别的国家均未利用我们的让步与安南建立关系。

现在,因西班牙和安南于1880年1月24日签订了通商条约而改变了这一局面。该条约一经批准,西班牙国王陛下的领事将来到开放港口,而我们在安南事务中独一无二的行动权利便告终结。安南将成为〈各国〉都具有领事裁判权的一个国家,而我们在这块新的领土上的行动只有得到其它也将在这里立足的列强的同意后才能进行。如此长期在讨论的开放的问题,便将这样无可挽回地完结了。

外国人在我们的交趾支那殖民地的大门口、在一个法国至少在政治上不能不关注的国家里设立外交机构,由此产生的危险是无需加以强调的。交趾支那西部边境由于隔着处于我们实际保护下的柬埔寨王国而得到守卫。我们对于安南的保护是表面的,起不了多大作用,可能不足以用它来抵制欧洲人在那里设立领事机构。在不远的将来,离西贡只有几里路的我们的西部边境,将与一个独立的王国相邻,在那里存在着欧洲各国的影响。一旦发生危机,他们很容易结成或多或少公开的同盟来反对我们。为了预防这样的后果出现,如我们决心继续维持我们的保护国制度,我们只有利用西班牙—安南条约批准前,或者起码在该条约因西班牙外交人员来到开放港口而生效之前的这一段时间才有可能做到这一点。这一期限估计为6个月左右。军事家们认为,不可能在本季度或今年10月15日前进行一次军事示威,这一时期看来是给我们规定的最短、同时也是最长的期限。在这一期限中,必要时我们应采取一项行动,并准备好必要的手段来扩大取得的成果。

二

为预防出现各种可能出现的事件，共和国政府已经研究了究竟用何种办法来摆脱长期以来大家都已看到的那种暧昧的地位。1879 年 1 月 10 日海军部部长先生给交趾支那总督先生下达的由法国内阁制定的指示可以归纳如下：

1. 承认只有作为保护国的法国有权处理对外关系并对外代表安南。外国领事将从法国领取领事证书。

2. 特派员和驻扎官将在对开放港口的外国人（即欧洲或美洲某个国家的居民）行使裁判权。

3. 继续征收海关关税，在全部还清了西班牙的债务以后，征收的关税归我们所有，这笔收入将用来支付我们的保护费用。

以上看来还仅是最简单、最温和的计划，这个计划如可行的话，执行起来所作出的各种牺牲很可能最少，在外部引起的麻烦也最小。

此外，我们还需考虑，条约是否应包括有关过渡条款的某些规定，这些规定作为保证和预防措施是我们不能不提出的。实际上条约一旦签订，在相当长一段时间里占领红河三角洲的要塞似乎是预防随时可能发生的叛乱卷土重来的唯一办法。占领直至云南的这条河流，难道不也是可用来保证通航自由、镇压抢劫和海盗行径的唯一手段吗？

尽管 1879 年 1 月所研究的解决办法的主要特点，正是给顺化政府在管理王国内政上以完全的自由和责任，但如不预计到以下这种情况，可能是不谨慎的，即尤其是在东京发生危机时，我们一定要在各省派临时的法国驻扎官，以便监督和检查这个国家地方官员的行动，并预防王国官员的背叛图谋，最后达到安定人心的目的。条约难道不应预见到这一可能性吗?

三

我们已没有多少时间来通过外交活动争取类似的这种条约了。我们应下决心用示威或一次军事行动来加速问题的解决。探讨需要采取怎样的军事措施不在本报告的范围之内。然而,需要指出的是,如我们想事先制定一个最终的计划,而执行这个计划我们需要动用大量的部队,才能排除——至少是尽可能减弱——抵抗的企图。倘若软弱无能的顺化政府处在压倒优势的军事手段面前,我们可以认为它就不得不一枪不发地立即让步。这样,我们便能随意决定在我们想停止的地方停下来。反之,如果我们只能靠一次战役来强使其接受我们的意志,那么,或者由于我们作战部队的热忱,或者由于这一国家的混乱、战争引起的暴动和革命,最后或者由于受到巨大的牺牲而需要寻求补偿,结果会使我们不得不偏离我们的目标。

四

虽然如上所述,罗丰将军所指出的办法无疑是最好的办法,但避开下面一点也是不够谨慎的,即在实际行动中可能会发生各种情况迫使我们不得不更改原先的计划。

首先,应考虑到在东京始终存在着分裂倾向,我们的军队的出现,可能会在外省引起一场大暴动。这种局势,由于基督教徒和异教徒的敌对情绪会更加复杂化。我们想与之进行谈判的顺化朝廷便在东京因此而突然失去权威,这将是不足为怪的。果真如此,这些省份可能很快就会接受我们的保护国制度以换取对其独立的承认。那时,如果我们仍与顺化政府达不成协议的话,我们便可考虑将安南肢解为两个同样处于我国保护下的不同的王国的前景。反之，虽然我们与安南政府签订条约，但如果东京人起来反对顺化的官吏，我们只好被迫作出选择：或者不履行我们对国王的承诺，听任其分崩离析；或者动用我国军队为官吏们镇压叛乱。而在这些叛军中的大部分人今天已成为法国的朋友。

在安南本土，由于人民性格的软弱和温顺，不大可能出现全国性暴动的前景。因此，在我们希望谈判之时，我们不会有找不到正规政府而面对无政府的混乱状态的危险。然而即使出现这种混乱也不是不能接受的，因此值得我们认真思考。

在这种情况下，在国家的改组和管理中，我们必须临时进行干涉，直至建立起新秩序。但是那时，只有我国驻扎官的全部的聪明才智和最大限度的谨慎小心，才能使我们避免走上即使经过改头换面的征服道路。

这些考虑具有十分重要的意义，不能不提请共和国政府研究，但这对需要作出的决定不会有什么影响。有必要再重复一下，交趾支那的前途，是与安南和东京的前途紧密相连的。如我们允许外国人进入这些地方，我们将给我们在远东的利益带来危害。此种情况是有可能发生的，它将使我们最终放弃一个肯定会繁荣昌盛、前途光明的殖民地。

M. D. 亚洲第 36 卷第 77—86 页

131 海军及殖民地部长致内阁总理兼外交部长

1880 年 3 月 3 日于巴黎

内阁总理先生、亲爱的同事：

我荣幸地给您随信附去一封信的抄件。在这封信里，我国驻顺化代办报告了西班牙—安南条约谈判的情况。从信中可以看出，在这个条约的条文上,双方可能已取得了一致意见。但草案第3条的内容,即向西班牙殖民地移民的问题,可能还要进行讨论。

至于第4条,为了通过它的修改稿,黎那先生竭尽了全力,手段非常巧妙而又有分寸。修改后的条款非常明确地保持了我们对外国传教会的保护权,而原先的条款只是相对地令人满意。

从我国代办的报告中还可以看出,西班牙使节尽管得到我们方面的支持,但面对安南政府制造的困难,可能会有如下的明确想法,即法国对安南的影响比在欧洲,尤其是在马德里似乎要小得多。用总督的一句话说,这可能使西班牙内阁认为在安南将有它的一席之地。

这是一件严重的事。

海军部长　游列居伯利

附件　驻顺化代办致交趾支那总督

1880年1月2日于顺化

我荣幸地向您报告,西班牙的全权代表还未得到最终的答复。然而人们可以认为条约确实无疑会按我送您呈阅过的条款签订下来。现在进行的谈判是专门为解决移民的问题。对于条约的其它条款双方已达成协议。解决移民问题的国语(quõc ugū)文本已在11月20日前后交给了安南方面。可是在一个月之后,他们才着手将这个文本译成汉字。□……

M.D.亚洲第36卷第116—117页

132　驻华代办巴德诺致外交部长法来西讷

1880年3月4日于北京　1880年5月7日收到

3月2日《京报》刊载了广西巡抚最近的奏报。我将该奏报的译文随函附上。在这份奏报中,中国对东京的所谓宗主权比我以前随时向部里汇报的文件说得更明显。

它像以往一样,总是谈到叛乱头子李扬才的处决问题。中国的高级官员这次不仅仅满足于向中国政府汇报他根据接奉的命令将叛逆的首级送往东京示众,他还说(我们尤其不应忽略它的严重意义),他还写了一封信给嗣德帝,将北京朝廷最近作出的决定转告他。另外,有一项细节不能不提请您注意,就是广西巡抚在信中所使用的是只能在中国同级别官僚之间信札来往的格式。由此可见,这位官员自以为与嗣德帝处于同级地位。说也奇怪,这位嗣德帝竟会接受这样的信件。

这样看来,广西巡抚在最近奏报中透露的情况值得记下来,这些文件本身就足以说明安南朝廷和中国朝廷之间延续至今的关系,毫无疑问,这种关系将一直延续到我们决心让顺化朝廷执行1874年条约的规定为止。事情非常清楚,不久以前送给嗣德帝的信,如果立即退回写信人,那么中国政府就会当作受到警告而改变其态度。再说,事态已经发展到目前的地步,我坚决认为在安南要准备好进行一次军事行动。远东地区的舆论对此早有准备。

如果目前仍忽视这些信息,或者继续推行苟安政策,我们的势力将会受到非常沉重的打击。

巴德诺

附件 广西巡抚张树声的奏报

(1880年3月2日《京报》①)

广西巡抚臣张树声跪奏:为遵旨将逆犯李扬才在广西省城正

① 原文如此。张树声此奏报实际上刊布于光绪六年正月二十一日(1880年3月1日)《京报》。——编者

法并传首越南,悬竿示众,恭折由驿驰陈,仰祈圣鉴事:窃臣于光绪五年十一月二十五日承准军机大臣片开:光绪五年十一月初六日内阁奉上谕:前据张树声奏官军搜擒首逆李扬才情形,业经降旨宣示等因,钦此。旋据提臣派拨之文武委员押解该犯李扬才到省,并将前克者岩时起获之伪印一颗缴送前来。臣当即督同司道亲提研讯,据呈亲供,均与提臣前次录送该犯供词相同。臣即遵旨饬令臬司崧骏会同臣标署中军参将王世清等,将该犯李扬才于十一月二十七日押赴市曹正法,即日遴委文武员弁将首级解赴太平府验明,转递出关,交越南谅平巡抚查收,转送被扰地方悬竿示众,以昭炯戒。一面由臣恭录谕旨,并将该犯正法传首示众缘由照会越南王查照。除将该逆伪印一颗另行专弁赍送军机处查验销毁外,理合会同两广总督臣刘坤一恭折由驿驰陈,伏乞皇太后、皇上圣鉴。谨奏。

军机大臣奉旨:知道了。钦此。

BB—4　1971 第148—150页

133　海军及殖民地部长致内阁总理兼外交部长

1880年3月24日于巴黎

内阁总理先生、亲爱的同事:

我以极大的兴趣阅读了关于我国在安南和东京的政治形势的信件。对于霍道生先生对一系列事件的看法和列举的造成现状的根源,我有很多不同意见。我认为,今天我们仍停留在过去的一些事实上是无济于事的。当行动时刻到来时,这种性质的讨论只会令人乏味。

为此,我谨指出,从这一文件所提供的情况,我们有必要作出决定,以便完全根据1874年条约的规定对顺化朝廷和东京施加影响。我还要补充指出:法军对这两地海域进行远征的消息(我在您第二封通信中所谈到的报纸上看到了有关此事的反响)，以及人们就此事发表的评论，表明政府不应再长期犹豫不决，最终决定我们应做的事，已是刻不容缓的了。

海军及殖民地部长　游列居伯利

M.D.亚洲第36卷第153页

134 交趾支那总督致海军及殖民地部长

1880年4月3日于西贡

部长先生：

我荣幸地向您送上两广总督关于东京问题的奏折文本，并附上驻中国公使馆代办巴德诺先生的信件副本。

我同意法国驻中国代表的见解：我们在同一些亚洲国家的交往上麻木不仁，迟疑不决，软弱无力，而这些国家的政府只相信武力，把对它们的让步视作无能，这样会很快失去我们在远东的威望；我们的威望已经严重受到损害，而西班牙政府同顺化朝廷的谈判并非为了改善我国在该地区的处境。

我们希望能回避经我们一般性表示我国愿望后就可以克服的细小困难，以便准备在不久的将来对付真正的纠纷。

我把《中国邮报》(China Mail)上的一篇文章寄给您①，文章极有可能出自我们的同胞北纳先生之手，文章在有的地方对我们的政策实施和工作方式具有正确见解。我感到遗憾的是一位法国人竟然向英国人泄露我国政策中的欠缺之处。请您相信，部长先生，欧洲各国政府对我们的无所作为已感到厌烦，它们要求自己有权来保护本国侨民的时候已经临近，因为我们对这些国家的侨民不

① 原档缺。——编者

予保护,听任顺化朝廷对他们随意地敲榨勒索。

卢眉

附件　驻华代办巴德诺致交趾支那总督

1880年3月3日于北京

总督先生:

继我1879年10月20日、1880年1月10日和29日信件之后,我荣幸地给您寄上载于3月2日《京报》上的广西巡抚奏折①。该奏折同上次一样,仍谈到李扬才被处决一事。您从一并附入该件的译文中可以看出,这位中国大员不仅向帝国政府禀告他已按上谕把叛将首级送东京示众,还说——我们尤其不应忽略它的严重意义——他还写了一封信给嗣德王,将北京朝廷最近的决定转告他。还有一个细节不能忽略,广西巡抚在信中所使用的是只能在中国同级别官僚之间信札来往的格式。

由此可见,这位官员自认为与嗣德王地位相同,而且有理由可以推断,嗣德王并不拒绝这种平等地位,因为他同意收下这样的信札。而这一问题丝毫也不使我惊讶,因为目前发生的事情只不过证实了我在1879年10月22日给兰德尔先生的信中所说的看法。我的这封信他可能已向您转告。

按照古老的传统礼仪,如果安南国王今天来北京朝廷朝贡,他充其量只能排在二品亲王之列,而且,他得与亲王一样向皇帝跪拜。我在一份照会中还说过,18世纪时一位被废黜的安南王投奔中国,他只能佩带四品花翎。

从这一点看,《京报》最近刊登的文件非常宝贵,应予保存。文

① 原档缺此附件,但可参阅第132号附件。——编者

件本身便能说明安南朝廷和中国朝廷延续至今的关系。无需怀疑，这种关系将一直延续到我们决心让顺化政府执行 1874 年条约的规定为止。事实非常清楚，不久前送给嗣德王的信，如果立即退回给写信人，那么，中国政府便会当作警告而改变其态度。我觉得再来强调不采取行动的恶果是多余的，因为如果继续无所作为，那末必将严重影响我国在远东的声誉。

巴德诺

M. D. 亚洲第 36 卷第 208—211 页

135 海军及殖民地部长致内阁总理兼外交部长

1880 年 4 月 5 日于巴黎

内阁总理先生、亲爱的同事：

交趾支那总督先生刚给我寄来驻华使馆首席翻译交给我国驻北京代办的信的副本。它是德微理亚先生经过将我们与安南签订的 1874 年 3 月 15 日条约的法文与中文两种版本相对照而摘录的一些分歧文字。

在我看来，这些分歧点没有重大的意义，不至于引起模棱两可的解释。然而我认为有必要将这封信转送给您。请您用毕后还我。

海军及殖民地部长 游列居伯利

附件 驻华使馆首席翻译德微理亚致巴德诺

1879 年 12 月 28 日于北京

我出于好奇，把 1874 年同顺化朝廷缔结的条约中、法文本进行了对照，发现某些不一致的地方，对此有必要予以重视。因为这些不一致，在某种程度上一方面说明安南政府认为它有权同中国保持藩属与宗主国的关系，这与法国条约的第二条内容是不相符的;另一方面又能说明北京朝廷(它只知道中文本)居然以为 1874 年 3 月 15 日条约绝不会终止它以往从安南方面得到的朝拜和贡品,为更清楚起见,我认为必须把中文本逐字翻译与正式的法文本进行对照。

第 二 条

法 文 本	中文本逐字直译
法兰西共和国总统阁下承认安南国王的主权及其对任何外国、不论哪个国家的完全独立。承诺对安南王国给予支持与援助。	(法兰西共和国总统阁下)清楚知道,安南皇帝赋与自己自行作主的权力,他不**服从于任何一个国家,他不是任何一个国家的臣民**。(A)①致使(B)〈法兰西共和国总统〉本人〈对他的〉承诺支持与协助。

(A) 可逐字译为:“它不是任何一国的附庸国。”□……或者根据中国国家的官方文牍用语及公文惯例,可译为:□……——原注

(B) “致”即“下令”、“命令”,初看起来可作为连接词,但从它的插入成分看,可能是出于纯粹亚洲式的文字把戏而使用。——原注

这里法文本和中文本直译对照足以说明中文措辞与法文措辞相距多远。鉴于难以把法文译成中文,至多只是译出大致内容,以致改变了字面意思,更损害了原文的精神。因此,在我同顺化缔结的两种文本的条约中,应像我们与中国订立的条约那样明确规定,在出现争执时,哪一文本具有法律效力,这是至关重要的。逐字审

① 着重号为原文所有,下同。——编者

读第三条更清楚说明，当初 1874 年时如有这样的预防措施是不无好处的。

第 三 条

法 文

安南国王承认此种保护，保证其对外政策与法国对外政策相一致，并丝毫不改变其现有外交关系。(A)

中文逐字直译

(安南王)应承认这一援助许诺，经商妥约定，如他与其他国外王国有关系时，此种关系应与法国政府的想法吻合一致；如他以往与某些国外王国有使节往来(A)的关系，并一如既往予以维持此种关系不得改变。

(A) “外交关系”这一用语是这样一种抽象概念，用中文表达时只能求助于许多含义均不完整的代用语。1874 年条约译者可能对谈判人的意图不够熟悉，他采用的用语虽然从定义和译文上讲是绝对正确的，但是当时游悲黎将军如果了解这一用语的确切含义的话，这一译文可能得不到他的批准。

游悲黎将军在第二条中规定安南对一切国家独立时，显然是想把中断嗣德对中国的臣属关系确认下来。他在第三条中提及，顺化朝廷不得改变其当前的外交关系，他可能指的是安南同西班牙的关系，这一关系在 1862 年以安南为一方，法国和西班牙为另一方缔结的集体条约中已予确认；因此据我看，第三条的目的在于说明，法国既已签订新约，1862 年的条约对法国便失效，该条约有关西班牙部分则依然有效。

(A) “使节往来”这一用语，我再说一遍，同法文本的含义完全相同，但有弊病，即可适用于嗣德每四年向北京朝廷派遣使节一事。

M. D. 亚洲第 36 卷第 162—167 页

136 内阁总理致海军及殖民地部长

1880 年 4 月 9 日于巴黎

海军将军先生、亲爱的同事：

您本月 5 日转来我国驻北京公使馆德微理亚先生关于已批准的交趾支那条约的信，谈及 1874 年 3 月 15 日我国与安南条约的法文本和中文本之间的不一致处。

我很注意地阅读了他的意见，遵照您向我要求的期限，谨随函将该材料寄还。

我国代表还表示了这样的意见，他不想就此有所表示，而且在目前情况下他不认为这会成为对我国东京政策的严重障碍。

M. D. 亚洲第 36 卷第 168 页

137 外交部长[①] 致驻华公使宝海

1880 年 4 月 13 日于巴黎

宝海先生：

不久前我不得不在与您的公使馆的通信中具体说明我们给予在远东的天主教会的保护具有什么样的性质，并且从我们与中国关系的现状考虑，我们为什么必须保证不背离法国的传统政策。我现在不是想和您谈我上次已经同巴德诺详细说明过的想法，也不想再次明确指出迫使我们继续支持传教会的总体利益。这些利益与传播宗教的想法无关。在那遥远的地区，今后相当长的时期内传教士们的活动将为我们的影响提供最有效的支持。

您非常了解这些利益的连续性，所以您不会搞错，3 月 29 日

① 发信人是编者根据内容加拟。

有关法国非法宗教团体的法令涉及到传教士，应适用到什么范围。共和国政府实施针对修会的法律是出于国内政策考虑。外方传教会、特别是在中国的传教会与之无关。政府采取的措施丝毫不会影响我们的庇护。您将像过去一样行使这种庇护权，而且可以不区分受庇护的机构是由基督教徒主持的，还是由在法国领土上不被承认的其它修会主持的。

对这个问题任何犹豫不决都会令人不快地损害我们保护权的连续性。现在由于对3月29日法令的解释出现谬误，受您指挥的领事和其它官员表现得踌躇不前。面对这种情况，我请求您给他们必要的指示，以便他们将自己的行动准则同政府的意图步调一致。

C. P. 中国第58卷第108—109页

138 外交部长致宝海

1880年4月16日于巴黎

宝海先生：

共和国总统出于信任，授权我领导外事工作。我当时必须把注意力放在一些与各国政府正在进行的专门谈判上。况且，您也知道，我并不想在处理这些谈判时使我的态度有别于多年来指导我国对外政策的精神实质，而且这项政策，总的来讲是和平、和解的政策。我非常清楚法国的需要，因而就不想改变杰出的梯也尔(Thier)先生为之划定的活动范围；并且我想如果法国继续深思的话，那么她回顾过去只能从中汲取有益的教训。

各国与我国建立的友好关系使我较容易完成任务。因此，我从一开始就尽我之所能，致力于朝着严格遵守协议的方向，加快和解来解决悬而未决的问题，以便在所有的地方清除造成对立和冲突的因素。

在我的日程表上,如果我可以讲的话,有两个重要问题,而且两个问题都牵扯到实施柏林条约的规定和巩固由这个国际条约在东方促成的新局面。我想谈一下最终承认罗马尼亚公国作为独立国家和调整土耳其与希腊王国边界的问题。(中略)

另外还有一个问题,我认为也有必要同您谈一下,而且这个问题所引起的忧虑与我们有更为直接的联系。您是知道的,形势要求我们主动采取必不可少的措施,与英国协商一致,恢复埃及合法的行政机构所享有的利益。……

当我结束回顾这些事时,我不能不提到两个虽然性质不同,但在某些方面都涉及到我们的国际政策的事件。

第一件事在欧洲报界引起了震动,就是逮捕一位俄国难民,名叫哈特曼(Hartman)。他被怀疑是12月1日莫斯科暗杀事件的制造者。(中略)

我要谈的第二事件是3月29日颁布的法令。这些法令的目的是调整一些宗教组织,并将解散它们中间的一个。有些人设想法令的后果将是放弃我们在东方和远东近百年来的政策;设想我们将不再保护那些为扩大法国的影响,使远方知道法兰西这个名字而作出贡献的传教士。制定3月29日法令的动机完全是出于国内考虑,是要使一些社团重新遵守法律,因为长期以来,这些社团已经背离了法律,并引起了国家权力机关对它们的注意。但是,我们对教会利益和个人利益的尊重丝毫没有因此而加以削弱。我们采取的措施对于保护在国外的传教士的问题,不会产生任何影响。

先生,我认为和您一起谈论这些细节是恰当的。这样做可以使您尽可能完整地了解到自从对外关系事务归我领导以来,我所采取的步骤。我所论述的问题并不全都属于您直接负责处理的范畴,这是事实;但是在我看来,让您确切地了解在这些问题上我们所遵循的精神也不无必要。我确实希望我们在国外代表共和国的使节紧密地配合政府的意志，他们的使命就是在国外让别人了解并尊重这一意志。我相信您的献身精神，为完成这一任务而表现出的所有必要的热忱。在我的方面，我认为我的任务就是信赖您，向您阐明已确定的总方向和有关政策的主要内容。这样我们之间的配合将更为持久，更为有保证。

C.P.中国第58卷第113—128页

139 海军及殖民地部长致内阁总理

1880年4月22日于巴黎

内阁总理先生、亲爱的同事：

我已就我国同顺化朝廷的关系问题向您作过汇报，今又荣幸地向您转送交趾支那总督的一封来函副本，该函包括我国驻顺化朝廷代办的一份报告。

如蒙就这两份文件说明尊意，我将不胜感激。

海军及殖民地部长 游列居伯利

附件1 交趾支那总督致海军及殖民地部长

1880年3月19日于西贡

部长先生：

您去年12月22日就嗣德王和我国代办之间建立直接联系一事向我下达的指示，我已转告了我国代办。黎那先生因此转告商舶大臣说，向法国派遣使团一事取决于顺化政府能否事先接受我们提出的使法国代表能直接会晤国王陛下的建议。

我荣幸地向你送上黎那先生一份来函副本，他在函中向我汇报了他为此进行的初次交涉。我国代办似乎对谈判不抱什么期望，但是不论有何种结果,安南政府若固执己见,执意让嗣德王离群索居,它定将从我国拒绝接受拟议中的使团一事受到有益的警告,同时它使我国可能有机会再次明确证实它无意增进同我国的关系。它甚至使两国关系受到损害。

卢眉

附件2 驻顺化代办黎那致交趾支那总督

1880年2月26日于顺化

总督先生:

我荣幸地通知您,为着手处理同国王直接联系问题,我在数日前求见商舶大臣。24日我来到我们的普通会议厅,会见大臣、他的两名副手和几名随从人员。先是老一套地闲扯了一些无关紧要之事,然后,商舶大臣向我询问布朗书贝先生的为人。

我已知道安南领事曾向此地寄过一些刊载有关东京和即将征讨东京等文章的报纸,并听有些人说此事已经作出决定,另一些人则声称此举势在必行,而最明智的人则提议对整个安南实行保护国制度。很容易猜透这位大臣想谈什么,而我觉得这是一个极好的机会,可以谈及我所想谈的问题。

虽然我确信通过口头讨论不会取得任何成果,而且您的指示并不禁止我通过书面进行讨论,但我还是只想作口头交谈。我知道您的想法是尽量少用函件,因此我应依此行事。

对商舶大臣的询问,我回答说布朗书贝先生曾是西贡市长,两家报纸的律师。他问我布朗书贝先生为什么撰文反对安南,人家为什么支持他;我便提醒商舶大臣,政府在类似问题上不能禁止记者发表自己的观点,再说,表示这种观点的并非只是西贡几家报纸,法国和外国许多家报纸都登载了类似的文章。商舶大臣问:人家为什么要撰写这些文章?我回答说,条约中一直回避的一些问题使大家对安南感到不快,不满情绪强烈而普遍,舆论界谴责当前的妥协办法。大臣感到尴尬,要我具体说明对他的国家有何抱怨,因为他声称安南各方面都是按条约行事的。以此为基础进行的讨论对他很合适,因为他肯定,我们不可能用他无法否认、至少无法怀疑的一些证据来作为我们一切不满的根据。至于那些最为严重的,例如在中国边界由一群受安南雇用的人设立关卡一事,他向我们保证,他的政府目前正设法满足我们的要求,以此来摆脱困境。

因此,为了达到我的目的,我避免进行讨论,我说事情要适时而为,而目前我只是告诉他舆论界的普遍看法。再说对安南现在正是时机来向人们表示:安南政府是愿意迈上进步之路、使两国关系更为密切呢,还是想继续单独承受它无法规避的事情。我接着说我负责通知您,关于向法国派遣大使这一要求,其答复依然取决于国王和法国代表之间能否直接进行联系,而建立直接联系则是为了在必要时处理有关两国政府间的重要问题。

大臣回答说,您一提出请求便可得到召见。我提醒他,这里说的根本不是当着全部朝臣之面的正式觐见,而是为了商谈事务的单独会晤;况且要求这一类的会晤不会很多。大臣对我说您如果有重要问题要处理,可以直接给国王呈送书信。我回答说,这一点我很清楚,但问题不在这里,书面联系和会晤是两种不同的联系方式。我受命从事第二种方式的联系,并建议贵方采纳此种方式。商舶大臣说,如果是重要事情,国王怎么能对一项口头联系作出答复?因法国代表晋见时已经充分准备了他所要谈论的问题,而国王却毫无准备,很难即时回答。相反,如果事先通过书面联系,便能审议研究,然后从容回答。我告诉他,国王无需立即作出答复。在听取了别人想跟他说的话之后,他可以说他要研究加以考虑;再说,这种通话并不都要求立即答复;最后,如果采取我们提议的欧洲惯用的联系方式,那么,也可以当国王希望同法国代表会晤时便召他进宫,这样,国王便享有事先了解要谈的问题的好处了。由于商舶大臣用另一种方式再次提出异议,我便提醒他,他不可能正确判断这一问题,因为除了我们正抱怨的那种方式以外,他对别的方式一无所知;而在欧洲却相反,几个世纪的经验说明了我们提议的方式是便利的,而且我们对两种方式作过比较,说明我们绝对有必要改变此地的做法。

商舶大臣又提出别的一系列异议:国王健康状况不允许他召见时间过长,他甚至不可能在一段时间内一直全神贯注。我回答说,在这一点上我看不出有任何充分的理由可以回绝我们的提议。国王如果觉得疲劳,可以缩短召见时间,再说也不会经常运用这种召见;而且,除非国王想延长召见,召见很少是长时间的。商舶大臣理屈词穷,再无异议,便请我写成书面建议,以便向机密院和朝廷提出。我提醒说,我刚才口头提出的建议是如此简单,如此明了,如此确切,我觉得根本没有必要再用书面提出。商舶大臣对我表示,如果提议不是书面的,他决不敢奏报朝廷。他又说,历来各种问题都用书面处理,何况这样一件大事,更得采用书面方式。我无法使他明白,当我正要向他说明,在我们认为他的政府至今一直奉为行动准则的那一套应该有所更改的情况下,他以过去的惯例为根据是多么没有道理。或者更确切地说,他不想弄懂这个道理,于是又争论了很长时间,无休止地一再提出了同样的异议。他很是焦虑不安,也很为不满,有时他离开本题问我,是不是我们想对条约作些修改,如果是这样,倒可以听取我的意见和进行讨论;但我总是把他拉回到我的提议上来。他理屈词穷,无法说明他要我书面呈递提议的理由,便大胆地对我说,如果他没有书面文件呈上去,别人不会相信此事的。真实情况是,在此地的互不信任的制度下,大臣担心在转达我们这样提出的提议时,会有招人猜疑的危险。别人会怀疑他同意我们的看法,或者怀疑他昏庸无能,无法使我们放弃要求。另外他们也热衷于对各种书面材料进行挑剔,以便从所有安南官吏的欺诈天性中尽可能捞到好处。

我没有关闭讨论的大门,但我请大臣考虑我的提议并告诉我解决的办法。他回答我说,除了已经说的以外,他没有什么可再说了。也就是说,只有我就这一问题给他提交书面意见,他才能将此事提交机密院讨论。

我虽然肯定这样的交涉不会有结果,但是过几天我要再次交涉,因为我想在讨论时创造机会,以便减少大臣认为能同我国长期保持现有关系的幻想。然后我再提交我们的书面建议,迫使朝廷处理此事并作出答复。我不写任何细节,而是开门见山,不加评论,只写我前面提到的向大臣口头提出的意见。

我无法确切预计,他们会不会因国王健康状况不佳,或者因为惯例而不允许这一类联系,或者因为在觐见时必须有许多译员作为第三者在场(他们可以对一个外国人说,他的安南话讲得不够正确,国王听不懂他的话),从而加以拒绝。然而我可以肯定他们最终的答复将是不接受我的要求。问题只是他们是断然拒绝,还是对不能满足我们的愿望而表示遗憾。我认为我们的交涉是迄今为止要求安南人作出的最大让步,在我看来,谋求一块新的租界也不见得会遇到比这更大的困难。

商舶大臣对我们的要求会引起的影响并不糊涂,从他的话里可以听出来,至今官吏们拥有的只是权利和特权,如果采用我们提出的联系方式,从此以后他们要承担义务了。国家不再是一种由他们不受监督地经营的庄园,国家开始不依附于人。我们所反对的特权如此强大,因而必须预料到会遇到顽固的抵抗。所有官员将无一例外地反对我们的建议。而且我肯定,国王不敢采纳我们的建议。如果他同已从他手里夺走六个省份的国家的代表会晤,对他来说将是沉重的负担。我认为他一想起自己同一位欧洲人单独在一起便会发抖。他尤其害怕官吏们的愤恨不平。对个别的官吏国王是强大无比的,而要对付全体官吏,国王则一筹莫展。当他仅仅对付一小部分人时,这些人的力量会部分地被任命来顶替他们的人的力量所抵消。那些继续在位的人从维护现行制度中只会捞到好处。如果听任大家的特权遭到危害,他们还有什么可再丢失的呢?如果我们能依靠一小部分官吏,取得他们的协助,我们就会有成功的机会,或许我们能很快促使政府走上改良的道路。似乎有可能首先同商舶大臣取得谅解,向他说明形势,让他明白对他的政府来说,这是要么跟我们站在一起、要么迟早灭亡的问题。

商舶大臣罪恶多端,贪污、滥用职权,等等(毫无例外,所有的人都与他一样,官吏之间的差别仅仅是坏事多少不一,程度不同而已)。这样一种经历不免使他对新的〈联系〉方式产生忧虑,但只要坚决向他宣布对过去全部经历都不予理会,看来平息这些忧虑是很容易的。可惜,这位高级官员极其多疑,越来越跟对我们最敌对的那一批人沆瀣一气,这是旧安南人的典型,永远不能指望依靠他。

最后我再说一遍,我认为谋求国王单独召见,以便在没有别人在场的情况下来商讨事务是不可能的。其他方面我们可能取得巨大进展,但是这一方面的进展可以说得上是一场革命。我充分相信,如果我们要求逐渐让步,他们会退让;但是现在距离我们想让人采纳的方式还太远,无法希望一下子便达到目的。

黎那

M. D. 亚洲第 36 卷第 173—180 页

140 海军及殖民地部长致内阁总理

1880 年 4 月 22 日于巴黎

内阁总理先生、亲爱的同事：

我怀着极大兴趣阅读了您在今年 4 月 19 日来函附寄的我国驻中国代办的信。我发现虽然中国为显示其对安南的宗主权而作出的姿态不致使我们担忧。但是，巴德诺先生仍坚持认为，中国不知自爱，实属过分，已经到了我们不能再克制的时候了，如果一再克制，将会损害我国在远东的信誉。他又说，如果再提新的抗议，只有以在安南进行示威作后盾，才能对北京发生作用。这一看法正是我就该问题多次表示过的看法。我谨向您转呈我收到的交趾支那总督来函的副本。作为关于安南政府对策的补充情报，该函谈及安南派遣使团问题。

海军及殖民地部长 游列居伯利

附件 交趾支那总督致海军及殖民地部长

1880 年 3 月 20 日于西贡

部长先生：

据我国驻顺化代办提供的情报，按照过去由于安南向中国称臣而形成的惯例，今年九月或十月前后(即 10 月份或 11 月份)安南使团可能启程向北京朝贡。挑选使臣□……

M. D. 亚洲第 36 卷第 181—182 页

141 内阁总理兼外交部长致海军及殖民地部长

1880 年 4 月 29 日于巴黎

海军将军先生、亲爱的同事：

我已怀着浓厚的兴趣阅读了您在本月 22 日向我通报的交趾支那总督信函和黎那先生的报告。这些函件说明了商舶大臣对我国代办就建立法国驻安南代表同嗣德王直接联系一事而提出的初步建议的反响。您知道，黎那先生不论在兰德尔先生到达顺化时同兰德尔先生谈话中，还是在他去年 10 月 9 日来函中，都曾首先指出要摆脱安南大臣们的周旋，因为这些大臣千方百计想使他们的国王避开我国的影响。卢眉先生完全同意这一看法，你我两部也均表示赞同。我国驻顺化代表一开始便遇到困难，我们对此不必震惊。因为这些困难很可能是由于商舶大臣的周旋而造成的，该大臣比任何人都更关心维持我们所抱怨的现状。而且我感谢黎那先生没有因为这些最初出现的困难而气馁，特别感谢他克制自己，避免安南方面的正式拒绝。我正在考虑向顺化朝廷派遣一名特使的计划，在更为牢靠的基础上处理我国与安南的关系，所以这时候我们特别要避免这一问题解决得不顺当。特使衔比普通代办衔更有威望。在海军示威的充分支持下，特使可能比黎那先生更易克服安南朝廷那批官员的抗拒。而现在我们得承认，当地官员在觐见国王问题上缺乏诚意，他们又流露出想派一个盛大使团去北京的想法，以显示它维持对中国的藩属关系。这表明有一股反对我们的阴谋势力。我们只有通过非常坚定的行动才能勉强战胜这股势力。您用以提醒我的事件与全局有着直接关系，我们已作了研究，而且我与您一样，觉得此事应立即按照巴德诺意见给予解决。

M. D. 亚洲第 36 卷第 181—186 页

142 巴德诺致外交部长法来西讷

1880 年 5 月 5 日于北京 1880 年 7 月 2 日收到

我冒昧地随信附上从《京报》上得来的一篇文章以提请您注意。文章里所谓中国对安南的宗主权是中国政府最近以来经常提出的要求。由于嗣德帝与中国意气相投，这种关系已再明显不过了。的确，安南国王非但没有放弃 1874 年条约上废除的传统藩属关系，他甚至变本加厉地抓住这个机会同中国重新建立老的关系。他就是这样通过广西巡抚的斡旋询问北京朝廷，他于何时可以将安南国王的贡品按定例送给皇帝。广西巡抚并不是第一次作中国皇帝和藩属国之间的中间人。我在 3 月 4 日的信中曾指出，这位高级官员最近在写信给安南国王时，竟然使用同级官员的称呼，而国王不仅没有为了一个中国官员以同等的身分对待他而生气，而且今天他在写信给广西巡抚时，却使用了下级对上级的称呼礼仪。

另外，我曾经指出过，我们的交趾支那政府曾用无法解释的迁就、并不顾我国公使馆再三劝告，让嗣德王在 1876 年随意将贡品送往北京，同时在中国政府后来介入东京事务之后又提出十分勉强的借口。今天，问题又重新出现了，而其性质比过去更为严重。在这里我只能重复我曾多次向部里写过的信：如果法国不愿放弃它在远东的势力，那么它绝对需要迅速拿出一个补救办法来对付日趋严重的局势。在目前的情况下，由于中国无时不在要求恢复宗主权，这样就否定了法国在东京建立的保护制度。因此，我们也不能否认，安南坚持进贡，对我们来说，无非是说明我们已让了位。

巴德诺

附件　1880 年 5 月 5 日《京报》

新授两广总督广西巡抚臣张树声跪奏:为越南国王以辛巳年正贡届期,请示何时进关,据情恭折奏闻,仰祈圣鉴事:窃臣接据越南国王阮福时呈递咨内称:光绪七年辛巳正届贡期,遵例遴委陪臣恭赍方物品仪呈进,祈准于何月日进关,咨请覆文遵办等情到臣。查越南国定例四年一贡,现届辛巳年贡期,据该国王请示前来,相应据情奏闻请旨,如蒙恩准饬令该国陪臣于来年何时到京,以便按程计算,酌定进关日期,照会该国王遵照。谨会同兼署两广总督臣裕宽循例恭折具奏,并照录该国王咨呈原文敬呈御览,伏乞皇太后、皇上圣鉴训示。谨奏。

军机大臣奉旨:着查照向例进关之期,行令该国王遵照办理。钦此。

BB—4　1971 第 153—155 页

143　巴德诺致外交部长

1880 年 5 月 9 日于北京

部长先生:

我荣幸地收到了阁下 1 月 8 日寄给我的信。在这封盖着政治司的印的信中,您对我 1879 年 11 月 5 日的报告作出了答复。在我提到的报告中我曾认为应该以最近的事例为依据,阐明在宗教保护方面新教国家特别是英国所持的理论同我们 30 年来奉行的主张存在着日益深化的分歧,这一分歧已在中国表现出来。我从这些比较中得出的结论没有被司里所采纳。阁下向我说明了是什么理由促使共和国政府原封不动地保持由帝国政府在 1858 年创立的行动准则。这一准则已延用至今而不曾有过任何改变。□……其实很简单,部里在这方面只有一些表面的资料。甚至在北京,最有权威的汉学家也不敢自诩彻底了解这个国家,虽然他们中间某些人一生大部分时间都是在这里度过的。因此请阁下允许我把这个问题看作是尚未详尽研究过的问题,允许我重新加以详细的论述。

从那封我已作过回复的信中,司里的主张已经表现出来了,而且通过其它几封信,这一主张就更加明确了。我可以把它归纳为下面的意思:法国出于这样或那样的原因,在贸易方面不能追求与英、美并驾齐驱,法国就应该从其它方面寻求立脚点,而且只有宗教可以为法国提供这种立足点。"天津条约赋予我们一种在任何地方都似乎是充分的权利,即我们的教友因为他们的信仰会不时被卷入中国的国内事务,我们有权干预。这就为我们提供了无论是对地方当局还是对总理衙门都有最可靠的行动手段"(见 1879 年 10 月 23 日函)。天主教会"有助于在民众之间宣传我们的存在和我们的伟大之处,有助于增加我们的消息来源"。"法国驻北京公使团将因此而得到更多更广泛的行动手段,以至于它最终可以把传教士们在全中国取得的不容置疑的力量算作是它自己的力量。传教活动会增加传教士的人数,而且这些传教士在他们各自的教区内成为影响的中心。地方当局也不得不依靠他们"(见 1880 年 1 月 8 日函)。

这样在原则上很说得过去的理论,对我来说并不是什么新东西。在我担任中国处的记录员时,我曾多次听人夸奖这一理论的好处。而且我也为这一理论辩护过,所运用的论据同我现在从部里的信中找到的一样。我当时不知道我们驻北京的公使馆到底起什么作用,并且我得承认,对此我头脑中形成的概念——也是我周围的人头脑中的概念——与事实不大相符。我认为因为保护传教会而引起的问题是由于误解才产生的。在巴黎,人们设想我们在中国的处境,并不是它是什么样子,而是应该是什么样子。甚至设想一开始就有强有力的、有远见的领导来保证规划、实现我们应该是什么样子的处境。阁下似乎以为这个规划早就已经实现了。大家都还记得基督教士在康熙皇帝的宫廷中所起的重要作用。这一点对大家的幻想影响很大。我们很自然地倾向于要在天主教会的成员中找出利马窦(Ricci)和南怀仁(Verbiest)的接班人,并通常想象这些人继承了他们前辈的权威和声望。但不幸的是没有比这更远离现实的事了。大家完全忘记了,基督教徒中可以称得上学识渊博的人要比传教士受重视;也忘记了康熙皇帝之所以吸收基督教徒到他的宫廷中去,是因为他在基督徒中间发现了对他的国家有用的天文学家和工程师。而事实上,科学界并没有很多这样不知疲倦和才华横溢的传播者。南怀仁神甫确实是位具有各方面才华的人。在蒸汽动力的应用方面,他走在富利敦(Fulton)的前面。他不满足于只向中国传授欧洲的进步和发现,还通过翻译各种书刊使中国具有优良的天文工具,所以他就负责改进帝国的炮兵。这些炮兵是由另一位传教士,汤若望(Schall)神甫在南怀仁来中国以前组织的。他还接受了领导一家铸炮厂的工作(1)。当时的基督教徒就是这样为康熙皇帝效劳的,他们从事的工作与现在中国政府要求福州兵工厂的欧洲设计师作的事相类似。大家明白像这一类助手所起的作用是很大的。几年以后,洪若翰(Fontaney)、张诚(Gerbillon)、刘应(Visdelou)神甫仍然是靠他们的科学知识打开清朝皇宫的大门。由于他们的工作带有这样浓厚的科学性质,所以在他们离开巴黎之前,国王就发给他们数学家的证书,科学家接纳他们为科学院

(1)　见古伯察(Huc)神甫著《基督教在中国》第 3 卷第 66、87、88、89 及 90 页。——原注

的会员[1]。也正是根据那样的原则，康熙皇帝最后于1703年与罗马教廷直接谈判，讨论向北京派遣"三位数学家、三位医生、三位外科大夫和同样多的音乐家。这些人不加区分，一概称作为传教士。"我们看到，当时的传教士还是学者、老师或者是艺术家，而唯一使他们能够接近皇帝的原因，正是他们的这些才能。我借用一段古伯察神父的话，是最带有结论性的："康熙帝为了科学采取了行动，对艺术他也同样对待。他在皇宫里建了各种作坊，挑选最灵巧的工匠，并把欧洲制作的最漂亮的代表作推荐给他们作样板。画师、珐琅工匠、板刻师、雕塑家、铁匠和铜匠在欧洲人指导下争先恐后地工作，来满足这位皇帝的爱好。他会鉴赏好作品，并给予酬劳。正是由于他爱好艺术和科学，传教士们才得以自由地接近他……。他欣赏基督教的伦理和准则，但我认为他从来也没有当真准备接受基督教。他之所以向传教士们提供便利，是因为传教士对他是有用的，而且他们的才华会给他的统治增光[2]。"我还发现了与此相同的评论，观点更为明确。那是在北京主教孟振生(Mouly)先生1840年写给圣味增爵·德保罗(St. Vincent de Paul)传教会会长的回忆录手本中找到的。公使馆的文件中有这份回忆录的抄本。他写道："北京公开接纳欧洲人并不是把他们当作传教会的修士、神甫、福音的传播者……。他们只是被当作欧洲的学者或能工巧匠而被接受。因此负责这些事的传教会会长们派到那里的一些修士、神父，或是懂数学、物理、天文、绘画和制钟表的教友。他们中间很多人为了捍卫宗教，专心于皇宫的候见厅里消磨时光来取悦于皇帝、大臣和他们的夫人。为了能致力于这些与耶稣基督教士的名称不

(1) 参看《基督教在中国》第4卷第121页。——原注

(2) 参看《基督教在中国》第3卷。——原注

相适应、与圣职如此不同的事务,我认为这很需要美德……。上帝再也不愿意像我们希望的那样,以他无限的仁慈,允许靠人为的手段来维持和保护完全神授的宗教……。"

并不是基督徒完全放弃了宗教布道,而是他们懂得照顾时间、地点。他们顺应需要,适应对祖先的祭祀。他们准备以令人赞叹的灵活性作出他们认为必要的让步。对如此宽宏大量、而且尊重中国最细微传统的宗教,北京朝廷能产生些什么不安呢?在服从君王方面,难道不是传教士们首先作出了榜样吗?传教士们并没有因为中国的礼仪与我们的习惯相比令人不快而灰心。他们不是也像普通的清朝官员一样,跪倒在皇帝的面前领受旨意吗(1)?当然我不会因为我们的传教士脱离我们西方人的思想传统并与之相对立而责备他们。基督徒们应该主要靠服从中国官员的各种传统礼仪来消除中国人对西方人固有的戒备,这是显而易见的事。中国皇帝确实可以把他们看作是他真正的臣民。传教士中最著名的人士南怀仁先生还没有拒绝这种相同的待遇。他在临终时写给康熙皇帝的几行字,我们简直可以看作是柯尔贝尔(Colbert)讲给路易十四(Louis XIV)的话:"我将高兴地死去,因为我把一生的全部时间都用来效劳陛下。"(《基督教在中国》第 3 卷 149 页)

在这里,我们至少应该从耶稣会成员文化方面的优势入手,探求我们的传教士当时取得高贵地位的秘密。他们得到这样的地位并不是由于有外部的协助,而是只有在没有任何外来压力的情况下才有可能得到。

我们对在中国的所有天主教会团体实行保护,有人把它看作是有百年历史的事情。其实这种保护权从 1860 年才开始。旧王朝

(1) 请参看《基督教在中国》第 3 卷第 162 页。——原注

历来给予天主教团体的支持只是纯道义性的，而且我敢说是无实际效果的。路易十六曾对我们的海军军官下达过一项敕令，向我们的传教士“提供支援”。但这一敕令同时又规定“这种支援只有在不危及国家同中国政府的贸易时才能实施”。(1)

七月王朝第一次与中国缔结了一个合法的条约。但七月王朝也采取了谨慎和有保留的态度。黄埔条约(1844 年)只限于规定“法国人可以在五个通商口岸建立教堂和救济院”，但并没有提到传教士。的确，在此后不久法国当时驻澳门的公使拉萼尼(Lagrené)先生促成了另一道敕令的颁布。这道敕令给予基督教徒在中国全境传播基督教的自由。但是敕令是作为中国慷慨的赐与，根本不是出自哪个条约的条文。我们的公使认为不仅在给外交部长的信中，而且在由教皇过目的专门材料中都应强调这一点。

就这个问题，1845 年 8 月 30 日他写道：“传教会的要求只能是损害教会的利益。所以我承认，正是从这方面我隐约看到了威胁我们事业持久发展的最巨大障碍。我写这份材料就是为了有可能的话，消除这些障碍。”

我可以列举这份材料的全部内容，阅读它是很有教益的。我这里只摘录最重要的段落：

“皇帝的敕令并不是一份双方协议或国际义务的归结。给予基督徒的好处是自觉、自愿的行动。因此这并不是用正式要求的名义得到的特权。这样的事情是行得通的。世界上没有哪个国家人民像这里的人民那样富有和强大，他们敢于承担这样一项宽容法令的责任。这个法令将在一个人口不少于三亿五千万，其中有五十万基督徒分布于各省的帝国内得到实施。这里的人很赞同对传教士

(1) 见我 1880 年 1 月 24 日第 39 号信。——原注

的出现闭上眼睛,只要他们的存在不以很明显的方式表现出来,比如建造欧洲风格的教堂。中国人相信他们自己,对这样的教堂他们是了解的。尽管以前的法律是严厉的,但天主教传教士还是毫无困难地不断进入内地……。他们的工作只在私下里展开,这多亏了官府对此不感兴趣,并且只要求他们把易招物议的事情掩盖起来。但愿传教士们今天仍把这些东西掩饰起来;但愿他们不要以外国的名义来谋取为他们获得好处的敕令,这些好处只给予当地人。而且救助外国被认为是最愚蠢的。"

"这样的见解是如此正确与明智,以至于罗马教廷也完全表示赞同。我们应该按照这种见解向传教士们转达明确的指示……对一切不属于教义和伦理的东西,中国人可以自由地信奉他们祖传的神灵和保持民族传统,他们的教堂或祭坛可以采用当地建筑的固有形式。从外表看,他们教堂的样式是亭子的形式或是塔的形状都无关紧要,只要有十字架作装饰,而且里面的祭坛是基督的祭坛就行了……。送往中国的画像要更带点中国的特点。黑人对他们的圣贤有一种特殊的虔诚感。在中国,如果我们的圣贤更像当地人的话,当地人就会更真诚地祈求我们圣贤对他们的保祐。同样也要避免因为严守戒律而给传播基督的教义带来没必要的障碍。……人们不会喋喋不休地讲,一个中国人,不管他是什么样的基督徒,在村里满大人的眼里,他仍不失为经常任人摆布和剥削的中国人。如果他从信奉的宗教中,从启示他的教义中得到一种鉴别偶像崇拜的优越感,而且这种优越感通过他的语言和态度表现出来,那么就会有人出来不仅反对他,而且也反对他信奉的宗教……。"(节选自一份撤销传播基督教禁令的札记,曾附在1845年8月30日信的后面。)

我认为所引这段话足以说明,七月王朝在中国实行的政策与1860年以后占上风的,并且完全由大清帝国政府主动采取的政策毫无共同之处。天津条约中附入了一条向教会提供新的便利的条款。上面说到的根本区别更多的不是由于这项条款本身,而是在于这项条款的实施。英国人的条约实际上包括了与我们的条约第13款相同的条款。但是英国和其它新教国家从来没有想到要像我们那样理解这一条,并以此作为建立宗教保护权的基础。

出于一种奇怪的矛盾,当法国承担起在其历史上尚无先例的庇护的责任时,它却又放弃一些特权。而各天主教王朝总是十分渴望得到这些特权,而且这些特权似乎是法国人作为保护人所固有的。

我在以前的一封信[(1)](1880年1月24日的信)中曾提起过葡萄牙宫廷给予传教会并非相当有效和有影响的帮助,而它要求传教会付出的又是什么样的代价。我曾指出,虽然法国宫廷的保护权并不比这更有效,但也拥有类似的特权。法国宫廷将有关教会传教的敕令提交巴黎法院登记,它还注意确保这些敕令只有完全无损法国教会(Église gallicane)的情况下才能得到实施。就这一点我讲过,路易十四以他的权力,用遣使会代替了弱小无力的耶稣会,他还为新的传教士勾划出指导他们组织的准则,规定他们每年要向海军次长汇报他们的进展和发现。

如果我们的保护制采取更有决定性意义的形式,清帝国政府似乎会因此而更有理由要求得到属于法国旧王朝的监督权。确实,只有在这样的条件下,如此复杂的庇护权才可以有理由存在。对于拿我们的责任去冒险的问题,如我们像过去要作的那样,让教廷传信部采取主动,那么这将不单单是面对一种危险,即卷入的程度远比我们希望的深,而且是我们自己放弃了引导运动朝着有利于我

(1) 任何一位主教都不得在当地(印度支那)任命;任命任何人都须由国王同意,并由他参加。国王有权提出候选人。无论哪位传教士去印度须经国王同意。——原注

们利益的方向发展的可能性。这种宗教运动必定在我们的影响之外自行发展。传教会设在中国的沿海省份,并与我们的外交人员经常联系,久而久之或许能够产生可供利用的影响。如果传教会分散于中国的各个角落,那么它们只能给承担保护任务的人造成麻烦。最近由于天主教传教士出现在朝鲜而造成的纠纷就无可辩驳地证明了这一点。

其它没有任何事实可以证明宗教团体在“全中国”具有像司里讲的那种“无可争议的力量”。传教士们在大清帝国的高官中间,以至于在皇帝家族中计算有多少会员,那样的时代现在已经过去了。那时,基督教的活动可以和崇拜祖先、尊敬孔夫子调合起来,因此,改信天主是常有的事。但是后来教皇克莱芒二世(Clément II)发布了一道敕令,构成中国制度基础的传统偶像崇拜因此受到了损害。自此以后,改信天主教的事就差不多成为不可能的了。随着外国更直接的干涉,传教士与一般居民间出现了鸿沟,这就更增加了清帝国政府的不信任感。因此就出现了这样的结果:目前我们宗教团体的拥护者差不多都来自这个国家最贫困的阶层。这些人远不能以他们的影响为他们的精神领袖效劳,而且他们根本就没有影响,反过来他们要靠精神领袖帮助。传教士们由于经常为基督徒辩护,而且经常不得不因此而插手大量的纯粹民事问题(他们中间大多数人对这个国家的语言或习俗缺乏足够的了解,所以这种介入就显得更危险),他们几乎不可避免地陷入受敌视的境地,或至少与满清的官吏相处不合睦。我们承认,由于公使馆向大清中央政府施加了压力,取胜的总是我们的传教会。用司里的话讲:“地方长官不得不对我们的主教另眼看待。”法国从中得到了什么好处呢?为了使传教士在中国产生的影响真正为保护这些传教士的国家所用,还需要传教士的影响能为除其自身利益之外的其它利益服务,或者是保护人与被保护者的利益有一致性。比如说在地中海流域，我们的作用是多方面的，我们的宗教保护权可以说是有成果的。确切地讲这是因为这种保护权对于我们的政策来说，既不是唯一的，也不是主要的目标。修会在土耳其受我们的保护，它们能为法国效劳的事情是只能传播我们的语言。在中国没有任何与此相似的事情。对那些注定与西方人不会有任何来往的人来说，法语教学毫无用处。基督教徒由于与沿海地区没有联系或者没有经常来往的可能，就形成了他们自己微乎其微的小圈子。这样的小圈子被淹没在帝国辽阔的疆域内。他们虽然要求得到像欧洲传教士已取得的那种独立，但是要使当地刚入教的人也具有这种独立，他们就得没完没了地提出要求。

这里的人与我们没有任何直接的或间接的联系，他们并不消费我们的产品；至于我们的文明是什么样子，他们不作任何推测；对他们来说，欧洲是一个宗教首领的化身，而且这个首领经常不是法国人。我们同这样的人会有什么共同利益呢？

我情愿同司里的愿望相一致，希望将来我们的工业品会在中国找到市场。但不幸的是现在还没有任何东西允许我们作这种假设。如果设想通过传教士能够建立欧洲同清帝国内地有规模的贸易流通，恐怕从中得益的将不是法国。我们制造的产品价格过高，在中国市场没有希望同英国货进行合算的竞争。没有迹象表明会瞬间出现对我们有利的贸易份额。像中国这样的买主，其需要几乎近于零，经济收入通常很有限，所以外国食品只有价格十分低廉才能被接受。价格低廉的英国棉织品和俄国的呢绒现已饱和了。而且可能在今后很久都能满足拥护我们教会的那些人的需要。

另外，有一个最好的事实可以说明外国不能希望从宗教方面为贸易打开道路，正是那些在贸易上与中国最有经常和广泛联系的国家,最讨厌为它们的传教士取得成果提供便利。俄国看上去应该比其它任何国家都希望通过宗教布道来寻找在中国的立脚点,但在这方面,它采取最谨慎的保留态度。新教国家其中特别是英国也一贯奉行与俄国一致的方针。如果我们重新读一下克拉兰顿(Clarendon)1869年5月19日写给阿礼国(Rutherford Alcock)的信,我们就会确信这一点。克拉兰顿写道:"陛下政府与您意见一致,认为不必为英国传教士要求得到特许给天主教传教士的特权。这些特权没有坚实的基础,因为在法国条约的中译本中插入了一些条文,可是这些条文在同一条约的法文稿中并不存在。所以陛下政府就更不准备要求这些特权。您不要让英国的传教士有这样的想法,即按照这些插进去的条文,女王政府会支持他们的要求,使他们在中国内地具有比普通英国臣民更广泛的居留和行动特权。如果有必要的话,您就告诉他们:假使他们去谋取这些特权,那么他们将独自冒风险,而且完全由他们自己负责;一旦出现危险,政府不会采取任何军事行动和干涉予以支援。"

葛兰维尔(Granville)勋爵对这一问题也采取了同样的态度。1870年他请英国公使提请新教徒传教士注意,"他们应避免有任何引起中国人猜疑或敌视的行动。他们应该力求使那些新入教的人放弃那种看法,即这些人改信基督教以后,就免除了作为中国臣民应尽的义务。"最近在福州发生的事也是个例子,去年11月5日我曾就此向部里汇报过,威妥玛(Wade,Thomas)先生出面干预从而导致以前拨给英国圣公会用于某个机构的津贴被削减了。这个例子更能说明问题,它表明英国在宗教保护的问题上甚至倒退了一步。

如果传教会可以为保护他们的国家提供的"行动手段"像司里设想的那样有效,那样不可抗拒,那么英国为什么总是拒绝利用这种影响呢？更为奇怪的是，英国并不像我们那样，保护各国的传教士，而是只保护英国牧师。这些牧师周围那些信奉新教的人几乎全部都分布在通商口岸内。从贸易或政治的意义上讲，这些信徒比其它任何人都更能提供与欧洲国家合作的基础。我们确实不可忽视的问题是，法国可以从天主教会得到的协助之所以更不现实，是由于天主教会这支队伍中很多成员并非法国人。很久以前就有人向司里汇报意大利传教会对我们抱不同的感情。雷门迪(Raimondi)先生在这方面曾注意澄清各种含糊不清的事情。总之，我们可以说，其它国家的传教士与其说是接受了我们的保护，不如说是忍受我们的保护。他们远没有因为这种即使有所保留的保护而感谢我们，他们像忍受桎梏一样忍受这种保护制。他们怎么能够成为我们执行政策的助手呢？下面是我从司里的公文(去年10月28日)节录的一段话，我承认我读这段话时不无吃惊。如果我用这段话评价上面的问题，那么似乎巴黎对这种问题并不太担心。这段话是："在这些问题上，我们的行动准则丝毫不应该受别人或多或少的良好意愿的影响，丝毫不应该受别人因为得到帮助而表示的或多或少的感激的影响。"

我本人思考这个问题时不可能用这么多哲理。我认为，法国是否能够指望传教会的"良好意愿"，这完全不是无关紧要的事。如果受法国保护的人竟不承认其权威，那么法国的威信将因此而受到损害。一种保护——不管是否宗教的——如果只让保护人承担义务，而把一切行动自由留给被保护人，那么这种保护不仅是没有效果的，而且在某个时候会给行使保护权的人带来危险。另外我们看到，各天主教王朝历来是这样考虑问题的。他们从未赞同过放弃对被保护人的约束。而这正是我们今天所缺少的。

我们现在是否能夺回失去的阵地，并且恢复已被清政府宣布为过时的那些特权呢?这样的要求拖了这么久才提出,我们是否能够如愿?很靠不住。1858年罗马教廷承认那些过去在远东保护基督教徒的人有特权,那本是很自然的事。当时在中国,法国是唯一代表基督教的国家,是唯一可承担传教事业的国家。法国为教会作出了显著的贡献,所以它有权利表示自己的意见,并且作为互惠有权利要求予以保护,大家无法拒绝这种保护。今天的情况已经完全是另一个样子。我们似乎碰到了一种不可克服的阻力。现在没有迹象表明局势会向着有利于我们利益的方向发展。在中国的传教会终于在五个大教区里组织起来(我曾就此提请司里注意,见第59号),形成了教会组织以前从未有过的团结。这样今后要求公使馆为修会采取行动就更不现实了。正像我在写给阁下的信中提出的,法国驻北京的代表只能日益变成传教事务所的律师。可是对那些他有责任保护的人,他甚至不能要求有一种名义上的权威。

现在我们要竭力保住这块阵地,而新教国家显得比以往任何时候都更不愿意追随我们。而且我们的斗争归根到底为的并不是我们的利益,在这样的条件下,我们的作法会有什么实在的好处呢?如果我们采取英国、德国和美国的办法,并且我们把外交行动限定在伦敦政府很早以前就为其驻北京的代表规定的范围内,我们这样做是否更明智一些呢?我们只要不对教会团体放任不管,从原则上讲我们就能够做到,只有在其成员的安全和传教的自由确实受到危害时,我们才为他们出面干预。在1878年3月总理衙门致其驻外国使臣的信中,曾就这一问题提出过意见。巴黎似乎不必把这些意见看得那么严重。这不仅是我个人的看法,白罗尼先生似乎也这样认为。

1878年12月30日我们驻北京的公使写道:“中国政府抱怨说,教士中有些人宣传自己的作用如何重要,他们窃取中国政府的官方职能，或试图取代其政权。我们必须承认这些事实，这些抱怨经常是有根据的。三年来我一直在思考改进过去对传教士们听之任之的坏习惯的适当措施。传教士们干涉完全由中国官方管辖的事务，这就引起了不信教的人的非议，造成这些人与基督教徒相互怨恨并激怒清朝的官员，事实上我们的大部分冲突都是由这些干涉引起的。”

“现在，我们公平地讲，中国政府难道就没有任何错误吗？难道它已尽了它的义务，一直在保护传教士吗？其实中国政府宁可把这些基督教徒看作是外国的盟友，而不看作是清帝国的臣民，中国政府的作法难道不就是这样吗？由此就导致了不公正的待遇和其它弊端，这些传教士们试图反击。但是传教士的行动已经超过了寻求传教和施加影响手段这个目标。”(1)

我越是研究这个问题就越觉得法国没有理由因为这样一项政策而把自己孤立起来。这种政策的无私精神是伟大的。但这一政策迫使我们为了一种与我们无关的事业而运用我们的影响。保留这些影响为我们自己服务当更有益。在本文的第一部分我曾指出过，在十七世纪是科学，而且只有科学才为基督教徒打开了康熙皇帝宫殿的大门。这在今天也还是我们影响的真正来源。无论北京朝廷如何藐视我们的文明，它还是日益感觉到有必要求助于欧洲。它这样做是为了从欧洲获得用于自卫所需要的武器。这才是进入中国的突破口。为了我们国家的利益，突破这个缺口要靠我们的工程师、学者、教员和军事教官。今天只有他们才能为扩大我们的影响而有效地工作，并有效地为我们的工业服务。在这方面，传教士已不再是远东和欧洲之间天然的中介人了。另外从上面我引的孟

(1) 传教士们向公使馆提出的要求经常是因为他们完全不合法地购买地产，并且他们购买的地产超过了传教的需要。——原注

振生先生回忆录中那段话可以看出,传教士拒绝采用"人为的手段"。这些手段曾使他们的先辈获得了莫大的成功,而他们则认为这样做与他们神圣事业的性质是不相称的。因此西方的政策不能再指望从他们的行列中找到合作者和盟友。中国现在是从世俗人员中招聘外籍官员,欧洲就应该从这里寻找主要的立足点。

英国完全领会了这些。英国驻北京的代表让人把领导中国海关总署的权力授予一位英国人,伦敦这回取胜了。这要比英国通过在中国心脏地区设立 25 个传教会所取得的成果更带有决定意义。总理衙门当时就不能确定一位法国人作为人选吗?提名日意格(Giquel)先生就不能顶替对赫德(Hart)先生的提名吗?大家肯定会说这是可能的,特别是当时公使馆有权对平衡英法利益可能施加影响。可是我们提出的计划却是迫使公使馆将这种影响全部用来为另一项事业服务。不管由此会发生什么事,赫德先生所处的特殊地位将会出现什么结果,我们将容易预见到,新上任的总税务司会竭尽全力保证英籍人员在海关总署的各部门中占主导地位。北京负责培养中国青年熟悉西方科学和语言的学校很快成为海关总署的附属部分。由于海关总署负责以海关收入支付受雇于中国政府的教员的工资,海关总署将逐渐垄断任命外籍官员的权力并从中得到好处。英国由此而取得的政治上的影响自然就很可观了;它从中获得经济上的好处也是不小的。中国最近几年向英国工业界定购的大炮、武器和汽船要以几百万英镑计算。这些定货都是在总税务司官员的多方斡旋下作出的。

尽管现在比起 15 年或 20 年以前来说,竞争的条件对我们更不利了,但我依然认为并不是不可能进行这种竞争。赫德先生会不会在中国再任职三、四年以上,这是值得怀疑的。假设海关总署的职位还要落到一位英国人的手里,没有任何东西证明未来的海关总税务司也具有他的现任的威望。这威望更多是产生于现任总税务司本人的人品而不是他占据的职位。

我们的代表并不只有在北京才能有效地发挥作用。地方分权制目前在中国各地盛行。因此对于涉及工业改造、甚至是武器和军事组织等问题的地方长官差不多有全部的行动自由，这就使革新变得比较容易了。在其它国家如果没有中央政府的推动，这样的革新是不可能的。各地的总督可以自由地创办学校、工厂，购买大炮或汽船，而不需要由中央政府干预这些纯属各省行政部门管辖的行动。正是这样，天津和广东的总督，而且特别是前者，在他们各自的行政区内成了真正的君主。他们在很大程度上掌握着外国在中国的工业品的前途。人们懂得在这种情况下私人关系能够起到的作用，懂得随着某个国家的官方或非官方代表能够引起中国政府成员或多或少的好感，各种各样的影响会怎样发生转移。我们一艘战舰的舰长在天津住了几个月，并同直隶总督建立了友谊。他利用这一点成功地为我们的锻造工厂和造船厂争取来一项鱼雷艇的定货。他还成功地促使总督同意建立一所中国航海学校，组织这所学校的任务交给了一位法国军官(1)。既然取得这一成果的外国人在这个国家没有官方的根基，而且也不了解这个国家的语言和当地的习俗，因而没有什么便利条件，那么一位整天同地方当局打交道的领事就能够干得更多。但是要进行这类工作，必不可少的条件是适当修改为我们驻中国的官员的工作计划。

---

(1)　请看我 1880 年 3 月 27 日的信——不幸的是，“野猫”号(Lynx)舰长离开了白河，而没有等到从对法国异乎寻常有利的局面中采摘果实。在他离开的第二天，赫德先生到天津来，推翻了我们同胞的协议，夺走了一笔价值几百万法郎的定货，并记到了英国人的帐上。本来福禄诺(Fournier)舰长已经成功地推进了这笔交易，并且有希望使我国的海军工业做成这笔交易。——原注

经验证明,保护宗教团体和对其它利益的考虑并不总是合拍的。而其它利益似乎也值得我们作出同样有效的保护。对此我只想以许多年来发生在广东的事为论据。在1868年或1869年,两广总督购买了八艘欧洲的战船,把指挥权平分给四位法国军官和四位英国军官。招来的新兵很快就因为财政混乱而倒了霉。这种混乱是东方国家行政机构的通病。新兵的薪水应该由中国地方政府发给,但他们却未领到足额饷银,而且发饷的时间根本没有规定。大英帝国的领事对此感到忧虑并考虑采取措施结束这种局面。经过一再坚持,他最后迫使总督同意,英国军官的军饷同全体中国船员的一样,每月交给领事馆,由领事馆负责分发。按说应该给予我们的国民以同样的方便,这大概是较合乎逻辑的。然而却毫无下文。我们那四位战舰指挥官中的两位对不断给他们带来失望的工作感到厌恶,因此离开了中国;另外两位为了拿到过了期限却还没有发放的饷金费尽了气力,却没有结果。他们船上全体船员的收入更无保障,曾几次前来请求领事馆出面干预,要求得到与受英国人指挥的英国水手们相同的待遇。但我们没有能满足他们的要求。

我不知道英国的代表是依据什么来成功地为英国国民进行辩护的,但是我有一定的理由这样设想:如果英国领事处在与其法国同行一样复杂的局面,英国领事必须为了他们国家传教士的利益向地方当局干预的话,那么他成功的希望也许要小一些。请允许我提醒司里回忆一下,1月8日福州事件时司里对威妥玛的态度的看法:"……英国人认为在宗教方面有时做些让步是有益的。这些让步在某种情况下可以为它带来物质上的补偿。但不幸的是,我们却不会从中得到什么好处。如果我们仿效威妥玛先生,也采取他在福州事件时表现出的有限的妥协精神,我们将因此能比较容易地估计到我们会失掉些什么,而要证明我们从中能得到什么就不那么容易了。”

我刚才列举的事实也许会证明，在有机会时法国同样能通过作出让步来得到好处。而法国单纯偏重宗教的利益，直到今天仍不允许作出这种让步。

因此，我难以接受司里的想法，即“只要我们的工业、海军和贸易在这些地区没有取得更大的发展，足以使我们政策的重心以某种形式发生变化，我们主要的，或者说是唯一的力量就是宗教。”我认为从相反的方向论证是更接近于实际情况的。只要我们在原则上坚持认为我们在中国没有什么物质利益可以追求，只要我们将扩大我们影响的希望寄托在教会组织身上并把保护他们作为我们政策的唯一目标，我们就只能扮演二流角色，没有希望在远东同俄国、英国，甚至德国和美国竞争。

法国能够渴望有一个更高的地位；它能够成为一个真正的亚洲大国。为此法国只要在交趾支那扩大自己的影响就够了，而这是可能的。如果不扩大影响，我们的殖民地将处于不稳定状态。今天我们政策的努力方向是共同为了这个目标，决定我们在东方命运的斗争应该在西贡或顺化展开。如果东京的问题不迅速了结，恐怕会由于外国的干涉而出现预料不到的复杂局面，从而使问题越来越难于解决。只有在法国成为红河三角洲无可争议的主人的情况下，法国才能希望在中国具有与其它大国相同的地位。不幸的是在最近这些年以来，我们的政策非常无力，特别是没有连续性。而如果政策得力，有延续性，本来是可以保证这一计划取得成功的。对此，我们无需加以掩饰。1874 年条约应该使安南摆脱对中国的一切从属关系，可是这一条约到现在还是一纸空文。北京朝廷不但继续接受嗣德帝送来的贡品，而且自由地插手安南的内部事务，自由地按照自己的意愿在东京维持治安。这样中国就为自己完全保留了事实上的保护制。可我们的保护制,连形式都没有。由于我们无所作为,中国的政策受到了鼓励。十个月以来,中国抓住一切时机在官方文件中提及宗主权。这种宗主权是对1874年条约的否定。我不知道在巴黎人们怎样看待这一问题(有关安南问题我从未收到司里一行字)。但我认为有责任重复一下我已在六封信中写过的内容:从现在的事态看,唯有军事示威才能恢复已经遭到严重损害的地位,并恢复每况愈下的威望。

正是鉴于这些可能性,我才坚持认为,在宗教保护权方面,我们采纳英国人的想法,避免把我们的事业同传教会的事业过分等同起来,这完全是有好处的。从这种意义上讲,我们保留更大的行动自由,今后我们同北京政府关于开放云南的谈判就会更有成功的希望。其实,如果中国人发现我们并不热中于干涉那些宗教性质并不十分明确,只会引起他们对外国人的疑虑的要求和纠葛,那么中国人也不会那么反感,甚至会乐意放弃迄今为止仍然固守的、保护其国内市场的壁垒。

巴德诺

C.P.中国第58卷第143—159页

144 外交部长致海军及殖民地部长游列居伯利

1880年5月24日于巴黎

海军将军先生、亲爱的同事:

5月10日来函收到。我同意您在4月22日关于安南向北京派遣使团一事的通报。您向我表示,您担心这一计划如果实现,我国对顺化朝廷的地位将会有不利的影响。同时您征求我对这个问题的意见。您打算最近就此事向交趾支那总督作出指示。

我与您一样,也认为最终解决由于安南坚持承认自己的藩属地位而引起的困难是同我们目前正在研究的修改1874年条约的计划紧密相联系的。我也同意您的看法，担心我们今天能否公开反对筹组中的使团一事，因为一年前我们对这方面的最初迹象还是不甚明确的。然而我觉得我们可以鼓励黎那先生作些努力，暗示法国虽然不正式提出反对，但却怀着敌视情绪，从而争取间接地让安南政府改变计划。如果我国代表按此精神，以必要的强硬口吻而又谨慎小心地陈述，他的话极有可能至少使嗣德的大臣们考虑一番，从而使实施这项计划拖上一段时间，这对我们是有好处的。因为可以让我们赢得这段时间，从而可以着手更明确地解决安南帝国与法国关系的问题。

总之，有关安南向中国派遣使团计划一事，您一定会认为有必要让黎那先生向您作明确的汇报。

M. D. 亚洲第36卷第225—226页

145 东京海军分舰队司令福过尔致海军及殖民地部长克路埃(Cloué)

1880年5月28日于西贡

据我所知，顺化朝廷可能已发布有关随时准备抗击外来侵略的命令。虽然各村尚未征集一个士兵，但各地已选定可能被征集入伍参战的人，并编好名册。这里的官员将新开征一项战争附加税。然而这些人对自己能否保卫国家使之不受严重侵袭这一点，却毫无把握，而且似乎准备看着法国军队在不久的将来去占领他们的国家。

凡了解我们治理下交趾支那情况的人都会像迎接解放者那样迎接我们。当然，如果认为只要采取像安邺那样鲁莽的行动就可以夺取东京，那就会犯一个严重的错误。相反，我认为，一开始就要向那里派出相当可观的武装力量。

这个美丽的国家,有丰富的农业和矿产资源,幅员辽阔,人口众多,人民勤劳,欧洲人在这里近似温和的气候下,容易生活并昌盛起来。

当我们征服这个国家之后,所有这一切便会成为我国的第一流殖民地。

福过尔(Foucault)

BB—4　1971 第152页

146　兰德尔关于1874年条约执行情况的报告

1880年5月

1874年法国政府在同安南缔约时所要追求的主要目标可归纳为如下几点:一,对交趾支那南方诸省的征服一事得到正式承认;二,像我们通过柬埔寨实行的事实上的保护国制度从而确保了其西部边界那样,保障我国新殖民地的东部边界。为此,我们计划在安南取得独一无二的占绝对优势的影响,因此必须使安南接受附庸关系。这种关系,尊重它对内部事务的独立性,但尽可能限制它在国际上的活动并避免一切会危害我国行动的可能的外来干涉。

经济上,我们打算开放某些口岸与欧州通商,确保繁荣,开辟经商通道,以便沟通南中国的物产。

这便是今天修改我国同安南关系的两项条约的目标。两项条约是:1874年3月15日政治条约和同年8月的通商条约。因此,有必要简要地回顾一下这两项条约的主要条款。在1874年3月15日的条约中,法国承认安南国王的主权及其对一切外国、不论任何国家的独立,承诺给予安南国王以无偿的必要支援,以维持其国内的秩序和安宁，防御一切攻击，摧毁骚扰王国部分海岸的海盗(第2条)。而嗣德王陛下则承认法国所征服的领土具有完整的主权(第5条)。另外安南国王承认“法国对安南的保护”，保证使其对外政策同法国对外政策相一致，决不改变它在签订本条约时存在的“外交关系”(第3条)。从政治上讲，这些是该条约的基本条款，是确定法国与安南各自地位的条款。可见，这些条款构成了保护国的制度，对此，双方谈判者肯定心中有数，只是没有明确说明而已。这样做，一方面想通过这种含蓄的提法，来照顾安南人当时极其强烈的敏感情绪，担心如果明文规定承认法国的宗主权会使对方感到无法接受；另一方则是避免由于我国在印度支那的过分扩张而给某些国家进行非难的借口，至少避免引起他们的不信任。为保证和方便条约各款的执行，应向安南国王陛下委派一名法国驻扎官(第20条)。既然条约签订时在顺化没有任何外国代表，因此，按第3条第1款，驻扎官现在是、以后仍将是派驻安南首都的唯一外国外交官员。法国还获得在安南3个口岸各任命一名领事的权利，该领事可拥有一支足够强大但人数不超过100人的卫队，以保障他的安全和令人尊重他的权威(第13条)。安南国王委托这些法国官员保护任何国籍的外国人，审理一切与欧洲侨民有关的案件(第16、17条)。最后则是保护天主教传教会，而且在某种程度上保护嗣德王的基督教臣民(第9条)。

通商方面，安南政府通过1874年3月15日条约保证开放3个口岸向欧洲通商，并开放红河通航至中国边界(第12条)。这些规定又得到1874年8月条约的补充。该条约规定对这些口岸进出口货物的征税额，同时规定来自西贡或运往西贡的物品只缴纳一半的关税。条约规定了这些口岸由法国官员协助建立并加以监督的海关进行工作的条件。最后，条约禁止安南在红河沿岸设立任何关卡,在安南入境时已交纳约定税款的货物,沿河运输直至中国边界均应予免税放行。

这些是 1874 年两项条约的主要内容。当时,南部和西部诸省已被征服,东京部分地区已由安邺中尉先生占领,我们能否利用这种形势得到更多的东西,谋取更大的好处呢?不应忘了谈判时的特定条件:顺化政府反对正式放弃它对已失陷的领土的权利;我们不能过分削弱顺化政府在仍属于它管辖,而我们又不想管的省份中的权威;必须结束东京的骚乱而我们又不想出兵讨伐;担心会引起列强的可能令人尴尬的干预。最后,我国全权代表由于健康原因,必须尽早返回法国,故只得立即缔约,避免中断谈判,影响业已取得的成果。在评价 1874 年条约时,这种种考虑都不应忽视。条约的暧昧之处,我国谈判代表和我国政府从一开始都未曾忽略。但是当初的主要考虑可能是:有关确立我国在交趾支那的地位,保障我国新殖民地,宣示我国在远东的影响诸方面,条约无疑体现了最低限度的满足和必要的权益。然而,虽然条款灵活,遗留下某些问题尚未确定,但只要切实执行,条约仍足以作为对一项坚定政策的出发点和支柱,这样,或通过广义解释,或随着我国在印度支那的殖民地的不断扩大而逐步加以修改,我们这种政策将能逐步补充条款内容。

可惜这些预计可能已经落空,我们不但无法发扬我国谈判人的事业,而且由于总方针或局部政策的压力,我们不得不陆续放弃这一事业的精华。

早在 1875 年英国便对 1874 年条约的照会作了答复,宣称:一、抗议授于法国驻扎官对一切侨民的裁判权;二、抗议对西贡出口或运往该口岸的货物给予优惠。当时我们成功地保存了我国在西贡口岸的特权,但我们却不得不放弃我国对在安南一切外侨的保护原则，只保留了对在按照 1874 年 8 月通商条约条款开放口岸未设领事馆的国家的侨民拥有裁判权。

以后不久，安南政府向我们要求不定期推迟河内以上红河的开放航行。顺化朝廷强调，有关红河条款的目的只是开辟一条从云南出海的通商途径，然而，我们未能使中国同意在中国南部边界红河上游向欧洲贸易开放一个口岸，因此我们不必致力争取一个没有实际作用的特许权。按照安南人的说法，还有另一个理由暂时不能将红河向欧洲人开放。多年来，红河上游有一个中国人居民点，是由在本省不断进行骚乱受到追捕而逃到东京来的一批散兵游勇，这些被称为黑旗军的冒险分子几乎完全独自为政，他们对水陆商人敲榨勒索。这种横征暴敛造成该河根本不能正常通航。安南人以黑旗军的存在作为理由，而不承认这样一个众所周知的事实，即这伙人在某种程度上正是他们豢养的。安南人说自己无力驱走这伙人，因此他们目前无法对欧洲人在红河的安全负责，只有法国出兵才能赶走黑旗军。由于这些理由，我们同意推迟开放红河。1877 年交趾支那总督对顺化朝廷的要求作了让步，除通商条约中规定的税外禁止征收任何税款，准许安南官员对河内与海上之间的红河航运征收某些税。约在同一时期，出现了一个值得我们格外关心的问题。长期以来一直同中国保持藩属关系的安南人宣布，他们打算向北京派遣使节，向皇帝呈献安南国王的贡品，并表示臣服。这项活动直至当时每隔 2 年举行一次。然而我们业已正式向北京通告的 3 月 15 日条约在第 2 条中明文承认安南对一切外国完全独立，这本来可以看作包含有停止中国的宗主权之意。但是，顺化政府依据第 3 条“安南国王保证决不改变它在签订本条约时存在的外交关系”的规定，认为可以把这一条款视为双边性和具有约束力的，这样，法国政府就已经承认了安南有权根据自己的意愿利用先已存在的中国的宗主权。不管此种解释如何,其结果是承认分享保护权并使安南可向北京寻求一种支持来反对我们。1878 年底东京发生了几起严重事件。中国一位叛将李扬才率领一支乱军来到这里,未遇到什么抵抗便占领了东京部分地区。另外,东京百姓早已被安南官员的勒索所激怒,他们一直暗中想恢复被安南摧毁的自治,百姓的这种态度使得这一入侵复杂化了。顺化朝廷无法击退李扬才,于是只好迅速承认无法单独依靠自己的力量制服这一伙新敌人。一开始我们推断嗣德王政府会援引条约向我们求援,以恢复它在东京的威望。这时我们完全可以提出我们的条件作为交换,要求在我国与安南业已商定的关系中作某些根据经验证明必须进行的变动。但是顺化的官员坚持他们的平衡政策,宁愿向别处求援,而去依靠中国所谓的宗藩关系,因为这种关系有利于他们联合来反对我们,而北京则趁机表明要努力维持它的宗主权。就这样,顺化朝廷召来一支中国正规军。这支军队来到应该由我们保护的地方作战,并捉住了李扬才。中国正规军打完这一仗后,在离河内和海防我国驻军不远的地方驻扎了一年多,而中国皇帝最近下了一道谕旨,命令将叛将李扬才的首级在"天朝藩属"东京示众。同时,派中国炮艇到安南沿海维持治安,追逐和烧毁帆船,甚至在海防哨所我国船只的视野内放火烧毁村庄。在顺化,从 1875—1880 年这段时间内,安南人不失一切机会向我们显示他们的恶意和一贯的敌对情绪,刁难我国驻安南首都的代办。1875 年居民示威反对我们,我国官员随从中一名欧籍人员被石块击伤,他们还禁止人们接近公使馆人员。当地官员都害怕因此而失宠,无人敢迈进使馆大门。法国在这里的驻扎官虽然在我们的保护之下,但却被完全孤立起来。有关政府或宫廷的一切事情,他却完全被排斥在外。安南官员们不管以前如何争吵,现在因为一致憎恨法国统治而联合起来。因为法国统治的扩大对他们滥用职权敲榨勒索是个威胁。至于国王,我们几乎无法了解他的想法,他被严格的礼节所束缚,我们也没有能为我国代表争得向国王直接递交我们的要求和建议的权利,这些官员不敢,更不愿意□……①

M. D. 亚洲第 36 卷第 187—195 页

147 驻华公使宝海致内阁总理兼外交部长

1880 年 6 月 5 日于天津

内阁总理先生:

我在 5 月 18 日的信中将我的计划告诉了您。按照这个计划,我于本月 25 日乘"香伯兰"号(Champlain)护卫舰渡海去大沽。出乎我的意料之外,途中发生了一件令人不快,而且后果很令人悲痛的事件,延长了我们渡海的时间。由于夜色昏暗和海上风浪强大,一艘中国帆船的船舷不幸撞到了我们船上。帆船几乎很快就沉没了。只是由于我们的水手顽强努力,浮在沉船残骸上的遇难人员才得到拯救。上帝保佑没有人死亡。我们不得不在芝罘(烟台)停靠以便让遇难的人上岸。因此我们到白河口时晚了两天。"野猫"号在等我们。海上换船给我们带来了不小的麻烦。几经周折,我们才得以通过沙洲,进入了河道。

在北京,等待我们的将是迄今为止所有被委派到那里的任何使团团长还不曾见过的欢迎场面。在这前一天,直隶总督就告诉狄隆(Dillon)先生,他想利用我到任这个有利时机,尽可能热烈地表明他对法国的感情。同时他还特意表明"他不想由此创立一套在欢迎各国公使时不加区别地采用的新礼仪;但他要以最突出的形式

① 复印不全。——编者

表现出对我们的特殊好感,而且同时又要避免因此而改变已经形成的惯例。”

当我们越过他们设在白河两岸的用强大炮火装备的炮台时,炮台上升起了我们的国旗,每个炮眼都挂满了鲜艳的彩旗,15声礼炮轰鸣,以在中国很罕见的方式向新到任的法兰西共和国代表致敬。为了感谢对我们如此友好的举动,“野猫”号应我的要求,鸣炮19响作为我个人的敬意,回敬总督。

第二天中午,我们到了天津,即现在我给您写信的地方。而且我认为有必要一直在这里呆到下星期开始。为了我今后与帝国政府开展官方交往,我确实很重视与直隶总督建立友好和信任关系,因为这种关系今后对我会有很大好处。李鸿章是中国最重要的人物之一。他的智慧、开阔的眼界,与他显赫的地位相称的权威,使他成为目前对朝廷和敌视洋人的旧党的冲动采取抵制的人们中最有威信和最强有力的领袖之一。

因此,自从我到天津以来,为了尽可能赢得总督的信任和友谊,我对一切都十分谨慎。我们的正式拜访从第一天起就具有最真挚的性质,从那以后,我们见面的机会多了。在这方面,为达到我的目的,我最有利的条件莫过于狄隆先生对我的帮助。他非常热情地把领事馆交给我支配。在他的关心之下,昨天晚上,我们为李鸿章举行了一次宴会,其隆重程度超过了在这里举行的所有类似的招待活动。总督对此产生的印象,将会有助于加深他对我们的好感。

另一位在这里给我宝贵帮助的助手是“野猫”号的舰长。在上次的报告中我曾向您说到过此人。总督对他表示尊重和友好,这样的荣誉总督是不轻易给别人的。巴德诺先生已经向您汇报了这位军官非常富于创造性的设想。现在这位杰出的军官正在实现这一设想。我在后面还要进一步详细谈这个问题。现在我可以说,我们与总督的会晤，我们与他建立的融洽关系对福禄诺舰长所提出的协议已经产生了促进作用。而且我想不久我就可以告诉您组建中国海军的计划。计划的内容是“野猫”号舰长向总督提出来的。实施这个计划将使我们能够对中国军事管理机构最重要的一个部门施加决定性的影响。我不必向您强调我们可以从中得到的好处，特别是当中俄关系走向恶化、可能导致冲突的时候。

内阁总理先生，就这个问题请允许我向您呈报一些极其值得注意的想法。我认为在当前形势下，应建议我们的海军，如果有可能就在中国海域增加力量。因为如果形势与我在上海向您表示的愿望相反，主和的意见不能在北京占上风，那么一切都表明中俄之间的争端将在海上解决。我们已被告知，一支由许多优良的舰只组成的舰队已经开到，由布塔戈弗(Boutakoff)将军指挥。英国预感到会出现的困难，也加强了它的舰队，其目的是要保护英国人在通商口岸的利益。德国也已派来许多艘装甲舰。而面对随时都可能变得异常严重的形势，我们在该地的海军力量却无力作出反应，我知道杜白蕾将军也有同感，因此，他对“野猫”号的离开感到非常遗憾，并要求海军部长至少在目前不要撤走这艘舰。因为“野猫”号吃水浅，很适合于在内河航行，另方面船上武器配备使它成为最符合在中国作战的一艘炮舰。

内阁总理先生，我在这里只能向您强调一下海军将军游列居伯利讲过的理由，并要求阁下尽力使海军部接受这些意见。如要使这一目标得以实现，我依然认为，我们在这里拥有的行动手段是很不够的。当然我根本没有想到过对中国政府施加军事压力。我个人认为，在我们与天朝的关系中有效地借助于这种手段的时代已经过去了。但是我们也不能对不管我们怎样预防都可能立即就要发生的严重纠纷视而不见，那些同我们一样的其它国家正不加掩饰地作准备,以便使别人尊重他们的中立,或者甚至是为了从斗争的偶然事件中获取精神上或物质上不容轻视的好处。

内阁总理先生,既然不只是俄国人,德国人甚至英国人都流露出他们的意图,那么如果战争爆发,各国很可能都愿意从战争造成的混乱中捞到某种好处。巴兰德先生似乎已经表明了这样的见解即:所有的基督教国家应协同一致,一起同时把中国压制下去,以便各国从中国的崩溃中获得符合各自利益的东西。

如果我们与这样一种政策合作,我实在看不出对我们有什么大好处。况且中国政府也了解这一点。也许就是因为这个原因,它才表现出对我们的偏爱,其目的显然是要赢得我们的同情。但即使我们不抱有任何威胁天朝领土完整的私下盘算,我们无论如何也不应该在与天朝毗邻的一个广阔的地区,继续扮演最近6年以来我们一直扮演着的怯懦和犹豫不决的角色。阁下知道我要谈的是东京问题。在这方面,拖延问题的解决,而同时又要不严重损害我们在下交趾支那的地位甚至安全,我们认为这肯定是不可能的。就在最近,外交部长和海军部长共同研究了这些问题,他们得出的解决方案必然不仅对我们新殖民地的未来,而且对我们在远东的整体利益具有决定性的影响。现在我们有诱人的和有利的时机来毫不困难地实现这个近在眼前的目标。在我临行前,您还允许我同游列居伯利海军将军讨论这个目标。为了实现我荣幸地向阁下叙述过的计划,我们还是有必要事先在顺化河口搞一次大规模的示威行动。政府也赞同我们的计划。但现在受杜白蕾舰队司令指挥的舰只数量少而且力量薄弱,不足以对顺化朝廷产生任何恐吓作用,这是显而易见的。

内阁总理先生,我们同样有充分的理由相信,我们将看到在朝鲜也要发生重大变化。您已经看过了那份出自直隶总督之手,由巴德诺上次通过信使带给部里的文件。您将会看到中国给汉城提出的是什么建议和日本人日益增大的压力，美国战舰带着天皇(Mikado)政府给釜山港(Fu-Sang-koï)当局的介绍信也即将来到这个海域；最后，由于俄国外交官员那些带有威胁性的阴谋，似乎李鸿章的明智建议又有可能被朝鲜政府接受。因此，我们从现在开始必须考虑与这个国家谈判是否恰当，是否有可能。一旦有机会，其它国家会按照自己的利益进行同样的谈判的。如果我们让别人先行一步，恐怕我们只能接受我们不赞同的税率。这个税率将把过分的税收负担加在我们的诸如生丝贸易上。在这方面，我们似乎也需要举起我们的旗帜并以必不可少的武力来加以保护，以便让别人尊重它。

总之，部长先生，从这些迹象可以预见到，在近期内中国海域将成为各种事件或至少是各种变化的舞台。不管是就这些事件和变化的本身，从我们可能从中得到的好处来考虑；还是为了力求估计由于这些事件和变化破坏西方国家在这一地区的势力平衡所可能产生的后果，我们都应对此加以注意。我认为：如果不想令人遗憾地冒某些失算的风险，也不想看到条约赋予我们的地位受到削弱，那么在目前的形势下，我们就要保持最高度的警惕。内阁总理先生，这就是为什么我竭力向您强调，摆在我们面前的紧迫形势要求向我们海军分舰队派出足够的增援兵力。欧洲的其它国家政府已经毫不迟疑地采取了这样的行动。如果我们不快一点仿效他们，恐怕我们将被看作是畏缩不前。我认为这种局面远不是您所希望的，而且它可能使我们面临意想不到的麻烦。

C.P.中国第58卷第196—204页

148 兰德尔关于法国与安南关系的报告

1880年6月

人们清楚我们是在什么情况下不得不通过让步或狭义解释而陆续放弃我们在1874年与安南签订条约时所得到的一大部分利益的。

从这一时期起,法国谈判者不能不承认某些条款,特别是关于我国对安南的保护国制度,以及我国在该国政治方面的最高权力问题的模糊之处。但是他们似乎指望通过广泛和坚决执行条约来弥补条约在文字上的缺陷。这些打算落空之后,从1874年条约所剩下的东西已不足以保障我们殖民地的边界免遭尚为遥远,但不能不予以重视的可能侵犯,不足以保障我国在印度支那的优势,以对付安南的抗拒或某些外国势力的干预,要否认这一点是很困难的了。

因此必须研究哪些事可能做到,以挽救这种局面。

很难指望可以完完全全地收回自1874年以来丢失的特权和利益。这些特权和利益既已放弃,不论是没有讲明的,还是明确表示的,都已成为既成事实,除非利用某种新形势,那是很难再收回了。特别是有关安南的问题,还应该指出,争取将条约加以修改使之对我们有利,对我国权利作出更为明确的规定,似乎并不太困难,也不要付出更大的代价。切实执行有关谈判的各项原则,这一切当初虽然已经确定下来,但是极大部分内容从一开始就成为我们手里的一纸空文了。

在这一系列的设想中,首先要考虑我们从安南政府方面能争取到什么样的让步,同时又不用担心欧洲各国对此会提出异议。这便是1874年我们在这方面遇到的唯一使得条约暧昧不清的障碍。

这种障碍一旦消失，我们便能比较容易地在条约的规定中得到某些比各国政府更优越的地位，而这种地位在处于英国保护下的国家中并不是没有先例的。

1879年初，外交部和海军部联合拟定了我们的1874年条约修改方案，如果决心坚持修订条约，该方案在今天看来仍是最简单而又最为有利的。此方案已于1879年1月10日通知交趾支那总督，争取在情况许可时予以实现，方案要点如下：

1. 承认只有作为保护国的法国有权处理该国对外事务并对外代表该国。外国领事从法国领取领事证书。

2. 特派员或驻扎官在对外国人开放的口岸负责审判。

3. 最后，在西班牙债务偿还后，继续保留海关税，并由我国征收。关税收入用于我们实施保护的费用。

总之，安南对各国来说，将不再作为一个国家而存在，只是在内部事务上保留其独立性。

如何能使安南同意丧失其政治独立呢？顺化政府丝毫没有受到当初使柬埔寨国王投入我国怀抱的那些巨大威胁；在国内，嗣德王安稳无事；他从经验中知道，中国会帮助他来平定有时骚扰东京的叛乱，而且他认为，百姓尽管对官员的敲榨勒索极其失望，但如果没有外国的支持，是无法进行一场革命的。在外部，安南没有任何敌人，而中国的宗主权纯属虚有其名，对安南政府所起的影响微乎其微，所以安南政府一心致力于不使这一宗主权消失，以便从中得到与我们对抗的支持。相反，顺化朝廷对我们则是离心离德的，他们对失去交趾支那南部诸省的不满情绪一直没有稍减，他们仇视和蔑视我国的文明，害怕行政变革会使官员们再无法滥用职权，因此要希望使国王的政府接受我国的统治，特别是寻求我国的保护，那就未免是轻率武断的想法了。在当前的情况下，法国保护制对顺化朝廷只能是强制性的和勉强的。因此,每当要向安南人谋取任何一项妥协让步时,必须求助于威慑政策。

确定我们的保护国制度会过分伤害国王及官员们的爱国心和自尊心,过于损害他们的利益。因此如果不对安南政府施以最大的威胁,便不可指望能得到这一结果。

在这个地区中既没有富裕的中产阶级,也没有富商大贾,也没有繁华港口。总之,要向这个政府施加压力时,它没有什么可受威胁或损害的。根据所有了解这个地区的人士的意见,似乎只有两种强制手段:在王国政治集中地的顺化进行示威,或者占领东京,使他们害怕最终会断送一个富饶的地区,因为从法国征服交趾支那后,每逢稻米歉收,安南其余各地粮食便全靠该地区来供应。

对向顺化示威和占领红河三角洲问题,已作过研究,海军部长可能已收到法国驻河内领事可加拉德克先生给罗丰将军的报告。驻河内领事馆内存有对东京行动的全套计划。我国领事估计,为确保占领成功,必须有2000名欧洲人以及1500名土著保安队员。关于东京居民可能产生的情绪也进行了调查,所掌握的一些情报值得我们认真考虑。

另外,按照交趾支那总督先生指示起草的1880年2月文件已于上月由兰德尔先生送交海军部。文件粗略地研究了我国进行军事示威后东京地区发生暴动反对安南当局的可能性。这种可能性会节外生枝把纯属东京的问题渗杂进去,从而使整个问题复杂化。一起这样的事件无疑会加剧顺化朝廷的恐惧,从而使我们的行动产生更为严重的后果,可能使我们陷入相当严重的困境之中。无疑,我们会预防此举的各种困难,或者至少我们有把握通过投入足够的力量,争取能够一枪不发便使行动取得成功,从而解决这些困难。

不能把我们迫使安南当局修改条约说成是蛮横无理的行动。顺化政府的行为足以说明我们的要求是合理的。归根到底,国王及其官员终得对当前的局势承担最大部分的责任。

1874年条约如能得到真心诚意的执行,那么,在我国名正言顺的影响下,通过我们的协助,促进安南的物质繁荣和行政改革,便能形成对安南人和对我们都有利的局面。安南顽固抗拒接受在1874年已经肯定的既成事实,拒绝走上它的自身利益和我们的建议所指引的政治和经济道路,它执意我行我素,与我们为敌,这一切使条约中凡是当初我国谈判人为照顾安南人的自尊心而同意对条约中某些必要的严厉措辞改成婉转提法的地方都变成了反对我们的借口,我们在个别问题或者在整个方面的不满便在这几年中日积月累地聚集起来。看来我们完全有理由要求订立精确的新条约来挫败缔约对方的欺诈和恶意。

至于那些对我国实际已实行的保护国制度可能会程度不同地表现出不愿予以承认的国家,这里只简单提一句。首先是中国。它从未放弃过对这个王国的名存实亡的上国地位。而我们在与它的边界毗邻的地方建立我们的殖民地,可能在某种程度上会引起它的不安。但是从我国驻北京代办提供的情报看来,天朝根本不会对此提出有力的反对。英国从1875年起便抗议1874年条约授权我国驻安南外交官员对一切其他国籍的外国人行使司法权。英国抗议的依据是条约让安南继续保持表面的独立。而正是由于它的抗议,我们放弃了我们的保护国制度的特点。德国已经通知我们,它想在安南开设几个领事馆,一些德国商号确实在东京拥有股份。在远东人们认为德国人对我们在印度支那的扩张心怀嫉妒,不过没有任何确切的事实能证明这一看法。西班牙对整个印度支那半岛的事情一直十分注意,既因为印度支那半岛靠近马尼拉,也因为西班牙传教士早已在印度支那建立了联系。大家知道,马德里政府和我们联合作战,结果是法国占有交趾支那,由安南向马德里政府付出巨额的战争赔款,而这笔赔款又是由我们作为中间人来交付的。东京极大部分土著基督教徒隶属西班牙教会。最后,今年初在顺化签订了安南和西班牙的通商条约。条约规定在通商口岸设立西班牙领事馆,领事对西班牙侨民拥有裁判权。条约现在可能已送西班牙议会审批。即使修订条约是安南问题最令人满意的解决办法,但这最终还取决于我们在印度支那是否拥有绝对优势;而且必须承认,恰恰因为这种绝对优势的影响重大,只有通过有力的行动,才能取得这一结果。如果由于这样那样的考虑,我们不能采取达到如此明确目的的行动,那末也不应忘记,即便我们放弃以新约取代旧约的打算,我们至少可以尽量利用 1874 年条约中尚为有效的部分,并争取在顺化恢复我国业已备受影响的威望和势力;这样我们可以得到的主要是 1. 将迄今由于安南人阴谋而依然封闭的红河开放通商①;2. 消灭黑旗军匪帮。这一匪帮对红河贸易敲榨勒索,扰乱该地治安,而且是掌握在顺化官员手中用来对付我国的一种持久威胁;3. 安南人承认他们对中国独立,因为天朝的宗主权与我国的保护国制度相矛盾,而且违反了我们 1874 年 3 月 15 日的条约;4. 建立安南国王与我国驻顺化代表之间的直接联系,因为至今仍须由不忠诚的或胆小怕事的大臣们传递,使我们的意见和建议无法呈给国王;5. 解决至今在顺化商舶大臣和我国公使馆之间,仅仅由于国王政府故意回避才没有得到令人满意地解决的许

① 法国驻河内领事最近向交趾支那总督送交了一份关于红河通商及其影响和前景的很有意义的报告。报告现应已送交海军部长。卢眉先生拟于今年 3 月在西贡印刷此报告。——原注

许多多大小问题。

前已说过，只有通过威胁才有希望从顺化政府方面得到任何一种令人满意的解决。为了保证取得上述有限的成果，采取下列各种相对来说有节制的行动手段无疑就足够了，即增加海防和河内驻军，建造能在河内以西的红河上游航行的平底船，或者在红河沿岸建立一两个哨所以及派遣几百人对付黑旗军。我们将在东京采取的这种强硬措施，必定会使王国政府感到不安，而我国驻顺化代表大概便可以挫败安南人的抗拒。如果我们还打算要求执行1874年条约中未废弃的部分，那么应该看到安南的问题迟早还会再度被提出来，因为放弃3月15日条约所给我们的政治特权很快会使我们难以保持我们业已取得只有我国才能向顺化派遣代表的特权。但是，即便现在我们只限于要求安南政府履行它不断否认的义务，我们至少可以逐步恢复我国在印度支那的势力，而且并不妨碍我们以后根据事态采取对策，这也是可以肯定无疑的。

M.D.亚洲第36卷第227—239页

149　海军及殖民地部长致内阁总理

1880年6月4日于巴黎

内阁总理先生、亲爱的同事：

上月20日您向我转交一份由□……先生刚刚提请西班牙参议院批准的西班牙—安南条约的草案。您同时要求我向您汇报我看了这份条约草案后的看法。

您提醒我注意第4条，该条满足了我们向马德里内阁提出的意见，规定在安南以及东京的一切外国传教会依然只受我国保护。我承认在这一点上，条约似乎使我们得到某种满足。但是，条约提到了1874年3月15日政治条约第9条授与传教士的特权，而未以同样明确的词语指出传教会受我国保护。

我同样认为授权西班牙领事在我外交人员不在或有病时,可以代行职责,特别是有关管理海关经费的条款已经取消,在这一方面我们可以说已经得到满足。但是我不禁要指出条约的草案总的来说对我们的保护国制度,甚至对法国在安南的统治地位都未作任何明确的或暗示的方式予以确认。

西班牙人按他们的利益拟定条文,而顺化朝廷批准了一切可能对我们提供某些好处的条款,只有一处对保持法国的特权表示异议:即对来自西贡或驶往该口岸的船只进出口货物一事提出保留意见。总之,西班牙与安南缔约,法国不予干涉,也不以任何方式共签,这样会令人认为安南对我们是绝对独立的。

在这种情况下,西班牙和安南直接签订条约就是这种直接联系的具体表现。在我看来,这已是即将发生的事。因为这种条约使顺化朝廷可望得到反对我们的支持,从而废除有关确保我国在安南统治地位的条款。因此我认为必须继续积极注视西班牙议会的讨论,这可使我们了解西班牙议会对我国在东京地位这一问题的想法。

等到顺化朝廷承认必须把它的主权同它对我国所作承诺的后果联系在一起的时候,等到我国的保护国制度明确建立或干脆放弃的时候,我们也就不用再去关心安南和西班牙的通商条约,因为那时我们的地位业已确定。

游列居伯利

M. D. 亚洲第36卷第240页

150 海军及殖民地部长致内阁总理

1880 年 6 月 23 日于巴黎

内阁总理先生、亲爱的同事：

就这一问题我曾多次给您去函，现荣幸地随函向您转送交趾支那总督 5 月 10 日①和 12 日关于东京问题的两封来信。

卢眉先生在第一封信中通知我，一些中国叛乱分子，即李扬才的残余在一个名叫陆之平的率领下继续暴动。这些叛乱分子夺取北泮炮台，又促使起安南政府联合中国军队共同行动。

交趾支那总督先生第二封信向我转交海防商人的两份请愿书，这些商人要求我们干预和制止〈安南〉官员的敲榨勒索。来信并转交海防港口主任勒格朗的报告，谈及仍在海防进行的贩卖儿童的可耻交易。总督先生提出，我国在东京的处境不断恶化，希望我们对安南当局的态度应更强硬有力。

在这种情况下，我只能引证我过去的函件的内容，再次向您坚决要求加速解决东京问题。

随函的附件当您不再用时，请退回。

游列居伯利

附件 1 交趾支那总督卢眉致海军及殖民地部长

1880 年 5 月 12 日于西贡

部长先生：

我荣幸地向您转呈在海防的欧洲商人和中国商人的两份请愿书，他们要求法国政府出面干涉，制止东京官员的种种欺压行径。

---

① 原档缺 10 日来信。——编者

我只能重复我已函告您的事:形势令人再也无法容忍,将会影响1874年条约赋予我们的利益。

如果共和国政府担心军事占领会引起不好的后果而不愿进行军事行动,□……我国态度坚定,便能促使安南人承认。这里的社会瓦解已到了这种程度,我们只要表明我们的意愿,便能满意地得到我们所要求的结果。

我们的外交或军事干涉越往后推延,困难便将越来越大。然而,迫使我们采取行动毕竟为期不远了。

正如我们从港口主任勒格朗先生的报告中所看到的,在海防依然大量拐卖儿童。

卢眉

附件(1) 驻海防港主任勒格朗致领事

1880年4月25日于海防

领事先生:

我荣幸地通知您,今天4时我带着您要我送交船长的信登上英国"征服"号(Conquest),土著警察局有6人随我一起上船,我们想寻找被中国人拐卖的儿童。我获悉这些孩子被藏在这艘船的各个隐蔽处所。

船长看了您的信后,准许我进行我认为适合的任何搜查。我下到甲板最下层,找到几个被包在被子里的孩子,外表看是中国商人的枕头,他们很可能被闷死。另一些孩子被藏在用衣服盖住的篓子里,当作行李蒙混过关,最后在底舱又找到一些被藏在货箱里的孩子。

我接着采用在这种场合时常成功的方法,即随意喊一个名字,请他们出来吃东西,叫他不必害怕,这时,孩子们就毫不惊慌地回声答应，我叫人打开有回声的箱子，这样便从底舱找到 8 个孩子，他们从前天晚上就关在那里了。最后，我对各处进行严密搜查，又找到 9 个孩子，一共找到 17 个。

24 日傍晚，海关官员雷加农（Régagnon）先生在"征服"号船上值班。天将黑时他发现两只舢板绕着大船打圈，他装作没看见，以便监视他们的行踪。接着他发现一个男孩被吊在两只用来装运小猪的篓子里，他立即朝正把这可怜的孩子装船的中国人冲过去，但没能抓住他，他丢掉上衣挣脱逃进漆黑的底舱。

我将这些孩子送到领事馆，孩子们回答了对他们的提问，他们之中一些人是被自己的父母出卖的，另一些人是被拐骗来的，他们来自河内、南定及内地各县。接着我遵令将他们送交安南当局，由他们依照法律处理。

领事先生，我认为应该向您说明，我已两次在别的船上发现和救出 14 名孩子，同时，我请您注意，如果我拥有较为充分的监视手段，我可以在短期内制止这个港口这种令人愤慨的交易。这些中国商人或者拐骗，或者利用沉重压在这个国家的人民头上使之贫困的堕落，肆无忌惮地从事这种交易。而这个国家却是多么美好、富饶。

勒格朗

附件(2)　驻海防领事参哺(Champeaux)致交趾支那总督

1880 年 5 月 14 日①于海防

总督先生：

乘"贝洛纳"(Bellona)号启程去香港之便，我向您转送一份海

---

① 原文如此。——编者

防商界呈送给您的请愿书。这份请愿书只是在“瓦什”号船启程去西贡时请我转送的,因此赶不上该班船期。

我说一份请愿书其实是两份,一份是由欧洲商人签署,另一份由中国商人签署。去掉最后一段,第二份请愿书不过是第一份的翻版而已。而且两份都只是概述去年同一时间给我的前任的备忘录中业已表示了的愿望。

1879年3月23日杜克先生向您转送该文件时,他在报告中已详细向您说明海防商人进行类似活动的情况。

我仔细读了给我前任的信,发现情况与当时完全一样,我认为不必再详细分析由此产生的各种弊端,从各方面看,请愿书中提到的活动已影响到我国在东京的利益。

然而这次请愿比以往更为迫切,虽然这次签名的人比上次减少了。这是因为,非常可惜,一大批人由于不愿再争下去而让步,离开了这个口岸。

在海防的欧洲商人的确是直截了当地要求法国永久占领东京,这可能是过火了。这一点我已向施利维等先生讲明,请愿书是由他们递交给我的,也是由他们发起的。他们回答我说,他们看到法国政府代表为谋取对外国贸易最起码的让步而做的努力失败之后,认为现在对安南政府已没有任何说理的手段可引用了。这一意见可能显得过火了,但它依然具有德国商人的特点;虽然从我到任以来,我从未有机会证实,但德国商人在此地被当作我国统治的敌人。

中国人则既附和欧洲商界提出的一切要求,又向那几位先生拒绝签署这项有共同内容的请愿书而宁愿自己单独递送一份。向我递交请愿书的代表对我说,他们的意图是提请法国政府注意他们与欧洲商人同样遭受损失,但是他们对此要依靠自己的明智来寻找对策。几个世纪以来,他们同安南王国的政治和贸易关系的性质不允许他们对王国有敌对表示,因为如果安南人一旦得逞,迫使法国放弃它在东京的地盘,中国人也会蒙受那种敌对态度带来的一切痛苦。

我要求他们对第 4 条作出澄清,因为我觉得这一条与中国人的请愿书离题较远。他们回答我说,只有部分中国人才能在指定的城市中经商,而海防的中国人只有对他们的货物交了各种各样导致破产的税捐以后才能获准进入海防。肯定地说,海防口岸的形势自去年以来更为糟糕了,而且没有任何会长期好转的迹象。

官员们已经开始大肆渲染中部诸省的饥荒,并且乘此机会经国王准许抛出他们仓库中屯积的大批存米,很难弄清楚这些米运往何处,派作何用。但是大米被偷运出境一事,过去已有足够的证据,因此,很是可疑,目前这批大米会派作同样的用途。

如果我相信大家所报告的消息,今年的收成将是 1879 年的两倍,据这些可靠消息,官员正在迅速抛出陈货,腾出他们的粮仓。

有关内地的情况,传出了对我国贸易最令人不安的风声,传说在南定省,有命令毁掉棉花和菜豆庄稼,禁止供给海防向香港出口的某些食品。这一切是真情况还是故意捏造,我还不清楚,因为我国所有的领事都一样,被恶毒的猜疑紧紧围困着,我们不可能既获得确切的情报而又保证能免除冒险向我们提供情报的人遭到的欺凌。

总之,总督先生,这次请愿根本不是提请您注意一种新的形势,而是说明恰好相反,形势没有新的变化。

法国领事　参哺

附件(3)　参哺致交趾支那总督

1880年5月2日于海防

总督先生：

我荣幸地向您呈送海防港主任勒格朗先生的一份报告，勒格朗先生在报告中向我汇报了我委派他到英国汽艇“征服”号执行检查任务的情形。

勒格朗先生告诉我，有消息说该船正要启航开往香港时，一批被拐骗来的儿童可能已经被运到船上。我交给他一封写给船长的信，请船长准许他到船上搜寻那些孩子。同时，我建议勒格朗先生不到最后时刻不要采取任何行动。这次搜查进行得很好，找到了18名小孩，我已经将他们移交给口岸〈安南〉官员。

18名小孩中有17人是9—13岁的女孩，都由中国商人运送并打扮得很整洁，她们对我说，迫切希望送她们回家。她们都不太清楚自己是被拐来还是被卖出来的。我托付安南官员送她们回家。但愿这些官员在完成这项任务时能比他们以往的工作做得更好一些。

“征服”号船长好像对在他的船上会发现这批孩子大吃一惊。看来这位船长十分欠缺一个英国人应具备的敏感，他本来是应该注意到这些事情的。因为在一个月以前，我已得到消息说，驻北海领事曾写信提醒我注意这类已多次发生的事情，例如这个月一艘轮船曾在这个港口的滩头丢下一名十多岁、染上综合性天花的女孩，由于得不到及时治疗而死在那里。可我却没有接到这些信件。

“征服”号是香港中国公司的船，挂英国旗，由于这块殖民地的某些证件如此大方地授予某些对我们不怀好意的商人，因此应该指出，如再有类似事情发生，应当归咎那些参与同谋的人。我们则应该利用我们所掌握的一切手段制止这样的事。

但是,安南当局不积极协助我们。海防港口某些中国商人几乎是公开从事这种人口贩卖。勒格朗先生曾带领我去大市场四周肮脏不堪的地方察看,那里住着一些中国人,他们家中挤满了安南孩子,年龄都很小,中国人借口说是教这些孩子学习中国语言,并供给他们食宿。勒格朗先生肯定这些孩子都将被装船运走,有的装在帆船上,有的装在汽船上,而安南官员对此不怎么过问,在这个案子中,他们只抓获"突袭"号(Surprise)的几名中国籍司炉工。安南官员是在傍晚时乘舢舨回船,舢舨上还有两名送小孩上"征服"号船的女人。我命令安南官员将那些人释放了,并对他们说我不允许这样胡闹。这4名中国人乘坐"突袭"号从西贡来,他们都有合法的居留证件,他们还没有时间同海防贩卖孩子的商人相勾结,作这类交易的肯定是一些地位更高的中国商人。但我仍通知安南当局,我将这些人交给安南当局,如要审讯,则由他们去办理。

我已经让那些中国人同被拐骗来的小孩对质,孩子们对我说,他们从未见过这些中国人。

参哺

附件(4) 请愿书①

M.D.亚洲第36卷第241—254页

151 海军及殖民地部长致内阁总理

1880年6月28日于巴黎

内阁总理先生、亲爱的同事:

① 复印不全,略。——编者

本月 23 日来函 27 日才收到。函中您向我通报了外交部与我国驻柏林大使馆来往信件,谈及西班牙和安南条约的条款对德国在远东政治企图的影响问题。

圣·华莲(Saint Vallier)伯爵先生提醒说德意志帝国的殖民渴望是多么地强烈。他又强调,我们应该在印度支那拥有足够强大的势力,才能排除一切外来的在交趾支那的周围进行干涉的可能性。

我完全同意华莲先生关于我国在安南处境危险的见解,而且这一危险由于西班牙和顺化条约的出现而增长。

我曾不放弃一切机会,或书面或口头表示我对此问题的忧虑,不断请求政府采取一项明确而坚定的政策。

如同您所知,预算提案已在好几个星期前提出,按我的想法,这些提案该使议会能就所要采取的行动原则给予表决。此后每次邮件都带来了证明形势日益恶化的消息,现在看来,我们再不允许迟疑不决了。

正如人家向我肯定确有其事的那样,预算委员会甚至拒绝向议会提交政府要求有限拨款的议案。我只得对极有可能既影响我国利益,又影响我国尊严的事件概不负责。

游列居伯利

M. D. 亚洲第 36 卷第 262—263 页

152 《法兰西共和国报》(La Républigue Française) 关于东京问题的一篇文章

1880 年 6 月 29 日

夺取东京一事的影响,如充分考虑政治和经济后果,将比我们已经指出的要巨大得多。正如人们所知,在这一大片地区流贯着一条可一直通航到中国内地的大河。在发源于西藏东部山地的各条河流中,只有红河才是真正的通商要道。它贯通中华帝国南方诸省,可以把那里的资源输往海洋。云南、贵州、四川与海上的沟通线,除红河以外,只有漫长的陆路和扬子江,而扬子江江长滩多,航行艰难运费昂贵。相反,红河几乎直接连通云南和东京湾,从而可使掌握这条河流的出海口及下游的国家在富足的华南市场建立优势。

这些市场长期以来一直是英国商界的目标。当英国从缅甸人手中征服佩尔恭(Pergon)时,英国在远东的商人期望通过伊洛瓦底江和萨尔温江迅速到达云南和四川这些富饶地区;可惜这两条河在流经中国境内之外便不能通航了。要到他们打算到达的地区经商,必须翻越好几座崇山峻岭,穿过被可怕激流切割的深谷。伊洛瓦底江上的八莫是船只能上溯的最高点,从这里到云南只有花上无法估量的代价才能修筑一条可供车辆通行的道路,而铁路则更难以修筑。从这一方面讲,英国人的尝试是完全失败了。但是这些尝试倒是向我们表明,找到一条通往云南的方便通道在贸易上会具有最大的好处。

当法国在下交趾支那立足的时候,人们看到这地方严格地说不过是一条大河,即湄公河的三角洲而已。河流的源头隐藏于西藏东部的一些不知名的山谷中。争取沿我们掌握出海口的大河溯流而上,尽量远地开发沿河两岸,这一想法多次被提出,特拉格莱(Doudart de Lagrée)上尉担负起这项大业,此后参加活动的有安邺和德拉波特两位著名探险家等人。考察湄公河从科学角度看,是取得了对我国最为荣誉的成果。但是除了特拉格来先生不幸为此而牺牲之外,考察又证明了这条大河无法航行,该河在许多地段,而且是远未到达中国边界就被无法穿越的激流切断。鉴于我国对柬埔寨实施保护,湄公河流域不久将有一天进入法国势力范围,但是湄公河决不会是把华南同大海连接起来的大动脉。

法国游历家穿过云南的时候通过一条河流的山谷,人家告诉他们这条河流几乎是直线流向东京湾,他们对此十分重视,于是安邺和德拉波特在返回的路上曾打算有一天对这一地区进行勘探。1870年战争对这些计划造成了可悲的障碍。与此同时,一位在中国定居多年,同云南、四川的中国官员有商务往来的法国人堵布益先生,也提出利用这条河道来向中国马提督输送为平定回民叛乱所需的欧制武器。

堵布益先生组织了自己的探险队,他得到安南昔日的宗主国中国的庇护,得到交趾支那总督游悲黎将军的协助,于1873年来到红河出海口,表示打算溯河而上直至云南。这里我们不细述堵布益先生的极为有趣的奇遇,我们只要指出,他能在红河上航行,他从东京首府河内出发,随一艘汽船和几条帆船到了云南,他又返回河内,没有遇上任何重大的物质困难。这条河到处可以航行,在各条支流入口处有几片内滩和卵石滩,很容易疏通,这便是堵布益先生遇上的唯一障碍。而他之所以没有能使红河成为法国与中国内地的贸易通道,这是安南政府的过错。它拒不向我们开放红河,虽然有1874年条约,但安南政府根本不想执行,尤其是不愿执行开放红河这一款。

因此,这一经历表明,掌握东京便可向法国开辟一条极佳的河道,进入人口极多、资源和物产富饶地区的心脏,而这些地区由于环境所致,迄今仍置于与欧洲通商的伟大潮流之外。云南的各种金属,铁、铜、锡、锌都很丰富,这个省份以及贵州、四川的丝和茶只能极其勉强地从长江到达上海。而这一切货物只有我们的旗帜在东京飘扬并受人尊重之时才能顺利地流到我们控制的沿海各个港口。此外,还有一点是不容忽略的,那就是中国的西南地区蕴藏着丰富的煤炭资源,中国早就在开采了。就是因为要靠近这些黑金刚矿区和这些机车能源库,我们才想占领东京和开辟红河航线。这些正是出于希望法兰西繁荣、强大的满腔热情而产生的想法。上个世纪,君主政府的疏忽大意,使我们丢失了加拿大,让杜普里斯(Duplessis)从我们手中夺去印度帝国。相隔一个多世纪的今天,出现了弥补这些灾难的时机。我们可以不诉诸武力,只需实施迄今为人忽视的一份条约,只要采取必要的措施,不要长期被愚弄。现在,我们找到了销售市场和丰富的资源,这些市场和资源并不亚于我们的邻居们在印度半岛找到的市场和资源。作为一个爱国者就不能犹豫不决,法兰西共和国不应再步路易十四政府那种无所作为、鼠目寸光的后尘。

M.D.亚洲第36卷第264—265页

153　海军及殖民地部长致内阁总理

1880年7月2日于巴黎

内阁总理兼外长先生、亲爱的同事:

我荣幸地向您转去海军上校、交趾支那海军后勤站站长提交的有关顺化朝廷对东京态度的报告的摘要。

我认为摘要中的情报会使外交部感兴趣。

海军及殖民地部长　游列居伯利

附件　海军后勤站站长福过尔致海军及殖民地部长(摘要)

1880年5月28日于西贡

部长先生:

……

据我所知,顺化朝廷可能发布过有关随时准备抗击外来侵略的命令。虽然各村尚未征集一个士兵,但各地已选定可能被征集入伍参战的人,并编好名册。这里的官员将新开征一项战争附加税。然而这些人对自己能否保卫国家使之不受严重侵袭这一点,却毫无把握,而且似乎准备看着法国军队在不久的将来去占领他们的国家。

凡了解我们治理下交趾支那情况的人都会像迎接解放者那样来迎接我们。当然,如果认为只要再采用像安邺那样鲁莽的行动就可以夺取东京,那就会犯一个严重的错误。相反,我认为,一开始就要向那里派出相当可观的武装力量。

这个美丽的国家,有丰富的农业和矿产资源,幅员辽阔,人口众多,人民勤劳,欧洲人在这里近似温和气候下,容易生活并昌盛起来。

在我们征服这个国家之后,所有这一切便会使它成为我国的第一流殖民地。

海军分舰队司令、海军后勤站站长　福过尔

M. D. 亚洲第36卷第266—267页

154　海军及殖民地部长致内阁总理

1880年7月3日于巴黎

内阁总理兼外长先生、亲爱的同事:

接着我前几次的信,特别是6月23日的信,我现在荣幸地向您转去交趾支那总督的3封信:

第一封信是5月19日写的,编号96,内容是有关暹罗政府放弃其在顺化建立使馆的计划一事①；

第二封信是5月28日写的，编号97，告知我法国驻北京代办就中国对安南的宗主权问题写的一信的内容；

第三封信，也是5月28日写的，编号98，附有我驻河内领事关于中国人在东京地区搞暴乱的一个报告。

通过阅读这些信件，您可以看到卢眉先生对我们向曼谷宫廷进行交涉所取得的结果感到满意，并坚决认为曼谷政府之所以会改变原来的计划是由于他被授权坚持强硬而坚定的立场所致。为了进一步证明这一措施在我周围的东方大国所起到的效果，总督先生在同一信中，还附上了可加拉德克先生的一封信，信中谈到一个名叫范坚(Pham Kien)的当地人的情况。以前我曾向您提起过此人。由于他在1873年事件时，为安邺和堵布益先生提供过情报，被安南当局判刑，因而到我领事馆寻求避难。尽管此人尚未完全摆脱官员们的迫害，但他们已被迫暂时放弃对他的追捕。这是由于法国代表的影响。此事似乎在全国引起了巨大反响。

卢眉先生在另外两封信里提到的事端则说明顺化宫廷对我们一直毫无诚意，同时说明他们又在搞新的阴谋，以便再次让中国对东京进行干预。

一方面，安南政府以百般卑谦的姿态表示他们对天朝的屈从，似乎正在寻找机会向宗主国奉献贡品；另一方面，我已向您提过的暴乱活动在东京似乎有增无已。这种情况使人认为这里面有安南当局的支持，目的在于再次请中国军队对该国进行干预。看来如果我们不想蒙受真正的屈辱，就不应容忍中国对安南表现其宗主权以及对东京的武装保护。

① 原档缺。——编者

您不需要这些材料时,请退还,不胜感激。

海军及殖民地部长　游列居伯利

附件1　交趾支那总督致海军及殖民地部长

1880年5月28日于西贡

部长先生:

本月10日我给您去过一信,向您转交了法国驻河内领事可加拉德克先生就中国人在东京搞暴乱一事写的报告。现在我荣幸地向您转交他的另一封信的副本,内容是有关此次暴乱行动的进展的情况。

卢眉

附件(1)　驻河内领事可加拉德克致交趾支那总督卢眉

1880年5月18日于河内

总督先生:

我曾有幸向您汇报过一支中国武装在太原组成的事。现在我又接到了有关这方面的极为矛盾的情报。河内的官员们说这支武装只有几百人,很快会被派去追捕他们的军队抓获或击溃,然而相反,根据当地的传闻,并经一位刚刚去过北宁省的谍报人员的报告证实,陆之平的部队似乎在不断壮大。他首先吸收了广西溃散下来的士兵,然后又征集了周围部落的野蛮人。这个集团目前大约有3000人。但是,不管陆之平是想在粮食作物收获结束前收集更多的粮草,还是想扩充自己的队伍,他至今还未来到平原地带。安南当局似乎也并未设法去捉拿他。从太原出发的一支特遣队不久又返回太原,而未采取任何行动。北宁驻防部队的三、四千人也无动于衷。他们仅仅满足于守卫公路和逮捕那些无照旅行的中国人。

太原山区有一伙强盗，人数不少，但就其本身来讲没有什么了不起。东京的这块地方屡遭广西流浪者的侵扰，这种情况有点带慢性病的性质，没有太大的危害性。然而在我们目前所处的情况下，则有人可能会把它作为中国进行新的干预的借口。总督先生，我曾有幸向您谈起过部分安南官员对法国的干预是何等的反感，又是如何希望中国进行保护的。请允许我再谈谈这个问题，因为我认为它有现实意义。原来据我判断，这里的情况只会对我们有利。现在根据5年来的经验，我发现这里的不利条件是如此明显，以至于我们必须这样或那样地改变策略。我想政府也一定会及时对此采取决定性措施。从现在起，无论我们的地位是如何不完善，如何不稳定，重要的是不能让它进一步恶化下去。如果我们按照惯例，如同1874年条约签订前后那样，尽管在东京有法国驻军，但仍允许安南国王保留在他认为适当的时机请中国军队守卫安南领土上各个地方的权利，那么我们的地位就一定会日益恶化。

我们可以设想，如果局面继续恶化下去，如果可以把中国人的任何暴乱行动都认为是危险的，那么就很可能招致一次同1878年组织的镇压李扬才事件相似的军事行动。正因为如此，我认为北方目前的事态，值得引起特别的关注，尽管迄今为止并未显示出任何严重的迹象。

除北宁和太原省以外，其他省都很宁静。不少县已开始收割，饥荒现象在减少。这种现象有可能在这个月底完全消失。

可加拉德克

附件2　(略)①

附件3　驻华代办巴德诺致交趾支那总督

1880年5月5日于北京

总督先生：

我冒昧地提请您注意附在本信中的材料。这个材料是在今天的《京报》上发表的。同我以前曾有幸向您转交的所有材料一样，它涉及中国对安南的宗主权问题。这一次，宗主权被强调得极为突出，嗣德王似乎是自动地拜倒在中国皇帝面前，而中国皇帝则自以为这是他们从一直被看作是自己藩属那里理所应当得到的尊崇。正如您将看到的那样，广西巡抚确实刚收到安南国王一封信，信中国王请巡抚告知他何时准许他向北京奉送贡品。根据惯例，他每四年向中国皇帝呈送一次贡品。我在3月3日的信中已提请您注意，作为北京朝廷和顺化朝廷中间人的广西巡抚最近使用一种信件格式，几乎使他与嗣德王的级别相等。安南国王不仅远远没有因为一个中国官员与他平起平坐而发怒，反而在给广西巡抚写信时，也按正式礼仪，使用下级对上级的信件格式(请参看附在本信中的材料译文页旁作的注释)。

现在很难更清楚地确定安南与中国关系的性质。正如公使馆常常有机会派人观察到的那样，这种关系一直存在。您一定会像我一样认为，如果我们不愿意放弃在远东的任何影响，就必须迅速改变日趋恶化的局势，在目前的情况下，在中国随时准备重申它对安

① 此附件系交趾支那总督卢眉1880年5月28日致游列居伯利函，已辑入《正编》第7册第124—125页。——编者

南的宗主权(这是对我们保护国权力的否定)的情况下,保留安南向中国奉献贡品的作法,对我们而言,就是一种降格,这一点已经用不着再隐瞒了。

巴德诺

附件 (略)[1]

M.D.亚洲第36卷第268—277页

155 海军及殖民地部长致外交部长法来西讷

1880年7月19日于巴黎

昨天,我接到交趾支那总督的来电,内容如下:

“尽管黎那提出了强烈抗议,安南政府已发出通令,坚持把假铜钱的走私犯,即使是欧洲人,都处以笞刑。这项措施违反了条约的规定,它会对我们同欧洲人相处造成重大的困难。欧洲国家不会让别人凭着走私的借口去掠夺和拷打他们的国民。谨请您授我权力,去纠正安南政府。如果它拒绝收回通令,我就召回法国代办。在这种情况下,我会避免一切军事行动,因为这样会导致我们去冒险。但是我要加强领事哨所。我认为只有用强硬的措词来对付他们,才能圆满解决。”

当然我们会尽力阻止他们新的违约行为,因为我早已预计到,欧洲国家的国民在东京定居,必然会给我们造成严重的困难。

我已把以下的电报发给卢眉先生。

“不要召回法国代办,但您应命令他向安南政府声明,我们反对它对任何一个欧洲人执行这项通令。如果顺化朝廷不睬我们,我

① 因复印不全,未辑。——编者

们将封锁它的港口,禁止他们迫切需要的运米船只靠岸。在中国海域的“香伯兰”号和“野猫”号将由您支配,以便我们在迫不得已采取强硬措施时,负责执行。”

游列居伯利

BB—4　1971 第 155—156 页

156　外交部长法来西讷致海军及殖民地部长

1880 年 7 月 26 日于巴黎

亲爱的同事:

通过研究有关东京的新材料,我认为您对如何占领这个国家的第一种意见是正确的,而单纯控制红河口的设想则不完全正确。但您知道内阁会议是同意您后一种设想的,并为此提交了补充经费案。然而依我看,我们应该重新回到进行一次真正的远征、牢固占领红河直到它的上游地区这个方案上来。根据我得到的最新情报,3000 人足以完成这个任务,而且用在红河港口的海关收入来作这批人的开支是绰绰有余的。对中国方面,我们没有任何值得担心的麻烦问题。他们甚至会很乐意我们把管理各条河口的治安任务揽过来以减轻他们的负担,目前他们为保护广东贸易还在管理着各条河口。最后,德国人告诉我,他们对我们在东京建立自己的殖民地一点也不会妒嫉。在这种情况下,我亲爱的同事,我认为需要起草一份法律草案,目的是要代替上述那项补充经费案。草案要从正面涉及占领红河的设想。如果您同意这一看法,我请求您撰拟这一法律草案。在假期结束后,也就是 9 月底,我们将草案提交内阁会议和共和国总统。

我将最近收集的有关东京的材料送上①，也许会使您感兴趣。

法来西讷

M.D.亚洲第36卷第295页

157 海军及殖民地部长致内阁总理兼外交部长

1880年7月29日于巴黎

总理兼外长先生、亲爱的同事：

交趾支那总督先生收到法国驻河内领事先生写的一份有关中国武装组织黑旗军人数的报告。这些人目前驻扎在红河西岸。

我荣幸地向您转交该报告的摘要。

海军及殖民地部长 游列居伯利

附件 可加拉德克关于黑旗军的人数及武装的报告摘要

1880年5月29日于河内

……

尽管老街通常归刘永福直接指挥的只有六七百人，但领取安南政府军饷的中国人总数高达1600人。截至5月20日止，他们的分布如下：

600人在老街，属刘永福管；

400人在明江上的河阳地区，受黄二②指挥；

500人在太原和宣光省，属前黄旗军首领最近合并过来的叶成林管辖；

100人在黑水河上由谢吉定(Ta Gi Dinh)指挥。共1600人。

---

① 原档缺附件。——编者

② 即黄守忠。——编者

红河上的小哨卡:宣光、宝河、卫鲁目前只由几个人守卫。

……

因此,黑旗军首领目前拥有 1600 多人。在战争时期,他一定会通过招募边境上的流浪者来扩充自己的队伍,因为在边境上这样做是很方便的。但他没有武器发给这批人。

……

法国驻河内领事　可加拉德克

M. D. 亚洲第 36 卷第 296—297 页

158　堵布益致外交部某要员①

1880 年 9 月 15 日于卢瓦尔(Loire)

亲爱的先生:

我最近一段时间一直在卢瓦尔省,您 8 月 21 日的信我刚收到不久,因此我未能及时地对您给予我的热情赞助表示衷心的感谢。

我最大的愿望就是希望看到政府内部对东京问题统一认识,否则这个问题有无限期拖下去的危险。内阁,特别是外交部应该深信:任何犹豫不决的政策在亚洲人面前都是有害的。目前,进行干预已成为必不可少的事情。我将尽一切力量说服人们让他们看清目前的局势。但是单枪匹马只会一事无成。因此,要成功地实施这种解决办法,必须靠各方面的支持。亲爱的先生,您的支持对我将是十分宝贵的。

我见到了法来西讷先生,他似乎也同意我的意见。我于 7 月 10 日寄给他一份有关东京问题的报告,但我还不知道他对此问题有何想法。他很有必要深入了解这些问题,因为这对消除他头脑中

① 原件无受信人姓名,因辑入外交部档案,此为编者加拟。——编者

可能存在的错误认识会有某些帮助。

我很希望在南锡(Nancy)召开的地理会议能引起他的注意。在这次会上一些非常有权威的人士都谈到了东京问题,也谈到了正在西贡鉴署的请愿书一事。侨民区里最有名望的人都在请愿书上签了字。我可以在回巴黎时将请愿书的内容告诉您。

堵布益

M.D.亚洲第36卷第304—305页

159 外交部长圣提莲致海军及殖民地部长克路埃

1880年10月29日于巴黎

海军将军先生:

7月26日法来西讷先生写信给您的前任,就为使您能够在东京进行军事行动而起草一项向议会要求经费的法律草案的时机问题陈述了他的看法。两院不久将举行会议。我想您一定过问过我们两部以前商讨的草案的下落。外交部对此事甚为关注,如承您将此事采取的措施告我,不胜感激。

圣提莲(Saint Hilaire)

M.D.亚洲第36卷第328页

160 海军及殖民地部长致外交部长

1880年11月5日于巴黎

外长先生、亲爱的同事:

您在10月29日的信中提到希望能够了解我部曾起草过的一份有关向交趾支那总督提供东京军事行动所需经费的法律草案的意见。

鉴于部长会议已于10月2日作出关于必须按照我的前任提

交的第一份草案中提出的建议进行这次干预的决定,我只能请您参阅这份已印好并发下来的草案文本[①]。

海军及殖民地部长　克路埃

M.D.亚洲第36卷第329页

161　海军及殖民地部长致外交部长

1880年11月8日于巴黎

部长先生、亲爱的同事:

我驻顺化临时代办黎那先生,由于健康原因,要求回国。我已批准他离职。

法国公使馆临时代办职务由土著事务督察员参哺先生担任。此人精通行政业务,通晓安南语。

另外,由于原来在东京负责河内领事馆工作的杜克先生已离职,河内和海防两个领事馆的工作暂时由一直任海防领事的可加拉德克先生兼管。

我荣幸地请您,部长先生、亲爱的同事,批准上述几项任命,并寄来这几位官员的委任状。

克路埃

M.D.亚洲第36卷第330页

162　宝海致内阁总理兼外交部长法来西讷[②]

1880年11月8日于北京　12月20日收到

内阁总理先生:

---

① 原档缺此草案。着重号为原文所加。——编者

② 原文如此。这时外长应为圣提莲。——编者

我们没有来自圣彼得堡的消息。俄国公使馆保持缄默，声称对在那儿发生的事一无所知。听说曾纪泽发回的两封电报，因电码不清，无法译出。再说别人也不会告知我们有关内容，除非电报涉及重大事件，但目前看来情况还不至于如此。应当指出，总理衙门的大臣（我和威妥玛先生曾向他们提出过许多友善的建议）大概出于他们的种族对欧洲人无可救药的本能的不信任，不到万不得已时是不会求助于我们的，他们甚至避免和外交使团中的欧洲人交换看法和保持经常性的联系。自然这就谈不上有真正的谅解和有可能进行协调的行动。他们一旦觉得处境困难时会急于征求我们的意见，但他们只听取我们部分意见，以示他们办事干练，一旦局势稍有平静，他们就远离我们以示其独立性。目前他们保持沉默，我估计他们认为事情进展尚顺利。我提出这一观点是想引起阁下的重视。如果在现在我写信的时刻发生一些否定我上述设想的事件，我将会与别人一样不会感到惊奇的；我已说过，中俄之间多月来的争执，现在已不是在北京、而是在彼得堡解决。我们驻那里的使馆肯定已向阁下报告了一切我们尚不知的情况，使阁下能对曾纪泽侯爵最后负责谋求达成协议的可能性作出判断。

我们仅仅知道，总理衙门向其驻俄国的使者传达新的指令后，正在赴北京途中的布策（Butrow）先生已奉命返回彼得堡讨论中方的新建议，这一建议比中国的钦差大臣前不久向沙皇政府提出的条件要通融得多。这期间发生了什么事情？……我的同事威妥玛爵士得到的消息说，曾侯非常忧虑和踌躇，他觉得俄国的大臣们向他隐瞒了他们的真实想法。有人说，俄方的态度使曾侯心神不定、坐卧不安，他特别害怕其前任的命运也会落到他的头上。

不管我们面前的局势多么令人捉摸不定，细心的观察家仍看到了某些迹象，使他们撩起了隐藏俄国宫廷真实意图的一角帷幕。

沙皇政府集结的海军力量远远超出了它与中国作战的需要。耗费巨资,调来了大批现代战舰中火力最强、装备最精良的装甲舰,显然不是为了打败一个在军事上十分软弱无力、其舰队毫无抵抗能力、不堪一击的敌手。那么为什么要动用如此多的进攻力量,派出高速巡洋舰,难道是为了在中国沿海或内河中追逐和俘虏中国海军的小护卫舰和挂着清朝黄旗的大帆船?这些令人生畏的战舰是用来进攻大沽炮台或其它堡垒的?为何要正面去攻击这些炮台呢?它们面前有很大一片浅海区,吃水深的舰只根本无法靠近,但却能很容易绕过它们。如果我们重视这些可以说是必然会得出的分析,并将其与彼得堡的新闻界、在北京的俄国公使馆成员和俄国海军军官们一个时期来所说的俏皮话联系起来考虑,我们不难了解有关这种过分炫耀武力行动的计划,也可轻而易举地发现沙皇政府想要达到的真实目的。

部长先生,我可能判断错误,但在今天流传说英国和北京朝廷发生了争执,并把不批准利瓦吉亚(Livadia)条约说成是这一切动乱的根源时,我相信这些备战行动不是针对中国,而是针对英国的。

在上次东方战争中,俄国人对其切身体验记忆犹新,他们不想再蒙受耻辱,眼看自己的胜利之师在英内阁的干预和否决下不得不在巴尔干以外的地区停止前进。因此,他们采取措施,等候时机成熟时给英国制造尽可能多的麻烦。除了在远东海域,那里英国的殖民地从印度到中国连成一片,英国的年贸易总额接近10亿,还有什么地方能找到实施上述计划的更好场所呢?假如有一天强大的俄国舰队在这一地区出现,它在太平洋的某一大军港内拥有行动基地,成为它坚不可摧的隐蔽所,它的巡洋舰可以从那里得到物质供应,我们不难设想这一局面将在英国政府作出决策的天平上起多大的筹码作用。可以认为，当比康斯菲德(Beaconsfield)勋爵和索斯伯利(Salisbury)勋爵发现自己处于这种困境时，他们在柏林会议上的态度会变得更灵活，更好说话些，这就是俄国人从现在起决定打出的王牌。

但是，为达到这一目的，俄国人必须寻找目前尚缺少的东西，即一个不受冰冻影响的港口。尼古拉港和符拉迪沃斯托克港有半年时间船只无法靠岸，可以说几乎无法使用。然而在朝鲜，有许多极好的深水港，经常空闲着，那里一年四季都可以停泊舰队。这正是俄国人所需要的，也是他们竭力想占有的。经过周密的思考，俄国人想让中国支付这一行动的代价，这就是他们故意拖延，不与中国达成协议的目的所在。如果现在立即签约，首先会影响上述计划的实现。朝鲜是中国的属国，俄国军队想要开进去，最好和朝鲜的宗主国保持某种战争状态：只有在俄国人占领了一些军事要地，在那里站住了脚跟，而中国又因战败，为求得和平而支付战争赔款，使沙皇的国库不必付出巨大代价而实现了上述目标后，俄国人才会最终和北京朝廷签订和平友好条约。

朝鲜人似乎已觉察到正向他们袭来的风暴。前不久，朝鲜派一使团去北京，要求中国在其独立受到外来威胁时提供援助。我怀疑总理衙门已在这方面作出了承诺。总理衙门打发朝鲜谈判代表去见李鸿章，李鸿章可能重申了要朝鲜对外开放的建议。与今年春天一样，目前汉城方面仍不想朝这一方向迈步。然而，当时还有办法得到解救；今天已为时过晚了，朝鲜人几乎没有希望能维护自己的领土完整。

即使俄国的要求不超出我上面勾划的计划范围(这看来是不大可能的)，这一计划一旦实现，那应当承认，这一招是相当妙的，花费的力气与取得的成果相比完全值得。

占据极有利的战略地位的俄国海军将完全控制中国海和日本海;它能用大炮主宰这一地区的英国贸易。一旦两国发生战事,只需几周时间,英国贸易就会消失得无影无踪。因为英国人怎能在远离他们的船籍港的地方永久性地保持一支在数量上足以有效地保护其商船队免受俄国巡洋舰攻击的舰队呢?英国又怎能保持一支舰队使香港和新加坡这样的大物资供应站不受实力远远超过自己的俄国舰队的袭击呢?为维持其贸易,英国要付出多么大的代价,且不说成功的希望不大,而且这样做意味着要在这一地区集中一大批作战部队,为此英国只得从其它更重要的,同样也受到威胁的地区抽调部队。

面对这一前景,像西贡这样一块殖民地对英国政府来说难道没有意义吗?西贡位于一条大河上,并控制着这条河下游,它的地理位置十分重要,可以把它建成一个大军火库。若在英国人手中,这一军火库能在很大程度上抵销俄国在朝鲜夺得的利益。让别人对如此渴望的属地所能带来的好处去作出判断吧!如果我们能掌握时机,利用这一局势,我们就能得到某种可以与俄国在朝鲜的行动相比拟的势力范围;我们可以很容易地对中国南部各省施加压力,就像俄国人在北方将要干的那样。遭受两面夹击的中华帝国,有一半将听从我们的支配。考虑到我们将能从中得到无穷的好处,我极希望看到我们的旗帜在东京上空飘扬,占领这一片天赐给我们的美丽和富饶的地区。

不管曾侯向彼得堡提出的方案是什么内容,中国人的态度犹如他们相信真会发生战事那样,正努力准备,以进行这场战争。前旗昌洋行的客轮继续源源不断地向大沽运去大批可笑的士兵,我在先前的报告中曾向您描述了这些部队的面貌和装备情况。被这些不守纪律的部队(他们是不怎么愿意奉命北调的)弄得惊恐不安的天津居民正在城边构筑工事，用来防范被调来所谓保卫天津的士兵。这些士兵只要严冬一到或物资供应不上，肯定会分散到乡间抢劫，寻找食品。因此，天津居民采取的防范措施决非无用。部长先生，在此情况下我想指出，撤离法国炮舰的做法是不妥当的，我已命该舰自10月初起进入我领事馆前的冬季宿营地。在京的各国公使也打算这样做，有4艘军舰（其中包括我们那一艘炮舰）将在天津的欧洲租界沿岸停靠。我强调这一点的原因是，最近海军部向杜白蕾舰队司令发来指示说，不仅政府无法给中国海域分舰队增派船只，甚至还提出可以考虑我们每年在白河上停泊的那艘炮舰可以撤走。我不理解游列居伯利海军将军怎么会产生这样的想法！更使我不得其解的是，舰队司令在给他的报告中已经很明确地阐述了在这一地区随时可能爆发的事件的严重性。因此，如果从将来我们需要保护我驻外人员和侨民来对付当地居民的暴力行为（我们过去曾领教过）的城市中撤出我们的部队，对由此产生的后果，我将概不负责任。当然我的请求不足以说服海军部长，但我有责任提出这些要求，并出于上述理由，希望阁下替我向他致歉，请他原谅我那些可能使他感到讨厌的唠叨话。

C. P. 中国第58卷第416—423页

163 中国使臣曾纪泽致外交部长圣提莲照会

1880年11月10日于彼得堡

部长先生：

我荣幸地向您通报，在听到一些可能会在法国政府与东京的君主之间引起冲突的传闻之后，我于1月25日在外交部同法来西讷先生进行了会晤。会晤时，在向部长阁下说明了东京对中国的藩属关系后，我问他是否确实存在引起冲突的理由。部长先生声称根本不存在这类事情。他的保证消除了我对此问题的疑虑。

但是根据最近的消息,似乎法国政府打算或已向东京派了军队,这使我重新产生了疑虑。因此,我荣幸地请您告知我这些情报是否真实,以及我同法来西讷先生会谈以来,法国政府的意图是否发生了某些变化。

我希望阁下像您的前任一样,将贵国政府有关东京问题的看法告诉我;因为我无须向阁下声明;中国政府不会对旨在改变东京王国这样的毗邻国家的政治形势而进行的军事行动置若罔闻,迄今为止,东京的君主一直是受中国皇帝册封的。

由于我现在忙于同俄国政府的谈判,很遗憾未能在您接任之日,向您表示祝贺。我在圣彼得堡的谈判一旦有结果,一定马上动身去巴黎向阁下表示敬意。

此刻,我请求阁下对我向您递交的照会给予回复①。

曾〈纪泽〉

M.D.亚洲第36卷第331—332页

164 宝海致外交部长圣提莲

1880年11月22日于北京　1881年1月10日收到

部长先生:

我们驻广州的领事想已向您汇报了有关9月15日骚乱事件的情况,他还将向您报告有关在这一令人遗憾的事件中各方应负的责任的调查结果。因此,我无需重复广州的宗座代牧主教在事件前后所犯的过错。广州区主教在该城的消防队员和客家人发生争执时,先是态度暧昧,其后又用不确切的情况使李梅(Lemaire)先

① 本照会中文参见本《续编》第一册第35号附件。——编者

生作出了错误的判断,最后很可能又是他帮助两名受牵连的人逃跑,这两人的罪行已被当局查获,总督完全有权传讯他们。我认为我们领事馆的结论是完全正确的,我无保留地支持他的意见。

在广州的宗座代牧主教给我们制造上述令我们不快的麻烦的同时,他的下属又在离广州不远的地方制造了另一起事件,李梅先生也一定向您报告过了。毋庸置疑,我们现在还使用一套已经过时的方式,再继续下去将是极为危险和不策略的。广州教会的传教方式是到了应重新考虑的时候了。罗马教廷的传信部与此直接有关。因为,我们不能期望中国居民能在我们向他们传播的宗教和传播这一宗教的人之间作出明确的区分。被告发者的品行无助于使异教徒们对传教士的正直品质产生好感。通过利用在中国广泛使用极不道德的办法是绝不能使人领悟天主教教义的优越性的。在传教时,只有身教才能启发人们自觉地皈依天主。

部长先生,对我们来说,我们提供的官方保护是否有效和我们提出的要求是否正当是紧密联系在一起的。由于不明真相,我们通常对一些可疑的、甚至不值得同情的事情提供支援,这只能令人十分遗憾地削弱我们在遇到重大事件、确实需要我们关照时进行直接干预的威望和有效性。

因此,我希望广州事件应通报罗马教廷,望驻罗马使馆利用机会让传信部向中国教会、特别是向两广教会发出训令,以达到下述两个主要目标:

——撤回传教士中那些明显背离对中国当局所应履行的义务的人员,中国当局有权要求他们尊重符合本国法律和国际条约的情况的决定。

——让全体人员明白,不这样做将置我们于困境,无法保护他们。如果他们想利用我们的威望,那就不应滥用,不要动不动就向我们求援,不要在理由不充足的情况下提出要求。

这样就可以避免在一些无关紧要的琐事上触怒中国官员,加深他们认为传教活动对中国的安全是一种非善意的、危险的因素的想法。将中国官员对我们的传教士的仇视归咎于他们的宗教狂热性(就像我们在一些伊斯兰国家中所遇到的那样)是错误的,他们对宗教信仰问题漠不关心。如果教徒们不企图借助外国神甫的支持做出冒犯帝国官吏和无视法律的行为,天主教在这里是不会比佛教、伊斯兰教或其它宗教遇到更多障碍的。有一天当中国人看到法国公使馆只出面交涉一些重大事件,并有分寸地进行干预时,传教士们的事就好办多了,这比任何保护条约或公开担保要强得多。

关于广州骚乱事件,我完全赞同卢眉的估计,但我不同意他说领事馆应中止谋求对我们传教士遭受的损失给予赔偿的努力。

尽管客家工人有罪,但这不能用来为我侨民中的罪犯进行辩解,这些侨民与消防队员的争吵毫无关系。根据中国法律,不管在何种情况下,如一个区内发生骚乱,该区的地方当局应对此负责。因此,我认为有理由利用这一规定,提出对遭受财产损失的我国侨民给予赔偿的要求。

我已将此意见写信告诉了卢眉先生,我希望我们的索赔要求不致遭拒绝。但是,如果我们能向广州总督申明比尔(Béal)神父已受惩戒,并保证今后不再发生类似事件,这将增加获得赔偿费的可能性。

宝海

C.P.中国第58卷第427—430页

165 海军及殖民地部长克路埃致外交部长

1880年11月25日于巴黎

继你部本年5月24日之信后，我的前任于6月5日向交趾支那总督发出了最明确的指示，命他全力阻止嗣德王执行派遣使团去中国的计划。

我刚接到的卢眉先生来信表明，安南国王似乎非常坚决要实现这一行动，作为藩属国应向宗主国履行的义务。读了附在该信后的信件中所阐述的理由使我们看到，如果他的这种计划付诸实行，我们的势力和威信就将面临新的危害。

我知道，我们没有用1874年条约的条款去反对它上一次的派遣使节是犯下了严重的错误，而这种容忍今天可能在某种程度上被援引作为我们对中国宗主国权利的某种默认。但是，一方面上次的使团没有如此隆重，派遣使团之前也没有发表如此明确的声明；另一方面，我们有理由肯定当时在我们看来，这种行动只是对建立于同源同种的民族基础上的两个民族间已经家喻户晓的传统的重视而已，所以我们没有把它视为对宗主国权力机关的尊敬和一种违反1874年条约条款的行为。

根据顺化大臣在宣布其计划的同时所作的说明，今天的问题截然不同了。因此我跟交趾支那总督一样，认为我们有责任去坚决阻止这种计划的实行。我完全有理由相信，您会赞成我的意见，并且会同意我根据这种看法而打算给卢眉发出的指示。

无论如何我们不能不看到这个派遣使节的计划证明顺化大臣不太和解的态度，他想摆脱我们的影响，逃避把他和我们联在一起的条约中对他规定的义务。

这对我来说是又一个希望迅速实现我们两部共同制订并得到

内阁全体人员支持的计划的理由,以便尽快地对顺化朝廷施加强大压力,迫使嗣德王承认我们的保护国制度。

克路埃

BB—4 1971 第159—161页

166 外交部长圣提莲致驻华公使宝海

1880年11月26日于巴黎

我接到曾侯写来的一封信。我认为应该把该信的抄本随信附去①。这封信的内容涉及法国和安南王国的关系,并且在中国企图成为安南王国的宗主国的问题上还发表了一套我们绝不能接受的理论,这是你已知道的。

我们1874年3月15日同安南国王缔结的条约,在答应保护这位君王之外同时还承认了他对任何外国具有完全的独立自主权。国王所作出的一切附庸的行动,以及第三国对安南的宗主权企图都直接违反我们的条约,因此,与我们根据条约而得到的权利也是直接相抵触的。

我认为这个意见很恰当,因为海军部长刚从交趾支那总督那里接到两封由嗣德王写给中国皇帝的信,这两封信准备由安南的正式使团递交北京朝廷。信中的措词还意味着受我们保护的国王不顾他对我们应尽的明确义务,却去承认中国所谓宗主权。

我如何答复曾侯的信还未作出决定,有待从西贡接到说明后同克路埃将军一道研究采取适当的措施。因此,在接到新的命令之前,请您将附在这封信中的文件,视作给您私人和秘密提供的情报。

---

① 原档缺此附件。——编者。

圣提莲

BB—4 1971 第 161—162 页

167 外交部长关于安南王国问题的批示

1880 年 11 月 28 日

如果还来得及,必须阻止使团启程,并为我们的保护国权利得到尽快的承认采取行动。最坚决地遵守 1874 年 3 月 15 日签订的条约的第 2 款。

向安南国王提供尽可能的援助,以打击分裂其王国的叛乱分子。

圣提莲

M.D.亚洲第 36 卷第 375 页

168 外交部长圣提莲致克路埃

1880 年 12 月 21 日于巴黎

上月 25 日,您送给我的一份急件中曾提到交趾支那总督曾告诉你,安南国王似乎已经打定主意,要实现派遣使团去北京的计划。卢眉先生的报告中附有嗣德王写给中国皇帝的两封信的译文。这两封信绝对无疑地表明安南这次派遣使团是确认它仍隶属于中国的地位。

昨天,我曾写信给您,让您知道我打算寄给中国公使的回信,因为他曾向我表示过要了解一下我们对东京的意图。您也知道,对我来说,我倾向于继续遵守 1874 年 3 月 15 日条约第二条的规定,因为这项条约对任何外国都确认安南拥有独立自主之权。这就是共和国政府的一贯看法。

如果说,在某一个时期,我们允许过安南派遣使团去北京,这只不过是我们对这个使团认识得不够正确,只把它当作一个纯礼节性的活动而不是一个藩属国的行动。今天我们不能允许安南人再想利用这个由他们促使交趾支那政府造成的错误所形成的先例作为依据。况且,这次附在卢眉先生信中所附的文件不容任何曲解。

在这种情况下,我认为,如果我们有办法或者现在已是时候,我们完全有理由去阻止使团的启程,因为这是违反与我们签订的条约的规定的。

您肯定会同我一样认为,这次事端对我们来说,是我们在安南土地上有必要使保护国制度得到完全承认的新证明。你部已向内阁提出了一项拨款申请以便确立我们在东京的优势,特别要向嗣德王提供援助,去消灭骚扰该省的叛乱分子。我完全支持你和你的前任撰拟的这项草案的计划,并强调我们必须立即付之于执行。

圣提莲

BB—4 1971 第162—163页

169 海军及殖民地部长致外交部长

1880年12月23日于巴黎

外长先生、亲爱的同事:

您提出的给中国驻法兰西共和国公使曾侯爵先生回信,打算阐述我国政府对东京事务所采取的态度,我谨复信告诉您,我完全同意您的计划。

我们为执行法国与安南1874年3月15日缔结的条约做出了庄严的承诺。现在我们对东京的态度就是由这些承诺决定的。您在信中不无理由地提到东京是安南的一个属地,某些可能对我们不利的事情,如在北京设立安南大使馆,天朝的军队在东京领土上进行军事活动等等，势必会削弱该条约为我们开创的局面或者缩小我们的影响，这是我们不能容忍的。建立使馆一事，是由于我们的宽容造成的。但我们并没有因此而承认安南与天朝的藩属关系。至于第二件事，我们不能忘记中国政府对东京进行武装干预的目的在于镇压由一个中国叛乱分子领导的暴乱行动。

我将向交趾支那总督转告贵部与中国公使先生交换的信件内容。

克路埃

M.D.亚洲第36卷第398页

170 宝海致外交部长

1880年12月26日于北京

部长先生：

天津与上海之间的海路交通〈因结冰而〉一年一度的中断，和由此而不可避免地造成我们之间信件往来的暂时停顿，使我无法利用最近一班邮船，从而我在与我11月底写的报告相隔近一个月的今天才能向阁下发信。在这段期间内，这里没有发生特别值得向部里汇报的情况，总的局势依然如故。目前需要彼得堡作出决定以解决长期以来悬而未决的问题，也可能促成一场危机。据最近来自俄国的消息，几乎可以认为这场危机已经消除了。关于沙皇政府和曾侯之间进行的谈判结果，我们还丝毫不了解详情。但是，目前，中国大臣们已不再像我初到北京时那样顾虑重重了，这些大臣不再向我征求最好的行动准则这一事实便是再好不过的证明，阁下在10月29日信中提示的和平趋势是有道理的。

装备部队的活动仍在继续进行，但我已指出，应该考虑到：中国迫切希望避免发生冲突，即使他们迫不得已而应战，他们所有的兵力也肯定不能有效地应付一场稍微强大的袭击。的确,物质手段并不缺乏,如果掌握在更坚强的人手中,它是能发挥很好的作用的。但是,目前,部队几乎形同虚设,而且,这支部队极度缺乏指挥力量,因此,任何抵抗的想法都只是幻想。所以,我坚持认为北京方面会尽一切努力来避免这场冲突。

此外,对中国政府来说,除了惧怕发生灾难外,它还希望在和平的环境中实现一个计划。今天,接受这个计划似乎就跟过去它拒绝这个计划一样的迫切。这就是建立一条天津至上海的大铁路计划。皇帝已经颁发了一道谕旨,在明年11月初沿大运河开始架设一条电报线。

铁路修筑的计划则还是很遥远的事。但是从两江和直隶总督已奉命负责研究此事并向朝廷提交报告就可以说明,在他们看来,已经找到克服可能遇到的危机的最适合的实施方法。此外,我也了解到,总督身边很有影响的一位官员正在汇集进行这些巨大工程所需的资金,甚至某些迹象表明中国政府拟向法国发行公债,如果这些证券能获得巴黎交易所的挂牌交易的话。我说过,一切都取决于发行公债以什么作抵押品,如果抵押是认真可靠的,并向我正式表示这一愿望的话,我将努力促使我国政府支持这一愿望。从这以后,我再也没有听到任何消息,但我绝不放弃这个想法。人们肯定不久就会回到这种设想上来,我也迫切地希望如此。因为,我认为,在这类问题上,中国人忠实可靠,会偿还债务的。我们可以筹划一笔资金,据我看来,法国投资者的资金如果加入这类企业,将比轻率地把资金投到其它地方会少担风险。此外,我们的政策及影响将有助于那些有大魄力,经验丰富的人获得利益,这些企业家强烈希望通过我们的可靠安排,向中国输入发展我们同远东各国关系不可缺少的科学技术和制度。所以,我希望届时阁下不要否定我擅自认为应该给予的保证。当然，在目前，他们对我谈的企业还处于泛泛而谈的阶段。但是我从中获得一个深刻印象，我确实看到某种迹象：一个迄今为止不分青红皂白盲目反对欧洲文明的政府正在改变某些步骤。

C. P. 中国第58卷第457—459页

171 外交部长致中国公使曾纪泽

1880年12月27日于巴黎

公使先生：

收到您11月10日从圣彼得堡寄来的信，深感荣幸。您在信中要求我谈谈法国与东京关系的现状，并提到了我的前任今年年初就同一问题进行会晤时的谈话。

法兰西共和国与安南王国于1874年3月15日缔结的条约已确定了我国与东京的关系，您也很清楚，东京是安南王国的一个属地。根据上述庄严条约的第2款，法国承认越南国王对任何其他大国保持完全的独立，答应向他提供援助和支持，并保证给他一切必要的支援，以维持秩序与安定，抗击一切侵略行动，保卫安南国土。我应补充一点，该条约将欧洲各国在安南的利益置于法国的保护之下。

这个文件（上面我已向您陈述了其主要条款）已传达给有关的各国政府，特别是中国朝廷也收到了法国驻北京公使团递交的条约通知书。法兰西共和国与安南以及其他省份的关系，从那时起就十分明确了。因而，我毫不怀疑，法来西讷先生在您提到的友好的会晤中，向您作的解释，与这项确定了法国在安南的权利与义务的条约文本，一定是完全相符的。

我毫无保留地向您保证，法兰西共和国政府愿遵循1874年条约的各项条款，履行条约规定的义务。法国政府非常理解北京朝廷为何对维持与天朝毗邻的国家中的良好秩序问题如此关注。在这点上我们是一致的。为此，法国政府将尽全力制止在法国和中国政府之间由此而出现的任何困难或误会。

M. D. 亚洲第 36 卷第 399—400 页

172　驻中国公使宝海致外交部长圣提莲

1880 年 12 月 27 日于北京　1881 年 3 月 2 日收到

我刚通过俄国的电报线给阁下发去一份电报。告诉您按照传统习惯四年一次将嗣德帝的贡品献给中国皇帝的安南使团即将抵达北京。现将《京报》向其读者报导的这则消息的译文随信附上。

早在今年 5 月 5 日，中国的官报就发表了嗣德帝给两广总督的一封信，该信请求这位总督同意顺化朝廷的代表前往北京。巴德诺先生向法来西讷先生报告此事时，曾作过十分正确的分析，并提出了非常明智的意见，请阁下再研读他的这封信。

嗣德帝这次派遣的使者向中国皇帝呈递的奏章中，突出了从未有过的强烈而恳切的愿望，即要求密切安南和中国之间的关系。在这份奏章中，处处反对我们在交趾支那的殖民地政策，处处反对(和我们签订的)各种条约。很显然，嗣德帝是进行胆大妄为的挑衅。而公开违背刚刚签订的条约一事，便加重了这种挑衅的意义。因为安南政府在条约中也公开宣布它完全独立于除法国之外的任何一个国家了。

安南政府这样做，肯定是想通过这次挑衅作为引起轰动的示威，也是对最近的某些传闻作出的反应。传闻说我们打算最终拿下东京，并宣布将在安南的其余地区实施我们的保护制度。

令人吃惊的是，所有这些安南当局均未事先与北京朝廷商量。

当然,不管怎样北京朝廷对此肯定不会无动于衷,否则,其追随者就会泄气。所以,北京朝廷对我刚提到这种亲善和忠诚的表示所给予的欢迎,使人产生这样的印象:嗣德抵制我们所提出的十分合理的要求,今后起码会得到北京的鼓励,甚至会得到支持。而这一切必然使我们在交趾支那的各种事业受到破坏。如果我们在交趾支那的各项计划不得不往后拖延,而那些近来不断用激烈的措辞指摘我们在整个印支半岛的措施软弱无力的各种舆论就会造成更坏的影响;如果中国政府乘机提高它的威信,降低我们的威信,那么人们就更有理由提出质问,为什么我们仍然留在西贡不走,我们为什么不主动撤离(因为从总的方针政策考虑,或从合乎情理的推论,我们主动撤离是解释得通的),而情愿让付出高昂代价才在这个地区建立的殖民统治逐渐削弱、到头来还是被迫撤退呢?这样,我们过去的历次的战争业绩就变得黯然失色了。

另外,根据我秘密得到的确实情报,我认为嗣德帝并不是在作一些没有实效的表演,他的使节也不是作纯礼仪性的觐见,我可以肯定,除了官方报纸上刊载的贡品清单和奏折外,使节还有一项非常秘密的任务,那就是要求中国给予实际的援助,以帮助他们反对别人强加在他们头上的侵略行为。关于这点,我们还可以从几个月来法国报刊上开展的宣传攻势来佐证,因而明显地造成了对安南领土的威胁。如果事情真的如此,我认为目前顺化朝廷也不会立即采取迫使我们完全处于守势的措施,而是等待时机。我们与亚洲人打交道,不了解他们的手法就很危险。

正像我在电报中向你提到的那样,我们再也不能、再也不容许拖延了。摆在我们面前的问题就是要知道,我们是否想在这些海域继续奉行20多年来卓有成效,而且带来荣誉的政策;或者,像巴德诺先生所提出的,我们是否打算将不久以前因我们的军事胜利而在这块具有经济价值的土地上强行缔结的条约所带来的利益拱手送给别的国家,这样的政策既损害我们的物质利益,又有损我们的尊严。的确,昨天我在发给你的电报中,已经向你提出,在什么条件下我们才能希望看到不久后中国会抛弃自己的旧观念去接受西方的工业科学大革新。可能时间不会太远了,这时中国将要接受欧洲的投资和外来的科技人员和科学家。只要铁路一筑好,广阔的国土无论在社会进步、商业和文明方面都对欧洲国家敞开了。以后我们还会遇到这种经济上的动荡吗?其实这种动荡的范围很难予以确定,从各方面分析,其后果也无法估计。如果这样的变革发生在天津条约签订的翌日,那还用什么压力来将我们的条约强加在中国政府身上?因为它已在跟随新的趋势朝着对我们有利的方向走。相反,对一个不关心自己以前用武力获得的果实的政府,连安南人也明白,它的意愿和建议还有什么威信可言呢?

我谨请阁下宽恕我在安南问题上唠唠叨叨讲个不休,因为我认为安南问题对我们远东总的利益有密切的关系。我真是怀着沉痛的爱国心情看到共和国政府不去完成这个几乎已临近胜利的事业。

宝海

附件 1880年12月25日《京报》[①]

越南国王臣阮福时稽首顿首谨奏:为恭值贡期,虔修旅篚事:臣国仰荷天朝封殖,世列职方,经奉酌定贡期,四年一次,永为成式,嗣届贡期,遵例恭进如仪。光绪六年正月初八日,以次年正届贡

① 原文如此。此奏折实际上刊布于光绪六年十一月二十三日(1880年12月24日)《京报》。——编者

期，具由咨明广西巡抚部院代为题达。嗣接覆会，定于本年九月初一日开关。臣闻命之下，顶戴惟虔。窃思山川奠维，于周受命。共球述职，曰商是常。当此贡期，获遵例进，实为天朝俯鉴恭顺之诚，俾下国得遂尊亲之悃。臣恪遵侯度，遥望天阊，谨将辛巳岁贡品仪交陪臣阮述等赍递，钦候恩准赏收。除另具表文上进外，谨奉具事奏闻，伏候圣听洞鉴。谨奏。

一、谨遣陪臣三员阮述、陈庆洊、阮懽。

一、恭进辛巳岁贡方物：象牙二只，犀角二座，槟榔四十五斤，砂仁米四十五斤，速香六百两，沉香三百两，土绸一百匹，土纨一百匹，土绢一百匹，土布一百匹。

军机大臣奉旨：览。钦此。

BB—4　1971 第 176—181 页

173　外交部长圣提莲致驻圣彼得堡公使商犀(Chanzy)

1880 年 12 月 27 日于巴黎

您也知道，中国驻法公使目前在圣彼得堡。不久前，他曾为了东京的事写了一封信给我。信中说，中国政府知道我们对东京问题上的意图后，重新又提出了我们早已反对过的要求，并认为我们 1874 年 3 月 15 日条约在安南和它的属地上赋予我们的权利是有问题的。我同我国海军部同事商讨给曾侯复信的措词后，写了这封封口的信（内附）。请您亲手转给他。我认为有必要把这封复信的抄本①和曾侯的来信的抄本②一起寄给您。这些文件会使您了解全部情况，这样您就能在有利时机，同中国公使进行讨论。

圣提莲

①② 从略。——编者

BB—4 1 —164 页

174 海军及殖民地部长致外交部长

1880 年 12 月 29 日于巴黎

像我们商妥的那样，昨天我致电交趾支那总督，请他使尽全力，劝说顺化朝廷不要派遣使节去中国。

我刚收到卢眉先生的复电说，安南使团已经到了中国。我就立即通知您。

克路埃

BB—4 1971 第 165—166 页

175 外交部长圣提莲致宝海

1881 年 1 月 7 日于巴黎

在我给您的密电中，我已将曾侯为了安南王国和法国之间的关系而寄来的信告诉了您。电文中还给您提供了嗣德王写给中国皇帝的两封信。信中的内容是从西贡转给我们的。

继这份电报之后，我再把写给曾侯的复信抄本随信附上(参阅第七十八号文件①)。信内的措词都是同海军部长一起商定的。这些措词表明了我们对 1874 年 3 月 15 日同安南缔结的条约的理解和实施方式，是不容许北京朝廷有所置疑的。此外，这件事的历史由来您十分熟悉，为此我这里不用再提了。我完全信任您会谨慎考虑，作出您利用这份电文的方法，以便在我们能够利用条约赋予我们特殊地位的时候，防止顺化派出的使团给我们制造困难。

圣提莲

① 该文内容与本册 171 号相同。——编者

BB—4 1971 第 166—167 页

176 宝海致外交部长电

1881 年 1 月 14 日 11 时 50 分发自上海

我紧急请求将驻广州的李梅先生留在原地。直到最后解决 9 月 15 日事件。萨列根本不适合与总督打交道。我已就此事件向李梅先生作出一些指示。请阁下用电报通过香港重申我的指示。

2 月份，一个安南使团到北京进贡，这件事所产生的影响将进一步降低我们在顺化的地位。除非我们抓住违背 3 月 15 日条约某些条款这一事实，否则我们不可能理直气壮地和嗣德帝交涉。现在，我们被迫作出抉择，要么是给予惩罚，要么是蒙受极不利的打击，特别是在人们说我们想在东京扩展势力的时候。

宝海

C. P. 中国第 59 卷第 29 页

177 宝海致外交部长电

1881 年 1 月 14 日于北京

送贡品来北京的安南使节即将抵达的消息已宣布。如果我们不抓住机会十分明确地向嗣德帝指出他违背了 3 月 15 日条约的第 2 款规定，这件事必将在这里引起轰动，并会降低我们在顺化的地位。他正在迫使我们在或者主动缩小我们在交趾支那的势力，或者容忍我们在交趾支那的势力缩小两者之间作出抉择。如果缩小我们在交趾支那的势力，那么，我们最近谈得很多的东京扩张计划就很难顺利实现。

宝海

BB—4 1971 第 169—170 页

178 交趾支那总督卢眉致外交部长

1881年1月31日于西贡

法国驻顺化代办参哺先生通知我说，我们刚刚同安南朝廷建立了新的关系。

迄今为止，王宫对我们仍是关闭的。我们的代表虽然提过要求，但还是安排在外面的招待外宾的客厅内接待。只能由商舶大臣作为居间人，不能面见国王本人。

最近经嗣德王批准，参哺先生和礼仪大臣在宫内召见厅举行了会谈，这对我们是一种政治性的让步，也是与我们接近的试探。由国王个别召见的制度不久即将会建立。我们只有同国王建立直接联系才好开展工作。

卢眉

BB—4 1971 第172页

179 海军及殖民地部长克路埃致外交部长

1881年2月19日于巴黎

在我随信附上的1月7日的信中，交趾支那总督向我汇报说，“杜古埃狄”号汽艇截获了一艘中国海盗帆船；我们在这一带海上采取攻击海盗的强烈措施，在东京产生了良好的效果。

在这同一信件中，卢眉先生告诉我，在海防海面，看到一艘名叫“旅进”(Lui-Tsing)号的中国炮舰。

他说中国舰艇在安南沿海巡回游弋，其目的虽然是同法国舰艇一起追逐海盗，但中国舰艇的巡航在该地人民的心目中，只能妨害我们的优势，不管怎样，对1874年的条约造成了明显的抵触。因为按照这项条约，只有法国才能保护海上的商业。如果您同意这个看法……我的看法，也许您会认为把这种不满写成一个特殊的函件转……中国驻巴黎的代办是有裨益的。

总之，请您将这方面的意见告诉我。

克路埃

附件1 交趾支那总督卢眉致海军及殖民地部长

1881年1月7日于西贡

在您去年9月21日的来电中，您曾要求我将东京歼灭海盗和制止可能发生的新事件而采取的措施告诉您。您的指示已经转达下去。我现在迅速寄上一份有关法国驻海防领事的报告抄本。领事向我汇报说，"杜古埃狄"号汽艇截获了一艘海盗帆船。

可加拉德克先生报告了我们巡航舰队在沿海获得的可喜成绩后，在结束时，还通知我说，中国炮舰"旅进"号在海防河口巡航达数日之久。

我们在印度支那警戒区内力量不足，这我已在去年8月1日的信内向您谈过。有时会被人认为保卫工作似乎没有什么成效，而且在安南政府的心目中，好像我们还要求助于它的老宗主国。显然，东京出现一艘中国炮舰是对我们保护制度的一个明显的否定。因此我请部里对这些活动以及今后可能再会出现的严重后果加以注意。

卢眉

附言：有一件事提供您参考：现在安南出现大量贩卖儿童的情况。一艘帆船搁浅在柬埔寨河口的咸龙(Ham-Long)地方。我们从船上救出了50来个被贩卖的孩子。

卢眉

附件2　驻海防领事可加拉德克致交趾支那总督

1880年12月5日于海防

今年11月14日，由海军中尉范恭(Fan-Con)指挥的“杜古埃狄”号汽艇，在筷子龙(Fitze-Luong)海湾上，袭击了一艘海盗帆船。海盗向岸上逃跑，我们无法追踪。这艘帆船被拖到海防，宣布由安南当局依法捕获。这艘帆船将要被拍卖，可最后几天来了一位中国人，声称他是这船的合法主人，该船是几个星期之前被人强行抢走的。已进行了一次调查，“杜古埃狄”号船长在查实提出的这个要求是有根据的之后，就将帆船及其装载物一并归还了原主。

像这类的事，对我们的威信起了良好的效果。不仅仅对安南人民是这样，而且对中国的沿海居民也是这样。如果这次袭击是由广州总督的炮舰发动的，那原主就不会像这样无偿地收回他的财产。

只要海盗在陆上找到串通的人，只要我们还无法去亲自寻到他们的窝藏者和同犯，我们肯定就很难甚至不可能完全制止海盗的抢劫行动。但是在沿海警戒区域内巡航，不能说没有显著的效果，譬如说5年前我们没有看到过安南渔民到河流出口处以外去捕鱼，那时一有安南渔船冒险出现在海面上，马上就有中国海盗去拦住小船，抢走渔网和船上的妇女儿童。沿海的村庄也常常遭劫。目前海盗已不敢再上岸来，只敢到海湾的小岛上或在海防与中国边境之间荒无人烟的海岸活动。安南人现在能毫无恐惧地去捕鱼，即使远的地方也不用畏惧。

有一艘名叫“旅进”号的中国炮舰，舰长叫卡尔迪(Calder)，最近在海防海面出现。这艘炮舰没有开到海防，只在河流进口处巡回了二三天。

我不知道你是否认为可让广州的炮舰同法国的兵舰一起在东

京领水中进行保卫工作而不影响我们的威信。他们这种做法不完全像我们那样的，坐在船上的中国官员肯定还没有改掉老脾气，还要在安南领土上发号施令。

我曾听说，1875年时，广州总督嘱咐他手下的炮舰，不必再在安南沿海进行巡航。事实上，从那时起，我们很少听到这类事了。如果这样，那么，只要我国驻广州的领事非正式地说一句话，就很有可能取消恢复这类巡防的行动。

可加拉德克

BB—4　1971第172—175页

180　外交部长致海军及殖民地部长

1881年2月26日于巴黎

承蒙您寄来交趾支那总督的一份报告，据报我军战舰为了镇压安南沿海的海盗已采取新的措施，在海面上还出现一艘中国炮舰。

卢眉先生有这样的意见，他认为中国战舰的这种巡航，对我们和安南缔结的条约是有抵触的，并会破坏我们在当地居民心目中的威信。

您在告诉我这种估计的同时指出，您赞同交趾支那总督的意见，并向我建议就这一情况专函照会中国政府。

您了解我对安南和中国的关系所持的观点。我们对安南实行保护国制度而可能产生的权利和义务，共和国政府绝不容许任何其他国家来分享。再说，您部拟订的一项法律草案目前正提交议会审议，以便使您部能够履行因执行条约而给我们带来的义务，而目前的局面正是由于该条约所产生的。

因此，我请法国驻华公使将卢眉先生提出的情况所包含的意义告知北京外交部门。

圣提莲

BB—4　1971 第 175—176 页

181　海军及殖民地部长致外交部长

1881 年 3 月 21 日于巴黎

部长先生、亲爱的同事：

交趾支那总督先生 1 月 31 日的信给我寄来我驻顺化代办先生的一份有关他与安南朝廷之间有可能建立新的关系和觐见国王问题的报告。

我荣幸地向您转交卢眉先生的信和参哺先生的报告[①]同时，提请您注意交趾支那总督先生对此问题的意见。对他的意见，我持赞成态度。

在您不需要这两份材料时，请退回，不胜感激。

克路埃

附件　交趾支那总督致外交部[②]

1881 年 1 月 31 日于西贡

我收到法国驻顺化代办参哺先生寄来的一份颇有意思的报告，讲述他最近与安南朝廷建立了新的关系。

迄今为止，王宫对我们一直是关闭的，我们的代表无论怎样坚持，总是在一个为外国人设置的外厅里受接见。只有商舶大臣一人作为中间人，我们根本无法接近国王本人。最近，经嗣德王批准，参

① 本文附件复印不全。可参见本册第 178 号。——编者

② 本文与本册 178 号内容相似，但也不尽同，为便于参考，一并辑入。——编者

哺先生与礼仪大臣在王宫内的召见厅里举行了会谈。这是安南政府对我政策的一个让步，也是他们在试图同我们接近。觐见国王的制度很快会建立起来，这样我们同国王就会有直接的联系，此事对我们将是非常有利的。

这一事件说明，正是通过坚持有节制的、但又坚定不移、毫不动摇的做法，决不放弃我们认为必须要做的事情，我们才能够令人尊重我们的意愿，在我们与安南的关系中保持我们的尊严与威望。

M.D.亚洲第37卷第27—28页

182 宝海致圣提莲

1881年3月28日于北京

部长先生：

部里来函已于2月3日收到，我非常感谢阁下将有关东京事件的情况向我通报；从阁下与商犀将军来往的信件中，我得到了有关法国与安南的条约一事，我应向中国政府阐述何种观点的非常明确的指示。请您放心，一俟得到机会，我一定会按照您对曾侯的说法澄清此间流传的随着时间的推移而产生的种种错觉以及模棱两可的说法。然而我所担心的，恰恰就是怕错过我所寻求的机会；因为中国政府肯定不会给予这种机会，它极乐于任事情按目前的方向发展下去，而假装绝不介入的样子。中国政府的态度极为简单，而且我们可以容易地预见到如果我就即将来到的安南使团向它提出意见它会采取什么样的态度。他们一定会对我说：嗣德帝这样做完全符合长期以来建立起来的传统。他们显然不会和我们持同样的态度来理解我们所引用的条约的有关条款，因为他们绝不会否定正设法进一步加强安南对中国之间的藩属关系，他们会说不应由北京朝廷来拒绝一个坚持将中国视为宗主国的藩属国君主的效忠和尊敬,而如果我们认为这种表态与我们特定的条约不相容的话,那应该由我们来预防这种事情的出现。然而,我们肯定不能要求中国政府来插手解决这一难题,尤其不能要求它应该按照我们的权利和愿望来解决这些问题和禁止嗣德帝的使团进入中国。

至于我本人,我无法设想我们能够以什么理由来反对这样的论点:如果我们在顺化没有足够的力量和威信来强迫那里的人们尊重我们的意见,和我们有十足的理由认为是我们的权利的话,我们又如何能叫中国皇帝懂得必须比嗣德帝更关心自己所许诺的而我们又无法使他在他的首都加以遵守的这些诺言呢?在这种情况下,我不知道从这些纯理论的要求中能得到什么。反之,则很容易联想到我们的尊严会因此而遭到损害。这就是促使我于12月25日给您发去一封电报的理由。在电报中,我指出:当务之急是以极其严厉的语言告诫顺化政府,促使这个蛮横无礼的小君主回到正路上来。他的挑衅和冒犯行为已超过我们所能容忍的限度,尽管目前还未直接危及我们在中国和远东各国的影响和威信。

人们将给予安南使团的荣誉和他们奉命向北京朝廷表示极端顺从所产生的反响,将使我们的民族自尊心大受损害,如果我们甘愿忍受而一声不吭,无疑中国政府将把我们的忍让视为我们软弱无能。可能有不少外国使节在需要时会向它暗示这一点,而谈到我们在东京实行的政策、谈到所谓我们的观点、谈到中国在红河两岸给我们造成或者怂恿别人给我们造成麻烦时,他们的惊异,他们的暗中挖苦或者他们含蓄的微笑,都会加强我因被迫只能发挥被动作用而产生的极为不快的烦恼。

关于朝鲜方面,我没有任何新情况向您报告。然而,上个星期,李鸿章的一个亲信特意到北京来告诉我左(宗棠)和直隶总督之间悬而未决的分歧。他向我肯定，根据各种迹象，明年春天，这片土地将向外国开放。只要没有确切了解您的意图，我就避免接触这个问题。这里的俄国公使团总是宣称自己的观点是完全无私的，并明确说，除非将来改变主意，现在彼得堡内阁根本不会并吞乌苏里江以下的土地。然而〈俄国的〉军队却继续源源不断地开到海参崴，估计目前那里已集结了2万多人。但实际上，原来在中俄冲突似乎一触即发的形势下集结的武装力量现在很可能已没有那么必要，也没有什么意义了。日本新闻界和上海的英国报纸所反映出来的担心是没有根据的。我们缺乏足够的情报来估量未来的可能性。而且，最近在彼得堡发生的严重事件和几天前电报传来的有关这事件的消息，可能会使俄国的政策出现一个间歇期，把沙皇政府的注意力转移到十分严重的某些纠纷上去，转移到某些目前看来似乎必须特别关心的各种问题上去。

我从内廷方面得到的情报，慈禧太后经过新的治疗，病情日见好转，我已向阁下报告过。她已恢复体力，人们又怀有希望。事有凑巧，御医中有一位对这位高贵的病人的病情最悲观，诊断她生命垂危，此人却突然死于中风。宫内亲信们认为这是老天的惩罚，预言说这是太后康复的好兆头。太后(如果她确实康复的话)肯定不会原谅对她的这种诊断。于是发生了这种自然而然的事件。太后只需下一道御旨就可以使她周围的人说话更加谨慎小心，也使她的医生们对自己的医术更有信心。

直隶总督最有力的支持者是摄政太后，他从这种亲密关系中得到了反对左〈宗棠〉的足够的力量。他并不是对宫中发生的转折暗自庆幸的最后一个人。因为，正如我在最近的一封信中向阁下讲到的那样，只要太后活下去，李鸿章就什么也不用惧怕。几天来，《京报》刊载了一道流传甚广的谕旨，使所有的人认识到李鸿章这个强有力的人物所得到的信任和他的威信并没有因阴谋搞垮他的人攻击而受到损害。刘锡鸿,北京通政司参议,中国驻欧洲原第二全权代表(1875年至1876年),向朝廷上了一道恶意弹劾李鸿章的奏折,遭到朝廷严词驳斥,朝廷下令将他查处,并同时下了一道对上奏者十分严厉而对直隶总督则又恩宠优渥的谕旨。这样的事情在别的时候是不足介意的,而在当前的特殊环境下,却具有十分重要的意义,因为这证明左和李鸿章之间如果真发生冲突的话,取胜的可能性几乎相等,至少在目前,不管左的官途如何辉煌,他的对手的命星也不会立即殒灭。

宝海

C. P. 中国第59卷第108—113页

183　海军及殖民地部长致外交部长

1881年4月15日于巴黎

部长先生、亲爱的同事:

最近我们两部交换了函件。现在我荣幸地向您转交交趾支那总督2月20日和3月20日有关同嗣德帝进行单独会晤问题的两封信①。

卢眉先生在1月31日的信(我已转交给您)中,对参啸先生为解决这一问题而着手进行的谈判结果似乎抱有一定的信心,而现在他改变了看法,同时表示担心我们的努力会因安南政府的拖延政策而遭到失败。

不管我国代表使用何种手段来完成这个令人关心的久悬不决的难题,我都有理由担心,我们一直希望得到的让步,甚至那些似

① 原档缺。——编者

乎已经向我们作出的让步也完全不是出于真心实意，其目的无他，就是要迷惑我们，使我们弄不清顺化朝廷真正的打算是什么。

上述两封信，请在不需要时退还，不胜感激。

克路埃

M. D. 亚洲第37卷第74页

184 海军及殖民地部长致外交部长

1881年4月16日于巴黎

部长先生、亲爱的同事：

交趾支那总督先生在2月3日和20日的信中提到我们的侨民同居住在下交趾支那北部及东北部少为人知的地区的居民建立了友好关系。

这些部落的一个首领，自称“自由苗人之王”，来到西贡要求法国保护，并自告奋勇，发展贸易。称为苗(Moïs)的土著人还不甚开化，但他们的性格温和、安静，似乎是由于受尽了安南官员敲诈勒索、欺凌虐待之苦才来寻求我们的保护。

卢眉先生认为同这些人联合，对我们非常有利，不仅可以发展我侨民的商业，而且还可以成立一个突击队形式的队伍守卫我们领地的边界，而不需再为这些使人毛骨悚然的无边无际的荒原而感到恐惧。

我觉得有必要向您转述这些情况。

我已指示交趾支那总督先生保持同自由苗人现有的友好关系。并将卢眉先生两封信的附件寄给地理协会主席先生。

克路埃

M. D. 亚洲第37卷第105页

185　海军及殖民地部长致外交部长

1881 年 4 月 16 日于巴黎

部长先生、亲爱的同事：

我荣幸地通知您，交趾支那当地事务督察海军上校穆兰·达尔佛依(Mourin d'Arfeuilles)先生被派往海防(东京)接替现暂时担任驻顺化代办职务的参哺先生。

可加拉德克先生曾兼管海防和河内两个领事馆的事务，现仍继续担任河内领事馆领事。

克路埃

M. D. 亚洲第 37 卷第 106 页

186　外交部长致海军及殖民地部长

1881 年 4 月 19 日于巴黎

海军将军先生、亲爱的同事：

您本月 16 日向我转达交趾支那总督先生给您提供的关于下交趾支那北部部落首领与我侨民之间建立友好关系的情报，我对您客气的来信表示感谢。

我完全同意您的看法。当地的人民对我们表示好感，我们不能让他们失望。这样对我们是有利的：第一是因为他们就居住在与我侨民住地交界的大片土地上；第二因为这里的自然财富或迟或早会得到开发。

M. D. 亚洲第 37 卷第 107 页

187 外交部长致海军及殖民地部长

1881年4月19日

海军将军先生、亲爱的同事：

我荣幸地收到您本月15日的信以及信中附来的我国驻顺化代表写给交趾支那总督的信的副本，内容是关于在嗣德王万一死去或由于某种情况而放弃王位时，其亲属的继位资格很可能提出来一事。

我对您的客气的来信表示感谢。

我将您4月15日信中所附的材料寄还给您，并向您表示感谢。

M.D.亚洲第37卷第109页

188 宝海致圣提莲

1881年5月16日于北京

部长先生：

我在最近几份给阁下的报告中提到了曾侯在彼得堡突如其来地签署的协议在中国人和中国政府的思想上产生的影响。从昨天接到的电报中获悉，这一协议已最终得到批准。

由于中国人以后不用担心会发生外部纠纷，摆脱了外界纠纷的各种忧虑，他们认为对外国的干预不必像以前那样谨小慎微了。过去许多似乎无法解决的困难，通过这次危机竟然神奇地消失了。今天，在我们看来许多方面仍然存在着一些纠纷，这些纠纷可能会越闹越大，直至缔约国再次要求它尊重各国的权利，否则，就给予严厉的惩罚。本来，如果彼得堡内阁不那么快而是再拖一段时间来解决悬而未决的争执，那么这些麻烦大部分都是可以避免的。彼得堡对这些争执所表现出来的容忍和和解精神,与他们以前的好战态度和进行如此规模的军事准备从而大大加重了沙皇帝国的财政负担的局势形成了强烈的对比。中国人无疑会对这种如此突然的转折大为惊讶,外国人也认为这对各国在这些地区的利益十分不利。中国人会从恐惧、惶惶不安这个极端一下子走到毫无理智地狂妄自吹的另一个极端。他们把俄国人表面上的撤退解释为是他们的威力恫吓的结果。这一点在中国政府上层分子、七亲王奕譞和摄政太后周围的人都表现了出来。所以,毫不奇怪,各种各样荒唐无稽的谣言能在中国愚昧无知又极端迷信的民众中间广泛流传。他们相信自然的和上天的一切力量使得谁也无法抗拒主宰他们命运的皇帝的权力和意志。不用多久,我们可能会听到诸如沙皇的军队是被代表清朝的战无不胜的光荣正义的官军所粉碎之类的说法,从而只要再跨一步,他们便自认为对蛮夷和洋鬼子可以为所欲为了。这就是我在上一封信里所指出的即将爆发的敌对情绪的预兆。而在我后来了解的好些事实中又看到了这种迹象。例如,有两个途经天津的法国旅行者遭到列队从他们面前走过的一队全副武装的士兵的嘲弄和辱骂,而士兵们的长官就在现场,却未加制止。又例如,天津某些洋行雇用的中国职员(他们是这些洋行在天津的代理人)也受到了似乎理所当然的恶劣对待。天津领事团全体成员为此集体提出索赔要求。中国当局满口允诺。然而,我认为很难证实中国当局如何和在何种程度上信守其诺言。

另外,田嘉璧(Delapace)主教也写信告诉我,他所在的教区中几个地区也传来令人颇为不安的消息。

阁下已知刚在山东发生的事情,因此,我预料还会收到来自更边远的省份关于事态日益严重的报告。因为在边远的省份,人们担心因微不足道的小事而招致军事镇压。当地的高级官员在以各种方式来重新反对外国军队及他们所形成的影响时,既可以发泄他们个人的仇恨,也可以为他们的上司的没有公开表明的愿望效劳。

我已经用极其坚定的语言向总理衙门揭露那些似乎热衷于煽动的高级官员的行为。他们的冒失行为和应受谴责的言论可能会在边远地区酿成无法挽救的灾难。我们对中央政府能否有效地遏止各省日益扩大的祸乱并不抱很大幻想。如果说我对这些曾有某些怀疑的话,那末,这些怀疑已经被某些总督的不受约束的态度所打消。这些总督在最近的一件事中,对总理衙门最明确的指示采取了阳奉阴违的态度。

我在1881年1月29日的信中(政治司第38号)已向阁下汇报过中国政府几个月前和代表外交使团全体成员的威妥玛爵士之间达成的、旨在改善外国领事或官员和各省总督之间关系的协议条款。我已把这份同总理衙门达成的协议原封不动地呈交阁下,各省最高当局也已被要求立即遵照办理。这一要求就其形式本身来说,既不允许敷衍塞责,也不允许任何讨论。但两广总督却不予理会。总督写了份报告回复总理衙门,详尽地阐述了执行下达的指示会有什么不妥;同时,他向外国领事宣布:他需等收到北京政府对他的意见的批复后才能确定所要遵循的行为准则,更为严重的是,这一事实导致这么一种理论,即只要各省当局没有明确赞成总理衙门同意的各款,那么帝国与驻京各国使馆之间就等于从来没有、也不可能商定任何协议。显然,我们无论如何不能听任这样一个原则成立,因为这就等于完全摧毁由全体基督教国家经过20年的共同努力,在这片土地上建立起来的外交大厦。各国代表不久也将在外交使团团长英国公使的主持下开会,共同确定促使两广总督服从京城发出的命令的最好办法。因为,在纯政务方面受到绝对尊重的圣谕只在有关外国人的问题上才遇到过抵制,这确是非常奇怪的。照我看来,在同样情况下,两广总督不可能不遵照北京要他阻挠在困难时期同意作出让步的密令,因为已没有必要再作让步了。从另一角度看,也反映出因对一切西方观点有关的东西都抱同样的反感,所以他们现在企图重新考虑同意大北电报公司(Compagnie télégraphigue du Nord)负责架设北京——上海之间的电报线;在修筑铁路问题上,也出现同样的情况,而且表现得更加明显。修筑铁路是李鸿章极力主张的,有一个时期人们都相信即将下令修筑了。总而言之,我们将会看到,在帝国的各个地方,会渐渐地出现各种不同形式的偏见和种族仇恨,对此,我们今后在这个国家必须予以重视。我们的能力越受怀疑,这种仇恨和偏见就越强烈。

这一切都是显而易见的。可以预料在俄国和中国的争端和平解决之后,接着便会出现这样的后果。不过我应再次指出,如果彼得堡政府在这一过渡阶段能慎重行事的话,这些后果便没有那么严重。但因沙皇政府的政策变得太快会给我们造成各种各样的麻烦,我认为无论这些麻烦如何影响,若与两个帝国间可能爆发持久而耗费钱财的战争给我们造成的麻烦相比,都是小巫见大巫。其实,我们本来就十分担心这些冲突会使俄国军队陷于瘫痪。而且,我们也有可能在不久的将来看到在这个也是我们的敌人面前出现俄国的强大兵力。

部长先生,我对于刚谈到的结果并不感到遗憾。我只是对达到这一结果的途径感到遗憾。因为这种方式在我看来是无用的。俄国应该采取得益最多的最佳的方式行动,依我看可以概括如下,“尽可能做好战争准备,但不要宣战,使中国政府为获得和平付出尽可能高昂的代价”。①可是,他们在作出开战的姿态之后,却无代

① 着重号为原文所有。——编者

价地放弃了这种显示力量的各种措施。似乎只要求对方做出尽可能少的牺牲作为交换，便将和平送给中国人。其错误就在这里。今天，我们所有的人都无区别地承受着这种后果，我认为只要稍有预见性就能够完全防止这种错误发生。

老实说，在写上面这些意见时，我颇感不安。人们会问，在派有使节驻中国的各国中，俄罗斯是否是最少受害于我可能要指责的仓促行事的国家；以后是否有必要指责俄罗斯目光短浅？当俄罗斯感觉到本不该走极端，甚至想到由于它的政策大转变而给在中国的欧洲人造成困难而再次建议它改变政策而得到益处时，这些意见对其决策也许会有影响。这样考虑可能较为符合我们近年来所了解的俄罗斯的对华政策以及它一直致力于在中国所扮演的特殊角色。今后我们必须以更高的警惕性去关心我们的在华利益，以免这些利益将来会遇到日益加剧的威胁。

因此，必须将政府旨在扩大海军力量，以巩固我们在中国海域和东京海域的实力地位的决心与爱国的思想、措施联系起来。我十分高兴地看到海军部向议院申请拨款，以便在安南采取更加强硬的方针，以提高我们在这些地区自顺化朝廷对抗我们的权威而不受惩罚、从字面到精神实质都否定6年前与我们签订的庄严条约以来严重受到损害的威信。今天北京的报纸公布〈顺化〉使团将于近期到达这个首都以转达顺化朝廷的敬意，要求加强它对中国的藩属关系的消息。我知道我们已作出某些强硬的措施来回答嗣德帝的挑衅，而在有关东京今后赖以生存和发展的政治制度问题上，我们也明确地表明了我们的意愿。我在3月18日致阁下的信（政治司第42号）中曾写道，我认为，到目前为止，最好仍保持沉默和观望的态度。我已讲过这样做的理由，不必再重复。所以我对一艘中国炮艇到本应由我们警戒的海域一事，没有向总理衙门提出抗议,将来重提这些事件时,我可以说,对我们采取的放肆态度只能迫使我们采取断然的措施,使我们的权威和我们被忽视的权利得到尊重。那时,我们的抗议将具有完全不同的性质和另外一种意义了。此外,不言而喻。我的照会的措辞将不允许有任何讨论的余地,我认为,在任何的情况下,我们都不能迎合中国政府。

宝海

C.P.中国第59卷第149—157页

189 宝海致圣提莲

1881年5月31日于北京

部长先生:

我刚刚收到阁下寄给我的4月8日和15日政治司第11、12号函件。我深深感谢阁下给我下达的正确、清晰的指示。第二封信指示我:如朝鲜问题真正像转给威妥玛爵士的情报所估计的,摆到桌面上来讨论时,我应采取何种态度,我在2月8日电报中曾预计到,在您的心目中我是过分积极地参与了我的英国同事为消除使朝鲜进一步与世界隔绝起来的障碍所作的努力,因而您会加以反对,我给您写信时,即有这种想法。而现在我很荣幸,我对此事的看法得到您的赞同。但是,自从我向阁下报告朝鲜事件以来,形势发生了很大变化,可能发生的情况远远超出了我那时预计的结局。我在最近的几份报告中曾向你汇报,俄国目前因为不准备在这些海域进行任何军事行动,便出乎意料地把勒索基(Lessowki)司令指挥下的庞大海军力量召回欧洲。突然放弃了人们原已认为是唾手可得的利益这一举动,在中国皇太后的代表看来,似乎为根本不可能的事,以至于尽管俄国代办作了保证,他却对有关集结在长崎的俄国第一支也是最强大的海军分舰队已经过新加坡,正在驶往苏伊士运河途中的消息还拒绝相信。因此,彼得堡内阁所作决定,以及导致它目前在这些地区采取的政策的观点可能过于缓和,这已经是无可怀疑的了。

朝鲜政府确信,眼下不存在对它形成迫在眉睫的威胁,因此,不再感到有必要将其领土向其它国家开放。所有亚洲民族都是如此,他们鼠目寸光乃至于盲目的地步,没有任何经验可以使他们明智一些,只要眼下没有灭顶之灾,便没有任何东西能使他们摆脱因循苟且的麻木状态,更不用说与他们固执地厌恶一切西方人和事物这种陈旧偏见相决裂了。

在这方面,中国比别的任何国家都更不愿意在汉城反对某些过去它本身有过、而今天还远未抛弃的倾向。不久前我向阁下写的报告中,概述了与俄国签订条约以来这里发生的一些情况,阁下将在那封信里找到证明:由于已跟俄国签订了条约,中国对争取欧洲强国的同情已不太感兴趣。直隶总督是这个国家里少见的有头脑、热衷于为未来而工作的一个人。然而,他没有得到有力的支持,而且,还要有特殊的环境才会有人肯下决心跟他一起进行无人欣赏的革新。所以,我认为在我们刚刚进入的平静时期中,李鸿章不可能有适当的机会对汉城重复他的劝告,因为人们还不能立即感受到这些劝告的效果时,是不会欣赏这些明智的建议的。因此,我现在不再相信朝鲜即将开放,理由是我很久以来对在这样一个国家建筑铁路、架设电报线、开发矿山、利用一个国家的全部财富等等这一切都已不再相信了。因为这个国家是由那些胸怀狭窄而又不聪明的官员和文人所统治,他们想把他们的统治变为万世不变的基业。相反,正如我在上一封信中已指出的,困难和麻烦却正在不断地增加,种种弊端及不择手段的作法层出不穷,以致怨声载道。这跟与俄国发生冲突的那年的沉默平静恰恰形成鲜明的对照。如果我们指责一个政府以这样的方式来承认我们曾经向它提供的援助和给它帮过忙是忘恩负义,那未免太天真了。但是对于胆大包天、肆无忌惮、以怨报德的中国人,人们无论原先抱着何等怀疑的态度,也不免为此感到惊奇不已。这个政府除非我们使它对自己或者对他人怀有恐惧,我们对它是不能抱有任何指望的,这一点在过去和将来都是再清楚不过的。但是我并不需要看到这样的情况展现在我眼前,我深信只要我们对安南态度没有根本变化,就可以使我们在这个国家拥有巨大的影响。当一个名符其实的保护国制度通过增加足够的兵力而巩固起来,从而使我们与中国发生直接接触之时,我们在这里的权威将变得不可阻挡,从而使我们至少将与英国人和俄国人处于平等地位。

部长先生,关于这个问题,请允许我在此反驳巴黎出现的这样一种意见,即我们必须全力避免可能与中国成为毗邻的举动。我越是想到这个意见,越是观察中国官员们在与我们或者与他们上司的关系中的行动和推理方式,我就越加相信:人们以为可怕的事态,根本不是什么危险,相反,恰恰是对我们最有效的保证和最切实的安全。在我看来,两广总督可能随意派中国兵入侵东京来骚扰我们,而他自己却可以置身事外的危险完全是虚构的。因为广州当局是直接处于我们的打击之下的,他们关心的是避免可能引起我们的抱怨和不满,而不是向我们挑起纠纷。所以,我衷心希望不久即将举行的议会选举会使政府有办法回答嗣德帝的挑衅,同时,提醒中国不要忘记它应该尊重我们的权利。

当中国的总体利益要求两广总督有效地保护外国机构时,曾经向我们充分显示他所能做各种事情,而今天,他又不甘落后,与他的同胞一道翻云覆雨,百般虐待几个月前他们无微不至地关怀照顾的人。我已向阁下汇报过,这位高级官员已成为对我们在广西的传教士采取各种强暴行为的组织者，而且为了实现他制订的计划，他断然拒绝服从总理衙门根据我们的要求下达的命令。最近，他对有关各国领事和省级当局的关系中必须遵守的礼仪准则的指示也是如此行事的。这个榜样很快就为南京和福州所效法，以至我们看到各省总督对京城越来越自行其事这一事态日趋严重。

我要抓住上述事实所提供的机会敦促总理衙门回答我：他们要不要对省级官员反对我们一事承担责任，或者他们已不能行使权威来贯彻其命令。我相信这种语气会使他们产生强烈印象，而我的英国和德国同事跟我一样，对各省当局放肆无礼的态度也啧有烦言，我确信他们一定会赞同我的这番话。中国大臣们会把我在此事件中的态度和我们最近向议院申请拨款的事情联系起来，从而使我的交涉在他们看来具有特别严重的意义。对此，我期待得到一个好结果，究竟如何发展，我自应向阁下报告。

关于中国和日本之间悬而未决的问题，我没有任何新消息可以使我预感这些问题如何了结。已任命一位中国官员去东京任公使。据他说，他将在尽力维护双方利益的前提下，通过和平方式解决两国的分歧问题。由于家有丧事，这位大人物即将启程时不得不辞去职务。因为，在中国要守丧三年，在此期间，不能担任公使职务。没过几天，朝廷就指派了他的继任人。我还没见到这位新的外交官员，也不知他是否像前任一样乐观。不管怎样说，尽管对日本有许多仇视情绪，在目前，没有任何迹象表明像你们转给我的同事罗捷德先生(Roquette)的信中所估计的即将破裂的可能性。但是，如果早晚必将出现纠纷的话，我比任何人都更相信有必要极谨慎地与这些完全不值得我们惧怕的纠纷保持距离。因为，这些纠纷会

使对外国人都抱着恶意态度的两国政府发生武装冲突。……①

C.P.中国第59卷第168—174页

190　驻河内领事可加拉德克致交趾支那总督

1881年6月25日于河内

我在北方进行了十来天的旅行,刚刚返回。我访问了北宁和太原市以及沧江上游地区。由于水位上涨使"马苏"号(Massue)能够溯裘江而上,直至距离其支流与流经北宁市的小河的汇合处15海里的地方。该处离太原只有30公里,所以我没费什么事就到了太原。这个省会只不过是个大市镇,由一个破烂不堪、边长约200米的方形土城堡环卫着,但它位于裘江上游,靠近船只航行终点的地方,这一位置选择得非常好。

我看到有百来名安南士兵和30名黑旗军。守卫太原的主要官员率领着1500名士兵以及600多名黑旗军驻在北方,追捕叛乱分子。据说,这些叛乱分子在太原、宣光和高平3省交界处的三湖以东地方。如果我对所提供的情报理解正确的话,也就是说在距离太原市以东偏北90或100公里的地方。

官员们声称,叛乱分子缺乏粮草与弹药,已陷入绝境。如果真如此,那么,以安南政府所掌握的力量,消灭他们应该是轻而易举之事。目前进行追剿的安南官员们在太原省北部地区拥有2000多名士兵。从宣光出发的一支庞大的纵队正试图通过水路,途经三湖北部的小河去与他们会师。其他部队守卫北宁省的北部,靠近高平和谅山两地修建的中国哨卡一侧。

我特别努力搜集有关中国军队作用的情报。根据从太原和沧

① 复印时以下漏印。标题是根据函件内容加拟的。——编者

江得到的所有情报得出的结论是:这些部队确实是守卫着中国边境线上的各个哨所,但完全驻在安南领土上。

到目前为止,他们仅限于守卫这些哨所,叛乱分子来到附近时,他们就去追捕,最多走出离驻地一天的距离。他们并未来过陆燎和沧江。根据情报,只有一支小分队有一次经过两天半的步行到过陆燎和沧江附近,也就是差不多从河内到海防的距离。

有的人说,中国士兵的总数不超过1000人;也有人说有2000多人,都隶属于广西防军。指挥他们的将军黄桂兰,驻于谅山对面中国境内的龙州。该地位于边境另一侧几小时路程的地方。

现在请允许我提请您注意,目前所发生的事情同1878年北京下令派出一支真正的远征军追捕李扬才时的情况截然不同。当时领兵的统帅迅速来到北宁和太原以指挥军事行动,并让安南当局向他的部队提供军需粮草。为了守卫自己的边境而进入毗邻国家的边界内10几公里的地方,这一定会使人感到奇怪。但我们不能忘记这是中国官员一贯的政策;在缅甸边境和东京边境,他们通常设法使混乱局限在其邻国的领土上。只要能做到这一点,混乱局面持续多久对他们来说无关紧要。他们甚至由此得到了使别人难以进入中国边境的好处。

然而叛乱集团自去年以来人数一直没有增加,或者不如说反而减少了。

那么为什么广西当局几个月来加强了边境的哨卡,并且把哨卡往前推进呢?可以认为他们是应安南政府的要求,或者是由于安南政府的挑唆而这样做的。我们知道,安南官员中间有权势的一派,在寻找机会让中国介入安南事务,希望随便出现一个什么事件或者困难,从而或许会使我们把中国人当做敌人。这一派中的重要分子之一便是黄佐炎统督。毫无疑问此人同广西提督关系密切。

我离开裘江后，又乘炮艇来到沧江，并一直开到陆燎。从那里，我又经陆路前往安世，这是去年叛乱分子骚扰的一个点。整个地区人口众多，庄稼遍野，目前非常安宁。我搜集到的情报完全证实了曾从太原方面得到的消息。

在经过沧江(通往中国的公路在此跨过沧江河)时，我们遇到了一个西班牙传教士福昂迪斯(Fuentés)神甫。过去我们从他那里得到过有关叛匪的情报。福昂迪斯神甫行将出发去谅山、高平建立传教会。欧洲人还未到过这两个地方。他答应给我讲述旅途的详细情况。

可加拉德克

附言：我发现安南官员是按通常的方式管理太原。黑旗军首领自然在此享有一定的影响，但是丝毫看不出他握有掌管全省政权的迹象。如同我们得到的情报所述，他在裘江上没有设置海关，也没有控制鸦片种植园。况且鸦片的收入是微不足道的，去年的地租只有 1100 个银元。

M. D. 亚洲第 37 卷第 207—211 页

191　宝海致圣提莲

1881 年 7 月 12 日于北京

部长先生：

由于一位上海的中国官员泄密，上海市的一家英文报全文刊登了曾侯和俄国全权代表在圣彼得堡签订的条约。我立即向阁下寄去这份有趣的文件。我们还没有从官方渠道收到这份文件，所以我怀疑我国驻彼得堡大使能够把这份文件寄给您。

我仔细研究了这一条约的各个条款，其中基本上又重申了利瓦吉亚条约(Traité de Livadia)的绝大部分条款。我没有找到任何对俄国特别有利的新东西来说明彼得堡内阁对它原先强烈关心的问题为什么突然发生变化的原因。我再次指出:沙皇政府做了如此大量的准备工作,把波罗的海大部分军舰派到日本去,在中亚边界集结了如此多的军队,绝不是为了取得如此微小的结果的。俄国过于迁就以至改变原来的计划,竟使它中断一项在当时可能已经进入实施阶段的军事行动。显然,应归根于它对自己的远东政策以及外交方面的利害上的考虑。

中国人不无道理地认为他们取得了一个真正的外交胜利。我已向阁下指出过,这会激发他们的傲慢情绪,从而产生恶劣的后果。他们会自认为是不可战胜的,而由于他们只有在担心失败的情况下才会变得灵活些,由此,我们将会发现他们比任何时候都更加固执,更加居心叵测,更加抵制我们的思想,更加仇恨我们的同胞。总而言之,只要他们自以为可以这样我行我素而不会冒新的危险,就必然会更加顽固不化。

在这种情况下,我们在东京便更加需要采取坚定的措施,因为,这种措施尽管会使那些坚持认为和中国有个共同边界就会对我们造成麻烦的人不高兴,但我却认为,如果不具备必要的条件,我们就永远不可能对这个帝国的事务具有重大影响。至于渲染两广总督派到红河两岸的海盗和土匪会给我们带来危险,我认为是完全不现实的。相反,当我们的政策要求我们对可能引起我们严重不满的中国政府使用报复手段时,我们就有可能随心所欲地深入中国的领土。我们对于这样的可能性可以给我们带来的种种好处确实激动不已。每当我想到我们今日不仅无力在这里使中国作出最微小的让步,而且无法使它尊重已做出的保证,履行许过的诺言,我就觉得,对于法国驻中国的公使来说,有必要以更为强硬的语气说话,并在必要时用实际显示的力量来支持他说的话是绝对必要的。

现在,我们在这里只是靠1860年远征的余辉而存在着。然而,这种余辉已很遥远了。而我们的欧洲不幸的战争又使它大为减色。但是,一旦东京成为法国的属地,我们所处的局面立即就会发生根本的改观。

读了阁下惠寄的有关突尼斯问题的很有趣的文件,我禁不住想到,我们所提出的用来说明我们对摄政制度采取行动的合法性的一切理由与我们在安南问题上可以提出的理由是完全相同的,在亚洲这一部分地方,就像在非洲一样,我们拥有一个充满希望、已经十分富有的极好的属地。在那里,我们也要重视一个相邻的王国,这个邻国虽然弱小,但它敌视我们的统治,它也企图得到一个比它强大的帝国的保护,以便给我们制造麻烦,扰乱我们的商业贸易,使正式条约给予我们的种种利益化为乌有。这些相似之处是惊人的:在这两种情况下,影响局势的因素是相同的,在这里,也必须通过强有力的干涉来得到好处;同样也肯定无疑的是,这里的干预耗费要少,也许获利却要多得多。如果我们不实行政府在阿尔及利亚边境所推行的如此卓有远见、如此明智、已经为我们的军队赢得巨大的荣誉并受到一切致力于振兴法国的人的赞赏的政策,那便是前后不一(除非是由于最高利益的原因而不得不如此),从而束缚了自己的手脚。我讲了这些本来不属于我的职责范围的话,敬请阁下见谅。但是,既然您把我们的政策和军队的联合行动在毗邻我们非洲领地的土地上取得的辉煌成就告诉了我,并给我从心底发生欢呼的机会,您当然不会不允许我在这个问题上重申我希望我们在远东取得满意的结果,而我深信这一定会增加我们在全世界的影响,并为我们的国旗增光。

宝海

C.P.中国第59卷第250—253页

192 宝海致圣提莲

1881年7月12日于北京

部长先生：

依照1803年的协议，顺化朝廷每四年要向北京朝贡一次。安南的进贡使节经过长途旅行后刚到达目的地。嗣德帝的几位代表实际上是在我最后一封信寄出几小时后到达此地的。我认为不必重复我在前几份报告中已向阁下阐述过的对此问题的总的看法，让我仅仅指出由于对彼得堡的外交谈判取得良好结局而在中国政府官员中产生的自信心，他们不愿意缩小安南使团前来进贡所产生的影响。因为他们正利用此事来损害我们的利益而抬高中国在远东地区的威信。

此外，安南使团来到北京，没有隆重的场面，也没有什么排场，相反，它却表现出从远方来向天子叩拜的人那副谦恭的神气。使团由3个高级官员组成：阮述、阮懽、陈庆[①]，有8个下级军官和9个随员陪同于去年10月4日进入广西省，使节们用了9个多月时间越过这一省份及湖南省、湖北省、河南省和直隶省，最后，在6月30日悄悄地进入北京。要不是礼部尚书向朝廷奏明，从而使朝廷和邸报的读者了解此事，那末，这事肯定不会为人们所知。

帝国的礼部把安南使节和随员安置在快要倒塌但外表还结实的旧房子里，离法国公使馆不远的鞑靼旧城里。这地方通常是从遥远的边疆来朝廷的使臣居住之处。大门上张贴了一张告示，警告百姓要尊重这些外国人。不准随便粗暴对待他们，否则就要受到重

① 经核对《大南实录》，似为陈庆洊之误。——编者

罚。为了安全起见,北京军事当局在前院里搭起破布棚,安置了裸着上身、不执武器的人组成的岗哨,由两个品级最低的官员指挥。

安南国王给皇帝的信和进贡的物品已经送入宫内,是由礼部官员转呈的。据我所知,没有为此事举行任何仪式。采取这种方式,有人对我说,是由于朝廷一直沉浸在太后去世的深深的哀伤中。

使团的给养和饮食费用全部由中国政府承担。本来,这笔支出列入皇宫预算内,但它没有直接支给有关人员而经过许多中间人的手,到最后,朝廷慷慨地赏赐到那些应享受的人的手里,只存下几碗稀粥,赏钱还不及我们使馆的苦力们的收入。

安南人特别是军官们几乎不在城内露面。然而,他们带来相当数量的商品,想在此地卖出。我们从他们以外交官身分免税带进来的大批鸦片箱来看,这些商品都不是他们本国所产。这些货物主要是用来交换的。20 多个随安南使节之后相继从云南、广西和福建来京的人都是这一临时生意中的无耻的寄生虫式的掮客。经营并做好这样的生意就是派遣这种使团的重要刺激剂。在朝廷周围的人中,高级官员们认为这种惯例永远存在下去对他们有利可图,他们不用碰运气就可以获得厚利。废除这样一个给他们带来巨大利益的惯例,只会损害历来被认为是合法合理的传统。这种考虑对北京政府为了保持与顺化政府之间的传统关系而做出的努力来说,也是很自然的。

依照常规,使团在北京的逗留不得超过 40 天。然而,他们几乎总能找到一些借口来延长至少一两个星期。可以设想,这次仍将如此。我需要指出,前面种种详情都是由外界人士告诉我的。使节们严格地克制自己,不来拜访我国公使馆。这种行动毫不使我惊异,他们的出现本身就构成违背与法国签订的条约,是对我们十分恶劣的举动,我们完全有理由向顺化政府指出这一点:这是它对待我们的态度的错上加错，又一次损害我们的事业。

宝海

C.P.中国第59卷第271—274页

193 海军及殖民地部长致外交部长

1881年7月23日于巴黎

部长先生、亲爱的同事：

我已照您6月24日信中的意思委托他人修改了致共和国总统的报告和关于在安南建立法国领事裁判权的法令草案。

现将该草案寄给您①，请您会签，然后转交司法部长先生，请他会签后将草案寄还我部，不胜感激。

克路埃

M.D.亚洲第37卷第145页

194 海军及殖民地部长致圣提莲

1881年8月6日于巴黎

谨送上交趾支那总督先生今年6月5日的来信及附件，他将我们的代表晋见嗣德帝问题的现况告诉了我。

顺化朝廷还是以消极抵抗的态度来阻碍我国驻顺化代表同安南国王的关系已出现的可喜的转变。

所以参啸先生要求殖民地政府断绝和安南领事的直接联系，希望通过这一决定而促使顺化朝廷改善对我们的态度。

而特朗蒂尼昂将军(Trentinian)却认为这样的措施似乎不太符合我们迄今为止所遵循的原则，并要求我将对这个问题的看法

① 原档缺此附件。——编者

告诉他。

这类问题在我们为对顺化朝廷采取直接行动而申请拨款方面,只有回顾的价值。它又一次证明,我们有必要去进行干预。

文件在不需要时,请退回给我。

克路埃

附件　交趾支那代总督特朗蒂尼昂致海军及殖民地部长

1881年6月5日于巴黎

驻顺化的代办曾多次希望在个别晋见国王问题上取得圆满的解决。他今年2月6日和7日发出的信件(其抄本早已转呈部里)似乎就是认定在不久的将来即可得到可喜成果而写的。政府认为不可能同他一样有信心。最近参哺先生的来信似乎支持这种看法,您看了他的信可以对目前的情况有所了解。

实际上参哺企图进行的谈判毫无结果。顺化朝廷还是原封不动,寻找借口,但它终于说出:个别晋见国王一事在1874年条约中没有明文规定。另外,商舶大臣对此也作过解释,说不可能改变这一传统习惯,因此,该大臣认为不需要再讨论晋见的问题。所以,在晋见问题上,我们实际上毫无进展,而参哺先生则认定顺化朝廷是将我们一再要求改变个别晋见的事谢绝了。

这次谈判失败,证实了交趾支那总督3月2日的信中对临时代办的谈判方法表示过的怀疑。在亚洲人的冷漠态度面前,一切努力都显得无能为力。商舶大臣阮氏仍如过去一样,充当着反抗政策的炮制者。

因此,我们的代办仍旧孤立,既不能接近国王,又不能接近机密院和大臣,只能在顺化同西贡之间不时进行联系。由于我们海上的警卫力量薄弱,所以不能把联系时间缩短一些。而安南〈驻西贡〉领事却能随随便便同总督交谈，扮演着代办的角色，与我们驻顺化的驻扎官唱对台戏。

参哺先生向我提出取消安南领事和殖民地总督之间的直接联系的要求，认为用这样一种庄严方式通知顺化朝廷，将会产生决定性的效果，代办被削弱的影响会因而得到增强。

可是，我认为如果采取类似的措施，就等于放弃我们一贯按照您的指示原则，因为我们认为，我们始终把安南驻西贡领事的特殊地位作为一个证据去要求个别晋见国王。对这个问题，只有请您提出高见。

特朗蒂尼昂

BB—4 1971 第182—184页

195 宝海致圣提莲

1881年8月10日于北京

部长先生：

正如我荣幸地向阁下报告的和我所预见的那样，这里各方面都出现了一股敌视外国人的情绪，从而发生了不少纠纷。左〈宗棠〉的讲话和态度支持并鼓励了这些纠纷。北京发生的混乱，我于1881年5月间已作过几次报告。我向总理衙门揭露了这些混乱，并请他们恢复这个国家的正常秩序。这里有人发表不友好或恶毒的言论，因此，首都有过短暂的震动，但很快被克制了。然而，它已经影响到外省，离首都越远，事态也越严重。至于在首都只是些荒谬的言论，在遥远的地方就变成了严重的粗暴行为，在更远的地方则有迫害和犯罪行为。我已向阁下报告过在山东、天津、直隶和满洲发生过骚乱。这个星期我们又获悉一些更严重的事件；幸亏没有触及我们保护下的任何人的任何利益。上述刚刚发生的事件至少会在感情基础上把某些使馆与我们团结在一起。过去,某些公使馆对触及我们的纠纷漠不关心,对不直接关系到他们的事件采取袖手旁观的态度。上星期,我们得到消息说英国驻重庆领事馆几乎受到一场声势浩大的群众的攻击。一段时间以来,某些令人不安的消息在这个省传播着:人们宣布,近期内会开展反对外国人的示威游行。我曾接到一些传教士的信件,他们对我说,他们害怕他们的设施会再次遭受袭击,与人们预料的相反,倒是英国领事馆首先遭难。如果地方当局不加以干预的话,骚乱可能大规模扩散开来。下面就是发生的情况:

一天晚上,巴克尔(Parker)先生外出,在住处附近安静地散步,被一群人尾随,队伍的前几排是不同年龄的小孩子,他们辱骂巴克尔先生。其中有一个胆大妄为,靠近英国领事,向他扔泥块。陪同领事的听差抓住了这个调皮的孩子,正想揍他一顿时,周围的人同情小孩子,扑向听差,痛打了他一顿以至昏倒,最后不得不把他送到附近一所屋里。至于巴克尔先生,他知道最好的办法就是赶快回到领事馆。但是,人们紧紧追随他;事情就很快发展为骚乱,巴克尔先生费了好大劲才钻进领事馆。但刚一跨进门槛,暴动者拿起一切可以做武器的东西闯了进来,侵入房内,毁坏和洗劫了全部东西、并且逐个房间搜查逃跑的人。巴克尔只得翻过一座高墙逃跑,当他跳下墙时,跌伤了双脚,不能动弹,眼看就要成为这些发狂的人的猎物。幸亏警察局的人员赶到了,制止了野蛮行动。自从这天以后,巴克尔先生不得不卧床,但他的伤势并不严重。英国公使馆立即向总理衙门进行交涉。中国政府答应由巴克尔先生本人起草一份命重庆公民尊重住在城里的外国人,否则将严惩不贷的布告,由地方政府张贴各处,满足了威妥玛爵士的要求。他认为这件事情已经了结。我希望,这件事情所采取的措施能预防一切反对分布在各个遥远省份手无寸铁的传教士的行为，我们至少为保护传教设施得了一些缓解。

我刚刚向您描述的四川骚乱发生时，在山东省首府济南府也发生了类似的事件。美国有些传教士在这个城市已住了不少时间，他们选定一座屋子以执行他们的圣职。事有凑巧，他们选择的屋子毗邻是每年举行乡试的书院。今年举行会考时，这里造成一场激烈的暴动。考生和考官煽动老百姓乱哄哄地涌进传教士住处，粗野地赶走这些传教士，然后放火烧，他们的房子顿时成了一堆灰烬。全城大为震动。传教士们庆幸他们保住了生命，立刻求救于他们的公使馆。安吉立(Angell)先生马上到总理衙门提出抗议，要求对侮辱他们的国旗和国民予以赔礼道歉。总理衙门这次倒不多争论，即向安吉立先生表示遗憾。上次对英国公使却没有这样痛快。总理衙门承诺了对方要求的全部赔偿，并应允为美国传教士盖一所新的房子。

安吉立先生对这些答复颇为满意，他认为不应过分苛求，因为美国传教士们住在内地现有的住宅内本来也是不怎么合法合理的。根据条约规定，美国公民就像我国公民一样，必须具有领事馆或外交使节颁发的护照并取得中国当局的签证，才可以在帝国各省旅行。但他们无权住在开放口岸以外的地方，也无权买、租房地产。这就是说美国传教士的地位和受条约保护的天主教传教士的地位并无不同。在类似发生于济南府的纠纷问题上，美国政府必须表现出更加随和的愿望，不宜苛求。

无论如何，山东和四川目前正在恢复平静，但这种平静的局势能延续多久呢？只要看看中国政府用什么样的态度来审查涉及欧洲人利益的问题就能知道，对此只能抱着微弱的信心。

当我们的要求关系到反响巨大的事情，如果不迅速做出处理就会发生严重的国际纠纷时,总理衙门还肯做点事。我们记忆犹新的最近一次俄国危机说明,我们不要随意挑起一场新的争端,因为结局是否有利至少是不可靠的。但是,在一些不太危险的思想范围内的事情上,只要仅涉及和平的讨论,而这些讨论的性质又不会恶化的话,我们在任何情况下都只会遭到固执的拒绝,他们坚持要逐渐收回以前让给我们的全部东西。他们像白蚁一样,一刻不懈怠地向我们显示他们仇恨和顽固的本能;他们支持并鼓励反对外国有关的一切行动。我们方面没有任何好办法能克服这些无可救药的偏见。这些偏见已发展到他们一概否认那些重视现实利益的明智人士的一切劝告。这个国家,我不想再重复,只有将恐惧强加在它的头上,它才会变得灵活些。所以,人们越来越难以叫它服从我们的意见,即使在目前对外交涉不断出现困境,迫使它要用让步来换取对它不可缺少的同情,而这些让步在条件允许时,总是要设法缩小其效果的。

去年发生的与俄国的争端,给我们提供了一个机会,即我来此地的前几个月中,我和总理衙门之间的关系是非常良好的。在外省,我们的传教士的安全得到了保障。各种申诉,即便是拖延很久的申诉,都得到妥善的解决。条约得到了严格的遵守,最轻微的违反条约的行为也受到严厉制裁。大家好像已到了天赐的福地。然而今天,一切都变了,从我向阁下举的例子和我从前的信件中,阁下可以意识到,中国政府似乎只想逐渐恢复失地,重新提出它认为可以同我们争论的东西。只要没有发生新的事件来削弱他们的反欧激情,并把现任统治者拉回到几个月前即在彼得堡签订的条约之前的宁静中,可以肯定,他们对我们的恶感就会迅速传播开来。

这就是我迫切希望政府在东京问题上采取有力措施的原因之一。无疑,一旦我们对红河三角洲的新政策申请的拨款案得到确定，人们将由此得到一个深刻而有益的认识，但是，为了使我们能从这种形势中获得某种好处，我认为关键在拖延时间，越久越好，使总理衙门老是感到惴惴不安，他们面临的是帝国边境上军事力量在不断扩大的局面。

如果像我们一样，在此地区有一定利益的西方各国了解我们的计划决不会使它们受损害，从而使它们安心，是有益的策略的话，我认为它们也应少与中国政府进行类似的联系。

甚至可以考虑一种有特殊意义的措施，公布总理衙门不信任我们的不正当意图：中国政府对安南使节的接待，以及它对派遣贡使所给予的重视和鼓励，而这些举动显然违背了1874年的条约；它向本属我国海上警察当局管辖的水域派遣炮舰，以及两年前帝国部队突然入侵红河与两广南部之间的各县。所有这一切都给我们提供了最好不过的理由，我们可以不必再顾虑合法合理等敏感情绪而采取行动。

然而，除这些原因外，我还发现其它一些原因，我重说一遍，这些原因要我们对中国政府尽可能保持沉默，采取使人莫测高深的态度。当中国政府看到我们的军舰和部队在调动时，肯定，它会深感不安。我们越拖延下去，我们在这个国家的事务中成功的可能性就越大。正如我在最近汇报中荣幸地向阁下写的那样，正是由于我们在东京部署军队，才带来北京继续焦虑不安和长期苦恼的结果；我们对东京的占领将使我们在中国获得良好的效果。也正是这样，我们在这个帝国的影响才能重新获得恢复。自1860年事件的影响减退以后，我们在1870年遭受的不幸，严重地损害了我们的威信。

除非阁下命令我改变行动方式，否则，我将在这些事务中完全保持沉默态度，不回答那些很可能要我澄清事实的各种要求，不涉及安南方面所发生的事情。我完全有理由这样设想：如果有人同我谈论此事,我大体上将采用的措辞如下:“你们对那些只与我们有关的事情感兴趣,使我们甚为吃惊。安南是一个独立国家,我们是对一个独立国家打了一仗,签订了条约,中国照理是不应该参与的。目前,我们与嗣德帝采取的某些特殊措施,只涉及到他和我们,所以,我们认为像过去一样,只需根据我们自己的利益来行动。如果嗣德帝不实行中国政府本应不予以鼓励的行动,我们也许不会被迫采取你们所了解的措施。正是这些行动企图削弱我们在印度支那付出了很大代价而取得的影响,削弱我们稳定这个局面的决心。〈顺化〉定期向中国派遣使节,它的任务和这一事情本身就是破坏已经通知你们的各项条约。中国派军舰和部队干涉属于我们警察当局管辖的水、陆地区,只能在法国引起激烈的反响,纷纷要求制止这类滥用职权的事件的重演。现在,究竟会发生什么事情呢?我不知道。要想使我们的共同边界线得到最满意的和良好的维护,这完全取决于你们。然而要做到这一点,必须做到不给我们添麻烦,尤其是不要阻碍我们开通红河贸易航线的努力。不管怎样说,你们在这件事上也会获得你们自己的利益,因为,你们边远各省由此有了新的通道……。另外,对你们来说,京城和非常偏僻的地区的距离大大缩短了。原来走陆路,要花 3 个月时间,现在通过红河的水路交通,就可以节省一半时间……。”

简而言之,这就是我认为应让总理衙门摸清的我的声明和建议。如果阁下赞成其精神的话,我认为,我们在巴黎不必向曾侯作过多的让他放心的解释,中国使节定会把这些解释转达给北京,而且,这些解释也只能削弱我们的强硬态度和措辞的意义,特别是我们在东京的军事行动的意义。

我一定将与安南形势有关的事态随时报告阁下。此外,为了澄清[1]我国与中国政府关于安南的必须进行的交涉，我殷切希望得到交趾支那政府转来有关情报。很遗憾，北京与西贡之间的来往信件太少，而且时断时续。我希望海军部请交趾支那总督多与我国驻华公使馆通报消息，虽然我已放弃能取得这一结果的想法，因为，我有好几封内容涉及法国政府和使馆共同关心的某些问题寄给交趾支那总督的信都毫无回音。从此，我不得不停止这种单方通信。

宝海

C. P. 中国第59卷第308—318页

196　宝海致圣提莲

1881年8月10日于北京

部长先生：

我曾荣幸地向阁下报告有关中国舰队的情况，对这些情况，看来海军部同样感兴趣。现在我认为有必要向部长送呈一份报纸的一段文章[2]。它详尽地描述中国政府刚刚接收的3艘炮艇的情况，它们分别命名为“艾奥塔”(Iota)号“卡坝”(Kappa)号和“郎姆达”(Lambda)号[3]。可以设想，万一外国舰队不得不与中国舰队较量的话，这些掌握在中国人手中的具有威力的武器会给外国舰队造成严重的威胁。此外，我获悉直隶总督打算今后约两个月内检阅经过改装的军舰，这些军舰组成了中国新战舰的核心。为此，他必将参观旅顺口、大连、芝罘。海军小队将包括8艘舰，其中两艘是这里等待已久的巡洋舰。这两艘巡洋舰已自欧洲启航驶向中国海。

宝海

---

① 着重号为原文所有。——编者

② 这段文章原档缺。——编者

③ 此三舰后被命名为“镇中”、“镇边”、“海镜清”。——编者

C.P.中国第59卷第307页

197　外交部长致海军及殖民地部长

1881年8月18日于巴黎

谨收到您本月6日的来函及随函所附交趾支那代总督的信和驻顺化代表的两份报告,报告指出,我国官员为促使顺化朝廷同意嗣德帝与我们派遣的代表建立直接联系而进行的谈判已告失败。

正像您指出的那样,自从开始谈判以来,由于两院通过了拨款申请,以便共和国政府进行更为有效的行动,局势已有了显著的改变。因此,我倾向于认为目前应当从更广泛的角度来研究有关我国和顺化朝廷之间的关系问题,而从现在起,我们的研究不应停留在参哺先生主动提出的特殊提议上,该提议已由特朗蒂尼昂将军转交你,但他对此并不支持。

相反,依我看来,从现在起,我们两个部要就共和国政府应以什么方式来修订条约力争经议会完全同意的措施在印度支那居于统治地位问题交换意见。根据我得到的消息,目前正在度假的交趾支那总督即将返任。我们最好趁他在巴黎的时候将指令的内容定下来,因为该指示大部分要由他来执行,所以要争取在他动身时将指示带走。

我应补充指出,有关我们在印度支那的地位的各种问题,均在海军部和外交部长之间的书信往来中讨论过,两部在需要共同处理的各点上已取得明确一致的看法。所余的只是制订一条执行整体规划的总的行动路线①

① 本文与《正编》第7册第135页重复,因《正编》删节的两段文字,颇有价值,特全文译录,作《正编》的补正。——编者

圣提莲

BB—4　1971第184—185页

198　海军及殖民地部长致外交部长

1881年8月24日于巴黎

谨随函附上本月17日发布的一份关于我们集体提案和司法部长的提案的法令抄本。法令中涉及法国在安南的司法组织。

克路埃

附件　总统根据海军及殖民地部长、外交部长和司法部长的报告而颁布的法令

1881年8月17日于巴黎

鉴于法国和安南王国在1874年3月15日缔结的条约第16条的规定；

鉴于1881年5月25日有关改组交趾支那的司法机关的法令；

鉴于1854年5月3日元老院法令第18条的规定，兹颁布法令如下：

第　一　条

在安南王国对外开放的领土上，法国国民或由法国保护的国民，和一切外国国民或受外国保护的国民诉讼时，只要案中没有安南国民在内者，均由设在法国驻扎官官邸的法国法院审判。这些法院等同于殖民地的初审法院。

第 二 条

这些法院,对第一条中指定的民事、商务和刑事案件,都遵照交趾支那现行的法律办理。这些法律在驻扎官官邸的法院的裁判管辖区内公布。

第 三 条

检察院、书记官、公证人、执法官各职均由交趾支那总督指定的官员承担。

公证人和书记官的职务可以兼任。

第 四 条

根据我们同安南政府缔结的条约,裁判安南公民同法国公民或受法国保护的公民,或同外国公民或受外国国家保护的公民的民事、商务和刑事案件而设立的裁判机构的现行法律条款,没有变动。

第 五 条

当一个外国和法国达成特殊协议而设立一个专门法庭以审理一些由该外国公民作为被告的案件时,这些案件可以从法国法庭的管辖下划出去。

第 六 条

海军及殖民地部长、外交部长和司法部长,在各自的范围内,负责执行本法令。法令将登载在法律公报和海军部的公报上。

格里微

BB－4 1971 第 186—187 页

199 宝海致圣提莲

1881 年 9 月 6 日于北京

部长先生:

外交部 7 月 21 日政治信件(第 23 号包括在内)已到达我处，感谢阁下对我的关心。在 7 月 20 日信中(即第 22 号)，阁下赞同我在宗教事务中采取的立场。看到我在处理这些微妙的事务中我所持的观点能使政府满意，我深感荣幸。我希望，通过坚持我所采取的行动方针，能够使教士们得到他们需要的保护，同时也提醒他们要谨防那些过激情绪，某些过激情绪在过去曾给我们招致了不少令人遗憾的困难。目前，这些教士对他们受到的支持充满信心，因而乐意接受公使馆给他们的劝告。我知道，他们收到了罗马的圣谕，要他们尊重共和国公使，我们、他们以及他们所体现的利益已收到令人满意的效果。

正是由于这一和解，很多困难都已克服了。我认为不久以后，广西宗座代牧主教富于道先生最终将得到允许前往他的教区，由于那里的中国地方政府一贯的敌视态度使他离开这个职务已达 8 年之久。我将加倍关心去消除总理衙门和两广总督的阻力。正如阁下所知，这些有关省份与东京北部各省接壤，因此，富于道主教是否能辅助我们在红河盆地的政策和行动。如果回忆过去蒲真尼主教在安邺司令指挥的苦难远征中曾经给我们的海军士兵提供过各种不可估量的服务，我们就很容易理解:在中国边境上有若干天主教徒集团(他们的精神领袖就是出名爱国的富主教)，将会给我们的声势带来什么样的帮助。一俟接到我一直等待着的来自广州的情报，我将再次汇报这个问题。我等待这些情报是要了解中国政府将采取何种方式来履行对我许下的诺言。届时,我将向阁下汇报几个月来我与总理衙门进行谈判的结果。这次会谈就是为了求得执行柏尔德密(Berthémy)协定赋与我们的权利,保障我们的传教士的利益。迄今为止,我们的教士们遭到广西当局的非人待遇,而广西当局恰恰有保护他们的责任。

宝海

C.P.中国第59卷第332—334页

200 海军及殖民地部长致外交部长

1881年9月26日于巴黎

部长先生、亲爱的同事:

我荣幸地随函送去将交给交趾支那总督先生带走的有关处理东京以及柬埔寨事务的指示草案。

卢眉先生10月2日就要出发,所以请您在最短的时间内通知我您对这些指示有无反对意见,不胜感激。

克路埃

附件 海军及殖民地部长致交趾支那总督

1881年9月7日于巴黎

总督先生:

在您即将返回任所之际,我认为有必要向您传达政府关于我国远东政策的意见。这些问题同交趾支那政府也有密切关联。

我认真阅读了您在4月25日和9月6日的信中对东京问题发表的意见。我满意地看到,您提出的方针,总的来讲,符合政府要求谨慎从事的方针,同政府最近在议会讨论补充经费案时发表的意见是一致的。

我们应该为我国对东京的政策确定这样的目标:过去我们的犹豫和软弱降低了法国势力的影响和威望,现在我们要恢复自己的影响和威望。然而与此同时既要避免征服性的军事冒险,又要公开保护欧洲人在东京沿海区域的利益与安全。

因此,对顺化官员要采取一种态度,使用一种语言,以便让他们明白,过去由于他们言行不一,诡计多端,使条约的条款成为一纸空文,现在是严肃对待这些条约的时候了。要让他们接受这一点,我们必须显示我们的军事力量,但这毫无军事占领的性质,而只是要他们明白,我们是有能力让他们尊重法国的意志的。

安南政府未执行1874年条约,应作为我们提出要求和采取强硬态度的理由。要保证这种作法有效,就必须向东京沿岸派遣您掌握的所有海军力量,您还应该从政治时机和季节角度来判断进行这一行动的适当时间。为了打击沿海地区有增无减的海盗行径,保证欧洲商人在红河流域经商自由的需要,部署我们的海军力量以及对红河流域进行干预是完全符合条约宗旨的。

您可以在必要时(还是在以上想法范围内)通过逐步增加河内和海防的领事卫队来准备此次行动。交趾支那可以在不妨碍自己安全的情况下,向海防和河内提供增援。增援要不声不响,一点一点进行,以便在某一天,神不知鬼不觉的情况下,我们在陆地上拥有现在两倍的兵力。比如可以这样做;运去100人而只带回50人。

然后您还可以找出派兵到红河上游的理由。如果我们能够将在这些行动转化为对民众和贸易安全有益的行动,您就不会遇到多大阻力。

我希望我们的行动限制在适当的范围内,不会激怒其他国家,相反要保证这些国家居住在安南沿海的公民具有至今一直未感到的安全。我也希望,在我们能够支付西班牙赔款(我们应尽早赔偿)的情况下,使它同意缩小它在东京的作用,缩小到丝毫不影响实行我们的权利的程度。

无论如何,请您一定确切地将发生的一切情况告知我,以便在发生意外的复杂情况时,您能够及时接到政府的命令。

您于 9 月 12 日写给我的关于柬埔寨情况的信,使我了解到由于其政府腐败无能,使这个国家处在贫困和混乱之中。您特别强调了诺罗敦国王向外国政府、特别是西班牙寻求援助的作法对我们的权利和威信所带来的危害。

我认为,像您建议的那样,到现场去研究分析局势,很有必要,这样可以在了解情况的基础上,采取根治的措施。鉴于诺罗敦的性格,毫无疑问,只要让他看到闹独立对他会产生何等严重的后果,就可以打消他这个念头。

为了不使其他国家恼火,我认为应该向诺罗敦国王表明我们的意志,即中止任何有损于我国特权的外交活动。

您对柬埔寨政治、经济状况的描绘,使我深受触动。我同您一样承认,法国对这里的混乱是负有部分责任的,因为柬埔寨是法国强加的被保护国。我们的保护国制度至今没有得到确认,也没有多少实效,所以现在应把注意力放在这里,保护国制度应具有更明确的形式,使保护国对被保护国居民的义务和权利有更多联系。

我认为扩大保护国制度,比进行一场以法国的直接统治替代皇权的政治革命更可取。后者无疑会给我们造成负担,加重我们的责任。

我相信您会以自己的明智和对国家利益的忠心,去克服困难,消除一切过激行为,但又不因此而改变我们的方针,以免那些嫉妒者将过激行为作为证明我国政策野心勃勃的一个把柄。

我将去我的同事外交部长处活动一下,争取让他们派一个活动能力强的领事到曼谷去。现在刚任命的领事活动能力不强，而且年纪又太大①。

克路埃

M.D.亚洲第37卷第180—186页

201　外交部长致海军及殖民地部长

1881年9月26日于巴黎

谢谢您将准备交给交趾支那总督的指示还给我。我觉得这指示中既保持着谨慎的态度又具备灵活的精神。我认为这些指示完全符合我们总政策的指导原则。他们不但能在那些遥远的地区而且还能同那些与我们更接近而文明程度也更高的国家的关系中顺利地执行这项政策。

我也认为户眉先生具有完善的品格去担承这项工作。他一定能冠冕堂皇地维护法国的权利和利益。任务是艰巨的。但是我相信，你委托去担任这个任务的人，会把它干得像我们所期望的那样好。

圣提莲

BB—4　1971第102页

202　外交部长致驻华公使宝海

1881年10月26日于巴黎

您向我谈过有关我们对中国政府应尽量谨慎克制的一些原因，因为中国可能想更明确地了解我们在安南实行的政策。我同意

---

① 本文与《正编》第7册第135页内容相同，但《正编》删节了两段有参考价值的文字，而且本书若删去附件，则主件亦不完整，不能全面反映海军及殖民地部与外交部协商的情况，故一并辑入。——编者

您在这个问题上所发表的想法。正像您设想的那样,我一直认为中国政府对我们的意图捉摸不定,只会加强而不会削弱我们对该政府施加的影响。

我对您私人提供的情报中,还要加一句话,您暗示的态度似乎是通过局势的分析才迫使您采用这种适当放开的态度。在我们的思想上绝不会有这样的想法:当在印度支那碰到纠纷后,您还会同中国在公开或潜在的冲突中发生另一个纠纷。因此,我们要小心翼翼地去避免使北京朝廷不满而反对我们。但是在另一方面,我们也不会放弃那些用重大牺牲换来的,即1874年条约中规定给我们的权利。为行使这些权利,我们只能根据局势来维护我们的利益。

此外,为了把我们的影响和文明带到印度支那所进行的这项事业,就要求我们今后在继续这一事业的同时,应不懈地调整我们已定的策略,即使事态发展到使人始料不及的地步。仅仅这一理由,也许就足以禁止我们最后又要提出其他想法,而实际情况也许又会迫使我们有一天不得不改变这些想法。这一理由要求我们,在根本不影响中国权利、而我们的权利也不容置疑的范围内,有礼有节地保留我们的充分的行动自由。

圣提莲

BB—4　1971第192—193页

203　海军及殖民地部长致外交部长

1881年11月12日于巴黎

部长先生、亲爱的同事:

我收到了10月24日来函中所附的共和国驻北京公使8月10日关于在中国政府坚持要了解我对越南的计划时所采取的对策的报告。

我完全同意宝海先生的看法，我认为他对形势有正确的了解。按照您的意见，我马上将公使的报告副本转给交趾支那总督先生，并请他尽快把他的意见告诉我。一俟得知卢眉先生的意见，我一定马上转告您。

克路埃

M.D.亚洲第37卷第238页

204 商业[①]及殖民地部长卢维埃致内阁总理

1881年12月26日于巴黎

内阁总理兼外长先生、亲爱的同事：

我荣幸地向您转送我刚收到卢眉先生的来信副本。信中提到两位持正式护照旅行的法国人古丁（Courtin）和威列罗亚（Villeroy）先生，在宝河附近遭中国黑旗军袭击的事。信中还附有他们两人的报告。

尽管卢眉先生尚未对事情的严重性作出评价，您一定会像我一样认为：此事再次证明安南当局对保证东京的安全无能为力，同时证明我们必须更有效地介入该国事务。

商业及殖民地部长 卢维埃（Rouvier）

附件 交趾支那总督致海军及殖民地部长

1881年11月10日于西贡

海军及殖民地部长克路埃将军先生：

我今天同时收到法国驻河内领事先生的两封信，有关两个法国人古丁先生和威列罗亚先生在红河上进行考察一事。他们持有

① 原文如此。——编者

领事馆签发的正式护照,原打算以学者身分前往云南。

没过多久,两个考察家就不得不中断旅行,因为10月8日在离开宝河时受到辱骂后,又在离老街40里的小城堡名叫"㟺"(Lu)处受到袭击。他们雇佣的一个马来人大腿上中了一弹。

他们被迫又回到该省省会宁和(Ning Hoa),在中国人咄咄逼人的态度面前又不得不再往后退。一支几百人的中国队伍在黑旗军首领亲自指挥下刚刚到达此地。这两个法国人在没有了船夫,又没有安南当局保护的情况下,毫无办法,只好一直退回到黑水河汇合处。据最新消息,他们准备再从另一河流逆水而上。

部长先生,我只能向您汇报这些情况,请您酌情处理。现附上古丁先生和威列罗亚先生两封信的副本。他们在信中叙述了遭受袭击的详细情况。

鉴于事情尚未弄清,我今天不能向您就这类情况可能引起的严重后果以及我们必须采取的措施提出我的看法。

不久我们将得到新的情报,事情会得到澄清,我也可以更好地判断从此事件中应得出什么结论,以便在任何一点上都不偏离部里的指示和共和国政府希望执行的政策。

卢眉

附件(1)　古丁和威列罗亚致河内领事

1881年10月7日于宝河

领事先生:

我们的旅行至今尚未遇到麻烦。我们受到所有安南官员热情的接待。宝河的官员告诉我们,黑旗军大概打算不让我们走得更远。他说,他从黑旗军处得到消息,他们不会在宝河纠缠我们,他们将回到自己的大本营中去。在马拉尔(Mallard)先生的地图上,此地差不多在卫鲁对面。

我们向您汇报这些情况，仅供您参考。我们认为他们只不过是企图恫吓我们，不让我们再往北去。

到老街或在这以前，如有机会，我们一定向您汇报我们的情况。

与往常一样，请您将另一封信转交勒格朗先生

威列罗亚　古丁

附件(2)　古丁和威列罗亚致河内领事

1881年10月18日于黑水河口

领事先生：

本月7日，我们交给宝河官员一封给您的信。在信交出之后发生的事情使我们担心此信到不了您手中。写那封信的目的是为了向您报告我们的旅行一直到宝河都很顺利，以及此地官员对我们讲的有关黑旗军的情况。

据这个官员讲，中国人本想在宝河袭击我们，但他劝他们不要这样做，所以他们大概到桥头的堡垒等我们。从鸿(Hon)到那里需要走3天时间，从那里到老街要走5天。我们回答这个官员说，我们持有安南高级官员颁发的护照，没有任何要同中国人纠缠的事情。

我们于8日上午11时离开宝河。在出发的时候，在宝河(左岸)对面哨卡的中国人用最粗鲁的语言辱骂我们(例如：你们会像死狗一样回到河内)。我们雇的马来人想回敬他们，但我们制止了。

10日，从左岸的一个中国哨卡射来一弹。是朝护送我们的阿维(Doy)的舢板发射的。13日，3艘到宝河卸货的中国帆船，因无法通过，告诉我们，300名中国人在桥头堡垒等着我们，那里所有

位于高处的哨卡都已派人驻守。

14日上午10时,当我们望见桥头时,就停了下来。在10日那天因挨了一枪就失踪了的阿维也在此地。他来到船上,对我们说,中国人允许我们靠右岸航行,如果我们靠近左岸,他们就向我们开枪。这简直是恶作剧,因为右岸有旋涡和礁石,根本无法航行。因此我们沿着左岸航行。在下午3时,我们到了城堡附近。由于必须修理船舱,我们不得不等到第二天。

整整一天,中国人都来围观我们,用粗鲁的语言骂我们。我们通过翻译询问一个安南人(官员或显贵)他们侮骂我们的原因。他回答我们说"这是因为中国人不认识安南文的证件"!!!

15日凌晨(大约5时半),古丁先生正在值班,突然两发子弹向帆船射来。这是从堡垒更高处(顺河流方向)射出的,其中一颗子弹擦着当时坐在船头的古丁先生的头皮而过。

我们派雇佣的马来人带着武器朝子弹射来的方向察看。几分钟后他回来说,只看见荆棘后面有一块被人踩过的空地,从那里完全可以看见我们的帆船。

我们(威列罗亚先生、古丁先生和马来人)从船上下来,询问为何要向我们开枪。一个中国人从堡垒里回答我们说,他们正在朝山上的野猪开枪。同时,第三发子弹正射在我们跟前。这是从堡垒右侧一点,甚至可能是从栅栏角落处射来的。

我们于是回到船上拿枪。我们的第一个打算是想向堡垒栅栏开枪,不让中国人窥视。但我们很快就放弃了这个想法,因为堡垒边上有安南人和苗人的住宅。我们又下船回到陆地上,撞开栅栏门,然而只看见五、六排交错放着的竹子。

于是我们决定回到船上。正当我们向船的方向走时,五、六发子弹从我们什么都未发现的栅栏门后齐射过来。我们雇佣的马来人贝宝(Babo)正转身朝堡垒观看,右腿当即中了一弹。我们进行了还击,然后回到船上。这里既可以躲避,又可以射击。我们雇佣的苦力们吓坏了,他们把缆绳砍断,我们的船就漂着走了。我们刚一离开河岸,岸上马上出现了五、六十个中国人,不停地朝我们射击。差不多所有子弹都擦着船舱而过,只有四颗子弹打中了船帮,但未造成什么损失。我们朝他们还击了6发,大概都打中了。中国人继续向我们射击,甚至在我们离开他们的射程之外时还这样做。阿维在我们靠近中国人的堡垒时就走了,也就是说在开始的3声枪响之后。

我们于上午11时到达宝河。接待过我们的那个官员马上来到我们船上,对我们说,他对我们又回到这里感到很奇怪(我们觉得他这种惊奇是装出来的,因为阿维在我们到达之前已经来过这里了)。我们向他讲了遇险的经过。他向我们保证说,他写的一封信在我们到达之前的几小时就应该到堡垒了。我们用事实向他说明,中国人是如何服从他的命令的。他回答我们说,同中国人打交道,一直是这样。他们不愿承认安南当局的权力。

我们于15日下午1点30分离开宝河,昨天(17日)到达兴化。我们一到,海滩上就布满了人(其中有不少中国人)。他们在陆地上向我们的苦力喊话,之后,苦力们都跳进了水中,扔掉了篙。幸亏没有急流,我们终于把船靠了岸。阿维代表官员来通知我们说黑旗军要向我们开枪射击,要我们立即下船。我们要求见官员。或者他来,或者我们下船去找他。阿维回答说,这是不可能的,因为中国人已把官员带走,不让他同我们来往。我们坚持要见,他就说,让我们再往下游去一点,官员可能会来。我们走下船来,停在一个可以藏身的砖窑旁边。两个年轻的中国人(大约15岁左右),走到我们面前侮骂我们。晚上8时,又有子弹向我们射来,赖丙(Lay-Binh)

代表官员过来对我们说,他不能来,上次在我们经过时,他已在城堡里接见过我们,但这次他不敢这样做,因为黑旗军首领到了这里,而且禁止他与我们来往。赖丙通知我们说,中国人已表示他们想在今天夜里将我们除掉,但他不知道行动定在几点钟。他向我们提议,让士兵来保护我们。我们回绝了他的提议,对他说,既然他害怕中国人,那他自己手下就不会有多少士兵为他服务。他了解到我们第二天几点出发之后,就走了。今天(18日)赖丙一早就来等我们出发。他当着我们的面向厨师和我们的翻译(我们仅剩下的两个人)询问有关桥头事件的详情,是谁开的头?等等,他对我们说,黑旗军想迫使我们返回河内,但他们主要想缴我们的武器。我们回答他说,就让他们来拿武器吧。我们7时出发了。9点钟,我们到达了黑水河口。

领事先生,这就是我们第一次经过宝河后发生的事情的详细经过。请您拿出高见。

尽管不情愿,我们也不得不又回到这里:我们的苦力一直威胁我们说,如果我们想继续向上走,他们就离开我们。他们在兴化就这样做了。现在我们考察中最有意思的部分已经不可能进行了。但是尽管只走了一小段路,也不愿意再白花力气,所以我们将设法找到新的苦力顺宣(Tuyen-Tuan),如可能就去老街。

我们直到目前为止,对中国人是一忍再忍。从现在起,我们下决心绝不再容忍他们的一句辱骂,并要毫不留情地将他们统统击毙。

我们尚不知道通过什么途径将此信转给您。信中如有不妥之处,请您原谅。我们现在就去找送信人。

古丁

威列罗亚

附言:这封信由我们雇佣的马来人交给您。由于害怕或其他某种原因,他下船离开了我们。

领事先生,请您为他通过勒格朗先生搭乘去海防的小艇提供方便,不胜感激。

M.D.亚洲第37卷第248—256页

205 外交部长刚必达致中国使臣曾纪泽照会①(第97号)

1882年1月1日于巴黎

最近我请人将您在1881年9月24日写给我的前任圣提莲先生的一封信译给我听,此信是答复我的前任1880年12月27日来信的,内容涉及法属交趾支那的归属。在这封信中您阐述了您对安南王国的政治地位的各种看法。我很遗憾,因为我发觉在这个问题上您的见解和圣提莲先生以政府的名义向您叙述的见解有一定的差异。我认为同您在这里进行一次原则的讨论是不适时的。我宁愿只是提一提1880年12月27日写给您的信,信的内容是法国政府应有的权利和义务的明确申明。

然而在您的信中,有一点是我实在不能放过而不加以指出的。您在信中提出,中国政府不能承认法国同安南在1874年缔结的条约。可是,正是这项条约确定了我们与安南的关系。而且该条约已在1875年5月25日由法国驻北京的代办罗淑亚伯爵正式转达中国政府,在同年6月15日恭亲王给罗淑亚先生的复信中,对缔约的问题并未提出任何意见,对各项条款也没有提出异议。信中提到安南时只不过说它以前是中国的进贡国,其实是说它只具有历史

① 本照会当时的译文已辑入本《续编》第一册第55号,(光绪八年正月十八日)但译文稍异,而且本照会与下面的文件密切相关,特一并辑入。——编者

价值而已。

在这种情况下,您也不难理解,我们难以接受中国政府直到今天才来争论一项到目前已执行 8 年之久的条约。不管怎样,我们不会由于一个迟迟才提出的抗议而停顿下来。再说,法国政府在当前要求执行〈1874 年〉缔结的条约的行动是完全自由的,因为这件事正如法来西讷先生和圣提莲先生先后向您保证过的,法国政府并不怀有使中国政府产生不安或损害〈中国〉利益的意图。

刚必达(Gambetta)

BB—4 1971 第 195—196 页

206 驻华公使宝海致圣提莲①

1882 年 1 月 4 日于北京

部长先生:

我在上海接到您 9 月 29 日来信。阁下向我转达曾侯几天前递交有关我们想在东京推行的政治路线的照会,这份照会的语气叫我吃惊:它断然要求恢复中国对安南的宗主权,用如此坚决近乎傲慢无礼的语气争夺我们根据 1874 年条约而获得的权利。总理衙门竟随心所欲、独断独行地指示它的代表用这种语词来说话,我真难以接受。当前的问题是弄清楚是谁建议他或者鼓励他采取这样的态度的,最令我们感兴趣的正是这一问题。所以,我一到天津,就力图了解这个问题。在我与直隶总督的一次交谈中,随意的谈话使我有机会非常坦率地接触到此事。我在下面尽力给您叙述这次谈话的内容和情景。我觉得这次会谈对我们很有用。我想不需要向阁下重提李鸿章在这个帝国的外交事务中扮演着举足轻重的角色。

① 原文如此。这时外交部长已是刚必达。——编者

每当进行可能最终导致签订某些特殊的协议或某些条约的谈判，都是指定他与外国使节进行讨论。由于这个原因，我从他口中听到的话就更有分量。显然，李鸿章对我们说的一切，准确地反映了中国政府的想法。

正当我和他谈论一些无关紧要的问题时，总督突然向我提出这个问题：

“您有安南的消息吗？”

“没有。不过，为什么您要我有安南的消息呢？”

“因为，如果我相信近日来所有有关此事的传闻和报刊上的文章，法国似乎已制定好强占东京的计划。确有此事吗？”

“我毫不觉得难以回答您的问题。这些谣传与我们确实有过的意图有关，但是我们的意图与外人说的根本不同，我们于 1874 年与安南签订了一个条约，由于特殊原因，条约的许多内容至今尚未执行。根据条约，东京的三处港口和红河航道本来早应向外国开放通商，我们已把这些措施通告有关各国，正如我们已通知阁下那样。不过，随之而来我国政府对这些不仅要承担道义上的而且要承担物质上[①]的责任。根据这种责任，当外国船只在法国治安力量监护的海上和内河水域受到当地骚乱的危害时，我们就会接到控诉以至要求赔偿损失。因此，我们对别国政府和对我们自己一样，不仅有权利而且有义务使我们为安南、为我们自己以及为一切国家的利益而保证发挥的作用更为有效。这根本不是人们所传说的想要征服安南，因此，我不理解中国为何对我们准备干的事激动不安。”

“这是因为安南王国是中国的藩属国，而东京属于安南，因此，

① 着重号为原文所有。——编者

中国的宗主权也适用于它。”

“那末，我们把刚才我对您说的想法付诸实施跟你们有什么关系呢？这些想法跟我们1875年正式提交给帝国政府的毫无差异，当时并没有引起任何明确的抗议。恭亲王仅仅声明收到了1874年条约文本。当我们坚持要进入东京边境各县的中国军队撤离时，他曾以某种方式对于派军队进入安南领土一事表示歉意，同时还指出，中国派兵的目的只是为了保护中国[①]领土免受东京地区匪盗的侵扰；而且，中国派兵是受顺化朝廷的邀请，中国在很久以前就对安南拥有宗主权，所以，对北京来说，此举更显得顺理成章。由此可见，上述这一切丝毫不像是强有力地提醒我方并不承认我方的权利。而且不仅如此，难道中国曾参与安南与法国之间的争端吗？它干涉过导致占有下交趾……的武装冲突吗？或者参加过为确认这一征服而举行的谈判吗……？或者参加过最终签署1874年协定的谈判吗？因此，一切都证明，安南对中国的依附关系不过是名义的而不是实际的。这样的关系，你们犯不着被牵连到一些使你们必须与我们决裂并会危及法中两国之间目前存在的如此友好和相互信任的关系的事情中去。”

总督对我相当大声地说道：“这么说来，你们并不打算用武力来灭亡安南现在的王国，是吗？你们愿意让它生存下去，它的自主权不会受到威胁，是吗？”

我回答说：“绝对不会的。如果我们派兵去东京，他们将是作为治安部队去的，即使嗣德王本人也不会不赞成他们的帮助。我们将作为真正的保护者、而不会像1874年以来只是理论上的保护者那样行事。这并不是征服。而且，如果我们负责维持与中国接壤的省

① 着重号为原文所有。下同。——编者

份良好的治安，我不明白你们会损失什么。”

“啊！如果真如此——总督喊道——事情就同人家对我们说的完全不同，我衷心感谢您的上述解释，它可以完全解除我们的忧虑，我请您对总理衙门重复一遍您刚才对我说的话。”

我答应他，如果人们像他那样在谈论安南问题时给我提供这样的机会，我会满足他们的这个愿望。

从以上情况看来，我以个人名义向我的会谈者所提出的保证，李鸿章和总理衙门将不仅毫无困难地而且会心情十分迫切地加以接受的。此外，我还向他指出：我并未得到政府授权做出这样的解释。但我相信，我的话里没有任何一点违背阁下的意见和观点。

如果将总督的意见与曾侯照会中的声明加以对比，确实是相当有趣的。北京所表现的温和克制与巴黎中国公使馆的强硬态度形成令人吃惊的对照。仅仅根据这一点，我们就可以看出，在这一事中，并没有某个外国政府在操纵中国政府，或者挑起一场令我们难堪的外交攻势。

然而我并不满足于这种推论，我还要更直接、更精确地了解内情。我认为询问我的同事巴兰德先生是多余的，他对我不知已重复了多少遍，说他的政府不仅不反对我们到东京去，而且诚心诚意地呼吁进行一场旨在给德国贸易打开新的宝贵出路的远征。何况这项对所有人都有利的事业的费用和困难，都是由我们来承担的。他的意思如此肯定，并且重复那么多次，使我无法怀疑他的诚意。阁下早就知道，在我和他的交往中，我向来是不轻信他的话的。然而，我也不愿意认为，如果柏林对我们的东京计划怀有敌意，或者有某些不赞许的念头，他会甘冒不韪去作出肯定的表示，而且无保留地将政府的意见表达出来。如果与事实不符，他就会受到歪曲事实的谴责，而这样的歪曲事实是超出最无顾忌的外交官员在选择方法方面的弹性所允许的限度的。

英国方面,我有过一些怀疑。我记得不久以前李盎斯(Lyons)勋爵对我们的 1874 年条约提出过异议,以及当我们建立一种对西贡优惠的海关制度时,特别是当我们要把居住在安南的英国臣民置于我们的司法和警察的管辖之下时,女王政府给我们设置的种种障碍。当威妥玛先生不在任时,我曾直截了当地向他的一秘提到此事,此人不久以后担任临时代办,并完全了解公使馆所发生的和所做的一切事情。我们之间的私人关系十分亲密、真诚,我们曾在俄中危机中相互合作,这一切终于在我们之间产生了相互信任感。因此,我认为这位出色的外交代办的证词颇有价值。他以不容置疑的口气对我说,**他的政府不会反对我们认为在东京该干的一切行动**。他说,独立的报界可能有那么几个对法国极不友好的人,企图掀起反法的叫嚣,指责我们殖民扩张过火。但是,他又肯定地说,我们把去年向法国众议院宣布并由众议院通过的计划付诸实施一举并没有引起伦敦内阁的任何不满;上海的报纸——英国在华贸易集团的权威代言人——以这样的词语表明了立场:毫无疑问,他愿意看到经过我们的努力,红河得以开放并可以使用,而这个意见——即那些对于事情真相十分了解的英国人的意见——必然将最终成为英国所有人的意见;因此我们不用担心来自英国议会或内阁的任何阻力。

综上所述,似乎可以得出如下结论:曾侯在过分强调乃至于夸大其政府的意图时,并不是顺从柏林或伦敦方面的任何煽动。但这并不是说我指责曾侯那篇富有逻辑性、缜密而态度又相当傲慢的话(阁下曾将他的话的文本寄给我)的内容是从他本人的脑子里想出来的。或者是我完全搞错了,或者是由于影响曾侯这样做的人的势力并不强大,因此,人们用不着害怕他。我认为这种势力就在他身边的亲信中，因为在有关这个问题的外交文件中我不止一次地看到所阐述的理由，我发现了这些文件的内容，我看出了文件的结构形式，我甚至找到了我已经听到的某些典型的说法：不应忘记，中国曾用极其高昂的代价收买了不少欧洲人，他们帮助中国是为了钱，他们的忠诚居然达到了不顾爱国心的地步。当阁下接到我此信时，如果德微理亚先生仍在巴黎，他一定能亲口向您补充说明，应该在多大程度上相信中国现任驻巴黎的代表，是谁在背后为他捉刀。我认为，我刚刚了解到的详细情况，足以向阁下证明：总理衙门比它在欧洲的代表们更加温和，这位代表的热心大大超过了即使在北京看来也未必是必要的程度。

宝海

C.P.中国第60卷第12—19页

207 外交部长刚必达致驻华公使宝海

1882年1月4日于巴黎

我的前任曾向您传达一封信，即中国驻巴黎公使声称，他的政府不能承认1874年3月15日法国同安南缔结的条约。谨随信附上我给他的复信抄本（参阅第97号文件）①。

您了解，在安南事务发生问题之际，北京朝廷多次直接或间接地给我们制造麻烦。其原因大部分是由于在接到1874年条约的通知时，中国政府认为没有必要表示不同意见，却在今天当我部和中国代表交换信件时才突然提出。在我写给曾侯的信中，我作了非常明确的说明，这些说明至少有这种好处，即不让北京对我们理解和评价1874年条约的方式产生任何幻想。

① 原档缺此抄件，第97号文件即本册第205号。——编者

圣提莲先生去年10月26日的信中已向您明确指出，我们的意愿在于完全保持行动的自由，以便为我们的最大利益而执行我们同安南缔结的条约。交趾支那总督所带走的指示，在这个观点上同样非常明确，而我们驻顺化的驻扎官，有机会时，也会让安南政府明白我们的意愿是防止彼此约定的制度遭受任何损害，而这一制度的实行要排除会影响其任何一项基本条款的外来干预。

刚必达

BB—4　1971第196—197页

208　交趾支那总督卢眉致商业及殖民地部长卢维埃电(第99号)

1882年1月16日于西贡

面对顺化政府软弱无能和黑旗军猖獗的形势，我认为必须将河内的卫戍部队力量增加一倍。

"斗拉克"(Drac)号将于星期四起碇。

不进行军事行动，我仅采取预防措施而已。

我不需要增加经费①。

卢眉

BB—4　1971第197—198页

209　海军部长哥余阿致卢眉电

1882年1月17日于巴黎

彼埃尔将军(Pièrre)已被任命为交趾支那海陆军司令。命你在他到西贡之前，停止一切军事措施。

---

① 本文与《正编》(七)第139页内容相同，但本文与下文密切相关，为方便检阅，特予保留。——编者

哥余阿(Gougeard)

BB—4　1971 第 198 页

210　卢眉致商业及殖民地部长卢维埃

1882 年 1 月 18 日于西贡

我谨向您确认我 1 月 17 日发出的电报。电文如下:(参阅第 99 号文件)①

为了使您了解我计划遵循的原则以及使我作出这些决定的原因,我认为最好还是把我向我国驻顺化朝廷的代办和分舰队司令的指示转呈给您。

我不需喋喋不休来谈论我们在东京应当采取和平的、行政的和政治的手段解决问题。采取军事行动,后果会很严重,并且还会使共和国政府卷入到与期望达到的目的背道而驰的纠纷中去。我深信,只要坚定不移、不屈不挠和有坚持到底的精神,我们就会做成我们要做的事。

再说,为什么要进行战争呢?同谁打仗?

现在有五支不同的军队占领着东京:安南王国的军队,受安南国王豢养的黑旗军匪帮,驻扎在边境上的中国军队,黄旗军,以及法国军队。

除了我们的士兵之外,可以说这些军队没有别的目的,只是想抢劫倒霉的老百姓。他们小心翼翼地避免交战。黑旗军为了假充好汉以及为了向顺化政府证明自己的勇敢和有用,有可能试图拔去我们某个防卫兵力不足的哨所,但是他们避免同我们冲突,一见到我们,就逃之夭夭。

① 即本册第 208 号,发电日期作 1 月 16 日。——编者

我已叮嘱李维业(Rivière)司令,只能在绝对必要时,才诉诸武力。这位校官很聪明,他知道怎样干,他答应一定会按我给他的政治指示行事。我信赖他,因为他既谨慎又稳重。他将会使他所领导的军队恪守本责,凡是不肯准确执行其命令的军官,我将毫不犹豫地予以严惩。

卢眉

附件1 卢眉致黎那

1882年1月17日于西贡

〈安南〉王国政府或者由于无能为力,或者出于某些我无需寻找根源的原因,无法把黑旗军匪帮逐出境外。黑旗军违反条约,在红河航线上征税,根本不把安南当局放在眼里,甚至竟敢大胆地袭击两位持有正式护照的法国旅游者。

另一方面,我还得悉刘永福在东京接受了相当于将军的职位;他在动身回中国时携带巨款,肯定是用于招募新兵;我还听说经大臣们批准,他还得到了速射枪支和弹药的补给。

在这种情况下,我不能不采取必要的措施,来保卫我们领地的安全,所以我派了两连援军去河内。

您应将这些调动通知商舶大臣并要求他知照地方当局给予协助,以便利我们临时安置,或者在明江的汇合处设立一所新的哨所,以保证该河的自由航行。

您可以向顺化朝廷明确指出,我们采取这样的措施,并没有越过我们一贯实行的和平方针,我们只想保持作为保护国的地位,行使保护者的权力并使之不受任何侵犯。

另一方面,安南政府应同时理解我们决心要求它不折不扣地忠实执行1874年条约。

法兰西共和国不能因为自己提供的援助而叫他人出钱，但是那些日后成为安南产业的建筑物，其费用应由安南政府来支付，这在我看来是合理的。因此以后我们要同顺化朝廷妥商，从海关总收入中提取有关开支。

我已下令分舰队司令避免一切能导致军事行动的纠纷，现把命令的抄本寄给您。

卢眉

附件 2　交趾支那总督致李维业

1882 年 1 月 17 日于西贡

由于两名持有正式护照的法国旅游者古丁和威列罗亚遭受袭击，我不得不向安南政府提出抗议，要它将它豢养的名为黑旗军的中国雇佣兵驱逐出境。

顺化朝廷没有拒绝我的要求，但是它推说这些非正规军过去曾为它效劳。然而实际上是由于它软弱无力，所以无法满足我们的要求。它只是答复我，它将设法让他们离开该地。

另一方面，我听说，刘永福前不久曾往中国，沿途受到军事首脑般的欢迎。他身上携带巨款，肯定是作为募招新兵之用。

与此同时，海关扣押的东西中，可以证明他得到大量速射枪支和弹药的补给。

在这种情况下，我认为，有必要使我们的部队不受突然袭击，所以我决定将河内的驻军增加一倍。

请您令“斗拉克”号在星期四下午载两连援兵启航东京。我希望您能主持此事。

您知道共和国政府的意图，政府绝对不要在远离法国 4000 里处进行一场战争,因为这会把国家卷入严重的纠纷之中。

我们必须以政治的和行政的方式来扩大和巩固我们在东京和安南的势力。因此我们今天所采取的措施基本上都是属于防卫性质的。

因此,您只能在绝对必要时才使用武力。我信赖您一定会谨慎从事以避免发生意外,何况目前仍不太可能发生。

在河内我们没有可容450人的营房。您还要建造一所临时营房。请您尽量把它搞得整洁些,因为爱护士兵们的生命和健康是首要的问题。

您也知道,黑旗军违反条约,在红河及其支流上设置了一些关卡。

您必须对河流进行监督。我认为很有必要在明江入口处设立一个哨所,您可以派我拨给您的工兵部队军官研究这一计划,然后如果您认为可以这样做而不会超出我向您指示过的和平纲领范围,您就可以开始动工。

当我们要安南当局让出土地时,他们肯定会提出反对意见,要求先请示顺化并设法拖延时间。如果您认为时机已经到来,您可不加理睬。不过我完全有理由相信您不会遇到任何强烈反对的。

您绝不可与黑旗军发生任何直接的或间接的联系。对我们来说,这些都是盗匪,如果您碰到他们,您也应该这样去对付他们。不过,因为我们要表现出爱惜人命,您不要枪毙他们,而是把他们押到西贡来,让我把他们关到昆仑岛上去。

如果您碰到中国军队——这种情况是不太可能的——您要注意避免同他们发生冲突。

也可能只要你们出现,民众就会起来造反,那时您要特别注意,在没有请示我之前,不准参与进去。

第一座设施的经费已由行政处长拨给您。今后，我会采取必要措施使工程的费用由海关来负担。

如果您要补充兵力，您可向我申请，我会马上满足您的请求。

我想不必要向您发出更详尽的指示，这只能给您带来不便，因为很可能会发生那些难以预料的事端和需要；但是我相信，您的爱国热忱和您的智慧不会使共和国政府走上一条它不愿意走的道路上去。

我的想法总的可归纳为这样一句话：避免开火，干戈只会给您带来烦恼。

卢眉

BB—4 1971 第200—204页

211 宝海致外交部长(第77号)

1882年1月19日于北京

部长先生：

我从芝罘和上海给您寄去的报告，想您已了解了广西宗座代牧主教富于道和两广总督之间纠缠不清的情况。您已经知道总理衙门向我建议的妥协条款。我随即要求富主教予以接受。这位主教非常顺从地接受了我的劝告。我满以为此事已安排停当，最近我从白喇格(Bellaguet)先生那里得知两广最高当局又一次不执行我们已作出让步的建议，甚至弄到令人不能接受的地步。显然，他们是企图愚弄我们，现在已到了须立即结束的时候。我从富于道主教处获悉，所谓当地居民怀有不良企图的借口纯属虚构。我确信广西主教的代表前赴桂林府途中实际上未遇到任何危险之后，便向两广总督通告，既然总理衙门已作出非常明确的指示，如该总督坚持不理会恭亲王和法国公使馆之间达成的协议，我将不顾一切地给予富主教自由,让他去到他的教区所在地,由于该总督不顺从皇帝旨意而可能造成的一切后果将由他自己负责。

我采取这一措施时,假装着不怀疑中国大臣的诚意,可以说,我变成他们的同盟者来反对总督,要求总督严格执行他接到的命令。

另外,我完全有理由相信,他们也会避免把事情推向极端,迫使我不得不采取我所宣布的措施。但是,我所下的决心——我的英国同事对中国和中国人具有丰富的经验,他也同意我下这样的决心——使我消除顾虑。因为,很可能在富主教动身的那天,他会神奇地遇到一些出乎意料的方便,一切会满足他的要求。

回到北京后,我收到总理衙门的来信,此信与事件的前一阶段有关。信中向我罗列了两广总督的反对意见,就像白喇格先生向我指出的一样。我在上海已加以反驳。我对此信已作出答复,把我委托驻广州领事向总督转达的想法告知中国大臣们。我在回信中又说:我等待白喇格先生告知我,我委托他转达的最后一封信得到什么样的答复,以便我决定今后的做法。

总理衙门这次一反常态,比我本人还要着急,认为不必等到我被迫提出的最后期限到来,就给我寄来一信,现向阁下寄去此信的抄件①。

请允许我提醒阁下认真注意这份文件。

很容易驳斥中国大臣们为了支持几个月前他们曾否定过而现在又提出来的理由。这些理由肆无忌惮地否认条约规定的我们和他们双方的各种权利和义务。他们对我说的话真是天真幼稚。如果只是为了要说服那些诚恳的人们的错误,我并不感到为难,因他

① 原档缺此抄件。——编者

们提出的推理有缺陷。但是,比我长时期研究中国外交所见惯的幼稚更使我惊讶的,是他们要把目前在我们之间讨论的问题转移到巴黎去的计划,而在巴黎曾侯定将向阁下提出取消我在此地坚持的要求。我在此地所坚持的是部里所同意的。这是比任何事都更严重的,因为我认为接受中国政府这样的意图是最危险的①。

根据我在巴黎当副司长的经验,某些即使专门研究中国事务的人,也难于坐在办公室里对我在这里要处理的问题作出准确的估计;就是在北京,我也得花不少力气在陷阱遍布中冲出一条路来对付罕见的背信弃义行为。那些不讲信用的人不惜使用狡辩谎言、不惜违背十分庄严的诺言。可以这样说,我们每时每刻都会碰到欺骗和背信弃义的行为。事情不论大小都是如此,而且不在乎我们如何挫败他们。他们窥伺我们的每一个疏忽,窥伺我们的每一次记忆不清,就像每逢有船遇难就野蛮捞取飘流物,而且善于在最轻微的事故中捞到好处的人,他们这种政府确也给他们带来不少好处。

在巴黎,有众多的头等重要的利益吸引着各种无直接关系的人的注意力和忧虑,如果中国外交官被允许在那里随意估计的话,那末他们将有多么大的施展阴谋的天地啊!当涉及到欧洲非常不熟悉的事务,从而很少人能猜测到其重要性时,他们将获得利用某些人的无经验和另一些人的厌烦情绪的宝贵机会!可以肯定,如果曾侯或其他任何一个中国使节被容许在巴黎讨论或解决与执行我们条约有关的问题,这些条约不用多久将不可避免地降低成毫无价值的废纸头。我要补充一点:发生这种事情之前,中国驻法使馆被允许扮演这样一个角色,仅仅这种情况就会使共和国驻华公使馆降低威信到它再也无法叫对方接受最轻微的指责,它对中国政

① 着重号为原文所有。下同。——编者

府的交涉就打上彻底无能为力的烙印。

我现在回到我们操心的这件具体的事,即广西事件上来,我注意到,几个星期来,总理衙门的安排已有明显的进展。几个月来,我一直认为我们在整体上已取得了胜利。此后,来自法国的消息使中国大臣们想到:法国政府今后可能对分布于远东的教士们的命运并不那么关心了。我知道,李鸿章高声说过,他庆幸,从此以后摆脱了我们长久以来为此事和他的国家纠缠的麻烦。直隶总督已毫不费力气就把他的信心传达到总理衙门成员的头脑中,因而,毫无疑问,会对各省当局下达某些指示,给予他们比以前更多的独立权,以对付那些没有必要享受过高待遇的外国教士。与此同时,我发现,广西问题的会谈停顿了一段时间,目前,从各方面来的各省主教的信雪片似地飞来,他们向我报告帝国官员的敌对情绪再次抬头,他们诉说所受到的不公正、勒索、掠夺、粗暴的待遇等等。

显然,他们认定两国会谈在促使法国政府放弃给予在中国的传教士和由此而扩展到皈依基督教的中国人的官方保护。我无意乘此机会来检验这种保护到底有多大价值,是否需要维持这种保护,或是减弱甚至取消这种保护。此问题将大大超出我这封信的范围。况且,部里在不久前已以十分明确的措词表达过它所希望实行的意见,我很难再回到我认为已结束的辩论中来。唯一需要我在此说一说的是,在目前形势下,巴黎说话如稍微疏忽,并由此导致曾侯产生——我们并不反对——让在中国的传教士自生自灭的那种想法,那末,在这里就会发生可悲的、十分严重的后果。所以,巴黎在这个问题上即使轻微地说一句话,必然在中国引起极大的反响。要了解这一点,只需了解一下外国人在中国所唤起的情绪就可以了:在所有外国人当中,中国官吏和文人最憎恨、最讨厌的就是传教士。根据我们的条约明文规定,传教士可以深入到中国腹地;人们不无理由在一段时间内把他们看成是先锋，给大家打开了通向帝国最落后的省份的道路。人们把他们看成是万恶文明的先驱，却又不得不承认，因为这是国际法的一项义务。但是，凡对皇帝尽忠的奴仆又都必须挺身而出，阻止他们的行动，反对各种教会宣传，进而丑化教士们的行为和本质。然而，中国人民却被去年法国发生的事情所震动，他们自以为是地理解法国对未经许可的教会组织采取的严厉措施，他们不理解其中的微妙的地方，以为共和国政府决心把法国国土上的教士都驱逐出境。由此得出结论，在逻辑上，我们无法否认中国政府在国内有权以同样方式去对待被他们视为敌人的外国神职人员，现在只差最后一步，而这一步也已跨出了一半。对这种愿望给予哪怕最轻微的鼓励，都意味着给帝国范围内远离租界、在我们大炮射程之外的地区的迫害行动发出信号。我们将会看到 1870 年血染天津那样的悲惨局面重演。我们很容易地预见：这样灾难的消息将会在欧洲公众舆论中引起轩然大波，而且，大部分受害者将是法国人，因为那些天主教遣使会教士和耶稣会教士处在最危险的岗位上，无论出于什么原因，难道我们能够眼看着我们的同胞被屠杀而袖手旁观吗？我们将能做些什么来报仇雪恨？如果我们在这些事情中让步——我是第一个认识到这一点的人——我们的负担将会大大超过我们从中得到的物质利益，我们在整个远东将面临何种局面呢？这个地区的居民只崇拜暴力，认为任意玩弄法国人的生命可以不受惩罚，而我们却没有足够的士兵和兵舰来恢复法国的尊严。那一天到来时，在这些海域中，我们将找不到一处安身之地，甚至交趾支那——我们曾为之流了大量鲜血和耗费了大量金钱的地方——也会如此。我恳求阁下相信，上述种种并非是我在虚构的一幅暗淡、随意而绘的图画。只要回忆一下不久前造成不幸的安邺司令死亡的那次骚乱，就可以对从东京到西贡兴起一股不可抗拒的仇恨我们的狂热劲有一个了解。这股狂热经过20年的压制仍未稍有减弱。部长先生,我们能在这里生活,我再重复一遍,就靠1860年事件的影响。一切试图冲淡这种影响的作法、或者试图让人们以为我们今天对过去促成我们军事干涉的原因已失去兴趣的作法,都将激起一种不可抗拒的冲击,而我们在中国保持的精神上的优势、民族威望将会在一场暴风雨中丧失殆尽。

部长先生:我之所以喋喋不休,目的在于指出我们在中国的处境所依靠的因素是那么微妙而脆弱。一次表面上无足轻重的退让,一点点粗心大意,一个行为上的差错,会把全部事情弄糟,并把我们置于这样一种境地:要么重新进行已成为不可能的远征,要么就失去我们以前付出巨大牺牲才得来的远征成果。在这样的条件下,我认为,巴黎就某些问题与曾侯进行对话,是极端不妥当的。这些问题中,最棘手的,无疑是中国传教会的问题。如果阁下认为我上面阐述的看法是正确的话,我请求阁下对中国使节的企图予以坚决的拒绝,力求把总理衙门和我国公使馆之间已开始的关于广西事件的对话从巴黎推到北京来。如我刚才向阁下解释的那样,这些都关系到共和国在中国的尊严、威望与我国国民的安全。我确信共和国政府对这些事是深切关怀的,特别在您的高明而又富有爱国心的领导下,部长先生,我所表达的愿望将会得到认真的考虑。

在结束这份冗长的报告之前,我还有一个想法应向阁下报告。中国政府积极反对富主教去广西长住的原因,不仅仅是出于他们目前的政治信条,而且是出于反对传教士一切事业的立场。北京方面知道蒲真尼主教手下的教徒们过去在东京给我们作过多大的帮助。现在要在紧邻该地区的帝国一个省份里开展传教活动——我们试图在那里逐渐树立威望——人们内心当然会比任何地方都更加惧怕看到出现有利于我们能监视和控制该地区的势力，因为这将给我们带来许多好处。阁下知道，我正是基于这种想法，坚决地给广西主教争取根据条约取得无可争议的传教自由权。曾侯的干预可以看成是他在东京问题上所作所为的再版。当他向我们提交解释性照会时，在我看来，我们应该以最傲慢的词句来回答他的照会。万一他奉命向阁下提出新要求，可以回答他说：这些事情在相距如此遥远的地方来讨论，不见得有好处，法国驻中国的代表负责此事，他拥有充分的指示，可以与总理衙门达成谅解。我们似乎不必（至少在相当长的时间内）再去干预那些意义模糊、内涵不明的纠纷，巴黎不一定能完全理解其真正意义，因而会把我们引入歧途，陷入困境。

宝海

附件 总理衙门致宝海

1882年1月8日（光绪七年十一月十九日）

本月4日（阴历十一月十五日）我们荣幸地收到阁下对我们关于建立广西传教会一事去信的答复（下接公使函摘要）。

有关买地一事，条约中规定如下：“中国当局应制止其臣民定价过高，索取过度；领事应监督法国人不得用强制手段强迫地主们同意。”条约还规定：“传教士可以租用或购买土地，用以修建合意之房屋。”但是，没有一个地方提到地方当局应该负责为传教士提供建筑教堂的土地。

在我们处理这一事情中，由于桂林府的居民不愿习教，目前不可能指定一个地方用以建筑教堂。鉴于阁下在这一事件中所采取的和解精神和公正立场，本衙门已向广西当局发出指示，敦促他们设法解决问题，指令他们在桂林府以外地区选择一块适合的土地，以供各传教士安居乐业。我们嘱咐他们,指定的地方不要离桂林太远,我们并向他们提出浔州府。我们为此已不遗余力地作出了帮助。

广西当局已提出两个地方,我们已通知了您,并请您指定富主教在哪一处建筑教堂。至此,这件事本就可以着手解决,目前民众和天主教徒们就可以和平地生活,随后情况就可能逐步取得进展,人们就可以利用出现的有利条件而作自己应作的事。

但是,据您信中声明,广西当局所做的事情都无用,阁下宣称将请富主教前赴桂林。我们不便断然拒绝,但是,这完全是阁下本人做出的决定。

广西居民的气质与其他省份居民有很大的区别。阁下本人也是很了解这一点的。所以,如果发生事先不能预料到的事而且任何防范都无济于事的话,既然我们已尽了最大努力避免此事的发生,我们认为难以将责任推给地方当局。

我们拟将详情写信告知曾侯,并请他向贵国外交部递交准确的照会。

我们也将给两广总督和广西巡抚写信,告知他们如果富主教同意在可供选择的两个地方中选择一个的话,他们应该立即把这个地方交给他使用,并以最令人满意的方式办妥。我们还告知他们,如果情况相反,富主教遵照阁下的命令,定要前往桂林府的话,则他们应该按照条约规定尽力给予帮助和保护。

C.P.中国第60卷第26—38页

212　宝海致外交部长电

1882年1月21日12时30分于天津　21日下午2时收到

我恳求您,在我第77号报告到达之前,拒绝同中国驻巴黎公使谈判广西事务。

宝海

C.P.中国 第60卷第39页

213 宝海致刚必达

1882年1月25日于北京

内阁总理先生：

我收到您去年11月16日由政治司发来的信，您在信中通知我：共和国总统先生刚刚任命您为内阁总理，同时委托您担任外交部长的职务。承蒙阁下提出要我协助您忠实地执行政府向众参两院宣布的在保护人们的各项自由的情况下，在国内坚决维护秩序、在国外庄严地捍卫和平的施政方针。

总理先生，我将竭尽全力为实现这样一个纲领做出贡献，并引以为荣。此外，这并非是第一次我能在您的关怀下为捍卫我国最崇高的利益而工作。我曾经在图尔(Tours)与商多迪(Chandordy)先生度过一段痛若的时光，在那里您曾经为保卫我们多难的国家同敌人进行过针锋相对的斗争。回忆往事是为了坚定我的信念和激励我今天的热情，使我能够在共和国政府安排我的这一微妙的职位上更好地工作；我认为我可以毫不自负地向您、总理先生保证，您所要求的爱国精神，不管怎样严格，我从来都不至于缺少。

宝海

C.P.中国第60卷第40—41页

214　中国使臣曾纪泽致外交部长法来西讷照会[1](第101号)

1882年2月8日于巴黎

作为对您的前任本年1月1日来信的答复,我仅仅是确认我国政府的观点,这些观点都在1881年9月24日的信中详述了。

然而在他这封信中,有两点我要提出一些意见:其一是一个小错误或者是一处笔误,另一处则属于一种性质比较重要的误解。

(一)参阅去年9月24日我写给圣提莲先生的信后,刚必达先生觉得我信内写的关系到法属交趾支那的事务。但是请您注意,在这封信内,我仅谈到1874年条约和法国同安南之间的现有关系,而从来没有使用过法属交趾支那的词句。

(二)他又说:“恭亲王在回复罗淑亚先生的信中,对缔结条约的问题绝未提过任何意见,也没有对各项条款提过意见。他只简单地提到了安南在过去是中国的进贡国,说实在的,这只能具有一种历史价值而已。”

我认为有必要提请您注意,我在恭亲王的信中,空寻了一遍,未能找出译文中“安南在过去是中国的进贡国”的字句。因为亲王用的词,意思是安南很久以来已是而且现在还是中国的进贡国。此外,众所周知,安南国王对中国皇帝的藩属关系,并非只有一种纯历史的价值,而且是由一系列从很久以来直到现在还存在的顺从行为的事实所证明。

恭亲王发表了不赞同条约原则的声明后,再对条约条款进行

---

① 本照会原文见本《续编》第一册第57号,但译文与原件稍异,特一并辑入。——编者

讨论就是多余的了。

因此，您将不难看出，中国政府其实在接到1874年的条约时，就拒绝承认该条约。我认为，这件事可能得到圣提莲先生的认可，因为他根本没有指责中国的要求提得过迟。

我国政府绝对知道法国政府一再提出的保证“它不抱任何企图使中国政府对条约有所不安或使中国的利益遭到损害。”然而，每个国家有自己的看法，在目前的形势下，中国政府有权去根据它的判断，识别什么是对中国有利的，什么是对中国不利的。

曾

BB—4　1971第198—200页

215　海军及殖民地部关于东京问题的公函

1882年2月25日

旨在解决法国和安南王国之间关系的1874年3月15日条约对我们是有利的，它确认了我们对1867年攻占的3个省——朱笃、永隆、河仙的占领权。同时，承认我国在顺化朝廷的对外关系上拥有特殊地位，还迫使顺化朝廷对东京承担维持秩序和根绝海盗的义务。

我们经常指出，我们所面临的是根据这双重观点而形成的地位：一方面是一般保护国的地位。因为，毋庸讳言，过去缔结的条约上没有明确提出保护国这个词，而我们却需要负担保护国的全部责任，而没有享受保护国的权益。因为，我们手中的海关所收的关税完全只是便利顺化朝廷偿还不但欠我们的、还有欠西班牙而由我们作担保的债务而已。迄今为止，这些关税只将安南的债务稍微减少了一些。另一方面，我们在河内、海防及归仁三个港口驻有领事和军队，而这些港口是向各国都开放通商的。我们为占领这些地方而付出了代价,却没有得到特殊的补偿。谁也不会不注意到,条约中有关基督教徒的条文,真正说来,并不对法国有利,因为传教士们的精神往往使他们超出国家的框框。

因此,严格地说,法国在把它与安南连系在一起的条约中并没有获得任何明显的特权,事实上,法国只不过是将一些至今还是闭关自守的地方向文明世界开放而已,它慨然召唤各个海洋国家参加到这些新的销售市场上来,而由自己承担治安费用及海关的征税工作,从而给有关国家以巨大的利益。

我们插手干涉是以和解为本旨,并无丝毫自私的意图。那么,我们是否从顺化朝廷方面得到我们有权期望得到的协作和诚意呢?可惜,事实表明完全相反。

从1875年起,安南政府对条约第9条上规定的保障基督教徒问题重生枝节。它维持的内河关税却严重损害了东京的商业,而且有意将我们的代表孤立起来,使他处于难堪的境地,因此,我们的代表们不起什么作用。一个最严重的情况使我们可以看到顺化朝廷对我们是多么冥顽不化。虽然顺化朝廷接受我们的保护并承认我们对镇压东京叛乱的合法权利,在李扬才串通中国土匪,蹂躏国土并威胁安南王国时,它却不向法国求助而急忙向中国请救兵。我们听之任之,结果天朝军队消灭了中国的叛乱分子。

这样的迁就,人们是否会说我们好呢?完全相反!安南认为这是懦弱的表示,它责怪我们增添兵力去保护领事,而且它还表示打算派遣一个使团来法国,要把一切都推倒重来。在东京所有的欧洲人都重新受到敲诈勒索。安南政府现在正在建筑防御工事,并把我们交给它的步枪用来秘密武装称为黑旗军的匪帮。我们的代办在顺化却无能为力,因为他无法与国王面商大事,而与此同时嗣德帝却无视条约,竭力要同一个欧洲国家建立关系,并同暹罗王国

(Royaume de Siam)进行谈判。最后,这位君主颁令对所有走私假铜币的人处以体罚,即使是欧洲人也同样。

这一连串的事件,促使总督下定决心要求我国对安南事务进行强有力的干预。但是这一行动应在什么条件下进行,要进行到什么程度?过去用严格履行条约为目的而采取的手段作用已不大,也不便过于强硬,因为在必要时我们还需要嗣德本人的协助。所以,保护国的设想虽然只能向我们提供不甚充分的行动手段,但却使我们承担行动的责任,而这种行动有的又是我们的文明所不宜采取的。1879 年递交议院的草案明白无误地作出征服东京的结论并为此提请一笔数目为 10184467 法郎的预算。

关于呈送议会委员会审核的预算草案,1880 年预算的报告人这样说:

"面对这项提案所提出的重大问题,你们的委员会听取了我们若干同事和政府两位成员的汇报后,认为不可能靠着一项追加预算草案的一个条款来进行这样的军事行动。因此应向议会递交一份特别报告,以进行更深入的讨论。"

于是产生另一个办法,大家寻思是否可以派一个授有特权的特使去对嗣德帝施加足够强有力的压力,迫使他决定以十分明确的态度接受法国的保护国制度;这种示威方式将由 6 艘(其中 4 艘吃水较浅)军舰为后盾的 1500 名军队加以支持;达到预期的后果后,部队就分散在东京作为警察力量,而小型军舰将负责江河的治安。将在选定的据点特别在红河上建立卫戍部队。由于这种占领是得到安南政府同意的,它不会引起其它国家任何合乎情理的猜疑。与此同时,就中国对安南的所谓宗主权一事将同中国进行谈判,不过,我们对顺化的行动并不受谈判结果的支配。

但是,即使有了这种办法,海军部在提出时,也承认必须预计到更为严重的意外事件,并且要有这种思想准备,即事态的发展会使我们不得不把我们的保护国制度变为直接的主权,从而占领整个安南。

在这种情况下,第一年申请的预算总额估计为2645708法郎(根据海军部计算)。其中100万用来建造在红河上游弋的特种船4艘。这一预算在以后几年内将有所减少。军事占领的费用估计为2302033法郎。最后行政费用和海关机构费用等等为919915法郎,总的经费款达5866956法郎(不包括安置费用,建设医院、营房等等的费用)。

1880年4月29日提出的为加强我在东京的海军实力而申请1227434法郎附加预算的法律草案,似乎使这一方案开始得到实现。这一预算只能用于一年中的部分时间,没有被通过。

1880年行将结束,政府认为必须把为这一有限目标而申请的预算在1881年的财政年度中再度提出。

所说明的理由实际上是把我们的干预局限在增强海军力量以保证红河与海湾之间的贸易安全上。

申请的经费将用于在年内武装和保养两艘炮艇和一艘护卫舰;建造3艘用于运输、拖驳到香港的内河轮船和一艘护卫舰,预算总额为2487851法郎。

经过热烈的讨论后,法国众议院于1881年7月22日的会议上顺利通过安托南·普鲁斯特(Antonin Prust)先生的报告,同意拨给250万法郎的预算。

政府原来对申请加以限制是由于它担心引起欧洲敌对国家、其中包括西班牙对东京局势的注意,因为西班牙在安南的债权会促使它像以往所企图的那样,直接插手干涉这个国家的事务。1881年9月27日送交给卢眉先生的指示中包含有海军部有关这方面的意见说明。其内容可以归纳为下列几点：

"恢复过去由于我们犹豫不决、懦弱无能而降低的法国威望，不过首先要注意的是，不要冒险动武。对该海域内欧洲人的利益和安全要明确进行保护。以上就是我们政策的目标。

因此，我们对顺化朝廷的态度是，应当用最明确的语言让它懂得，认真对待条约的时候已经来到，而迄今为止，他们采取的虚伪的诡谲政策，使条约成为一纸空文。为了迫使它接受我们的意见，我们认为必须以一个具体的示威行动作为后盾，这种示威丝毫不具有军事行动性质，但它足以使人懂得我们有办法使法国的愿望得到尊重。"

总之，派遣海军以确保贸易安全，向河内及海防逐渐递增卫戍部队，这样就可以通过渗入的方法，在该地站稳脚跟[①]。另一方面，总督必须研究出一个办法，提前还清西班牙的债务，使它与安南不发生任何关系。

卢眉先生从这个政策中得到了启发，他首先将这一消息向部里作了汇报，殖民委员会通过了必要的经费，以便使西班牙的债务除了今后从东京海关关税中补偿以外，先用贷款垫付。我们立即在这方面进行谈判。同时，总督还加强我们领事馆的卫队，并宣布准备以他拥有的人力和财力加强保卫力量。最后，在2月1日的信中，他向部里汇报了委托给福希(Fuchs)先生的任务获得的初步效果。福希先生是个煤矿总工程师，他负责勘探东京地区的矿藏。卢眉先生请求授权以法国政府的名义，向顺化朝廷要求割让所有可开采矿山的开采权；如果共和国政府明确在必要时决心进一步采取行动的意愿，他保证能迫使安南政府让步。

---

① 着重号为原文所有。——编者

卢眉先生在汇报中再次指出:“没有必要试图进行远征,也没有必要用武力来强占,我们面前没有任何能够与我们对抗的力量……我们建基立业是依靠小心谨慎和坚韧不拔的策略。我们正是通过行政的方式,按部就班地进行,才不会在时机没有成熟,国家还不愿这样做之前,使它受到约束。”

殖民地部长要求用电报向他转达政府将要制订的措施。

不管情况怎样,为了确保交通,特别需要立即运去适应内河航行的船只。

最后,在同一天的另一封信中在向部里汇报安南商舶大臣对我们的合理抗议的答复时,他作了以下的结论:

“我有理由希望您同意我的意见,即:我们已经得出结论,用不着再同别人争论不休。在我看来,让人们了解我们坚强的决心的时刻已经来到:我们要在一切我们认为必要的问题上,虽然是以和平的方式但却是坚定不移地采取行动。

我既不要钱,又不要军队,我需要的只是坚强意志和坚韧不拔的精神就行了。”

谁也不能否认,毅然下决心的时刻已经来到,因为顺化政府似乎一心只想找我们的麻烦。我们的不满,除了上面所举的以外,还不断地有新的内容。

只要回顾通过最后那些预算时,即 1881 年 7 月份,就可以看到以下这些变得日益明显的事实:清化省的 8 个基督教徒的村庄遭到了洗劫和焚毁,而安南当局却袖手旁观,没有出来干涉;尽管我们的代办提出了抗议,一个新的安南使团还是被派到中国去;顺化朝廷顽固拒绝单独接见我代办;一个去归仁经商的法国人遭到一伙听命于安南官员的人的围攻,他被拘禁并受到了生命威胁。只要从东京海关关税中依法提取我们应得的款项,就能迫使安南政府满足我们合理的要求。

最近，发生了一个新争端，驻顺化公使馆的一名职员被逮捕并被任意扣押。为了得到赔礼道歉，我方代表必须持强硬的态度。

最后，福希先生在东京的勘探任务受黑旗军所阻而停顿。我们已向顺化朝廷提出了指责。商舶大臣在上述的堪称东方文字游戏的杰作的信中什么也讲不出，只是为国内存在着这些匪徒作辩解而已。他承认匪徒是由他的政府雇用的，而政府则是考虑到他们的头子是真心的归顺。他说："他的政府同意雇用他们；因为一个人，不管是什么国籍，只要可利用的，就加以使用。"靠这种方法，安南就不必养许许多多军队来镇压叛乱了。刘永福在当地开放通商之前，就占领了该地，他不敢违反安南的法律而只是对不是来自宁海(Ninh-Haï)(河内)港食盐征税，因此其部队的存在不会令人感到不便。对他的指责是没有理由的，要抱怨的只是航行条件不好和气候不良而已。交趾支那总督要在红河上自由贸易，但他将怎样来克服障碍呢？在任何情况下，安南和黑旗军首领对此都不会反对，因此，安南只有期望总督能挺身出来主持公道，如果它得不到公正对待的话，它将向谁去请求呢？"也许要依靠国家的国民大会，才能结束这一切。"

在看了这些表面谦恭但包含讥讽之意的词句以后，我有意强调指出，这样的声明，说明顺化政府由于我们政策的犹豫和拖拉而变得胆大包天。它居然敢于首先把中国匪徒视为自己的合法助手，就是说它把条约规定我们应该予以打击和歼灭的匪徒当作自己人，因此，顺化政府就像在这场争论中有最后决断权的最高审判官，而我们反而要向法国议会求助，实在太令人惊奇了。

因为这个问题，应该向了解情况的议会提出，并由议会作出最后的决定；应该由议会来决定在安南应该奉行的政策。

根据以上所述,显然必须立即行动并采取明确果敢的态度。但是不可缺乏远见而将议会通过这一事件的拨款局限于交趾支那军队的开支。这次行动的目的无疑是最终建立保护国制度,甚至完全征服东京。如果不作出更多的牺牲,那么,将来发生不测事件时,我们就无法保证在该地稳稳地站定脚跟以维护我们的主权。不预计到这一点,将是不谨慎的。

因此,我们应该问一问议会和政府,这块拥有1000万人口,蕴藏着尚未开发的丰富矿藏和天然物资,而且还可以打开通往云南的水路的辽阔地方,是否具有如此巨大的利益,以至于我们必须保证在该地确立我们的势力。如果答复是肯定的,那么我们对于必要的牺牲就不应该望而却步,而且如果把这笔费用的款额估计得低于上面概述的第二个方案中的数字(600万法郎左右),那就过分大胆了。无疑必要征收的税款会陆续得到,这样,负担就会大幅度地减轻,但是,不能操之过急,因为这样会使政府和议会造成不应有的计算错误,因为政府必须预见到事情的发展,而议会必须始终了解它要承担义务到什么地步。

BB—4　1947(原件未编页码)

216　海军及殖民地部长游列居伯利致内阁总理兼外交部长

1882年3月4日于巴黎

(关于与顺化朝廷的新冲突)

内阁总理兼外长先生、亲爱的同事:

我荣幸地向您转呈有关安南政府与我驻顺化代表之间就公使馆一工作人员被捕以及其财产被没收一事发生冲突的材料。

通过阅读其中的各种文件,您会了解安南内部的局势以及顺化朝廷不断为我们设置的障碍。

我希望您同我一样认为,必须让黎那先生保持我国公使馆的尊严,并对他所持的强硬态度给予支持。

从这些事实以及卢眉先生提请我们注意的事实,我们可以得出这样的结论:安南政府无法保证 1874 年条约的实施,也不能有效地保护欧洲人。交趾支那总督也表明了他的意见,即现在是我们从至今一直保持的沉默中解脱出来的时候了。继续缄默下去,就会失去良机,后患无穷。

按照卢眉先生的说法,就是"果子已经熟了,是采摘的时候了。如果我们不摘,其他的人就会来摘,或者该国陷入解体状态。"

卢眉先生根据他的两个前任共同制订的政策,认为"为了达到目的,并不需要派遣军事力量进行远征,因为我们面前没有任何能够抵抗我们的力量。而是要从政治上和行政上,和平地、逐步地进行。为此,要占领能够保得住和不会发生任何意外的地方。"我们的占领费用和行政费用将由海关收入来补偿。对于总督来说,实际上目前谈不上派遣军事力量的问题,而是实行我们应当继续的行政纲领。它的基础在1874年时就已奠定。卢眉先生认为从西贡卫戍部队调三个海军陆战连和已经驻扎在东京的部队一起,就足以保证这个国家的安全,并最终确立我们在该地区的地位。

我不完全赞成这个意见。

可以肯定的是,要在这个国家里保证贸易所必需的秩序和安全,三个连是根本不够的,而且不能保证我们达到目的。因为这个拥有将近 1200 万人口的国家,长期以来处于完全无政府状态,而且不断受到中国强盗的侵犯。

内阁总理先生、亲爱的同事,我认为,除我上述的意见外,目前暂时同意卢眉先生提出的步骤,是比较适宜的。

顺化朝廷会提出抗议,但它无能为力,中国政府对此会听任不管,因为我们不会宣战,而仅仅提出要实施1874年的条约。这些条约规定在安南政府无力保证经商自由和欧洲人安全的情况下,特别是今天这种情况下,就要将该国的治安和海关收入的管理权交给我们。

这就是我的前任采取和奉行的政策。正当我准备寄给您此信,表示赞同上述政策(前面陈述的意见,不在此限)时,又收到交趾支那总督1月18日的通报。通报说,卢眉先生已接受我刚才讲的意思采取了相应的执行措施。他还向我驻顺化代办和李维业司令发布了指示。问题就这样提到日程上来了。

另一方面,交趾支那总督先生接受了安南国王特使的拜访。他是代表国王向总督先生重返交趾支那表示祝贺的。在接受拜访时,总督先生借此机会,以极为强硬的口气,表示了法国对嗣德陛下政府的不满,并重申了我们要求执行条约的坚定意志和为此目的而加强卫戍部队的意图。原因是安南当局对黑旗军的掠夺与侵略软弱无能。

安南国王特使听了此声明后,显得异常激动。他一定会向他的政府转达这项声明。

内阁总理先生、亲爱的同事,请您告诉我您是否赞同将奉行的政策以及是否同意开始实行这一政策。

在您很有可能赞同这些提议的情况下,请您同我部合作,以利我刚才提出的计划的实施,不胜感激。

海军及殖民地部长　游列居伯利

附言:我借此机会向您转交交趾支那总督的一封信,仅供您参考。信中附有一东京人写给他的请愿书。此人自称是作为其同胞的代表,要求法国介入的。

附件1 交趾支那总督致商业及殖民地部长卢维埃①

1882年1月18日于西贡

商业及殖民地部长卢维埃先生:

我荣幸地向您确认我1月17日致海军—商业部的电报。全文如下:

"面对安南政府软弱无能和'黑旗军'猖獗的形势,我认为必须将河内的卫戍部队力量,增加一倍。

'斗拉克'号将于星期四起碇。

不进行军事行动,我仅采取预防措施而已。

我不需要增加经费。"

现将我向驻顺化朝廷代办和舰队司令先生下达的指示转告您,以便使您更好地评价我打算奉行的方针,了解促使我下决心这样做的原因。我不想再过多重复下面一点:我们应从行政上、政治上,和平地解决东京问题。军事行动将会产生严重后果,而且会使我共和国政府陷入与我们预期达到的结果相反的错综复杂的局面中去。我相信,只要我们坚定不移、坚持不懈、持之以恒,就一定能实现我们的愿望。

另外,为什么展开斗争?同谁斗?

东京目前被五种不同的军队占领着:国王的部队;安南雇用的中国黑旗军;守卫边境的中国军队;黄旗军以及各色旗军,加上山民叛乱分子;法国军队。

除了我们的士兵以外,可以说其他军队只有一个目的,就是掠

① 此件与本册第210号主件内容近似,但也有不同之处,为了保持资料的完整及便于印证,两件均予保留。——编者

夺生活在水深火热中的民众。但他们谨慎从事,避免引起战争。黑旗军为了虚张声势,或者为了向顺化政府证明他们的价值和作用,可能会力图拔掉我们某个防守不够严密的哨卡;但他们尽量避免暴露在我们的力量面前,而且会在我们面前退缩回去。

我叮嘱李维业司令先生只有在绝对必要时才能诉诸武力。这位高级军官精明能干,对该执行的计划了如指掌。他向我保证一定准确无误地按我下达的命令办事。我认为,他谨慎从事、稳重适度的品质可以使我放心。

使我们担心的是,我们的士兵是否有干劲,以及当地人是否会发生暴乱。

我希望李维业司令先生能够保证他率领的部队忠于职守,时刻处于战备状态。我将毫不犹豫地对那些不严格执行司令部命令的军官给予严厉的惩处。

我承认,东京在不久的将来会、甚至一定会陷入解体状态,中国也一样。而我们的地位则给予我们充分的行动自由,但这是有条件的,就是不能煽动造反,避免被牵扯进同不满分子的含混不清的谈判中去。

卢眉

附件2　交趾支那总督致交趾支那舰队司令李维业①

1882年1月17日于西贡

附件3　交趾支那总督致黎那②

1882年1月17日于西贡

---

① 本文内容与本册210号附件2相同,从略。——编者

② 本文内容与本册第210号附件1内容相同,从略。——编者

附件 4 交趾支那总督致殖民地部长

1881 年 12 月 22 日于西贡

部长先生：

我荣幸地向您确认我于 12 月 21 日发出的有关安南事务的电报。全文如下：

“1881 年 12 月 21 日

巴黎——殖民地部

顺化发生严重事件。公使馆一工作人员被鸦片种植者非法监禁。顺化政府无法让顺化和东京尊重它的权威。两星期后，为了取得圆满解决，进行了艰难的谈判。代办必须付出极大的努力，同时需要国王进行干预。

为了避免纠纷，保证欧洲人的安全，维护我们的威望，我也许将被迫增援东京卫戍部队。

顺化朝廷已无权威，任何一小事件的发生都可以迫使我们和平地介入。安南当局似乎也无力进行反抗。我们的利益要求避免军事行动和炮击。我将严格地执行接到的命令。请加紧装备‘雎鸠’号(Pluvier)并派来平底船。

我由巴黎返回，安南国王将派特使向我祝贺。这一事件就足以表明局势。”

我随信给您寄去黎那先生的报告①，是以日记形式，根据每时每刻的体会，随着事态的发展写的。我们的代办先生没有时间写一篇政治报告，就把这样的东西交给了我。

我同时向您转交商舶大臣随信寄来的几个附件和我的复信的

---

① 原档缺此报告。——编者

副本。您通过阅读这些材料,可以更清楚地了解安南内部局势,顺化朝廷不断给我们设置的障碍,以及我们的代办先生为了不陷入狡诈的亚洲人为他设置的圈套,进行疲劳战所需花费的精力。

您一开始可能会对我们代办的要求感到吃惊,但是,您会很快承认,如果他显得很好说话,我们在人民中的威望就会受到严重的影响。黎那先生的任务是非常棘手的,特别是因为,他的职务只具代理性质(我曾向您汇报过此事),由于想同顺化官员们斗智,几个月就把我们在两年中十分艰难地获得的优势全部丧失了。

商舶大臣的信尽管写得十分巧妙,但却充分表明安南政府的不安心理。商舶大臣在本总督面前表现得十分谦卑;他想留条后路,害怕我们不满。同时遵照机密院很可能也是国王的旨意,他承认了他所犯的错误,并提出要承担责任。他要求我们宽恕顺化朝廷,借口他已受到其主子的斥责。另一方面,他又抱怨黎那先生的方法不对头,同时利用提出一个新的事件:即承(Thu'a)被捕一事,试图转移视线,回避问题的实质,并把我们的代办也拉入他的过错中。

在复信中,我极力抓住事情的实质而不提细节,因为我很清楚安南官员肯定会在这上面做文章。为了避免这一切,我明确宣布,如果我们以前提出保护欧洲人驱逐黑旗军、执行条约等要求得不到满足,我们将采取自由行动。但我没有告诉他们我准备采取什么措施,原因是在这之前应同您商议。

果子已经熟了,是采摘的时候了。如果我们不摘,其他人就会来摘,或者该国陷入解体状态。这两种情况,都会使我们陷入重重困难之中。我认为,放弃自己的权利是一种过失行为。

正如我多次对您的前任讲的那样,我们不需要搞军事行动,因为在我们面前没有任何能够抵御我们的力量。我们可以随心所欲地干。但必须避免犯与安邺同样的错误。他被最初的成功冲昏了头脑，在没有条件保证的情况下就妄想占领一个帝国。后果不可避免地导致他和他的同伴都丧生了。

应该从政治上、行政上，和平地、逐步地进行；夺取我们能够保住的东西，壮大自己，防备突然袭击，等待势态的发展。我最担心的是，我们很快，比我想象还要快地被牵扯进去。

顺化朝廷会提出抗议，但它无能为力；中国政府对此会听任不管，因为我们不会宣战，而只是提出要执行1874年条约，以说明我们如此行动的理由。西班牙对偿还债务已不感兴趣；香港的英国人会感到满意，倘若我们能够为他们开辟一条贸易出路，使他们能够渡过目前面临的经济危机。

我预计，不久后，我们会被迫进驻河内宫廷，管理城市和郊区的行政事务。

为了确保交通运输和军需供应，我们必须在下龙或下龙湾的另一个地点建立一个海港设施。

为了维护我们在东京的威望，必须严惩黑旗军。为此目的，我们只须利用远程重炮猛轰他们的一两个哨卡，而我们避免登陆与他们展开战斗。因为任何小的失败对我们都是危害极大的。

从西贡的卫戍部队抽调三个海军陆战连毫无问题，加上驻扎在东京的三个连（两个在河内，一个在海防），足以保证我们的设施免遭突然袭击。

我估计海关和农场收入从第一年起，就可达150万法郎，这是我们占领和行政开支的主要来源。如果按照同样的招募方式和各村责任制方式，组织土著步兵连和民兵连，这些人会像交趾支那部队一样忠实于我们。

如果共和国政府希望扩大占领地盘，我们将陆续占领南定、海阳、广安以及整个三角洲;之后,我们将占领红河及其支流。

如果出乎意外,出现重大的困难,只需召回司令,撤军返回宿营地,等待更有利的时机。殖民地部永远有权决定扩大占领地盘,只要它认为时机成熟。我们也决不会发表任何可能有损于我国声誉的意见。

这并不是要进行军事行动,不是派远征军,而是执行一个在1874年已制定了基本原则的行政和政治纲领。尽管有时动摇不定,犹豫不决,或有各种各样的错误,但我们坚持这一纲领已有7年。

继续同亚洲人谈判究竟对我们有什么用处呢?只能是浪费我们的时间。他们全部外交的目的,就是要回避实质问题,不执行条约。在这些地区,只有强者,才能坚持自己的意志;弱者,就只能弃权。

要走这条路,唯一有效的办法,就是学英国人和他们在印度的前驱,我们的同胞杜蒲列克斯(Dupleix)的榜样。

在等待您的新指示下达之前,我将坚决执行您的前任发布的指示。

我将尽力谨慎从事,保证我国的利益不受损害。

卢眉

附件5 卢眉致商业及殖民地部长

1882年1月10日于西贡

部长先生:

我荣幸地向您转呈安南国王陛下的特使今天上午交给我的一封信的抄件。

这种不按照顺化朝廷惯例的交涉方式,只能说明国王以及大臣的不安心理。

根据从东京获得的消息，我认为，如果我们希望避免局势复杂化，我们最近便应加强河内与海防的卫戍部队，因为我已有证据证明各省巡抚已在筹集武器和军需品。再则，刘永福的中国之行似乎无其他目的，就是为了招募雇佣军。这位黑旗军首领带走一笔巨款，并由一小股队伍护卫；沿途，他受到将军般的款待。

卢眉

附件(1) 安南王国商舶大臣阮致卢眉

1881年12月19日

我政府获悉阁下顺利返回交趾支那的消息，委托我向您表示衷心的祝贺。

遵照国王陛下的旨意，我荣幸地向您赠送礼物，作为两国友谊的表示。

这些礼物将由礼部和商舶部的官员呈送给您。他届时将随同安南驻西贡领事一起来。

礼物单不久将送给阁下。

嗣德三十四年十月二十八日

附件(2) 黑旗军首领签发的通行证

1881年9月29日

太原和三宣(宣光、兴化、山西)副提督刘，为中国人林旭庆(Lâm Hôé Khanh)办此护照。

目前，我(副提督)奉国王之命在太原和太原附近作战；但我要经过的地方很危险，水很毒，如果没有快枪，我无法结束战斗。今天我委托一名属员林旭庆前往广东省和其他港口买快枪和弹药。武器到达之日,不论在海阳省或在河内省,还是在北宁省,林应立即通知省级官员,他们应派人把他连同武器送到太原和兴化,太原和兴化两省的官员要将武器运往司令部。请林赶紧购买这些武器,不要利用此护照在其他地方做不合法的事情。如果我知有此事,将处治他。

嗣德三十四年八月七日

附件(3) 黄佐炎签发的护照

1881年12月1日

高级官员、统督黄佐炎为中国人林旭庆办此护照。

今天,在部队驻扎的地方,需要很多枪枝弹药,故派人购买。为此,准许中国人林携款到香港及澳门港口购买100支后膛枪,200支手枪,2万发子弹,200箱雷管;然后将这些武器运往司令部,报销开支费用。如果他在某个港口或被海关扣住,可出示此证件,以免关税。

这些武器应在今年十二月内交货。如果林利用此护照,进口政府禁运的商品,或在其他地方进行犯法活动,他将受到惩治。

此照发给中国广东人林旭庆

嗣德三十四年十月十日

附件6 驻河内领事致交趾支那总督

1882①年12月19日于河内

交趾支那总督先生:

安南政府豢养的黑旗军的首领刘永福昨天带着大队人马从山

---

① 原文如此。似为1881之笔误。——编者

西来到北宁，准备到东北部去。我所搜集到的情报都说明他要去中国。顺化朝廷给了他3个月的假，让他去他的故乡钦州县扫墓。这起码是他此行的借口。

刘永福是众所周知的前叛乱分子，所以被派去守卫广西边境的官员们不敢明目张胆地让他从经谅山和北隘的大路入境。因此，他第一站路就要离开大路，从沧江上的扶朗（府谅）（Phulang）抄近道经陆岸朝东走，这样他在6天内就可到达广安海岸尽头对面的中国边境白龙尾附近，从那儿再走一天就可到达钦州山区。如果刘送给那里的中国官员们一份合适的礼物，他们也许就会答应装作不知道他的到来。

有150名经精心挑选的全副武装的中国人、100多名黄佐炎卫队的安南士兵以及许多仆人和搬运工随同这位黑旗军首领一同行动。队伍前面由这位大官的大旗开路，旗上有几个大字，表明他的头衔："三宣副提督刘"，就是说他是管山西、兴化、宣光三省的副提督。在他路过的城市，最高级的官员如北宁的总督都给他送礼。总之，他完全是以官方身份、作为为安南效劳并得到正式承认的将领出外旅行的。

据说他带了大量的金条和银锭，10万多两。

黑旗军首领此行的表面目的是去扫墓和为年迈后返回故乡准备房子，但真正的目的却很难确定。一般的看法是，刘永福是去招募华人以扩充自己的队伍，三个月后他一定会回来。但是，也极有可能是安南政府在以最体面的方式款待他的同时，已认识到应谨慎地给他一个临时假期，因为根据情况，这个假期将会变成无限期的假期。

可加拉德克

附件7① 交趾支那总督致殖民地部长

1881年12月21日于西贡

部长先生：

我荣幸地给您转去一个名叫包鲁之(Paulus Zhy)的东京人递交给我的请愿书的抄件。此人自称是其同胞委派他作代表的。

我认为没有理由相信此人的许诺，因为他同其他所有流放者一样，把希望当作现实。

诚然，人民看到阮氏王朝的覆灭可能会感到高兴，但是由于几个世纪来一直受此暴政的压迫，他们已经没有精力干一番宏伟的事业；否则，他们早就把压迫他们的人赶走了。后者现在完全处于崩溃状态，只靠着几百个黑旗军的帮助苟延残喘。

我们从1874年起就投入到一个伟大的事业之中。我相信这一事业就要取得成功。但并不是东京几个天主教徒的请愿就能够加速我们认为要进行必要干涉的时候的早日到来。

卢眉

附件 包鲁之致交趾支那总督的请愿书

法属交趾支那总督先生：

我荣幸地提醒您，1879年2月22日东京16省的士绅和最开明的人士联名写了一份旨在坚决要求法国政府对我们这个不幸之国予以援助和保护的请愿书，呈交给交趾支那总督罗丰先生，法国驻海防领事先生对此表示赞同，并请求总督先生将请愿书寄给巴

① 因原件第59—131页未复印，附件数不详，这是编者依上文顺序排列为附件7。——编者

黎内阁。我们的支持者每天都在等待着法国做出对我国有利的事情。他们非常想到西贡来当面向阁下表示他们的意愿，由于地方政府深知他们的意图，所以根本不让他们出省。但是他们不断秘密聚会并提出下面的问题：

第一，为什么我们应该永远忍受这许许多多的不幸？灾害和贫困继续在我们日益衰落的国家里肆虐。我们东京最开明的人士害怕有一天我们国家会崩溃，落到外国人手里。而我们的国王为什么却不着急，不知道其严重性，无视这一点。

第二，为什么中国匪帮遍及我国各个省，而且竟敢蹂躏我们的居民，在海上也干同样惨无人道的勾当？

第三，我国政府同法国签订了旨在开放商港允许进出口，并向我们引进欧洲的文明和管理的条约，而我们却不但不能享受这些好处，反而比以前更苦？

第四，为什么共和国政府对我们痛苦与失望的呼声听而不闻？

我们的回答是，这是因为：

第一，我们的国王尽管身居王位，却不能摆脱独处深宫不出的坏习惯，这样他怎么能了解国内发生的事情呢？实际上是官员们统治着国家；国王则只不过是签发或签署官员们交给他的假报告。常常发生这种情况：在他对某种事实产生怀疑时，就派些特使到省里去调查，这些人被当地政府用钱买通，回到宫廷里，他们就向国王呈交充满谎言的报告。从最高级官员到最低级官员，全都损民肥己，而且习以为常。不论是朝廷的还是省里的官员，没有一个人对搜括民财感到耻辱和蔑视。践踏条约是一件非常严重的事情，而官员们却置之不理，根据他们巧妙的外交手腕，我们完全可以看出，他们就是在践踏条约，可国王却一点也未察觉。

第二，自从官员们雇佣了一支称为“黑旗军”的中国军队（其首领叫刘永福,就是他杀害了安邺先生)以来,这些中国人给居民带来了巨大的灾难,他们杀害了一家一家人民,夺走了他们的财产;走到哪里就烧到哪里。官员们不仅不反对、不制止他们这种惨无人道的行径,反而每月付给每个中国人4个皮阿斯特(货币名);在海上,中国海盗袭击并抢走我们的帆船和小船,守护我国沿海的官员们不仅不保护我们,反而同这些掠夺者串通一气,抢劫我们的财产,目的是为了分到一部分赃物。

第三,根据条约,政府必须为发展贸易开放港口,但这是表面现象;实际上官员们在利用一切手段阻止贸易的发展。为此目的,他们设立了许许多多的内部关卡,对出口货物索取高额的关税。他们认为阻止贸易的发展,就会使法国人被迫离开我国,他们就可以毫无顾忌地去压迫人民。

第四,可能我们1879年2月22日致法国政府的请愿书提到的事是对人权的一种践踏;或是当时共和国政府有其他更重要的事情,无暇考虑我们这个不幸的国家的事务;也可能因为共和国政府不相信我们请愿书中提出的要求。

由于这些原因,我们商讨之后,一致认为,我们的嗣德国王有着世袭的王位,我们只能服从于他,向他表示君主应受到的尊重;但是我们要让他懂得必须伸张正义,让真理占上风;要学习欧洲政府治理国家的方式。唯一能够使我们国家繁荣昌盛的办法就是坚决信守我国同法国签订的条约。政府应该促进贸易,促进工业发展,引进西方文明,扫除官员们压迫人民的坏作风、坏习气,废除古时留下来的荒诞传统。为此目的,需要进行一场革命,需要改组内阁。只有根据下面提出的方法去做,才能解决问题,才能使我国摆脱困境。

我们将选出一个有能力领导我们摆脱所有贪官污吏(不论是

朝廷的还是省城的官员)的正派、明智的人来领导我们。我们要使用懂得管理艺术的明智和正直的人替换这些贪官污吏。我们还将为官员、公务人员、职工和士兵规定足够的薪金,使每个人都不为此而抱怨。

为此,我们要求共和国政府的赞助,请它帮助我们赶走驻扎在北方省城的中国人,为我们派300—400名法国士兵,并提供4—5艘炮艇。我们两国的力量联合在一起,就能够进行这一改革,把贪官污吏赶出去;之后,我们会让国王明了,他必须接受我们的劝告,同时希望他能够向真理投降,站在真理一边。

如果他不愿听从我们的忠告,那么我们将被迫独自重建我们的东京,使之成为独立于阮氏朝廷的国家。我们的东京将按原来的版图(从三头河开始)占有土地。到那时,我们13个省将在法兰西共和国政府的保护(根据我们1879年2月22日致巴黎内阁的请愿书的要求)下,由东京人管理。但是我们绝对不希望法国政府把我们的东京当作殖民地,我们仅希望法国政府保护我们,与我们结成同盟,保持贸易关系。

这就是我们全体东京人的愿望和意图。我谨代表同胞们向阁下转达上述愿望。

包鲁之

M.D.亚洲第38卷第35—58、132—139页

217 海军及殖民地部长游列居伯利致交趾支那总督

1882年3月4日于巴黎

我同意您在今年1月18日来信中向我呈报的对李维业司令发出的指示。

您嘱咐这位校级军官在非绝对必要时,不要诉诸武力。这点您

是完全遵循我部的意图而做的。我希望李维业先生能够应付这个国家被打着各种旗号的许多武装匪帮占领而在东京造成的棘手局面。

游列居伯利

BB—4　1971第206页

218　驻顺化代办致交趾支那总督

1882年3月14日于顺化

总督先生:

我荣幸地将商舶大臣给您的有关刘永福情况的信寄给您,并附上该信的译文。

福希先生一定对您详细讲述了芒街事件,因为他是该事件的见证人,所以您一定确切了解事情发生的经过。商舶大臣的信会向您再次表明安南人的狡猾,或更确切地说是厚颜无耻。他们善于歪曲事实,如何对他们有利,就如何解释这些事实。

我驻河内领事曾接受过刘永福的凌辱性要求。他曾试图同这个"安南政府官员"进行谈判,但从未获得成功。他写给刘的信(1877年1月1日关于在红河流域旅行的报告)也遭到拒绝。我们曾以极度的忍耐和委曲求全容忍了这些不公正的待遇,以至于对今天他们再次就类似事件提出的抗议感到惊奇。

安南政府完全有权进行一次调查,以准确判断事情的严重程度。安南政府既然已经注意到我们的抗议,就有权在审查后再作结论。但是它绝对没有权利在这样严重的情况下,对我国领事的抗议采取如此轻率、如此无所谓的态度。安南政府过去在向我们通报他们的宣传计划的同时,一直声明他们决不会容忍自己的官员对我们采取无理态度,一定会对这类行为予以严厉惩处,而且还表示愿意看到我们在安南任何地方都受到应该受到的尊重。然而事实远非如此。从商舶大臣的信中，我们可以得出十分明确的结论，即他们没有对其官员的无理行为采取任何惩罚措施。为了愚弄我们，他们把工程师们在鸿基进行的研究和在芒街一带做的研究混为一谈，就连此地的名称都故意不提，以至让人以为好像我们的领事所说的同刘永福去的不是一个地方；所以在领事获悉刘永福从离开该地不远的地方经过而提出抗议时，别人都不明白他在抗议些什么。他们尽力把强烈要求开放红河上游一事与芒街事件混淆在一起；因而使人得出结论，在对芒街事件进行调查之后，他们可能会承担部分责任，目的是尽量使前一件事得到令人满意地解决。

应该知道这一次安南当局在奸诈和恶意之中还有某种坦率态度，他们并没有许诺以上事实经调查得到证实后，就给予赔偿；但可以肯定的是，他们决不会做任何对刘永福不利的事情，这样一来，就可以避免作出违反其本意的许诺。

与商舶大臣信上讲的正相反，黑旗军首领已占据了保胜。安南政府已将他收买过去，并让他为安南卖命。因为对他们来讲，这似乎是摆脱他的最简便可行的方法。刘的人在1873年12月底杀害了安邺先生后，本来就已十分巨大的声誉又有增无已；安南政府几乎把他们看成是常胜将军，并打算利用他们来有效地对付我们。

黑旗军首领得到了一个高职；商舶大臣在信中也承认了他的“安南官员”的头衔。我们坚持要把他从安南赶出去的态度只能进一步证明他的影响和加深人们对他在同我们的斗争中可以起到重要作用的看法。

因此，我们应该，或者为我们受到的凌辱雪耻，根本不要安南政府为我们做什么事情；或者听之任之，从而进一步证实那种认为我们无能无力的看法。商舶大臣的信为我们提供了采取后一种解决问题的办法:我们只要任凭他们耍弄,并让他们认为我们是些容易受骗的傻瓜就可以了。在尚未达到这种程度之前,应该指出:在我于 12 月 10 日被迫提出敦促之后,在我驻宁海领事提出抗议之后继续这样做,就是退缩。因此,我们必须预料到在这种情况下,芒街事件只是我们经受的第一个考验,因为安南政府对此事件不予处理,对肇事者不予处罚,我们今后就非常可能遇到一系列类似的遭遇。我们也必须预料到,如果他们对我们越来越无诚意,那么我们就会陷入比八九年前还要坏得多的境地。目前的困难是可以避免的,但要付出多大的代价呢?不久的将来,我们会知道的。

我们不得不经常利用强硬的措词和一再敦促的方式迫使安南政府承认并尊重我们的权利。这种方式迄今为止都是行之有效的。

然而,高级官员中仍有一部分人劝告他们的国王陛下不要让步,理由是我们的威胁没有什么影响,不会产生任何效果。他们甚至要求国王在我们诉诸武力的情况下还击我们,以为我们只不过是要炫耀一下武力而已。根据他们对我们 12 月 10 日的敦促和抗议的态度,可以认为这一次国王似乎是听信了这些人的劝告。如果期望这部分人此次的成功不会促使安南国王最后采取他们所希望的敌对政策,那纯粹是幻想。

我并不是说他们将同我们决裂,如果我们在欧洲陷得很深,他们才会这样做;无论如何,我们应该考虑到这一可能性。目前,他们不会同我们决裂,但他们会渐渐地重新考虑我们得到的那一点点租界问题,会对我们的一切权利提出异议,只给我们留下条约中为我们规定的义务。

我已经提请您注意,他们肯定知道我们在非洲的困难处境;尽管安南官员对此事从未公开讲过一句话,但在商舶大臣不久前给您的一封有关黑旗军的信(对 145 号信的复信)中极为明显地暗示了这一点。我认为,毫无疑问,是安南官员的报告,特别是我国领事的报告夸大了我们困难的严重性,而且把这些困难描绘成似乎我们没有能力在这里使安南人尊重我们。这是对没有动用"马延"(Mayeme)号船最简单的献殷勤的方式。

正如您所知道的那样,"马延"号船几个月前一直在香港,还有一两个官员也在那里。据说,他们是被派去拍卖这条船,然后再买回其他两艘船的。了解这些官员如何行动以及他们之间的关系,将是十分有意思的。我想,我们的领事可以派人监视他们。至于他们可能搜集不利于我们的情报,我认为这是因为他们正在想方设法将自己仍置于中国保护之下,为进一步摆脱我们的控制。他们一直在促进中国利益在安南的发展;为此,他们同中国一个拥有40艘蒸汽船的公司谈妥了从东京向顺化运送大米的生意,合同期限是10年或20年。

或许中国目前对安南问题越来越不感兴趣;我们是否可以希望它在几年后也是如此呢?目前我们阻止安南人靠近中国的任何作法都不能妨碍他们的行动,因为我们的注意力似乎没有完全放在这里。难道我国驻香港领事就不能通过给予更多的好处,比如给予在他官邸工作的安南人极大的帮助和关心的作法,迫使他们听从他的指挥,从而阻碍他们的活动;在必要的时候,甚至把他们作为我们的雇佣者张扬出去,从而使他们名誉受到影响吗?

至于黑旗军,我的意见是:即使不能将他们统统消灭(这将是最好的办法),我们也必须将他们以及他们的首领统统赶出红河上游;我们应该将你制定的计划付诸实行。只要我们作出某些努力,就可避免巨大的牺牲。如果我们不提防,让这里的人一直以为我们是软弱可欺的,那么我们就可能要付出更大的代价。

几年来,由于黑旗军设置了种种障碍,使在红河水域自由通行成为不可能。我们一直无法、也没有向他们指出:他们不仅没有执行条约,反而随意地、非法地征税,肆意践踏条约。他们可能认为,既然我们不认为我国商人的命运与严格遵守条约息息相关,也就不会去注意所谓黑旗军的存在,而且可能忘记他们的存在;这样,就没有什么对他们不利的事情,他们就可以随心所欲、想干什么就干什么了。然而今天形势不再如此了,我们已经敦促安南政府,责成他们解散这类集团,并开放红河水域,准许自由通行。

至今安南政府没有作一件令我们满意的事情。然而,尽管我们的敦促措辞激烈,但我们依然十分耐心;更有甚者,我们又遭受了一次新的凌辱,而且似乎准备任其不受惩罚。人们只能得出这样的结论,就是我们不敢打击这些匪徒;因此安南政府不仅不会解散他们,反而会通过招收新兵来加强这些匪帮。

现在时机已到,必须提醒安南政府,要他们明白,他们是无能为力的。他们现在似乎已经忘记了这一点。承认刘永福是安南官员这一点,就给了我们在条件允许的情况下更彻底地教训他们的理由,一是因为我们可以根据海关的统计,得出他们非法征收的税款大致数字,并且能够在我们的影响下让有关人员偿还这笔钱;二是因为我们要坚决保证条约的实施。

黎那

M.D.亚洲第38卷第152—156页

219 安南王国商舶大臣致驻顺化代办

1882年3月

代办先生:

我荣幸地通知您,我收到了总督先生1882年2月3日从西贡发来的一封信。信中谈到了我提过的对刘永福的处置问题和有关转交法国领事参哺先生的抗议书一事。在抗议书中，领事先生陈述了刘永福在广安省的所作所为。

总督先生认为，从我国利益出发，必须尽早将黑旗军匪帮赶出去。

刘永福在安南已经呆了很长时间，因此他提出要回国去看看。他一定会途经广安省，所以参哺先生得知他路经此地时，就马上给海阳总督写了一封信。

海阳总督给参哺先生回了信，又把此事告诉了我。

刘永福为了回国，在随行人员不多的情况下，的确是选择了这条路，但他是从离省会非常远的地方经过的。

由于他不能继续走下去，又无法返回，所以可以认为他未敢散布违法的言论。

领事先生们和工程师们为此去了煤矿，分析了他讲过的话；不论是在去的路上还是返回的路上，他们都令人满意地完成了任务□……

M.D.亚洲第38卷第156页

220 外交部长法来西讷致海军及殖民地部长游列居伯利（第105号）

1882年3月16日于巴黎

我荣幸地收到您本月4日的来信。信中您提到了交趾支那总督制订的一些预防措施，在明江和红河的汇流处建立一个哨所以便扩大我们在东京的武装力量，驱逐那些出没于红河四周的黑旗军。

同时，您还对卢眉先生的计划和执行计划的步骤发表了意见。您还希望知道，我是否也像您一样，赞成交趾支那总督的创举，我是否准备同您一起商量实现这位高级官员行动计划的办法。

海军部长和外交部长很早便先后商妥了共同采取的政策。由于各种原因,两部共同定出的意见,后来陆续有某些改动。只是在去年夏天,在共和国政府把它看到的这种局面建议提交议会,在议会同意它提出的理由而得到促成解决措施的财政拨款后,那些意见才能明确稳定下来。

克路埃将军建议发给卢眉先生的指示得到圣提莲先生的赞同。对这项政策来说,该指示正是一种必要的实际确认,从而对我们负有关心我国在印度支那利益的责任的西贡政府,提出一个使它在同安南政府的关系方面应该遵循的行动指南。

从那时起,这项政策对安南形势似乎没有带来任何变化。只不过在以前促使我们作出决定的各种事件中加上了卢眉先生提出的新建议。新出现的事件只会巩固我们作出的决定,而绝不会导致我们去改变它。因此,我就是依据1881年9月的指示来考虑您今天向我提出的问题,这些指示可以归纳为:

用武力示威的办法来支持我们要安南政府严格执行1874年条约的要求,但除了保卫红河之外,并不把这些武装力量派作别的用途,因为红河在法律上对欧洲人是开放的,而实际上已被盘踞在河流四周的海盗和独立的武装集团所关闭了。

我在卢眉先生交给交趾支那海域小舰队司令的书面命令中,看不出有违反我所提及的指示内容或精神的地方。相反,依我看来,上述命令正是这项指示的既有逻辑又有明智意义的发展,所以我完全同意。现在,我仅向您提出一些建议,我希望对这些命令的解释方式要根据并理解发布命令人的意图,并由安南北部的武装部队司令去执行。

我们认为红河的实际开放,只不过作为1874年条约的实施。

事实上,它还包括黑旗军的撤走以及红河上设立一处或几个防御哨所。它绝不容许附近地区被人盘踞。正像卢眉先生指出的那样,我们应在东京和安南的土地上扩大和巩固我们的权力,但是我不很懂他为什么要加上“行政”这个词。的确,我们的事业似乎应该小心地固定在某几个点,而绝不能把安南的城市或省份全部占领,即使采用逐步实施管理的方式都不行。

如果我们采用蚕食的方式去动摇安南政府和安南官员的权力,那末很可能出现卢眉先生在给李维业司令的命令中所预料到的危险。而这种危险,恰恰是我们事业中最大的危险,也就是引起暴动的危险。即使暴动对法国有利,但不免会使我们处在无政府状态中,并把我们应负的责任扩大到我们预算和计划之外。

我高兴地看到他已嘱咐过李维业先生,要他小心谨慎,不要去同中国正规军发生接触,尽管他们违反了条约盘踞在东京。那个问题,共和国政府将放在以后处理,但是现在为时过早,还是不提为好。

此外,很希望我们的东京海域小舰队司令不会被中国正规军所刁难,因为他们远离红河,驻在安南国土的边境上。

至于交趾支那总督掌握的兵力,仍将限制在较少的数额内,因为军事行动的性质已明确规定局限在有限目标的框框内,所以,行动时应谨慎小心,不超出规定的范围以外。对目前来说,至少要使红河能够通航通商,要把骚扰两岸的匪帮歼灭掉。我想这里不用估计这次行动需要的人数。反正,在行动时,不设固定的防御哨所,不会把他们通常值勤的守卫部队撤走。

这一点,您听取了交趾支那总督的意见后,一定会比我更能作出准确的判断①。

法来西讷

BB—4　1971第207—209页

221　法来西讷②致宝海(第5号)

1882年3月18日于巴黎

先生：

我以极大的兴趣了解到您在1月4日有关安南问题的第75号快信③中所阐述的想法。我满意地看到,即使中国原则上坚持它对安南的所谓宗主权,它似乎也不准备就这种要求采取更加有力的方式。您同直隶总督的会谈,他同总理衙门的观点是一致的,使我相信,不应将曾侯向圣提莲先生递送的照会视作表达北京朝廷的意见。您从刚必达先生今年1月4日的复信中,已知道我的前任是如何回答中国公使的;中国公使用照会进行了反驳(附上照会副本)④;我觉得没有必要对此照会给予答复,因为继续争论下去也不可能达到任何实际的效果。

从李鸿章向你所做的声明——这才是问题的关键所在——中可以得出这样的结论:尽管中国在巴黎的代表措词很强烈,但只要我们恪守1874年条约赋予共和国政府的权利,中国政府就不会在我们实现有关安南的计划上设置障碍。另一方面,两个强国驻华代

① 本文与《正编》(七)第140页内容相同,因《正编》删节两段相当重要的文字,此处特将全文辑入。——编者

② 原件未见署名,此为参考BB—4　1971第207页(本册第220号)加拟。——编者

③ 即C.P.中国第60卷第12—19页(本册第206号)。——编者

④ 原文无此附件,所指附件即BB—4　1971第198—200页(本册第214号)。——编者

表的干涉、或者说潜在的反对尤其令人担忧，他们在和你讨论东京事件时所用的语言的真诚是无需怀疑的，我们可以从中得出这样的结论：我们在印支半岛占有优势的意图今天仍然无可争辩地为欧洲大多数政府认可。

这些保证是可贵的，特别是交趾支那总督最近根据外交部和海军部去年共同下达的指示采取了措施，加强了我们对安南王国的保护力量。我荣幸地把这些副本寄给你①，使您正确地了解我们计划的意义所在。这一计划既不是征服东京、也不是一种可能导致我们干涉该国内政的举动。我们只是打算加强河内卫戍部队及向红河派遣海军力量，目的是驱逐盘踞在红河两岸的黑旗军，以保证炮舰在该水域的行动自由。确切地说，这并不是一次即将开始的军事远征，因为我们部队的行动只是对付海盗，而且，在下达给部队各领导的指示中明确规定尽可能避免同地方土著部队及中国驻东京的军队发生冲突。中国军队正驻扎在天朝帝国边境附近地区，因而它不会与法国军队遭遇，法国军队的目标限制在红河三角洲一带。

此外，我将本月16日寄给海军将军游列居伯利信件副本寄给您②，使您更准确地了解我的观点，并使您在帝国政府对我们的计划感到不安和歪曲其本意时，能够准确地遵循我们的计划。

C. P. 中国第60卷第46—49页

① 原档缺。——编者

② 原档缺此附件，所指附件即BB—4　1971第207—209页（本册第220号）。——编者

222 中国使臣曾纪泽致法国外交部长照会①

1882年3月20日于巴黎

大清钦差大臣承袭一等毅勇侯曾为照会事:照得贵国富主教欲在中国广西桂林省城买地建立教堂一案,本爵大臣前接本国总理衙门来文,转据广西巡抚部院庆函称,桂林省城民心浮动,恐难相安,拟在省城附近之浔州、梧州等处,择一善地安置富主教,一面晓谕省城士民,使其无所疑忌,乃可请富主教到省等情。比经本爵大臣面商前任大臣刚,许以富主教暂勿前往,俟该省民心稍定再去,似无不可。谅贵外部早已知照驻京布公使②矣。兹接本国总理衙门来文:上年十一月间先后接准两广总督部堂张、广西巡抚部院庆函称,已在浔州府属武宣县择一善地,名曰陆村,著名大镇,商贾云集,该处有房屋一所,地基甚宽,建造教堂必然宽敞。又在南宁府迁隆、土〔上〕思州觅得建堂地基一处,宽约五丈五尺,长约十二丈,路通南宁、太平两府大道。该处人烟稠密,民性纯良,足可建盖教堂。经总理衙门王大臣函商贵国驻京布公使知照富主教于两处中自择一处,而布公使以为不按指定办法为言,反复辩论,迄未定议,将全案钞寄前来。本爵大臣查传教虽系条约所许,而条约所载各省许教士传教、许教士租买田地建立礼拜堂,而无地方官择地与教士建堂明文。本爵大臣前因桂林民情不愿习教,与其富主教到省不能相安,不若权在浔州等处择一善地暂为安居。已承刚前大臣体察此意,允令其勿前往桂林。今本爵大臣细绎布公使复函之意,仍欲令

① C.P.中国第60卷收存曾纪泽照会的法文译文及照会原件。现照录该照会中文原件,译文从略。——编者

② 法驻华公使布蕾,又译宝海。——编者

富主教前赴桂林，则是强人所难，于理于情殊欠平恕。凡事准情酌理，和衷商办，庶可不致滋生事端，不然，中国何独于桂林省城择地一区有所吝惜。想贵大臣洞悉情形，必以本爵大臣之言为然也。相应照会贵大臣，请烦查照，转咨驻京布公使，按照广西巡抚部院庆所指两处，皆系通衢大道，商贾辐辏之区，听富主教自择一处，建堂传教，实于两国民教相安，良非浅鲜。并望见覆施行。须至照会者。

右照会

大法钦命总理各国事务大臣佛

光绪八年二月初二日

C.P.中国第60卷第54页

223　交趾支那总督卢眉致海军及殖民地部长

1882年3月27日于西贡

部长先生：

我荣幸地收到了您3月22日的密电，电文如下：

"对派遣3个连去东京和您给李维业司令的指示我在3月4日的信中已予批准。"

我立即采取了必要的措施，以保证执行您的电示。李维业司令以及派往充当助手的夏钮(Chanu)营长奉命执行经您同意的我在1月17日下达的指示。

"斗拉克"号和"巴斯瓦尔"(Parseval)号已于昨晚起航，运走海军陆战队士兵200名、炮手15名和安南籍步兵20名。这些安南籍步兵将认真协助地方警察工作。

卢眉

M.D.亚洲第38卷第166页

224　外交部长致曾纪泽

1882 年 4 月 9 日于巴黎

侯爵先生：

通过 3 月 20 日公函及面谈有关宗座代牧主教与两广总督之间悬而未决的难题，殊感荣幸。

这一事件过去是、现在仍然是法国驻北京公使和总理衙门之间谈判的议题。一开始，我就给宝海先生下达了必要的指示，敦促他努力去完成谈判任务。因此，我相信最合适的是在北京寻求解决您向我提到的那个难题，共和国代表和中国政府想必能够找到解决的办法。

C. P. 中国第 60 卷第 69 页

225　外交部关于广西(中国)事件的纪要

1882 年×月

长期以来，广西宗座代牧富于道主教要求允许他的传教士进入广西首府桂林。

经过多次谈判，宝海先生在富于道主教的催促下同总理衙门达成了一项协议。按照此协议，教士们有可能进入梧州府和浔州府境内；富主教同意在按照条约不放弃前往省城的权利的情况下，推迟在桂林府建立教堂的时间。(1881 年 11 月 16 日宝海先生的信件)

1882 年 1 月 19 日宝海先生通知说，由于中国当局缺乏诚意，这项协议没有得到执行，因而他认为协议无效。同时他通知总理衙门说：富主教可能会去广西首府，并且通知中国当局，如果这位高级教士受到冷遇，它将承担后果。

由于我国公使这封公函，中国政府才继续向富主教提供在这一省的其他地方建堂的便利条件，但是他们没有清楚地理解我国公使改变态度的原因。

总理衙门回答宝海先生说：它已经把事件提交给巴黎。的确，中国使臣于3月20日写信给外交部说，他对宝海先生对广西事件所采取的态度表示不满，并且正在竭尽全力地说明富主教去桂林府是一件冒险的举动，同时重申愿为富主教在广西其它地方建堂提供方便。

我们建议如下：

1. 形式上，坚决拒绝同中国使臣就已在北京进行的事情另在巴黎举行任何谈判，并且把这一决定电告宝海先生，嘱他在介入事件之前必须等待指示。

2. 实际上，使驻中国的公使明白：法国政府的打算是，既要获得传教士深入内地某城市的权利，又要避免向中国政府施加压力而造成种种困难；同时要驻华公使明白：我们不太理解为什么在已获得至少表面上满意的答复即同意教士们进入广西其它新地点之后，还要如此强烈地要求富主教非去首府不可；富主教去该处有可能遭到谋害，这将使我们处于麻烦的境地。因此，最重要的是遵守条约，其次是协助我们疏通各种渠道以便保护天主教传教使团。

C.P.中国第60卷第70—72页

226 外交部长致宝海

1882年4月14日于巴黎

先生：

我向您证实我4月10日电报全文如下："我已明确拒绝同曾侯就广西事件进行任何谈判；但是，请您在深入商谈之前，等待以

定，我就会被迫采取行动。我想等到一切条件具备以后才采取行动。

4月21日，“军乐”号终于抵达。海军上尉嘉多(Gadaud)是个精明能干的舰长，他的小军舰，无论从其军官或船员来说，都是十分称职的。他改变了船的吃水深度，寻找航道，利用一切涨水的机会，通过这条未经勘察的水道，从海防到这里只用了3天。

驾驶员克罗歇(Crochet)大副为这一成功作出了贡献。

我3天前从河内派往发艳(Phat Diem)的“沥门”号，由一名经验丰富的水手领航，在底河口接到了“军乐”号，现两舰都已抵达。21日晚，我写信给拉茂尔船长，请他把“阿米林”号、“巴斯瓦尔”号和“斗拉克”号上的一个由100人组成的登陆连以及驻扎在海防的海军陆战队的50名士兵从海防派到河内来。4月24日，部队乘副军需官巴诺尔(Banord)包租的两艘小船抵达。对于巴诺尔先生的工作和才智，我从来都深表满意的。

由海军上尉费阿希(Fiaschi)指挥的登陆连有以下几名军官：“巴斯瓦尔”号的海军中尉夏贝尔(Chapelle)和“斗拉克”的海军中尉布拉达(Blatac)。海军陆战连有一半是由蒙提诺尔(Montignault)中尉指挥的。

我拥有450名海军陆战队的士兵，20名海军炮手和3门4厘米的炮，20名土著步兵，30名水手，属于租界的一门12厘米的炮和一门4厘米的炮。两门从“狄尔昔”(Tilsitt)号船上拉来的4厘米的炮以及“军乐”号、“短枪”号和“马苏”号等舰。

我于25日上午5时向河内总督发出了最后通牒，我要他在3小时内答复。我在最后通牒中给他的期限虽短，但是他反对我们蓄谋已久，因此他对此并不感到吃惊。近7时30分，他派人来要求我给他一天的期限，我没有必要答复这种我不会同意的要求，送信人交信后就不见了。

8时,即我对他限定的最后期限。总督没有来,那只好采取行动了。

下面是夏钮营长和我一道采取的措施:

"军乐"号、"马苏"号和"短枪"号于8时15分开始炮轰,到10时15分结束。这些舰只在早晨5时就进入河内城北门附近阵地、几乎是红河上方的正对面。

我们进攻的是北面,土著步兵在北门发动了猛烈的进攻,从北门到东北的城堡也是土著步兵的火力。从北门到西北城堡由士兵和水手组成的100名攀登者以云梯攻城。他们在登城后突然转向北门,并为我们打开城门。在东门是第二海军陆战团29连在水兵操作的12厘米大炮的支援下进行佯攻。

炮击从8时15分开始,到9时15分结束。炮火主要是对着北门和左右两侧的护墙,不是对着东面,东面只有延伸射击才能打到。雷特维(Retrouvey)上尉的海军陆战第二团第29连带着由海军中尉布拉东(Bladon)和12名水兵操纵的12厘米大炮于8时到达东门,并在8时30分开始进攻这个靠近租界的城门。

9时15分至10时15分,炮舰对城内的主要建筑物进行轰击,但要离北门远一点,以便不击中应在9时半全部进入阵地的我方部队。

7时45分,我们的部队出发。首先是雷特维的连队和它的12厘米的大炮前往东门,随后经过一条沿海大路,穿过中国人区,再沿着河堤走,最后经过一条与河垂直的石道到达北面。事先我们已经查清这条路从头到尾都被茅舍和树木所遮蔽,而且只需走一个或一个半小时。沿着这条路线前进的还有德微代尔纳(Deviternes)的由3门4厘米大炮组成的海军炮兵中队,支援它的是海军陆战队的 50 名士兵和丹(Dain)中尉的 20 名土著步兵。

这个炮兵中队的目标是选择一个居高临下的、离河内城只有 800 米远的天然炮座。炮兵中队从那里进行轰击,击毁西北护墙,摧毁危险的大炮,并对着火药库开炮。炮兵中队近 9 时 15 分开始开炮。头几炮中的一发炮弹就炸毁了一个火药库。

在德微代尔纳炮兵中队及其支援部队之后是 50 名土著步兵,他们应进入东北护墙前的隐蔽阵地,直到他们应支援进攻北门时候为止。

随后是攻城者,这就是由马丁少校、贡特(Comte)中尉和什纳贡(Chenagon)少尉指挥的第 2 团第 31 连的 50 名海军陆战队士兵和铁斯麦(Thesmar)海军上尉和"巴斯瓦尔"号的夏贝尔海军中尉指挥的"阿米林"号和"巴斯瓦尔"号的 50 名水兵。

这些攻城者有一半配带手枪和护送 40 架 6 米长的竹梯。他们还有一门由 10 名水兵牵拉着的 4 厘米炮。这门炮将同他们一道越过城墙,并在一个合适的位置——如我们能到达的话——进行轰击。它的任务同德维代尔纳中尉的大炮一样。

9 时 15 分开始会合。在攻城者后面的是 100 多名士兵组成的后备队,还有夏钮司令、韦鹭(Berthe de Villers)营长、工兵上尉杜邦米埃(Dupommier)、两名工兵、"阿米林"号的 3 名鱼雷兵和我给他们的鱼雷、两门 4 厘米的大炮。一门是水兵的,另一门属于海军中尉多米聂(Thomine)指挥的海军陆战队。第一后备队应集中在北门半月形空地的附近,在攻城者对西北护墙发动进攻的时候对这个门全力发动进攻。

在这期间,当第一后备队一到达目的地,多米聂的大炮就进入阵地,以便轰击危险的大炮和摧毁护城墙。

8 时正,总督没有来向我投降,我带领可加拉德克领事,我的分舰队军士马罗尔(Marolles)以及"阿米林"号的大副费阿希海军上尉就走了。

第二后备队的任务同第一后备队一样,是以全力进攻北门。

其他部队所走的路线大部分是在街道和茅屋的遮蔽下,没有遇到障碍。只有两处,他们在横穿过一块几米的空地时处于城内的火力之下。在那里开了两三炮和用几枪掩护,但没有发生战斗。然而,当我们的部队接近整个北面阵地时,安南人发射了许多火箭,使茅屋着火。这些茅屋有些是单独的,有的是连成一片的。这些茅屋,也就是这个城市本身向四面铺展开,一直到城堡的边缘。在东门,这些火箭造成了一场真正的火灾。它多次使 12 厘米的大炮和弹药不得不转移阵地。近 9 时 15 分,所有部队已各就各位,等待发起进攻的时刻。德维代尔纳和多米聂的大炮以及攻城者的 4 厘米大炮参加炮击。近 10 点,德维代尔纳的炮兵中队参加支援对北门的进攻。然而它到达那里需要时间,因为看来护墙被击毁得还不够,夏钮和我认为必须把轰击延长半个小时。从河堤向舰只发出了通知,并传达到了马丁和铁斯麦的攻城者。

10 时 45 分,轰击停止。攻城者开始架云梯攻城。在西北城堡方面,两个后备队、德维代尔纳和多米聂的大炮进攻北门半月形空地。由于在月形门遇到顽强抵抗,便用炸药包把它炸毁。大炮被拉到北门前,朝北门开炮。与此同时,土著步兵展开队形。当我们看到我们的攻城者从右面跑向城根时,我们已接近北门了。攻城者对我们说,敌人已放弃了城门,他们将向我们打开城门。然而,这个门里面已被厚木板堵死,因此需要一个大炸药包才能把它炸毁,打开一个入口。

河内城被攻下了。

我们有 4 人受伤。营长韦鹭在指挥战斗时膝部被火铳的枪弹打伤。士兵奥聂耶(Honneyer)和士兵拉诺尔(Lanore)头部中弹,但伤势不重。下士格罗让(Grosjean)大腿中弹。

安南人方面有40人死亡,20人受伤。这些伤员已被我们的野战医院接收。他们受伤人数还要多得多,但是所有能逃的都已逃跑。

据能够得到的情报,城内的安南士兵人数为4000—9000人。

在休息两小时吃过午饭后,我立即摧毁这个城市的防御设施。水兵从北门到东门,海军陆战队从北门到西门,把所有的大炮和炮架以及用来从城上滚下来冲击我们的大量的大木头都从城上掷了下去。

1882年4月30日

4月26日晨,我们得知总督自缢。他是个冷静果断的人,他自杀对我们有利。因为他的勇敢和影响本来能够给我们带来困难,特别是如果他同黄亲王通力协作的话。据说黄亲王现在驻守在离这里只有几公里的山西城,并据安南政府证明,他公开豢养着黑旗军。据传,黄亲王欲与我们开战,但他在等待着顺化朝廷的命令和形势的发展。

26日晨,河内城中发现了墨西哥货币、1.5万皮阿斯特、银条、铅锭和锡锭约7.5万法郎。拉茂尔舰长派人查封了海防海关,并在海关查获了10万皮阿斯特。清单随信附上①。

我在25日采取的第一项措施是接管海关总署。说实在话,我在海关总署只是把人员的作用颠倒一下而已。过去监督收入的是我们的代理人,管现金的是安南的官员;现在监督收入的是安南的

① 复印时缺印清单。——编者

官员，管现金的是我们的代理人。这样，更便于我们随时提取属于我们的钱款。因为我想安南人在1881年尚欠我们7万法郎。

4月25日至30日，河内城内的拆除工作在继续进行。被毁坏的大炮丢进了壕沟、北门和东门的城墙被打开了四个大缺口。

作为城门，这些门同半月形门一样，已被拆除和完全摧毁。在北面和东面，可以从城门或缺口自由进入城内。我希望这项工作尽快结束，因为我不想管理这个省，我希望能把省政府和这个已成为无害的城市交给皇帝的亲戚、一名高级官员掌管。

他是代表总督拜访过我的人物之一，我曾设法通过对他表示敬重和友好来取得他的支持。事实上，这位官员接受了我向总督提出的建议：如果总督同意把河内城交给我的话。

他负责平定河内省，但他十分害怕黄亲王和黑旗军。我认为，我们将不得不去占领山西城。它居高临下控制着红河，因此对我们很有用。还与该官员谈判在城内张贴如下布告："我们来到此地只是为了能够更有效地惩罚黑旗军，我们所以占领城市，一切过错在于总督对我们表示的不信任和敌对态度。"这时，我得到了法国驻河内领事可加拉德克先生的最机智和最巧妙的帮助，故请你对可加拉德克多加关照。

1882年5月6日

已取得的和平形势一直保持良好。

我收到了法国驻顺化代办黎那4月27日的信。我18日曾给他去函，他还收到了维尔纳维尔(Verneville)的4月13日的信。这两封信告诉他，进攻河内城已迫在眉睫。黎那并没有向安南政府掩饰此事。

安南政府十分不安，但似乎又必须接受既成事实。在这期间，安南政府曾命令总督把河内城恢复原状,命令各省总督不要用任何办法来反对我们。但已为时过晚。南定总督和黄亲王到目前为止似乎还未按这些命令行事。如运河两岸在堆积石块,活动频繁。这条运河对我们同海防的水路联系是必不可少的。"短枪"号和"马苏"号停泊在运河上已有 3 天,正在摧毁这些战备设施。黄亲王宣布他要进攻河内,并准备了大量的燃烧木筏。"突袭"号和"军乐"号在船前面上游处设置了防栅和铁链,以防意外事件。除了这些谣传和正在摧毁的战备设施之外,别无其他情况。我已命令在租界各处修筑碉堡和牢固的栅栏。这些工程由工兵上尉杜邦米埃指挥苦力进行,速度很快。我为此动用了我在城内找到的一部分资金。我希望此项工程极其迅速地完成。租界至少需要始终保持 400 名士兵才能避免袭击,特别是不受使人厌烦的警报的惊扰。我认为,如果我们在东京确立我们的统治,并不需要很多的部队,但是,在目前情况下,派 100 人去海防和派 400 人到河内是必不可少的。为了向山西进军和夺取山西后进行防守,还要再增加 200 人。由于我现在手上还有从"狄尔昔"号、"阿米林"号和"巴斯瓦尔"号调来的一个 100 人的登陆连,我在 4 月 26 日的信中只向你要半个海军陆战队的增援连,这肯定不够。

我在河内有"军乐"号、"突袭"号、"马苏"号和"短枪"号,海防港务局的旧小艇"海防"号和沱瀼港务局的旧小艇"沥门"号。"斗拉克"号及其为数不多的船员留在西贡,已得到攻占河内城堡的消息。我曾请求您拨给我 10 万发大子弹和 150 公斤炸药以及由"斗拉克"号护航的"土耳其弯刀"(Yatagan)号。在东京,炮舰从来都不够,我们的真正实际影响,就是我们的国旗出现在各条小河和红河上。

5 天前仅仅是派"短枪"号去山西方面进行侦察,就使我们的海关得到了1000皮阿斯特的收入。第二天,许多帆船不再害怕海盗和黑旗军,都大着胆子开往河内。

在海防只有"阿米林"号。4月28日,"巴斯瓦尔"号前往同黎那先生联系。"巴斯瓦尔"号无法通过顺化河的栅门,正因此,我才选派了该船。它不会受到任何牵累,也不必在栅门内放下小艇。黎那先生在那里受到国际法的保护,不仔细掂量结果是不会轻易侵犯他的。除了一艘军舰和它的小艇之外,一切都是光明正大的。黎那先生是一个十分刚毅的人,不会产生不安,但是他孤身一人只带着他的秘书和医生在顺化肯定会感到很不踏实。因此需要给他一个小卫队和一艘汽轮,这就要修改1874年的条约。在目前形势下,如果情况照旧,如果同顺化朝廷签订一项新的条约(这次应当是一项严肃的条约),那么就必须规定拆毁像河内那样的城墙;在河内保持600人的驻军(400人在河内,200人机动);维护我们的船只经常航行的权利;由我们掌握海关的收入,安南人只负责监收,这样海关收入就不会被窃取或偷漏。这一切可以概括为一句话:承认并实际奉行我们至少是对东京的保护国制度。必须指出,现在出现一种不可轻视的意见,因为这种意见得到英国驻曼谷领事帕尔格雷夫(Palgravc)这样一位有识之士的支持和鼓吹。这种意见就是,安南不会接受我们的保护,而是投靠中国。如果我们对此加以反对,我们要实行保护,就将由于路途遥远而遇到巨大的困难,最后仍不得不放弃东京。

我不知道这种说法会不会使美好的前途化为泡影,但在这些国家中这可能是一个令人遗憾的失败论调,而如果我们加以压制,则又有损于我们的威望。但是可以肯定,派一人去顺化用3天时间进行谈判,不让安南外交官玩弄令人可怕的拖延手段,那么,在目前的情况下,我们必能使顺化朝廷承认我们的保护国制度。

1882 年 5 月 13 日

“巴斯瓦尔”号于 5 月 7 日从顺化关卡回来,黎那先生向我通报了发生的情况。安南政府很激动。这种激动虽然很强烈,但不会长久。黎那先生根据我给河内总督的最后通牒,了解到我不打算长期占领河内城,因此他向大臣们表示,已经部分拆除(这是事实)的河内城将交给安南高级官员管理,若派几位官员来见我,一切都可以得到和解。被派的几位高级官员便立即搭乘“巴斯瓦尔”号,于 5 月 10 日到达河内。两位主要官员拥有国王钦命第一、第二特派员暂代总督和巡抚的头衔。第一位是前河内总督陈廷肃,他是一位很受尊敬、性情随和的老人。第二位很精明,据说对我们颇有好感。就交还河内城的问题即将进行谈判。无疑,他们希望把该城交给他们,加以修复和重新装备,以便恢复河内城的防御能力。我对这一点将不会同意。在目前情况下,我可以做主处理的问题,除某些租界之外,我将坚持我给掌玺官的信中所陈述的内容。我和他们互相进行了拜会。我昨天入城——他们住在前总督的家中——进行拜会时,掌玺官要求我允许他把我给他的信交给陈廷肃和阮有度,条件是他同意回到河内城和管理河内省。他把信交给了他们,尽管他们可能已经知道其内容。我把此信的副本随函寄给你①。

特派员和我丝毫没有接触到事情的主题。为了坚持我给掌玺官的信中所阐明的立场,我将利用黄亲王和黑旗军对我们采取的十分敌对的态度。为了使他们作出让步,我们必须使黑旗军这个问题不再成为一种威胁,要么我们对他们采取行动,要么安南政府确实负责把他们解散。总之,我们的形势是好的,即使没有大批军队,

① 复印时缺印此信副本。——编者

没有大批援军,这种大好形势也会像我所期望的那样保持下去。〈部队〉健康状况极佳。

M.D.亚洲第38卷第180—202页

228 交趾支那总督卢眉致海军及殖民地部长

1882年4月27日、30日于西贡

我荣幸地将驻安南政府的法国代办和海域分舰队司令关于增加东京部队的信件副本寄给您。

这些信件必须给您过目,以便您在充分了解情况之后能对形势作出估计,因为亚洲政治进程是如此复杂,行动方式又如此与我们不同,以致难以弄清支配顺化朝廷决心的动机和影响。

相距遥远和通信缓慢使各省总督不得不负责行动。他们也知道,他们不仅会因为一个错误,甚至还会因为采取了一项不合适的措施而付出生命。形势变得更加复杂,因为文人士绅往往比君主更有力量。对他们的介入的作用,还难以估计,每个人都是为自己的好处和利益行事,表面上装着非常卖力,目的是为自己留后路,至少是为了免遭恶运。

商舶大臣的信表明顺化极为不安。机密院终于明白,我们的忍耐并不是软弱。我曾对商舶大臣宣布,如果不满足我们的正当要求,我们将采取强制性措施。而他把推迟采取这些措施的功劳归于自己。他终于承认他弄错了,但已为时过晚。他想知道我们将来有何打算。

尽管形势非常严峻,但他仍不能抛弃他的那些蓄意拖延和犹豫不决的做法。他把拖延当作挡箭牌,他认为:我们的旅游者和我们的官员是受到尊重的,他们的话夸张其辞;官员们的报告有的符合事实,但刘永福和黑旗军是朝廷的忠仆,他们没犯使他们受到责备的罪。

商舶大臣知道,除了我们的直接干预和我们的愿望之外,只要我们驻扎在这里就会带来严重复杂的形势。他并不想预防这种形势,他首先希望避免国王的指责并竭力把责任推到我们身上。“安南政府执行条约。共和国政府滥用自己的力量,从而违背了条约。安南将忍受它无法防止的行为”。

河内的形势有所不同,总督看到增援部队到达,不敢反对他们登陆,不敢表现出敌意。他召集了全部民兵,这是些没有战斗力的部队,而且人数也不多。

李维业司令明智地估计到了这些事实,但他最后受到他周围那些喜欢惹事生非的人——请允许我用这个词——的影响,稍微再多集结一点部队就被看作是“宣战理由”。然而,我们的态度完全说明了这些谨慎措施完全是应该的。

李维业司令是个非常谨慎和非常明智的人,因此不会轻率地采取违背您的指示精神的行动。他一定要等信使回来后才采取行动。

前驻西贡领事、户部次臣阮氏——我与他在三年中保持着很好的关系——乘其政府派来的最近一班邮车到达,与我们协商应采取的措施。

他同他的上级一样,竭力向我说明黑旗军是不伤害人的,我们对他们无可责备,〈法方人员的〉报告是不正确的,而且言过其实。但他承认,他的政府感激黑旗军的效劳,因此不能把他们送回大清帝国。于是他向我建议,既然他们使我们感到不安,就让他们驻扎在山区,远离我们的哨所。我回答他说:“没有必要长时间进行无益的讨论;我所指责的事实没有任何值得争议的;我从他的讲话中只注意到一点:顺化朝廷无力把匪帮赶出它的领土;这里存在着某些无论是小国还是大国、弱国还是强国的政府都必须予以考虑的政治需要;我不要求安南政府采取一项它自己也承认是不可能执行的措施;如果地方当局无力把刘永福赶走,那么它就更无法制止他们到平原进行敲诈勒索;我有义务确保我们机构的安全,唯一的办法就是在红河上游建立我们的哨所。

阮氏迫不及待地接受这些建议,并对我说,如果你们的要求只是为了得到在一些地方建立哨所,那么我们就会很容易达成协议。随后,也许是怕过多地承担义务,也许是他认识到了这种让步的严重性,他向我提出了许多反对意见:

“条约没有规定建立新的机构,你们的要求将何时休止;如果到处都是法国的士兵,安南就将不再是主权国家,法国增加驻军就违背了条约,……”

我们又对亚洲问题进行了一般性讨论。我向阮氏指出,这种讨论不会取得结果。我还对他说,他很久之前就认识我了,因此不能不知道我们讨论这一问题是没有必要的。我们没有违背条约,我们只是为了部队的安全采取了一些必不可少的预防措施。

我同时还提醒他注意,河内政府集结了军队和进行明显的防御准备,有可能破坏当前的形势;法国驻军如发现它周围有大量的部队,就不得不驱散这些部队,大动干戈的时刻就会到来。

于是阮氏又按亚洲外交官惯用的手法办事,总是回避当场作出决定,即使在形势和最起码的谨慎要求他这样做的时候。他说:没有什么可怕,安南部队不会进攻法国人,等等。

然而,他最终明白,我们的忧虑主要由于我不愿采取军事行动。他请求我允许他当晚给政府写信,要求政府解雇一部分军队,并使头脑发热的河内总督冷静下来。我希望在适当的时候下达命令,一切冲突将会避免。

我们明晚将举行第二次会晤。

阮氏在西贡、堤岸和美萩交游很广,除了这一官方使命之外,他可能还负责唤起朝廷的臣民的热情、策划暴动、筹集资金以及招兵买马。

我相信他的企图不会成功。我已采取了一切措施来预防这些企图。

总而言之,如果我们在河内能避免一场安南政府比我们更害怕的冲突,我相信我们将能从顺化朝廷得到我们理应向它要求的东西。这就是说,既然无法把黑旗军赶走,就要使它远离此地;在红河上设立我们所希望设立的哨所,自由通商,更全面地履行条约。

这样的一些结果无疑不会使那些梦想征服冒险性急的人感到高兴,但是,这将会扩大我们的影响。我深信,如果实行这种谨慎和耐心的政策,这样连续不断地扩张能继续几年,我们很快便会成为东京和柬埔寨局势的无可争议的主宰者,而不要去冒远征的危险。

附件1　交趾支那海域分舰队司令李维业致交趾支那总督

1882年4月10日、18日于河内

我们于4月1日星期六上午5时到达海防。行政署代备了4艘小汽艇,全体部队晚7时出发开赴河内,此事我已从香港向您电告。我们经过竹运河,于4月2日星期日下午5时顺利到达河内。

我立即会见了可加拉德克先生和韦鹭司令。他们向我提出了两处扎营地方,把到达的部队安顿在一个大庙里或者属于安南人的海军机关里。我认为住在庙里会产生不好的影响,有人将会从政治上利用我们占住庙宇来反对我们,再说住在庙里也非常不便。至于海军机关,它们很分散,彼此之间又无联系,而且也很脏。我认为把部队安顿在我控制的租界兵营中较为合适。工兵上尉杜邦米埃将在那里盖一座临时木板房(已于4月5日动工),20天内就可盖成,只需花费8000法郎。至于最后的扎营地方,没有必要向安南人提出要求。租界里有一块好地方,地面干净平整,与正在盖的木板房形成直角。

4月2日夜,河内官员们派人来向领事打听我们有何打算。我派人回答说:如果他们要在领事馆或城内会见,我将同他们谈。

4月3日,河内省巡抚来见我。他对我说,总督(两省总督)很害怕,因此不愿来。我向他说明了我来河内的原因。他请我就此事写一封信给他。我回答他说我完全同意,他明天将会收到信。现在我必须对他和总督进行拜访,因为我认为他是代表总督来的。他向我表示如果可加拉德克没有转告新的意见,进城访问时最好不带卫队,虽然过去进行类似访问可以有20名卫士随从。但不符合越南传统。我当即就此向他提出了意见。但为了使他高兴,我把卫士数目减少到16人。这使他很不放心,他临走时还说,他将向总督报告这一拜访,并将把总督的决定通知我。

第二天上午,即4月4日,一位官员前来对领事说,总督于3时30分等我,并将在3时向我派出仪仗队。但这位官员要求我只带10名武装人员进城。领事将这一要求告知了我。我们认为,如果他们非坚持不可,那只好表示同意,否则就得拖下去,而且我也很想看看城内的情况。既然这位官员强调说总督和城内居民非常害怕,我只好同意只带10名武装人员、1名中士和1名下士进城。

3时,我带着7名士兵和5名水兵动身进城,可加拉德克领事、夏钮营长、我的副官铁斯麦陪同着我,而且同我一样都未带武器。进城(到东门)约需20分钟,穿过了镶嵌工街、织锦工街、铁匠街和陶器商街。居民们默默无声看着我们走过去,我认为他们是非常留心的。城内,表面上见不到人。士兵被禁止走出营房。同总督

的会见是很有礼貌的。我首先把巡抚向我要求的信交给了总督。这封信概括了我昨天的谈话,内容如下:

"巡抚先生:

您要求我给你写信,告诉您我在拜访时要对您谈些什么,我非常愿意。

交趾支那总督派我来东京是为了加强驻河内的部队。军队已增加了一倍。法国政府和交趾支那总督有某些理由对安南政府提出指责。即使不谈古丁先生及威列罗亚先生和黎那先生家中仆人的往事,最近又发生了一件更为严重的事,法国学者福希在黑旗军占据的芒街(万宁)没有能够下船登岸。刘永福用枪炮对准他乘坐的船只,并且在两岸布满了持抢的人。

这是对法国的一种侮辱,因为船上挂着法国国旗。这也是对法国的朋友和同盟者安南当局政府的一种侮辱,因为条约规定两国互相支援。

然而,安南政府回答说,它不能反对黑旗军,由于黑旗军曾为它效劳,因此,它对黑旗军承担了义务。

因此,法国有义务保护它的国民和旅游者,给予它的同盟者所应有的行动手段。

这就是河内驻军增加的原因。

巡抚先生,至于我个人,我将尽一切努力,使我的士兵同黎民百姓保持非常友好的关系。"

总督对我说,关于黑旗军,他毫无办法。因为事情不是发生在他这里。我在告辞时向他谈到了昨天发生的事件。夏钮司令和我骑着马未带武器在城周围散步,当我们经过一个城门而且并不是朝着城内走时,人们就急忙关闭了城门。3名军官在另一个地方散步时也发生了这样的情况。我向总督指出,以前不带武器散步的军官可以自由地出入城门，现在由于我们到达，就突然发生了变化，这令人感到遗憾。他回答我说，我们的到达使所有的人感到非常害怕，如果他不采取这种预防措施的话，他的武官们将不会原谅他。他还提出法国的军官如果要进城，每次都应该事先通知他。我再三要求完全恢复以前的情况，但是，他都坚持不予让步。于是，我只好向他表示这是会令人遗憾的，因为我不能不把这种行动看成是对我们的不信任。我将会一直要求他履行他曾答应给予的许诺。

我几乎不能再说什么了，其实我并没有感到不快。这是日后提出申诉的一个口实，也是了解城内重大动向的一个办法。可以肯定，他们若向我们掩盖了什么重大的事，总督将会拒绝我向他提出的进城的要求。

4 月 5 日，我同总督及官员们交换了礼品，是国王的亲属、该省按察使和布政使把礼品带给我的。我们的关系是比较友好的。我希望同他们保持这样的关系。他们十分注意礼貌和尊敬。我没有对他们直说，但我希望他们理解，我只怨恨安南政府，而不会怨恨他们。如果使这些人同顺化逐渐疏远。那么，他们日后对我们将是十分有用处的。

4 月 6 日，总督通知我，他要调动部队，说这是正常的调防，我不会因此而不高兴。我回答他说，我感谢他将部队调动一事通知我，我决不会对此感到不愉快。

除了我刚才向您谈的政治部分之外，现在一切都很好。部队在河内的情况甚佳，他们的精神状态非常好。我到处都得到大力帮助，我希望这一切保持下去。人们一点也不感到厌烦。我经常邀请两三位官员和军官参加宴会，这些宴会同晚会一样，十分愉快。到目前为止，我们为临时木板房只开支 8000 法郎。我等待“短枪”号去明江，了解一下在那里建一个哨所需要些什么。架设电话线的路线已经标出,这项工程将很容易招标进行。

我向您借用港务局的5号小艇。小艇已准备好。我之所以没有由“伊利苏”(Ilissus)号把它运来东京,是因为运输局对运送这艘小艇一事犹豫不决。在东北风季节,第一艘小艇已经给运输局带来了麻烦。另外,还因为这些船身入水1.5米的小艇似乎没有多大用处。但是在把放置在船尾的混凝土卸下,减轻船的载重,使它们具有更大的牵引力之后,这些船便会变成很有用处的船。

我还向您要每人300发子弹(即10万发)和150公斤炸药。

这一要求决不会使您感到不安,因为我将不会背离您给我的指示。这一要求使我不得不想到我们在东京的处境。

我认为目前实际情况是这样的:

如果我们想维持目前这种略带紧张而又和解的和平形势,这对我们来说是容易的。增加驻军已成了既成事实,如果我们驻扎在明江上,情况也将是如此。但是有一件事不能忽视:河内城里驻满了军队,比以往作了更多的防御布置。如果我对此加以反对,那就会有发生冲突的危险。因为我要反对的话,就不是通过抗议而是采取行动措施,因为他们会对抗议避而不答的。我没有别的办法。仅仅由安南人处理此事,这些士兵和准备工作就已是很大的麻烦;如果一个欧洲冒险家来帮助他们——这是迟早总会发生的——那么,情况就大不相同了。那时就不会有几乎是无效的部署了。河内城就不再是可以轻而易举地被夺取,这对我们将是一个严重的威胁。要么我们就呆在设防的租界内,但租界却没有设防;要么形势迫使我们减少河内的部队。甚至可以说,从这一观点来看,河内城一开始已经是并将仍然是一个相当严重的障碍。因此,从现在起,我想在不引人觉察内情的情况下,使我们在兵力和弹药方面都能应付一切突发事件。韦鹭司令的部队(得到增援部队之前的人数)

每枝枪只有150发子弹,这是不够的。韦鹭司令在10月就向西贡提出了要求,但没有答复。因此,我荣幸地向您强调我向您提出的子弹和炸药的要求。

1882年4月18日

附言:我4月10日写完报告。我不再认为,我们不难和安南人和好相处了。河内城继续在增兵和修筑工事,各省正在大量招兵买马和进行战备。掌玺官4月11日来见我,我对此向他提出了一些意见;他向总督汇报了我的意见,但毫无作用。人们继续向我宣布顺化的两位大钦差的到来。这种情况拖下去只会损害我们的处境,而且由于河内城堡这一现实就可能对我们构成严重的、不能忽视的危险。我认为,考虑行动的时刻已到来,我将尽可能谨慎而又明确地行动。

我最近已给黎那写信,向他通报了形势。

附件2 驻河内领事可加拉德克致交趾支那总督

1882年4月16日于河内

我荣幸地收到了您的第3、第4和第5号信件,这些信件是“斗拉克”号带给我的。根据您的命令,我完全听从海域分舰队司令的吩咐。他得到了我最真诚的协助。

我们部队的到达在这个国家产生了巨大的作用,尤其是河内的官员们十分惊慌不安,尽管李维业司令一到达就向他们作出了和平保证。他们立即使河内城处于防御状态,禁止我们进入城内,除非是正式拜会。而且每次拜会还必须得到特别的许可。河内和宁平总督仍拒绝亲自回访,一刻也不愿离开他的处所。所有休假的士兵都被召回,有的是来自邻省。到处都在征集新兵。除了没有向中国人呼吁之外——这对我们将是一个严峻的挑衅——河内当局已集结了所有的部队。

至于老百姓,他们不断向我们表示友好,但一般来说他们不大相信会有和平。

我不能向您隐瞒这一点,我认为形势必将导致我们本想避免的关系破裂。

今天,我们显然决不能后退,否则,会完全丧失我们的威望和严重损害我们在这个国家中的影响。您非常了解安南人民,因此没有必要强调这一点。此外,在目前形势下,我们长期不行动。必将被说成是害怕总督所采取的强硬态度和措施。不管怎样,维持现状是很困难的。因此,如有可能,就必须迫使官员们停止敌对的战备工作。如果他们不同意,就摧毁他们的工事。因此,李维业司令可能最近会被迫对河内城堡实行进攻。

面临这样的事态发展,我不得不担心,如果安南高级官员们逃走,从而知府和知县也逃走,让我们负责管理当地人,哪怕只是近百万人口的河内省,我们将会遇到各种困难。

最好的和最适当的解决办法无疑是把行政管理交给一般的行政官员,同时又适当保持我们对国家事务所应当施加的影响。

然而,我们确实知道,没有总督——我们不应指望他——的话,他下面的某个高级官员会同意从我们手中接受对该省的治理。因此,我们打算在把总督解除武装之后,即把河内城交给某个官员,他将以国王的名义管理河内城。

因此,军事行动只限于采取安全措施,采取这种措施是出于谨慎和为了防御。我们决不处于同安南交战的状态。

作为附带的预防措施,我建议李维业司令命令在共管的海关中的法国人员负责征收关税和管理安南官员可能设法夺取的金银贮备。

看来，不必走得更远，我们的处境就会比今天更好。首先我们的威望将会大大提高；其次，您自己将能够对顺化朝廷施加压力，以便得到我们应得的和必要的东西。

附件3 驻顺化代办黎那致交趾支那总督（摘要）

……我将致国王陛下的信交给了商舶大臣，特别提醒他注意此信的结论。我几天前同他进行的谈话与这些结论是一致的。

这位大臣又一次向我重复了他本月6日的全部谈话，只略加了一些论据。他确实感到身陷绝境，并想方设法摆脱困难。他宁愿撒谎和改变主意，而不愿理屈词穷。我没有打断大臣的谈话，让他有时间解释得像他所希望的那样详细。

他首先把刘永福及其一伙说成是极其微不足道，用不着我们采取行动，因为安南当局可以很快把他们消灭，如果我们希望这样做的话。然后他表示怀疑这些人曾经对商品抽税。据说这些不可信的奇谈是商人想象出来的。他的语气渐渐地改变了。

刘永福业已归顺效力，已受命守卫红河上游，没有他们支援，红河上游就会不断遭到匪盗的侵犯。如果把刘永福赶走，这个国家就无法防御匪盗。黑旗军如果被击溃和受到追击，将会怎样呢？他们将会制造混乱，而我们将成为引起混乱的主要根源，并且可以说对此要承担责任。刘永福从来没有侮辱过我们，为什么我们要白白为此而花费巨大的开支呢？条约要求我们在必要时应援助安南人，然而，人们为了不给我们带来可以避免的麻烦，从来没有向我们提出任何要求。他对我谈的一切都是属于这一范围。

我回答大臣说，我认为提出的问题与讨论范围无关，至少这一讨论是不会有结果的，因为只要机密院有某些权力，而我们的谈话又是他们听不到的。他叫嚷说他是高级官员，因此他有权力。我接着说,没有任何成员比机密院的权力更大,只有整个机密院才能做某些事。可是成员们之间互不信任使他们不能自由地发表意见,他们时刻提防被怀疑卖身于我们。

谈到这里时,我只是说了几句,我认为当局没有力量反对刘永福,相反是受刘永福所支配。我提到了我们的领事在 1876 年底和 1877 年受到了凌辱。当时安南官员曾陪同着他,请问表示了什么赔礼道歉呢?我谈到了法国旅游者在红河上游,后来在陛下万寿节那天,当着所有官员的面,又在兴化受到的攻击和威胁。我指出,这里所提交的报告都是骗人的。人们蒙蔽着国王。我最后说,你们不行使请求我们援助的权利,对于你们这种谨慎态度,我们丝毫不表示感谢,我们认为这完全是一种不信任的表现。最后我们谈到了条约,这一条约从来没有得到全面和忠实的执行。

大臣问我这些部队是否已最后决定驻扎在东京。我对他作了肯定的回答,并请他下达命令,帮助我们安置部队。他回答说这一切已经准备好了。

我们在东京的新姿态将会产生什么后果,这确实是难以预料的,这一态度将要引起许多不应轻信的谣传。

我认为我们是有义务的,既然我们已成了刘永福的敌人,一旦有对我们有利的机会,就应把他赶走,否则他将认为我们怕他,他就会加紧挫败我们的行动。

他有可能用新的防御手段来巩固他的地盘,把这个地区的有名的作奸犯科者拉到他一边来加强自己。然而我认为,他要长久地维持一大批兵丁的生活并发给他们军饷是有困难的。他将会修筑工事,并尽可能准备一处易守难攻的后路,以便在老街受到强攻的情况下撤退到那里去。

黄佐炎可能会带着他的部队靠近河内,但是他肯定会接到保持和平的命令。我认为他肯定不会违抗的。

安南政府可能制造一些动乱，以便把责任归咎于我们，但这种可能性很少。他们担心我们在这里的存在会在许多地方引起暴动。

一方面，所谓的黎姓氏族可能认为时机已成熟而举行暴动，并指望得到我们的援助，至少是我们在道义上的支持；另一方面，文人士绅可能以此为借口来反对基督教徒，尤其在义安。后一种假设更令人担心。那里的文人士绅势力很大，并蠢蠢欲动。他们于1874年在安邺事件之后曾举行暴动，打死了2000多名基督教徒，占领了河静省省会。他们反抗被指责为软弱无能的国王。如果这种情况再次出现，只需出动一艘军舰在海岸停泊一段时间，就能使基督教徒们成功地抵抗住，因为他们的力量与敌人的力量不相上下；但政府必须保持中立。

这里的人们非常不满和不安，他们在思考我们究竟有何打算。他们过去总是对陛下说，不要担心法国的威胁，这些威胁决不会产生效果。我们在10月份要求解散黑旗军时，他们正是这样表示的。今天当我们说话算话时，人们感到惶惑不安。他们喋喋不休进行指责。我希望在东京和这里，当人们看到我们继续和平地生活，形势恢复正常的时候，各种谣传很快便会烟消云散。然而，随着我们部队的增加，冲突的可能性也就越来越大。我们过去在东京有一桶火药，现在我们有大量的火药了。

在增派新部队之前，必须使人心安定下来。如果需要，我们可以在5月4日或5日再派两三个连去河内。

如果所有这些部队不是从交趾支那部队中抽调，而是从法国另行派来，那将是谨慎的做法。如果交趾支那缺少部队，恐怕人们会在那里挑起某些骚乱，以迫使我们从北方撤出。想要让土著步兵除了协助作用之外再发挥其它作用以组成机动纵队，那是很不谨慎的,尽管他们到目前为止一直在忠心地为我们服务,但如果完全信任他们那是危险的。

M.D.亚洲第38卷第203—238页①

229 宝海致法来西讷

1882年4月29日于北京

内阁总理先生:

我收到阁下本月10日电报,您已拒绝同曾侯就广西事件进行任何谈判。阁下还要我在收到补充指示之前不要同中国政府深入讨论这一问题,我一定会认真地按阁下的嘱咐行事。但是,我不能不告诉您,事情的发展已经不同于当时我给阁下的前任写信时(部里对此信已回电)那个样子了。尔后,我从刚必达先生那里得到一些指示,这些指示使我消除了对中国使臣在巴黎进行的交涉受到欢迎的怀疑。

我曾担心刚必达先生和曾侯之间的会谈已经开始了,但是会谈的结果不但没有证实这种担心,反而比我所希望的还要满意,因为刚必达先生已表示恪守总理衙门和我所达成的协议,即我答应推迟富主教去桂林府,前提是:在该省内提供两个传教站以利于他的使命,地方当局保证在这位主教在他的教区就职的前一年做好首府居民的思想准备。

刚必达先生在向我通知他的决定时,信中加了许多鼓励甚至奉承我的话,促使我毫不犹豫地继续我所开辟的道路;我觉得这条路的效果今后会更加可靠,因为中国政府在巴黎碰壁以后很显然

① 复印时只印至第239页A面,即附件4黎那致交趾支那总督函首页,全件未辑。——编者

会变得更加灵活，更加容易对付。因此，我急忙写信通知总理衙门：既然曾侯已着手谈判，我不得不在北京暂时停止过问此事；尽管我对我政府的意图非常熟悉，但是我认为我应该延缓进行任何新交涉，直到得知巴黎所发生的一切为止；我已得到巴黎的消息，无疑衙门也会得到这些消息，我将根据这些消息要求在尽可能短的时间内实现对方向我许下的诺言。对此中国驻法公使可以亲眼看到我政府处理问题的方法与我在这里所表达和支持的看法是一致的。

总理衙门很快回了信，我荣幸地把这一答复的译文寄给阁下。它斩钉截铁的、急切为自己辩护的声调与我从上海回来后中国大臣谈及此事时的故作姿态的保证大不相同。正如您以后会发现的那样，中国大臣们请求原谅他们迟迟没有履行职责，他们表示忠于原来的许诺，只是要求我们也为选择一个比他们的许诺更有利的地方出一把力，也许他们有时间来满足我们合乎情理的要求；目前，问题又回到原来的协议上，正当巴黎为消除这一障碍表示欣慰时，他们又给两广总督发出新指示，让富主教自己选他认为可以接受的建议。

我首先强烈地抗议改变那些过去已经作过许诺的作法，根据这些改变，问题是并非给主教建立两处巡礼祈祷处，而是一处。总理衙门发誓说，在它的思想中从来只是在省当局指定的两处之中选择一处。对于我来说，我完全坚信不存在模棱两可的可能性，他们所辩论的所谓误解只是本着缩小让步的愿望而想象出来的，但是让步似乎不太可能避免。

然而，经过仔细衡量后，我认为太苛求是不够策略的，应该不失时机地利用某种比较好的愿望才对，因为这良好的愿望可能是短暂的，也可能在有利的时机变成顽固的抗拒。为此，我给富主教写了一封信,竭力劝告他说:我以前向中国政府表示,待他们提出的限期到期时再考虑下一步的要求。目前只好暂时接受被削减了的条件。我希望这位主教接受我的建议,希望他不拒绝这种安排。这种安排无疑是不够的,但它不会不明显地改变目前我们在广西的处境,使我们向多年来一直徒劳寻求解决的问题靠近一步。不久,我一定会收到阁下给我发来的电报,我将会知道我是否应该在这样的基础上同总理衙门达成协议,是否应强调我们的要求。当我和中国大臣们取得一致时,我必将根据您指出的合适方式表现得更加随和、或者更坚定,当然不会影响业已开始进行的会谈、也不会影响解决问题的进展。

不管怎样,我们现在就可以肯定我们的努力不会落空,我们同总理衙门的交涉一定会取得成果。

不言而喻,我已把上面这些情况转告白喇格先生,请他为了保证北京的命令在广州得以执行,考虑周全一些。不幸的是,正如我在信中向阁下所说的那样,沙列(Salis)和白喇格先生之间最近发生的冲突把我目前可以期待得到这一最重要岗位负责人的协助减少到了极微小的地步。这里发生的情况再一次说明:把驻中国领事的职务交给那些不懂当地语言的外行人确实是不合适的,因为这些人在任何情况下都无力应付工作,对委托他们的事情没有一点经验。如果东京的问题重新提到议事日程,如果广州领事馆人员的构成仍然保持现状,那么我非常担心由于我们不明白这个道理而要付出昂贵的代价。

宝海

附件 总理衙门致法国驻华公使

1882 年 3 月 30 日

公使先生：

我们业已收到阁下 1882 年 3 月 18 日信件。

(下面是原信的摘要)①

然而总理衙门在和您商定有关解决广西当局提供给富主教建立一座教堂所需用地一事之后，已通知该省巡抚按照商定的办法办理。

后来，他们提出两处地方，一为浔州，另一处为南宁。

我们收到您的答复后不久——它使我们知道我们所达成并已通知该省最高当局设法执行的协议——您打算派富主教去桂林，而我曾要求暂时把会谈往后延一段时间，当然我们并不想翻悔，也不是不想解决这个问题。我们曾与曾侯联系，要他直接与法国外交部商议此事。当时我们所要求的只是想推迟富主教的启程日期。□……②

C. P. 中国第 60 卷第 78—82 页

230 法军总司令布告③

我们到东京来是为了保护我们的国民，惩治中国匪徒黑旗军的放肆行为。我们决心要所有的人都尊重法兰西的名声。但我们的意图，并非像你们所想象的那样是为了占领这个国家。

前总督黄耀(Huynh Dieû)对我们采取敌对态度，他的所做所

① 原文如此。——编者
② 复印件不全。——编者
③ 原件无日期，从内容分析，似为 5 月初或 4 月底。——编者

为必须受到谴责,因而我们不得不对河内朝廷发动进攻。但我们并没有突然袭击,而是在警告了他两次之后,光明正大地发动了进攻。

我们就这样显示了自己的实力,而且谁都清楚,进一步打下去对我们并不困难。然而我们看到了战争给人民带来的痛苦;我们于心不忍。过去发生的事情都是由于个别安南官员不谨慎造成的,他们必须对此负责。现在为了使过去发生的事情不再由于个别官员的错误而重演,我们决定首先解除朝廷军队的武装,使它无法再危害民众安全。之后,将省政府交给一个明智的官员,他将像过去那样,代表安南国王陛下继续管理行政事务。

如果将来出现什么危险,我们将负责城市的安全保卫工作。

请居民们各自回家去,无忧无虑地继续自己的日常工作。

我们将促进商业的发展。我们希望和平,但我们决不同海盗和强盗讲和。他们将受到我们最严厉的惩罚!

M.D.亚洲第38卷第13—14页

231 驻顺化代办黎那致交趾支那总督

1882年5月1日于顺化

总督先生:

我荣幸地将商舶大臣的两封信的副本,以及我给商舶大臣和河内分舰队司令的两封信的副本一并寄给您①。

您看了这些信后将能够部分地了解顺化的形势。我只略谈几句。正如您将从后两封信中看到的,我本来希望4月27日已经说服商舶大臣相信河内局势的严重性和危险性,从而答应我立即向

① 复印不全,各信皆未录。——编者

河内总督发出解除武装的命令。不幸已太晚了。河内城在 25 日被攻下了。此间从来不懂得及时采取某项措施。即使我们再忍耐 10 天或半个月，也不可能保证避免冲突。安南人必将会断言冲突是可以避免的，但是我们已多次领教过他们的虚情假意。我们有充分的理由认为，他们是不会放下武器的。虽然装出准备这样做的样子，这也只是想争取时间，转移我们的注意力，以便又一次愚弄我们。

在商舶大臣 4 月 24 日给我的信中似乎可以看到这种安排的一些迹象，因为他向我隐瞒了派一名经略来东京的真实意图。

据这里的谣传，这位高级官员是山西省黄佐炎身边的人，他极力招募中国匪帮。河内比我更清楚这些谣传是有根据的。

山西的安南部队已得到数千中国人的增援，我们目前最担心的，就是被他们缠住。

据说他们有 12000 人，这个数字很可能被夸大，不过如果问题不能妥善解决，及时再派一批增援部队来是谨慎的做法。我认为有必要请求法国在几个月内增加驻这个殖民地的部队，准备对付一切意外事件。

黎那

M.D. 亚洲第 38 卷第 283—284 页

232 驻顺化代办致交趾支那总督

1882 年 5 月 2 日于顺化

我荣幸地告诉您，我认为一切破裂危险暂时已被排除。我推迟了一天发信，以便能就这一问题向您提供一些积极的证据。

5 月 1 日上午 6 时 30 分，商舶大臣派人来问我是否能在 7 时 30 分接见他。我表示同意。他同他的两位副手于 7 时 15 分来到公使馆。他首先感谢我昨天为实现和解作出的努力。他请求原谅他没有作出积极的响应,因为他过多的受到最近得到的坏消息的影响。经过深夜思考,机密院认为必须让步。

他接着向我表示,他愿意接受我昨天提出的搭乘"巴斯瓦尔"号的建议。他说他将同一位副手去东京,以便同我们的舰队司令进行协商,并在省内采取一些必要的措施来维护和平与安宁。他同时还请我陪他同行。我回答说我不能去。

他提出20多次请求,提出迫切请求,有时说一道同行将会对老百姓产生最好的影响,有时又表示他一人恐怕得不到我们舰队司令的足够信任。由于我始终向他表示有礼貌的和坚定的拒绝,甚至不愿讨论我这次旅行的可能性,因此,他试图抓住我的虚荣心,并向我说只有我有权处理一切。

我回答他说,他从一个极端走到另一个极端:有时不把代办放在眼里,好像他不存在;有时又装着相信他有比他更多的权力。为了结束这个问题,我向他宣布他把年月弄错了,今天不是1873年12月,我不能在东京出现,因为我在东京出现就等于我们承认某些错误。

我对他说,你应当对安南当局施展影响,以便纠正所犯的错误,我对安南当局是无能为力的。我对法国当局毫无意见,因为它的行为是无可非议的,因此我不去东京。

我表示愿意给舰队司令写一封介绍信。他们急忙表示同意,他还请我把这封信的副本给他们,我答应信不封口交给他,这样便可抄写和翻译。

商舶大臣问我是否完整无缺地将河内城交还给他们。我回答说我不知道,河内城也许有些地方将被拆毁。他只有到河内才能确切知道交还河内城的情况。我毫不动摇地跟着李维业司令在他开辟的道路上前进。这条路我认为在目前情况下是最好的路。我认为我们不应保存河内城作为我们部队的驻扎地。它离河太远,而且它的发展要比我们的兵员增加快得多,即使我们的兵员像进攻时那样增加。

我接着把有关海关现金出纳的措施通知了商舶大臣,并指出,由于我们已向西班牙作赔款担保,我们有义务和权利监督库存现金。此外,除了出纳之外,没有任何变动,因为安南官员每天将会有一份现金情况报告,他们将监督"收入和支出"。商舶大臣对这些措施没有提出任何意见。但是他认为,在相互作出解释之后,应当回到原来的状态。我认为没有必要讨论这个问题并回答说,他将在东京同分舰队司令进行商讨,我希望那时司令将得到指示,他完全有执行指示的自由,因为这些指示只能证实目前的形势,或者从安南的观点来看只能改善形势。

我对安南人昨天以来发生的变化感到十分震惊。他们从灰心失望转变为使我讨厌的充满信心。他们似乎认为河内冲突只不过是一件小事,一场误会。如果他们把我们当作是有这样怪癖的人:每几年攻占一个城市,随后又立即把它归还,那么他们就会有另一种表现,必须善于忍受危机。

我认为他们从东京得到了使他们放心的消息,或者他们找到了使他们能愚弄我们的某些办法。

我断言,他们改变态度正是由于这两个原因中的一个。我非常怀疑,因为我不明白他们为什么要改变态度。我想应当使商舶大臣有所不安,他应更好地适应形势。我对他说,这次冲突不是一件小事,我们需要很多年才会相信对我们所表示的真诚的友情。我说:你已经使我们忍无可忍,今后你想玩弄拖延手段,我们将不发出通牒,而是采取行动,不要指望用虚假的表面现象来欺骗我们。河内冲突是一个警告,我强调我在4月30日的信中提到的那句话;我们不会受虚假的表面和平所欺骗。我对他说:“我们在安南的每一个村子里都有眼睛和耳朵,我们监视着你,不要用隐蔽手段欺骗我们,我们决不会上你们的当。”

我又谈到了目前的危险形势,这一危险产生的原因是:好几个省仍处于临战状态,征募中国流氓,召集文人士绅(据说山西方面已召集文人士绅)。我谈到黎氏后裔们曾提出推翻东京政权的要求,因此,扑灭针对我们的各种活动是非常容易的事。

近来他们正在竭力加强红河上的水坝,以便防止对兴化的逼近。这对交通是一个妨碍,对负责供应石块的村民是一个很沉重的负担。我对商舶大臣说:这是一些无用的工事。首先,吃水深度大于小艇的船只自然进不了红河,其次是我们希望继续同安南和睦相处。我还说,这些防御工事流露出一种不能使我们感到愉快的不信任的情绪。

商舶大臣对我作了含糊的回答。他解释说,这些工程在十多年前就开始了,现在只是进行修复。这是撒谎,但我们早已不再相信他的话了。

我对派一位高级官员到东京感到很满意,舰队司令将向他重申我们已向他作出的关于我们希望维持和平的保证。司令将比我在这里更能提出维护和平的条件,将提出为了保证我们的安全而强调各省应如何解除武装问题,并就他比我更了解其人数和活动的中国匪帮问题提出恰当的要求。他将能使人们明白,河内冲突不是一场误会,而是安南政府经过思考而作出的行动所造成的。

最后是时间的延续能让人心平静下来。如果河内的人要经受几次失望,那么以后就有时间来体会最初的感受,而且能够正视失望。

目前和平没有受到威胁,由于安南政府退缩,我们没有采取行动。这一形势是容易预料到的。他们不能公开地支持斗争,但是我们应当有所戒备,设法对付安南人的阴谋诡计。因此,我再一次强调我 1882 年 5 月 1 日第 50 号信件的最后一段:“在几个月内必须增加该殖民地的部队。危险来自人们投入中国的怀抱,把国家奉送给中国匪帮,组成一支雇佣军。”

“负责出卖船只的代理人延长在广州的逗留,使我们感到惊异。正如我在以前所问的那样,难道不能监视他们吗?他们在这个港口已呆了一年多。”

附言:我把商舶大臣最近要我立即转交的一封有关东京官员的信件副本寄上给您①。也许并不像他起初所想的那样,是他负责这一任命。

M.D.亚洲第 38 卷第 297—306 页

233　交趾支那总督致海军及殖民地部长

1882 年 5 月 2 日于西贡

我荣幸地向您核实我昨日的电报。

“1882 年 5 月 1 日,巴黎海军部。因河内官员威胁着我们的殖民机构,炮击、占领并拆毁了河内城墙。4 人轻伤。仍同安南保持关系。”

现将李维业司令的信转给您。该信将向您说明这一事件的原因。

这次行动能如此轻而易举地完成,充分证明安南人的虚弱。这座配备了 6000 名士兵和 80 门大炮的城市,没有什么可怕,它在几

① 原档缺此副本。——编者

分钟之内未经战斗就被攻下了。

我不愿对合法当局使用武力,但是我不相信安南官员的挑衅态度所引起的这一合理行动会导致同顺化朝廷关系破裂。我将利用我们取得的这一胜利,使谈判进行得更快。

安南政府将感到深受侮辱。他们把我们的谨慎视为软弱,相信那些冒险的将军们和尉官们的吹牛,要把我们扔进大海。它刚刚受到的教训对它是一个有益的警告,我希望,它会从中得到教益。

我认为唯一可担忧的就是我们过分扩大占领区。使部队过于分散,就会使它们失去作用,从而面临损害我们威望的一系列失败。我想派人暂时以嗣德王的名义管理河内省,我们只负责治安和管理海关。

为了保证红河的自由航行,威慑黑旗军和保护我们的殖民地,我必须在明江汇合处修筑一个设防哨所。工程将尽快开始,费用从城内找到的钱(4 万皮阿斯特)中支付。

南定港将开放,税收将会增加约 10 万皮阿斯特。

我将在气候宜人的季节向海防派出两艘小炮舰,即海域分舰队司令所要求的两艘最好的炮艇。

我将用这个国家的收入来支付巨大的占领开支,我不需要任何拨款。

我没有给东京部队特别补贴。如果不是这样做,我会感到十分遗憾,因为我们不处于作战状态。

附言:三省总督和河内总督可能已自杀。

附件 1　交趾支那海域分舰队司令致交趾支那总督

1882 年 4 月 25 日于河内

正如我 4 月 10 日、15 日的信向您预告的那样,我不得不占领河内城堡。再不能这样下去了。我将给您去信详谈此事,我把我给〈河内〉总督的信寄给您,它将使您暂时了解一些情况。

8 时 15 分,“军乐”号、“马苏”号和“短枪”号开始炮轰,10 时 45 分开始架云梯攻城,直接进攻北门和东门。11 时 15 分河内城被攻占。我们有 4 人受伤,但不严重,其中有韦鹭营长(膝部中弹受伤)。我立即派可加拉德克接管了海关。

我认为我们可以把民政机关交给安南官员。我为此已进行了并仍在进行谈判。这对我们有百利而无一弊。我认为,我们对东京的占领,应概括为军事统治。我们慢慢地加强控制并施展金钱力量,因为我们已建立了威信。我加紧使河内城成为将来无害于我们的城市。今天有一半大炮已被丢进了壕沟,其余将于明天丢入,并把城门和隘口炸掉。我们的设防租界——我将考虑在那里通过水路与海防联系——是我们唯一的真正占领点。至多在城内建一个好的小碉堡,用一条畅通无阻的道路把它同租界连接在一起。由于在明江上设有一个哨所,红河上的航行已经有了保证。

我请您把我最近一封信中向您要求的弹药即 10 万发子弹和 150 公斤炸药运来给我。我还向您要“土耳其弯刀”号,“斗拉克”号将在气候宜人的季节一直护送它到海防。

东京从来都没有足够的炮艇,只有“马苏”号和“短枪”号,而且“马苏”号的锅炉也快要报废,“土耳其弯刀”号将代替它。我们的粮食只能吃到 5 月 20 日,因此我们节俭地过日子。

请您相信,我不得不这样行动。河内城公开地在我们的附近修筑工事自卫,这是一个必须消除的危险。

附件2 交趾支那海域分舰队司令致河内总督通牒

1882年4月25日于河内

总督先生：

我一到达就派人向您说明并给您写信说明法国出兵河内的用意。法国希望能够保护它的国民和旅游者免遭黑旗军的侵犯。这一行动完全是友好的,符合它同安南政府的盟约。

您竟用怀疑和敌意来答复我的信。

在我们到达的第二天,您就将昨天还能自由出入的河内城门对我们的军官关闭了。

我在拜会您时对这一措施提出了有礼貌的抗议,然而您坚持自己的立场。

您没有对我进行回访。

您立即开始修筑防御工事,并且,毫不掩饰地和公开地日益加紧进行。

几天前,按察使和巡抚来拜会我时,我两次请他们告诉您,我不愿看到河内城的这些工事。

这是我给您的一个友好警告。您对此不予理睬。相反,更加积极地继续构筑工事。

再也不能让目前这种情况继续下去。河内城对我们的部队是一个危险。而这个危险我们必须消除。

但是,请听我说,我要向您提出的建议是一个能够不致加剧两国政府之间的争端的和解办法。

我建议您按照我将对您谈的条件,把整个河内城交给我。

为此,您今天接到此信之后,就立即命令您的部队放下武器,撤出城外,并打开城门。作为执行这些命令的保证,您必须在上午

8时正亲自将巡抚、布政使、按察使、提督、正领兵和副领兵交到我手中。

期限很短，但您早已能预料到这种形势的一切后果，因此你对此不会感到吃惊。

我于上午8时在我的住所等候您。这样，我的士兵在您的陪同下，将不会遇到抵抗，而占领河内城堡。

我将有权在城内采取我认为适当的措施，以便使这个城市不能再危害我们的部队。

但是在采取这些措施后——这需要3天的时间——我保证把河内城交给您，还有它的商店、建筑物、住宅以及城市的大部分。

省内的行政管理将不会有任何变化。它仍将属于安南国王陛下政府。

河内城堡本身仍一直属于你们，以后将不再会令你们担心了。

如果您接受这些条件，我们之间就将恢复和好。您8时来领事馆，就证明您希望和平与友好。

但是，如果在8时正，您和上述官员不来领事馆回答我你已接受我的条件，那么我们的部队将立即进攻河内城。

附件3 驻河内领事可加拉德克致交趾支那总督卢眉

1882年4月26日于河内

正如您将从李维业司令的报告中所获悉的那样，河内城今天已落在我们手里。

城内，所有官员中只有河内省巡抚一人活着。据刚刚得到的消息，河内和宁平两省总督也已身亡。布政使已逃往山西。

担任省按察使职务的尊室灞(Ton Thât Bá)，在进攻前不久来领事馆见我。据说河内总督要他争取时间。但是，他遇上了我们的部队,不得不逃走。我希望他今天或明天再来,因为昨晚有人以他的名义来向我要安全通行证。司令正想把省政府交给这位过去表示不赞同河内总督的政策的官员。数日来,他凭借着他同国王的亲属关系而取得的给顺化写信的特权,对这位总督的行为提出了书面指摘。我在上封信中已荣幸地向你报告了此事。我们得到了尊室濡的许诺,他将接受我们的委托,负责以国王的名义管理河内省。但是我急于知道他来了没有,因为根据黄佐炎亲王的命令他有可能被捕。

至于巡抚,他坚决拒绝插手一切事情,并要求被看作是战俘。司令让他自由呆在家中。

我想这一两天我们将采取措施来维持省内的秩序,这一行动不能提前,一方面是因为尊室濡今晚以前不会回来,另一方面是因为我们在没有把河内城堡完全解除武装之前是不愿把城堡交给他的。这需要时间。

目前在清点官员们留在城内的财产。可以认为,他们的财产不是很多,因为他们不久前就把一切运到顺化去了。

李维业司令已命令共管海关的法国人今后负责收税款和管理出纳。然而,在等待您的指示期间,海关将继续留用一名安南人作监察,每晚把税收额告诉他。

我荣幸地将司令给我海防同事的指示的副本随信寄给您①。

这样的副本也寄给了黎那,同时我向他报告了发生的一切情况。“巴斯瓦尔”号将带给他一个邮件。他在顺化通过电报得知河内城被攻克之前将会收到这个邮件。

我认为目前的形势是好的。我们不再采取行动。等待着您的

① 原档缺此副本。——编者

指示。

M. D. 亚洲第 38 卷第 307—322 页

234 交趾支那总督致海军及殖民地部长

1882 年 5 月 5 日于西贡

摧毁河内城堡给我们同安南的谈判带来了一个新的因素。也许本来可以避免这种过激的行动，但是在估计形势时必须考虑到军人们的士气。他们最关心的应该是军旗的荣誉和他们所指挥的部队的安全。

此外，我们不应当过高估计这种武装干预的严重性。从欧洲观点看，这种干预虽然是一种侵犯国际法的行动，但在亚洲只不过是政府无能为力和口是心非的后果。

我不顾顺化朝廷的反对，强烈抗议它的敌对行动，并指出产生冲突应由地方当局的官员的威胁行动负责。

当然，安南人深感受到了侮辱。如果他们不为自己的利益而牺牲自尊心的话，他们就会毫不犹豫地投入中国的怀抱，以便把我们赶走。他们与中国保持着违背条约的关系。但是，他们知道，我们控制着形势，我们能够按照我们的意愿策动一次导致他们统治崩溃的总暴动。可以预计，我们现在还没有达到决裂的地步。

我想利用这一武力行动所取得的有利形势，在红河流域建立起我们的势力，而不诉诸实际占领。我给李维业司令的指示正是按照这个意思拟定的。我把这一指示的副本寄给您。

您知道，通讯联系很不方便，同顺化朝廷的谈判进展缓慢，因此我们需要一段时间才能取得一项解决办法。我将注意向您报告可能发生的各种事件。

我认为我们不应担心在今后几个月内会出现严重复杂的情

况。数百人就能击退得到中国匪贼支持的安南军队的侵犯,但条件是不能暴露在无防御工事的地区和不能分散兵力。

另一方面,交趾支那殖民地完全平静,每年旱季流传的叛乱谣言至今还没有出现。今年已初降雨水,一切使人认为公共秩序不会有什么大问题。

我只是为黎那先生感到很不安,他在敌对情绪激昂的老百姓当中感到孤立无援,没有防御手段和藏身之处。我希望他凭借他特有的尊严和坚定博得文人士绅的敬畏,但是只有经过严格锻炼的人才能经受得住这样的考验。他将以无限自我牺牲的精神接受这一考验。

附件1　交趾支那总督致东京海域分舰队司令李维业

1882年5月2日于西贡

我对您顺利和巧妙地攻占河内城,只能表示祝贺。但这种行动是否是非采取不可?我对此表示怀疑。不费一兵一卒攻下的城市是非常可怕的。

不管怎样,既然已成了事实,我就得承担责任。但我要向您重申我的建议:只有在绝对必要的情况下才能对合法当局使用武力。此外,在这种教训之后,安南人仍然是平静的。因此,您在今后几个月内将不会再有采取行动的机会。

我不知顺化朝廷将采取何种措施。它可能提出抗议,设法在东京和交趾支那给我们制造困难。但它不会公开地反对我们。

因为我们的计划不变,我们将只是忠实地执行1874年的条约,我们将维护朝廷的利益,按照政府的行动准则行事。我们对那些值得我们关照的官员给予保护。

我认为没有必要签订新的条约,新条约将成为我们的障碍,因为我们可以肯定安南人将要避而不执行。我们有1874年的条约就够了。我们能够取得对三角洲各省的无可争议的权力,其办法就是利用在同红河流域一样混乱的地方必将发生的各种情况和事件。

为了我们的政策有一个必要的一致的看法,我认为必须向您交代关于我们占领的一般原则:

行政

您如果得不到官员们的帮助,除非绝对必要,一般暂时不必去干预行政和司法。相反,您必须对您能够行使权力的整个地区的治安负责。您将设立一个常设军事法庭,审理一切危害法国的罪行和不法行为。如果危害人身安全的犯罪活动不断增加,您可委托这个法庭镇压海盗和其他盗匪。

我请您爱惜人命,只有在绝对必要的情况下才使用死刑。您所给予缓刑的盗匪将送到西贡,以便终生关押在昆仑岛上。

财政

我同意您对海关采取的措施,我们直接管理现金;但是,正如您临时决定的那样,每天应把海关业务活动情况告知安南官员。

在东京地方预算中开一个特别户头,它将包括国家预算之外的一切业务活动。

我从西贡给您派的一位助理专员,将在您的领导下负责管理地方预算,他将向行政署报告有关地方预算。

资金将存入国库。

收入是:

1.海关的关税;

2.罚款和没收到的物品;

3.在城内找到的资金和商品;

4.我们为王国国库出卖的物品的收入。

预算将用皮阿斯特货币编制,我现在仍管理这种货币,因此我将不得不向法国政府、安南政府、甚至西班牙政府说明其理由。应向您说明有必要取得最大的合法性;各项支出不应当混在一起。

已向您拨款4000法郎,以满足占领后迫切的需要。

明江哨所

您认为我们必须牢固地驻守在三江汇合处,并尽快修建工事,我完全赞同您的意见。一旦您认为不使用武力去占领此地的时机已经到来,您就通知我国驻顺化代办,由他把您的措施告知顺化朝廷。您不必要去考虑官员们必将向您提出的纯粹是形式的意见。监督工事的人员最好能得到一艘炮舰的支持,夜间他们睡在炮舰上。然而,如果他们需要在陆地上有一所房屋,那么,这所房屋就应该处于防御状态,以免遭到袭击。

一笔4万皮阿斯特的拨款不久将交给您使用。

黑旗军

以黑旗军而闻名的中国匪贼是一群地道的盗匪。每当他们处在我们武器的射程之内时,我们就必须惩罚他们。但是你们不要进行追击,因为这样您将会使您的部队过度疲劳,而且不会有重大结果,您将会遭到损害我们声誉的失败。河水一旦上涨,就派出一二艘炮舰,它们没有搁浅的危险,并能轰击非正规军在河两岸修筑的小堡垒。

中国部队

我向您重申我关于您必须避免与帝国部队发生任何战斗的指示。

南定港

向欧洲商人开放南定港将是有利的。南定港将同海防港进行激烈的竞争。我在考虑就此事向安南当局提出一项建议。

我请您派人研究这个问题。这一问题如得到解决,那就会导致设立一个法国哨所和撤出河内城。

电报

在您和海防之间有一条电报线将对您大有好处。一旦您能够保证由乡村负责的线路进行发报,您就可同地方当局就提供电线杆的问题进行协商。您能在广安山上找到做电线杆用的松树,我将从西贡向您运送必要的器材。

汽船

克拉巴莱德商行(Maison Claparede)船队的两艘护卫舰几天之内将到达西贡,由于季风转换期(1882 年 10 月)的到来,即将进行装配。

“西贡”(Saigon)号给您带去一只汽船。

“斗拉克”号将运去“美萩”(My Thou)号小艇和护送您向我要的“土耳其弯刀”号。

第二艘炮舰将由“阿米林”号护送。

我不能把港务局的一些小艇给您。没有一艘军舰愿意承担这项工作,因为它们太重了。

“安特落波”号船长已回法国,拉茂尔任命李维叶先生为临时船长,这艘军舰将回到红河流域,但在这种特殊情况下,它必须由我支配,以便保证同顺化的通讯联系。

部队、弹药和粮食

我将用“西贡”号向您运送您所要的弹药。

你们的粮食将得到补充。但是,为了部队的利益,由于仓库不够,最好不要过多地供应。

如果您需要援兵,我将尽一切努力向您派去,尽管我不希望把欧洲部队从交趾支那调走,我宁可求助于土著步兵团的志愿军。

亲爱的司令,您是在现场,我相信你是谨慎的。我认为对细小的事情也过问是没有必要的,甚至是危险的。但是我建议您避免无益的纠纷。欧洲的形势不允许法国进行长期的、耗费巨大的战争。

附件2　交趾支那总督致安南商舶大臣

1882年5月5日于西贡

我荣幸地收到阁下4月7日、12日和15日关于东京问题的信件。

我只能向阁下证实共和国政府的和平意图,我们希望避免战争和保持我认为对两国都是必要的友好关系。但是顺化朝廷应当支持我们,不应当通过有意的拖延、无法解释的拒绝以及官员们的暗中反抗把我们卷入像河内最近发生的那样严重复杂的事件中去。

我曾通过法国代办就黑旗军的侵犯行为提出了理由充分的指控。阁下不是向我表示那种对盟友不应拒绝的道歉,而是一口否认我已掌握了物证的罪行的真实性。

面对这种我曾经相信是出于软弱无能而实际上是出于无法使人容忍的卑劣行径,我不得不采取为我们的殖民地的安全所必要的预防措施。阁下,我几个月前就将此事告知您了。

河内的驻军已增加了一倍,我们的部队已经平平静静地驻扎在租界内。当然我们的意图是和平的。如果我们想占领河内城,我们早已占领了。

河内总督无疑出于过分的狂热,不仅不同我们保持良好关系,而且在城内布满了军队,使军队处于戒备状态,并且不顾海域分舰队司令的明智劝告,对我们采取了敌对的措施。我们不能继续处于这种会使威信受到损害的地位,河内城在几分钟内就被攻占了.河内总督和提督都自刎身亡。

这两位官员的态度令人预料到他们会以武力解决问题。阮绅(Nguyen Than)已把我的担忧告知您了。

李维业司令不得不把省政府交给王国的一位宗室官员，我希望王国政府正常地运转。

我对安南的情感没有改变，我对阁下仍旧十分尊敬。

我将尽一切努力维护两国之间的友好关系，但希望阁下明白，如果阁下对国王负有义务，我也如此，我应使我荣幸地代表的共和国政府得到应有的尊重。

M. D. 亚洲第 38 卷第 324—342 页

235 中国使臣曾纪泽致外交部长法来西讷照会①

1882 年 5 月 6 日于巴黎

参阅了今年 2 月 8 日的信件后，我立即通知您。昨天我接到北京电报，告知我说，中国政府由于东京发生的事而感到不安。

中国政府在发出这封电报时，既没有接到河内城已被法军占领的电报，更没有接到我在本月 3 日同您进行会谈后发给它的电报。在会谈中，您曾向我保证，法国政府没有收到有关该城已被占领的确切消息。如果正如外界所传的那样，河内城已被法军进攻而占领了，那么，显然是瞒着共和国政府去干的，因此也没有取得政府的同意。

您曾正式表示同意我将这些保证转告我的政府。这一保证必然在北京朝廷听到法军攻占河内的消息之后的惊异中失去其意义。而这不仅仅是发生在共和国同中国及其藩属安南和平共处之

① 本照会的中文原文可参阅本《续编》第一册第 88 号附件。——编者

时,而且是在法中两国就东京问题正友好交换信件之时。

我请阁下对所发生的事作出解释,并希望阁下尽快给予答复。如果以上的消息属实,我希望法国政府凭着崇高的正义思想和友好情感,像1873年当一位年青猛勇的军官在未经他的政府同意、只凭一股过激的热情就占领那座洋溢着和平气氛的城市那样,下令召回部队。

曾

BB—4　1971第212—213页

236　外交部长致驻华公使宝海

1882年5月12日于巴黎

我在3月18日的政治信件中①曾告诉您,我们的殖民当局应该按照指示使在安南建立的保护国制度具有明显的特点。因此交趾支那总督已在东京采取某些措施。

从那时起,您肯定会接到西贡关于已开始执行外交部及海军部共同拟订的计划的通知。

在消息传到巴黎后,中国公使心情很激动,他在书面和口头都就中国对安南的所谓宗主权提出一些意见。

我回答他说,共和国政府曾命令交趾支那总督保证全面执行法国和安南签订的1874年条约;至于我们在执行条约中出现的问题,那仅仅属于两个签约国的事,因此我们不需要向中国作任何解释。

我只是要告诉您,曾侯进行的活动以及我对他的拒绝,使您在总理衙门跟前谈判东京事件时所采取的态度要与我对中国驻巴黎

① 即本册第221号。——编者

公使的态度口径一致。

法来西讷

BB—4 1971 第 213—214 页

237 宝海致法来西讷(第 84 号)

1882 年 5 月 14 日于北京

内阁总理先生:

9 日总理衙门的大臣们正式通知我,他们打算第二天来看望我,和我商谈一件要事;但他们没有向我说明此事的性质。的确,第二天他们准时来到,礼节性地寒暄几句以后,他们急切地开始谈到这次拜访的目的。

他们之中一位老者问道:"您有没有关于东京的消息?两广总督来信告诉我们说,大量的法国军队已到东京,成为一次真正的远征。您了解这一情况吗?能不能对我们谈一谈?"

对于这个问题,我一点也不感到吃惊,因为两个多星期前,上海的报纸已提到河内和海防出现我运输队活动,并估计运来 1000 人的队伍。这一消息我已从来自香港的旅客那里得到证实。人们甚至说:几天以前,那些部队针对那些称为黄旗军、黑旗军的反叛匪帮采取了军事行动。还有人说,不久即将进攻河内城堡,因为河内的守备部队似乎不打算服从我军司令官。然而,这一切对我来说只是含糊不清的传闻。因此,我可以不被指责为隐瞒事实而向我的交谈者说:我一点情况也不知道,我完全不明白有关的消息从何而来,我也无法调查这些消息正确与否。我还补充说:由于我没有得到巴黎和西贡有关此事的任何通知,我想种种迹象表明,这仅仅是已得到顺化朝廷同意的、旨在根据 1874 年条约的规定保证红河河运治安的既定措施而已。

他提醒我说,“但是,安南是中国的朝贡国,嗣德王是由中国皇帝赐封的,因此我们不能不关心这个国家所发生的事”。

我说:“关于这个问题,我们双方可能很难取得一致,我们都有很多话要说。即使安南使节时常但时间相隔越来越长地带着微不足道的礼品来朝贡是确实的,那么当你们的藩属国很需要求助于你们宗主国时,你们是否通过认真的行动来体现这种宗主权呢?当安南和我们发生战争时,你们派过一兵一炮去援助吗?当我们同安南进行旨在缔结条约的谈判时,你们参与谈判了吗?我们的协议是请求你们的同意才缔结、得到你们的批准才生效的吗?”

我接着说:“再者,何必挑起无益的冲突呢?目前的问题不是安南的自主权。我们已保证各国的船只——无论是你们的还是其它国家的——在红河上自由通航。对我们来说,与这种保证相应的是严肃和实际有效的责任。我不希望看到各国政府因他们的国民相信我们的条约,前往这些地区而遭受日益严重的无政府状态的危害,从而向我们提出赔偿的要求。必须摆脱一个大家都不愉快的局面,而目前我们所做的纯粹是将1874年条约中迄今还未着手实施的一项条款付诸实行而已。”

“为什么不早一点考虑到这件事呢?”

“由于这样和那样的原因:我们在交趾支那的殖民地管理方面的变更,使我们一时不能关心外界的事务。其次,黄旗军和黑旗军自从上一次叛乱以来一直保持着平静。最后,外国的商业在过去一段时间还没有发展到红河流域。今天的情况不一样了:某种活动似乎现在正往那方面发展,从而引起我刚才所说的那种责任感。我们担心遭到不愉快的令人尴尬的责备,所以不得不有预见,防止那些我们完全有理由加以避免的纠纷。”

我提醒他们说:“关于伊犁多少年你们不提出你们的要求,不行使你们的权力，那么在你们看来，你们的权力的原则是否已经削弱了呢。”

他们回答说：“我们也不愿意和您讨论这个问题，尤其是——如果我理解得正确的话——安南现国王的自主权丝毫不会受到威胁，我们就更不想讨论此事了。我们唯一的要求是请您将我们刚刚向您交涉的内容转告贵国政府，请您在信中说明总理衙门已得知在东京进行的军事示威，故前来拜访您，提醒您注意，安南是中国的藩属，我们要求这一事实能够通过这样得到证实。这就是我们的全部希望。”

我回答说：满足他们的要求我不会有任何困难。即使他们不提出这种要求，我也会这样做。我还表示有些惊讶，他们为什么对这样一个表面如此简单的问题这样重视。他们在告别时，向我们的首席翻译解释说，在他们心目中这是一个“面子”问题。换句话说，对于他们来说，这是挽回面子的问题，如果他们不对关系到否认他们理论上的权利的行为进行形式上的抗议，他们的面子就会受到损害。

总而言之，我从这次会谈中清楚地得出这样的结论：不管怎样，对于我们认为在东京应做的事，只要我们照顾一点他们的过敏或自尊心，北京将会表现得非常明智；这种过敏，可以用随便什么理由来予以打消，而且使他们似乎根本不想因此而变得咄咄逼人。只要我们在那些省份——我们把这些省份和我们在交趾支那的属地程度不同地联系在一起——给嗣德王留下一点权力的话，我们就不会在北京遇到任何严重的障碍。有朝一日我们不再满足于隐蔽的占有，而要求对方承认和接受占领的原则时，情况就完全不一样了。到那时，我们将会遇到我们想坚持纯粹用说服的办法肯定无法改变的真正的拒绝。但是，当有一天我们认为有必要结束这种会损害我们在被统治的半岛居民中的威信的虚假做法时,难道我们有必要去设法减少引起中国的拒绝吗?难道我们在这方面需要得到中国的许可才去做我们想做的事吗?我认为不需要。因此,在我看来目前最简单的做法是暂且不考虑这些事,将来再说……。

很清楚,跟中国人这样容易对付的人打交道,如果从正面逼迫他们,在目前不考虑他们向我们所表示的那些无害的愿望,从而触犯他们,那是非常不策略的,甚至是愚蠢的。因此除非部里有相反的指示,我打算一直以我刚才所说的话来跟总理衙门打交道。这些话似乎已使他们完全安下心来。我路经天津时曾和直隶总督举行过类似的会谈,我已把会谈的内容汇报给阁下,我发现他十分通情达理;因此,如果我们坚持这条路线还会遇到来自北京的严重障碍或者我们必须予以重视的麻烦,那我就会感到十分离奇了。

宝海

C. P. 中国第 60 卷第 104—109 页

238 驻顺化代办黎那致交趾支那总督

1882 年 5 月 14 日于顺化

我在前一封信中荣幸地向您报告了河内冲突后采取的措施。

我对这一后果难以预料的事件感到十分意外,根据要求我避免各种冒险的指示,我不得不采取最紧急的措施。如果让占领河内所造成的形势继续发展下去,我们就会面临这样的危险:所有集团都起来反对我们,文人士绅反对基督教徒,不满者打着黎民的旗帜起来造反。我们的舰队司令在给总督的警告中,保证他能固守出于谨慎起见而予以拆毁的河内城。我认为,冲突不应作为我们提高要求的借口,因此我不得不建议由顺化派一个代表团去接收河内城,负责管理河内省,特别是尽快抚慰尚未大乱的老百姓,目的是恢复占领河内前的状况。因为不这样做，这一事件所带来的结果只能是拆毁河内城，这是难以避免的。

许多人无疑认为，我们本来可以做得更好些。但是我必须考虑到占领河内的消息在这里所引起的过分激动。当国王询问官员们的意见时，大部分官员主张斗争：斗争是不可避免的，而且国王的最大愿望也不是十分坚定地维护和平，即使他要为此作出一些牺牲。我们的做法将会使那些维护和平事业的人把冲突的责任归咎于已故的河内总督，从而表明我们的行为丝毫不是出于占领的欲望，而是被河内省当局的愚蠢行为所迫。再向前走几步总比后退要容易，因为已经向前走了几步了。

既然最初的印象已消失，人心也稍稍安定，我认为现在我们在权利要求方面必须苛刻些，否则安南人将会以为我们对已采取的行动感到后悔，想用让步来求得原谅；这样，他们对我们只会表现出更大的恶意。

我已经使商舶大臣预感到，河内事件开创了新的政治局面。我对他说，我们的一切要求总是被有计划地拒绝；今后我们再采取行动之前将不再先发出预告。

河内事件是安南政府在我们的增援部队到达东京时所采取的措施造成的，但是，它不应被看作是我们对安南不满的一种补偿。我们的不满丝毫没有减少，我们受到的侮辱尚有待纠正或洗刷。为了进一步维护我们的利益，我们可以让这个问题公开或者加快求得解决。

这些侮辱是很严重的，因为侮辱我国领事和在芒街侮辱福希先生的，正是安南政府所公开承认的高级官员。在红河上游袭击法国旅游者也是他，5 年前侮辱派往云南执行使命的驻河内的领事的也是他。人们对最后这一罪行似乎已忘记了，然而我们不会因时间久了,就会认为它已消失了。

我们的领事旅行时带着合法的护照,并有安南的官员陪同,他们是此事的见证人。他们的责任是向他们的政府立即报告此事,而且他们一定这样做了。

安南政府本应接受我们的抗议,向我们表示我们有权得到的赔礼道歉。然而它没有这样做。它利用了我们的过分的忍耐,好像不知道我们的领事受到侮辱似的。

尽管我认为我们不应该让所有这些犯罪行为不受惩罚,但是我在没有接到你的指示之前仍不提这些事件。

正如我在前信中说的那样,我们现在不得不对刘永福匪徒采取行动,如果我们不愿被他们打败的话。我们通过增兵而在这方面进行的示威肯定会在敌人中引起类似的反应。现在谣传这一群匪徒招募了大批人马。

这些匪徒可能抢在我们进攻前头,在河内城周围对我们进行骚扰,如果他们认为自己已有足够力量进行冒险的话。安南政府也有可能暗中煽动他们这样做。我认为他们的活动安南当局是完全了解的。

我获悉施耐的一部分驻军已由大型客轮运送到东京,这艘客轮本月8日已经过沱瀼,并将申依(Thany)前领事送来了。

我认为令人遗憾的是,我们不顾其它地方而只是加强一个地方的部队。鉴于安南政府目前的措施,我们必须在各处都是强大的。我们只有这样才能维护和平。

因此,我们在几个月内必须增加驻交趾支那的部队,以便能够迅速地对付一切突发事件。

这里对今后应遵循的方针进行了长时间的讨论,这些讨论至今还没有结束。正如我在上面说的那样,国王一贯主张和平,但是

我得承认，我们这种政策不大符合我们固有的民族性。我们希望立即达到目的，而不考虑时间和条件。在我们的那些信口开河、念念不忘征服和光荣的人中，我们将会遇到激烈的反对者。

代办先生，您、分舰队司令和我必须抵挡住这股不健康的思潮。在这种形势下，我依靠您的最忠诚的支持。

派往东京的代表只有行政性质，不能进行谈判。我们只能在西贡确定临时协定的基本原则，因为我们没有必要签订我们的同盟者总是竭力反对和破坏的条约。

两位领事要求派一位全权大使，并要我支持他们的要求。我已正式表示拒绝，并指出安南当局的决定使我感到有些不安，我会等待。

如果使者向您要求搭乘"安特落波"号，我们只能同意。如果你认为谈判者具有足够的权力，您就陪同他们，因为我基本上希望我们参加解决问题。

在您离开期间，由秘书负责管理公使馆。

西班牙政府已接受我们的偿还债务的建议，因此，我们有了更大的行动自由。但是这并不是说我们能够像在海防和河内开始做的那样，随意支配海关的收入，而不需要报告。

我已下了正式命令，以便结束那些很快将会损害我们荣誉，并给我们在结算时带来不可克服的困难的行为。此外，我们不能忘记，我们应同安南和睦相处，保管好不允许我们随意支配的资金。

代办先生，我感谢您在这种困难的情况下为共和国政府所尽的责任。和平能够保持下去，这在很大程度上是由于您的不可动摇的坚定态度、您的高尚的勇敢品质，以及您的和好精神。我向您表示衷心的祝贺，请接受我崇高的敬意。

卢眉

M.D.亚洲第38卷第365—367页

242　交趾支那总督致驻顺化代办

1882年5月23日于西贡

代办先生：

我完全赞同您关于国王一旦病故应采取的措施所持的保留态度。

如果我们预先采取行动，那就会铸成大错，我们为了得到一个盟友，将会树立十个敌人。

我们保留我们的一切自由，每个人都将设法得到我们的好感。

如果您在某个时候不得不表态，那您不要忘记，一个年轻聪明的太子继位对您没有任何好处。太子越老和越无能则越好。因为每次改朝换代都要发生危机，一个深思熟虑的保护者应当善于利用危机。

卢眉

M.D.亚洲第38卷第368页

243　宝海致法来西讷(第85号)

1882年5月30日于北京

内阁总理先生：

我刚发出最后一批报告，就收到阁下3月18日的信件，信中附有交趾支那总督和游列居伯利将军之间、外交部和海军部之间所交换的大量有关东京事件的函件摘录。我从中得知关于政府准备遵循的政策的最宝贵、最明确的指示。我还极其高兴地发现我已揣测到阁下的想法和意图；我在最后一次同总理衙门大臣会谈中，坚持了我向他们所讲过的话，这些话只不过是对您的指示的一种阐释和发挥。正如我有幸在信中向您说过的那样，中国大臣们目前至少对此感到满意。

从此以后，来自朝廷的秘密消息也加强了我所得到的良好印象。我越来越觉得他们力图避免在安南问题上给我们制造麻烦，而三个星期以前和他们打的交道以及在此之前我路过天津时李鸿章所提出的意见，目的只有一个，即挽回帝国政府的面子，亦即官方的表面形象而已。

中国人有可能越来越随和，但我们不应当根据中国人容易对付便得出结论，我们对他们不必掌握任何分寸。我在前一封信中曾力图指明应有的界限，我们就会触及敏感的东西。显而易见，这是我们应该有所避免的。依我个人的看法，只要我们在东京的行动不超出交趾支那总督多次指出并且很高兴能够不会逾越的计划范围，那么这种危险就用不着担心。然而事态的发展似乎表明，卢眉先生的预见没有充分考虑到安南官员的恶意，他们要进行抵抗。上海报纸发表了不少详细的消息，说我们的军队一踏上安南的土地，就遇到了不少障碍。正是由于这些大量而一致的报导，使人不得不相信为了攻下河内城堡进行了 4 个小时的炮轰，城堡中 300 多名安南士兵被炸死。不管人们以什么方式来表示，那里进行的是名符其实的战争。当消息传到北京时，政府官员们情绪激昂。由于白喇格先生对这一事件只字未提，我了解到的只是一般公众所能了解的东西，所以如果中国大臣们再次向我质询，问我在我们的思想中怎么能够把这样的事实和我向他们阐明的观点与和平目标统一起来，那我就会措手不及了。的确，5 天以前我收到卢眉先生的信件(信的抄本随信附上)，他向我保证在东京一切进展顺利，河内所发生的事情无论如何不会损害我们和顺化朝廷的良好关系。我巴不得相信他的说法，但要使中国人赞同这一信念，我就有必要除了向他们提供交趾支那总督如此空洞的保证之外,还应有实实在在的证据。况且,卢眉先生谈到我们没遇到任何抵抗就占领河内城堡时,似乎对炮击所造成的伤亡毫不在意,因此对那些已被粉碎的官员们可能会感到有必要进行报复的意图也不加理会。人们已在谈论有一个安南使团将来中国寻求支援,同时北京已宣布将有一名担任长江水师提督的高级官员前去了解东京所发生的事件。

我同意什么也不应夸大,而且我但愿所有这一切都没有任何令人过分担心的事。然而,这毕竟是一些值得注意的征兆,至少由此可以得出一个教训,即交趾支那总督应注意随时把他领导下的与中国南方接壤地区所做的一切告诉共和国的公使馆。只有在这种条件下,北京和西贡之间才会实现行动的统一,这对于维护在这些地区的利益是必不可少的,而我认为部里尽快向卢眉先生就此发出指示是十分重要的。

宝海

附件　交趾支那总督卢眉致宝海

1882年5月3日于西贡

我荣幸地通知您,我方于4月25日攻占河内城堡。为保证我方殖民地的安全,这一行动是完全必要的,因为省城官员对我们的军队采取了不友好的态度。我们的军队最近已加强,以便全面执行1874年的条约。我们这一行动没有中断我们同安南的友好关系。

卢眉

C.P.中国第60卷第110—114页

244　外交部长致中国使臣曾纪泽照会

1882年5月31日于巴黎

公使先生：

您在本月6日来信中引证了不久前东京事件发生时我们所进行的会谈。

由于翻译的不准确，您可能曲解了我的讲话的意思。对于您向我所表达的忧虑，我只能回答说：共和国政府出于要求安南遵守已签订的条约的目的，曾下令交趾支那殖民当局保证执行1874年法国和安南所缔结的条约。我再补充一句，我们打算实施的行动所引起的后果仅仅涉及上述两个缔约国，因此我方对中国政府没有作出任何解释的必要①。

C.P.中国第60卷第123页

又BB—4　1971第214页

245　宝海致法来西讷

1882年6月2日于北京

内阁总理先生：

我刚刚收到阁下4月14日写给我的信及其附件，向我证实和阐明您4日电报的意思。我首先向您表示衷心的感谢，感谢您表示愿意考虑我的愿望：请您拒绝同中国驻巴黎使臣讨论这一我们早已在北京进行的、共和国驻华公使有能力解决的问题（没有这种能力，他就没有在这里存在的必要了）。特别是阁下的信件很清楚地反映了曾侯的照会给阁下带来的忧虑，令我更加感激您对我的信

① 本照会的中文原文可参阅本《续编》第一册第94号附件。——编者

任。

在您把主持解决广西事件的权力交给我时,的确您一直在担心偏激情绪可能会使我突然走上一条危险的道路。然而外交部并不理解为什么我一开始表示完全赞成,尔后又放弃总理衙门本着和解精神谨慎设计和建议的方案。

阁下不久就会知道如何对待所发生的这些事情。我4月29日的报告在15天以后就会到达阁下的手中,这份报告在我这封信到达您手中之前,就向阁下说明了人们为何指责我做事前后不一致。内阁总理先生,您一定会发现:我不但没有提出新的、不合理的要求,或者要求完整地实现他们向我承担的诺言(我们有这种权利),相反,早在外交部向我指出要谨慎行事的前几个月我就已经这样做了;我还劝告富主教做出新的牺牲,鼓励他在广西有一处传教站就可以满意了,不必要照以前明确许诺的两个地方。

然而,对这一事件以及它所引起的、随后又很快消散的误解,我毫无悔恨之意,因为有一种非常明显的危险征兆将展现在阁下的眼前,这种危险不久前我曾向外交部提过:外交部与中国驻巴黎使臣谈判有关执行我们条约的各种问题时,就有遇到冲突的可能性。

从曾侯的照会中(承阁下附寄抄件),阁下可以看到:没有一件事实是不被歪曲、胡乱影射、不违背真理的。上帝保祐,外交部的人们不太习惯于阅读这种性质的外交文件;不但需要一定的时间,还要有个人对中国的经验,才能肯定地区分什么是中国官员笔下所欢迎的,什么是不须核实就可以接受的,什么是应该完全拒绝的东西。如果说在中国对待法国公使馆和总理衙门之间来往的信件是这样,那么人们应该以同样的方式判断天朝帝国驻巴黎外交官们的信件值得信赖的程度。因为,当我方过于尊重他们,先验地认为或设想对手即使不算真诚，至少该有些官场中的诚意，当我国外交部无法识破他们的诡计和验证他们的看法时，这些本来就缺少顾虑的外交官更会变得越来越肆无忌惮。

再谈谈曾侯的信件。我可能没有把这位使臣所竭力坚持的那些观点说得很清楚。为使您不产生任何怀疑，我不惜重复一遍，简明地提一提所发生的一切：

中国政府由于同俄国争吵而忧虑重重，才同意富主教前往广西教区所在地桂林府。考虑到中国官员和传教士之间的争吵大部分起源于房产问题，为了预防和驳倒任何冲突的借口，我向总理衙门建议让地方当局自己指定一处富主教可以安身的地方，不一定是他要求的地方。总理衙门很快便接受了，而不理会曾侯的建议。曾侯的建议认为我方的要求超越了条约的权限。他缺乏诚意是很明显的，他不可能得到北京允许用这种语言来讲述总理衙门就这一问题已作出决定的指示。

正是在这时，法国外交部的人事发生了变化。中国政府希望这种有利的形势可以容许它推翻诺言。因为在类似的情况下，它经常是这样做的。它首先企图拖延时间，让人告诉我说：马上将富主教安顿在桂林府确有严重的困难，他们没有足够地估计首府居民的敌视情绪，至少要两个月的时间让地方上的绅士做好思想准备，然后再去影响居民。

他们向我要两个月，我却给了 4 个月，只是补充说：延缓这么长的时间以后，不应再提出任何借口继续延长，限期届满后我将授于富主教前往他的教区的一切自由权。

总理衙门向我表示感谢，对我宣布的决定没有提出异议。

4 个月的时间过去了，我收到我国驻广东副领事的一封电报，他告诉我：地方当局没有做出任何保证，如果主教前往桂林，最大的不幸可能随之发生。

李梅先生刚刚离开广州。我们没有向他讲述这类奇闻。但是，中国人是利用一切机会的能手，他们看到一位新的、对中国毫无经验的人上任时，认为这是一个非常好的机会，重新把水搅浑，至少广州在这样做。

于是，我又重新同总理衙门进行谈判，重新延缓时间，最后他们在去年十月要求我，作为和解的条件，推迟富主教在桂林府安顿的时间，并请求我等待时间，代富主教和他的传教团接受该省两个适宜的地方①，一处是在梧州府，另一处在浔州府。我表示同意，但提出某些条件，这些条件部里已经知道了。我劝说主教予以同意，总理衙门因而向广西当局发出了命令。

在此期间，法国政府发生新的变化。在我所关心的事情中，与这一变化相吻合的是一件意外的事。就是考虑向我方建议的两处之中选择哪一处的问题。其中一处即曾侯所定的方圆和规模巨大。它位于深山之中，远离有人烟的地方，在那里安身，我们的主教将毫无外援，听任匪徒和众多的野兽袭击；另一处(人们拒绝加以描绘)，是一座连苦力也不愿意住的看门房。这就是中国人希望履行他们诺言的方式，这也是中国驻巴黎使臣解释中所隐藏的真相。

我发现事情发展到令我们难堪时，我对他们说：事情该结束了！既然你们拒绝认真地执行商定好的协议，我愿意回到最初的协议上来，按此协议总理衙门保证4个月后富主教安全地安顿在桂林府。我在1月19日的信中已向您指出，我这样做，首先想到的不是为了实行，而是吓唬中国人以催促他们实现许下的诺言，使富主教能获得满意的传教地点。我4月29日的报告将向您充分证明：

① 着重号为原文所有。——编者

我从没有其他目的，事态的发展已说明我的打算是对的，超过我的期望。

正是这时候，曾侯接到命令把交涉移到巴黎。阁下今天已明白他是怎样履行他的职责的。通过上面的简略说明——阁下可以和我过去几封信加以比较以证实其准确性——阁下对曾侯所做所言的信赖程度将能有一个正确的估价。对他的陈述，我已做过回答，他在陈述中用的语气是如此无礼，连这里的总理衙门也没敢向我和我的同事递交这种调子的文件。

因此，内阁总理先生，我对您给予中国使臣的反驳，真不知如何感谢才好，我还希望您至少在短期内防止曾侯重演类似的阴谋诡计。因为我非常担心，如果不是您采取如此果断的措施来挫败这种阴谋诡计的话，他很可能获得成功。

我还没有收到我寄给富主教最后一封信的答复(我已把这封信的大意转告您)。但是，我相信这一次他会听从我们劝告。一旦我得知我应该怎样做有利时，我将同总理衙门重新讨论已经中断的问题。如果一开始不出现任何意想不到的障碍的话，我坚信我们最终会获得直到现在还在徒劳无益地寻求的、一种暂时的解决方案。这对富主教来说，意味着他向最终的奋斗目标大大地前进了一步。

宝海

C. P. 中国第60卷第124—130页

246 交趾支那总督卢眉致驻顺化代办黎那

1882年6月15日于西贡

路透社宣称英法干涉埃及，如果这一消息得到证实，我国将面临严重复杂的形势。您知道，在这种情况下我们必须十分谨慎，因此,我建议您尽力不要背离我给您制定的和平计划。我们只要求我们能够得到的东西,而不要同顺化朝廷公开破裂。

这并不是说我们将放弃我们坚定的政治立场。您可从我寄给你的邮件中找到我给顺化商舶大臣的信,该信虽然并不完全代表我的思想,但是坚定并不排除形式上的温和。特别是在亚洲,暴力很少能够取得成功。

部长获悉的关于阮氏朝廷特使和领事要求派一位全权代表到西贡的情报是确实的。在占领河内后为争取时间,我曾考虑到了这种解决办法,当时我担心发生战争。今天我已放弃了这种解决办法,因为和平似乎有了保证。签订一项条约没有必要,安南人将不会遵守条约,即使他们愿意签订。

东京发生的情况证明,顺化政府不能使东京听命于它。我们看到的这种表里不一,实际上可能是它软弱无力的结果。

我很担心我们只有进行报复,才能得到他们的赔礼道歉。

如果形势迫使我们采取这种行动,我们就必须十分谨慎地和巧妙地去完成,从而不损害阮氏朝廷的威望。维护它的威望,对我们是有好处的。

采取这种方法,其进展虽然将是缓慢的,但却是肯定的和不断的。你回顾一下1879年、1880年的形势,就会又惊又喜地发现我们在不断地取得胜利。

此外,我们目前只能保持现状,因为红河枯水不允许我们在红河上游对黑旗军采取行动,必须等到10月份。在这段时间内我们将得到指示。

您可让商舶大臣知道法国在埃及采取的态度,您将会在这一行动中又找到一个肯定我们权力的论据。您应使该大臣明白,在一个富强国家的共和国政府在坚定地保卫本国公民利益时之所以不在安南诉诸于武力，那是因为它希望同它的盟友、嗣德王保持友好关系。

M.D.亚洲第38卷第373—376页

247 海军及殖民地部长致交趾支那总督卢眉

1882年6月20日于巴黎

总督先生：

您4月27日关于我们同安南关系状况的来信，使人预见到了从那时以来在东京发生的事件。您5月2日的来信向我通报了这些事件，并证实了5月1日的电报。上述的事件向我表明胜利是轻而易举地取得的，我赞成这种雷厉风行地处理问题的作风。

我所操心的是您自己也同意的这种思想：必须通过限制我们的占领使我们的成功变得有效。

正如您说的："我认为唯一可担忧的，就是我们过分扩大占领区。使部队过于分散，就会使它们失去作用，从而面临损害我们威望的一系列失败。"

您的不安是有道理的，我完全赞同您的主张：派人暂时以嗣德帝的名义管理河内省，我们只负责治安和管理海关。这一态度是符合1874年的条约的。

您打算在明江汇合处修筑一个设防哨所，以确保红河的自由通航和使黑旗军有所畏惧。地点选择得很好。我们将在那里集结兵力，并在能开展活动的地方安营扎寨，这样我们就能在不增加兵力的情况下达到目的。您认为在城内得到的资金足够支付这方面的费用。

您还预料，南定港的开放能使我们增加10万皮阿斯特的关税收入，您将不需要任何拨款。我高兴地注意到这两点。

顺化政府此时可能相信我们决心使条约得到尊重并采取一些必要的措施来执行条约,一句话,确保红河自由通航。这个政府虽然表示愿意,但无力保障红河的自由通航。现在它已注意到,拖延的办法不能战胜我们的坚强意志。

因此我同意您采取的初步措施。

我还同意您5月2日给李维业司令的新指示和您向他提出的回避无益的纠纷的建议。欧洲的形势不允许法国进行长期的和代价巨大的战争。

我高兴地看到,您明智地不给冒险行为和胜利冲动以任何借口,您5月2日来信确定的方针是同部里的政策是一致的:"利用武力行动取得的优势,在红河流域确立我们的影响,而不在于实际占领"这个国家。

游列居伯利

M.D.亚洲第38卷第386—387页

248 海军及殖民地部长致内阁总理兼外交部长

1882年6月30日于巴黎

内阁总理先生、亲爱的同事:

按照您对我表示的愿望,我荣幸地把我最近收到的交趾支那总督关于东京最近形势的信件寄给您①。正如您将从这些信件中看到的,我们同安南签订的条约由于顺化政府无能和缺乏诚意而未能得到履行,因此我们不得不增加东京的驻军。

在我们增加军队期间,安南官员采取的敌对态度和威胁着我们部队安全的集结军队的行动,迫使我们占领河内城。此外,我们

① 复印时漏印此信。——编者

在使这个城堡不能危害我们之后又已把它交给了安南当局。

我们只是使这个国家免遭黑旗军的侵犯,而顺化政府认为黑旗军是它雇佣的。正如您知道的,黑旗军实际上是一伙不服从任何合法权力的匪贼。

在黑旗军对我国国民进行种种侵犯之后,卢眉先生警告顺化朝廷说:如果地方当局无力把刘永福赶走,那我们将不得不根据保障红河自由通商和授权我们维持国家秩序的条约,采取确保国家安全的措施。

正如您从交趾支那总督先生给我们驻东京的海陆军司令的指示中看到的,总督想利用使顺化无法进行抵抗的这一武力行动所取得的优势,在红河流域更全面地建立起我们的影响,而不进行实际占领。司法事务仍由安南人负责,我们只负责整个地区的治安;我们直接管理海关,并将我们的业务活动情况告知安南官员。

随信附上6月20日信件的副本①。我在该信中已赞同这条十分明智的行动准则。您将会明白,我部所关心的事情,就是必须通过限制我们的占领区,使我们的成功变得更加有效。

我刚刚收到的新的来信提供了有关占领河内和这一武力行动在顺化引起的惊慌的详细情况,这些信也随信附上②。卢眉先生对形势作了这样的概括:“形势是好的。我们控制了形势。尽管我们占领了河内,您制定的计划仍继续和平地执行。如果我们继续耐心地和坚持不懈地工作,成功看来是肯定的。”然而,从我国驻顺化代办的来信中可以看到,“危险是安南政府投靠中国,把国家奉送给中国匪贼,组成一支雇佣军。”可以肯定,如果形势如此发展的话,

① 复印时漏印此副本,可参见第247号。——编者

② 复印时漏此附件。——编者

我们将不能使嗣德帝完全承认我们的保护和让我们通过赶走黑旗军来确保东京的和平,那么,我们就必须考虑到上述两种可能性。

您将会看到,在商舶大臣4月21日给我国驻顺化代办的信件中,安南政府似乎承认我们对河内的干涉是合法的,并把既成事实的责任归咎于守城的官员。

至于中国政府的直接抗议,特别是在嗣德帝在中国设立使馆的问题上,贵部一贯认为大清帝国必须完全停止对我们同安南关系的一切干涉。

我们是根据特殊地位给予我们的权利来到东京的,而这种特殊地位是合法条约所承认的。因为欧洲人的安全和自由通航未能得到顺化政府曾经许诺的保障,我们不能让我们在东京的优势地位受到怀疑,不能失去我们通过长期努力和牺牲所得来的利益。

在这些信件对您不再有用之后,请您立即把它们退回给我。

海军及殖民地部长　游列居伯利

M.D.亚洲第38卷第403—405页

249　外交部长[①]致宝海(第11号)

1882年7月4日于巴黎

先生:

我在3月18日第5号公函中曾将共和国政府关于东京问题的观点告诉您,我还向您宣布,我们准备根据1874年条约加强我方对安南的保护国制度,因为条约的某些条款至今仍然是一纸空文。正如您已了解的那样,交趾支那总督已向红河派遣了一支远征军,武力占领了河内城堡。消息一传到欧洲,中国的使臣认为有必

① 原件无签署人名,此为编者根据内容加拟。——编者

要对这一事件提出抗议。尽管事件的细节还无人深知,但在他看来这是对中国所要求的宗主权的侵犯。虽然抗议的语调相当不客气,我还是认为应予答复。我在信中(抄本曾附寄)表示,关于只涉及与1874年条约签署国法国和安南有关的问题,我不跟曾侯进行任何讨论。此后,天朝的代表又来游说,并于6月14日寄给我一封信(抄本附寄)①,您会跟我一样认为,这封信是没有礼貌的,我对这样的信件,只好置之不理。请您将此事通告给总理衙门,向他们指出,我们不习惯接受这类信件,只要他们驻巴黎的代表不改变语气,我们就不答复他们,对此他们不应感到奇怪。

关于事件的背景,我没有必要提醒您,无论在北京还是在巴黎,我们都不应允许中国干涉我们在印支半岛的政策。

C.P.中国第60卷第202—203页

250 宝海致法来西讷(第96号)

1882年7月24日于北京

内阁总理先生:

我在5月30日信中(政治司第85号),向阁下说明了我认为特别是在目前情况下在共和国驻北京公使和交趾支那总督之间很有必要建立经常而周密的通信联系的理由。否则,共和国的公使怎能确切地了解红河流域所发生的事情?如何防止中国政府和我们之间对此随时可能产生的误会?交趾支那总督怎能了解到北京朝廷的部署,在边界的另一侧在说些什么,做哪些准备?以及怎样区分他可以做而又不引起纠纷的正确界限?这些纠纷在任何情况下,即使我们不怕,也不应使我们措手不及。

① 复印时漏印此信。——编者

正是在这种思想支配之下，我才写信给卢眉先生(抄本附上)。在写信时，我不仅考虑到当前的必要性，而且还想到长期的默契配合，这是我在外交部政治司负责交趾支那和中国事务时的几年中已注意到的，因此，当我得到卢眉先生的答复时，不免有些吃惊。现将该信呈阅。阁下看到后定会发现，交趾支那总督看问题的角度与我截然不同。很清楚，我关心东京事件，在他看来是多此一举，认为我的交涉是干预纯属于他的职权范围的事。我不想同卢眉先生争论这一观点，我也不相信阁下或者游列居伯利将军会赞成这一观点。

此外，我并不强调这封信的形式，它适用于一个上级军官向他的某个下级下达命令，但是一个民政总督给共和国驻华代表写信用这种笔调就不太令人理解。

总之，我今后将避免同卢眉先生谈论他认为无需任何人协助的问题，除非阁下认为有必要。但这么一来交趾支那总督先生今日比任何时候都需要得到巴黎的指示，使他摆脱他心甘情愿处于的孤陋寡闻的状态。而我确实无法想象也无法预见到，他从这种状态中不管是自己还是为了我们共和国在东京的政策能够得到什么好处和荣誉。

宝海

附件1　宝海致卢眉

1882年6月9日于北京

总督先生：

几天以前，我收到您的来信。您在信中告诉我说：由于东京的安南官员对我部队的敌视态度，您决定用武力夺取河内城堡，并于4月25日一枪未发地进行了这一行动。您无疑会知道，上海的英文报纸完全把事情描绘成另外一个样子。它们大量地、详细地报道了我方所遇到的抵抗，报导在我各路部队行动之前长时间的炮轰造成300多名安南士兵死亡。后来，这类初步报道确实减少许多，但中国政府对我们在它毗邻地区刚完成的大规模行动仍然心有余悸。它问我对此事应如何看待，以及我们手持武器深入如安南其它地区一样属于中国宗主权范围的地方打算干什么。北京对这些地区的命运不可能无动于衷。

我所收到的来自巴黎的信件使我得以明确地指出我们在东京所奉行的政策的目的，从而使中国政府放心。我有理由相信，我所做的这些解释足以消除由上海新闻记者所引起、又由于广东总督的报告而加深的忧虑。

尽管如此，我不能不承认，我感到很难回答中国大臣们提出的迫切问题。当谈到我方部队登陆，进攻河内城堡，在当地调动远征军时，他们问我，所有这一切跟我所宣布的和平意图，跟我们对嗣德王的友好态度，总之跟我们不会做任何超出执行既有条约的事情的决定，如何能够协调起来。

当我有可能对那些说法加以驳斥或争辩时，我只得就一些看来肯定有说服力的原则泛泛而谈，因为您没有使我能够核实这些说法是否确实。

我很高兴得知，我们所采取的决定以及由此产生的效果“没有中断我们同安南的友好关系”。既然您这样说[①]，我当然无法怀疑。然而，如果除了几句简短的解释之外并不向他们提供更有说服力的理由的话，要使中国大臣相信我所相信的事，那不是由我能决定得了的，这一点您是容易理解的。总督先生，如您今后能更多地向

① 着重号为原文所有。——编者

我提供那些引起中国政府高度重视的事情的详细情况，从而使我能在此地更正那些不准确的说法或者怀有恶意者散布的会给我们带来重重困难的谣言，我将不胜感激。

正如上面所说的那样，我确信中国政府今天已从最初的惊慌中镇定了下来，它已明白我们当前的目的何在。如果我们的行动不超越共和国政府所同意的纲领界线——外交部长先生已将内容通知我——，中国政府是不会设法妨碍我们的。

但是，正如不久前我给巴黎的信中所写的，我们应该谨慎地照顾他们的某些面子，避免触及那些敏感性的问题，因为这些可能比事情的内容本身更难以处理。不要让人说我们想破坏中国的宗主权，因为尽管这种宗主权纯粹是名义上的，但中国政府认为保持这种宗主权是和它的尊严联系在一起的。正如中国人所说的那样，对于中国政府这是一个"保持面子"的问题。因此在这一问题上总理衙门是寸步不让的。

但还是有某种可能的、甚至容易的交易可做。问题的关键是通过照顾他们无谓的自豪感来解释我们在东京的行动，一方面我们要表示尊重中国的宗主权，另方面在实际行动中则不予理会。当然，我们这些意见只适用于我们自己的行为，而根本不能用于指导安南政府应做什么，不应做什么。您一定注意到顺化朝廷不时地往北京派遣使节，这是一种最令人气愤的过分行为，急需予以制止。我很难相信，嗣德王打算坚持这样做下去，以显示他做为藩臣的忠心。如果我们对他进行恫吓，禁止他继续那种违背法越条约精神的做法，中国政府肯定不会和他争吵，也不会责备他变节。至于我们，只要我们的压力不是用公开的命令表现出来——公开命令可能在中国人眼里是一种挑衅行为——人们就不会进而攻击我们，而我们将会看到这种毫无道理可言、违背我们的权威原则、并且可能给嗣德王提供机会来策划反对我们的阴谋的作法无声无息地消灭掉。

由于以上种种原因，总督先生，面临如此重要的、刚刚进入决定性阶段的大事，实有保持经常交流情报和看法的必要，因为您我都是关心事情向有利于法国利益方面发展的。这样，我们就可以把我们的行动有效地结合起来，就会铲除可能出现在我们道路上的障碍。基于这种思想，我才荣幸地将广西富于道主教刚刚寄给我的信的抄件附寄给您①，我还要求他给可加拉德克先生也寄一份抄件去，我相信我把这些消息告诉您完全出于诚意。

宝海

附件 2 卢眉致宝海

1882 年 7 月 8 日

公使先生：

我荣幸地收到您 6 月 9 日来信，以及您转给我的特别信件。

我们东京的形势很好，我们和顺化朝廷的关系从没有如此亲热。

河内城堡被占仅是由于〈越〉总督的不适当的狂热和笨拙所造成的令人气愤的事件。安南政府自己也承认了，尔后它又给各省发去明智的训示，防止类似的情况发生。

我 1 月 1 日和 14 日的指示是那样的明确，我相信不用担心北京朝廷会提出什么意见。而且，外交部长先生已通知曾侯说，他的政府的要求是不能接受的，我们保留行动自由。

总督 卢眉

① 复印时漏此附件。——编者

C. P. 中国第 60 卷第 219—225 页

251　海军及殖民地部长致内阁总理兼外交部长

1882 年 8 月 2 日于巴黎

内阁总理先生、亲爱的同事：

继我的前几封信之后，我今天荣幸地把交趾支那总督关于东京形势和我们同安南关系状况的几封信寄给您。

1. 6 月 11 日第 45 号和 46 号信件；

2. 6 月 14 日关于顺化政府批准出口大米的信件[①]；

3. 6 月 17 日第 52 号，关于卢眉先生在法国和英国可能联合干涉埃及的情况下，向安南和东京下达的指示的信件；

4. 6 月 19 日第 53 号，关于安南和东京形势的信件[②]；

5. 7 月 1 日第 58 号关于刘永福提出的归顺建议的信件；

6. 7 月 2 日第 59 号关于寄发 1874 年 3 月 15 日同安南签订的条约的补充条约草案的信件。

正如您将从这些信件中看到的，攻占河内似乎略微加深了我部以前曾向您提出的认识。顺化朝廷似乎明白，我们不想放弃条约给予我们的地位，以及向我们承认的权利。

我国驻顺化代办认为，选派两名安南官员往东京取代两名敌视我们的官员，这看来提供了安全与和睦的保证。然而卢眉先生认为，我们必须对中国人和黑旗军采取有力的行动。黑旗军首领提出的建议只使他产生了微弱的信心。

您也非常关注东京发生的令人不快的事件，这件事的结局是

① 复印时漏印此信。——编者

② 复印时漏印。——编者

一个种植鸦片的农民在海阳被处决，这件事特别令人遗憾，因为这一蛮横行动的受害者是一个英籍中国人。迄今为止，新加坡的英国当局似乎还没有提出任何抗议。但是根据我们目前的情况，令人担心的是英国政府会以此为借口来给我们制造困难。

实际上，1874年条约并没有正式确定我们对安南的保护，因此某个外国如感到它的某个国民受到伤害时，就能直接要求顺化政府赔礼道歉。这种假设特别使我们感到需要签订一项新的补充条约，明确确定我们对嗣德帝的地位。现卢眉先生已将草案寄给我，希望这一草案的通过将使我们的立场更加鲜明，更加无愧于法国，我同意这种估价。应交趾支那总督的要求，我收到他的草案后就给他发了如下电报：

"您的安南条约草案应递交议会批准。"

我原先打算到适当的时候同您一道研究草案的各项条款，但我在收到来自西贡的电报后，不得不对草案表示某些保留。我将该电报抄录如下：

"请不要把条约提交给议会。形势有变化。"

在这种情况下，我们只好等待卢眉先生的新消息。

海军及殖民地部长　游列居伯利

附件1　交趾支那总督卢眉致海军及殖民地部长

1882年6月17日于西贡

在新加坡得到路透社的消息宣称英法干涉埃及事务。尽管没有将这一消息通知我，但我还是认为共和国政府基本上希望不在远东引起纠纷。

在等待您的指示的同时，我已嘱咐我国驻顺化代办和海域分舰队司令，要持谨慎态度，但决不改变我们在东京采取的坚定立场。这种延缓没有任何不利之处,因为河水退落使我们无法惩罚黑旗军,但在今后几个月内我们必将惩罚他们。

这种推迟,实际上是完全必要的。但是不应再考虑退却,因为我们的克制可能会被顺化朝廷视为软弱无力,这样我们将会失掉 3 年来艰苦取得的全部地盘,而且我们将很快面临严重困难从而导致我们不希望发生的军事行动。

我荣幸地把我给法国驻顺化代办和商舶大臣的两封信寄给您①。您可以据此来评价完全符合您的计划的政策,我尽力遵循您的计划行事。

附件 2　交趾支那总督卢眉致海军及殖民地部长

1882 年 7 月 1 日于西贡

我刚刚通过间接的途径得到一个很不可靠的消息,刘永福提出了一个归顺的主张。他意识到不能再长期地抵抗我们的军队,因此可能请求在红河三角洲地区得到一块地盘。

只要我们没有得到黑旗军首领诚恳和明确的担保,我们就绝不能相信这样的主张。但是,如果这个主张可靠的话,也毫不令人奇怪。这个主张符合公元前三世纪以来东京的历史和传统。类似这样的主张在历史上从未间断过。所不同的是,过去是向天朝表示恭顺,而此次却转向法兰西了。

这一奇特的解决方法至少值得研究。刘永福和他的人马将受到我们的保护。他们的协助将保证我们对东京的无可争议的权力和影响。

明天的黑旗军也可能会变成像今天的强盗一样。如果有合适

① 原档缺此附件。——编者

的机会，安分守己的农民和渔民也会干出强盗的勾当。这一点和他们亚洲的同行没有什么区别。

在这些人当中，偷窃、敲诈、勒索、渎职、掠夺、抢劫和贩卖人口的含义与欧洲人的理解不同。实际上，这里实行的有时是首领对下属，有时是这一集团对另一较弱小的集团的强权政治。

法兰西不能同强盗的首领谈判。我们的尊严明确地禁止我们这样做。我们应该等待他们彻底屈服。但是，他们如果屈服了，我们不打算和中国人或安南人一起把他们击退。应该永远让敌人从容地撤离。因为，如果他们知道要丧命或者不能逃走，他们将会进行垂死的抵抗。

我认为应该向您提供这些情报。我之所以这样做并不是因为我觉得这些情报可靠，而是它们有可能是可靠的。在这个国家里什么事情都会发生。如果出现了那种情况，在同刘永福建立联系前，我可能会向您请示。因此我有必要现在就向您说明形势。因为，通过电报进行解释，您很难弄清事情的来龙去脉。

附件 3　交趾支那总督致海军及殖民地部长

1882 年 6 月 11 日于西贡

我荣幸地通知您对处死英籍中国人安志禄一事的调查结果。这件事我曾在 1881 年 5 月 28 日的电报中向您汇报过，现在谈谈它的现状。

安志禄是一个酒鬼，由于他与另一个中国人在安南经营的农场生意不好，□……

附件 4　交趾支那总督致海军及殖民地部长

1882 年 6 月 11 日于西贡

河内事件已告结束。在占领城市后,由于海域分舰队司令在获胜后采取了节制态度,由于我国代办的谨慎以及嗣德帝怀有在他统治的后期保持和平的愿望,我们同顺化朝廷十分紧张的关系没有进一步恶化。

这些事件再次证明,只要采取坚决果断的行动,我们就不难在东京和安南树立我们的权威,而不需要依靠远征军。在我看来,派遣远征军是非常错误的。它会使我们陷入无法摆脱的困境和做出在法兰西难以想象的、巨大的财力和人员的牺牲。

我们的处境明显地好转了。如果我们善于利用思想上的混乱,形势对我们将会更加有利。实际上,〈顺化〉主要官员之间,由于在对法兰西政策上意见分歧,国家已陷于崩溃。各省的总督为私利着想,各行其是。当一个官员主张抵抗时,另一个则认为和平是不可缺少的。有的不厌其烦地向我们做出友谊的保证,有的却聚集在黑旗军周围,毫不掩饰对我们的敌意。人们已经不听朝廷指挥了。被这些争论搞得疲惫不堪的国王,有可能要求我们进行干预和维持秩序。

我们目前尚需采取最谨慎的态度,以便使激情冷静下来。此外,河流的水位也不允许我们采取行动。为了惩罚黑旗军,我们要等水位上涨,也就是说等待 10 月份的到来。到那时,必须给这些非正规军一点颜色看看。如果我们不这样做,我们就会失去影响。因为,我们的克制态度会被认为是软弱和胆怯。

我坚持过去给李维业先生的指示。应该炮击被中国强盗占领的一些据点,并在明江的汇合处驻扎部队检查红河下游的水运情况。但是，应避免在陆地动用军队，因为安南的军官将会及时获得这些行动的消息。

鉴于我们现在对宗教问题越来越不感兴趣，将来，如果我们占领了这个地区，又没有经济措施来保证，那末这种占领是没有基础的。

我们已掌握了海关的领导权。现正等待同顺化王朝制定一个章程。鉴于法国已把西班牙借款的债权转给了殖民地，所以我们有权采取上述措施。我已让人们研究在河内和海防之间建立一条电报线路。开支不会超过1.9万法郎。我希望在年底前能够开工。我有可能在安南地区建立一个电报网。我同安南当局就此问题进行了谈判。当局委托我培养那些在我办公室临时工作的本地年轻人掌握发报技术。

鉴于红河地区行市多变，无法进行重大的商业活动，我们应考虑修一条铁路。这样，就可以把云南的产品运出来。我已叫人研究修造海防至河内铁路的第一个路段。

根据前辩护律师维安(Viémt)先生的请求，我把这项任务交给了他。他的品行虽有争议，但至少他是个积极肯干的人。尽管他在报纸上曾对我进行过侮辱，但我毫不犹豫地接受了他的帮助。我认为，在这法国人寥寥无几的遥远的地方，当涉及国家利益的时候，一切个人恩怨都应抛弃。

为寻找煤田，殖民地当局做出了重大的牺牲。煤矿总工程师福希博士的报告，将使大家了解东京有大量的煤炭资源。他希望由一家办事认真的公司负责开采。您可以建议或指定一家这样的公司。我荣幸地要求您介入此事。我们不应让英国人、德国人或中国人占据这个工业部门。

十之八九，我能够把特许权给予那些被推荐给我的人。

某些辅助的防卫工程、建立或修缮兵营、在红河上游设立一个哨所,需要一些开支。我请您从东京的预算中拿出30万法郎供我使用。东京将拥有一支数量不小的后备军和一艘年内能造好的内河警卫艇。

由于推迟了提供这些船只的时间和对破损不堪的“豹子”(Léopard)号舰的修复尚未结束,我们在东京的海军力量显得薄弱了些。我不得不派去“土耳其弯刀”号、“标枪”(Javeline)号两艘炮艇。第一艘炮艇已到达目的地,第二艘将于几天后由“阿米林”号舰拖去。

总之,您制定的计划正在正常地实现中。在保持同安南友好关系的同时,我们能够在东京扩大影响。如果我们按此道路前进,我不怀疑,从现在起,在几年的时间内就能占有这块富饶的土地。这是一个时间和耐心的问题。

我认为,我有责任呼吁您给予李维业司令先生亲切的关照。李维业先生稳重、谨慎、工作十分出色。很多人,要是处于他的地位,会陶醉于轻而易举取得的成绩,导致进行一次不合时宜的、危险的军事远征。如果您愿意授予这位卓绝的军官三级法国荣誉勋章的话,我将对您不胜感激。

附件(1)　交趾支那分舰队司令李维业致交趾支那总督

1882年5月14—28日于河内

由于信使到达海防和离开海防前往西贡的时间相隔太短,我只能在5月13日给您的报告中简单扼要地对您5月2日的电文给予答复。

我荣幸地向您保证,我们一定要夺取河内城堡,绝不能把它放在一边不管。我们的威望正在日益下降,这个城堡的防务措施就是对我们不信任的一种迹象,同时它也构成了一种威胁。随着时间的推移,城堡真有可能变得令人可畏。因此,恕我不能完全同意您的意见,您曾对我说过:“未经战斗就夺取的城堡更为可怕。”我将这样回答您:“这些城堡之所以不可怕是因为人们知道如何去夺取它们。”从我的详细报告中您可以看到,为了保证战斗顺利进行,我和夏纽少校采取了必要的防范措施。否则,我们肯定会失败。在战斗中,我方只有四人负伤,而安南方面却有 40 人阵亡,20 人负伤。这些数字是经过当场验证的。只要我在这里,我将保持把伤亡人数减到最小程度的荣誉。因为一场以最小的代价换取最大胜利的仗,才算得上是一场打得漂亮的仗。

您不要责怪我如此捍卫我的军事自尊心。我已步入晚年,这种自尊心在特殊情况下的发展也完全出乎我的意料。

我准备只有在绝对需要的情况下,才使用武力反对地方当局。

自 5 月 13 日以来,我们同两位特使的关系一直十分友好,一点儿也不紧张。

两位特使来这里的目的可能是为了收回该城市。他们考虑了许多我在目前情况下不能考虑的问题,在陈先生和阮先生面前,我坚持在给按察的信中提出的条件。该信我是在夺取城市的第二天,当这位官员——国王的一个亲属——同意由他本人临时管理两个省和这个城市时写的。我已把该信的抄件寄给了您。

当然,我说过,只要黄亲王和他雇佣的黑旗军没有得到应有的惩罚,我们就会不断地受到他们的威胁。在市内,我还占领着庙宇和供最后防御用的内堡。如放弃这些庙宇和内堡,黑旗军就会随时占据它们。我不能冒险。如果这种情况一旦发生,我们即应把占领者赶走。当然,我们应避免发生这样的事。另外,我允许安南的旗帜挂在庙宇屋顶上,但不同意派两名军官在我们的内堡外巡逻。在市内,我们从未和安南人打过交道。我们的士兵和杂役一直都是从东南门进城的。他们只走这一处城门,而且总走一条路。在路上,他们从未遇到要进入我们内堡的人。昨天我们将米店还给了陈先生和阮先生。我们本想早一点归还,但他们请求我们为其看管至今。我在给按察使的信中,同意他在市内拥有200名不持枪的士兵,这些士兵须分三次派进。

前天,总督(陈先生)告诉我,将有740名士兵由顺化派到此地。我告诉他,只要黑旗军还在,还对我们构成威胁,740名士兵这个数字我认为是太大了。但是为了向他表示我的良好愿望,我不反对他拥有300或400名士兵。北宁和南定的总督丝毫没有停止扩充军备,也没有拆除障碍物。尽管这一切都违背了顺化朝廷的命令,但陈先生没有坚持朝廷的主张。他说士兵数量在路上没有减少,总数已达700人。

我已了解您在信中向我指出的我的工作应该遵循的一般原则。

您也知道,我一直主张不要对民事工作进行干涉。然而,我保留在必要时对整个我们能够行使权力的地区行使治安权。但是,到目前为止,我认为没有必要设立常设军事法庭。城市和它的周围都非常安宁。根据陈总督和按察使的请求,我们包围了有中国游民居住的一座房子。士兵一到那里,中国人就逃跑了。

有一个人朝一个士兵打了一枪。这个士兵马上还击,可惜没有打中。我们抓住了另一名正在逃跑的中国人。他丝毫不想干反对我们的事情。这个人被关在城堡的监狱中。我要把他关一段时间。我不准备把他押送给您,再押送到昆仑岛去,因为没有这个必要。

我说一句离题的话。(5月19日)领事先生告诉我发生了这样一件事情。一个鸦片种植场主,由于生意不好而疯了。这个人到领事馆已经三天了。开始时,他跷着二郎腿坐在安乐椅上,后来便大哭起来。可加拉德克认为他是喝醉了。同一天,此人乘坐农场的船只前往海阳,吃晚饭时,他砸碎了全部餐具,还开了一枪。在这个疯子的家里人的要求下,一位官员逮捕了他。可加拉德克请陈先生给海阳写信,要求释放他。农场主的兄弟来了。我跑到领事馆告诉可加拉德克说,农场主很可能在海阳要被斩首。官员对农场主神经错乱的种种表现采取了认真对待的态度。果真如此。使我感兴趣的是,这个鸦片种植场主是一个出生在新加坡、加入了英国籍的中国人。

关于财政问题,我将按照您告诉我的去做。在海关,纳税人名册有所变化,从 4 月 20 日起已开始执行。安南官员们负责了解每天的营业情况。他们的工资全部由我们支付。我们对这些官员是很满意的。然而还是应该减少一些安南的工作人员,增加一些我们自己的人。

现在河内我身边工作的贝斯尼(Besni)先生,目前正负责研究和管理这项工作,并负责向我汇报。东京地区一切与预算有关的问题都是按照您的规定办理的。

为解决当前工作中的急需,最要紧的是,要使租界地区有自卫能力。您向我们提供了 4000 法郎的经费。从 4 月 20 日起,工程已着手进行,合同已经签订。造价 1 万皮阿斯特的工程正以最快的速度在进展。但是,如果不是建造永久性的兵营,花那么多钱我看没有多大的必要。如果要建造永久性的兵营,所需经费可以从东京地方预算中支出。

实际上,我们的意见是,不要马上就动手干,至少要等到看清了事态发展的最终趋势以后再说。目前的军营以及安南军营的附属建筑物(当驻军人数从 100 名增到 200 名时交给我们使用的建筑物)可以很容易地安排200人居住。当其他据点安顿好以后,这里驻军人数将经常保持这个数字。那些今天刚刚修好的简陋房子,在今后一两年内,可供补充部队在过路时用。

黑旗军现在是,将来也是我们担心的问题。我也认为,不应在陆地上追捕他们。将来我也决不这样做。退一万步,即使要采取行动,也要等到10月份,等到欧洲人可以行走的季节到来时,才有这种可能。在这之前,我让几艘炮艇到江上侦察。

在这些侦察活动中,有两次时间只相隔几天。一次是由"短枪"号进行的,另一次是由"马苏"号进行的。这两次侦察,使海关收入有明显的增长。头一次征税800法郎。(我曾经错误地告诉您为1000法郎。)第二次为600法郎。由于水位低,这些舰艇只走到距山西几海里的地方。听说黄亲王和由他豢养的黑旗军就驻扎在山西。

黄亲王显然是我们的敌人。他也不是陈先生和阮先生的朋友。我相信,在看到我们教训了亲王之后,陈先生和阮先生一定会很高兴的。我准备等到水位上涨到能开舰艇到山西时,就采取行动,甚至还要带一个军乐团去。我准备去上游调查在明江修建一个哨所设施的条件,还要看一看是否需要给非正规军在岸边修筑的防御工事提供炮弹,尤其要了解人们是否能成功地袭击山西和黄亲王平时的住地——兴化。

在监视黄亲王和不损害我们同顺化皇室关系的同时,应该最终解决黑旗军这个问题。我们一直宣称是在同他们作战。

黄亲王为什么要豢养黑旗军并和他们一起行动呢?

我将尽力避免同中国军队作战。我一定设法在南定港为欧洲贸易争取十分有利的地位。我希望关于这个问题的谈判能够在顺化获得成功。

目前,即使谈判仅仅在这方面成功也好。因为,南定的官员是我们公开的敌人,他们负债累累,为了使自己免遭惩罚,他们把无关的中国人都安顿在城内,并指望这些中国人替他们吃我们的炮弹。

我荣幸地随函寄去河内至海防的电报线路图和文字说明①。如果您认为这张图合适,我们马上就可以动工。我可以从广安山里将必需的松木运回来。

我感谢您用“斗拉克”号舰把汽艇“美萩”号拖来。从此,我就有5艘小汽艇,4艘内河炮艇:“马苏”号、“短枪”号、“土耳其弯刀”号和“标枪”号对我来说也够用了。使我特别高兴的是,您用“阿米林”号舰给我运来了“标枪”号,因为“马苏”号已不能再派大用场了。

我请您必须准时把食物给我们运来,因为我们储存的食物仅够吃到5月20日。如果运出的食物在最后一站——西贡遇到事故,或者不能及时运到,那就不好办了。

可加拉德克先生同黎那先生通过一些信使保持联系。我则根据指示送黎那先生到“阿米林”号舰上,他已知道该舰5月31日晚要停在顺化河口沙洲附近,他应于6月1日下午到达那里。

1882年5月28日

我再谈一谈粮食问题,我们所拥有的粮食只够每天勉强度日。5月14日,我们不得不买200公升塔菲亚酒,我们还取消了官员和军官们的一切特权。

设立新哨所后困难会更加严重,例如在明江设立的哨所就是一个例子。我勉强在城堡里储备了够100人吃5天的塔菲亚酒和

① 原档缺。——编者

饼干。我认为,最好能在河内储存6桶酒、500公升塔菲亚酒,在营房内我们还有一块可以容纳相当于10倍上述食品的地方。

这几天,我让人清除了天德江运河上的一条相当大的堤坝。这样,我们到海防的两条路线邦布运河和北宁运河都可以通行了。

鸦片种植场主中国人安志禄的事件是确实的。由于教会首领宣称安志禄是个疯子,那个把安志禄抓起来的官员就把他放了。可是,到了晚上,安志禄纠集了几个同伙,在城堡门前大肆喧哗。那个官员又派人抓住了他并砍了他的头。

韦尔纳维尔先生已乘坐"马苏"号船前往海阳调查此事。

附言:由于缺水和设立新的哨所,我们特别需要一些水箱做蓄水池用。如果只是向海军舰队供应水,我可以使用"狄尔昔"号的蓄水池。但我现在需要您同意给租界地供水。您若同意,我将不胜感激。"阿米林"号船在下次出海时也会给我们运来这么多水箱,我想这就足够了。

为了修建河内至海防、海防至法尔(Phare)的电报线路,需要130公里长的电线,2501米电缆,以及在河内和海防修建两个电报局、在法尔修建一个小电报局的建筑材料。

"斗拉克"号船还未到。

附件(2) 驻顺化代办黎那致交趾支那总督

1882年5月30日于顺化

我荣幸地告诉您,根据您的指示,今天上午我到商舶大臣那里,把您的第7号电报交给他。

商舶大臣首先向我保证,所有的工程都已经停止。很遗憾,我却刚刚从"安特落波"号军舰的军官们那里得到了相反的消息,他们看见许多人在海堤上和炮台上劳动。

商舶大臣辩解说，这只不过是对过去的某些工程在进行修修补补。但是他认为这些防御工程并没有多大价值。某些官员也是这样认为的。这些工程当初是由军事专家们修建的，那时他们认为这是一件严肃而有意义的工作。

我指出，这样的态度使我们怀疑安南在处理同我们的关系时是否真有诚意。同时，也指出，他们这种做法会毫无意义地增加国家的负担。商舶大臣最后承认，实际上只有国王和一些最保守的官员认为保留这些工程设施大有好处，也十分必要。

商舶大臣似乎想说明许多官员都主张打仗，但并不清楚战争的前景和结局，他们的影响并不能动摇国王的意志。

然后，他向我谈到了您给他的两封信。他说信件还未全部译出，但他已经知道内容是什么了，因为他已读过了，他被您杰出的思想所征服。我回答他说他这种感受是完全有道理的。后来，又谈到了翻译中遇到的困难。我告诉他，我担心那些较困难的段落会翻译不准确。

商舶大臣对我说他打算把译文寄来由我校阅，我拒绝承担这项工作，也不愿意由我再去找别人做这件事。

我这样答复他：当我一心希望您能很好地理解我的意思时，我会把信的原文和译文一并寄给您；但是，这次我对您是否能够正确理解没有任何兴趣，您自己想办法找个好翻译吧。

一段时间以来，由于我们多次重申和平的愿望，以致使人认为我们特别害怕关系破裂；为了避免关系破裂，我们会在反对派的种种要求面前屈服。我感觉持这一看法的人日益增多。为了消除这一看法，我保证，只要主战派的思想占了统治地位，我们将不顾自身和平的愿望去迎战，这样可使局势明朗化。但是，在这种情况下，为了不使令人不愉快的争执无休止地继续下去，各方应迅速做出决定。鉴于各派都会比我们更灵活,我觉得上述措施是必要的。我认为,应对本地人严加管束。但需注意,当他们要反抗时,我们应该松松套。我还得说一句,即使我们有着真诚的和解愿望,那也不能过于容忍。多年来,人们摸透了我们容忍、宽宏大量的脾气,采取了种种办法来对付我们。我们已被搞得精疲力尽,忍无可忍了。

总之,我想,河内事件可看作业已解决。我们将从中得到好处。这件事是强有力的政策的具体体现,它可作为过去同类事件中的楷模,后人也可以从中得到启发。我看该事件不会产生令人不愉快的后果。它可能会引起某些人对我们的猜疑,但别忘了这些人都是些天生的好疑分子。

商舶大臣再次向我保证,命令已发往南定、北宁和山西。如果命令真的已经发出,而且不是一纸空文的话,我们可以相信,不会突然发生新的冲突。安邺远征的经历也不可能使我们再破例地公然行动。

在老百姓方面,我们别的都不怕,只怕在乂安和东京某些地方受过教育的人同基督教徒的对立酿成骚乱。在一个月以前,我已指出了这一点。至于安南政府造成的困难,我们并不把它放在心上。

目前,如果我们要占领和管理这个国家,各方面都会出现一些复杂的情况,河内居民的态度就是一例,现在文人们尚不致闹事。我没有得到乂安教会的消息,这说明那里的安全没有遭到威胁。三个星期前,广治的传教士曾一度有些恐慌。

本月18日,4000名文人聚集在顺化参加历时8天的考试。那几天秩序井然,这些人云集顺化参加考试一事丝毫没有被人察觉。

很难估计安南政府会干出什么事情来。我相信,尽管该政府拥有武器,但它担心与我们关系破裂。为了实现您的计划,在提条件时应把条件提得高一些。另外,还应该估计到实现您的计划可能会遇到各种各样的麻烦。

安南政府对战争的结局丝毫不抱幻想。它很清楚，如果发生战争，这将意味着王朝的覆灭和几乎全体高级官员的失宠。而保持和平则一无所失，他们将奉行能使损失减到最小程度的政策。但是，我们也应该想到，他们会用狡诈、谎言作为自卫的武器来对付我们。他们可能会利用中国人来给我们制造困难。他们还可能再招来一些中国军队以加强原已驻扎在他们那里的中国军队的力量。但是他们料不到这些中国军队的到来会把他们自己毁掉。

驻河内的领事能比我更详尽地向您介绍有关情况。现在我们已同中国人公开对立了，我们应当比以往更加小心才是。他们之中的很多人已无法返回中国，他们对目前的生活极不适应，贫困迫使他们变得胆大妄为。他们总是能够很成功地避开我们。在许多年之内，这将是我们的一个难治之症，这也是您的看法。读了给李维业的指示后所得出的看法和这种看法是一致的。

我们怀疑，除了解散一些军队，让他们去北方伙同那里的强盗一同占领那些地区之外，中国未必还能对这个国家做出什么事情来。有人向我证实，国王已派了一名官员去广州向总督递交一封信。这个官员可能乘一艘商船经香港赴广州，他离开此地去沱瀼已有八、九十天了。

人们估计他可能会请求中国(两广总督)宽恕刘永福，并为他返中国提供方便，借此来摆脱刘永福；至于会不会要求中国派兵去北方诸省，传说不一。我们驻香港的领事最好能注意安南人的行动，密切监视他们。听说负责处理“马延”号船并购买两艘新船的人到香港已经有很长时间了。还听说数月前他们就给英国总督送去了礼品。我认为有必要监视他们在那里的所做所为。

和您一样，我对实现您的计划充满信心，我非常荣幸能为此贡献出自己的全部力量。就像您所预料的那样,需要克服的困难还是很多的。意外发生的情况可能会起很大作用,使我们不得不采取其他对策。我想,我们是能够越过面前的障碍的。我们手中掌握着一件可以在一段时间内运用自如的武器,这就是要求赔偿由于刘永福的罪行所造成的损失。我觉得这是一件很好的武器。

为了引起他们的注意,我已经使用了这件武器,并且还打算多次使用它。他们已经开始明白,我们什么都没有忘记。我们这样做目的是为了报仇雪耻。有人评论说,我们有理由提出许多要求。关于赔款问题,我是十分谨慎的,从未说死。这样有朝一日,我们真的要求赔偿,我也不会被动。将来您如果运用这个武器也还是有些分量的,然而那时这件武器在我手中就不会那么灵了,我不能再使用它了。

为了保持我们经过努力所取得的成果,我们的态度必须更加强硬。这与仁慈并不矛盾,没有讨论的余地,我们必须这样做。过去他们经常这样对待我们。除了正义之外我们别无他求。在通过和平途径不能取得谅解时,我们有权迫使他们接受我们的意志。

我们将按照上述原则分别处理广新(Quang Sing)和施利韦事件。在这些问题上我们有许多事情要做。今天上午,我与商舶大臣谈及此事,他对上述事件还没有被我们忘记感到吃惊。根据我们进行的简短交谈,我确信,他不会受理上述两个案子。

过几天我将着手处理这两件事情。

商舶大臣对我说,安南驻西贡的领事在一封信中谈到您希望派一位全权代表去西贡的愿望。

我立即向他说明了事情的真相,指出,这个计划是领事们自己提出的,他们曾请您给予支持,但遭到了您的拒绝。

过去他们要求派什么人就派什么人,但是,我觉得这一次不会满足领事的要求了。

附件(3)　驻河内领事可加拉德克致交趾支那总督

1882年5月27日于河内

河内现在非常安定。在顺化来的两名特使领导下，这里的行政管理工作同往常一样有条不紊。

陈廷肃和阮有度肯定是安南政府在当前情况下能够派出来的最好官员。但遗憾的是没有赋予他们足够的权力。他们并不能对整个东京发号施令。

以黄佐炎统督为首的山西、南定和北宁3省的总督的敌对态度，从开始到现在没有什么变化。

北宁总督在答复陈廷肃给他的关于要求拆毁一个堤坝的官方电报时说，他不能听陈廷肃的命令，只服从黄佐炎的领导。我们只好亲自出面强迫村民拆毁这个位于天德江运河入口处距河内仅有几海里的水坝。这条运河是人们在水位上升时唯一可以使用的航道。北宁省除了红河和沧江之外，许多河流都被该水坝切断而无法通行。

南定老总督花了许多钱，从那些经常去茶里的船员中招募了400—900名中国人扩充自己的实力。

陆波(Luc Bo)河的支流流经南定。为了阻挡我们的炮艇通过这里，陆波河支流南定河段被人用大石头堵住，石头中间还沉没了一些装满石头的船。

兴安巡抚开始在竹(Bambous)河上修坝也是根据南定总督的命令。如果我们不在刚开始时就派人把大坝毁掉，并且采取严厉的措施制服沿岸居民，我们同海防的交通就会完全被切断。

在山西，只有黄佐炎才能指挥总督的行动。黄一直是反法集团的首领。由于陷得太深,以至于现在已无法摆脱这个集团。

几乎所有的黑旗军成员和黄的部属都在山西。即使黄接到让他摆脱黑旗军的命令,他现在也身不由己。

据说,召回刘永福,让他在山西驻防,完全是黄个人的决定,没有得到顺化的批准。不管怎样,黑旗军明白;我们最恨的人就是他们。正是为了给他们点颜色看看,交趾支那总督才派增援部队到东京来。法国部队负责人的声明,再清楚不过地说明了这个问题。如果本地官员命令黑旗军撤离,说明这些地方官想牺牲黑旗军。如果得不到一笔赔款,黑旗军是决不离开山西的,而人们肯定不会给他们这笔钱。

嗣德帝若想在其执政的晚年保持和平,就得摆脱黑旗军。我认为同时也应该摆脱黄佐炎,这对皇帝极为有益。黄的势力太大,只要他留在东京,他就会利用其全部影响使我们受挫。他有时会公开反对我们,有时会打击那些同情我们的官员。因此他是与我们保持密切联系和从事经商的人的一大障碍。

如果黄佐炎和黑旗军一起逃跑了,朝廷又将那些妥协派和反对派的官员如南定和北宁的总督撤职,由经过挑选的、像河内的两个特使那样了解严峻形势的人来代替他们,我们便可以期望找到一个妥协的办法,在一些重要的问题上满足我们的要求,而不一定需要同安南签定协定。

假如我没有弄错的话,这正是您所希望取得的成绩。

现在有可能在山西或者兴化追上黑旗军,他们不会跑得更远。李维业司令建议将来在河内上游进行侦察,以便得到一些新的情况。

M.D.亚洲第39卷第10—16、22—69页

252 外交部长①致宝海

1882年8月10日于巴黎

先生：

我仔细读了您5月14日和30日寄给我的前任的第84和85号两封信，您向我转达了您和总理衙门的最主要成员就东京事件会谈的情况，使我能够正确地估量中国政府的真实想法，觉察到他们的想法与曾侯自以为有权向法来西讷先生写信提出的意图之间有多大的距离。

总理衙门大臣谦恭的做法已消除了中国驻巴黎使节的不正确态度给我们留下的痛苦印象。您认可了他们的做法，您准备向您的交谈者作出澄清，使北京朝廷不用担心我们对安南和中国所采取的友好部署。

我赞成您对他所讲的一席话，我和您一样认为我们应该尽可能消除中国政府的疑虑，但同时我们又不放弃1874年条约给予我们的地位。

您是共和国政府观点的忠实表达者，您可作出保证：我们在红河流域的行动目的是恢复我们条约规定的正常秩序，恢复天朝帝国边界地区的公众的安宁，以及向外国开放一条通商道路，中国由于它的地理位置将首先从中获得好处。

C.P.中国第60卷第250页

① 原件无签发人名及单位，从内容分析，似为外交部长签复的文件。而从1882年8月7日起，内阁总理兼外交部长为杜克列(Duclerc)——编者

253 宝海致内阁总理兼外交部长法来西讷①

1882年8月21日于北京

内阁总理先生:

我非常感谢阁下向我下达的第11和12号有关安南事件的指示。我特别高兴得到这些指示,因为尽管我多次向卢眉先生发出紧急呼吁,也没有能从他那里得到任何有关顺化和安南北部各地所发生的事情的消息。他给我的最后一封信(我已转给部里)清楚地说明:交趾支那总督先生之所以沉默是经过认真考虑后的决定造成的后果。我想,改变这么一种令人难以理解的执拗做法将是徒劳的,因为卢眉先生认为他没有必要去理会中国的想法、要求和所做的事。他对我在这些问题上所能向他提供的情报丝毫不感兴趣,他觉得共和国公使馆这样做只不过是想插手安南边界另一侧所发生的事情。卢眉先生在这方面有着双重的错误:首先是因为中国可能给我们制造严重的障碍,我们有必要予以防止;其次是因为在中国人的心目中只有法兰西驻北京公使馆能缩小红河流域所发生的事件的规模,因此,它应该最快地得到定期发布的情报。部里以前给我的信件以及我今天所答复的这封信,可能向我证明,阁下在这一问题上的看法与我并无不同,而且阁下还认为,西贡和北京之间的通讯联系是您与游列居伯利将军经常交换看法,从而保证海军部与外交部之间相互配合的一种必然的和合乎逻辑的结果。

我之所以对卢眉先生的态度不太理解,主要是因为在黎那先生6月间的一封信中(他已将抄本寄海军部)看到这样一段话:我们驻顺化的代办提醒说,唯一可虑的危险是"安南政府投入中国的

① 原文如此。这是宝海对外交部7月4日文件的答复。——编者

怀抱，将中国的匪徒组成一支雇佣军，而把国家交到他们手中”。的确，西贡总督先生在他的最近一封短信中（我已把它转给您）沉醉于因他“与顺化宫廷之间良好关系”的恢复而产生的信念之中。但是，问题就在于用来证明这种信念的措施是不是妥当。我有理由认为至少应当提出怀疑，因为我看到安南的使臣带着极神秘的色彩，一个接一个地来到北京，据可靠的消息说他们竭力要求北京朝廷向嗣德帝派出部队帮助他摆脱我们。根据亚洲人的性格和习惯，尤其是顺化朝廷的动向，所有这一切都是完全顺理成章的，以至于如果事情不是那样发展，倒是稀奇之事了。因此，我不如说是对于卢眉先生安之若素、视这些细节为不值一顾、不认为应与我进行商量倒感到不胜诧异了。

然而，我不愿意阁下把我看成是一个大惊小怪的人，相反我认为中国政府不会正面谴责我们，不会对我们的东京政策采取敌对的行动。尽管如此，我们也完全有必要不促使中国政府作出极端化的决定，因为我不怀疑北京正忙于在边界线上采取认真的预防措施。有人告诉我说，在云南边界已集结了大量的兵力。我在信中曾向您说过：总理衙门也向我承认广西的所有边防部队都已加强，其中大多数已向安南领土推进，以便更好地保护中国居民免遭被我们特遣部队击退的海盗或匪徒们的侵扰。中国军事当局的部署所造成的局面，很显然值得我们警惕，我们不应让一些虚假的警报、不怀好意的人散布的谣言、或者仅仅对我们在红河流域执行的政策判断不准确，促使中国的这些部队放弃迄今为止对它规定的旁观角色而进一步向安南推进，从而由于这些部队的存在使我们在继续平息纠纷中又增添新的纠葛。但是，我在这里怎能向总理衙门谈论我不了解的事情呢？何况对于这些事情我还要驳斥那些不实之词和没有根据的谣言呢！然而一段时期以来，那些最荒谬的消息天天都在广泛流传,这些荒诞不经的消息主要来自香港和广州,舆论为之震惊。阁下也已知道,甚至在法国驻广州的领事馆内也有人受骗上当,一时间几乎要酿成极其麻烦的事件。这就要靠我们在此地注意事态的发展。然而我手中只有从巴黎送来的一般性资料、或者阁下向我提供的第二手资料做为行动的指南(这些资料又往往4 个月以后才能到达这里),我怎么能做到这一点呢?

但是这远不是评价卢眉先生似乎想使共和国驻北京公使馆处于孤陋寡闻状态而产生的后果的唯一理由。我们之所以要使红河及其流经的地区恢复秩序,是因为显然我们要利用这条宝贵的通道为我们海上的贸易以及其它国家商船的贸易服务。然而,这条水路只有当它能通到云南时才会发挥作用。如果云南在蛮耗地方对我们关起大门,如果该省的中国当局敌视我们,禁止从南部的公路输出商品,那么我们就会一下子丧失掉我们企图通过我们在东京的新政策以及我们努力恢复那里的秩序和安全所要得到的一切好处。

这就是说,我们不仅要使中国对我们在东京进行干预的后果感到放心,以便防止出现影响我们军事行动的隐蔽的敌对行动,而且还应不遗余力地使中国政府懂得和重视它自己可以从开放红河流域取得的好处,以及为了更快地与目前离首都 3 个多月路程的这个省份沟通联系而从中得到的便利。

我一直按这种想法同总理衙门的成员和直隶总督就此事举行会谈。当我说就这样使最初向我表示的成见和不安终于大部分得以消除时,我认为我并没有搞错。卢眉先生使我无法继续推行这一和解和安抚的方针,我感到十分遗憾,因为这一方针对当前的安全是必不可少的,而且也只有这一方针才会在未来结出硕果。

根据我在北京官场所看到官员的态度,我对曾侯在 6 月 14 日照会(阁下完全有理由不予答复)中所讲的那些话确实感到十分惊奇。正如我多次向部里所说的那样,这一事实使我肯定了这样的想法:中国驻巴黎公使企图表现自己,正是由于受了其外国助手们的鼓动(很可能不是公使馆任用这些人,而是这些人在利用公使馆),他才会夸大乃至于歪曲总理衙门的指示。我毫不怀疑,总理衙门对它的代表在最近那份文件中所说的指示是很难予以认可的。曾侯在他的指责中使用的那种粗暴而咄咄逼人的手法跟中国的外交习惯与传统是格格不入的。从文件的每个字里行间都可看出这是一位不负责任、不怀好意的欧洲笔杆子所起草的,而中国使节可能没有察觉出人们究竟要他干什么便在文件上签了名。但我仍然要就这种不太合适的做法在这里向中国的大臣们指出,把那些纯属于公使馆职权范围内所要讨论的有争议的问题从中国移到欧洲去,这无论对他们自己还是对我们都是不妥当的。对这类问题公使馆做了长期的准备,并习惯于按中国政府向他们介绍的精神来处理。我相信,曾侯由此干下的蠢事已受到责备,但这并不足以使他不再犯类似的错误,只要在他的周围还有我在前面提到的顾问存在。而不幸的是这些人的主意受到了不应有的热情欢迎,甚至超出了他们的职务所规定的狭窄范围之外。

宝海

C.P.中国第60卷第251—257页

254 宝海致法来西讷①

1882年8月22日于北京

内阁总理先生:

① 原文如此。当时的外长已是杜克列。——编者

正如8月7日的报告所预见的那样,来自朝鲜的消息在北京的官方产生了强烈的惊讶和冲动。因而,中国政府以北京朝廷在类似情况下从来没有过的速度,计议、制定并执行了它极其强有力的决议。总理衙门强调声明,它不会允许叛乱分子安静地享受他们的篡权成果,一支陆海远征军立即组成并将前往汉城恢复秩序和帮助合法政府。中国人愿意由此把他们的合作强加给日本人,而日本人继续要求赔礼道歉;这样就间接地、但却肯定地把日本人置于这样的地位:要么立即同中国发生冲突,要么承认把朝鲜的命运联在天朝帝国上,这样做将会使朝鲜摆脱日本军队的觊觎。那么日本政府将做出什么样的决策呢?愿意装糊涂而接受中国的友好热情?还是认为这一如此阴险骗人的帮助毫无用处而加以拒绝?在第一种情况下,可能维持和平并保住中国的荣誉;第二种情况则意味着冒风险的、前景难以肯定的战争。

如果日本人仍然决定不让步,他们肯定会与集结在汉城河口的中国军队相遇,只是这一个理由就足以引起冲突,只要两个哨兵一接火,那就不知道什么时候和如何能停下来了。

不管怎样,总理衙门是不愿意首先冒这一悲剧性的风险而使自己措手不及的——至少在海上是这样。因而它采取了严格的预防措施。刚刚由英国阿姆斯特朗工厂制造的三艘炮舰,一艘快速护卫舰和两艘大型巡洋舰相继出现在朝鲜海岸,这意味着中国调集了具有相当猛烈火力的20门大炮,其中3门36吨,两门24吨。如果发生冲突,它们将使日本的装甲舰遭受可怕的打击。另外,李鸿章的部属4000精锐士兵已在汉城附近驻扎下来,不久将和该总督从江西抽调并由战舰护送来的其他中国部队相会合。

另一方面,有人对我说,被指定护送〈日本〉天皇使节前往朝鲜的500人部队增加了一倍,一艘新的装甲舰加入了已经到达指定地点的两艘大型战舰的行列。

人们很难相信，在如此充满危险的土地上，两支互相仇视的部队能相处很久而不产生某种火上加油的事件。然而，我却坚信不移：北京内阁将会做出真诚的努力来防止冲突发生，即使发生挑衅事件，那也不会由它引起。但是，如果日本人明确地要“战争”，他们必然会应战，即使在这种情况下，他们也极可能为应战而后悔，因为从表面看战争初期对他们有利，值得怀疑的是中国政府□……

C.P.中国第60卷第258——260页

255 海军及殖民地部长致内阁总理

1882年9月8日于巴黎

内阁总理先生、亲爱的同事：

我荣幸地把卢眉7月17日关于东京政治形势的报告连同附件一同送给您。正如您在阅读文件时将看到的那样，交趾支那总督对形势的估计是非常谨慎的。他给我们驻顺化代办的指示，也充满了这种既坚决又谨慎的精神。在占领地，我们应保持这种精神，我们要等待安南政府同意重新修改1874年的条约，经过修改的条约应对我们更加有利。

卢眉把占领明江的计划推迟到当我们知道如何对付中国和安南政府达成协议之后进行。另外，他坚持在海防将海关集中管理，坚持占领河内皇宫，坚持延长增援部队在东京的停留期限。总之，他不放弃至今已取得的主要成果。这些成果会使顺化朝廷最后不得不同意我们向它提出的条件。

在同顺化商舶大臣来往的信件中，卢眉尽量克制自己，使自己不要把不满的情绪流露出来。他指示我们驻顺化代办一定要绝对保持沉默、要研究顺化朝廷提出的关于把海关集中到我们手中的问题,要等待对方向他提出建议。

安南政府本来原则上同意对条约进行修改,但后来又变了卦。这显然与安南同北京朝廷之间开始的谈判有关。我同意有必要提醒□……,根据1874年3月15日的条约(第2条),我们承认安南政府完全不隶属于任何一个大国。条约确认我们应对安南进行保护。嗣德帝则保证他们的对外政策同法国的对外政策保持一致(第3条)。这些条款使我们对安南政府处于有利的地位,给予我们一些无可争议的权利。为了避免今后北京朝廷的指责和它对我们同安南的关系进行干预,我们应以较坚决的态度声明,中国的干预即使对我们的威望没有影响,我们也不能容忍。顺化朝廷有一天会明白,它若不依赖中国人的援助,我们将感到非常满意。因为我们付出的努力和牺牲,将更容易获得成功。在两个部的那么多来往信件中,外交部和我们一样,强调我们同安南的关系不能受别国干预。问题的关键就在于此。1874年的条约根本没有承认天朝对安南的宗主国地位。条款是在法国和安南之间进行讨论的。法国和安南都应执行这个条约。中国人并不反对该条约。我们现在的所作所为只不过是继续贯彻执行上述条约罢了。

我给您寄去的材料当您不再需要时,请退还给我。

游列居伯利

附件 交趾支那总督卢眉致海军及殖民地部长

1882年7月17日于西贡

我收到驻顺化代办最近的一封电报表明,安南政府的态度发生了变化。我认为,这一变化是受刚刚开始的同广州总督的谈判的影响。这迫使我又重新恢复我为自己制定的、只是由于我们的代表的坚决要求才予以放弃的行动原则。

只要我们耐心和坚定，我们的目的仍然会达到。但是，我们不应该引起没有必要的轰动，要小心行事，避免因不合时宜的演习而触犯天朝。

为了使您对形势有准确的了解，我荣幸地给您寄去：

1. 安南商舶大臣的电报的副本；

2. 我对这封电报的答复；

3. 我给驻顺化代办的指示①；

4. 我给海军分舰队司令的指示。

附件(1) 安南商舶大臣致交趾支那总督

1882年7月5日

我荣幸地通知阁下，我已收到阁下6月15日致驻河内的东京海域分舰队司令的电报。您在电报中对我们表示了诚挚的、众所周知的情感。

阁下谈到要尽力进行调解，避免事态复杂化，并为此给分舰队司令写了信。

直到今天，我们政府□……

但是，我知道，由于您的爱国精神，您能够克服这些困难。只有经受了困难的考验，才能了解他们。

附件(2) 交趾支那总督致安南商舶大臣

1882年7月15日于西贡

我荣幸地收到阁下7月5日关于形势的急信。

在这个问题上，我不同意您的看法，因为，我认为在不会有结

---

① 此件复印时漏印。——编者

果的讨论中消耗力量,不断重复那些早已解决了的问题,并不符合两国的利益。如果阁下对上述大部分事情表示不满的话□……请阁下把您的意图告诉法国代办,他已接到我的指示。

附件(4)　交趾支那总督致驻东京分舰队司令

1882 年 7 月 15 日于西贡

由于解除了一些城市的武装,也由于黑旗军的远遁,我们在东京所遇到的困难大部分已经消除。按照条约的规定,现在该回去管理我们的领事馆了。

您和您的代表同领事的关系,仍继续按我的前任罗丰将军的指示去处理。

海防海关的管理权将集中到韦尔纳维尔先生手里。佩鲁耶(Peroaille)先生将成为他的助手。条件同他在专员公署您身边工作时一样。

一开始,黎那发现修改条约的要求受到热烈的欢迎;如今他又注意到,这种欢迎的态度是极为勉强的。这种变化可能是由于他们得到了广州总督的支持。我肯定,自从发生了令人不愉快的河内事件后,顺化朝廷就同广州总督开始进行谈判了。

尤其目前法国在埃及遇到了非常错综复杂的情况,在这种时候,我们必须特别谨慎,我们必须避免一切可能导致同中国发生冲突的纠纷。我们这样做,正体现了我们爱国的思想感情。

我认为,在对安南政府同北京朝廷之间达成的协议的性质还不清楚的情况下,我们不能占领明江。然而,为了更明确地表明我们决不放弃我们的权利,我认为您应在河内王庙保留一个哨所,而我则把 4 月间派来的增援部队留在东京。这样,再加上对海关收入的干预,定能迫使安南政府在短期内修正它的政策。

如果您能告诉我您所知道的任何军备情况和形势的任何变化，我将非常感激。

我还要提醒您注意对海盗行为实行镇压，这是十分必要的。自从我们增加了驻海湾的军队之后，这种海盗行为更多地在南方的ghioua①和平顺之间的海面上发生。

希望你们分舰队的“斗拉克”号、“阿米林”号、“巴斯瓦尔”号等舰中能有一艘每月来西贡，并带来信件。到西贡来的舰艇，在我刚才告诉您的水域内要沿着海岸航行。“斗拉克”号将给您带去一艘名为“桑罗克”(Shamrock)号的汽艇。

我无需嘱咐您要特别小心谨慎。尽管如此，对亚洲人您仍要持强硬态度，这是必不可少的。如果只涉及安南人，那问题早就解决了，但是，在安南人后面还有中国人，我不认为中国随时准备进行真枪实弹的干涉。但是，如果我们不小心触动了中国的敏感神经，中国是不会放弃它的宗主权的。

总之，我们在安南应该占领地盘和保持沉默。传闻和报纸上的文章是我们最可怕的敌人。

M.D.亚洲第39卷第89—90、103—104页

256 中国使臣曾纪泽致内阁总理兼外交部长杜克列照会②

1882年9月9日于巴黎

大清钦差大臣承袭一等毅勇侯曾为照会事，西历八月三十日承贵大臣面告本爵大臣，言越南之事已由贵部知照驻京公使布蕾③向本国总理衙门谈论，中国国家已无疑虑等语。本爵大臣顷接

---

① 疑为nghĩana(义那)之误。——编者

② 这个照会的中文原文及法文译文同时录于该卷，现辑原文。——编者

③ 即宝海。——编者

本国电报,知布公使曾遣翻译官法兰亭至署,虽谈越事,然法兰亭向总理衙门所言,并无可以消释中国疑虑之据,而总理衙门向法兰亭所言,亦未示以无疑之据。是贵大臣八月三十日与本爵大臣所言意见相合之处,中国国家不知系何所指也。据法兰亭向总理衙门面称,贵外部函称本爵大臣前此照会有轻侮之语等因,本爵大臣闻之甚为歉然。本爵大臣奉本国之命驻扎贵国,所有本国意见,自应向贵部直陈无隐,其有意见不合之处,本爵大臣竭力争辩,亦系职所应为,想贵大臣必不以为非也。本爵大臣扪心自问,实无丝毫轻侮之意。本国国家亦深信本爵大臣断无轻侮之举。惟望贵大臣以友谊为重,将本爵大臣文中语言细为察阅,不特所视以为轻侮者可以明为指出,即有视为语言过激,较之贵部以前来文尤为激切者,亦可明为指出。如果所指之处查有实在根据,本爵大臣必肯改正也。为此照会贵大臣,请烦查明见复。须至照会者。右照会

大法钦命总理各国事务大臣尚书杜

光绪八年七月二十七日

C.P. 中国第 60 卷第 278—280 页

257　海军及殖民地部长致内阁总理兼外交部长

1882 年 9 月 12 日于巴黎

内阁总理先生、亲爱的同事:

我荣幸地随信给您转去交趾支那总督的一封信。他在信中告诉我,中国在东京边界地区增加了驻军。

卢眉先生认为这一现象没有什么重要意义,然而,他认为这一行动本身值得引起共和国政府的注意。关于这一点,我只能请您参考我最后一封有关北京朝廷态度的信。中国政府应该了解,我们不承认它有任何权利可对我们同顺化朝廷的关系进行干涉。我们同

顺化政府订有正式条约，不需任何外来的干涉。

当这些资料对您不再有用时请退还给我。

游列伯居利

附件 交趾支那总督卢眉致海军及殖民地部长

1882年7月19日于西贡

我荣幸地告诉您，我从私人信件获悉，中国在东京边界一带增加了驻军。

北方的一支大约500人的军队已在北海登陆。

我不认为中国这一小规模行动多么重要，但是，共和国政府应注意该行动的性质是什么。

邮船于今晨启航，乘客中有4名是中国海军，他们去接收去年在德国订购的两艘新船。应该注意这些船只的动向。

M.D.亚洲第39卷第105—106页

258 外交部长[①]致宝海

1882年9月15日于巴黎

先生：

在我最近收到您的那份关于安南事件和中国意图的函件中，我认真地注意到北京的措词和巴黎曾侯的措词之间有明显的区别。您知道，对曾侯的最近那封信我没有给予答复。他近日来请求我答复他6月14日的信，我的前任已将此信的抄本寄给您了。我认为没有必要满足他这个愿望。我提醒天朝的代表说：谈判应在北京举行，如有必要，我们驻北京的公使宝海会让总理衙门知道我们

① 原件无签署人名，此为编者所拟。——编者

始终坚持的观点。

我毫不犹豫地向曾侯重申,我们根本不想损害中国的权利;在执行1874年的条约所规定的措施时,任何行动都没有危害它的权利,我们将继续遵循这一原则。由于我的对话者再三强调并表示了某种担心,我中止了谈话。这个谈话始终是很有礼貌的。

因此,我8月间的函件中对您的指示丝毫没有改变。当您知道共和国的决策之后——其实您也已经预见到了——您就可以策略地、坚定地使这些决策取得胜利。这是我毫不怀疑的。

C.P.中国第60卷第291页

259　交趾支那总督卢眉致海军及殖民地部长

1882年9月24日于西贡

昨晚我收到海域分舰队司令9月7日从可能正在河内、海防之间行驶的"马苏"号舰上发来的电报:"中国人随时可能对我们发动攻击,请通知总督。"

法国汽艇"南湾"(NamVan)号船长通过香港告诉我,他在北海发现一支中国小舰队,该舰队由两艘具有"巴斯瓦尔"号威力的警卫艇和4艘小炮艇组成。据称,从这些船上卸下了1700人,之后,这些船可能向南方驶去。

我驻顺化代办9月4日的电报令人不安。电报的副本我已给您寄去了。商舶大臣给他写了一封信,告诉他中国部队已进入东京。我们的代办认为安南人想制造事端。

我很难判断这些乱七八糟、经常充满矛盾、总是有些夸张的消息是否可靠。提供这些消息的人,有的一直与世隔绝,所以一有点小事便大惊小怪;有的是一些官员,他们受周围游手好闲,好夸大其词的人的影响。他们是在一时激动、为了不误邮班而匆匆忙忙的情况下，提供这些消息的。

我不相信自我上次发电报以来形势会发生如此明显的变化。在亚洲，形势不会发展得这样快。中国人比我们更不愿意打仗。他们要保证自己边界的安全，他们的装备很差。不过也有可能突然出现会导致冲突的形势。这种可能性不仅一般存在，还可能成为现实。我们应该作好这样的准备。

安南政府的部署还不清楚。如果顺化朝廷由于恐惧和怨恨，不按原来的想法行事，而召来大批中国人，我不会感到奇怪。须知，它现在不是投靠一个主人，而是两个。如同一切弱者一样，朝廷企图在这两个国家之间制造矛盾。

李维业司令和黎那先生认为应该同中国谈判。我在考虑，共和国政府将会在什么样的基础上开始谈判。

外交部从来没有承认中国对安南拥有宗主权，这样做很对。安南可能把我们的下交趾支那也说成中国的属地。另一方面，由于对河内进行炮击，使我们无法责难北京的进攻。如我们抱怨北京，他们会说，他们对西南边界发生的事情一无所知。广州总督采取一些简单的防卫措施，是为了保护该省的安全。

我们现在同中国的关系，如同我们在突尼斯时同奥斯曼帝国政府的关系一样，也是搞权力之争，进行秘密干预。不同的是，在贝利克(Beylik)领地内，我们同君王意见一致，然而当时我不能忽视欧洲其他大国的力量。如今，在印度支那没有使我担心的西方国家。但安南皇帝却和我们唱对台戏。

我们在埃及的克制态度，被人当成是让步，在亚洲产生了巨大的影响。我们的敌人又恢复了信心，他们咄咄逼人。因此，我们不得不对他们更加严厉。我们不能预料他们将走多远，但我想他们尚不至公开向我们发起进攻。我认为，他们是想把我们围困在东京。

他们企图在下交趾支那地区煽动叛乱。

我听说,一些密使在四下活动。为此,我采取了防范措施。在3、4月份收割季节到来之前,我并不担心会发生什么事情。

共和国政府对这种形势漠不关心。岂不知,这种形势随时都会导致冲突。一旦在欧洲发生纠纷,就会使我们内部遇到严重的困难。

事情由您来决定。您可以相信,我将严格地、表里如一地遵照您的指示去做。

然而,我应该提醒您注意,可能会出现这样一种形势,为了安全,我们必须狠狠打击一切敢于进犯的军队,不管这些军队属于哪个国家。鉴于我们同安南的关系,我们应把这些军队当作黑旗军来打击。

我在等李维业司令的消息。我及时告诉他,他和他率领的军队没有危险。但是,如果他的担心被证实的话,我请求您给他派去增援部队。

对一切较重大的事件,我将通过电报向您报告。

附言:我刚刚收到9月15日从香港来的信,知道了关于海防和河内的一些消息。果然不出我所料,李维业司令在那些制造混乱的人的诱惑下犯了错误。

尽管我们的领事在给我的信件中谈到不会有人向我们直接发起进攻,但是,河内的形势仍然是相当严重的。因为中国士兵以购买食品为借口,经常在这里来来往往,所以随时可能挑起冲突。

同您的意见和我的建议相反,我们使用了武力。如果这样也变得无用,而且会造成不良影响时,我们只好接受既成事实,坚决采取行动。我认为,如今很难再推迟□……的措施了。

附件 驻顺化代办黎那致交趾支那总督

1882 年 9 月 4 日于顺化

商舶大臣刚刚给我发来一封信。我荣幸地将该信的副本及我的复信①随函寄去。我给驻东京的领事去了一封信告诉他我最近得到的一些消息。现将这封信的副本②也一同寄去。

通过商舶大臣的信，我们可以判断安南政府的感情、倾向和准备推行的政策。

目前的统治者是我们不共戴天的敌人。他们将利用一切机会甚至创造机会来进行报复。对这一点，他们无法掩饰。

一旦欧洲处于战争状态，他们肯定会利用我们的困难公开在北方与我们为敌，同时还要在我们的殖民地煽动造反。除了在平时情况下不值得害怕的原有的武装力量外，他们还会利用一切强盗以及所能收罗的流氓来反对我们。

他们不会放过任何可以损害我们的机会，以达到摆脱我们的目的。他们心甘情愿把自己的国土变成中国的省。这一牺牲必然会换来我们被驱走的结果。这正是那些统治者目前和将来主要的、也可以说是唯一的奋斗目标。我可以断言，他们对成功是寄予希望的。

我认为，为了慎重起见，我们必须认真注意并努力制止这种倾向，至少应削弱其影响。我们应当预计到我们所有最主要的利益在其他地方都受到牵制的时刻，那时要做到不受任何干扰，我们驻扎这个地方的任何一支部队也不因此而遭到瓦解。

首先要办的，也是最重要的事情，是使中国对这里的一切不感

---

①② 复印时漏印。——编者

兴趣,承认我们的权力,并明确地、全部地放弃他们的要求。

通过割地和承认中国有权控制毗连边界地区土地的方法,大概是可以达到或者比较容易达到我们上面所说目的的最好方法。

这可以说是解决安南问题的办法。另外,在当前的情况下,我认为,解决这个问题的时刻到了,不能再拖延了。要是商船大臣的信所预见的可能发生的情况没有任何夸张,如果河内发生冲突,安南问题势必会导致一场危险。

令人担心的是,他们太仇恨我们了,使得我们无法把您通过的计划执行到底。我本人是愿意尽力来落实这一计划的。

就像我说过的那样,三个多月前,就在我们和安南政府互相保证和平相处时,国王为了反对我们,秘密地请求中国给予援助。我们知道,中国和安南已谈妥了。但是我们不了解、也无法了解中国将在何种程度上进行干涉。

对商船大臣的信和声明的某些细节我们并不熟悉。但拿这个声明和信同广西当局关于所推行的政策的报告相对比(我想,驻河内领事已将该文件转交您),我考虑其中是否隐藏有阴谋。

有一件事情是确凿的,这就是中国军队的调动。中国军队可能事先已接到命令:只要维持现状不使中国担心,他们就在已占领的地方按兵不动、边观察边休息。安南政府在引来中国军队之后,没有得到任何好处,这难道不是他们的失策吗?在这种情况下,他们试图挑起冲突以实现我们早已知晓的计划。

因缺乏材料,我提不出有根据的意见,只有在北京或在广州才能做出决断。我只能提供根据对我们掌握的文件进行分析后得出的可能性结论。

我相信,广西当局的报告是由刘永福炮制的。从我给驻河内领事的信的副本中,您可以找到我产生这种想法的理由。此外,该报告准确地反映了两广地区目前形势的状况。

我很惊讶地注意到,云南的声明从起草到我收到足足有两个月时间。对这样一份重要的文件来说,这段时间太长了。驻河内领事说,广西报告的内容刚刚被公众所了解。尽管他常驻河内,消息也很灵通,但他却不知道 6 月 30 日公开发表的云南声明。我知道有人故意把广西报告的时间说得更早一些,用以解释该报告早已为众人所知。我并不满意这种解释。云南声明发表的时间是 6 月 30 日,驻河内领事直到最近的 8 月 22 日给我的电报中,还不知道此事,这真使我吃惊。

另外,要是领事给我带回广西报告的副本,我很可能会早一些知道该报告的内容。我承认,我不可能找到满意的解释。为了转移我们的视线,阻止我们采取行动,刘永福的代理人完全可以假造上述文件。在这种情况下,安南人则装作接受这些文件的样子,实际上他们知道这些文件都是假的。为这样一种误会辩解是十分容易的。安南人试图既保证非正规军的安全,又不必过分增加部队,以备急需。另外也不对部队拒不离开某地一事负责。

我重申,所有这些假设都太轻率了,特别是面对像商舶大臣的信这样的官方文件。无论如何,我们应避免为了减轻我们对可能同中国发生冲突的担忧,而过于轻率地接受那些我们希望得到证实的假设。

我们应关注并设法避免与中国发生冲突的可能性。

云南当局声明的内容,很像一个准备侵犯邻国的战地司令官起草的声明。为扩充部队,他们甚至在老百姓中征兵。安南政府不仅忍受了这种对另一个国家的人权的践踏,甚至还向我们转交了这份文件。同安南政府在和平条约中所声明的相反,该文件宣布安南政府从属于中国。

安南政府对别国武装侵犯其领土和否认其独立都没有提出抗议。安南政府甚至不要求邻国政府事先给一个通知。叫安南政府卑躬屈膝和唯命是从，中国省政当局只要说他们是按照他们政府的命令行事就足够了。我们知道安南政府这样做的动机和期望从中得到什么，当然强调这一点并没有什么用处。然而，我们的条约还剩下了些什么呢？这些条约曾经受到过这样轻蔑的对待吗？

我觉得应就云南当局的行为向北京提出强烈抗议，要求中国政府对其严重危害公众安全的敌对行为做出解释。可以认为，中国当局起草的声明不符合国际惯例和国际法，因此它在欧洲不会有什么影响。但是，鉴于中国已不再是仅仅关心自己内部事务的国家，我们不能认为该政府不了解其他大国的法律和指导大国之间关系的准则。

与北京朝廷进行这样的交涉有可能会为最终解决安南问题的谈判开辟道路。

商舶大臣在电报中谈到中国士兵有可能到河内购买东西一事。但在他给我们的声明中却未提及此事。中国军队的驻地离河内相当远，因此中国士兵到这里来是没有道理的。

这种做法具有挑衅的性质。这正是安南政府所期望的。

应当指出，黑旗军很可能同意商舶大臣的意见到河内来几天，并让中国士兵穿过河内，借机同城里人勾结，必要时侦察我们的军事设施。

如果抓人，可能会引起冲突，因为我们说不定搞错了而抓了一些真正的中国士兵，这样，他们的军官会带着武器来要人。黑旗军会乘机冒充正规军，而且肯定会有人支持他们的。

在河流上游一直到山西省确实驻扎有中国士兵，其中也有个别人到河内来走走。不管我们采取何种预防措施，冲突迟早会发生。我们虽保持警惕,但是,一旦发生打架斗殴现象,不管这是有意的还是无意的,很快就会酿成混乱。

只要有一个醉汉或者一个假装喝醉的人攻击一个欧洲人,再有几个欧洲人来帮忙,就会发生一场危机。鉴于目前的状况,面对安南敌视我们的情绪以及他们希望靠中国人的支持来与我们绝交的情况,我认为应再次强调大规模地增加我们的兵力的绝对必要性,以便我们随时应付可能发生的任何事件。我清楚并且重视我们在欧洲和其它地区的困难,但是,尽管这些困难还会增大,我仍然坚持说,向交趾支那派增援部队是不可少的[①]。

这并不是要进行征服,而是使我们能够自卫;我们在承受袭击河内的后果,它可能还会使我们遇到始料不及的事。

大家知道,驻西贡的部队已撤走了,如果在北方采取行动,他们就会在南方制造动乱,使我们到处都不能抽身。如果我们被卷入战斗,殖民地的人就会很容易地听从那些煽动的话。那么谁知道我们会不会有一天后悔我们给土著士兵装备过于精良呢?一旦我们失利,他们就会调转枪口反对我们。

我再重复指出,当务之急是:一方面必须尽快开展活动,以便与他们达成谅解,在可能的情况下,可以放弃一些土地;另一方面,尽快派增援部队到这里来。

现在的形势使我们感到意外和突然。但是应该记得,如果我们对于安南人的感情不产生错觉的话,我们就不难了解他们在中国奔走活动的结果。现在,我们感觉到,我们驻华代表极其忠诚、极其积极的支持对帮助我们处理安南事务来说是多么必不可少。如果他们密切注视安南人的阴谋,就可加以揭穿,至少可以在把安南人

---

① 着重点是原文所有。——编者

的北京之行的成果告诉我们的同时,把这一阴谋也告诉我们,那样我们就不会吃惊了。

很遗憾,驻河内领事任职已经三年多了,正当非常需要他的时刻,他却由于健康原因,不得不请假离职休养。

驻宁海的领事,本职工作已够忙的了,可在目前形势下,还要像一个专职人员那样兼管河内的工作来应付一切困难,我觉得这是很难办到的。

您或许会觉得我的判断和预见有些悲观,这是可能的。我也希望是如此。我为什么会有这样悲观的预见和判断呢?孤独,是因为孤独。它使我无法摆脱这些很自然产生的忧虑。别人已经感到我怨恨我自己,这怨恨已经很深了。自从我们占领王庙,并把赌注下在海关上以来,我就开始恨自己,现在这种情绪还在不断发展。

云南当局的声明传到我们这里以后,这里的文职人员都感到特别高兴。您可以毫不费力地猜到他们期待着什么。大家都在谈论中国的干预一事。

在对红河上游的省份入侵后,我担心刘永福,不知他变成什么样子了。在中国士兵的包围和骚乱之中,他是否过着安定的生活?他是否感到忧虑不安?

在商船大臣的信里,我发现有两三个地名写得不清楚,我只好给他去信要求予以解释;同时,让他非正式地告诉〈他的政府〉,这些文件违反了条约。商船大臣一定会感到意外,因为他一直声称他们没有违犯条约。

顺化朝廷很可能于 1874 年就把订立条约一事秘密地通知了北京朝廷,并向北京朝廷表示他们是在武力威胁下被迫进行谈判的,谈判的目的是为了摆脱我们。他们可能还表示将一如既往同北京保持关系。他们之所以进行谈判,没有别的意图,只不过是为了欺骗我们而已。

我认为声明是真是假值得怀疑。我在回信中，说它不像是真的，其目的是为了强调我们不能接受和容忍这一声明。除了致力于赶走黑旗军外，我对其它事情都不感兴趣，因为我不愿意让旁人认为我们可能接受其它违背法律的方案。

关于违犯条约的问题，这次我们抓到了物证。我让国王好好回想一下他的签字以及他的身分和头衔，他只有两条路可以选择：或者承认自己撒了谎，或者承认没有履行自己的义务。我不愿意对士兵们可能去河内的看法保持沉默，然而我也不愿意陷进长时间的争论之中。针对商舶大臣在信中所谈的这一问题，我给他发了一份抗议书。我的抗议书最后一句话的措辞，给我们留有很大的回旋余地。我们既没有让步也没有承担义务。

我认为应该把商舶大臣声明的抄件退还给他本人。我希望您对我这一作法的动机给予赞同。在目前形势下，我们不能像平时那样随和，应该非常坚定。为了不推迟这班邮轮的出发时间，过几天我再把给商舶大臣的信发出去。

为了不拖延信使出发的时间，更主要的是为了使您能及早收到快信，我写得较匆忙，有些地方写得不清楚，请原谅。我没有尽快地把电报发出，可能会引起一些猜疑。您可能不大赞同我信中所谈的想法吧。

M.D.亚洲第39卷第107—130页

260　外交部长致宝海

1882年9月29日于巴黎

先生：

我刚刚从海军部长那里收到卢眉先生关于东京事件的最近通

信。事态仍在继续,但是,安南政府似乎还没有充分认识到局势已发展到有必要放弃抵抗的地步。虽然抵抗只是在外交场所进行,但是如果相持下去仍会带来很坏的后果。在7月初,交趾支那总督曾一度认为目前的困难即将过去。顺化朝廷在因河内被占而产生的愤懑消失之后,曾表示出和解的态度。我们也曾相信可以取得比1874年的条约更坚定、更明确的补充条约,使安南在和突尼斯同等的条件下置于我们的保护之下。

突然,嗣德帝顾问们的思想发生了变化,他们提出了一系列无法说服人的抗议来反对我们的建议。

我和卢眉先生一样,认为安南政策的这一改变是受了中国的影响。有关一支中国舰队派往东京湾的消息(这一消息很容易令人相信)无疑鼓舞了安南人不向我们退让的决心。最近,在西贡已传说一支500人的中国武装部队已经在北海登陆。我不知道这些情报的可信程度如何,如果您能尽快地把您得到的这方面的消息告诉我,我将很感激。您的信件使我揭穿了所谓中国的一支舰队已驶向东京湾的谎言。在同一封信中,您提到了总理衙门提供的关于中国增加云南驻军的解释,按照总理衙门大臣所说,这仅仅是为了防止东京的海盗对天朝的入侵。我不知道北京朝廷对于帝国军队在北海登陆会作出什么样合情合理的解释。至于我,我是倾向于相信,这些假消息和这些部队的调动除了给安南注入一些虚幻的希望,以便阻止顺化朝廷接受我们的建议之外,没有别的目的。因此,您继续给北京施加影响,以便改变中国这个徒劳的阴谋政策是很重要的。这种政策不会使我们放弃在东京的计划,正如这样的阴谋过去没有能使我们撤离突尼斯一样。此外,您一有机会,就可以向总理衙门重申您过去许下的尊重安南王位的诺言。

在您最后那封关于这个问题的信中,您向我指出,您极关心和交趾支那总督保持不间断的通信联系。我承认如您能直接收到印度支那发生的事件的消息是有好处的，然而我认为我不可能为此正式介入海军部的事，不同行政部门的官员之间的信件往来只能是非官方的、私人性质的。我担心您6月9日给卢眉先生写信之后，您和他之间建立这种经常的关系会有某些困难。为您个人参考，随信附上□……曾侯关于东京事件的最近那封信的抄本。正如您将看到的那样，中国公使收到了总理衙门的电报，通过这封电报，曾侯得知了我委托您在北京指责他那封信中不太适当的语气。这一新文件不会使我改变我的前任所采取的对天朝的代表不予答复的决定。

附件 曾纪泽致内阁总理兼外交部长照会①

C.P.中国第60卷第300—302页

261 驻顺化代办黎那致交趾支那总督

1882年9月30日于顺化

我谨向您进一步肯定我第110号和第111号信件的看法。自信发出后，这里的形势没有变化。我曾经告诉过您，我有两个新闻渠道。来自第一个渠道的消息表明，安南决定与我们决裂，只是在等待合适的时机。至于我手下的工作人员，尽管平时消息灵通，但这次没有得到机密院讨论的秘密。多亏事先采取了预防措施，和我手下的人员有关系的人才没有暴露。我收到从东京寄给您的几封信的副本。我看这些信提供的情况同顺化朝廷的计划相符合。我认为，几乎可以肯定，顺化朝廷打算同我们决裂。他们或者和中国

① 见C.P.中国第60卷第278—280页(本册第256号)。——编者

军队一起向我们进攻,或者先让中国军队单独行动,等到他们有可能对斗争给予支持时,再采取行动。

只有两种办法可以避免使事态复杂化。这两种办法必须同时使用:让北京向它的军队下令避免一切冲突;增强我们的自卫能力以粉碎敢于来犯之敌。为此,从法国派增援部队来是非常需要的。顺化似乎想利用冬季开始行动,至少在老百姓当中有这样的传说。这是我手下的人告诉我的。听说休假的人员被召回,人们开始统计兵员、武器和物资。

昨天,商舶大臣和两名助手来看我。差不多有三个月我没见到他了。他此次来访的目的,是要求恢复安南人对银行和海关征税的权利,以及按照1878年条约的规定,召回所有安南的工作人员。我告诉他东京的很多部门不归我管,我不能对这些部门发号施令。我除答应向您转达他们的要求和措施外,不能满足他们的其他要求。过去我就谈过坚持在海关保留以前的工作人员的理由。

我们给海关部门带来的变化,我们对河内王庙的占领,使商舶大臣很恼火。有人要他对这些事情负责。他因未能迫使我们让步,多次受到严厉斥责。大家拿他同财政大臣轻而易举地要回被安邺占领的城市那件事相比,认为他的失败是由于无能和缺少热情。过去,他被认为是一个对欧洲人非常热情并怀有好感的人,现在他加入了敌人的营垒。为了重新树立他的威信,他的举动比最仇恨我们的人还要激烈。

我曾多次以不同方式问他,他的政府的计划是什么?机密院做了哪些决定?我想,没有必要说明,我并不想得到什么确切的消息,而只是想听一听他以什么样的措辞来回答我。他说,他的政府只希望遵守条约,它一直是忠于条约的。他还说,他的政府希望和平,但他的政府弱小而法国政府强大,他的政府在这种情形下能做些什么呢？

针对这些话，我多次重申：我们希望能继续在和平的环境中生活；但是，如果别人迫使我们拿起武器，我们将做出一切努力维护我们的权利，为了达到这个目的，在任何困难面前，我们都不后退；最后将由安南政府支付战争的一切费用，并承担一切后果。

我明确地表示，我们不会上敌人的当。我们不会放第一枪。但是我们为应付一切可能会发生的事情，要做好一切准备。

我认为没有必要再说很多，也没有必要抱怨中国的入侵。说这些全都没有用。关于这一点，人们不会有什么消息告诉我们。正如您正确地指出的那样，这里不再是讨论这些问题的地方。

以前，我曾对占领河内王庙发表过个人看法。我现在仍然认为，只有当这种占领从军事上说对我们有利，也只有当把我们军队分成两部分而不是集中在一起被证明对我们不会产生不利的情况下，我们才能继续占领河内王庙。显然，在那种形势下，应该管好我们的租界地，这不仅是因为它靠近河流，而且还因为要保护我们的机构和设施。

我认为，夺取河内，这个轻而易举获得的胜利，开始在我们这里产生可以预料到的致命的影响，在稍微严重一点儿的困难面前，过分的自信很快就会变成害怕和担心，不会有别的可能。我们应该重视这种思想状况。当我们的人感到敌人的力量比自己强大时，有可能产生泄气，士气低落等现象。孤独、相距遥远都会加深这种印象。这正是有必要增加我们北方和南方的军队的原因之一。

我们在印度支那的人太少了，不能应付在当前形势下可能发生的意外情况。

M.D.亚洲第39卷第181—185页

262 海军及殖民地部长致内阁总理

1882年10月7日于巴黎

内阁总理先生、亲爱的同事:

交趾支那总督在他最近的几封信中,向我们谈到中国有可能对东京进行干涉。这些信我都已经转给您了。一段时间以来,同样内容的消息也一直在这里流传。不过我承认,到目前为止,我丝毫都不相信这些消息。

然而,我今天从比较可靠的地方获悉,北京政府已经任命一位众所周知的反对我们的人,曾侯的一个叔叔为两广总督。同时已派中国一个海军将领前往顺化。《京报》已刊登了命令这位将军前往安南的消息。(这是确实的)

您可能像我一样,感到有必要通过直接的消息来源核实上述消息,了解中国在靠近东京的边界地区所进行的活动。因此,我请您命令我们驻广州的领事给予帮助。如有可能,向他提供必要的经费,以便在需要时派人到中国军队可能活动的地点去。

游列居伯利

M.D.亚洲第39卷第186页

263 外交部长杜克列致宝海密电

1882年10月9日傍晚7时30分发出

又有一些中国干涉东京的传说。北京政府似乎任命了广州新总督(曾侯的叔父)[①],一个众所周知的敌视我们的势力的人。中国的一个海军将领似乎已经通过一则刊登在《京报》上的上谕被指定

① 这句话原稿中用一横线划掉。——编者

到嗣德帝那儿去完成一项使命。又传说已经有500人的帝国军队在北海登陆了。

请急速告诉我。

杜克列

C. P. 中国第60卷第321页

264 海军及殖民地部长致内阁总理

1882年10月12日于巴黎

内阁总理先生、亲爱的同事：

我收到了您9月28日的来信。在信中，您对交趾支那总督最近几封有关东京事件和对顺化朝廷应采取什么政策的来信发表了自己的看法。

您同意我对卢眉思想变化的看法，但是，就我们所知的那些事件并不足以解释他思想上的变化。他向我们提供了关于中国军队进行军事干涉的消息。他认为，这种传闻比较可靠。我在本月7日的信中，已把他的这种看法向您转告。但是，我很难相信这些事情是真的。实际上，中国即将和日本进行搏斗，鉴于中国同日本在军事力量上的不平衡，为了这一行动，中国可能要集中它所拥有的全部军队。因此，中国不大可能对我们采取行动。

另外，交趾支那总督自己似乎认为，他的政策发生变化的主要原因是：埃及的形势，以及由此可能产生的使我们面临的复杂局面。

在这情况下，我在9月29日给他的复信中，没有将今天附送给您的这封信寄给他。我在信中，认为应该让卢眉对他谈及的政治事件以及我们对中国所持的坚定态度放心。因此，我鼓励他重新回到他自己曾坚决走过的道路上来。为了能够对1874年的条约进行必要的修改,我要他恢复同安南的谈判。我们日益感到这个条约有很多不足之处和不明确的地方。我相信,您一定会同意我这些将要发给卢眉的指示。我认为这些指示符合我们以前通信中的指导思想。您回答曾侯的各点都符合我们所遵循的政治原则。驻北京的代办向我们转来的消息,不仅对我们坚持我们的原则是一个鼓励,而且使我们怀疑中国是否执行我们认为它应执行的计划。

我向交趾支那总督重申了前不久我对他的嘱咐。根据我们的意见,我要求他尽自己全部力量阻止顺化朝廷派遣大使去总理衙门。特别是在目前情况下,顺化朝廷派遣大使会损害我们的利益,削弱 1874 年条约赋予我们的权利。

游列居伯利

M. D. 亚洲第 39 卷第 187—188 页

265 海军及殖民地部长致内阁总理[①]

1882 年 10 月 15 日于巴黎

内阁总理先生、亲爱的同事:

我刚刚收到交趾支那总督 9 月 8 日和 9 月 9 日[②]关于安南和东京问题的两封信,立即将信和附件一同转给您。这两封信十分重要。尽管卢眉对他最近几封信的语气有所注意,但还是使我非常吃惊。按照某些人的观点,由于距离遥远,这位高级官员误解了西方的政治形势,误解了北京朝廷的实力和企图。我准备跟他谈谈我对他的看法和意见。我不再重复使我们陷于困境的原因了。这种困境使我们夹在被总督称之为"与英国联盟"和"与中国联盟"的两个

---

① 本文与《正编》(七)第 143 页内容相同,但《正编》删除了部分重要内容,而且未辑各个附件。为了保全资料的完整性,这里将主附件一并辑入。——编者

② 9 月 9 日函原档缺。——编者

联盟之间，进退两难，毫无出路。我认为，问题显然不在这里。另外，我还相信讨论是无意义的。然而，有一点我同交趾支那总督的看法完全一致：关于解决东京问题的必要性，我和卢眉一样，认为应由共和国政府来解决这一问题。该事件不是在我国发生的最新事件，而是由于该事件才发生了占领河内的事。由此，人们必然会得出以下结论：这事件是由一种虚假的，至少是不明确的形势造成的必然结果。卢眉如今谴责突然袭击，可他曾经极力鼓吹远征。您不会忘记他当时是多么热情吧？但是，当事情发生后，他却得出了另外的结论。问题不在于别人如何评价，也不在于既成事实是个什么情况。我们的任务是结束八年以来对1874年条约模糊不清的解释，以及不执行条约，特别不执行或未认真执行有关东京的条款的状况。我认为有必要召开内阁会议，讨论事态的发展。如果事态继续发展，就可能会损害我们的声誉。我认为正像1879年和1880年我在内阁会议上讲过的那样，我们只有两种选择，没有犹豫的余地：要么占领东京，要么完全放弃。一切解决都要有利于维持现状和保持目前的条约。重要的是，不能再拖延了，应尽快明确我们的意图。我觉得如今放弃一个我们的国旗在那里飘扬了八年之久的国家，已经为时太晚了。为了这个国家，我们付出了巨大的牺牲。要是在1880年初还能做到使共和国不丢面子。自发生了侮辱我们的代表、践踏条约以及顺化朝廷阴谋策划外国干涉等事情之后，已经做不到这一点了。我因此得出结论，应采取行动，正式成立我们的保护国，并做好物质保证。

但是，应看到军事进攻所固有的困难。占领东京，从军事上来说是容易的。但是要想保住东京就不那么容易了。夺取交趾支那我们付出的人员牺牲相对来说数量并不太大。我们只用了少量的士兵和海军就占领了它。要想守住这个地方，则需要6000人。我们在交趾支那的炮艇的任务是保护海防。它没有力量再去夺取新的城市。为了确保我们对东京的统治,防止中国非正规军对边境的侵犯,需要3000名法国士兵常驻,另外还需要至少相同数量的地方军。不考虑治安措施,不考虑秩序和防卫,那将是犯罪。另外还必须考虑经费开支。

中国并不是一个可怕的敌人。我丝毫不把它的威胁放在眼里,它不会对我们进行任何重大的抵抗。因此,我想有了我所要求的人数(其中一部分可暂由交趾支那地方来提供),再配备若干艘二流炮艇,我们就能够在这些省份呆下去。最后,我相信,占领这个国家的时刻已经到来,这个国家有可能成为我们最美好的殖民地。如果您也这样认为,我将非常高兴。

关于这一点要由内阁做出决定。

卢眉先生在信中谈到顺化朝廷的不满情绪,我想这没有什么关系。正如交趾支那总督自己指出的那样,这是一个走投无路的国家软弱的表现。这个国家的末日即将来临。

游列居伯利

附件　交趾支那总督卢眉致海军及殖民地部长

1882年9月8日于西贡

我荣幸地提请您注意,自从炮击河内以来,我们在印度支那的处境已变得非常微妙。

在这个事件发生以前,我们只重视安南。如今问题已转移了。这次事件引起了中国人的怀疑,中国进行武装干涉的可能性是存在的。

如果东京海域分舰队司令向我们提供的情报属实,那就是帝国军队的增援部队已进入东京界内,而且可能会包围我们在东京的设施。

到目前为止,一贯对外界事务不感兴趣的北京朝廷,好像要利用这个机会使自己的政策走上另一条道路。它要求对暹罗湾和安南拥有宗主权。

英国的态度如何?他们会不会接受中国的要求?在需要时会不会用武力来拒绝中国的这些要求?

法国处于走投无路的境地。两种解决办法,无论哪一种对我们都不利。对中国的克制,实际上就是鼓励它对我们更加苛求。1867年的条约签定之后英国发表了保护国的声明,从而导致了湄公河的开放。

这种事情意味着我们的希望破灭。如果我们不使用武力,就应该放弃我们曾渴望过、并有能力建立的殖民帝国。

这些重大的问题,不需要在西贡或顺化,在总督和安南皇帝之间进行讨论,共和国总统自己就可以制定行动方案。

在这种情况下,最理想的是同中国达成谅解,建立精神上的防卫中间地带。中国对在昆明南部边界、云南东部边界建立中间地带颇为重视。如此事成功,那么就让英国人自己在西部边界地区去寻找摆脱困境的办法吧。

中国部队现在占领的地方可以作为界线。人烟稀少的中间地带将来人口还会越来越少。

真的,我们同云南的联系很可能会被切断。你们大概早就对堵布益先生的幻想是怎么回事心中有数了。红河上游已不通航,怎么办呢?为了开采这里的煤矿并用火车把产品运走,首先就要得到入省许可。我们是不会得到这种许可的,因为北京朝廷从未准备让欧洲人进入自己的国土给自己找麻烦。我知道堵布益先生会举他自己的例子,但是,这位精明的旅行家忘记了他是否自由地走遍了中国,是否对那里的情况有详细的了解。

如果形势丝毫得不到改善,我就建议同中国结成联盟。

法国和中国在反对英国侵略者的问题上有共同的利益。英国占领了非洲、大洋洲、地中海和西亚,它还威胁要并吞东亚地区。

英国旅行家已通过缅甸、老挝北部进入云南境内。他们会因为一点儿小事就在这个远离首都的省份策动叛乱。

华人社团没有能力抵抗这样的进攻。瓦解使用表意文字的民族,比人们猜想的还要容易。交趾支那所发生的事情就是一个证明。

我们本应成为天朝的天然盟友,遗憾的是,我们成了交趾支那和天主教的捍卫者。在这个国家里,宣传宗教就是宣传革命。出现了这样一种不正常的现象:民主的法国,不管它的政府的形式如何,却总在对一个向公社化发展的民族宣传神权和贵族学说。

因此,我们不仅成为当权者的对手,而且成了诚实的人民的敌人。他们把我们看成是流氓、小偷、下等人的同伙和保护者,因为这些流氓、小偷、下等人失去了社会地位,到基督教徒中去避难。由于我们的帮助,这些人逃避了法律的制裁。

世界上任何一个国家都不能容忍这种情况。这种情况之所以产生,原因是:一、亚洲人在他们的城市里享有几乎是绝对的自由;二、中央政府软弱无能。我们到交趾支那是为了保护我们的传教士。我们在取胜后的第一条行政条例就是使基督教徒不遵守一般法律,用神甫的手去夺取官员们手中的无限的权力。

我们不能脱离历史。我们不可能很快地改变我们的政策,不可能很快地消除不信任情绪,也不可能很快地成为一个对我们一直有抱怨的国家的盟国。此外,德国人抢先占了位置,他们在北京和在君斯坦丁堡(如今的伊斯坦布尔)一样,成了政府的顾问和启蒙者。他们非常注意避免把宗教和政治混为一体。

我们不能同英国人就埃及问题继续进行谈判了，在战场上，我们注定要落个同谈判一样的结局。我们可能会因内部的困难停止前进，被迫边打边退。不参加战斗就不要想从胜利中得到好处。反之，我们能不能执行一个既坚定又谨慎的政策呢？我们决不想为发展英国的势力而提供人力和财力。

据我看，广西官员关于北京朝廷政策的报告可能是真的。报告里提供了一些令人感兴趣的情报。中国最害怕的是和一个欧洲大国为邻。为了推迟这种可能性的出现，中国提出了宗主权要求。中国把其藩属地区看成是封锁线或中间地带。占领下交趾支那地区，他们默认了，因为该地区和他们还有一段距离；夺取顺化也没有什么太大的关系；但是我们在东京的出现，无疑是中国的一大灾难，因为我们成了帝国的邻居。当人们了解了黄种人的风俗习惯、社会结构后，就不会觉得他们的担心有些太过分了。

总理衙门并不直接地、公开地采取行动。他们感到没有能力支持那些反对我们的斗争，所以只满足于给我们制造困难。我们不宣而战炮击了安南的一个城市，正中他们的下怀。如今总理衙门也对我们采取了行动，但表面上是广州总督在指挥作战。我们能够保持和平吗？我们会介入战斗吗？如果打仗，我们的对手又是谁呢？无人知晓。

最近广西悬赏通缉的传教士，并不是以法国人的身分，而是以广州总督的工作人员的身分在中国西部进行活动的。

关于成立中立区的问题，我们能同中国达成谅解吗？我想是会的。虽然亚洲人害怕战争，但进行这样的谈判需要特别机敏，我们不要先谈自己的想法，应等待曾侯先提建议。因为，那种希望解决问题的愿望，会被人看成是软弱的表现。

我命令东京海域分舰队司令继续持谨慎态度,尽量避免发生冲突。但是,在他认为必要时,也可用武力对付一切,不管是什么国籍的强盗。为了使您随时了解我的行动,我把命令的副本给您寄去。

关于我们同安南的关系,我看除了解决行政管理问题以外,我们同它已没有什么其它关系了。阮朝要求中国军队帮助,是自寻灭亡。安南已开始土崩瓦解。

附件(1) 东京海域分舰队司令李维业致交趾支那总督

1882年8月23日于河内

我派人乘"海防"号小汽艇把我的信送到明天早晨7时出发的"斗拉克"号船上。可加拉德克刚刚得到非常可靠的消息,中国正规军400人从老街乘八艘帆船南下在红河左岸宣光登陆。这同里瓦尔(Rivals)神甫向"突袭"号舰长提供的(如果不是夸张的话)的情报是一致的。

可加拉德克会通过当地人了解这件事情是否确实。

我们感到派一艘小汽艇不太妥当,因它可能会遭到袭击。中国人大概不会继续向下游前进,但他们是要过河的,他们将到离兴化45里的地方。

中国问题可能会被提出来。我将根据您的指示行事。请将指示寄给我。

在此期间我不能把"军乐"号从明江撤走。如调走"军乐"号,别人会以为我们是在撤退。目前中国人不会冒险到河对岸来。"军乐"号和中国人之间距离为60里。

附件(2)①

附件(3) 交趾支那总督致东京海域分舰队司令

1882年9月9日于西贡

我荣幸地告诉您，8月23日的来信收到了。您在信中说，广西部队正在向前推进。关于这一点，我同意您的判断。毫无疑问，从炮击河内那一天起，中国问题不仅对法国，而且对所有欧洲国家、特别是对英国也提了出来。

我们怎样才能从这种错综复杂的困境中摆脱出来呢？

我们的影响和威望会像在埃及一样遭到不幸的失败吗？

我不清楚，任何人也不能预料事态的发展。

亲爱的司令，鉴于这种情况，我们应非常谨慎地行事。我们会得到和平吗？我们会不会进入战争状态呢？如果爆发战争，我们的对手又是谁呢？到目前为止，我们没有得到任何官方消息。广州和广西的总督尽管得到北方，特别是福州部队的增援，但他们好像是为私交而行动，与北京朝廷并没有关系。这表明，总理衙门意识到自己保卫沿海和港口的力量不足，因而不想同法国交战。在战争不能取胜的情况下，它会竭尽全力约束自己的部队。

你们大概不会遭到袭击。中国军队不会进入你们射程范围之内，他们仅满足于在远远的地方包围你们。

这样，法国军队、中国军队、安南军队以及黑旗军可能会在河流上游对峙几个月或者几年，除非有偶然的事件导致冲突。

您应尽力避免发生这种冲突，您一定能做到这一点。我希望您

① 复印时漏印。——编者

把部队集在一起,再配备一定数量足以保护这些军队免遭袭击的侦察炮艇。

在这种条件下,450名士兵再加上您率领的军舰,足可以抵抗所有的部队的进犯。

如果某一偶然事件迫使您使用武力,您应严惩一切敢于进犯的强盗,不管他们属于哪个国籍。

但是,我不能过于强调这一点。目前,欧洲的局势错综复杂,对于您和我来说,在没有绝对必要的情况下,不要使共和国政府同别国发生纠纷,这是我们应尽的爱国义务。

在同安南人的交往中,要保持礼节。您要让他们了解,您对他们的抱怨、抗议并不十分介意。顺化朝廷召来了中国人,这是真正的自杀,也宣告了阮氏王朝的衰败。

如果您需要增援部队,我将尽快给您派去。交趾支那很安定。由于我们这里有流行病,几个月之内不会发生暴乱。

附件(4)　交趾支那总督致驻顺化代办黎那

1882年9月10日于西贡

我荣幸地交给您:1. 给部长的一份关于我们在印度支那的形势的报告,2. □……一封商舶大臣给法国外交部长的信,3. 广西巡抚关于中国政策的声明,4. 法国驻曼谷领事的信,5. 我给海军分舰队司令的指示①。

这些文件使您能深入了解我的观点以及指导我的行动的主要思想。不管发生什么事情,无论突然发生什么样的事件,安南帝国都有可能丧失独立。安南注定要接受我们的统治。大家将看到,中

① 1—5附件原档缺。——编者

国会越来越迫使安南接受它的宗主国地位。

这几乎可以说是顺化朝廷口是心非、犹豫不决的必然结果。

在这样的条件下，我觉得没有必要力求同一个已经不能掌握自己命运的国家进行谈判。如果我们明天同顺化达成协议，无论是中国军队、黑旗军、甚至还有那些官员都不会去执行。我们应满足于解决那些最迫切需要解决的问题。

如果我们保持谨慎，如果我们的军队不寻求很容易就可以得到的荣誉，我们同中国军队、安南王朝军队和黑旗军就很可能继续对峙几个月或者几年。这些军队似乎只想保卫云南和广西的边界地区。

我们基本上控制了红河下游地区，我希望那里发生一些我们可以利用的事件，那样就可以扩大我们的影响。

海域分舰队司令采取了各种各样的行政措施。他把民政和军事权力都抓在手中，这种作法给我们造成了严重的困难。在一些热心于脱离领导，盲目地认为掌握了海关就等于掌握了战争的官员的指使下，毫无意义地浪费了很多钱。当然，顺化朝廷是有权对我们的管理工作提出批评的。

为了不在这个时刻因讨论钱的问题而使已经很严重的形势毫无意义地更加复杂化，我把这笔本来应该在1883年7月才结算的开支算在1882年度财政预算里。

在此期间，可能会发生一些使我们能克服这些困难的事件。但是，非常遗憾，我不能如期把这笔钱补上。我认为，特别是面对亚洲人，在所有的财政问题上都应十分小心行事，这样做符合我们的根本利益，在我看来，光明正大，正直廉洁是我们主要的精神力量。

M. D. 亚洲第39卷第191—193、221—232、242—249页

266　海军及殖民地部长致内阁总理

1882年10月19日于巴黎

内阁总理先生、亲爱的同事：

通过前几次的联系，特别是本月12日的信，我十分荣幸地告诉了您一些关于天朝军队的活动情况。这些情况我是通过间接的，但比较可靠的途径得到的。

中国似乎已经决定在朝鲜试验它的欧洲武器。有人预料，中国将进行冒险，很有可能会同占有绝对优势的日本军队相遇。

另外有人声称，总理衙门让我们的公使制止可能在海南岛进行的干涉。他这是给中国军队向东京方向调动找借口。大家很清楚，海南岛非常安宁。那里根本没有发生在北京流传的事情。中国士兵可能已经抵达北海，并且可能在东京边界地区登陆。他们的目的是占领这个国家的一些地区，据为己有。这些地区的边界线还没有确定。在这片土地上，有丰富的煤矿资源。该地区的轮船公司企图占有这些资源，实际上就是中国政府企图占有。那些远征军离广州时曾夸口说要把我们赶出东京。

我们这些活动得到了您高度的评价。请转告□……和北京政府，根据1874年的条约，我们坚决反对一切外来的对安南及其所属省份的干涉。

游列居伯利

附言：我从海军少将梅依(Meyer)8月26日的来信中获悉了中国军事计划，我认为有必要将其摘要随函寄去。

附件　梅依致海军及殖民地部长

1882 年 8 月 26 日于横滨

部长先生：

一段时间以来，大家在思考，中国是否不同意朝鲜最近发生的事件中的某些事情。中国显然期望在远东的各项事务中发挥重要作用。一旦它拥有一支舰队和一支军队，它众多的人口和经济状况就将使它能够做到这一点。正如我在前几封信中向您谈到过的那样，中国海军在几年之内实际上将比所有的外国舰队合在一起的力量还要大。用挂着中国国旗的船只作运输的商品贸易也有了很大的发展。伦敦一家经营中国运输的公司准备开辟一条航行伦敦和中国港口之间的定期航线。这家公司过去还没有这样做过。我不了解中国军队的真实情况，不同省份的军队情况又大不一样。到目前为止，各自为营的分散现象仍是该政府的最大困难。我想这个困难几年之内将不复存在。最近，我们发现一些部队从福州出发开往广西去保护东京对面的中国边界。最近上海出版的中文报纸正在谈论派一艘船进驻顺化或沱瀼一事。这一切都表明中央政府开始从各省总督那里夺回一些权力，到目前为止各省总督还是完全独立的。这就要求我们今后克服种种困难，不间断地密切注视。部长先生，我将非常荣幸地告诉您一切可能发生的，有关这方面的情况。

梅依

M. D. 亚洲第 39 卷第 250—252 页

267　宝海致内阁总理兼外交部长杜克列(第105号)

1882年10月21日于北京　1882年12月20日收到

内阁总理先生：

我收到了阁下本月14日发来要求我准确地告诉阁下中国人在东京所起的真正作用的电报。我将在本报告中按顺序呈上我对您来函的答复。我感到非常遗憾无法写得更简洁些，因为我必须说明细节，否则，您所希望消除的疑惑就会依然存在。此外，做到像我所希望的那样简洁对我来说也决不是很容易的。事实上，关于多次出现在您的前任和曾侯之间的争执问题，我已经向部里说明白了。中国政界人物的话——不管是书面的、或是口头的——是多么的靠不住。他们不仅不感到羞耻，而且一有时机就把歪曲真理作为他们的本分。

如需要，我可以从现在所发生的事件中找到新的证据，来证明我当时所指出的这一点。

两个月以来，此间盛传着不同来源的谣传：时而说中国政府派出军舰去东京湾，时而说中国政府在广西和云南省作大规模的军事准备，时而又说中国政府把它的军队渗入了正在东京北部各地打着黑旗和黄旗的匪帮的侦察队伍。我就这些传闻多次向总理衙门提出质问，并要求他们告诉我应如何看待。中国的大臣们始终强烈地抗议人们这样强加给他们的企图，并向我最坚决地声明说："事实上，东京的现状丝毫没有改变①；派遣炮舰之事纯属无稽之谈，如果说加强了边境岗哨警戒线，那是因为应当保护帝国同安南接壤各省的人民，防止匪帮或者被我们的士兵击退的北方的暴乱

① 着重号为原文所有。——编者

者们的入侵。”

我已经把总理衙门最有权威的人士对我的亲口声明写信告知部里了。

在向法来西讷先生转达这些声明时，我并不敢肯定保证这些声明的准确性和真实性。然而，我倾向于应相信这些声明，因为，如果发生了表明中国企图阻挠我们实施安南政策或者妨碍我们在东京的行动的严重事件，我认为交趾支那总督不会不立即用电报告诉我。正当我由于这种考虑而醉心于半安全状态时，上海英文报纸发表的一系列海防通讯使我大为惊讶，这些消息说的情况和北京提供给我的情报形成了鲜明的对比：《北华捷报》的记者把我们在东京的形势描绘得很阴暗，按他的说法，“中华帝国的军队控制了河内城、红河流域和所有能够控制附近地区的战略要地。我们微弱的军队被包围在他们的封锁线内而无法逃出来；红河三角洲的外国人不敢再信任我们的保护而准备移民，等等”。阁下可以通过附去的摘要①来判断人们所描绘的是如何令人不安的情景：我们想在这个国家永久施加影响而又即将从这个国家被驱赶出去。

即使说这是英国作者笔下大大的夸张而这些夸张可能又被一家敌视我们的报社的编辑得意地加以发挥的话，那么，根据我眼前的这些如此明确、如此详细、如此一致的证据，也很难说所有这一切都是捏造的。由于卢眉先生所采取的闭口不语的立场，于是我便求助于我所能掌握的那些仅有的情报来源，以便尽我最大的努力对这些消息进行核对。我立即给河内、广州和香港写信。可是，可加拉德克先生刚刚离开——那时我才知道；——白喇格先生尽管仍在岗位上，可是他 6 个月以来只给我写过两封信，每封信只有无

① 原档缺此摘要。——编者

关紧要的几行字，于是我只好再也不想从他那里得到一点点能引起我们非常关心的消息了。过去我曾向部里表示担心在我们目前所处的特别严重的局势下指定这样一个人担任这样的职务会使我们付出巨大的代价，现在，我向部里所说的预料果然发生了，而且比我想象的更糟糕。幸亏这个领事馆的事务掌握在德·拉郎德(de Lalande)先生手中，我才能得到香港方面的帮忙：拉郎德已到达那里几个星期了，他很快将他所知道的消息用电报告诉了我。根据我从他那里得到的消息而得出的结论是：形势虽然不像《北华捷报》的记者所描绘的那样严重，但也远不能令人放心，中国的军队遍布东京地区，以致我们的几个连所占领的据点以外的红河北部整个地区都在他们的手中，而右岸的黑旗军和黄旗军已经控制了河内以上的红河流域。当我收到阁下的电报时，我刚刚收到拉郎德对我提出的问题的答复。当您看到这些消息时，无疑您对过去提醒我注意的、并向我表示过担心的(这些担心是没有根据的)那些问题已拿定主意了。据我所知，没有任何东西能证实对广州现任总督的评价。这是个聪明人，他的稳重和正义感受人尊重；他从未被人看作是一贯敌视外国人的中国老派人物。不管怎么说，对我们来说，他还是比他的前任张总督好得多，张总督确实符合人们所不公平地描绘的曾侯的叔父的那副面孔。

另一方面，《京报》从来没有暗示过要派一个中国使团到嗣德帝那里去。而这个使团可能已经被帝国的一位海军将领带到顺化去了。这是件很严重的事——正如阁下所想到的那样，——如果真是如此，我将会立即告诉政府。

至于派一个500人的纵队到阁下电报中对我说的北海城之事，那完全是正常的举动。对此，我们没有任何激动的理由。北海是个对外国人开放的城市，虽然在安南边境附近，但是在中国的土地上。因此，我们高兴的是：在他们向南挺进的时候，帝国军队一直没有超过这个界限。

我一接到拉朗德先生向我提供的可靠的情报，就给总理衙门写了信，阁下将在附件中看到信的全文；通过这封信，我要求总理衙门告诉我：按它的想法，如何才能把它至今还在向我表白的如此令人安心的保证和目前在东京刚刚发生的事情协调起来。

中国的大臣们看到我提到我过去很长时间不了解的事，并没有表现出任何尴尬，便开始承认了；而且，为了使他们今天的话和在此之前所说的话相互一致，他们对最初声明的真正含义说了一些模棱两可的话，似乎他们并没有赋予现状[①]这个词以我所赋予的那种价值；我知道驻军于安南沿边甚至为了更加保险起见而布置在东京一侧的队伍并没有深入这些部队所邻近的北部各县。然而，按这些先生们今天的说法，维持现状意味着帝国部队继续占领应安南政府的要求为镇压黑旗和黄旗匪帮而已经占领的领土。

我将总理衙门的这份答复附寄给您，它在复信中说：多年来，情况一直如此，目前向我们指出的一切情况根本没有我们要担心的，也没有我们要抗议的新的改变。

不管这些解释的价值如何，丝毫没有改变我们极为明确的回忆；对我和我的首席翻译来说，两个月以来他们对我说的、并用大量的抗议加以肯定的话，纯系谎言。他们是想欺骗我们，要我们相信中国的军队不会远离边境。事实上，中国的军队已这样做了，今天，他们已经占据了面积几乎相当于半个东京的土地，而这些地方自从造反头目李扬才举行的最后那次武装暴动以来他们本已完全撤空了。

---

① 着重号为原文所有，下同。——编者

现在,他们已达到了自己确定的目标,他们就对我们说,过去我们听错了,中国部队一直就在现在这个地方驻扎。即使他们的兵员有所增加,他们的存在至少不能说有任何异常,我们用不着抱怨有什么军事设施,确切地说,没有什么**新的**军事设施使我们感到不安。

这种做法完全是中国式的;然而,用这种方法来对待我——在此类问题上和对此类人我一般是不会过分轻信的——总理衙门的打算只有当人们使我根本无法验证他们的最大胆的论点时才能行得通。正如我前面和您说的,尽管卢眉先生在给我的来信中采取了古怪的语气,我还是不愿认为会把我置于对如此严重的事情——即中华帝国的军队已逐渐地、有步骤地占领了包括广西、云南边境至红河之间的几乎整个东京北部地区——一无所知的境地。可是我认为绝对不可能发生的事却发生了。而如果北京朝廷悄悄地在没有遭到任何抵抗或者没有引起我们抗议的情况下能够实现他们的计划的话,那我将坚决地最正式地拒绝承担由此而给我们造成的恶果的一切责任。我不仅没有得到发生在远离我所能亲身观察到的地方的事情的任何预告,而且人家还拒绝——部里是知道的——同共和国驻中国公使馆通讯联系,而我曾徒劳地想建立这样的联系。由于没有这个联系,西贡和北京之间的任何一致行动,任何观点的协调,任何情报的沟通,都只是空想。

部长先生,说这样的话我是很痛心的。但是,如果阁下以为我在对我们来说如此严重的形势下缺乏警惕性、缺乏关切、缺乏爱国热情,那我将更加感到痛心。假如西贡总督先生愿意费心向我了解情况的话,我一定会告诉他:把河内城归还给安南当局将在中国产生最令人惋惜、最坏的效果。我将告诉他:中国政府会把这一明显软弱之举和曾侯在巴黎提出的蛮横无理的恫吓联系起来,一定会把我们的行为解释为被他们的威胁吓住了。我将说服总督不要把这个想法付诸实施，否则就会使总理衙门大胆起来。事实上，正是从那时起——我今天才知道——才大量增派军队的。而现在由于朝鲜方面一切都已结束，中国朝廷为刚刚在北方轻而易举地取得的辉煌成就而激奋，我不想保证中国朝廷是否已经打定主意要在东京方面进行新的冒险，这种新的冒险行动可能会使我们遇到很严重的复杂情况，至少要迫使我们必须大大增加我们目前的占领军，以便尽快地组成一支真正的远征军。

随本报告我附上一份草图①，使您能清楚地看到中国部队的进军路线，草图上指出了中国军队陆续侵占的东京的某些地区。

根据我得到的最新消息——这些消息已被总理衙门的信件所证实——用浅红色画出的红河、明江支流左侧和云南边界之间的整个三角地带已被来自云南省的士兵所占领，这些士兵集结在蒙自和开化。来自广西的军队在越过谅山地区后，南下到北宁，他们目前正沿淇江(Song-chi)运河推进，一直推进至贴近广安，这是这第二支军队的前哨部队，他们在几个星期之前就已经进至河内租界的郊区了。被广西军队控制的地方在图上用浅灰色画出。

看了这个草图，阁下将会很容易明白中国人侵占的地方的重要性和面积：红河三角洲几乎是我们在东京仅有的可以利用的地方了，而河内以北，我们打算利用的通往老街和云南的那条交通干线已在城外几公里处被切断了。

部长先生，由于已经形成了这种形势，我认为，如果不通过某种强硬的行动对北京表明我们决心驻在我们要控制的地方，我们和北京的任何交涉都不会有什么效果。很明显，今天人们处心积虑

① 原档缺此草图。——编者

要把我们从这块土地上赶出去,只要我们不做必要的工作以粉碎这种愿望,我们就会遇到一系列出于对我们的仇恨并借助于各种各样背信弃义的手段的挑衅行为。

我几乎可以肯定,中国政府绝对不会让它的士兵冒险同我们的士兵进行较量,而只要我们逼近到哪里,中国的军队就会从哪里撤退。因此,最主要的困难是拥有足够的人力,建立一支流动屏障来顶住中国的占领军,把他们从我们需要随意行动的地方赶出去,以保证红河流域的自由航行和摆脱黄旗军和黑旗军。阻止中国人占据他们所驻扎的那些阵地本来比把他们从这些阵地赶走更容易,但是,要做到这点,我必须了解所发生的一切事情和人们没有告诉我的事情。部长先生,我想重申我以下的看法:将来事情的发展不会像现在这样;如果在东京采取有力的措施,不仅可以使我们在中国而且在远东所有海域维护我们的尊严和利益。

宝海

附言:刚要发出这封信时,我收到了我们香港领事馆代办刚发来的电报:"斗拉克"号运输船载着支援部队已经离开了西贡,这些援军的战斗力很快就会由于已宣布派出的"云雀"号(l'Alouette)炮舰的到达而得到进一步的加强。这些措施的效果是指日可待的,因为拉郎德先生补充说:立刻便有迹象表明中国军队正往北撤,河内已经解围。

内阁总理先生,这就证明了我上面所说的:谨慎本身要求我们在东京表现出尽可能坚强有力。我方一切会使人认为我们已有厌倦情绪或优柔寡断的做法都将毫无疑问会引起本来我们想避免的麻烦,会迫使我们在短期内做出抉择:或者是对我们在整个远东的利益具有灾难性后果的撤退,或者是进行越来越扩大、越来越困难的军事行动。夺取河内之初,曾在中国引起一阵真正的惊愕,它曾允许我们做一切我们想做的事，只满足于发表一些无实际效果的带有保护他们起码的自尊心性质的声明。我们当时没有利用这个非常有利的情况，而让中国人从惶恐中定下神来。于是他们就派军队进行干预了。现在就应该叫他们的部队滚蛋。如果我们的行动迅速、果断，我们仍可以达到这一目的，而不需要投入大量的兵力。但是，假如冬季我们不采取任何行动的话，到了明年，我们将面对大大增加的兵力。目前，他们正在组织兵力，准备战争手段，对此我们必须认真对待。因此，像我前面所说的那样，必须或者决心放弃一切，或者用一支真正的武力彻底征服东京。

此外，我深信，我们现在就应组建辅助部队，只要我们给蒲真尼主教的 15 万名基督教徒发放武器，这些辅助军队就会使我们的事业大有进展。只要一个月，东京就不再会有一名黑旗军或黄旗军，也不会再有一个中国人了，我们在这个地方将可以不受安南官员的约束而做我们喜欢做的事。与此同时，请上帝作证，我们深深尊重天朝的宗主权，这样天朝也就不会向我们提出进一步的要求了。

附件 1 宝海致外交部密电

1882 年 10 月 18 日于北京

两广总督的新任命没有什么敌对的含义。总理衙门绝对否认往顺化派使节之事，《京报》从未谈过此事。——北海是中国的开放港口。

但是，香港的领事来信说：中国的先锋部队可能到了河内的大门口。当我质问总理衙门时，它回答说：帝国军队是三年前应嗣德帝的要求而留守中国边境和红河之间的地区的。

我们的明显的犹豫不决，尤其是把河内城堡归还给嗣德帝，使人以为我们在威胁面前退缩了,我还担心新的不慎之举。

西贡总督无一言相告,使我一无所知,完全成了局外人。

附件 2①

附件 3　宝海致总理衙门大臣②

1882 年 10 月 17 日

大臣阁下:

上个星期,法兰亭先生受命同你们谈过有关东京发生的一些谣传;上海出版的英文报纸曾对此作过令人不安的渲染。大臣先生们向我的首席翻译声明说,这些传言毫无根据,纯属捏造。然而,就我的政府来说,它得到的消息是贵国军队离开了它们在广西南部的边境,一直挺进到远离中国领土的地带,而根据以往你们向我所作的保证,它们是绝不应当越出中国领土的。最后,我从我方的一位官员给我送来的一些更为准确的报告中获悉,贵国军队已将其前哨挺进到河内郊区,它们还将占领连接河内和广安的运河的两岸地带。假如这些说法是准确的话,那么三分之一强的东京将被贵国的正规军所占领。

我请求阁下告诉我,就你们所知,这些军队部署是否已经实行?这些部署是否由皇帝陛下政府命令的或由皇帝批准的?还有,这些部署所造成的事态是否还要继续下去?我的政府要我尽快地就以上各点向它汇报。它迫切希望我向它提供有关的情况。如你

① 复印时漏印。——编者

② 本件当时的译文已辑入本《续编》第一册第 110 号,文字稍有差异,为方便查证,特随主件一并辑入。——编者

们能帮我做到这一点，我将不胜感激。

附件 4 总理衙门致宝海

1882 年 10 月 18 日

您的首席翻译法兰亭先生于阴历本月六日来访，向我们递交了一封信。在这封信中，阁下向我们提到有关越南的局势。(内容如附件 3，从略——译者)阁下最近又派法兰亭先生前来，要求我们就报刊上的某些文章作出解释。我们回答他说：中国部队确实驻扎在越南边境上，它们在那里目的在于镇压叛逆；报纸上的那些叙述，大部分是毫无根据的谣传；今天所发生的情况同我们过去所说的丝毫不相矛盾。

阁下在信中告诉我们，您的政府的外交部要您就有关事情进行说明和汇报；因此，我们在这里将目前发生的情况原原本本地向阁下作一个详细的介绍：

10 多年来，叛逆黄崇英、李扬才之流在安南各地流窜，中国已数次派遣广西驻军去安南帮助剿灭这些逆贼。然而，这些贼寇被荡平后，还有覃四棣、陆之平等率领的零星匪徒流窜到防范不严密的地方去了，他们还不断从那里外出骚扰。扫平这些贼伙以确保安南的和平及中国自身边界的安全，这是中国负有的最起码的义务。因此，我广西部队目前驻扎在安南的高平省、谅山省和北宁省。

我国云南省也同安南接壤，当河内发生骚乱时，处在该省边境附近的盗匪们企图在各地闹事。于是，我们的云南驻军便经蒙自和开化府进入安南境内，屯扎在宣光省内，以协助剿除匪患。但是，我们并没有向法军占据的河内附近地区派出一兵一卒。这些措施是根据云贵总督的请求而发布的上谕采取的。这些省份的高级官员尚未决定是否继续让其部队前进或是将它们撤回，因为目前还没有将叛贼们全部清除。

C. P. 中国第 60 卷第 323—334、338—341 页

268 交趾支那总督致海军及殖民地部长

1882 年 10 月 21 日于西贡

我十分高兴地告诉您,您 9 月 6 日的信业已收悉。您在信中要我同法国驻中国公使先生交换意见,并向他提供有关殖民地局势的情报。

您转给我的宝海先生的信足以说明是什么原因使我不重视这一我认为是无用的、无目的的通信。

可能是出于这些考虑,我不宜对我们驻北京的代表进行评价,他虽不明言但或多或少地承认中国对安南和东京的宗主权。

而您的指示,尤其是今年 1 月 14 日通过内阁总理致曾侯的信件所转达的指示,嘱咐我要坚决维护我们的保护权,并通知顺化朝廷,我们不接受对安南和东京的任何干涉。

这个政策是唯一合理的政策,是唯一与我们的尊严和利益相符合的政策。承认中国在安南的宗主权,就等于承认法国在我们的印度支那领地上的从属地位。

我们不能接受北京朝廷就这个方面提出问题。

宝海先生对此有不同看法。他认为不应使别人认为我们想破坏一种尽管是有名无实的、但帝国政府却认与它的尊严息息相关的宗主权。(1882 年 6 月 9 日的信件)他听任人家宣布:大批帝国部队已经呈梯队陈兵于安南领土的边界上[①](1882 年 6 月 26 日信件),而不提出任何抗议。

---

① 着重号是原文所有。——编者

面对驻北京的法国公使与交趾支那总督之间如此分歧的意见，我认为最好是保持沉默。我满足于与宝海先生保持纯粹的工作上的联系。

既然您已知道了这些事实，请允许我提请您注意，必须对于我们在远东的政策实行单一的领导。局势是严重的，甚至是非常严重的。至今，一直是交趾支那总督承担了全部的重担。我们曾经需要镇压秘密社团的活动，也许现在我们正处于一场叛乱企图的前夕，因而我们所有的人都必须遵循向我们发出的指示，否则我们将会惨败。

M.D.亚洲第39卷第347—348页

269　内阁总理兼外交部长致海军及殖民地部长

1882年10月22日于巴黎

海军将军、部长先生、亲爱的同事：

您在本月15日的来信告诉我，您最近收到交趾支那总督的电报。同时，您还表示，我们不能让东京目前的形势再长期继续下去。您认为，共和国政府的尊严要求我们应不顾顺化朝廷的抵抗和中国朝廷所表露出来的进行武装干涉的企图，采取坚决措施以保证我们对这一地区的统治。因此，您认为，用一项新条约取代1874年同安南签定的条约的时刻已经到来。根据这项新条约，安南应置于我们的保护之下。关于东京，如果我正确地理解了您的意见，那就是我们应在那里保持足够的力量，以便行使全部主权。

根据您的意愿，我已将这个问题提交给内阁。正如您所知道的那样，内阁在昨天的会议上认为有必要执行形势要求执行的政策。我完全支持该政策。我同您一样认识到，让这种不正常的局势再长时间地继续下去，有许多不利之处。我们的海军对河内进行炮击，使我们没有给安南留下和平的美好的印象。因此,应置嗣德帝的大臣们的反对于不顾,制定必要的措施,通过派遣足够的军队来保证我们对红河流域的控制。

执行这个计划会在我们和中国的外交关系上出现一些困难。我需要尽快知道您所建议执行的计划和让安南承担的义务。我希望就这些问题同贵部取得一致意见后,能通知我们在北京的公使。如要谈判,他将受命同总理衙门进行谈判。

关于远征军费用问题,在议会开会时可要求他们提供必要的拨款来解决。

在有了抄本后,我将把您电报的附件原文退还给您。

M. D. 亚洲第 39 卷第 253—254 页

270　内阁总理兼外交部长致海军及殖民地部长

1882 年 10 月 23 日于巴黎

海军将军先生、亲爱的同事:

昨天,我很荣幸地给您寄去一封信,谈到有必要通过军事行动来保证我们对东京的统治。现随函寄去在北京的共和国公使写的两份报告的摘要①。他在报告中记载了侦察到的北京朝廷的部署情况和为反对我们的计划而可能设置的障碍。宝海先生特别向我指出,安南各种各样的使者相继到达北京。根据他收集的情况,这些人尽力想让总理衙门派兵帮助嗣德王。在云南省集结大量部队一事,证明中国政府对安南事务的重视。然而,我们的代表在 8 月 22 日的报告中谈到过的朝鲜事件,有可能导致中国和日本发生冲突,并且使总理衙门把自己的军事和政治力量都集中到那里,而没

① 复印时漏印此附件。——编者

有多余的力量再来对付我们。

M. D. 亚洲第 39 卷第 255 页

271 交趾支那总督卢眉致海军及殖民地部长

1882 年 10 月 23 日于西贡

我很高兴向您转去一份警察局的报告，您一定会看出它的严重性。我们该怎么看待这些情报呢？显然，丝毫不能相信。这是我们雇用的一些中国和安南仆人、侍从告诉我们的一些席间闲谈或聊天内容。因为他们法语懂得不多，所以词意常常弄错；又由于性格关系，为了夸耀自己的功劳，十之八九过分夸张。但是，不考虑这些意见也是不谨慎的，因为这些意见几乎总是有一个相同的出发点。在目前情况下，这些报告与我从各种途径得到的情况是一致的。

东京海域分舰队司令先生（1882 年 10 月 2 日 41 号电报）告诉我，他不怕发生直接的冲突，但是他认为安南人力图使我们和中国人斗，而中国人拥有为达到此结果所需要的一切。您读了□……中国将军的宣言就会对此深信不疑。（3 号文件）法国人，当然是指我们，被说成是叛乱分子。巴里亚（Baria）董事长告诉我，中国人将要修复一条军事公路，并在平顺边境武装一个城堡。

我派往边界的主教哥地埃先生也告诉我，他们在修公路。

归仁方面的情况也一样。

我们驻顺化的代办写信告诉我，战争定在 11 月，嗣德帝可能不得不屈服于暴力。他的软弱并不能拯救他，中国人已决定甩掉他。

在堤岸，有人提请我注意再度出现天地会的活动。

广州的领导机构已下令增加募兵。好几个被驱逐的人已返回。

我每天都看到安南领事不正常的行动,他与顺化朝廷及边界的官员之间的通信往来变得极为频繁。

在金边,中国人正在作出努力。他们抢劫了王室的人头税征税员。

保护国的代表告诉我:在暹罗边境,武器生意十分兴隆。

只有我们在西部人口密集的富饶省份仍在忙于土建工程,依然十分平静。

这种种迹象虽然不会使我们深为不安,但可提醒我们注意。我认为以我现有的兵力可以在下交趾支那坚持住。我将部署一个警察部队加强警戒和不断巡逻来弥补军队人数之不足,这样我们将可以维持治安。但是我不瞒您说,殖民地的安全由于愚蠢的行为或软弱无能而受到损害。

依我看,必须摆脱目前这种不和不战的不明确状态。如果这种局势持续下去,就会使人们怀疑我们的力量,中断贸易,使百姓忧心忡忡;危机几乎不可避免地将导致在殖民地和柬埔寨各地发生暴动以及对我们在河内、海防、归仁和东部边境各哨所的全面进攻。同时我们还要监视人数多达6万的中国移民,他们几乎都是秘密会社的成员,其中至少有约2万人是流氓。

尽管法国公使先生提到了此事,我们不能承认北京朝廷在安南行使宗主权,因为这等于承认法国对天朝的臣属身分,承认我们在印度支那统治的毁灭。

即使议会出于政治的考虑要我们维持现状,慢慢地解决困难,我们也不能这样做,因为英国很快就会介入。4个月以来,英国领事要求我对海阳总督处死英国人安志禄一事给予赔偿。可我甚至得不到顺化朝廷的答复,因为它在中国支持下似乎想拒绝任何赔礼道歉。

我认为必须彻底解决中国问题。中国军队一离开东京，我们就可轻而易举地制服安南人了。

为了达到此目的，我们面前有两条道路：指责安南，指责中国本身。

在第一种情况下，我们保持我们和北京朝廷的外交关系，这样，由于我们事先没得到通知，我们将把一切外国军队看作黑旗军和海盗。一支1500人的远征军开展攻击很容易赶走集结在红河上的一切匪帮。但是，这些人刚刚被歼灭，它们又会在另一地方重新组织起来，并得到帝国所有的游民和边境上过去的叛乱分子的补充。

这个国家将因此而备受蹂躏，我们就必须负责该地的治安而加以占领。

我们将需要不断地把我们的兵力增加1倍、2倍、3倍，我们将要连年进行重大而难以预料的军事行动，因为我们将一直处于会与中国发生冲突的潜在状态；即使我们获得完全的成功，彻底绥靖东京，我们也只能成为废墟的主人。

摆脱这种含糊的状况，应敦促北京朝廷撤走它的军队，如果北京朝廷拒绝撤军，就立即把战争打到它本国领土上，这岂不是更好吗？

舰队的几艘装甲舰和船只就足以骚扰它的海岸，破坏其沿海的商业，征收大笔的战争税以补偿我们的开支。

我们可以相信，西方列强会保持中立，因为他们对开放新港口是十分感兴趣的。

我知道人们会把这种行动方式看作是海盗行径。但是必须很好地顺应形势，而自从1870年以来，法国在对外政策方面便应该把它的骑士理论抛到一旁了。

在中国沿海所有的据点都是不堪一击的;帝国海军没有能力抵抗我们;我们几乎没有什么利益在那里,因此北京朝廷可能会在我们的威胁面前让步,承认我们在安南的权利。

另外,我认为过几天我就会确切地得知两广总督的意图,他是迄今为止唯一牵涉到的人。

我不曾想过要采取这些极端的行动。您交给我的和平使命太重要了,我不能不担心会引起军事纠纷。但是就在我完成了我的使命,打算休息一下(这对我的健康是十分必要的)的时候,军事纠纷发生了。这是违背我的意愿的,我认为并不是绝对必要的。

我接受既成事实;我并不抱怨,我不推卸任何责任,因此我提出解决办法,这种办法在我看来是符合我们的尊严和我们的利益的。

正如我10月5日给您写的那样,形势太严峻了。因而我无权支配我个人。因此,不管共和国政府将作出什么决定,我都将始终完全听从您的命令,并竭尽全力,执行您的指示。

附件1　警务工作报告抄件

1882年10月20日于西贡

有人报告,西班牙领事昨天在与夫人一起吃饭时说:有人从马尼拉告诉他,两艘西班牙商船(汽船)装载着在该处购买的武器和弹药已从该城市出发,前往福建厦门。它们将武器弹药交到几只中国帆船上,这几条中国帆船立即开往顺化。还告诉他,上述武器主要是林明顿左轮手枪和新式大炮,全部武器都由几个在西班牙军队服役的塔加禄士官护送。

他说,负责运送这些武器弹药的公司是在西班牙政府知道、同意的情况下做此事的。

他说他的朋友安南领事告诉他，安南政府到处在寻求武器装备。在顺化有人发誓要依靠中国人的帮助和西班牙人的少量帮助，消灭在东京的所有法国人。

最后他还说，他有一个名叫巴萨(Bassa)的朋友，是香港的一个西班牙混血儿，非常有钱。这位朋友请他给予协助为安南政府把武器卸在东京沿海。巴萨长期以来与安南政府有联系，此外，这些情况安南领事也十分清楚。

领事补充说，他的官方的地位不允许他在这样一件事情中受牵连，但须马上写信给在东京的西班牙传教士，此人在当地很有影响，并能给予巴萨以更有力的帮助。传教士的姓名无法获知。

警务当局觉察到安南领事与西班牙领事经常保持往来，安南领事经常去西班牙领事家中。

附件 2　东京海域分舰队司令李维业致交趾支那总督

1882 年 10 月 2 日于河内

自从中国军队驻扎在我们周围以来，我们一直处于一种绝对平静的状态。

既没有任何事件，也没有任何一种征兆需要向您报告。这种平静状态能否持续下去并不取决于我，但是我严密注视着事态发展。河内的官员们经常向我们讲起，由于中国人肆无忌惮，法国人又缺乏耐心，所以他们担心发生冲突。他们这样想是可信的。

我对他们丝毫没有隐瞒这一点：我既不容忍中国人放肆，也不容忍他们的越轨行为，不容许他们的部队在河内通过或逗留。现在流传着这样的消息(您一定比我更清楚)：9 月 12 日安南政府决定，一俟准备就绪，即与我们开战。与之相反，还流传着另一条消息，即法国与中国达成了一项协议，中国军队接到了从东京撤走的命令。

我在明江上始终保持着一艘炮艇,不过那里很平静。

附件3　中华帝国军队布告抄件

广西左路防军统领、左江道

为布告事。我们派兵跟踪、捕捉叛乱分子,由于太原、宣光、兴化、高平、谅山、北宁、山西等省都是高山峻岭,方圆800多里都满布森林、荆棘,是叛乱分子的渊薮。他们继续与当地官府对抗,掠劫当地居民。最近,我们捕获叛乱首领陆之平,其他小头目便带领部下四散逃窜。

据探报,他们或仍隐匿深山密林,或暂时避往他方,或伪装商贾、农夫,以躲避搜捕。目前,太原、宣光、兴化、高平、谅山、山西、北宁各地的山间小道,都有他们逃窜的踪迹。

在河内等地,因中国商人与当地居民杂处,很难防范、辨别混入的叛乱分子。因此,我们派了一些士兵到各地去监视并巡查可疑的地方,以捉捕逃窜的叛匪。特张贴此布告,俾各地官民周知。如能协助捕获逃匪,并送交我们,将给予奖赏;如果发现叛乱匪徒人多势众,则迅速向我们报告,我们将立刻派兵往援。□……我们则予以惩处。

附件4　海军上尉阿梅代戈蒂埃致交趾支那总督

1882年10月10日于泽河(Tracu ha)

我很荣幸地告诉您我到达这里时的局势。

在山的这一边,没有一个安南的头目或代理人。在我走以后,班宾已被原来在该处接待我的安南人搬空了。

这个地方十分平静,巴道(Patao)很友好地接待我。我送给他一些布、一把小折刀、一升苦艾酒、一把上过漆的日本军刀和一些火药。

他正在策划对当岭(Tang Ling)的远征,这次讨伐得到中国商人的帮助,中国人说,他们正是由于这个香埠使他破了产。我对他说过,我不需要过问这事,他作为统治者有权进行战争,我只是劝他小心,不要招致安南派兵来保卫这个香埠,我将绝对保持中立。我还向他宣布,我将再去班宾看看。我是他的朋友,对我不必担心,我只是想亲自看看山区的情况,以便判断通往安南的两条公路的状况。

我对巴道说,我的任务有两项,画出该地区的地图并监视企图侵入我们这里的安南人,如果他能帮助我完成这两项任务以及另外一些我们希望他帮助的事,您就送给他火药、布以及其他需要的物品。

巴道完全听从我的意见,他让我看了 1. 军事和商业公路;2. 荒野的小径;3. 强盗们走的路。

关于安南密使的活动,他向我指出:通过新平(Tan Binh)公路到交趾支那来的商人和安南人,大都经过茶镇(Tra Tran)。但我不容易得到消息,因目前正发洪水,谁也别想到这里来。密使还可能乘小船沿老果(Lagua)河而下,直到高康(Cao Cang),并从那里到达平原地区。

因此,有两处地方需要监视:

1. 茶镇。是边和的通南区所属的村庄,那里有一个副区长,是摩依(Moi)族和安南族的混血种人,异常聪明。从茶镇到泽河要走三天,边和的行政人员直接向我证实,能得到这位副区长发布命令的帮助也许会更好;如果他愿意,一俟洪水退落,我就去看他。

2. 小河(Song Bé)和同奈(Dongnai)汇合处的治安(Trian)。

监视后者更加有效。人们可以在新顺和改瓢(Caigao)进行监视,从治安通往上同奈的两条公路都通过这两处。

以性灵(Tanh Linh)为起点的各条地区公路都通过我们领土上的多灵(Torine),监察员努埃(Nouet)先生让我注意这处地方是完全正确的。监视这处地方是十分重要的。

但是目前这里没有任何事情要报告。由于有洪水阻拦,没有发现一个安南人企图越境。尽管如此,如有事情发生,我一定会得到消息。

相反,我通过相当可靠的途径得知,安南人目前正在东莱(Tionlai)山区修一条公路通往多藕(Da Oné)的发源地。

在目前情况下,这是一件严重的事情。确实,同奈河流域的右岸沿河有□……,而左岸则相反,是两条大河:老果和多藕,这些河流所经之处的面积相当于半个覆盖森林的下交趾支那,我们已拥有如此茂密的森林还未开发。为了占领这些地方,我们提出的主要理由是:从地理位置上说,它是属于下交趾支那的一部分,而安南人则与这一地区被不可逾越的高山隔开,况且安南人已经有两条公路:从南端通过班宾穿过山区到达这里,新修的公路经过东莱山从北面到达这里。

他们的意图是使我们接受以老果作为边界,甚至在这条河流的南岸保留性灵和另外几个村庄。并从我们手中夺走同奈河在纬度11°20′以上的整个河谷,而我认为同奈已超过纬度13°30′,甚至已到14°。

对在东莱修筑公路一事,我几乎可以肯定,因为这是从与巴道要好的几个中国人那里获悉的,他们为了自己的贸易,刚参观过这些地方。

我觉得安南人在这里所做的事显然是不会改变的,如果我没有弄错的话，他们将细心地避免一切可能引起我们在这方面的注意。因此，除非发生外交纠纷，否则他们将小心翼翼地制止任何侵犯我们领土的行为。从性灵撤退我认为就是这一政策的一个特有的标志。

他们对所有的摩依族富人征较重的税，所谓富人指的是拥有较多水牛，能收获大量稻谷的人。但这些税甚至还比不上他们每年以施舍的方式分给住在他们那边的摩依族人的大米和盐的价值。他们甚至还将大米和盐分给住在我们领土上的摩依族人。由于这些米和盐是在饥荒很严重的情况下送来的，与我们这边的摩依族人森林看守员在捉住那边摩依族人时往往大发脾气、严厉处罚的态度相对照，对这种送米送盐的慷慨捐赠，就十分令人感激。

现在摩依族人似乎已相信，法国人在力图将两边的摩依族人合并在一起，虽然他们相互憎恨。可以肯定，没有什么比将他们与我们联合在一起更容易的了，因为他们的性格温和，这一点使他们比安南人更容易与我们联合。

安南人就这样将摩依族人吸引到山上，任其伐木。我刚作了一次登山游览，在翻越几处险峻、荒凉的高山之后，突然发现树木被砍光的大片山坡，已种上绿油油的庄稼，这些山坡是如此陡峭，但他们仍奋力攀登并进行耕作。对此，我虽难以评价好坏，但有一点是可以肯定的，即这些山里人似乎生活在舒适的环境中，他们家中都饲养众多的山羊、马、黄牛和水牛，生活在我们的领土上的摩依族人家中是找不到的。

我将于 10 月 26 日动身去察看多藕河谷东莱山，以及多藕河和□……(DaM…)河发源的多达(Tro Tà)山，我想了解目前同奈河谷和湄公河河谷之间以及同奈河谷与安南之间的交通情况，我也想核实这些地区是否有安南人的设施，回来后我将向您报告有关情况。这次旅行约需要3周至1个月。我将经过老果河口的高康、岘总(Tong Hen)、黄建(Hoang Kien)在我的地图上是翁青(Oug Keang),我到多藕后,将尽可能乘小船溯河而上,如果可能,我将沿着构成天然边界的山脉步行回来。我只带一条被子和枪,我希望能顺利通过各处地方。我委托巴道以及那些在我造的房子周围定居的中国人保护我的住处,如有士兵及盗劫者出现,就立即通知边和的行政主管官员。

关于我的住处,有一个奇怪的现象值得注意。当我第一次到这里时,这里只有一幢房子,是一个名叫六珍(Sao Tran)的房子,当人们知道我要到这里居住时,居民们就从四面八方迁来这里,给我带来一些家禽,并要求在我的住所附近建房屋。现在已有100个居民,中国人还在这里建造了一个仓库存放货物,他们希望得到安全。

我只保留一队士兵作保卫,有一个由7人组成的班子,每个人身体都很好,我越来越坚信,只要遵守卫生规定,这个地方会与西贡一样清洁。

我的住所可供10—15位欧洲人和同样多的安南人住宿而不致感到不舒服。按照摩依族的建筑风格,它高出地面2米,共有5个房间,每间16—25平方米,房子长17.50米,宽10米,从地板到屋顶高度为4.50米。我还有一间可容纳15—20头牲口的牲畜棚和一间车库。

我的住房距离老果河30米。

阿梅代戈蒂埃(Amédée Gauthiee)

附件 5 驻曼谷领事致外交部长(摘录)

1882 年 10 月 10 日于曼谷

至于中国人,这是另一个极为重要的问题。〈暹罗〉国王显然不会公开地在如此正式的场合谈到这个问题。但是当他讲到部队的状况和为修复巴南(Pack-Nam)的防御工事所下达的命令时,他会对此作出毫不掩饰的暗示,并补充说:“我们将注意使防御工事在将来处于极佳的防御状态。”这说明暹罗政府的不安。

现在的问题是以这个强有力的两广总督为代表的天朝,要想把暹罗正式置于中国的封建君主统治之下,使它重新养成已被遗忘的定期进贡的习惯的这一新企图使暹罗政府感到不安。

何罗栏(Harmand)

M.D. 亚洲第 39 卷第 331—346 页

272 外交部长致宝海

1882 年 10 月 27 日于巴黎

先生:

您给我的第 100 号函及所附的政治函件均已如数收到。

自从我上次就安南事务给您去信之后,我收到了海军部长发来的一份通报(抄件附上)[①]。从该通报得悉,顺化朝廷比任何时候都更坚持我在 9 月 29 日给您的信中所谈到的那些观点。这样一来,我们就面临着一个非常微妙的处境。游列居伯利将军认为,要紧的是不能再让事情照此拖延下去了。在我这位同事看来,我们不可能再坚持那些导致派遣李维业司令开赴红河的意图了;事情的

① 原档缺此抄件。——编者

进展已要我们或是放弃东京,或是不管嗣德王的政府怎样反对,我们也要最终在那里巩固我们的统治。我们将要在这两者之间作出抉择,不能迟疑不决。在随函附上的我最近给海军部长的 4 封信①中,您会看到内阁会议已经原则上同意采取一次强硬行动,以便在事实上确保我们对东京的统治。然而,问题不在于把安南王国、甚至红河流域并入我们的交趾支那领地。我们只想在嗣德王管辖的各个省里建立起一种正式的保护国制度,为了达到这一目的,我们要采取一切必要的措施。我们在东京的主导地位将以足够的军事力量为后盾、以保证该地区的安全,而使该地区同交趾支那的关系如同突尼斯对阿尔及利亚的关系一样。

我对您概要地描述的这一计划,目前正由海军部在作进一步的研究,并且毫无疑问将在议会复会时报请议会批准。等到我们一旦最终作出决策时,我会向您电告的。可是,我觉得从现在起把这些指示告诉您也不无益处。您不难看出这些指示是绝密的,可从中得到启示,以便处理您同北京朝廷的关系。

C. P. 中国第 60 卷第 345—346 页

273 海军及殖民地部长致内阁总理兼外交部长

1882 年 10 月 31 日于巴黎

内阁总理先生、亲爱的同事:

您在 10 月 22 日的信件中向我谈及为执行内阁会议关于在东京建立我们的保护国制度的决议所要采取的措施。

我想尽快让您了解我对确保我们的事业取得成功而需要采取的行动的计划:该计划与 1880 年首次讨论这个问题时的方案无多

① 这 4 封信原档缺。——编者

大差别。

此外,我认为有必要首先提醒一下,目前重要的不是要在东京行使主权,而仅仅是在那里继续毫不含糊地建立完全的保护国制度,进行征税,并提取一部分税款,以减轻我们占领期间的负担。

为了达到这个目的,派遣一位代表以特使的身分去顺化是有益的。其任务将是立即与安南政府根据现实情况并以我们承认它在东京的主权为基础进行谈判。顺化有不断与东京的叛乱分子结成的匪徒相勾结的危险,并且错误地向中国请求代价昂贵的援助。为了结束这种既有损于安南主权原则,又不利于人民利益和欧洲贸易的状况,建议它(安南政府)明确同意在条约里引用保护国一词,而我们则保证将叛乱分子和匪徒的一切痕迹从归顺〈我们〉的省份里消灭掉,确保红河与中国内地的交通联系,使安南恢复目前实际上已有名无实的主权。

一俟特使动身,无需等这些步骤取得结果,我们就可采取必要措施,以相当有力的示威作后盾来与顺化直接进行谈判,从而使谈判更快取得有利的结果。确实,不应该不看到,由于我们的代表只有唯一的一种办法,只有单纯的外交途径可以运用,他肯定会由于东方外交官员狡猾的拖延手段而被延误、麻痹,并且最终变得无能为力。因此,他首先必须要求可以会见国王本人,并且使他的紧急意见在必要时能依靠一支无愧于他讲话时所代表的那个国家的海陆军力量的支持。在顺化设一支300人左右的小型驻军,从保护我们的代表这一需要来看,可以说是正确的。与此同时应向东京派遣援军。

这两方面的示威,可能要从交趾支那以外的地方抽调军队和装备,因为交趾支那的兵力和军舰十分有限。在这种情况下,我们在这个殖民地的军事力量不应减少到微不足道的程度。只有这样,我们才能向那些从近处或远处觊觎着附近这些地区的政府表明，我们即使在某种程度上对安南施加影响，也不需要削弱我们在近邻的殖民地的占领军的兵力，这样做也为了要考虑各殖民地的士气问题。其□……是无可置疑的。

派往东京的部队——其编制人数我在后面再告诉你——由6艘船支援。其中4艘船吃水较浅。这些部队应分散在附近海域，作为保安部队(即警察部队)，按照安南的法规来维护贸易自由和居民安全。首先对于居民，我们不仅不想帮助他们脱离他们的封建君主，而且还将制止在这方面可能产生的任何企图。为此，一些卫戍部队要部署在由使团团长选定的地方，尤其是在红河及其航线上，以及在中国和安南的边界上。这种得到安南同意，并且与它协调一致的占领不会激怒任何欧洲强国。至少在这方面，我们可以期望完全合法地完成我们的事业。其结果——主要是可以通过红河自由进入中国南方的省份——也许会被接受。即使不是被乐意地接受，至少不是极不愉快地接受。因为所有的国家同样也可以享有这些好处，它们原期望从我行我素、完全满足于自给自足的安南政府那里得到这些好处，但却枉费心机。如果该政府并不同意按上述措词修改1874年条约——我认为不会如此——那我们的部队还是同样地驻在顺化和东京：我们可以以这个占领为理由，要安南政府遵守1874年条约，阻止它背离自己承担的诺言。可以肯定，安南政府会迅速向我们的合理要求作出让步的。

现在剩下的问题是中国在安南的所谓宗主权。天朝在不久以前试图通过向东京派遣军队以建立秩序来维护这一权利，其中有一部分军队目前还驻扎在这个国家。在我们驻顺化的代办完成上述任务的同时，就这个问题与北京朝廷进行谈判是恰当的。因此，这两方面的活动应同时进行。

根据您在最近的一些信件中向我提供的情况，似乎可以认为中国政府要求保持对安南行使性质尚未明确确定、好处还值得怀疑的宗主权，只是出于自尊心和某种荣誉的考虑。因此使它放弃宗主权，从而撤走其三年来驻扎在中国边境和红河之间的军队并不是不可能的。您最近的情报使我相信，中国政府的意图并不像人们起初想象的那样息事宁人，但是这个新的迹象还不能肯定。正如您从宝海先生 10 月 24 日的电报中所看到的，如果在拆除河内城堡后又予以放弃，那么总理衙门就认为我们准备放弃我们的事业，从而为中国政府提供我们将放弃一切权利的证据。

1874 年条约业已正式通知北京，北京对此没有作任何反对。该条约将在这些不断遭到掠夺者侵犯的地区的维持治安的任务交给我们，我们将表示决心认真地行使这个特权。如果人们反对我们，说我们在最近一段时间听任中国一个远征军随意行事，我们将回答说：我们容忍他们，是因为他们的目的是追捕和惩办天朝的一个从云南逃到东京来的反叛臣民。但是这种容忍丝毫不意味着我们放弃条约中的正式条款，并且在任何情况下，它不会成为天朝有权对我们援引的先例。相反，承认我们的保护国，将有百利而无一弊。因为从此我们会注意使东京摆脱任何性质的动乱，并注意确保一条能使中国南方省份与欧洲贸易直接发生联系的河流的自由通行。中国政府显然将由于我们的介入而首先得益，因为这将使它的云南百姓富裕起来，并使它能自由地把用于一个其安全从此将得到保障的地区的军事力量转到边界的治安上来。最后，由于我们的存在而使商人和整个地区得到安宁，它的国民将享有在东京通行和经商的权利。

这些理由我们在中国的代表肯定会既有分寸又坚定地加以强调，这样便可以容易地使天朝对一个没有什么直接关系的问题不予过问。

此外，由于在这种情况下并不能期望立即找出解决问题的方法，特别是由于这是关系到决定中国方面放弃权利的事，因而继续进行在顺化已直接开始的磋商和占领东京这两件事，不应取决于这些进展必然十分缓慢的谈判的结果。我们就当作中国政府对这个问题根本不感兴趣那样与安南接触，很可能在嗣德帝这方面获得的成功会促使与北京所有的纠纷的解决既简单又容易。

这似乎就是为了使我们体面地摆脱今天所处的含糊的从而是几乎不能容忍的局面所应该遵循的行动准则。

但是不应忘记，这个表面看来十分简单的办法，很可能将产生从现在起就应认真考虑的后果：不管愿意不愿意，由于命运与在远东的所有欧洲□……企业密切相关，我们肯定将被迫把我们的保护国变为直接的主权国，并占领整个安南。

在这个方案里，没有提到我们应该预料到的来自西班牙传教士方面的反对。根据某些情报，这种反对可能表现得较为激烈。也许我们可以在罗马和马德里通过外交活动来清除这种反对。

向国会申请的拨款总金额还有待确定。

为此，我们应首先确定为了占领顺化和东京，在这一地区维持秩序和安定，制止中国正规部队或非正规部队的任何入侵企图所必须派遣的远征军的人数。

远征军，其中包括需要派驻顺化的部队将组成如下：

一个有4个营的海军步兵团，每个营由4个连队组成；一个土著步兵团和一些辅助部队(炮兵部队等等)。

一共有法国部队3000人和土著部队3000人。如果中国不派部队去东京，这个数字也许高于为了确保建立和维持我们的保护国所必需的部队数量。但我宁可事先预备好最大的可能需要量，以避免将国家拖入一场后果严重的战争。

应该从海军陆战队的□……人中扣除参谋部的大约550人以及现在在东京的5个连，这样应从法国派遣的人数和因此应预计到的额外的需要，兵力应为2450人，包括炮兵部队和辅助部队。根据1880年1月26日的法令所制定的原则，在这个数字上还应增加3000人左右，以便从1883年起在法国保持3000人作为替换。

关于这个未来殖民地的行政管理，我认为应委托给一个被授予民事权和军事权的民政特派员。这位高级官员将定居在河内，并在他的指挥下拥有8位保护国代表，这些人从现在起就可规定驻扎在位于三角洲的河内、南定、海防、宁平以及在边境的万宁、谅山、高平和太原。

地方行政管理和除关税外的各种税的征收，均在保护国的代表的监督下，继续由安南官员和他们的代理人负责。此外，这些税收中的一部分，加上关税，用以填补占领东京所需的部分费用。至于关税，一直完全掌握在我们手中，其收入在预留下交趾支那殖民地支付的赔款款项后，上交国库。在内地不需要保留海关，这除了减少开支外，还有这样一个好处，即可使商业摆脱目前阻碍其发展的□……和欺侮。只要在装运港海防、芒街以及巴拉特(Balate)河河口和底河口建立一些税收站就可以了。在新的命令下达之前，独立的司法权将不变动。但欧洲人隶属于设立在河内的法国裁判管辖区，该区设有一位一审法官和一个高级法庭。

自然也应组织邮局、电报局、港务局。

总的年度支出将达1000万左右，这是最高的限额，如果开始时征募不到定额的土著部队，一旦这些部队组建后，也许就要减少欧洲的兵额。此外，如果陆军部能提供两个或是由法国部队，或是由阿尔及利亚土著步兵组成的步兵营，那么，为到东京进行替换而储备的海军陆战队就只需要 750 人,而不是 2700 人,这将大大缩减开支。最后,不应该忘记:东京比下交趾支那面积大、人口多、而且富饶,是能够提供大部分的占领费用的。既然我们的交趾支那殖民地可不费劲地交付 2000 万以上的税,那么要求东京交 1000 万作为我们的行政人员开支及我们的一部分占领费用,就丝毫也不算过分。

内阁总理先生、亲爱的同事,这就是我认为应提请您高度注意的、最重要的要点,以及制订在这次大军事行动所要遵循的作战计划的基本情况。我相信,我们不久就能成功地在东京最终地竖起我们的旗帜,并向法国奉献一个大有前途的殖民地。

游列居伯利

附言:我刚收到交趾支那总督寄来的几封信,立即随函附上①。这些信件里无疑有一些矛盾,但也说明局势极为严重,亟需扭转。因此,我刚刚采取了必要的措施,向东京派了 250 名援军。

M. D. 亚洲第 39 卷第 256—263 页

274 宝海致内阁总理兼外交部长杜克列

1882 年 11 月 3 日于北京

内阁总理先生:

10 月 23 日的邮件刚刚发出,我就收到了总理衙门就东京事务给我的一份新的函件。随函附上该信的译文,您可以从中看到,我们在巴黎对中国使臣提出的照会所持的回避态度,使中国大臣们颇为不满。他们不认为使臣的照会有任何伤害法国政府的言辞;对于中国使臣同阁下的前任之间所产生的令人遗憾的误会,也认

① 复印时缺这些附信。——编者

为应归之于翻译上的错误。恭亲王很希望我们不要再对曾纪泽公使心存芥蒂，并希望对曾侯的来件给予书面的回答。

内阁总理先生，事实上，尽管我一再给予保证，人们仍然迟迟不肯相信我们对东京问题的态度会像我们所描绘的那样温和。

在处理外交事务中，中国官员惯于使用诡计和谎言；他们不明白，我们在处理同他们的关系中会跟他们不一样；而且，他们企图从我们最为直陈坦率的声明中寻找出什么不可告人的想法，如果调换双方所处的地位的话，那他们对我们倒是持有这种不可告人的念头的。我不想证实，他们从我们对曾侯的态度中除了直率的不满之外，还看到任何其他东西；他们不是把我们的沉默归因于我们的自尊心受到了损害，而是认为我们已拿定主意，除非以后完全否认所有我们为了放弃征服计划——他们说我们有这样的计划——说过的一切。正是由于上述情况，尽管我们的口头说明已经一清二楚，他们还坚持要我们作出书面回答，以便留下一个持久的字据。

阁下在本信内也将看到我准备送给总理衙门照会的抄本。尽管照会的译文确已写好，而且我甚至已让人给中国大臣们宣读过，但我还是认为应当推迟发出。我想在发出照会之前，了解它将在总理衙门引起什么反应。事情正如我所期待的那样，大臣们得悉照会内容后非常满意，尤其是对这样的一段表示高兴，在该段中我强调指出，我们真正的意图不是征服东京，而只是改善那里的管理，并保证那里的治安，而这对我们和所有的人——其中也包括中国人——都是有所裨益的。我知道这样一来，我就满足了中国人“挽回面子”的强烈愿望，我照顾他们的这种感情，我称之为民族的虚荣心，而不是自豪感。

因此，我认为总理衙门无疑会对这一原则的阐述表示满意，并且至少在正式场合会停止反对我们的计划。可是，不能由此而认为在暗地里它也会停止给我们制造各种各样的麻烦。所以，在我们依照它的愿望最终表明我们的立场之前，我声明说，从我这方面来讲，我要总理衙门正式作出将中国军队撤出东京的保证；而且，只有在我接到这一命令已经发给滇桂督抚的正式通知之后，我的照会才能送给总理衙门。

对此，他们向我提出异议说，在同负责保护边界的军事首领们商议之前是不可能停止类似的部署的。但是，他们又说，在所有其他方面，他们同我们是完全一致的。

于是，我表示说，但愿我很快有机会通过最终递交我的照会以证实我们之间极其融洽的关系；为此我期待在北京得到我们所需要的指示；并且，我还希望中国政府尽快停止那种令我们为难和可能使我国士兵与帝国军队发生令人不愉快的交火的部署，以便更有利于达成协议。

就目前来说，我们就谈到这个地步；我等待总理衙门履行其诺言，并向我们提供保证。它以往的所作所为使我们完全有理由要求它先向我们作出这些保证，然后我们再把我的声明递交给它。从各方面来衡量，我的声明确实是符合阁下所给我的指示的。不过，假使北京朝廷仍怀恶意，坚持要找我们的麻烦而使我们不得不改变我们的态度和决心的话，那么，我们也是可以改变一下这个声明的措辞的。

附件1　恭亲王致宝海公函

1882年10月24日于北京

我们已荣幸地同阁下谈过东京事务，并请阁下就此事转告贵国外交部；与此同时，我们也已电嘱我驻巴黎使臣曾纪泽，将此事正式告知贵国政府。上述事实业已存档在案。

此后，曾纪泽电告我们：他曾于今年6月14日向贵国外长就安南事件发过一份公函，但从未收到答复；今年中历七月，他就安南问题同杜克列阁下进行过一次会晤，询问迄今尚未照复的原因；杜克列先生声称，已经由宝海先生就此事给本衙门来了信，并说双方无任何分歧。

然而，迄今为止，我们并未收到阁下告诉我们有关法国在安南如何打算的任何信件。只是您的首席翻译法兰亭先生来总理衙门时向我们简要地谈到，您曾收到过贵国外交部长的一封信，说曾公使的公函中有些言辞欠妥。为此，我们检查了曾公使发给贵国外交部的所有函件；从中并未发现在交涉问题时有任何出言不逊之处；因此，我们不知道是否翻译上有某些失误。

总而言之，安南是中国的一个藩属国，倘若贵国有什么纠葛要同该王国交涉的话，那么中国对该王国是负有义务的。曾公使呈交给贵国外交部的函件是代表了本总理衙门、亦即中国朝廷的意见。多年来，中国和贵国保持着友好和睦的关系。可是，此事对我们之间的良好关系是不无影响的，而中国丝毫不愿为此而使这一关系受到损害。不过，法国方面也应完好地保持并增强同我们的良好关系，以使双方均不受到任何损害。这样，我们之间的融洽和友谊将可以永远发展下去。为此，我们有义务请求您函告贵国外交部，请它迅速回复曾公使数次向它递交的照会。这样，我们便能彼此会商，和睦地解决有关我们之间的问题。

附件2　宝海致恭亲王

1882年11月　日①

殿下：

我荣幸地收到了殿下10月24日给我的来信，您在信中就法国外交部数月来未对曾公使有关安南事务的照会作出任何答复一事表示遗憾。

我已荣幸地向总理衙门申述了帝国使臣所发的照会由于语气与共和国政府及陛下政府的任何外交官员之间所一贯遵循的谦恭礼仪是如此的截然不同，致使杜克列先生的前任感到非常惊讶。殿下在来信中说，您在浏览了有关曾公使就此事送给法来西讷先生的照会之后，并未从中发现任何有损于我们应有的自尊心的言辞。您由此得出结论，误会可能由于翻译中的某些失误。殿下如此明察礼仪，以至于我不能不本能地接受您的看法，我将如您所请，竭尽全力地让我的政府也赞同这一看法。不过，为了防止此类事件再次发生，我希望殿下也意识到，最好辞退曾公使身边的某些幕僚，因正是他们的无能造成了如此不堪的混乱局面。

至于我们所重视的是问题的实质方面，我的政府坦率地以书面形式重申我今春荣幸地同总理衙门大臣们就安南事务会谈时所作的口头说明；当时，我开诚布公、不隐藏任何意图向你们阐述了共和国政府准备在东京施行的政策。这一政策概括起来就是：不折不扣地执行8年多以前同嗣德王所签定的条约；这项条约签定后，我们曾向帝国政府通报过，后来〈帝国政府〉并没有对此提出任何抗议和反对。

---

① 原件未填写日期。——编者

殿下现在对我提出，中国对安南拥有宗主权。对于这个问题，我不想发表什么意见；但我认为没有什么必要来讨论这个问题，因为在我们的行动中，丝毫不影响您想重申的原则。既然如此，为什么我们要纠缠于彼此难以取得一致的问题，而不将我们双方的利益结合在一起来寻求能使我们接近的东西呢？假如你们一定要谈你们对安南的宗主权的话，那我们也有充分理由提出我们的保护国制度来予以反对；倘若你们援引最初显然是基于国与国之间某些传统为依据，那么，我们也可以出示某些条约来反驳，诚然这些条约只是较近的事，但我们也曾将这些条约内容向你们通报过，而且这些条约已由于胜利和征服而得到双重认可。有什么办法能够调和这些互相对立的要求呢？如果我们在这方面展开一场轻率的论战的话，那么就会事与愿违，会进一步加深我们之间的鸿沟；这难道不值得我们担忧吗？

要是从此以后，不再纠缠这方面的问题，而是将某些分歧搁置一边，使我们之间不仅有可能，而且在我看来很容易达成一个令人向往的协议，这难道不是明智的办法吗？正如我以往曾多次向您说过的那样，我们派部队去东京并非出于征服的目的。这块地方是安南王朝疆域不可分割的部分；我们的干预完全不是为了给它换个主人。因此，我们在红河流域的任何行动都不会导致改变安南和中国之间的或是安南和法国之间的现有关系；你们的权利和我们的权利将各自保持目前的状况，双方都不会因此而丝毫打乱现有的事态平衡。

既然东京仍为安南的省份，那么帝国政府何必担心我们将来在那里建立良好的治安和行政管理机构、起用有魄力又具有才干的人员来代替那些死气沉沉或毫无权威、把这块美丽而富饶的土地治理得满目疮痍、混乱不堪的官员呢？中国作为一个船队日益发展的商业大国,难道不是至少同我们一样有兴趣看到这条水路的自由通航,从而大大缩短它与自己最为富饶但由于地处边陲而最不发达的省份的交通吗?

我相信,这些明显可行的意见,一定会得到殿下的赞同,而我们在东京推行的政策,不但不会在我们两国之间引起讨厌的争端,相反,通过明而灵活的引导,加上共同的利益感,只会进一步加强把我们两国联结在一起的友好联系。

殿下,我的政府将会看到中国的诚意和它对我们的声明表示信任的有诚意的证明。同意把来自广西和云南的军队撤回,因它们驻在我们的特遣队将要攻击黑旗军或黄旗军匪徒的行动圈内,可能会由于某些纠纷、误会而导致我们的士兵攻击帝国的士兵,而造成严重后果。因我们的军事长官必然会把他所遇到的任何武装部队视为敌人,并以敌人对待,这样一来,谁能担保在这块土地上不造成误会呢?

与此有关,在顺化朝廷委托我们负责保卫和维持治安的省份里,长期驻扎有帝国军队,容易使某些对上层意图不甚了解的安南官员轻信我们和嗣德王之间意见不洽的谣言。他们以为同我们作对,让我们为难,便是为他们的国王效力。而这种敌对行为必然要推迟我们已经着手进行的绥靖工作,这是对所有的人都不利的。

殿下,如果我有幸使您接受鼓舞着我的信念,并能消除您的疑虑的话——从殿下最近给我的一份照会中可以看到这种疑虑的某些痕迹——那么,我就进而希望殿下在这个问题上将不会不满足我们的要求,不会不同意一有可能就将部队召回到中国边境地区。这些部队驻在靠近我们的前哨部队的地方,没有任何真正的好处。恰恰相反,这可能导致最严重和最不合时宜的复杂局面。

C.P.中国第60卷第347—358页

275 宝海致内阁总理兼外交部长

1882年11月4日于北京

内阁总理先生：

我一直忧虑的是，冬季将至，不久白河一封冻，就会把我们困在北京，从而在我十分需要定期而迅速地了解到外界的事情时，使我们同外界的联系变得更加困难和稀少。

至于当前的朝鲜问题，我只需等待已向阁下请求的新指示的下达，因此，我认为不再有必要最近就去汉城。

然而，关于东京事务方面，要是我被束缚在这里无所事事，而且由于物质条件的限制，在三个月内无法亲自向两广总督进行活动的话，则会有很严重的妨害。在我看来，在这方面，人们赋予这位总督很大的行动自由，让他根据事态的发展而作出自己的决定。正如我曾有机会给部里写过的（尤其是有关广西传教会的事），直接同该省的高级官员就他们治内之事打交道，有时比直接向北京中央政府交涉更有好处。而在我看来，不容怀疑的是，在有关东京事务及在毗邻中国边境的安南各县的军事调动的领导方面，他们在许多事情上——如果不是全部的话——放手让两广总督去处理。总理衙门10月18日的通报的最后一句话——我已荣幸地将这一通报的译文附在我同月21日的信内向阁下呈报了——便相当清楚地说明了这一点。因此，我应当考虑到这种情况，即我很有必要能亲自见到总督，以便当面陈述意见，而不是求助于总理衙门通过缓慢而无把握的渠道转达，因为中国大臣们在这种情况下会毫无顾忌地把这些意见完全搁置不发的。

所以，我经过深思熟虑之后，决定今冬前往上海，以便在内河航行中断的三个月中，能住在靠近海边的地方，可以自由行动。

我于10月21日荣幸地向阁下所报告的情况充分表明，就目前来说，我与总理衙门可能举行的一切会谈都是无用的；而在南方的这个港口里，虽无法得到官方情报，但各种消息却从四面八方传来，因此我即使得不到官方消息，也肯定不会在有关我们东京事务的实际进展方面如此长时间地被蒙在鼓里。我在此一而再、再而三不厌其烦地向中国大臣们重复了有关我们的观点和意图中一切需要让他们知道的事，现在必须付诸行动了。只要我们不能通过某种强有力的军事力量来巩固我们打算在红河流域维持的局面——我曾极其明确地指出这一局面的基本点——那么，继续进行这种毫无效果的商讨在我看来是弊多利少，肯定不会使总理衙门的想法有所改善；事实上，他们的全部想法概括起来说，就是要利用我们的宽容态度，尽量给我们在安南制造麻烦，以达到一触即发的境地。我们要坚持我们业已制定的计划，并要通过一些说明问题的行动来证明我们不想同任何他人一起担负绥靖和保护红河流域的任务。这样做，我们便能让中国切切实实地感觉到，我们的这种忍耐是有限度的。

如果我在这里这样争辩，而我们自己在东京的优柔寡断或软弱无力却与我所说的大相径庭的话，那么，我还是缄口不言的好。反之，要是我们决心像我所宣布过的那样去行事的话，那一切都将会迎刃而解，而我在这里所担负的角色也将仅限于重申那些平心静气令人宽慰的保证了；以往我已多次作过此类保证，而且，我们将河内城堡归还给安南一事确实出乎我的预料，尤其是超出我的意愿。

不过，对此不必操之过急，因为正如我多次向部里提到的，我们几乎始终有必要让中国政府处于惶惶不安、提心吊胆、有危险威胁着它的状态，这样才会使它易于就范，易于接受我们的要求。中国大臣们之所以惯于蛮横无礼、无视公道和拒守协议，是因为他们相信可以为所欲为地向我们发泄他们荒唐的仇恨，而又不会受到惩罚。因此，我们在东京坚持推行我们的新政治体制，使他们时时刻刻处于惟恐受到严厉惩戒的威胁之中，这对我们是完全有好处的。如果事态的发展有必要消除某些过分的不安——因为其影响将会超出预定目标——那么，只要给我来份电报，我便可以去平息这种不安的情绪。不过就目前来说，我不认为也猜测不到这种不安情绪对我们有何不利之处。在此之前，我想利用目前这个阶段来争取我们的某些一直未获答复的要求得到满意的解决（我想没有必要向阁下叙述这些琐碎的事）。但我已预感到，由于东京问题在此间官场引起的不安；这些要求将会得到圆满的解决。

现在，有一个新情况使我更需要离开此地。法兰亭先生最近去总理衙门拜访，王文韶——这次会晤中最要的人物之一——把他拉到一旁，对他十分机密地、甚至是神秘地——谈到了一个据他看来业已拟妥的、可能照顾到各方利益的办法。王文韶对法兰亭说："我们之间为什么不分享对东京的保护权呢？我们负责红河以北的全部地区，而你们则拥有红河以南的所有地盘。假若你们接受这个办法的话，那么我认为，我们之间会很容易谈妥的。"请内阁总理先生注意，在这里指的是保护权，而不是最终地获得领地。

对于这个以如此确定的方式作出的暗示，我本来是不十分重视的；要不是在法兰亭向我报告的第二天我收到了一封私人信件的话。来信者所处的地方非常有利，他能对河内发生的事情知道得一清二楚。他在信中写道："如果可以根据所发生的情况，根据广西部队的态度以及公众舆论和此处人们所知晓的某些文件来加以判断的话，倘若我们占领东京，中国人就要分享一杯剩羹，至少要拥有安南的边境省份，使之成为某种外部屏障，以阻止我们同广西的直接接触。”这些边境省份极其贫穷，对我们来说意义不大。我的来信人继续写道：“我们也许可以以此找到同中国达成一项协定的基础，而我们又不受奥巴来(Aubaret)先生过去同暹罗缔结的关于承认我们对柬埔寨的保护权的那种正式条约的约束。”

在获悉王文韶对我的首席翻译的谈话内容之后，我刚才向您复述的那些征象使我对中国人想出的协议草案的真实性没有任何怀疑。我毫不奇怪他们的愿望是要我们远离他们的边境，而我们却正好相反，越是靠近桂、滇两省，则所得的好处越多，因此他们的这种愿望就越强烈。如果阁下愿意过目一下我于去年 5 月 31 日给部里所写的第 49 号文件的话，那么阁下便会看到，我希望我军尽快占领东京的主要理由之一是想看到将我们的准统治一直扩展到毗邻天朝南部边境的那些省份里，这样由于我们跟中国毗邻，我们便可能使它对其侧翼一直提心吊担、惴惴不安，同时我们便有可能轻而易举地深入广西甚至广州——如果他们给我们以口实的话——这样就会使这个国家听凭我们摆布，而且，我们届时只要依靠自己的正确政策便可能比 1860 年更容易成为其精神上的主人。另一方面，如果我们考虑到当中国准备引进现代科学大量应用于工业上时，我们的影响如此的增长会给我们的工商业和殖民扩展带来大量好处的话，那么同样，我们也可以估量到我们有必要在这些即将向全世界开放的可以说是无限的市场上占有一个优势的地位。所有这一切都是合乎逻辑地相互依赖和互为因果的：通过东京，通过同中国的接触[①]，我们将在这个辽阔的帝国建立起我们的霸权；而借助这一霸权，我们又将倾销我们的产品，成倍地增长向我们工厂的订货，使我们那些变得冷冷清清的工厂恢复生机，我们那日趋萧

① 着重号为原文所有。——编者

条的出口贸易也将重新蓬勃发展，我们的船队也将有利可图；而且，我们将从这种和平而又富有成果的紧张活动中取得大量的好处，从而纯化民众的风俗；开阔我们的政治视野，扩大所有各阶层的福利，重树我们在世界上的巨大影响和威望！

内阁总理先生，与中国相距遥远，但是，那些把中国的生存条件同欧州国家的生存条件联结在一起的因素却越来越密切。假如我们在法国只忙于应付那些日常问题和事务的话，我们就容易忽视那些不发生在我们眼皮底下的事情；在我们国家，人们不了解国外还有广阔的天地。因此，也就不会注意利用我们在交趾支那的殖民为我们所建立的这一无可比拟的行动基础，在这些很快就会发生翻天覆地的经济和社会动荡的古老的亚洲民族中，在一个尚未开发的领域内有利地推进我们的外交政策。然而法国在那里所起的作用值得它去付出最大的努力，并敦促其最为卓越的人物为此而进行探索。这是千真万确的，中国每日每时都在走向这个危机，而这一危机会使它那四亿人民的现有全部生活条件发生变化。22年来，这一分化解体的社会接触了我们的文明，了解到西方发生的情况，承受着一个腐朽没落的政治组织所强加于它的一切负担、贫困、痛苦。建立此种政治组织的唯一目的就是保证官僚阶级把勤劳、顺从的民众剥削到哀鸿遍野的地步，这些官僚贪得无厌、毫无廉耻，而又昏庸无能干不出任何好事，其存在似乎只是为了阻止国家富庶、昌盛因素的发展或是为了将其摧残殆尽，而他们那极度的贪婪也只会把这些因素扼杀于萌芽状态之中。然而，恶有恶报，这一不幸的人民尽管愚昧无知；却也隐隐约约地看到了新的曙光；他们本能地意识到自己可能会有别的更好一些的命运。以直隶总督为首的大胆的革新者们所进行的某些成功的尝试取得了一些惊人的成果，中国的报纸对此大加赞扬，激起了直至边远省份的人们的希望,人们目睹了这些成功的尝试,再加上受到了有权有势的李鸿章的正式支持、鼓舞,所怀的希望也越来越大胆。他们已组织商会,还负责组建一支颇具规模的船队以及探寻矿藏和开设工厂的工作,这些商会设立了第一条电报线,正在研究修筑铁路的问题。但是,要使这一切获得成功,人们还会遇到那个根深蒂固的官僚阶层的阻挠,受到他们的欺凌,承受他们无理的要求,遭到他们令人讨厌的反对。他们激起了人们日益普遍而广泛的仇恨,总有一天这巨大的愤怒终将爆发,那时,这些人民将起来砸碎千百年来压在他们身上的沉重桎梏,并驱逐看守他们的狱卒,要求得到自己的那份阳光、空气、自主权利以及其他地方的人民享有着,而他们却自混沌初开之时起就被剥夺了的各种各样的利益。然而这在人类历史上将是何等巨大的变化,难道还有什么比这更值得我们注意并唤起我们的深谋远虑吗?!因此,总理先生,当我看到我们法国对如此极端重要的事情无动于衷,对这些事件——它的反响对我们来说可能会是致命的,也可能会带来莫大的好处,究竟如何就看我们是善于准备加以利用,或者相反,将这一好处放弃给其它更为深思熟虑、又如此逼近地觊觎着我们所不屑一顾的东西的政府——漠然视之时,我是无法克制自己的带有沮丧和忧虑的爱国之情的。

内阁总理先生,我还是从这些高谈阔论回到现实中来吧。那么,最叫我担忧的莫过于中国政府向我提出我在上文中已提到过的划定中国和法国各自在东京的势力范围的建议了。鉴于我刚才阐述过的那些理由,我认为这样一种解决办法是再坏不过的了,会使我们业已开始的新政策所取得的主要成果付之东流。在西贡,人们只是从交趾支那本身和我们控制红河水道会得到的好处的角度来考虑问题,很可能他们不清楚我在上文中解释过的事情;可是,为什么我们的目标要局限于如此狭隘的范围呢?要是日后为了获得云南这个市场而放弃我们将能在整个清帝国所得到的支配地位的话,那就得不偿失了。

在我了解您是否赞同我的看法前,我尤其要设法避免人们向我们提出这个问题,为此,我所想到的万全之策就是远离此地。所以我觉得,我冬季在上海的逗留是非常适当的,我认为在考虑成熟后,我最终会拿定这个主意的,特别是我可以借此机会在天津同李总督会见。有关人们向我隐约透露的意图,以及有关我们必须尽早地准确了解的,我将通过他而知道一些更为准确而可靠的东西。

宝海

C.P.中国第60卷第359—370页

276 海军及殖民地部长游列居伯利致内阁总理兼外交部长

1882年11月10日于巴黎

内阁总理先生、亲爱的同事:

我荣幸地向您附上西贡总督卢眉先生于9月12日向我报告他同途经西贡的英国驻华公使威妥玛先生谈话情况的来信。卢眉先生向我提出了关于中国对安南的意图以及可能提出其权利问题的一些颇有价值的看法。

当您不再需要这份通报时,请把它退还给我。

附件 交趾支那总督卢眉致海军及殖民地部长

1882年9月12日于西贡

我借博学的英国政府驻北京朝廷公使威妥玛先生乘法国邮船公司轮船途经西贡之机,试图了解到有关中国对我们的政策的一些情况。

威妥玛先生并不认为天朝愿意开战,他认为天朝的干预仅仅是出于民族自尊心而已。

他不知道有关向暹罗派遣一个使团之事,也不清楚由此而会给他的政府带来的后果,他的政府所处的局面同我们大致一样。

尽管我可能会由于同这位欧洲人——他在中国生活了四十年,最为了解中国——见地不同而被人看成是自高自大,我还是不同意他的看法。

天朝皇帝没有荣誉感和爱国热忱,这至少从我们对一些词语的理解来说是如此。就像任何一个虔诚的佛教徒一样,他们主要是企求精神上的安逸和宁静;他们之所以要求统治权,是因为他们仍想在那里称王称霸,还因为他们担心欧洲人一旦成为他们的近邻便会把他们搅得动荡不安。他们的要求将会走到哪一步呢?我认为谁也无法回答这个问题;在亚洲人的政策里存在着一些未知数,这是由于他们的社会组织跟我们截然不同,我们对此难以捉摸透彻,这就是为什么每当两个种族直接接触时困难就会连续不断出现的缘故。

但是,我同威妥玛先生一样,也认为我们不必宣战,总理衙门将委任它的一位高级官员,即现任的两广总督来负责同我们交战或者友好相处,除非在最后一刻收回对他的任命。

如果我们不承认中国对安南的宗主权——我们不应承认——他们就会以自己去弄清情况为借口,用拒绝谈判来回答我们,在这种情况下,就很难进行定期的谈判。

因此,目前这种局势很可能在数年之内会保持不变。另外,我再补充一点,即我们如果必须从中赢得到某些利益,就要有一个条件,那就是我们毋忘谨慎从事,并熟知我们所要达到目的的手段。

C.P.中国第60卷第371—373页

277 外交部长致海军及殖民地部长

1882年11月14日于巴黎

海军将军先生、亲爱的同事：

按照我向您表示过的愿望，您在10月31日的信中很坦率地告诉我迅速结束我们目前在东京所面临的局势而准备实施的计划。眼下，您想得到的结果不是在这一地区行使主权，而是建立完备的保护国制度，并抽取一部分税收，以减轻我们占领的负担。为此，您建议向顺化派遣一位特使，恳切地向安南政府指明，他们要在东京维持秩序是办不到的，努力说服安南政府正式接受我们的保护制度。从我们这方面来讲，我们要保证□……安南目前仅仅只在名义上行使主权□……双重军事示威，将会在顺化当地及东京支持我们代表的活动，而我们在北京的公使将致力于使总理衙门对此问题不感兴趣。

至于我，我完全同意您向我提出的方案。但是我希望在适当的时候了解您打算修改1874年条约的新条文内容，以便和您一起来审定条文的措词。

我准备和您一起向议院申请必要的经费，以便作为远征和占领的费用。我相信议会会很乐意地同意1000万法郎的年度开支，再说，在不久的将来，这笔开支可以由我们行将扩大的保护国的资源来抵偿。

现将您10月15日来信中所附寄的附件随信退还给您。

M.D.亚洲第39卷第282—284页

278　宝海致内阁总理兼外交部长

1882年11月21日于天津

内阁总理先生:

我在上次给您的政治报告中提到过我于11月11日动身去天津,第二天即到达。只要气温的下降还未使白河很快就无法通航,我就一直住在天津。我在离开北京之前,去向总理衙门的大臣们辞行,并与他们进行了3个多小时的谈话。毫无疑问,这次长谈的中心内容是东京事务。在谈话过程中,我极力阐述了已向阁下汇报过的方案,该方案明确阐明我们在东京实施新政策的依据及新的设想。由于看起来我的谈话在总理衙门的官员身上产生了良好的印象,我便问他们:面对我们真诚而坦率的解释,帝国政府是否还不下决心将那些已经过于向南推进、而其存在给我们造成了各种麻烦的部队召回本土呢?我指出,中国政府的这些军事举动使安南官员们抱有这种想法,即北京朝廷意欲同顺化朝廷一起反对我们。这样一来,便会产生无数的麻烦,他们会进行暗地的或公开的抵抗,给我们的行动造成困难,并推迟我们为了所有要求向其船队开放红河的国家的利益而进行的和平改革的成功。此外,我还强调了两个不同国家的军队的前哨已经交接上了,因而在它们之间哪怕是发生一次最微不足道的事情或是最无关紧要的误会,也可能导致可怕的冲突。不用说,我在这样讲的时候,不得不笼统地泛泛而谈,因为我对红河流域所发生的一切情况纯系自己的臆断,因此有必要指出,卢眉先生始终缄口不语,对西贡总督先生的计谋来说——不管这些计谋是什么样的——没有必要想方设法将法国驻北京公使蒙在鼓里,众所周知,公使馆需要知道这一切,恰恰是为了进行有益的努力,以便制止中国政府,并且阻止今天已经变得几乎难以避免的危机进一步恶化。

不管我的意见是多么的急迫,中国的大臣们总是设法避免给予明确的回答。他们向我重复了他们已经对我讲过的东西,那就是有必要保护帝国南部边境,以免受我们正在驱赶的盗匪的骚扰。他们对我说,没有从广西向河内派出任何一支新的部队;相反,他们承认有一支数量相当可观的部队已从云南出发,向红河开拔;但是,他们矢口否认任何要给我们找麻烦的念头,其证据就是他们部队的指挥官们已接到明令,指示他们每当遇上我们的队伍时都必须远离,并要小心避免一切可能为发生冲突提供口实或材料之事。

换用地道的法语来说,就是帝国军队无论在哪里遇上我们,都应当退却;然而,由于我们的部队只是驻扎在红河三角洲的三、四个城市里,而帝国军队却占领着整个地区的所有其它地方,因而对我们为数不多的部队就仿佛淹没在中国军队的汪洋大海之中;中国军队让我们的部队在它的阵地之间流动,就好比一小队警察在一大群人中间穿行,他们一通过,分开的人流便又重新在他们身后合拢,只让他们在一个越来越狭窄的范围内活动。

我除了从我的对话者们那里听到空泛的保证之外,不可能得到别的什么东西。何况这些保证同他们流露出来的决心是根本矛盾的,因为他们已打定主意丝毫不想改变目前这种对我们来说极其令人讨厌的现状。于是,我就对他们说,他们打算维持的局面引起我极大的不安,因为我明白我的政府是决不后退的,我的政府既不是轻率地也不是头脑发热地进行一场其后果可能会出乎其预料的冒险;恰恰相反,我们是经过深思熟虑,根据1874年缔结的条约所赋与我们的责任、义务和权利而行事的,我们不让别人来阻挠我们实现所制定的纲领。中国政府任何公开或隐蔽地妨碍我们行事,阻止我们实现既定目标的企图都将导致破坏我们两国之间现有的良好关系，这种情况尤其令人沮丧，因为要是我们双方不兵戎相见，而是友好合作的话，那我们是能够达成对中法双方均有利的协议的。

后来我又补充说，我们首先要寻找的是保证红河航行的自由和安全。我们只是想通过这个航道抵达云南，但是，为了从中得到我们所希望的便利，你们很有必要在这一省向我们开放一个港口。确切地说，我们之所以相信能得到你们的帮助，正是因为你们肯定会从我们意欲开创的局面中得到可能比任何人都大的好处。假如我们企图损害你们的话，那我们又怎能期望取得你们的这种合作呢？当我们对你们说，我们厌恶任何会使你们感到不安的方案，我们明确摈弃任何有损于安南的有关征服的想法时，我们在这个问题上的一致利益向你们保证了我们说这番话的诚意。再说，我们用三个营的兵力就想夺取东京吗？如果我们是企图吞并东京的入侵者，难道我们还会把我军轻而易举地夺取的河内城堡归还给安南人吗？

"那么好吧"，王(总理衙门最重要的成员)回答说，"为了在我们两国政府之间就所有有关这方面的事情准备一项协议，为什么中法双方不各出一名拥有谈判权力的代表来缔结一项协议以解决由你们打算进行的活动所引起的各种问题呢？我们甚至于可以给这两位谈判代表各派一位安南政府的代表，以便更好地弄清楚顺化朝廷特别感兴趣的事情。"

对此，我首先就此类问题上让安南官员参预一事表示了我的保留意见；接着，我要求他向我更明白地解释一下，应当就哪些方面的问题进行谈判。至于对要举行谈判这一原则本身来说，我并不觉得是根本不能接受的。王对我说，我们可能要讨论：一、为准备开放拟议中的港口而需要缔结的协议。二、研究为使帝国南疆的安全不受到侵害而应采取的措施。三、最后一点就是要寻找一个最好的解决办法，以保证中国的商船队和舰队能在尽可能有利的条件下通过红河水道，从云南直到海上。

我爽快地表示，看来这个建议没有什么不可接受的地方，共和国政府很可能不反对在这种基础上举行友好的谈判。我还答应将此事向阁下汇报，如果总理衙门愿意把它的那些想法用书面形式通知我的话，写信也行，或者更简单些，发个照会也行，我届时可将其译文报到巴黎去。可是，这种办事的方式看起来不大适合我的交谈者的口味；他们认为，通过他们刚才对我讲的那番话。我应当明了他们的意图，他们希望我借此机会能在我将向他们正式通报的方案——作为对恭亲王就同一问题来信的答复——中简单地提上一笔，即声明我准备向政府提议，请任命一位特别全权代表，以便同中国的一位代表商议在东京建立新体制的一切有关事宜。

我没有完全拒绝满足他们的愿望，但我提请他们注意，只要中国军队继续占领着一些边境省份，我们肯定是不会同意接受他们的请求举行谈判的。因为我们的部队随时可能需要开进这些地方，而他们的军队进驻那里预计会引起宗主权的问题，可这问题恰恰又是应当回避的，否则的话，我们永远也无法达成一致的意见。

他们还对我说：我用不着担心这些军队，不会发生任何冲突的，已经严令军事长官阻止任何此类事情的发生；他们还要重申这些命令，而且，不管怎样，我可以放心这一点，即中国军队不会到河内附近的地带去，等等。

就这样，在他们讲了这番话之后，我们就分手了，什么事情也没有决定下来。

两天之后，总理衙门大臣对我进行了回访。我们接着前两天的话题继续下去，不过，我们之间没有谈及任何更有决定意义的事情。看来,中国的大臣们只是想进一步强调他们的许诺,使他们的军队远离我们的周围,以免妨碍我们的兵士们的行动。从我这方面来说,我答应他们,只要从军事观点来看红河流域的局势变得更加明朗,我就写上他们曾要求我写的东西。最后,大家互相道别,什么协议也没有达成。

至于我,由于总理衙门根本不愿意给我一份书面文件,确认他们向我作过的建议,这与它向我提出的建议的真正意图相矛盾,因此我更不急于作出书面保证。考虑到今后应当格外审慎,我决定推迟递送我的信件,以便给自己保留日后改动其措辞的权利;今后,当我能更确切地了解东京的事态,并从而明了在这个问题上我们同中国政府的正式关系是应当宽容一些或者强硬一些时,我便可以按我认为最合适的方式对信件的内容作些变动。此外,我对我的天津之行寄予很大的希望,以便借此机会从过于杂乱的材料中给自己理出比较清楚的头绪来,而面对这些材料,我以往曾不得不按假设来进行推理。

我还没有见到总督。只有在同他交谈之后,我才能更好地知道——这是毫无疑问的——在事关帝国政府意图问题上应该坚持什么。我今天也还在等待邮袋;这次邮件除了阁下给我的指示外,还可能会给我带来南边的消息,使我了解到我极其需要知道的情况。因此,我希望在发出邮袋之前,能向阁下提供一些新的细节,以便就本报告中所涉及的情况向阁下作一些有益的补充。

宝海

C. P. 中国第60卷第374—381页

279　宝海致内阁总理兼外交部长

1882年11月23日于天津

内阁总理先生：

我因身体略有不适而未能如期会见总督，不过，今晚我要与他共进晚餐。此外，我还收到了一些我所等待的来自上海的远非我期望的消息。阁下通过阅读我有幸在这里向阁下转述其内容的这封信将会了解到这一点。当我获悉这些情况时，我大大庆幸自己对中国政府所保持的保留态度；因此，我打算对恭亲王正式通报的复信写得更简单而又更坚决：面对东京所发生的事情以及正在令我们不安地积极进行的军事防卫计划，显而易见的是，他们意欲举行的谈判目的无它，只是想为中国人赢得时间，并通过欺骗我们来更巧妙地掩盖他们的意图。在那没完没了的讨论之后——亚洲的外交官善于将讨论拖下去——人们终于会认识到彼此之间是难以谈妥的，而到了那一天，东京所有的战略要点都已经被帝国军队小心翼翼地占领和防卫着，从而控制住红河水道，并禁止我们在河内以北的红河水域航行。

要是我在离开北京之前能收到如今我向您转达的这些消息的话，那对我来说会是多么宝贵啊！这些消息现在才通过迂回曲折的途径转到我这里，而所涉及的情况又已经过时了。假如卢眉先生——他肯定是第一个得知所有这些情况的——当时把这些消息告诉我的话，那么我对总理衙门就能用另一种调子说话，并能使我们的会谈变得格外有用。西贡总督先生往巴黎去信说安南局势方面所有的麻烦均来自中国的阴谋，而他又不想向我这个唯一能反对和制止他们的恶意的人披露这些阴谋，这是多么轻率的行为！更何况这种恶意由于被精心掩盖起来对我们会有多么大的危害。

阁下于9月29日的来信(第18号文件)中要我"继续给北京施加影响,以便改变中国这个徒劳的阴谋"。可是,要防止阴谋,我们就必须了解阴谋,因为从良心上来说,我总不能老是去猜测到底是什么样的阴谋。帝国政府的阴险图谋只是在河内、海阳和海防才会在我们的人员面前显露出来。我们的人员——就像可加拉德克先生最近给我写信所说的那样——是不把这些情况告诉给我的,因为有关这方面的事情他们只同卢眉先生保持联系,可他们还设想——如同我们驻河内的领事对我说的——这些情报会定期从西贡转到北京。然而,实际情况却并非如此,必须承认我对此感到非常难以理解。内阁总理先生:在我们所处的如此严重的情况下,交趾支那总督先生为什么不像其前任一样尽可能履行同法国驻北京公使馆进行经常的联系呢?在我有幸在政务司负责这些事务的时期,我为建立和维持这个先例曾作出巨大的努力,因此在这一点上,我不能不相信自己的记忆力。然而,通过这种办法来确保北京和西贡的观点及行动一致的必要性从来没像今天这样明显、这么迫切;因此,我不想了解卢眉先生是出于什么考虑不履行这一责任的,而我要是处在他的地位,仅仅我的爱国情操和为国效命的愿望便会使我自动地加以履行的,而用不着为此向我发出任何行政命令。

内阁总理先生:不管怎样,请允许我向阁下直陈己见,我们目前遇到的会使我们无法应付的大部分困难就在于有人七个月以来的行动背离了条理明晰和卓有远见的行动方针;在我离开法国之前的一份得到内阁批准的总报告中认真地制订了该方案的要点,该方案可以很容易在"政治司"文件夹内找出来的。该方案明确指出,在向顺化朝廷施加强有力的、必要时甚至是军事的压力使嗣德王发表一个声明之前,不应试图在东京干任何事情。嗣德王的这一声明要由我军在抵达红河三角洲时予以张贴，明确地向所有的人宣告，我们只是根据安南国王的意愿才对这个地区进行干预的，其目的是要按照我们1874年同安南国王签订的条约，在他的这部分国土上恢复秩序。这样中国就无法像今天这样援引宗主权派兵到红河流域，跟我们争夺这里的控制权，实际上我们主要是指那些反对我们的部队。要是河内军事当局预先得到顺化朝廷的通知的话，那他们也就不会对我军进行抵抗，而我们也就不至于攻占这座城堡，然后再把它归还了，安南民政官员们就会明白，我们不是侵略者和征服者，而是在负责恢复当地的秩序，并驱除盗匪，使骚扰这些地区的盗匪们所无视的君主权威得到尊重。在我们正式告诉顺化朝廷我们的真正意图之后，它慑于我们在红河河口所显示的军事威力，就不敢在东京煽动抗拒我们——而如果它确信肯定不会受到惩罚，那么这种抗拒就会助长它的邪恶念头的——尤其是它就不会像目前那样派遣使团去北京向中国请求军事援助来反对我们，并且已经得到这一援助。

内阁总理先生：所有这些都已在总报告中预料到，我恳请阁下浏览一下这份报告。要是卢眉先生没有在西贡和北京之间竖立起一道真正的中国长城的话，我就会能够及时地指出这种同以往在巴黎决定的方针大相径庭的行动的危险了。以我目前在中国的外交职务和我在政务司将近10年的工作经历，使我有机会在很长一段时间里非常熟悉所有这些问题，从而赋予我更多的工作能力，我本来可以做到这一点的。

我恳请阁下相信，我之所以向您谈这些看法，并非是我要对卢眉先生的行政策略大肆进行无聊的责难，而是出于对一些肯定错误的作法的反感。而这种反感如果国家的公务不会比我本人受到更大的危害，我本来是很容易克制的。可是，如果考虑到我们未来的处境,考虑到那些我认为本来可以避免而如今我们却堕入会损害国家整体利益的纠纷之中,阁下就不会感到惊讶。我虽然再三坚持弄清楚每个人应负的责任,并要求明确改变事情的进程,使人们或者在西贡或者在北京听到我们坚定的声音。这一切并不是考虑我的得失。内阁总理先生,我在这里指出许多令人不安的迹象时心情是十分沉重的,其实,我这样作乃是要显示一个潜心的观察者已看到中国政府是决心要跟我们作一番认真的较量了。我认为北京朝廷要是未感到它又得到两年前促使它与俄国发生冲突的英、法的共同支持的话,它是不会下决心走如此大胆的道路的。事情既已发展到这个地步,对我的德国同事来说该是多么走运啊!因此,他又积极玩弄这套已经施展过的两面手法:一方面,他津津乐道许多好处来促使我们投入到东京去,而这些好处是所有海上国家通过在我们的保护下而开放红河航道都会分享到一杯羹的;另一方面,他又竭力煽动中国人的民族自豪感,向中国人渲染我们在欧洲的困境,并让他们依稀看到一场战事可以让他们狠狠地报一下 1860 年事件的仇,从而使他们获得各种利益。与此同时,德国人为了在表面上向中国政府证明他们的同情,便向它倾销他们库存的旧式步枪,并利用这个机会为他们的兵工厂搞到大批订货。克虏伯(Krupp)工厂的人在北京,在天津,我相信也在广州,纷纷聚集在有权势的官员周围,伺机推销他们的工业产品。德国人还在积极帮助组建陆军,在帮助训练军队,在提供装甲舰。还是他们在帮助修筑要塞防御工事,我肯定,军事工程师——甚至就在我写信的时候——正在红河流域构筑这些角面堡、建立这条防线。而如果没有一些私人信件告诉我这件事的话,那我对这一切还蒙在鼓里呢!我认为事情发展到这种地步,要使中国政府撤军是相当困难的;即使它向我这样保证,我也不会相信他的谎言。因此,就像我在以前的一份报告中给阁下所写的那样，看来我还住在这里进行原则性的讨论已完全失去了意义。对我们来说，如果我们不想让阻挡我们的障碍在东京日积月累，以至于我们为了加以克服就必须下决心进行一次大规模的远征，那么我们别无其它办法，只有行动了，而且要迅速而有力地行动。可是以我们目前在交趾支那所拥有的极其有限的兵力，我们是否还能进行我所指出的这种打击行动呢？我很想给这个问题以肯定的回答；但是另一方面，我极其不安地设想到，如果发生这样的情况：即由于害怕在这遥远的地方进行大规模战争行动，我们放弃自己的计划，——这些计划我们曾大张旗鼓地宣扬过，甚至已经开始执行，——而中国的一次军事炫耀竟迫使我们将仅仅 6 年前签订的条约所赋予我们的在那里的特权并得到欧洲各国都庄严承认的特殊地位予以抛弃的话，那么对我们自己、对我们的威望、我们在海上的征服以及对我们在整个远东的侨民的安全来说，将会发生什么样的影响呢？

宝海

C. P. 中国第 60 卷第 388—396 页

280　海军及殖民地部长致内阁总理兼外交部长

1882 年 11 月 30 日于巴黎

内阁总理先生、亲爱的同事：

我很荣幸地告诉您，您 23 日及 24 日的两封信及信中转来的两份报告均已收到：

1. 法国驻香港领事关于中国向东京派遣军队这一消息在英国的这个殖民地城市产生的反响的报告；

2. 法国驻曼谷领事的一份报告。

感谢您的这些信件所提供的令人感兴趣的情况。这些情况完全证实了交趾支那总督先生今年9月29日至10月27日的来信中向我提供的情报。现随函附上。远东的政治局势今天已到了这个地步:现在是需要在东京坚决行动的时候,我们已不能再后退了,任何后退都是危险的。财政部长和我们一样知道需要加紧拟定有关申请拨款的计划,刚才我们的这位同事果然给我寄来了这份计划。

何罗栏先生向我们指出:不仅《香港日报》,而且好几家英文报纸的文章都会对远东各国政府产生不良影响。我已多次被要求注意这一点。我认为研究一下我们是否能够帮助创办一份法文报纸是有益的。这份报纸把它的力量和不反对我们的英文报纸,例如《上海日报》的力量联合起来,可以成为我们在这个国家实施的政策的得力助手。我认为上海在这方面已有了一些打算:如果外交部准备参予这件事,可以要求我们驻这个城市的领事去激发首创精神。我相信交趾支那总督会准备给予这份报纸以有效的支持。

海军及殖民地部长

附件　交趾支那总督致海军及殖民地部长

1882年10月27日于西贡

部长先生:

我很高兴给您寄去10月18日上海《字林西报》(North China Daily News de Shanghai)的一段摘录①。

这篇文章的消息我认为是不准确的。〈中国〉部队根本没有离开东京,相反,它们的人数好像还增加了。

如果说北京朝廷已下达了撤军的命令,它却在暗中鼓励派遣

① 复印时漏印此摘录。——编者

正规的或非正规的部队。

这正是我前几封信中告诉过您的形势。

卢眉

M.D.亚洲第39卷第319—320页

281 海军及殖民地部长致内阁总理兼外交部长(密件)

1882年12月5日于巴黎

内阁总理先生、亲爱的同事:

我很高兴地告诉您,我已收到了您转来我们驻北京公使的机密信件的抄本。

我立即给交趾支那总督发去密码电报,电文内容如下:

“请您下达明确的命令,除非需要击退进攻,在东京不进行任何反对中国军队的敌对行动。收到电报后请回复。”

游列居伯利

M.D.亚洲第39卷第326页

282 宝海致内阁总理兼外交部长

1882年12月5日于天津

内阁总理先生:

我到天津时,最操心的事便是要得到有关目前中国备战情况的尽可能准确的情报,以便从中判断出帝国政府准备在何种程度上保卫其部队业已在东京占领的非常突出的前哨阵地,并在那里阻挠我们计划的实现。尽管在这方面要搞到很完全的情报是不容易的,但我还是收集到了一些相当可靠的资料,从而使我肯定了这一想法,即他们决心严肃对待时局,并且,除非以武力相加,他们是不会甘心作出有损于其自尊心、或者更确切一点说,有损于其民族虚荣心的让步的;我知道这种情感使中国人变得何等的疑心重重、易动肝火。三年前的一次几乎导致一场可怕战争的冲突使我看到了这一点,虽然实际上当时牵涉的——至少对中国一方来说是如此——只是纯属情感的问题而已。因此,我在以往给部里的信件中,随时都请您的前任注意问题的这一方面;这方面的问题眼下也摆在我们的面前,而且,考虑到目前我们跟中国政府的关系,这肯定是我们必须最关心的问题。然而,如果说在5月间确是这样的话,那么今天就更是如此,因为在朝鲜的成功助长了北京朝廷的傲气,使它进一步企图使所有其他藩属国和朝贡的政府对帝国的依赖关系尽可能更加具有实际内容、更加密切。

我在5月间写道:"不应当根据中国人容易对付便得出结论,我们对他们不必掌握任何分寸。我在以前写的一封信中曾力图指明应有的界限,因为超过这一界限,我们就会触及敏感的东西。显而易见,这是我们应该有所避免的。"前不久,我在向法来西讷先生汇报我同总理衙门会谈的情况之后,又补充说:"总之,我认为,只要我们照顾他们的自尊心况且这种自尊心只要随便什么理由便可以使之满足,似乎不一定非要显得咄咄逼人,北京的人们对待我们认为在东京应该做的事将会是非常明理宽宏的。只要在我们不致将要直接并入于我们的交趾支那殖民地的各省份中,只要我们——给嗣德王保留些象征性的权力,那么,我们就不会在北京遇到严重的困难。不过,如果我们不满足于这一种改头换面的占有,而想让这里的人接受另一种原则的话,那么,情况就不一样了:那时我们将遭到断然拒绝,这一拒绝单靠说服的手段是无法挽回的……"

尽管这个观点得到了部里的完全赞同,并从此成为我的行动准则,我还是有充分的理由担心,交趾支那总督先生并没有采用这一观点;这一点从他给我的信中即可看出:他在信中——我已认真将其内容向阁下的前任通报过了——对我说,由于中国跟我们在东京的事情毫无关系,所以他很少把中国对我们的行动所持的意见放在心上,而且自然不会因为不了解这些意见而感到苦恼。

既然卢眉先生的轻蔑态度会使他对安南和中国之间建立起来的关系漠不关心,而我曾着重指出这一关系,目的就是反对那个旨在对付我们的帝国政府和嗣德王的军事联盟,于是便造成了这种我们极有必要防止的局势;由于这一局势,我们将要面对的不是软弱无能的安南君王,而是要考虑到同中国本身发生的一场冲突的可能性。但是,为了不把事情弄到这个地步,西贡和北京之间本来是应当建立密切的联系,并经常交换各自得到的所有有关安南人和中国人勾结的情报的。要是卢眉先生对这个庞大的帝国如今的军事实力有一个比较准确的估价的话,我想他就不会如此无礼地拒绝我向他作出的旨在使驻北京公使馆同西贡政府协调行动和观点的努力了。而由于没有这种协调,就必然会导致我们今天所看到的结果。很清楚,卢眉先生在印度支那半岛北部即将发生纠纷的问题上把中国看成一个可以忽视的因素,而我也只能强烈希望我们不要为这样盲目轻率的态度付出过于昂贵的代价。事实上,我所担忧的可能性发生了,中国政府以平静而坚决的口吻向我们暗示,由于藩属国王的请求,它已把它的一些部队派到北圻供该国支配,以便肃清骚扰东京的盗匪。因而从此以后,它的干预就是完全合法的了;另外,它的宗主权和荣誉也要求它不让一位始终忠实履行其对宗主国的职责和义务的君主的地位受到损害。

以往我正是为了使中国没有任何可能采取这样一种态度,才特别强调要使嗣德王投身到我们在东京的行动中来的,让他公开参加我们在那里其实也是为了他自己的君主权的利益所将要进行的一切事情。

可是,为什么要对这些已无法挽回的旧事重提呢?内阁总理先生,请不要以为我是对我无法阻止的过错幸灾乐祸;恰恰相反,我更关心的是如何尽可能挽回这些过错所造成的后果,而这正是我这些日子以来用我全部的爱国热忱竭尽全力去做的事情。

内阁总理先生,本信开头时,我对您讲过,我以前曾想了解有关中国拥有的战争资源以及它可能投入前线作战的兵力,在这方面,一件巧合之事帮了我的忙:一位名叫尚布里(Chambry)的法国骑兵军官恰好来到北京。尚布里经陆军部批准作全球旅行,前不久来到天津。他在一份给上司的报告中概述了他对中国军事情况的想法和意见。他也把这个报告给了我,现随函将他的报告给您附去①。尽管这一报告写得极为仓卒,很不完全,但您仍能从中看到一些征象,可以纠正某些谬误,里面以大大有别于人们通常爱用的笔触指出了中国在必要时可以用来对抗我们的一部分值得注意的军队的情况。此外,部长先生请您注意,尚布里上尉报告他在天津参加检阅时,只是谈到了他自己所见到的在他面前走过的一小部分士兵。然而,这一小部分就有将近1.2万名武装的步兵,其装备和训练同他未见到的那些士兵一样:李鸿章其余的6万名士兵中,相当数量也都同样或几乎同样地训练有素,因而也差不多同样骁勇善战。我知道,有一支4000人的部队曾经赴朝远征,以前由一位德国教官进行过欧洲式训练的队伍已经调去东京了。我还知道,从广西开往同一方向的部队配备有一支精良的野战炮兵。至于那些可能会从天津派去加强占领军的炮手们,他们操纵性能良好的器械的本领,比起欧洲最优秀的军队的炮手来,也是毫不逊色的。

---

① 复印不全,未辑。——编者

帝国海军取得的进步更为显著。确实,他们拥有为数众多的战舰和巡洋舰,并且在需要的情况下还可配有一支相当出色的辅助运输舰队。在这些舰只中,有好几艘属于造船业最为精良、最为现代化的舰型,而且在航速和武器配备方面也是属于最好的。舰上人员是很精干的,而更为不同寻常的是,这些船只的中国军官中有很大一部分十分懂行,干得极为出色。如果他们在必要时得到美国、英国或德国辅助人员的帮助的话,他们就能应付要求他们干的一切;假如这样组成的一只舰队通过部署装甲舰以及配有威力强大的火炮的快速巡洋舰和铁甲船,并依靠那些用于近海和内河航行的众多的炮艇的支援来封锁东京湾,我考虑,假如我们不冒巨大的风险,或者不调动大大超过我们已在这个遥远的海域部署的海军力量的话,我们怎能突破这样的防线,把足以击退中国军队的法国陆战队运送到红河三角洲泥?况且中国军队在我军到达要与他们争夺的目的地之前就随时可以集结。

所有这些想法在我的脑海中纷至沓来,尤其使我心绪不宁的是,我发现天津军火库那里有着惊人的忙碌活动:码头上每天堆满了大炮、辎重车、各种规格的弹药和各式武器,这些东西运来这里,又运往人们所不知道的地方。我自己设在中国南方的情报员告诉我,到处都是这种情况;他们还对我讲到在兵工厂和造船工地上那种热火朝天的景象;在船坞里,人们紧张地制造和修复船只,而建造船只在平时是需要数月或者数年时间的。

自从中俄危机以来,还从未见过此类事情;不容置疑的是,中国在非常认真地进行准备。

与此同时,外国报纸对我们大肆进行各种攻击,而上海的英文报纸则十分乐意转载。他们企图在中国政府眼里把我们描绘为受到世界各地的普遍指责,处于软弱无力的地位,并且在今天不可能得到任何一个欧洲政府的援助,即使是道义上的声援。

不难想象,这样的煽动在素来乐于接受一切仇外——不管这些外国人是谁——事物的阶层里,会引起什么样的想法。迄今为止,是知识界受到挑动较深,已向皇上呈递了14份奏折,要求对法国人采取最强硬的措施,并在东京采取维护皇上尊严和国家真正利益的措施。我知道,这些活动在政界引起了强烈的动荡,这种动荡将随着扩展到下层民众而会越演越烈。这些活动使得高级官员们左右为难:他们害怕如果自己建议采取一项比较谨慎的政策或一场并无取胜把握的战争,一旦失利而危及朝廷本身生存的话,将会被人指责为对我们软弱无力。但是,在这里更有甚于别的国家,对任何事情都你争我夺,追逐私利,而国家真正的长久的利益则被置诸脑后或者被葬送于诡谲的权术中,因为各人都企图置其对手或竞争者于死地,而根本不想诚心诚意地为国家的事业效力。只有一种狂热支配着一切,这就是对外国人的仇恨心理。即使那些最真诚企图阻止发生冲突的人,也不敢承认这种心理,并害怕卷入到各种不得人心的官司中去,这种官司今天已经无人进行辩护,可在明天很可能会连累那些为它奔走的人。

正是在这种岌岌可危的局势的紧急关口,正是在我对是否要继续向总督作些工作犹豫不决的时候——我以往已经多次向总理衙门作工作,以便使那些过于激动的人头脑稍许平静一下,但结果徒劳无功——我收到了卢眉先生的来信(抄件随函附上)①。他在信中向我宣布,根据巴黎的指示,他打算对中国"匪帮"采取强有力的行动,因为他们出现在东京的领土上是不合法的;他已命令我军指挥官就地处死或拘禁抓到的所有中国人。

① 复印时漏印此抄件。——编者

阁下不难想象我看了这样的一封信之后是什么样的心情。信件中所宣布的事情可能已经发生，这样西贡总督先生刚刚宣布的事就是向中国开战，因为不庸讳言，执行他的指示，势必会引起北京的不满和愤怒，这样便将永远关上一切通向和解的大门，而且甚至会使继续进行任何谈判都根本不可能了。

此时此刻，我认为战争已不可避免，特别是由于卢眉先生通知我这一突然决定而不作任何说明时，还补充说，他已将这些部署告知嗣德王。因此，我认为毫无疑问，北京朝廷同样会知道我们总督的意图是什么，由此而产生的愤怒会使它对任何和平建议都充耳不听。无须讳言，我颇感泄气，深为忧虑，因为我不仅想到了我们将要进行的战斗实力如此悬殊，而且还考虑到了中国人肯定会采取残酷的报复，来回答我们在东京枪杀其士兵的行为。因为我知道，卢眉先生对我提到的这些"匪帮"是由广西和云南的正规军组成的。在这样粗暴地侵犯了人权之后，我们自已以后又有什么理由援引人权来保护所有不仅分布在各个口岸，而且分布在这个辽阔帝国的最边远省份的我国侨民免遭屠杀呢？

到底有什么迫不及待的需要把事情激化到这个地步呢？而且，卢眉先生怎么能把如此严重的决定通过一封三个多星期才收到的信来通知我呢？这样的决定即使是打电报也肯定不会多余的，因为邮寄使我只有很短的一段时间来考虑必要的应急措施，以保护所有侨居中国的法国人的安全。

不管事情看来已经多么不可挽回，我仍要在如此紧急的情况下试图进行最后的努力，以便至少推迟发生敌对行动。为此，我利用了总督来领事馆拜访的机会。我们之间的会谈从下午 3时[①]开

① 着重号为原文所有。下同。——编者

始,直到近8时才结束。对这种花费时间过多的会谈我并不觉得可惜,因为会晤的成果完全超出了我的希望。在我的下一份报告中,阁下将会看到我们在这次极其严肃认真的会谈中所涉及的内容。阁下还将会看到我们在会谈中提出的有关协议的建议,以便把这些建议报请给我们各自的政府进行审查。

C.P.中国第60卷第401—411页

283 海军及殖民地部长致内阁总理兼外交部长(密件)

1882年12月6日于巴黎

内阁总理先生、亲爱的同事:

继昨天我发出的机密信之后,现再给您送去我刚收到的交趾支那总督的密码电报的译文。内容如下:

"西贡,1882年12月6日9时30分

"中国部队好像已撤退到边界□……,似乎没有任何发生战斗的可能。按照您的命令发出指示。"

游列居伯列

M.D.亚洲第39卷第327页

284 杜克列致宝海电

1882年12月6日

一接到您昨日的来电,海军部长便要求交趾支那总督明令,除非是需要击退进攻,在东京不进行任何反对中国部队的敌对行动,卢眉先生刚才回答说,看来中国部队已撤回到边境,似乎不可能发生任何接触。尽管如此,他还是向东京的法国部队司令官发出了指示。

C.P.中国第60卷第423页

285　东京事务①

1882年12月12日于巴黎

一

1882年5月15日条约使安南王国对法国处于虽不完全明确，却构成了一种受保护国性质的关系。确实，缔约双方已商定：嗣德王保证他的对外政策除了贸易问题外与我们的对外政策保持一致；允许法国人在一些地区居住，甚至允许他们在一定的条件下在全国旅行。法国有权在某些城市派驻领事，并允许这些领事为了自身的安全保持一支由100人组成的武装卫队。最后，在同意条约第二条条文的同时，安南朝廷表示要对要求恢复其在历史上对安南的宗主权的中国保持独立，并答应，如果它需要帮助以确保其领土完整的话，它将求助于我们。

特别是在王国最富饶的、尤其是自从我们的交趾支那殖民地建立以来变得最为重要的东京地区，顺化朝廷承诺确保红河的自由通航。

自从签定1874年条约以来，安南方面严重违背了其中的大部分承诺。事实上，红河从来没有对贸易开放过。它两岸的几个重要的地方依然被众所周知的中国黑旗军匪徒占踞着。他们阻止商人在开放贸易的城市之间自由来往。有好几次，法国旅游者按条约的一切规定办理好手续进入这个地方后受到粗暴的对待，而我们驻顺化的代办未能获得赔礼道歉。最后，条约中那些我们极为关心是否得到严格执行的条款，亦即使安南对中国永远保持独立的条款，

① 本文未注明撰写人及收文单位。可能是外交部一份关于东京问题的文件底稿。——编者

并没有得到认真的执行。嗣德王不断地向中国皇帝派遣使节,这些使节按照老习惯,每三年向北京进贡一次。这在某种意义上就等于承认顺化统治者对天朝的藩属地位。

更有甚者,1879 年有一个中国的叛乱将军李扬才进入东京,在他的周围聚集了许多拥护者,企图强占整个红河流域。面临这样的威胁,顺化朝廷理应要求我们帮忙,请求给予 1874 年条约中答应的保护。但是它不是这样做,而是允许,也许甚至是怂恿中国部队进入它的领土。这些部队跑遍了整个这个国家,制服了李扬才本人,可是借口要继续制止抢劫活动还继续占领着邻近云南边界的几个地方。

二

法国政府没有忘记这一切。从 1880 年起,它就意识到必须结束如此有损于我们的尊严、长此以往将会严重削弱我们在远东的影响的局面。可是直到今年年初,那里的形势仍无法实施制定的计划。

按照外交部与海军部商议发出的指示,交趾支那总督在今年 1 月制定了某些旨在加强我们对安南帝国实行保护国制度的措施。然而,这既不是对东京的一种征服,甚至也不是一种导致我们干预该国内政的行动,我们仅仅打算在红河上派遣必要的海军力量,以便驱逐占据红河两岸的黑旗军,从而确保贸易自由。因此确切地说,我们进行的并不是一次军事远征,因为我们的部队只对海盗采取行动,而且发给部队将领的指示都规定他们要尽可能地避免与安南的正规部队以及驻扎在邻近中华帝国地区的中国部队发生任何军事冲突。

法国远征军分舰队司令于 4 月 5 日到达河内时受到了城堡总督及其官员们的欢迎。这种欢迎使他最初以为可以不与他们发生冲突而达到这次行动的目的。但是不久，在东方礼节外表下掩盖着的令人不安的企图变得一清二楚了。渐渐地，城堡的驻军增加了，同时秘密地把防御工事变成可以进行反击的工事。尽管李维业司令一再发出警告，他们的准备工作仍在继续，于是被迫向安南总督发出最后通牒，在4月25日要求安南总督于次日上午8点前将城堡交给法国部队。由于我们的限令没有被遵守，因此在指定的时间就开始进行炮击，3个小时后，我们的士兵占领了城堡。

但是占领河内城堡远没有使局势变得简单，却给我们带来了麻烦。因此李维业司令在使它丧失防御能力以后，把它还给了安南当局，仅在王庙里留下一小支驻军。其余的部队与自1874年以来为了确保领事和外国人的安全而驻扎在那里的士兵一起驻扎在河内的法国租界里。

当这些事件在红河流域发生时，我们驻顺化的代办的任务是向安南朝廷说明我们行动的目的。卢眉先生给李维业司令发出了言辞温和、对和平孜孜以求的指示，此举得到嗣德王的军务机要大臣们的好评。他们虽然抗议我们打算把东京的驻军人数增加到超过1874年条约规定的数目，但感到要对我们的要求进行强烈抵抗则无法做到。黎那先生指出只是由于总督冥顽不化的态度我们才夺取了河内。此事本身在最初似乎并没有引起人们预计的那种愤怒。但是不久，我们的代办发现，他与安南大臣们的关系变得别扭了。7月间，当他为了解决当时的局势而把一份旨在补充1874年条约、对我们更为有利的条约草案送去征求他们的同意时，他受到了断然拒绝。从那时起，形势一直没有变化。

黎那先生不难看出安南人态度改变的原因：嗣德王已请求中国的帮助，而帝国政府通过在远东巧妙地散布谣言和通过它在东京北部的一些部队的向前推进，终于使安南朝廷相信可以依靠中国的支持。

三

当我们在红河开始行动的时候,宝海先生把我们的意图告诉了中国朝廷,以免对方对我们的行动感到不安。不久两国政府就在巴黎和北京交换看法。在巴黎,中国公使要求作出解释,为此在外交部长和他之间交换了一些照会。共和国政府在这次接触中坚持1874年条约的内容,不承认中国自封的对安南王国的宗主权。

不久,曾侯的信中不太礼貌的语调便迫使法来西讷先生中断了与他的任何通信联系,并通知他,今后的磋商将在法国驻中国的公使和总理衙门之间进行。宝海先生甚至受命向总理衙门的成员抱怨中国公使的态度。以后,这位公使似乎收到了来自北京的符合我们愿望的指示。三个月以来,他确实不再重新提出抗议。必须在北京寻找帝国政府的真实意图。在李维业司令开始出征时总理衙门的成员与宝海先生进行的第一次会谈中,他们仅限于纯粹形式上的抗议。而在正式会谈结束后,他们中有个人在单独与公使馆的翻译交谈时甚至说,帝国政府的愿望主要是挽回面子,这个愿望将通过维持嗣德王的王位而得到满足。

由于我们的意图从来不是将安南国王们赶下台,因此可以认为,如果占领河内并没有改变局势,与此同时只给那些指责我们隐瞒真实意图的人提供某些作表面文章的理由,是比较容易达成协议的。从这时起,中国散布了这一消息:它将去援助安南人;并且为了鼓励他们进行抵抗,它逐渐增加了在东京边界上的驻军,甚至让一部分小部队南下。因此可以相信,法国和中国之间将有一场冲突。如果天朝的部队和我们的部队之间发生某些小接触,那么,我们的尊严无疑将不允许我们对此视而不见。幸亏这种可能性没有实现。今天我们知道,帝国军队接到了返回他们原来的阵地的命令。这个消息是最近宝海先生的一个电报告诉我们的，并由交趾支那总督的一个电报所证实。这个消息消除了我们过去所担心的唯一有可能发生危险的假设，尽管这只是个表面的而不是实际存在的危险。

四

确实，中国的反对是使我们感到担心的唯一因素，其他欧洲海上和商业大国似乎已经决意把东京看作迟早有一天要属于我们的。英国和德国的商人在东京经商也会得到像在交趾支那一样的保护。远东的英国报纸已多次对我们还没有占领这个国家表示惊讶。

可以相信，在西班牙方面，我们也不会有什么困难，尽管这个国家有点想插手印度支那半岛事务；因为我们还记得，在20年前，在一场最终把交趾支那让与法国政府的战争中，西班牙是我们的盟国。但自从那时起，我们努力注意不使天主教皇政府有干涉法国的安南事务的任何借口。最近，我们提前支付了安南政府欠西班牙的赔款尾数，并根据1874年条约赋予我们的权利在对安南政府的关系方面取代了西班牙。诚然，西班牙和安南在1880年1月27日签订了一项贸易条约。但是，尽管在某些方面我们可以有理由对此感到遗憾，可这个协定里没有任何与1874年法国——安南条约背道而驰的规定，而且1874年条约在该贸易条约中还被正式认可。

五

简言之，法国目前在东京的局势再持续下去，必然会严重损害我们在这个拥有如此巨大利益的国家中的尊严和影响。在远东，人们已经对我们迄今还未采取行动一事表示十分惊奇。在安邺先生出征后，1873年从东京的撤退被看作是一种软弱的表现；如再次放弃，那就会被理解为拱手让位；而那些由于考虑到我们的计划而至今一直没有染指这个富饶的红河流域的国家,也许不会听任我们以后再自由地回到这个地方来。来自中国方面的唯一的危险,现在已排除了。现在的问题甚至不是征服这个国家,因为事实上它已为我们所掌握。现在的问题仅仅是通过使我们所掌握的地盘更加巩固,并迫使顺化朝廷予以承认,从而使这种占有合法化。海军部部长提议采取的措施,其目的就在于此,而实行这些措施的结果将是把一个极其富饶、安南居民超过一千万的辽阔领土置于我们的统治之下。把印度支那变为我们的殖民地这一令人满意的结果使我们可以希望更富饶、更卫生的东京不久就能提供足以补偿、甚至超过保护国开支的收入。

M. D. 亚洲第39卷第349—362页

286 海军及殖民地部长致内阁总理兼外交部长

1882年12月20日于巴黎

内阁总理先生、亲爱的同事:

继我前几次转给您的信件后,谨随信附转交趾支那总督今年11月8日有关东京局势的来信。

游列居伯利

附件 交趾支那总督致海军及殖民地部长

1882年11月8日于西贡

部长先生:

我利用两广总督的副手的岳父陈季同先生路过西贡的机会,向他说明了中国部队在东京的存在所具有的危险性及由此会给中国造成的严重后果,因为法国绝不允许一个外国干涉安南的事务。

陈先生在11月3日从香港给我写信说,这些军事措施不是出于两广总督的提议，而是根据云贵总督的倡议奉北京之命采取的。

此外，他还补充说，听说部队已撤回到边界以内，外交谈判即将开始。两广总督感到卷入了一桩会使自己受到连累的事情，似乎想置身事外，因为这次出征肯定既不由北京朝廷负责也不是云贵总督负责。

我的预料（9 月 24 日信件）就这样实现了。

中国部队的撤走，如果是确切的话，将给我们以完全的行动自由，我们肯定无疑将获得我们想要得到的东西。

附言：谨向您确认我今日的电报，电文如下：

“西贡，11 月 8 日

“巴黎——海军部

“据广州的非官方消息，中国军队可能已离开东京。”

我认为应该给您寄去此电，尽管它所提供的消息有待证实。

M.D.亚洲第 39 卷第 365—367 页

287　宝海致内阁总理兼外交部长

1882 年 12 月 20 日于上海

内阁总理先生：

上次邮班过于急迫，我未能尽快把我 12 月 5 日的报告（政务司文件第 109 号）的补充细节给您寄去。我是星期日上午离开天津时，曾希望能在旅途中给您写信，以便赶上法国快邮。可是，海上的状况使我的这一想法无法实现；不过，即使我写好了信，也无法利用我们的邮船，因为该邮船在我抵达上海 24 小时之前便离开该地了。因此，阁下将通过美国的邮班接到我这份报告。我于 12 月 4 日发出的电报已将最紧要的事情报告阁下了。

在介绍天津之行时，我曾谈到了总督到领事馆回访我。我事前为使李鸿章对我们即将进行的这次重要会谈在思想上有所准备，曾向他描述了这一局势将在短期内使法中良好关系的维持面临很大的危险；我还指出，摆脱令人可怕的复杂局面的唯一办法是中国撤军。中国派军队去东京是没有什么令人信服的理由的，而且，仅仅是它们的存在便随时都可能引起冲突，其结果将会使所有和平解决我们两国之间争端的希望化为泡影。

马建忠是中国政府数月前派往汉城的官员；他在一次午宴席间，迅速果断地干掉了应邀赴宴的朝鲜国王的兄弟，因而颇有名气；他不无理由地认为，国王的兄弟严重地妨碍他所要完成的使命。我早就结识了马建忠先生，他法文很好；这一情况使我相信他非常清楚地看到：在这样一个不应使我们分裂，而是要我们之间建立符合共同需要的新的利害关系的问题上进行争吵是极端荒谬的。

我当时确信我的这一番话会全部如实地传达给总督的。果然，第二天我就得到证实：会谈一开始，我们双方在这个微妙的问题上都颇为友好而彬彬有礼，而且这种气氛一直持续到会谈结束。阁下将可以从我让狄隆于会谈当晚就此事写的报告中看到这一点。狄隆先生自始至终在场，他借助记忆，把从下午3时开始直到晚上8时才结束的会谈内容如实补录了下来。

这次长时间谈话的结果远远超出我的预料；它不仅使我确实看到有可能避免一场看来在所难免的冲突，而且还使我通过一个可以接受的甚至对我们有利的妥协，找到了达成一项既能解决眼下的困难，同时在将来又可为我们开放云南市场的协议的基础。这样，我们就达到了打通红河航道所想达到的主要目标，前些时候，也许差一点便永远从我们手中失去，如今却时来运转，最出人意外地得到了。我同总督的谈判简直令人难以置信，即使过去对中国有许多怀疑，现在却雄辩地证明，在安南事务中，中国政府之所以准备冒风险同我们开战，仅仅是出于对自己的尊严和民族自尊心的考虑。当然我是知道的，并且早就将这些情况告知了部里和西贡当局，基于这一考虑，北京朝廷将是难以对付的；因为，如果我们不设法照顾它的敏感情绪的话，我们就会遇到它的顽强的抵抗，甚至不会因任何命令、任何威胁而退让，它会先声夺人、勇敢地作出最大的牺牲，丝毫也不放弃它的特权和利益。

由曾侯措辞极欠斟酌和不策略的信在巴黎引起的令人不快的误会，由此而来的我外交部同中国使臣之间关系的某种停顿，顺化朝廷的阴谋，它再三要求中国的援助，我方自攻取河内以来的软弱态度，中国军队对东京的干预以及对该地区绝大部分地方的占领，德国人的挑唆，谏官们向皇上递呈的许多越来越激昂的奏折，卢眉先生对中国的蔑视态度，攻陷河内前后对顺化朝廷的欠妥之举，所有这一切是如此严重地刺激或者伤害了中国的自尊心，以至于弦拉得都快要断了，只要哪怕一个小小的事件也会轻易地导致战争的大爆发。这样的事件由于西贡当局发给我驻河内部队司令官的过激指示随时都可能出现，甚至这还可能已成为既成事实，而我们却还在天津慢慢进行商谈；那么，在这种情况下，我们的谈判还有什么用处呢？……

面对这样的局势，我极为关心的就是要预防互相对峙的部队之间可能会发生的冲突，首先必须使它们彼此脱离接触。而要做到这一点，就有必要在相当程度上安抚一下中国政府受到强烈刺激的过激情绪①。人们指责我们想不顾安南的主权进行征服；作为宗主国的中国决心反对这种征服，并为此作了进行一次庞大战争的

① 着重号为原文所有。——编者

准备。我手头早就准备好了一份声明,以消除产生所有这些长期积累下来的危险误会的首要原因,即各种猜想和怀疑。但是,我对总理衙门说,面对北京朝廷明显采取反对我们的计划的行为,面对会迫使我们不得不完全改变我们业已制定的行动纲领的军事行动,我怎能担保我们会以缓和的态度看待这一切,又怎能以共和国政府的名义来保证限制我们的行动呢?我说:"你们还是回到你们的国家去吧,召回你们的士兵,把事情恢复到原先的状态。这样,我就能从容地向你们说明我们目前的用意,并保证我们的看法是同你们完全一致的。"

三年以前,我同李鸿章一起成功地平息了中俄之间发生的冲突,从那以后,我就跟他建立了特别友好的私人关系。我觉得,这一关系对这位总督的思想产生了决定性的影响,因为如果我的和平意愿和襟怀坦白的声明不是使他产生充分的信任的话,我想我的一切努力都会是劳而无功的,更何况我们的对话是在相信我确实能够同他一道处理这个问题的情况下进行的。总督毫无疑问完全清楚交趾支那总督从不把所知道的情况告诉我;他还知道在最近一段时间里,我除了定期通过普通邮件向您作的报告以外,同巴黎的电报往来并不多。因此,他便认为东京问题不在我的职权范围内,我在这个问题上起着一种志愿侦察兵的作用;共和国政府根本没有把它的打算告诉这位侦察兵,因此对这个侦察兵的言语和行为是很可以不予理睬的。……应当承认,各种现象使得这种猜想变得相当可信;总督一直在深入观察的就是想了解是否可以真正相信我的保证。况且,他已了解到,人们打着红河探险家堵布益先生的旗号在法国政府周围酝酿着各种各样的阴谋,某些惹事生非的危险人物和精心钻营的投机分子还会大大破坏我在巴黎的信誉。我已把这些人的名字告诉部里了,以便使部里对他们保持戒心。他们自私的图谋就是要求法国为了他们的利益而投入使人最难预料、最为可怕的冒险中去，使法国的行动和事业受到损害。内阁总理先生：总督怎能没有这样的担心呢，因为我自己也远未幸免；并且，西贡总督对待共和国公使馆的令人不解的态度也正好证明了我莫大的忧虑是事出有因的！

不管怎样，我已将想到的甚至某些疑虑都畅所欲言，其余的事正如我在上面提过的，就要靠李鸿章总督的诚意尤其是他跟我一样力求避免一场可悲的冲突的愿望了。因此我们商定一项协议的基本原则，第二天马建忠便受命来同我一起确定这些原则的措辞。

在此期间，为了使李维业司令最近收到的极不合时宜的指示得以推迟执行，我给卢眉先生发了一份电报，内容如下：

"11 月 7 日的来信收悉。在东京有中国的正规部队。您给我军指挥官的命令是否包括中国军队在内？他们的态度如何？"

在事先约好的 11 月 28 日，马建忠先生在约定时间来到了我这里。我们从各个角度研究了一项协调卷入这棘手事务的中法两国利益的协议的最好形式之后，终于拟就了如下的备忘录：

"1. 当帝国军队将从滇、桂边境以外所占领的领土撤离并将退到其各自省份或至少不超出一定的"里"数之时，宝海先生将送交总理衙门一份函件，在信函中将特别声明，法国在这一地区无任何征服意图，并不作任何侵犯安南国王的领土主权之举动。"

"2. 法国所寻求的主要目的是开放一条使云南通往海上的航道。为了利用这条航道，绝对有必要使该航道通到中国境内某地，以便在那里有可能建立商业设施、商店、货栈、码头等等。"

为此，以前曾考虑到蛮耗这个地方。可是，那里只是一个微不足道的小镇，聚居着危险的掠夺成性的顽民。稍往前一些，（在安南境内）有一座名叫老街的市镇，该地有更多的资源，并具有蛮耗所缺少的安全条件,此外,那里河水也深得多。倘若人们接受老街为溯红河而上的终点,中国政府可以把这个城市视为其领土的一部分[①],这样,中国的海关将在该地建立,外国商品入关后将按照从各开放口进入中国内地的一切产品的普通章程办理。另方面,帝国政府将作必要努力使内地出口产品运往老街畅行无阻(如驱除盗贼,海关边卡移到老街,等等,等等)。

"3. 为驱逐在东京骚扰勒索的歹徒,使该地区保持合法政府,以保证秩序和安全,两国政府同意在红河和中国边境之间的地区协商划定分界线,界线以北归中国监护,界线以南地区归法国当局管辖。"

"中法两国互相保证维持这种商定的边界线的现状,并且保证东京现有边界内的领土完整,使它不遭受可能给它造成损害的任何外来侵犯。"[②]

内阁总理先生,以后我还将谈到我对这些条款的看法以及我认为将给我们带来的重大利益。下面,我继续汇报:

至于总督,他欣然接受这样一个将我们之间前一天合谈达成谅解的文字方案,而且,他让人立即将我的照会翻译出来,并同时送给总理衙门和朝廷,恳请予以接受。

五天过去了,北京方面无任何回音。这段时间对我来说——我承认这一点——似乎非常之长,因为天气日趋寒冷,白河也开始结冰,而我则处于进退维谷的地步,既害怕由于河道封冻而被阻在天津,又担心离开天津便不能同中国政府达成任何协议。另外,我还知道,总督跟我一样焦急,在从天津到北京的路上,不断有信使急

① 着重号为原文所有。——编者

② 着重号为原文所有。——编者

驰于两个城市之间，以便带去一些解释性的意见，以打消这些人或那些人的抵制，并驳斥由于〔狂热〕[①]或者由于恐惧态度而提出的反对意见。终于，在12月2日上午，总督让我到他的衙门去，向我通报他刚接到的命令。于是，我急忙应召前往。有关我同总督这次会见的情况和谈话的详细记叙，阁下可以从本报告的第二个附件中看到……

这次会谈其成果又出乎我的期待；而且，对我来说，剩下的只是等待李鸿章向我承诺的即将送来的公文。在我离开他的衙门几个小时之后，该公文就送到了。至于该公文的译文，阁下可以从附件3中看到。在任何别的时候，尤其是如果我不是在北京打这项必须处处小心提防总理衙门的口是心非的伎俩的交道的话，那我就会满足于这些以最正式的方式作出的、并得到向我转达的那位实权人物的私人担保的保证了。虽然，在这个问题上，我想没有必要过于小心从事，同时，在人们对我们作出的保证中不存在任何一点含糊不清、模棱两可之处。因此，我给总督写了一封私人信件，其抄件见附件4。在信中，我极力把事情阐述得明明白白，以至于使那些最善于欺诈的人也无法找到任何借口来歪曲我们所许下的诺言的含义。总督给我的回答是一清二楚的，没有任何怀疑余地，同时由于在我们之间的一切问题、直到双方部队在东京发生冲突的可能性——这纯属偶然，丝毫不能改变谈判的和平进程——都已预先得到了解决，我便最终决定向总督递交他焦急地期待着的那份函件，他愉快地以我的名义把函件转送给总理衙门了。

阁下已知道函件的内容；我已于去年11月3日的信中(政治司文件第106号)，把函件的全文告诉部里了。当时这函件还处于

① 此词复印模糊不清，此系揣译。——译者

初步考虑阶段，以后我又不得不对它作某些变动，这些改动现在都在所附的新的文本中加以说明了，并用红笔把改动部分勾划出来(附件5)。我在把这份文件交给李鸿章、并请他设法迅速送到北京的同时，还给他本人发了一封正式信件，见附件6，借以答复他的通报，并确认我们之间成功地达成的协议；我同时还表示希望，我们两国政府不要拒绝我们所设想的为了排除目前一切可能引起冲突的建议，并在将来准备缔结一项对两国同样有利的最终协议的办法。

事情进展到这一步时，我收到卢眉先生对我前面提到的电文的复电。它使我忧虑倍增。几天来，事态发展有了颇好的势头，但仍无法预先防止由于执行这项轻率的命令所引起的严重后果。收回这些命令并不取决于我，但是，这些命令——至少在中国人心目中将不再具有——必然会日益恶化，随之而来而又势所难免的包含着国际纠纷的意义了。卢眉先生的电报是这样的：

"所颁布的命令将适用于所有的中国人而不问其来自何方。不过中国部队看来业已撤离……"

于是我不管交趾支那总督先生还会做出什么事或者说什么话，我向您发出了我12月4日的那份电报，其目的就是大体上向您报告一下所发生的情况、我们刚刚避开的危险、我们同中国政府商定的协议以及我正在进行的旨在争取通过红河水道进入云南的谈判的情况。

我万分感激阁下对我的报告作了答复，从而消除了我心中的主要忧虑和不安，因为它向我证明了，我在履行我的职责而像最近这样行事的过程中，并未做出任何违反政府的和平意愿的事情。

假如像我所希望的那样，阁下批准我在照会里所写的那些想法的总的精神的话，那么我现在尚需完成的任务就将比较容易了。

李鸿章为了他自身的利益,已接受这些想法,并建议总理衙门也予以接受。我打算在另一封信中再阐述这个方案对我们——在我看来——极为有利的那些方面;这一方案得到了李鸿章的支持,因而很可能不会在北京遇到任何反对。需要的话,我可以从随信所附马建忠奉总督之命给我的信中找到这方面的证明,见附件7。阁下从中可以看到,我们同中国的重新接近不仅是可能的,而且甚至是容易的;在仅仅几天以前在这方面一切都还让人担心,两国之间发生的对抗还会不可避免地引起最为可悲而又最为无益的冲突呢!

附件7① 马建忠致宝海

1882年12月5日于天津

公使先生:

总督授权我以他的名义告诉您,他在你们上星期日在领事馆谈话以后,已向总理衙门呈递了您同他一起商定的协议草案。据他对来自北京的答复的判断,他有充分理由相信,两国政府将容易在这些基础上达成谅解。因此,倘若您或是其他任何一位法国官员被指派来就此事同中国政府的一位代表进行接触的话,毋庸置疑,他们定能协调中法两国的观点,并就符合两国的利益的最终协议的条文达成一致的意见。

附件1 宝海与李鸿章会谈纪要

地点:法国驻天津领事馆

时间:1882年11月27日

出席者:宝海、李鸿章、狄隆、马建忠和罗丰禄

---

① 这是原件的编排秩序。下同。——编者

(互相致意和寒暄之后)

总督:今天,我们要谈谈安南事务。

公使:不瞒您说,这件事使我很忧伤。这件事就其本身而言,是不会使我们意见不和的;只是,一些企图浑水摸鱼的人却通过对我们各自的意图散布流言蜚语而使它恶化了。同样是这些人,在我抵达这里时以及在俄中冲突期间,装作正人君子的样子,而同时又在挑动两边不和。譬如B先生[①],他曾对我说过这样的话:"在东京已无安全可言。你们为什么不占领那个地方?我们将在道义上同你们在一起,并请相信,我们不会对你们有任何妨碍。"与此同时,他又煽动你们来跟我们作对。从那以后,你们由于认为我们怀有征服的想法,便向那里派遣部队;这一军事调动在我们看来,含有某种挑衅的意味,这样一来便使局势复杂化了。由于它为有关我们同顺化朝廷互相对立的谣传以及关于中国和安南联合反对我们的流言提供了根据,所以这对我们来说,就使局势更加复杂化了。

总督:没必要将别人的名字说出来,我知道这个人,并且看出了他的诡计。诚然,前些时候,某些外国公使给我们介绍了你们的所作所为,这引起我们的不安(总督语气严肃而诚恳)。中国不想冒犯法国,我是知道这一点的。

公使:既然如此,那我们之间就很有必要坦率而友好地谈一谈。

总督:您是否还记得我们之间去年就这个问题举行的那次会谈呢?当时,谣传我们双方意见对立,从那以后,这种传言一直盛行;可是,无论是您或是我,都不应该相信这些流言蜚语。我完全相信您讲的话,因此,我将很高兴听您谈谈你们对时局的看法。

① 原文如此。——译者

公使:首先,让我们撇开有关保护权或宗主权这样的理论问题不谈,因为目前讨论这些问题只会枉费口舌。相反,在实际问题上我们倒是容易达成谅解的。我们想干什么呢?我们要履行1874年的条约所规定①的义务,维持东京的治安,并保证红河的自由通航。我们也想使云南的蛮耗港能够开放。这难道是征服吗?当然不是。我们是根据我们想要达到的目标来确定我们的行动手段及规模的;我们在那里只驻有为了驱除骚扰该地的盗贼所必需的兵力:五六艘汽艇,六七百人;只有几个军事哨所分布在红河沿岸。既然我们为了进入中国而有求于它,那我们又怎会想到同它对抗呢?请别忘记,我们的强烈愿望是给云南和海上之间建立一条便利的商业通道,在安定的条件下开发东京的矿产和其它资源;总之,通过履行1874年条约赋予我们的、既有利于外国人也有利于我国同胞的有关保护权的义务,以完成由于该地的盗贼抢劫而要我们担负的责任。我们的外交政策,请相信这一点,不是要进行欺骗;恰恰相反,是要通过我们的诚意来赢得别人的信任。因为是在你们的边境地区清除黑旗军匪徒,你们的利益跟我们的利益是一致的。然而,假如我们从两边夹攻这伙歹徒的话,他们就会自行溃散,而无需我们任何一方大动干戈。再说,如果我没弄错的话,他们总共也不过三千来人,其中还包括妇女和儿童;而对我们来说,仅用我们目前在那里的少量部队就能轻而易举地达到目的,而你们将是首先得益者。

这些友好的解释一段一段地给总督作了翻译;总督一边听着,一边沉思,并不时地提一些问题。从他提的问题可以看出,人们并

① 着重号为原文所有。——编者

没有很好地把有关我们在东京的情况告诉他。譬如说,他曾认为我们征收关税只是为了我们自身而不是为了安南国王的利益。在提到河内时,公使趁机向他指出,倘若我们当时真有像中国人所盛传的征服意图的话,那么,我们就不会在占领河内之后又把这个城市交还了。李鸿章曾听说,法国在东京的商人并不多,那儿的商业主要是由德国人把持的。公使回答说,在一个由我们保护的地区,当外国人遭到掠夺时,他们是会向我们提出要求的,因此,这又是我们为什么要在那里在某种程度上进行治安管理的理由;我们是在 1874 年条约所规定的范围内着手这项工作的,但并不因此而否认安南的主权。

接下去我们谈到了黑旗军的问题。最迟是在昨天,李鸿章收到了广西巡抚的一封来信,信中告诉他,法国驻交趾支那总督已要求顺化朝廷下令给这些匪徒的首领,要他们撤走。但是,该首领断然拒绝从命,他回答说他们不仅宁死不撤,而且还不怕法国人。李鸿章说,他姓刘,原先是个叛乱分子,颇有点勇猛的名气,既归顺了安南国王,中国方面便不想把他置于自己的管辖之下;但根据最新消息来看,事态已经发展到危急的地步。

总督(口气十分严肃,但同样也友好):现在我来坦率地给您解释一下中国的意图:第一,在云南边境附近,方便你们同我们之间的贸易往来,是我们所求之不得的;但在此同时,我们又不想向你们开放蛮耗口岸,因为当地的居民是土生土长而又桀骜不驯的穆斯林,可以说我们无法加以控制,以至于他们会给我们惹事,引起对你们和我们都要负责的麻烦,就像马嘉理先生被杀一事给我们引起的麻烦那样。自保胜(老街)往上,河流无法通航;因此,你们自己也无任何必要坚持要开放蛮耗作口岸。第二,中国对安南的宗主权已有好几个世纪了,倘若有人对此提出异议,那我们的民族自尊心就会受到损害。除了这一保留之外，我们对你们在东京的计划是丝毫不持敌对态度的①。

公使：我一开始就对您讲过，我们今天不谈理论问题；因为这将会使我们碰上困难，而这些困难在谈实际问题时是不会发生的。我认为，在您刚才对我讲的事情上，是有理由达成谅解的。不管怎样，对我们来说，重要的是得到同云南通商的便利，而不是蛮耗的开放。因此，我相信，如果我们在云南边境上的一个经过认真选择的地方，譬如说在老街，假如你们的边界一直延伸到那里的话——你们能够充分得到这样的便利，——那么，我们的目的是可以达到的。我还同样相信，我们将可以在东京维护我们的利益，而又使你们的民族情感丝毫不会因此而受到损害！这是一个值得探讨的方案。

总督：我们能否作这样的声明，即：一方面中国承认你们对安南——你们已经实行统治的地方——即对西贡以及六个省的统治权；另一方面，你们则承认中国对安南其它地区享有宗主权，但你们在那里可和我们共同行使保护权；这一声明将尽可能地广泛散布，这样将会照顾到我们的自尊心，而你们的利益也不会受到损害②。

公使：我们今天根本不涉及安南问题，谈的只是东京。不能将宗主权和保护权这两个词牵扯到一起，除非是对它们作大量的定义工作。如果这两者等同为保护权的话，那就意味着必须平分这一地区的权利。我还不十分清楚你们指的是什么。

---

① 着重号为原文所有。——编者

② 着重号为原文所有。——编者

接着,谈话的内容便是弄清总督的想法,并设法在他的想法同公使的想法之间取得一致的意见。两位谈话者在交换观点之后,看来在原则上取得了如下的一致意见:中法两国共同保证在东京划定的中立地区的地位;将东京地处红河与中国边界之间的土地划分为两个区域,北边区域应由中国监护,南边区域则由法方监护;把老街作为中国的对外口岸,在那里我们将拥有同云南通商的一切便利。

总督:这些想法看起来似乎不错,余下的问题便是如何行文了。如果您同意,我明天就派马建忠去同您一起草拟一个方案。不过,您对我说过,您尚未接到在这个基础上进行讨论的指示,因此在这方面就您而言,只是您个人的意见;这对我来说也是如此。当我们之间达成一致意见时,我们就向我们各自的政府提出相同的建议。总理衙门已给我送来您跟它最近一次会谈的纪要:您为何不把您的函件交给它呢[1]?

公使:自从我写了这份函件之后,我又收到了一些有关东京所发生的情况的新消息。正是为了预防发生新问题,我才不得不推迟递交该函件的。您懂得,贵军的调动是会导致我的政府改变主意的。确实,人们向我肯定,你们在东京从红河到云南边境的区域内驻有不少于2.5万部队。从那以后,我的声明——尽管在我准备发表时是非常认真而且是确实有根据的——可能不再有必要了,而且在目前的情况下,我不能做出任何可能会被视为束缚法国,从而妨碍其行动自由的事情。说到这里,我不坚请你们撤军,但我将建

(1) 指的是正式信函,在里面我驳斥了任何关于征服东京的看法,其内容我已在1882年11月3日致政务司第106号信中向部里报告。我指出□……的考虑,我推迟将该信交给〈中方〉。——原注

议你们这样做①。

总督(反复考虑后):毫无疑问,我们之间将会谈得拢的,而我将要求总理衙门立即请朝廷降旨,命令我军撤退。

公使:只要此事一办妥,我就发出我的声明。

总督(起身告辞):好,我们刚才在一起谈的是一件严肃的事情。曾纪泽公使那儿会发生什么情况呢?他这些日子往北京发来好几个电报。你们的政府是否不愿意再同他发生关系了?

公使解释说,毫无疑问,由于他的翻译的错误,曾公使向法国外交部发去了一些至少在形式上很不合适的正式照会。是如此。

会谈进行了将近3小时,到晚上才结束。

附件2 宝海同李鸿章会谈纪要

时间:1882年12月2日

地点:天津总督衙门

参加者:除公使和总督外,还有总督的法语翻译马建忠先生;负责核对的狄隆先生;公使馆秘书谢满禄(Semallé)先生;总督的秘书兼英文翻译罗丰禄先生。

(相互寒暄之后)

总督:总理衙门已就协议草案一事给我来信,复信是今天上午收到的。我们俩已商定了该协议的基本原则。

公使:这一草案可以肯定对你们是适合的,总理衙门是否对此表示赞同呢?

总督:在这方面,总理衙门还不能正式表态;不过,它初步认为

① 着重号为原文所有。——编者

这些建议是可以考虑的。我目前所能说的,就是在这个基础上我们之间是容易达成谅解的。可是,总理衙门在我告知它有关您对我说过的中国军队出现在河内一事之后,答复我说,您的消息不准确,因为要是没有皇上的直接谕旨,我们的部队是不会这样越过我们的边界而开拔到那儿去的;而皇上并没有就此事下过谕旨。

公使:有两件事情可以证实我所说的:其一,在河内城里的墙上张贴着以你们的军事长官的名义发布的告示,里面充满反对我们的煽动性言词;其二,你们的一位军事长官曾放肆地让人宣布他要拜访李维业司令;不用说,他并未受到接见。假如你们的部队真的不在东京的话,那又该怎样解释这些事实呢?

总督:倘若事情果真如此——我对此不了解——,那也只能归之于这些军事长官的个人举动,归之于一些下级军官的冒险企图以及归之于某些旨在挑起你们对我们不满的阴谋诡计;但是,这一切并不是我们授意干的。正如我对您说过的,黑旗军在保胜(老街)根基很深,而他们的头子——由于他,事情已发展到了危急的地步——很可能已经在这个问题上施展了一些计谋。也可能——我想——我们的士兵在到了一个我们享有宗主权的国家之后(不过,他们的前去只是出于保卫我们的边境的动机),个别人有过一些放肆行为,而这种情况在驻有部队的地方差不多总是时有发生的。不管怎样,中国肯定没有冒犯法国的意图,而且也没有发布敕令让一支中国军队占领河内省。

公使:我很清楚,你们并不想主动对我们采取敌对行动;但是,你们在东京的所作所为有同样的危险,因为在我们国家——就像在你们国家一样,有那么一些人居心不良,想要散布不和,寻找引起纠纷的口实以及挑起冲突的借口。请设想一下,假定去年有由散兵游勇组成的一帮中国人在满洲里越过帝国边境,并同俄国人打起来的话，那么在发生了一次这样的事件之后，两支骑兵难道不是肯定也要卷进这样的事件中去吗？要紧的是应当避免一切可能导致两支对峙的部队发生冲突的事情，或者说避免一切会过分刺激民族情感的事情；因为不少问题正是这样激化起来，从而超出了和平谈判的范围的。您既然在你们同俄国冲突时看到了我所采取的态度，那么，在目前法中两国都好比打官司的双方还在说理，您就更应该相信我的建议。此外，根据您刚才讲过的话，如果万一法国的士兵同中国人发生冲突的话，那么这些人是不能不被看作帝国正规军的士兵的。

总督：我想信你们的良好的意愿，我也已向总理衙门指出这一点。而就您来说，也请别怀疑我本人对此是完全赞同的。因此，我曾向北京极力强调这一点，以便克服人们害怕承担责任的心理；由于恭亲王生病，这种心理在目前使一切事都变得更难办。

公使：这么说，您是准备书面向我宣布北京朝廷撤回驻在东京的中国军队的命令啰？

总督：是的，我将为此而给您一封信。

公使：应当有一份最具备官方性质的文字，例如一份公文(1)。

总督：我将给您发出一份公文。

公使：这一命令是通过诏书发出吗？而诏书是否由您来通报？

总督：诏书是用不着的，总理衙门通过驿站火速传达朝廷的旨意，快马一天可跑 600 里，用这种快速度能够将这些命令下达给桂、滇督抚。您可以放心，这些督抚绝对不会拒不从命，况且我个人还可以给您担保，他们是一定会服从命令的，尤其是因为这些命令是由我提议发布的；因为，他们不仅是我的朋友，也还曾受过我的

(1)　就其重要性而言，正式公文(照会)同一般通报有很大区别。后者写在红纸上，只由发通报者本人负责，而前者则涉及政府本身。——原注

恩惠。我也很想由我给他们去封信。

公使:您是否可以向我确认,您的正式通报体现了贵国政府的意愿?您是否受权以贵国政府的名义向我递交这一公文呢?

总督(笑着回答):狄隆先生很久以来就住在中国,请您问一下他:基于我在中国所处的地位,我所作的正式保证是不是代表着我的政府?

公使:当然,在您我之间,有您的讲话也就够了;但是,现在涉及的是政府间的诺言问题,而且很自然,应当是贵国的政府同我的政府打交道。这就是为什么我冒昧地对我所需要的公文强调其形式和影响。

总督:您那方面将做些什么呢?

公使:根据所商定的,我将立即给法国去电告知中国军队后撤一事,并请求我的政府给西贡方面下命令。同时,我还将宣布该协议是我们个人之间达成的协议草案,也就是说,我们对此所起的作用只限于提出建议而已。此外,我首先将把我的正式复信寄给总理衙门;它已知道有这封信件,不过,我在有关撤军一事尚未确定之前不想把信件交给它。

总督:很好。我请您也给我本人一个书面回信,并把您的电报的内容摘要告诉我。

公使:这自然需要一段时间,我国政府才能够就我将向它提交的建议作出决定。因为通过电报的方式我无法作详尽的解释,以使巴黎作出最后的决定。可能人们在收到协议草案之后会给我来电报。我将要求这样做,以便更快地能够同你们在建议的基本原则上进行谈判。在这种情况下,你们任命一位帝国代表来同我讨论这件事。可是,在这之前,东京将会发生什么情况呢?我们之间有必要讲明,直到我们目前的谈判得出结果之前,如果我们各自的部队在东京做出什么意外的事情，不应把我们的国家牵连进去。

总督：那很好。在这一点上，无论在我们方面还是在你们方面，都可以把国家的责任排除在外。但是，这件事情的最终解决是否将取决于西贡政府呢？难道你们不能监督这位官员的行为吗？

公使：这是我们的中央政府通过我或选定的另一人就这一特定问题来直接同中国政府打交道的。我们西贡总督的职责不能承担这类性质的国际事务。

总督：太好了。因为，据我手头掌握的有关交趾支那的情报看来，那里有人正在寻找机会，以便同我们决裂；而我们也正是部分基于这一情况才派遣军队的①。

一个奇怪的巧合是，就在双方刚刚这样达成一致的看法，从而至少在目前排除了人们对中法两国会在东京发生冲突一事的担扰之时，我们举行会谈的客厅被一次强烈的地震撼动了，位于两位对话者上面的一个书柜摇晃起来。会谈中止了一段时间。当人们弄明白刚才发生的事情之后，总督微笑着问道，公使刚才害怕吗？宝海先生接着话音说道："一点也不。在我们之间刚刚达成协议之后，我是完全镇静的。"

这个玩笑使谈话的气氛非常活泼、诙谐。接着，当总督对恭亲王的身体状况感到非常忧虑时，会谈的气氛又变得严肃了。总督说："如果在这方面万一发生什么不幸的话，我很担心这会导使我在国家的事务中增加更多的责任。"

接着，总督和公使又就或多或少直接和会谈主题有关的问题交换了一些看法；然后，他们便以最友好的方式互相道别了，并互

① 着重号为原文所有。——编者

相许诺,尽早地交换他们已说定的正式公文。

附件3　李鸿章致宝海

1882年12月2日于天津

在安南问题上,阁下很关心我们两国之间一向友好的关系,曾就此问题逐点地同总理衙门和我们进行了频繁的会谈。现在,我刚接到〈恭〉亲王及总理衙门其他成员的一封来信,其要点如下:

"其一,关于保卫广西和云南的防军已进入河内一事完全不实;同样,中国政府也丝毫不想挑起同法国的事端。其二,公使(宝海先生)多次表明法国政府绝无并吞东京之意。因此,既然两国观点一致,彼此间的关系也应极其友好。我们已通过快件向滇、桂部队下令,为了维持和平,立即撤出现有阵地,借以证明两国之间存在着良好关系。"

我已受命按此精神向阁下照复,我知道从此以后,毫无疑问,再也没有什么比看到中、法部队冲突而引起纠纷更违背中国政府的意愿了。因此,桂、滇部队是一定会服从现在发给他们的撤军命令的。

本信件既然经我向您发出,向您通报情况。我希望您将此意思电告贵国政府,以防止发生任何误会;我还希望根据在这个问题上达成的谅解,您将会给总理衙门发一份函件,为的是使双方在所有这些事情上完全一致。这样,安南难题的解决将有助于巩固两国之间的良好关系。

附件4　宝海与李鸿章的私人信件

(1)宝海致李鸿章

1882年12月3日于天津

阁下:

马建忠先生已向您说明了我在消除法国人阅读您的正式公文时思想上可能产生疑虑方面的难处。为了对我的政府负责，在有关中国政府采取的新军事部署的意义和影响方面，我有必要根据您的意见来提出我的看法。如果您认为在把命令传达到广西、云南之后，目前驻扎在东京北部的帝国部队能通过后撤而远离其现在驻地，从而消除造成目前困难的误会，并不会以任何方式妨碍我军的行动的话，那么，我们之间的意见就完全一致，而且也不可能有任何含糊不清之处了。

不言而喻，我是纯粹以友好和推心置腹的态度向您提出这个问题的，其目的就是不再有任何事情会在最后一刻阻碍和推迟协议的实现，而我们两人是同样地希望看到协议实现的。

(2)李鸿章复宝海

1882 年 12 月 3 日

宝海先生：

我荣幸地通知阁下，我刚收到您推心置腹的来信。您在信中所要求于我的事情同我在 12 月 2 日发给公使的函件的精神是完全一致的。在这方面是不会有任何疑问的。

附件 5 宝海致恭亲王

1882 年 12 月 2 日于天津

(文中划有底线的部分辞句，乃定稿时将最初行文作了改动者。——原注)

殿下：

我荣幸地收到了殿下 10 月 24 日给我的来信，您在信中就法国外交部数月来未对曾公使有关安南事务的照会作出任何答复一事表示遗憾。

我已荣幸地向总理衙门申述了帝国使臣所发的照会由于语气与共和国政府及陛下政府的任何外交官员之间所一贯遵循的谦恭礼仪是如此的截然不同,致使杜克列先生的前任感到非常惊讶。殿下在来信中说,您在浏览了有关曾公使就此事送给法来西讷先生的照会之后,并未从中发现任何有损于我们应有的自尊心的言辞。您由此得出结论,误会可能由于翻译中的某些失误。殿下如此明察礼仪,以至于我不能不本能地接受您的看法,我将如您所请,竭尽全力地让我的政府也赞同这一看法。不过,为了防止此类事件再次发生,我希望殿下也意识到,最好辞退曾公使身边的某几位幕僚,因正是他们的无能造成了如此不堪的混乱局面。

至于我们所重视的是问题的实质方面,我的政府坦率地以书面形式重申我今春荣幸地同总理衙门大臣们就安南事务会谈时所作的口头说明;当时,我开诚布公、不隐藏任何意图向你们阐述了共和国政府准备在东京施行的政策。这一政策概括起来就是:不折不扣地执行八年多以前同嗣德王所签定的条约;这项条约签定后,我们曾向帝国政府通报过,后来〈帝国政府〉并没有对此提出任何抗议和反对。

殿下现在对我提出,中国对安南拥有宗主权。对于这个问题,我不想发表什么意见;但我认为没有任何必要来讨论这个问题,因为在我们的行动中,丝毫没有否认您愿意重提的原则。既然如此,为什么我们要纠缠于彼此难以取得一致的问题,而不将我们双方的利益结合在一起来寻求能使我们接近的东西呢?假如你们一定要谈你们对安南的宗主权的话,那我们也有充分理由提出我们的保护国制度来予以反对;倘若你们援引最初显然是基于国与国之间的某些传统为依据,那么,我们也可以出示某些条约来反驳,诚然这些条约只是较近之事，但我们也曾将这些条约内容向你们通报过，而你们也无法否认这些条约的价值。有什么办法能够调和这些互相对立的要求呢？如果我们在这方面展开一场轻率的论战的话，那么就会事与愿违，会进一步加深我们之间的鸿沟；这难道不值得我们担忧吗？

要是从此以后，不再纠缠这方面的问题，而是将某些分歧搁置一边，使我们之间不仅有可能，而且在我看来很容易达成一个令人向往的协议，这难道不是明智的办法吗？正如我以往曾多次向您说过的那样，我们派部队去东京并非出于征服的目的。这块地方是安南王朝疆域不可分割的部分；我们的干预完全不是为了给它换个主人。因此，我们在红河流域的任何行动都不会导致改变安南和中国之间的或是安南和法国之间的现有关系；这样我们的权利和你们所要求的权利将会各自保持目前的现状，双方都不会因此而丝毫打乱现有的事态平衡。

据我们看来，既然东京仍为安南的省份，那么帝国政府何必担心我们将来在那里建立良好的治安和行政管理机构、起用有魄力又具才干的人员来代替那些死气沉沉或毫无权威、把这块美丽而富饶的土地治理得满目疮痍、混乱不堪的官员呢？中国作为一个船队日益发展的商业大国，难道不是至少同我们一样有兴趣看到这条水路的自由通航，从而大大缩短它与自己最为富饶但由于地处边陲而最不发达的省份的交通吗？

我相信，这些明显可行的意见，一定会得到殿下的赞同，而我们在东京推行的政策不但不会在我们两国之间引起讨厌的争端，相反，通过明智而灵活的引导，加上共同的利益感，只会进一步加强把我们两国联结在一起的友好联系。

殿下：中国如果像李鸿章阁下受命向我作出的保证那样，同意把来自广西和云南的部队撤回帝国境内，那么，我的政府将从这一事实中看到中国表示诚意和对我们的声明给予信任的有诚意的证明。这些军队呆在我军将要清剿黑旗军或黄旗军匪徒的军事行动圈内，可能会由于某些纠纷、误会而导致我们的士兵攻击帝国的士兵，将会造成极为严重的后果！因我们的军事长官必然会把他所遇到的任何武装部队视为敌人，并以敌人对待，这样一来，谁能担保在这块土地上不会产生这种误会呢！

然而，这种危害尚不止仅仅如此。在顺化朝廷委托我们负责保卫和维持治安的省份里，长期驻扎有帝国军队会使某些对上述行动圈内发生之事不甚了解的安南官员相信我们和嗣德王之间意见不洽的谣言。他们会认为，同我们作对，让我们为难，便是为他们的国王效力。而这种敌对将会推迟我们业已着手的绥靖工作，这是对所有的人都不利的。

由于帝国政府非常明智地采取的措施，我所指出的一切危险和障碍从今以后都将会被排除。在执行命令——这些命令的内容刚刚向我作了通报——所必需的时间届满之后，就不必再害怕发生我担心的会导致我们双方的士兵打起来的意外事故了，而我们遇到的也将只是一些非正规的离队不归的散兵；我们将能够万无一失地把他们从该地方清除出去。他们这些团伙被我军追赶到你方边境上之后，是无法长久坚持下去的。而在我们完成绥靖之后，就再也不会有任何东西能够阻碍建立并发展正常的秩序；从而使我们能在红河上游发展商业往来，并使两国之间现有的友好关系变得更加亲密无间，更加富有成果。

附件 6　宝海致李鸿章

1882 年 12 月 4 日于天津

阁下：

我已荣幸地收到来信，得知总理衙门已向桂、滇当局发出撤回派赴东京的部队的命令。同时，阁下还补充说帝国政府的命令将会不折不扣地得到执行，在这点上我相信阁下的话。

我非常感谢您在曾引起中法两国强烈反响的事情上进行了友好的调停。我曾向总理衙门官员然后向您本人解释过，如此众多的帝国军队驻扎在我们已着手进行绥靖工作的地区，并给我们准备保证在红河的自由通航的沿岸造成了严重的困难，将会阻碍我们实现对各国海运业有利的、而中国很可能比任何其他国家得益更多的计划。某些一贯敌视外国人的安南官员似乎从中国的态度里看到了同我们的计划相对立的打算，并利用这一点给我们设置种种障碍，致使我军的行动受到了妨碍，因为我军对所遭遇到的武装分子，无法区分哪些是应当消灭的黄旗军或黑旗军，哪些是自广西和云南私入东京的散兵游勇，势必会对中国军队造成混乱和不利。

正是为了结束这种状态，我在北京就曾再三强调要求帝国政府将其如此深入安南境内的部队召回到同安南毗邻的省内。这些部队给我们造成了日益增加的困难，而这对任何人都是毫无益处的。由于我们曾经利用一切机会，对所谓我们想要通过强占东京来夺取安南国王的一部分领土的说法提出明确的抗议，而中国政府拒不考虑我们的意见——不管这些意见有多么充分的根据——可是，在法国，这就令人难予理解。随着时间的推移，你们的不信任也引起了我们的怀疑；因此令人担忧的是，某些狂热情绪由于我们两国政府无法再加以控制将会使我们之间表面的而不是实质的分歧进一步激化,从而给那些企图通过制造不和及挑起冲突坐收渔利的人帮了忙。阁下,您已非常明白这一点,而您那由崇高的理性所激起的爱国之心也已感到有必要对这些有害的倾向作出反应。您已重新把我的意见转达给中国政府的成员们,使他们了解事情的真相。因此,总理衙门这一次正确评价了我们的诚实的意图,并同意了我的要求。

我当即把这个令人高兴的消息电告我的政府,所用的措辞你们也已知道了。我的政府将高度评价帝国政府这样向它表示的信任和友好感情;毫无疑问,它对此感受到的良好印象将有利于在我们之间达成必要的了解,以便促进我们业已在东京着手进行的事业,并在该地区开创有益于全世界的商务活动。

就我这方面来说,为了确认这些向我们表示的诚意,我想最好的办法是向阁下送去一份公函,并请阁下将它转给总理衙门的大臣们;这份函件我早就拟好了,它表达了我国政府的观点,我希望这会消除人们在北京似乎还存在的一切不安。

请允许我借此机会再次向阁下表示谢意,感谢您所给予我的十分友好的协助。正是承阁下的帮助,我才得以消除持续很久的不幸的误会,并加强我们两国之间的信任和友好的关系,这关系比以往任何时候都更符合我们两国共同的,或者确切地说,息息相关的利益。

C.P.中国第60卷第431—471页

288 海军及殖民地部长致内阁总理兼外交部长

1882年12月21日于巴黎

内阁总理先生、亲爱的同事:

按照您在今年11月14日的信中向我提出的要求,我向您随信送去这份关于旨在确保我们的安南和东京保护国的 1874 年 3 月 15 日条约的补充和解协议草案。

如果您赞同这一草案,请告诉我,我将万分感谢。

游列居伯利

附件 1874 年法国与安南条约的补充协议草案

法兰西共和国总统和安南国王陛下为使现已发生的困难永远不再重现,并进一步密切它们之间原有的友好睦邻关系,决定缔结一项符合缔约双方利益的 1874 年条约的补充协议。并为此分别任命了它们的全权代表:

法兰西共和国总统代表:

安南国王陛下代表:

第 一 条

包括东京在内的安南王国置于法兰西共和国政府的保护之下,法兰西共和国政府保证采取一切必要的措施来确保安南国王和他的王朝不受任何对他造成威胁的危险,并在他的国家内确保秩序和安全。

第 二 条

处理该国的对外关系以及对外代表该国的权力完全属于保护国政府,外国领事向保护国政府领取领事证书。

第 三 条

主权国政府继续对本地人行使裁判权,但凡与外国人有关的纠纷和与外国人有关的刑事案件或犯罪案件,均归法国法庭受理。

第 四 条

向安南国王陛下派去的法国保护国代表可以参加大臣会议,并与国王一起直接处理与他的任务有关的事宜。

第　五　条

取消内部关税,由保护国政府负责制定税率和征收税款。

这些税的总额将用于偿还交趾支那殖民地为清还所欠西班牙债务而预付的贷款,余下的款将用来帮助补贴保护国的开支。

保护国政府有权根据1874年3月15日条约规定的条件开放新的对外贸易港口。

第　六　条

保护国的开支,需要时,可以从这些税收款项中提取,课税基数将预先确定得更公平。余下的金额交付安南国库。

第　七　条

一名法兰西共和国全权专员负责东京的高级行政管理和监督这个省的各种税收和关税的征收。

第　八　条

凡是与东京地区有关的一切问题均由保护国政府与安南政府共同处理。

M.D.亚洲第39卷第377—379页

289 海军及殖民地部长致交趾支那总督

1882年12月22日于巴黎

总督先生:

谨确认我于本月5日发给您的前任的下列电报:"请您下达明确的命令,除非需要击退进攻,在东京不进行任何反对中国军队的敌对行动,请复。"

自那时以来,我收到了卢眉先生1882年9月5日有关安南和东京政治局势的来信,其中有好几封来自我们驻顺化代办的信以及一些由交趾支那总督转来的对李维业司令先生的指示。

这次去信中，我将谈谈您的前任的前几次信中我已注意到的一些矛盾。现在只着重谈一些最突出的。与黎那表示出来的恐惧相反，卢眉先生在肯定交趾支那内部情绪安定以后，谈到他可能迫不得已“要与秘密社团作斗争，要镇压叛乱者，并击退安南部队。”

关于顺化朝廷，根据您的前任的意见，我们夺取了河内这座城堡后，在这位国王身上产生了一种有益的恐惧印象，他把这种状况看成可以将安南置于我们的保护之下的调整变得容易一些，他甚至给我寄来一份按这种看法起草的协议草案。自那时起，欧洲事务和中国的干涉使他将任何协定都看成是妥协。今天，我们的和解态度似乎已被商舶大臣看成是我们强大的一种明证，看成是我们愿意谋求一种解决办法的明显的标志。卢眉先生将沿着这条道路走得更远，他写道，“如果说，同亚洲人打交道（对他们来说，时间是没有价值的）耐心是一种首要的条件，那么就要善于等待，并按照他们的方式，恰如其分地采取行动。当还不是绝对需要进行战争时，就要力争避免战争，因为如果胜利没有实现惩罚，战败者在失败后比失败前更令人生畏。”

最后，关于中国的干涉，似乎是在宣称这种干涉是违背条约的同时，我部又发表了一种新的看法，而中国人就一直按这种看法表示意见，所以卢眉先生从一个极端走到另一个极端，他建议要认真避免与天朝军队的任何冲突，但另一方面，又毫无顾忌地命令李维业司令把一切中国的正规或非正规的武装力量看作强盗，并因此而将那些即使不进行任何抵抗的人也拘禁在昆仑岛上，此外要枪决那些叛乱者或抵抗的人。最后他还敦促我们的炮艇去追击那些不愿装载安南士兵的小船，并向被中国驻军占领的哨所和堡垒发射炮弹。只要这些外国雇佣兵的出现为安南官员所否认。

在政府需要对我们与安南的关系以及我们在东京所面临的局

势表态之时,在我看来有一部分困难是复杂的局势造成的,而无知所造成的判断错误更令人遗憾。它们有些模棱两可,这种模棱两可持续下去会使我们十分为难。

尽管出现这种局势,目前我们只能期待更确切地了解当前的状况,为此,我要求你们不要忽视任何我们所掌握的情报手段。

但是我不会同意转达给李维业司令的指示中我前面已谈过其内容的那部分。它们确实与我在这封信开始时叙述过的电报内容极为矛盾。因此很希望您对之作相应的修改。

在结束这封信之际,我认为应该告诉您,我认为黎那先生的所有来信都很有价值。长期以来,我很赏识这位军官的特殊功绩,而且我觉得最近这段时间,在出现了使局势复杂化的困难和危险时,他的功绩表现得更有价值。您可以向他说明,我对他的工作方式是非常满意的,由于他的爱国热情,您可要求他继续对法兰西共和国政府作出贡献,对他我将十分崇敬。

游列居伯利

M.D.亚洲第 39 卷第 380—383 页

290　宝海致杜克列

1882 年 12 月 27 日于上海

内阁总理先生:

在英国邮船出发时,我没有时间随我 12 月 20 日给您的信(见政治司第 111 号)附上我曾经向阁下答应提供的详细说明,以便有助于阁下明了我在天津与直隶总督拟订的协议草案条文的内容和意义。我今天就来弥补这一空白,向阁下阐明在我看来为什么协议条款不仅可以接受而且十分理想的理由。这些条款可以消除导致中国和我们之间意见不合的任何原因,而如果想从我们准备在东京奉行的政策中得益——这正是该政策的宗旨——，那么在这个地方两国之间的和好比任何其它地方都显得更为必要。

我们和〈直隶〉总督达成的协议草案可以归纳为下列三点：1.以老街代替蛮耗，作为溯红河上行的终点。2.将东京地处红河以北的部分一划为二，一部分置于中国的监护之下，另一部分则完全由我方管辖，处于我们的影响之下。3.两国保证，维持这种商定的现状，并互相立约，确保东京现有疆域的完整，反对外来的侵犯。

老街和蛮耗之间的红河，也只是一段可以放木材的浅流；关于它还可作什么运输手段尚很不清楚，即使可以，也是十分有限的。根据我收集到的情况来看，蛮耗只是一个荒僻的小镇，绝无可能成为从事大宗经商的口岸。老街的情况则完全不同。那里河水相当深，可以在该地建立大型货栈，存放进口出口货物；这样可以减少耗费巨大的货物转运。让中国在某种意义上把老街划到它的国境内，并在该地设立向我们开放的可通向云南境内的门户，这似乎是我们在领土问题上作了让步；但实际上，我们却有可能从我方商业唯一可以通行的道路深入帝国的内地。这样我们既满足了中国一味追求的自尊心理，又可以给自己捞到实际的好处；而倘若我们企图在几乎难以利用的航行条件下溯红河而上、一直抵达中国现有边境的话，我们是无法在别处得到同样的便利的。目前要达到这一边界，我们还力所不及。因为假如中国政府要从中作梗的话，那它只要让事态维持现状，就可以使我们争取它同意让我们得以在运输船只难以驶达的地方越过帝国边界的努力化为泡影的。因此这一协议条款的一切实际好处完全是我们享有的。要是阁下认真考虑一下下面这一点，就会对此更加明了：老街是桀骜不驯的“黑旗军”匪徒的总部所在地，中国要履行对我们的义务，在老街消灭这些敲榨勒索商人的匪徒，从而把边界线前移一二十公里，就要付出很大的代价;而对于我们来说,要到一个远离我们通常的行动基地——红河三角洲的地区去追剿这些匪徒,那也将是相当艰难的。

阁下在接受我关于明确划分红河和中国边境中间之地为两个地区的主张时,将会注意到我对这一问题前后不一致之处:我今天倾向于采取的方案恰恰是我前不久还极力反对的(见政治司11月4日信件)。但是,部长先生,您不会不注意到,从那时以来,事态发生了非常迅速的变化,我们目前同中国的分歧使我们面临的纠纷达到极其严重的地步。这是我以往在强调我们要同这个庞大的帝国保有共同的边界以成为邻邦时所无法预料到的。对我们来说,今天问题已不是可以由我们完全自主地选择对我们最为合适和最符合我们未来目标的解决办法了。我们正面临着一个非常危急的局势;这一局势要求我们满足于可能做到的事情,以避免被卷入一场将会极其广泛,而且据我看来还会使我们远远地超越我们不愿超越的界限即战争中去。在这种情况下,我认为我们应该舍得做出一些牺牲,而要是在几个月前西贡总督能够采取一项更为坚决而又更为稳妥的方针的话,这种牺牲本来是用不着的。

此外,部长先生,我要冒昧地提请您注意:关于把我们所关注的这个地区划分为两个区域的分界线问题只是在原则上很笼统地提出来,而当日后确定界线的时刻来到时,我们也许能设法大大缩小划归中国临护的地盘,以便在实际上大大缩小由于我们远离严格意义上的中国省份而产生的缺陷,或者不如说是"应由我们占有而没有占有的地盘。"

再者,对于这个相对来说比较轻微但在所难免的让步,由于法国和中国共同保证维持这种商定达成的现状,并互相立约,确保东京现有疆域的完整,反对外来的侵犯,阁下肯定会发现从这一事实中得到相当可观的补偿。在我来说,我极其重视这一协议,因为假如我们与欧洲国家发生纠纷，从而使我们对这个遥远的领地鞭长莫及，让那些对我们在印度支那半岛的垄断地位心怀妒忌、处心积虑要夺走我们的征服所得到的好处的国家在那里为所欲为地施展阴谋诡计，甚至进行武装进攻的话，这一协议可以防止我们在红河流域的殖民地发生任何可能危及其安全的危险。

另一方面，我认为，我们有充分的理由期待我们和中国之间在对我们远东政策至关重要的地方建立某种利益相联的关系会给我们带来最好的效果；这样一来，我们同天朝的关系自然而然地就会更加友好地接近起来，从而使它抛弃对我们的一部分偏见，而它在同西方强国打交道时通常总是持有这些偏见的。当他们了解到，我们没有任何使北京感到不安的企图，我们的行动自然只局限在原安南王国的疆界内，总之，当他们看到我们是好邻邦，想以和平的方式尽可能最有效地利用这一局势来开发——对中国本身也有好处——那些尚未勘察、僻处亚洲内陆中心的省份所拥有的财富的时候，他们将会懂得，我们的友谊是可贵的。而且，我们的联合在很多场合自然可以抵御那些在这些海域抱着令我们两国不安的野心，何况由于保证共同的利益已在东京巩固地建立起来意见一致，焉知不会随着时间的推移，变成一种更为密切更加富有成果的亲密关系，彼此共享由此带来的好处，从而使法国在远东逐步扩大其影响，而法国目前在这一地区的日见式微的作用是难以达到这一点的。

部长先生，不管上述考虑是否有理，我以为，比起会使法中两国大动干戈的可怕冲突来说，这条道路能使我们取得更多有益的成果。正因为如此，我才不遗余力地敦促中国政府接受我有幸向您呈递的协议草案中所体现的想法。李鸿章总督的职务使他有充分的权力就涉外事务同外国官员打交道和商讨问题；尽管如此，他仍然坚持要我再给总理衙门写一封官方信函,以便正式向总理衙门提交我们在天津达成的协议。在此向阁下附上我为此向北京发出的信函的抄本。当您收到该信的抄本时,我会早就收到了〈总理衙门的〉回音了:假如〈总理衙门的〉答复是肯定的,那么,我向阁下呈递的协议草案采纳与否,就完全取决于阁下的决断了,而我是衷心希望共和国政府能同意协议草案中所提出的意见的。如果巴黎和北京两方都决意在此基础上就达成最终协议举行谈判的话,那么我请求您用电报[①]通知我,并授权我去广州,以便同中国政府为此而任命的代表进行接触。与此同时,还必须请交趾支那总督允许将曾在他身边的或是已去东京的专业人员供我调遣,因为无论是指导必定要进行的划界的技术性工作,还是向我提供我极其需要的说明和详尽的情况来说,这些专业人员的协助将是必不可少的,而他们个人对要在中国和我们之间进行划分的那些几乎尚未勘察的地区十分了解,因此他们是可以提供详尽的情况的。

甚至也许有必要考虑是否可以从海军部类似可加拉德克先生那样早具才干并长期住在东京,走遍了东京各地,尤其是曾经对通过红河流域、在中国和海上之间开辟我们试图建立的新的通商道路的可行性进行过研究的人中为我挑选一名助手,作为谈判的第二全权代表。

附件 宝海致总理衙门诸大臣

1882年12月5日于天津

诸位大臣阁下:

在我上次荣幸地同你们会谈时,你们向我建议,由法中两国的

① 着重号为原文所有。——编者

全权代表就有关开放红河和开发这一条通达中国一个最富庶而又最偏僻的省份的新商道问题，准备一个令人满意的解决方案。

这一建议在我同李鸿章阁下在此地的会晤中又被重新提出来，而且，我们还明确了这类谈判所特别要涉及的问题。

下面我就简述一下李鸿章阁下认为应根据如下基本原则订立有关协定。

"1. 以老街取代蛮耗，作为溯红河上行的终点。中国政府可指望将老街视为其领土的一部分，并于该地设立中国海关，外国产品入关后也依照从其它已开放口岸进入中国的外国商品运入内地的章程办理。中国政府亦应设法使云南出口的内地货物运往老街畅行无阻（如驱除盗贼，将边卡界线延伸到老街，等等。）"

"2. 为驱逐骚扰该地区的匪徒，使该地得到正常的治理，从而保证所有的人享有秩序和安全，两国政府同意在红河到中国边境地区划界，线以北领土归中国监护，线以南地区归法国当局监护。中法两国相互保证维持这种商定的现状，保护东京的完整，反对外来的侵犯。"

我丝毫未被授权就这样的协议发表意见，然而，我没有理由认为我的政府会拒绝对此进行商讨；而且就我来说，我完全准备向政府呈报这个协议，同时向我国政府强调报请它审查的理由。此外，假使我的政府同意这种做法，我还要请求它尽早授权给被派同中国政府代表商议的官员；要举行这类会谈，广州可能是最为理想的地方，因为一方面该城市与东京相距不远，另一方面，当今时值冬季〈封河〉，无法在北方举行谈判，否则，同两广当局和交趾支那当局的往来联系将会遇到一系列困难。

诸位先生，只要我一有消息，就一定会把我的政府对这一协议的答复通过电报告诉你们。如果我的政府同意——至少在原则上

——这些协议的话，那么，我将全力以赴，以便使我们之间事情的进展尽可能令人满意。

C.P.中国第60卷479—488页

291 宝海致内阁总理兼外交部长

1882年12月27日于上海

内阁总理先生：

自从我向您呈报我同李鸿章总督在天津拟定的协议草案条文以后，上海的报刊一直大谈有关法国准备远征[①]东京的细节。通过一个月来我发给阁下的信函和电文，您不难理解这些消息在中国政界所引起的不安。在这里，没有任何人怀疑这些准备工作不是针对中国的，不是对中国政府最近扩充军备和向红河流域派遣军队一事的一种反应。就在法中两国和平谈判即将开始之际，我们企图组织如此大规模的军事行动，这连李总督周围亲近的人也感到惊讶。他的政敌也一定会抓住这个机会，旧怨重提，指责他终究是个主和派，是一个胆怯之徒，随时都准备作出丧权辱国的让步。有人指出，我们所说的我们具有和平意愿和所作的安抚人心的声明同我们向议会所提出的拨款要求是相互矛盾的；尽管我们对此进行了辨解，这些人仍然认为这些拨款是用于征服东京的。人们把李鸿章看作是我们虚假保证的受骗者和出卖帝国利益之徒，因为他把部队从那些当前最急需防卫的地方撤走。

我知道，这些日益激烈的攻击毫无疑问已给了李总督强烈的刺激。很不凑巧的是，王文韶已不再是总理衙门的成员；而他又恰恰是该衙门中最精明能干的人物，如果不是唯一的干才的话。因

① 着重号为原文所有。——编者

此，我们在北京只能同那些绝无外交经验的人打交道了，他们愚昧无知，胆小怕事，我们面对只擅长于从严重的危机中谋取私利和为实现野心而危言耸听甚至不择手段施展阴谋诡计的人，将束手无策。

假如我们错误地以为，只要我们在东京投入少量部队，人们就会让我们在那里任意行事而不会遇上严重麻烦的话，那么，这一本身已经十分危急的局势将会变得更加严重。为了不陷入令人沮丧的意外局面，我认为我们应当正视这一无庸置疑的现实：对东京的远征就意味着同中国开战。①在阁下同海军将军游列居伯利就这一问题交换看法时，看来海军部长轻率地作出了同中国对抗的决定，而并不认为这样做会给我们、给实现他所制定的行动计划带来相当多的麻烦。从我所看到的一切和我周围发生的事情来判断，我找不出任何足以证明这种乐观看法是正确的证据；此外，我想，我向您报告过的有关军事力量现状的详情也将会使他感到震惊。因此，在目前的情况下，我想象不出我们如何能够以向议会请求微不足道的拨款来应付同庞大的中国进行战争所需要的费用。我个人以为，我们将必须进行同1860年那场战争相比条件远为不利，而所要克服的障碍又将大得多的一场完全不同规模的战争。因为这一次我们不能指望得到英国的财力和支援了；英国的中立态度如果具有对我们不友好的性质，那将会使我们处于最难避免的困境。

内阁总理先生，我向您表述的这种意见并不只是我个人的意见，这也是那些最优秀、对技术性问题了如指掌的军官们的看法。我很担心游列居伯利将军在这些问题上还会按1860年战争的老经验办事。内阁总理先生，那个时代已是相当遥远的过去，假如人

---

① 着重号为原文所有。——编者

们立足于同今天已迥然不同的情况去估量一场同中国的冲突会给我们带来的鸿运和风险的话，那么，我担心人们将会使法国卷入到其严重性大大超出议会和政府预料的事情中去。

因此，内阁总理先生，我再重复提出，今天的问题不是要在东京进行一次简单而速战速决的交锋，而是要我们抉择或者是同中国签署一项我向您递交的，并相信其条款不仅是可以接受的，而且是对我们有利的协议；或者是向议会申请十倍的拨款来进行一场必须在陆上和海上部署大批部队加以支持的大规模的战争。如果我们不想走到这样的穷途末路——而这也是我所热望的——，那就应当避免一切由于加剧那些总是试图促使中国政府按照他们的仇外偏见行事的老派人士的敌意而可能在这里引起疑虑和不信任的事情；就我来说，我觉得至少在一段时间内，并且在能促使总理衙门加以考虑的期限内，增加我们海军分舰队的兵力是弊多利少的。因此，我们如果只炫耀一下武力，既可以对顺化朝廷的求援活动施加压力，又能够阻止中国的南洋、北洋两个分舰队的汇合，对中国舰队造成威慑，这一显示我国海军实力的行动将有利于激发主和派朋友们的热忱，并加速有关协议的签订：而在目前来说，这些协议对我们意欲在东京开创的局面已是足够的了。依我之见，可以说没有什么比进行一场得不偿失[①]而且不能解决任何问题的远征更为危险的事情了；因为我们不拥有体面地结束战争的必不可少的军事手段，而中国却会动用其全部力量，全力投入这场战争。到那时，我们可能会被迫进行灾难性的撤退，或者是维持——这是为了什么利益呢？——一场将给我们带来跟远征墨西哥同样后果的争斗。

我越是考虑这一局势，就越是相信唯一可行和令人向往的办

① 着重号为原文所有。——编者

法是同中国和解；而假如我们的态度、我们的官方声明以及我们在巴黎的议员们的讲话不给中国的尊严和民族自尊心造成过分深重和十分痛苦的创伤的话，那么，它是巴不得同我们和平相处的。因此，我万分焦急地期待着阁下来电通知我，您和您的同事们赞同我有幸向您呈递的协议草案。人们向我担保说，接受这项协议将可以使我们拿议会通过的远征东京的拨款来派更多的用场；而这种远征的规模如大大缩小，就更突出缓慢而逐渐地占领的形式。

宝海

C.P.中国第60卷第489—494页

292　宝海致杜克列电

1882年12月29日于上海

我向您电告由我和直隶总督拟定、并为总理衙门所同意的如下的协议草案：开放云南；除沿中国边境尚需划定的一个地区外，承认法国对东京的保护权；双方互约，确保此局，以防外来侵犯。有些电报将我方在东京的准备工作说成同中国的敌对之举。您如不能帮助我对此加以否认的话，那么在上述基础上订立和平协定一事将会受到影响。中国军队的实力远远超出海军部长的估计。具体细节将通过邮件向您呈报。

C.P.中国第60卷第495页

293　杜克列致宝海电

1882年12月30日于巴黎

昨日来电收悉。据您的简述来看，所提条约草案似可接受。我们坚定的决心是通过对东京实行有效的保护来确保通商的安全和自由行使我们已经获得的权利。这便是给由“姑类兹”号(Corrèze)

运往李维业司令处的增援部队规定的目标。此外,您也知道,我们的军事当局已接到避免同撤回中国的帝国军队进行任何军事接触的命令。我们不仅不策划任何反对中国的图谋,而且有诚意和信心达成一项协调两国共同利益的友好协议。对此您可以向总理衙门作肯定的保证。

C.P.中国第60卷第496页

294 海军及殖民地部长致内阁总理兼外交部长

1882年12月30日于巴黎

内阁总理先生:

谨向您复告,您转给我的宝海先生的电报,我已收到了。我跟您的看法一样,应该答复他。我们已经派往东京的增援部队和将要派去的部队没有其他目的,只是想在那里有力地确保我们的保护国制度,我们对中国没有任何敌对的企图,我们只希望继续与中国和平相处。

游列居伯利

M.D.亚洲第39卷第387页

295 海军及殖民地部行动办公室给部长的备忘录

自占领河内以来有关东京事件的信件摘录

(1882年)①

4月8日电,发往交趾支那	李维业司令到达海防。

① 原档编于1883年7月4日,因为属于1882年的备忘录,为便于查考,我们将它的1882年部分列在1882年文件之末。——编者

李维业司令4月17日函	到达海防，安南人胆战心惊。李维业司令认为让安南人占有河内十分不妥。
李维业司令4月26日函	李维业司令占领三角洲的方案。 向河内总督发出最后通牒。 占领城堡(4月25日)。
李维业司令4月27日函	占领河内城堡的详细报告。在安南海防海关没收的钱款清单。黎那先生告诉安南政府，李维业司令并不愿永久占领河内。已任命了两个安南特派员去管理该城。李维业司令占据庙宇和内城一直到黑旗军受到惩罚为止。
交趾支那总督5月2日函	总督认为在东京过分扩张会有危险。他保证富良江的航行畅通，他打算以嗣德王的名义来统治河内省。
李维业司令5月28日函	与安南持派员的关系彬彬有礼，黑旗军是唯一的忧虑。一个鸦片种植场的中国场主被海阳的官员斩首。该场主出生于新加坡，是英国人。
李维业司令6月10日函	对山西(防御工事非常巩固、黑旗军很多)及兴化进行侦察。强调必须在富良江及明江汇流处建立哨所。 要求增援200名战士。
交趾支那总督6月21日电	7艘中国炮舰由香港驶往东京

交趾支那总督6月24日电	中国派遣小型舰队消息不确。
李维业司令8月3日函	表面平静。 河内省的人对我们是同情的,但是,由于官员对我们抱着敌对情绪,他们的态度随官员而变化,而这些官员则受黄(佐炎)亲王的影响,黄亲王是我们的敌人,他只是不情愿地把他雇用的黑旗军调往他处。
李维业司令8月22日函	总督告诉我,由于政治形势的影响,放慢前进速度,因此,我只能在特殊情况下采用我原来的主意。
李维业司令9月1日函	纠纷可能来自中国军队。从1月份起,中国想用建立一批哨所来占领从边境到东京三角洲及红河左岸之间的安南各省。满载中国军队的帆船在"军乐"号舰旁驶过,中国部队告诉舰长,他们要与太原的驻军会合,而该驻军将不顾我们的意愿,顺流而下。 为了按你的指示行事,我刚刚取消了我原先给"军乐"号舰长发出的命令,要他如果中国正规部队的人数太多时,就不让他们顺河而下。我们迟早要把这批军队赶走。因此,我考虑最好在开始时就阻止他们的去路。

交趾支那总督9月11日函

我接到解除3艘炮艇武装的命令。但是,我们目前处境维艰。如果我们要避免与中国交战,就不应该改变我们海军的编制。

11月14日李维业司令致交趾支那总督函

河上没有筑坝。但士气不佳。蒲真尼主教说:从可靠方面得悉,顺化机密院决定同我们开战,先从柬埔寨和交趾支那开始武装暴动。我劝蒲真尼不要为我们受到牵累,因为这样会给我们增添麻烦。

李维业司令11月24日函

交趾支那总督函告李维业司令,要他把到达河内的中国士兵囚禁起来。如果他们反抗,就把他们枪决。11月18日已将此决定通知安南人。22日中国军队乘一只舢板船来到河内,当即被俘。然而,新总督去找李维业司令,向他说,该军队事先没有得到通报,要求释放他们。司令同意其要求。

……

BB—4　1947①

① 原件未编页码。——编者